75 Jahre Erstliga-Fussball in Österreich

1949 – 2024

Statistikdaten
aller Spieler
von A bis Z

Bibliografische Information der Deutschen Nationalbibliothek: Die Deutsche Nationalbibliothek verzeichnet diese Publikation in der Deutschen Nationalbibliografie; detaillierte bibliografische Daten sind im Internet über dnb.de abrufbar.

Copyright

© 2024 Wolfgang Steiner

Verlag: BoD · Books on Demand GmbH, In de Tarpen 42,

22848 Norderstedt, bod@bod.de

Druck: Libri Plureos GmbH, Friedensallee 273, 22763 Hamburg

ISBN: 978-3-7597-3064-0

Das nachfolgende Kompendium beinhaltet die statistischen Grunddaten derjenigen Spieler, die von 1949 bis 2024 in der obersten österreichischen Fußballdivision gespielt haben.

1949 was das Jahr, in dem erstmals eine gesamtösterreichische Erste Liga den Betrieb aufgenommen hat. Alle Spielzeiten zuvor waren reine Wiener Stadtligen ohne wichtige Fußballstädte wie Graz, Innsbruck oder Linz.

In diesem Buch zum österreichischen Erstligafußball sind für alle Spieler aber auch die Daten aus der Zeit vor 1949 erfasst, sofern sie bereits vor 1949 in einer der Wiener Stadtligen aktiv waren.

Legende

Spielerdaten, die aus der Zeit vor 1949 stammen, sind wie folgt gekennzeichnet:

WL = Wiener Liga (1945-1949)

OK = Oberklasse (1943-44)

BK = Bereichsklasse (1939-1943)

GL = Gauliga (1938-39)

NL = Nationalliga (1937-38)

WL = Wien 1. Liga (1925-1937)

Gorosito, Néstor Raúl (Pipo)
*14.05.1964, 19 A, Mittelfeldspieler
1989-90   26 11   FC Tirol

Nachname, Vorname (Rufname)

Geburtsdatum, A-Länderspiele, Position

Saison, Spiele, Tore, Verein

Quellen:

www.austriasoccer.at

www.weltfussball.de

Österreichs Fussball-Meisterschaft Chronik 1945-1974, Anton Egger

Österreichs Fussball Bundesliga von A bis Z, Chronik ab 1974, Anton Egger

A

Aaronson, Brenden
*22.10.2000, 36 A, Mittelfeldspieler
2020-21   20   5   RB Salzburg
2021-22   26   4   RB Salzburg

Abdijanović, Amir
*03.03.2001, Stürmer
2021-22   1   0   SC Rheindorf Altach
2022-23   20   1   SC Rheindorf Altach
2023-24   15   0   SC Rheindorf Altach

Aberle, Helmuth
*10.06.1969, Stürmer
1990-91   2   0   Rapid Wien
1994-95   32   4   VfB Mödling
1995-96   4   0   Admira/Wacker

Aberle, Otto
Rechter Außendecker
1953-54   26   0   Wiener AC
1956-57   22   0   Kapfenberger SV
1956-57   5   0   Kapfenberger SV
1957-58   12   0   Kapfenberger SV

Abfalterer, Johann
*26.12.1962, Mittelfeldspieler
1983-84   13   1   Union Wels
1983-84   13   3   Wiener Sportclub
1984-85   24   4   Wiener Sportclub
1986-87   34 13   Wiener Sportclub
1987-88   32   9   Wiener Sportclub
1988-89   34 11   Wiener Sportclub
1989-90   20   0   Wiener Sportclub
1989-90   10   1   Admira/Wacker
1990-91   18   2   Admira/Wacker
1991-92   30   8   Admira/Wacker
1992-93   29   8   Admira/Wacker
1993-94   22   2   Admira/Wacker

Ablasser, Wolfgang
Torwächter
1964-65   4   0   Kapfenberger SV

Ablinger, Christian
*27.12.1966, Manndecker/Linker Außendecker
1989-90   24   0   FC Tirol
1990-91   6   0   FC Tirol
1991-92   3   0   FC Tirol

Abrahám, Tomáš
*18.04.1979, Mittelfeldspieler
2010-11   36   1   Wacker Innsbruck
2011-12   35   2   Wacker Innsbruck
2012-13   27   2   Wacker Innsbruck
2013-14   12   0   Wacker Innsbruck

Adriel (Adriel Tadeu Ferreira da Silva)
*22.05.1997, Innenverteidiger
2022-23   20   1   Austria Lustenau

Abt, Klaus
Mittelfeldspieler
1963-64   1   0   First Vienna

Abwerzger, Norbert
*17.04.1952, Stürmer
1974-75   4   0   Sturm Graz

Ačimovič, Milenko
*15.02.1977, 74 A, Mittelfeldspieler
2006-07   11   3   Austria Wien
2007-08   30   3   Austria Wien
2008-09   34 14   Austria Wien
2009-10   26 10   Austria Wien

Ackerl, Karl
Linksaußen
1960-61   2   0   First Vienna
1961-62   1   0   First Vienna

Acquah, Reuben
*03.11.1996, Mittelfeldspieler
2018-19   1   0   TSV Hartberg

Acs, Peter
*17.09.1950, Libero
1971-72   12   0   First Vienna
1972-73   14   0   SC Bregenz

Aczél, Zoltán
13.05.1967, 2 A, Innenverteidiger
1996-97   8   0   SV Ried

Adamczyk, Krzysztof
*14.02.1956, 3 A, Mittelfeld/Stürmer
1987-88   15   1   VOEST Linz

Adametz, Stefan
Rechtsaußen/Rechter Halbstürmer
1966-67   6   0   First Vienna

Adamski, Marcin
*20.08.1975, 3 A, Innenverteidiger
2001-02   14   2   Rapid Wien
2002-03   29   1   Rapid Wien
2003-04   28   1   Rapid Wien
2004-05   14   0   Rapid Wien
2005-06   21   0   Rapid Wien

Ademi, Orhan
*28.10.1991, Stürmer
2008-09   2   0   SC Rheindorf Altach
2016-17   28   3   SV Ried

Adeyemi, Karim David
*18.01.2002, 4 A, Stürmer/Flügel
2019-20   10   1   RB Salzburg
2020-21   29   7   RB Salzburg
2021-22   29 19   RB Salzburg

Adi (Rocha Sobrinho Filha Adi)
*15.12.1985, Mittelstürmer
2007-08   19   2   Linzer ASK
2008-09   16 10   Austria Kärnten

Adjanov, Alexander
*09.06.1946, Vorstopper
1968-69   2   0   Austria Klagenfurt
1969-70   16   1   Austria Klagenfurt

Adjei, Felix
*17.12.1990, Mittelfeldspieler
2011-12   1   0   RB Salzburg
2019-20   21   0   WSG Tirol

Adrović, Enver
*20.05.1969, Mittelfeldspieler
1998-99 11   0 Vorwärts Steyr

Adžić, Ivan
*21.06.1973, Mittelfeldspieler
1998-99 22   2 Rapid Wien

Adžić, Stevo
*23.12.1937, Stürmer
1967-68 19   8 Grazer AK

Aff, Viktor
*30.09.1952, Mittelfeldspieler
1969-70   3   0 First Vienna
1971-72   1   0 First Vienna

Affengruber, David
*19.03.2001, Innenverteidiger
2020-21   5   0 RB Salzburg
2021-22 30   1 Sturm Graz
2022-23 27   4 Sturm Graz
2023-24 28   2 Sturm Graz

Aflenzer, Christian
*31.03.1972, Mittelfeldspieler
1990-91 12   0 Austria Salzburg
1993-94   6   0 FC Tirol Innsbruck

Afolabi, Rabiu
*18.04.1980, 18 A, Innenverteidiger
2003-04 33   0 Austria Wien
2004-05 27   1 Austria Wien
2009-10 29   4 RB Salzburg
2010-11 33   0 RB Salzburg

Aganun, Olumuyiwa Olushola
*04.05.1984, Stürmer/Mittelfeld
2004-05 13   4 Wacker Tirol
2005-06 32   7 Wacker Tirol
2006-07 31   4 Wacker Tirol
2007-08 21   2 Wacker Innsbruck

Agbo, Emmanuel
*10.01.1980, Stürmer
1999-00   7   0 Schwarz-Weiß Bregenz

Agić, Jasmin
*26.12.1974, 14 A, Mittelfeldspieler
2006-07   6   0 FC Pasching

Agresch, Josef
Verteidiger/Mittelfeld
1968-69 16   0 WSV Donawitz

Águas, José
*09.11.1930, 25 A, Mittelstürmer
1963-64   7   2 Austria Wien

Agyekum, Lawrence
*23.11.2003, Mittelfeldspieler
2022-23   3   0 RB Salzburg

Aichholzer, Herwig
*25.11.1959, Mittelfeldspieler
1983-84 16   4 SV St. Veit
1984-85 11   1 SV Spittal/Drau
1984-85 14   2 Grazer AK
1985-86 17   1 Grazer AK
1987-88 22   3 Austria Klagenfurt

Aichmayer, Konrad
Linker Außendecker/Mittelläufer
1951-52   9   0 Kapfenberger SV

Aichner, Markus
*12.04.1979, Stürmer
1997-98   4   0 FC Tirol Innsbruck

Aichorn, Stefan
*19.12.1953, Mittelfeldspieler
1975-76   3   0 Rapid Wien
1976-77   3   0 Rapid Wien

Aigner, Anton
*07.12.1970, Manndecker
1992-93   7   0 Austria Salzburg

Aigner, Ernst
*31.10.1966, 11 A, Libero
1986-87 12   1 Admira/Wacker
1987-88 30   5 Admira/Wacker
1988-89 32   6 Admira/Wacker
1989-90 35   4 Austria Wien
1990-91 23   1 Austria Wien
1991-92   2   0 Austria Wien
1992-93 23   1 Austria Wien
1993-94 17   0 Austria Wien
1996-97 30   3 Admira/Wacker
1997-98 14   2 Admira/Wacker Mödling
2000-01 15   3 Admira/Wacker Mödling

Aigner, Franz
*14.09.1967, 6 A, Mittelfeldspieler
1986-87 16   0 Sturm Graz
1987-88   7   0 Sturm Graz
1989-90 21   1 Austria Salzburg
1990-91   1   0 Austria Salzburg
1991-92   2   0 Austria Salzburg
1992-93   2   0 Austria Salzburg
1993-94 22   2 Austria Salzburg
1994-95 22   0 Austria Salzburg
1995-96 14   1 Austria Salzburg
1996-97 26   1 Austria Salzburg
1997-98 31   0 Austria Salzburg
1998-99 27   1 Austria Salzburg
1999-00   3   0 Austria Salzburg

Aigner, Helmut
Rechtsaußen
1961-62   1   0 Salzburger AK

Aigner, Johannes (Hannes)
*16.03.1981, Stürmer
2004-05 25   2 Wacker Tirol
2005-06 29   5 Wacker Tirol
2006-07 29   9 Austria Wien
2007-08 29   4 Austria Wien
2009-10 28 10 SC Wiener Neustadt
2010-11 30 11 SC Wiener Neustadt
2014-15 30 12 SC Rheindorf Altach
2015-16 27 10 SC Rheindorf Altach
2016-17 13   2 SC Rheindorf Altach
2017-18 34   8 SC Rheindorf Altach
2018-19   8   4 SC Rheindorf Altach

Aigner, Karl
*14.07.1931, Rechtsaußen
1952-53   1   0 Grazer AK
1953-54 26 12 Grazer AK
1954-55 23   7 Grazer AK
1955-56 26 11 Grazer AK
1956-57 21   9 Grazer AK
1957-58 15   7 Grazer AK
1958-59 15   1 Grazer AK
1959-60 18   0 Grazer AK
1960-61 18   0 Grazer AK
1961-62   6   0 Grazer AK
1964-65   2   0 Sturm Graz

Aigner, Sebastian
*03.01.2001, Mittelfeldspieler
2021-22 22   0 SC Rheindorf Altach
2022-23 17   0 SC Rheindorf Altach

Aigner, Siegfried
*05.10.1956, Mittelfeldspieler
1978-79   7   0   Austria Wien
1980-81 24   1   SC Eisenstadt
1982-83   2   0   SC Eisenstadt

Aílton (Gonçalves da Silva)
*19.07.1973, Mittelstürmer
2008-09 12   7   SC Rheindorf Altach

Aiwu, Emanuel
*25.12.2000, rechter Außendecker
2017-18   3   0   Admira/Wacker Mödling
2018-19 19   3   Admira/Wacker Mödling
2019-20 26   0   Admira/Wacker Mödling
2020-21 28   1   Admira/Wacker Mödling
2021-22   5   1   Admira/Wacker Mödling
2021-22 23   2   Rapid Wien

Ajeti, Albian
*26.02.1997, 11 A, Stürmer
2022-23 15   3   Sturm Graz

Akagündüz, Mehmet
*20.12.1980, Mittelstürmer
2000-01   1   0   SV Ried

Akagündüz, Muhammet
*11.01.1978, 10 A, Stürmer
2000-01 31 13   SV Ried
2001-02 29   6   SV Ried
2002-03 30 10   SV Ried
2005-06 34   9   Rapid Wien
2007-08 27   4   SV Ried

Akaslan, Halil
*12.08.1983, Mittelstürmer
2003-04   1   0   Austria Wien

Akiyoshi, Taisuke
*18.04.1989, Mittelfeldspieler
2014-15   2   0   Sturm Graz

Akoto, Éric
*20.07.1979, 56 A, Innenverteidiger
1998-99 16   0   Grazer AK
1999-00   8   0   Grazer AK
2000-01   8   0   Grazer AK
2001-02 22   2   Grazer AK
2002-03 23   3   Austria Wien
2003-04 17   1   Austria Wien
2005-06 17   1   Admira/Wacker Mödling
2006-07 25   0   Grazer AK
2008-09 15   0   Kapfenberger SV

Akwuegbu, Benedict
*03.11.1974, 21 A, Stürmer
1998-99 31   6   Grazer AK
1999-00 27 12   Grazer AK
2000-01 23   5   Grazer AK
2001-02 19   8   Grazer AK
2002-03 11   4   Grazer AK
2003-04   9   3   Grazer AK
2003-04 14   6   FC Kärnten
2004-05 10   0   Wacker Tirol
2005-06   1   0   Wacker Tirol

Akwuegbu, Emmanuel
*20.12.1978, 1 A, Stürmer
1999-00 11   1   Schwarz-Weiß Bregenz
2000-01 17   1   Schwarz-Weiß Bregenz
2002-03 16   1   Schwarz-Weiß Bregenz

Akyıldız, Volkan
*23.02.1995, Stürmer
2017-18   1   0   SC Rheindorf Altach

Alan (Borges de Carvalho Douglas)
*10.07.1989, Stürmer
2010-11 24 10   RB Salzburg
2011-12   5   3   RB Salzburg
2012-13 14 11   RB Salzburg
2013-14 29 26   RB Salzburg
2014-15 16   9   RB Salzburg

Alar, Deni
*18.01.1990, 2 A, Stürmer
2008-09   3   1   Kapfenberger SV
2009-10 28   6   Kapfenberger SV
2010-11 32 14   Kapfenberger SV
2011-12 29   9   Rapid Wien
2012-13 31 15   Rapid Wien
2013-14 12   2   Rapid Wien
2014-15 25   6   Rapid Wien
2015-16 19   3   Rapid Wien
2016-17 34 16   Sturm Graz
2017-18 36 20   Sturm Graz
2018-19 20   4   Rapid Wien
2020-21   4   1   Rapid Wien

Alar, Goran
*01.05.1962, Stürmer
1991-92   6   0   DSV Alpine

Albrecht, Dietrich
*04.02.1940, 9 A, Stürmer
1970-71 14   2   Sturm Graz

Albrich, Dieter
*20.09.1942, Innenverteidiger
1960-61 14   1   FC Dornbirn
1963-64 22   1   FC Dornbirn
1968-69 21   0   Schwarz-Weiß Bregenz
1970-71 15   0   Schwarz-Weiß Bregenz
1972-73 25   0   SC Bregenz
1973-74 27   0   FC Vorarlberg

Aleksić, Goran
*05.04.1985, Stürmer
2009-10   7   0   Austria Kärnten

Alex (Alessandro Dos Santos)
*20.07.1977, 82 A, linker Außendecker
2006-07   9   0   RB Salzburg
2007-08 11   1   RB Salzburg

Alex, Otto
*15.07.1928, Torwächter
1947-48 13   0   Admira Wien (WL)
1948-49   6   0   Admira Wien (WL)
1949-50 24   0   Admira Wien
1950-51 20   0   Admira Wien
1951-52 18   0   Admira Wien
1952-53 22   0   Admira Wien
1953-54 18   0   Admira Wien
1954-55 11   0   Admira Wien
1955-56 13   0   Admira Wien
1956-57 25   0   Admira Wien
1957-58 12   0   Admira Wien
1958-59   7   0   Admira Wien

Alex Rafael (Alex Rafael da Silva Antônio)
*01.01.1988, Stürmer
2011-12   1   0   RB Salzburg

Alge, Erwin
*1922, Mittelfeldspieler
1960-61   4   0   FC Dornbirn

Alhassan, Abdullahi Ibrahim
*03.11.1996, 2 A, Mittelfeldspieler
2017-18 20   1   Austria Wien

Ali, Osman Abd al Rahman
*02.06.1986, Mittelfeldspieler
2014-15 22   1   SC Wiener Neustadt

Alihodžić, Haris
*12.04.1968, 2 A, Innenverteidiger
1993-94   7 1 Rapid Wien
1993-94 14 1 Wiener Sportclub

Almer, Franz
*23.09.1970, Torwächter
1990-91   8 0 DSV Alpine
1991-92   6 0 DSV Alpine
1995-96 35 0 Grazer AK
1996-97 14 0 Grazer AK
1997-98 27 0 Grazer AK
1998-99 32 0 Grazer AK
1999-00 31 0 Grazer AK
2000-01 25 0 Grazer AK
2001-02 36 0 Grazer AK
2002-03 19 0 Grazer AK
2003-04   3 0 Grazer AK
2004-05   4 0 Grazer AK

Almer, Robert
*20.03.1984, 33 A, Torwächter
2006-07   9 0 SV Mattersburg
2007-08 11 0 SV Mattersburg
2008-09   5 0 Austria Wien
2009-10   6 0 Austria Wien
2010-11 10 0 Austria Wien
2015-16 22 0 Austria Wien
2016-17   9 0 Austria Wien

Almog, Eylon
*08.01.1999, Außenstürmer
2022-23   9 1 TSV Hartberg

Aloisi, Ross
*17.04.1973, 3 A, Mittelfeldspieler
1999-00 22 0 Grazer AK
2000-01   2 0 Grazer AK

Altenburger, Peter
*26.04.1937, Stürmer
1962-63   9 1 Wiener Sportclub

Althuber, Johann
*22.02.1929, Innenverteidiger
1960-61   8 0 SVS Linz

Altunashvili, Sandro
*19.05.1997, 7 A, Mittelfeldspieler
2023-24 26 0 Wolfsberger AC

Altunbaş, Metehan
*07.01.2003, Stürmer
2020-21   3 0 Linzer ASK

Aluka, Chidi
*29.09.1976, Stürmer
1996-97   6 0 Grazer AK

Alunderis, Vidas
*27.03.1979, 20 A, Innenverteidiger
2009-10 25 1 Linzer ASK

Amanda, Gloire
*11.11.1998, Stürmer
2021-22 10 1 Austria Klagenfurt

Ambichl, Michael
*26.04.1991, Mittelfeldspieler
2016-17 28 2 SKN St. Pölten
2017-18 29 0 SKN St. Pölten
2018-19 14 1 SKN St. Pölten
2019-20 22 1 SKN St. Pölten

Ambichl, Wilhelm
*19.03.1916, Rechtsaußen
1945-46   8 4 Rapid Oberlaa (WL)
1947-48 14 1 SK Oberlaa (WL)
1948-49 17 1 SK Oberlaa (WL)
1949-50 16 0 SK Oberlaa

Ambrosius, Thomas
*14.07.1969, Stürmer
2000-01 34 14 Schwarz-Weiß Bregenz
2001-02 34   5 FC Kärnten
2002-03 31   5 FC Kärnten
2003-04 14   1 FC Kärnten

Amerhauser, Martin
*23.07.1974, 12 A, Mittelfeldspieler
1993-94 19 3 Austria Salzburg
1994-95   4 0 Austria Salzburg
1995-96 27 3 Grazer AK
1996-97 31 3 Austria Salzburg
1997-98 34 4 Austria Salzburg
1998-99 29 2 Austria Salzburg
1999-00 24 3 Grazer AK
2000-01 34 1 Grazer AK
2001-02 23 2 Grazer AK
2002-03 27 1 Grazer AK
2003-04 29 2 Grazer AK
2004-05 31 2 Grazer AK
2005-06 35 0 Grazer AK
2006-07 33 2 Grazer AK

Amoah, Charles Baye
*28.02.1975, 15 A, Stürmer
2000-01 11 3 Sturm Graz
2001-02 27 6 Sturm Graz
2002-03 34 8 Sturm Graz
2003-04   5 1 Austria Salzburg

Amoah, Winfried
*18.05.2000, Stürmer
2019-20   1 0 Sturm Graz

Amreich, Josef
*16.03.1927, Torwächter
1942-43   1 0 FC Wien (BK)
1943-44   1 0 FC Wien (OK)
1946-47 12 0 Post SV Wien (WL)
1947-48   4 0 Wiener Sportclub (WL)
1951-52 21 0 Grazer AK
1952-53 20 0 Grazer AK
1953-54 21 0 Grazer AK
1955-56 11 0 Sturm Graz
1956-57 16 0 Sturm Graz

Anderle, Heinrich
Innenstürmer
1955-56   8 1 Austria Graz
1959-60 26 0 Grazer AK

Anders, Dirk
*26.09.1966, Mittelfeldspieler
1998-99 16 0 Vorwärts Steyr

Anderson (Anderson dos Santos Gomes)
*03.01.1998, rechter Außendecker
2018-19   6 1 SC Rheindorf Altach
2019-20 19 0 SC Rheindorf Altach
2020-21 15 0 SC Rheindorf Altach
2022-23 29 5 Austria Lustenau
2023-24 27 1 Austria Lustenau

Andrade, Andrés
*16.10.1998, 29 A, Innenverteidiger
2019-20 10 0 Linzer ASK
2020-21 32 0 Linzer ASK
2021-22   2 0 Linzer ASK
2023-24 30 0 Linzer ASK

Andres, Karl
*31.10.1951, Mittelfeldspieler
1980-81 31 0 SC Eisenstadt
1983-84 17 0 SC Eisenstadt

Andric, Mario
*04.03.1998, linker Außendecker
2021-22   3 0 WSG Tirol

Andritz, Karl
*13.05.1914, 3 A, linker Außendecker
1933-34   1 0 Austria Wien (WL)
1934-35 20 0 Austria Wien (WL)
1935-36 21 0 Austria Wien (WL)
1936-37 21 0 Austria Wien (WL)
1937-38 14 2 Austria Wien (NL)
1938-39 16 0 Austria Wien (GL)
1939-40   1 0 Austria Wien (GK)
1940-41   8 0 Austria Wien (GK)
1941-42 12 0 Austria Wien (GK)
1942-43 13 0 Austria Wien (GK)
1943-44   4 0 Austria Wien (GK)
1945-46 17 1 Austria Wien (WL)
1946-47   4 1 Austria Wien (WL)
1949-50 11 0 SV Gloggnitz

Androšić, Valter
*11.11.1977, Innenverteidiger
2005-06   9 0 Admira/Wacker Mödling

Anfang, Markus
*12.06.1974, Mittelfeldspieler
1998-99 34 2 FC Tirol Innsbruck
1999-00 27 1 FC Tirol Innsbruck
2000-01 29 1 FC Tirol Innsbruck
2001-02 17 1 FC Tirol Innsbruck

Angan, Didié
*27.12.1974, 14 A, Innenverteidiger
2002-03 10 0 Sturm Graz

Angeler, Marco
*28.01.1989, Mittelfeldspieler
2013-14   1 0 SC Wiener Neustadt

Angerbauer, Kurt
Rechtsaußen
1961-62   1 0 Kapfenberger SV

Angerer, Gottfried
*04.03.1961, Torwächter
1984-85 30 0 DSV Alpine
1985-86 18 0 DSV Alpine
1988-89 36 0 First Vienna
1989-90 30 0 First Vienna
1990-91 22 0 First Vienna
1992-93 16 0 Sturm Graz

Angerschmid, Michael
*24.02.1974, Mittelfeldspieler
1995-96 32 2 SV Ried
1996-97 35 1 SV Ried
1997-98 33 1 SV Ried
1998-99 29 1 SV Ried
1999-00 30 2 SV Ried
2000-01 33 2 SV Ried
2001-02 30 2 SV Ried
2002-03 33 1 SV Ried
2005-06 22 1 SV Ried
2006-07   2 0 SV Ried

Angibeaud Nguidjol**, Didier**
*08.10.1974, 6 A, Mittelfeldspieler
1998-99 14 1 Sturm Graz
1999-00   7 0 Sturm Graz
2000-01   2 0 Sturm Graz

Anhauser, Walter
*1943, Torwächter
1967-68   7 0 Austria Salzburg

Anhofer, Heinrich
Rechtsaußen
1952-53 23 6 Grazer SC

Aničić, Michael
*18.10.1974, Mittelfeldspieler
1996-97 10 1 Grazer AK
1997-98 32 3 Grazer AK
1998-99 30 2 SV Ried
1999-00 28 5 SV Ried
2000-01   5 2 SV Ried

Ankersen, Peter Svarrer
*22.09.1990, 27 A, rechter Außendecker
2014-15 21 1 RB Salzburg

Anselgruber, Karl
*1923, Rechtsaußen
1949-50 23 4 Vorwärts Steyr
1950-51   7 1 Vorwärts Steyr

Anselm, Tobias
*24.02.2000, Mittelfeldspieler
2020-21 26 6 WSG Tirol
2021-22   8 1 WSG Tirol

Antonitsch, Herbert
*1928, Linker Halbstürmer/Rechter Läufer
1949-50 14 4 Vorwärts Steyr
1950-51 18 3 Vorwärts Steyr

Antonitsch, Nico
*30.09.1991, Innenverteidiger
2015-16 13 1 SV Ried
2016-17   6 0 SV Ried

Antonsson, Mikael
*31.05.1981, 28 A, Innenverteidiger
2004-05 16 0 Austria Wien
2005-06 12 0 Austria Wien

Antrich, Adolf
08.12.1940, 2 A, Torwächter
1958-59 13 0 WSV Donawitz
1959-60 26 0 WSV Donawitz
1961-62 15 0 Kapfenberger SV
1963-64 17 0 Kapfenberger SV
1964-65   8 0 Kapfenberger SV
1965-66 17 0 Kapfenberger SV
1966-67   8 0 Kapfenberger SV
1967-68 12 0 Schwarz-Weiß Bregenz
1968-69 16 0 Schwarz-Weiß Bregenz
1969-70 29 0 Austria Klagenfurt
1970-71 30 0 Austria Salzburg
1971-72 24 0 Rapid Wien
1972-73 15 0 Rapid Wien
1973-74 19 0 Rapid Wien
1974-75   3 0 Rapid Wien

Antrich, Hubert
Linker Außendecker
1958-59   3 0 WSV Donawitz

Antrich, Peter
*1938, linker Außendecker
1958-59 25 0 WSV Donawitz
1959-60 21 0 WSV Donawitz
1961-62 15 0 Kapfenberger SV
1963-64 15 0 Kapfenberger SV
1964-65 20 0 Kapfenberger SV
1965-66 21 0 Kapfenberger SV
1966-67 18 0 Kapfenberger SV

Anzolin, Matteo
*11.11.2000, Innenverteidiger
2022-23 19 0 Wolfsberger AC

Arase, Kelvin
*15.01.1999, Stürmer
2016-17   2   0   Rapid Wien
2017-18   1   0   Rapid Wien
2018-19   1   0   Rapid Wien
2019-20 25   5   Rapid Wien
2020-21 24   4   Rapid Wien
2021-22 23   1   Rapid Wien

Arco, Klaus
*30.05.1945, linker Außendecker/Vorstopper
1968-69   1   0   WSG Wattens
1969-70 12   0   WSG Wattens

Ari, Taner
*29.05.1987, rechter Außendecker
2009-10 11   1   SC Wiener Neustadt

Arndt, Derek
*14.12.1971, Mittelfeldspieler
1995-96   1   0   Vorwärts Steyr

Arnejčič, Milan
*18.10.1842, Stürmer
1970-71 12   4   Grazer AK

Arnold, Hans
*19.09.1933, Torwächter
1952-53   8   0   Salzburger AK
1953-54   3   0   Wacker Wien
1954-55 25   0   Grazer AK
1955-56 18   0   Grazer AK
1956-57 26   0   Grazer AK
1957-58   5   0   Grazer AK

Artmann, Karl-Heinz
*09.01.1945, Stürmer
1970-71 21   4   Linzer ASK
1971-72 24   5   Linzer ASK

Artner, Heinz
*25.04.1947, Rechter Halbstürmer
1964-65   2   0   SC Wiener Neustadt

Artner, Kurt
Linksaußen
1952-53   1   0   VfB Mödling

Artner, Peter
*20.05.1966, 55 A, Mittelfeldspieler
1984-85   4   0   Austria Wien
1985-86   1   0   Austria Wien
1986-87 20   1   First Vienna
1987-88 35   4   Admira/Wacker
1988-89 28   1   Admira/Wacker
1989-90 31   2   Admira/Wacker
1990-91 33   2   Admira/Wacker
1991-92 31   4   Admira/Wacker
1992-93 30 10   Admira/Wacker
1993-94 30   4   Austria Salzburg
1994-95 25   2   Austria Salzburg
1995-96 27   1   Austria Salzburg

Artner, Werner
*05.05.1939, Innenstürmer
1963-64   1   0   SC Wiener Neustadt
1964-65   9   4   SC Wiener Neustadt
1965-66 13   4   SC Wiener Neustadt
1966-67   1   0   SC Wiener Neustadt

Arweiler, Jonas
*10.04.1997, Stürmer
2022-23 20   3   Austria Klagenfurt
2023-24 25   1   Austria Klagenfurt

Arzberger, Heinz Dieter
*27.08.1972, 1 A, Torwächter
1995-96   4   0   Sturm Graz
1996-97   5   0   Sturm Graz
1999-00   3   0   Austria Salzburg
2001-02 27   0   Austria Salzburg
2003-04 35   0   Austria Salzburg
2004-05 30   0   Austria Salzburg
2005-06 20   0   RB Salzburg
2008-09 13   0   RB Salzburg
2009-10   6   0   RB Salzburg

Arzböck, Josef
*31.10.1937, Mittelfeldspieler
1971-72 24   0   SK Bischofshofen

Arzböck, Peter
*14.09.1948, Mittelfeldspieler
1971-72 23   2   SK Bischofshofen
1973-74 17   1   Austria Salzburg

Asadi, Reza
*17.01.1996, 8 A, Mittelfeldspieler
2020-21   6   0   SKN St. Pölten

Aschauer, Alexander
*14.03.1992, Stürmer
2009-10   1   0   RB Salzburg

Aschauer, Jürgen
*21.07.1974, Stürmer
1992-93   1   0   FC Stahl Linz

Ashimeru, Majeed
*10.10.1997, 8 A, Mittelfeldspieler
2017-18 15   2   Wolfsberger AC
2019-20 20   2   RB Salzburg
2020-21   9   0   RB Salzburg

Aslan, Metin
*04.03.1978, Innenverteidiger
2002-03 10   0   SV Pasching

Aslan, Serkan
*15.01.1980, Mittelfeldspieler
2000-01   2   0   Schwarz-Weiß Bregenz
2001-02 26   0   Schwarz-Weiß Bregenz
2002-03 23   3   Schwarz-Weiß Bregenz
2003-04 28   9   Schwarz-Weiß Bregenz
2004-05 12   0   Austria Salzburg

Asllani, Fisnik
*08.08.2002, Stürmer
2023-24 16   4   Austria Wien

Astafjevs, Vitalijs
*03.04.1971, 167 A, Mittelfeldspieler
1996-97 26   1   Austria Wien
2003-04 28   2   Admira/Wacker Mödling

Atalay, Faruk
*18.03.1981, Mittelfeldspieler
2002-03   9   0   FC Kärnten
2003-04   4   1   SV Pasching

Atan, Cem
*30.06.1985, 2 A, Mittelfeldspieler
2005-06 13   0   SV Mattersburg
2006-07 32   7   SV Mattersburg
2007-08 33   2   SV Mattersburg
2008-09 34   3   SV Mattersburg
2009-10 24   2   SV Mattersburg
2010-11   8   0   Linzer ASK

Atanga, David Dona
*25.12.1996, Mittelfeld/Flügel
2015-16   5   0   RB Salzburg
2016-17   15 3   SV Mattersburg
2017-18   1   0   RB Salzburg
2017-18   13 5   SKN St. Pölten
2020-21   15 2   Admira/Wacker Mödling

Atav, Müslüm
*07.09.1981, Stürmer
2006-07   20 2   SC Rheindorf Altach
2007-08   1   0   SC Rheindorf Altach

Atik, Barış
*09.01.1995, Mittelfeldspieler
2016-17   16 5   Sturm Graz

Aubrecht, Herbert
Rechter Halbstürmer
1950-51   1   0   Wiener Neustadt

Auer, Anton
*28.02.1947, Vorstopper
1970-71   2   0   Wiener Sportclub
1971-72   17 0   Wiener Sportclub
1972-73   28 0   Wiener Sportclub
1973-74   22 0   Wiener Sportclub

Auer, Hubert
*19.12.1981, Torwächter
2009-10   1   0   SV Ried
2010-11   2   0   SV Ried

Auer, Jonas
*05.08.2000, Mittelfeldspieler
2021-22   21 0   Rapid Wien
2022-23   28 0   Rapid Wien
2023-24   26 1   Rapid Wien

Auer, Robert
*30.10.1957, Vorstopper/Libero
1977-78   10 0   Wattens-Wacker Innsbruck
1978-79   23 0   Wattens-Wacker Innsbruck
1981-82   17 0   Wattens-Wacker Innsbruck
1982-83   28 2   Wattens-Wacker Innsbruck
1984-85   27 0   Wattens-Wacker Innsbruck
1985-86   30 1   Wattens-Wacker Innsbruck
1986-87   18 0   Wattens-Wacker Innsbruck
1987-88   11 0   FC Tirol

Auer, Stephan
*11.01.1991, rechter Außendecker
2011-12   20 1   Admira/Wacker Mödling
2012-13   16 0   Admira/Wacker Mödling
2013-14   31 1   Admira/Wacker Mödling
2014-15   34 1   Admira/Wacker Mödling
2015-16   19 0   Rapid Wien
2016-17   18 0   Rapid Wien
2017-18   32 2   Rapid Wien
2018-19   17 0   Rapid Wien
2019-20   15 0   Rapid Wien
2020-21   22 0   Admira/Wacker Mödling
2021-22   3   0   Admira/Wacker Mödling

Auer, Wolfgang
*28.10.1955, Stürmer
1978-79   4   0   Wattens-Wacker Innsbruck
1978-79   7   1   Austria Salzburg

Auffinger, Jürgen
*10.10.1965, Mittelfeldspieler
1990-91   28 7   DSV Alpine
1991-92   19 1   DSV Alpine
1992-93   23 0   Wiener Sportclub

Aufgeweckt, Manfred
*05.02.1955, Stürmer
1973-74   11 1   Rapid Wien
1974-75   3   0   Rapid Wien
1975-76   17 3   Austria Klagenfurt

Aufhauser, Rene
*21.06.1976, 58 A, Mittelfeldspieler
1996-97   17 2   Austria Salzburg
1997-98   33 8   Austria Salzburg
1998-99   28 2   Austria Salzburg
1999-00   33 4   Austria Salzburg
2000-01   33 2   Austria Salzburg
2001-02   28 2   Grazer AK
2002-03   31 8   Grazer AK
2003-04   28 5   Grazer AK
2004-05   29 2   Grazer AK
2005-06   3   0   Grazer AK
2005-06   31 8   RB Salzburg
2006-07   30 9   RB Salzburg
2007-08   22 1   RB Salzburg
2008-09   25 2   RB Salzburg
2009-10   7   0   RB Salzburg
2009-10   13 2   Linzer ASK
2010-11   32 6   Linzer ASK

Augustin, Michael
*29.07.1998, Innenverteidiger
2016-17   1   0   Wolfsberger AC

Augustin, Wolfgang
*20.01.1958, Mittelfeldspieler
1976-77   10 0   Rapid Wien
1977-78   13 0   Rapid Wien
1978-79   4   0   Rapid Wien
1979-80   3   0   First Vienna

Augustine, Brendan
*26.10.1971, 30 A, Rechtsaußen
1995-96   10 0   Linzer ASK
1996-97   28 1   Linzer ASK
1997-98   26 2   Linzer ASK
1998-99   15 1   Linzer ASK

Augustinussen, Thomas
*20.03.1981, 5 A, Mittelfeldspieler
2009-10   12 0   RB Salzburg
2010-11   9   0   RB Salzburg

Auner, Leopold
Linker Läufer/Linker Halbstürmer
1949-50   23 0   Slovan Wien
1950-51   6   3   First Vienna
1951-52   5   0   First Vienna

Aurednik, Lukas (Harry)
20.02.1918, 14 A, Linksaußen
1935-36   11 1   Rapid Wien (WL)
1936-37   7   0   Rapid Wien (WL)
1937-38   16 3   Rapid Wien (NL)
1942-43   3   1   Rapid Wien (BK)
1943-44   14 7   LSV Manndeckersdorf (OK)
1945-46   20 28 Austria Wien (WL)
1948-49   14 10 Austria Wien (WL)
1949-50   24 10 Austria Wien
1950-51   23 13 Austria Wien
1951-52   25 7   Austria Wien
1952-53   22 6   Austria Wien

Aust, Peter
*02.05.1943, Stürmer
1960-61   1   0   First Vienna
1961-62   10 3   First Vienna
1962-63   4   0   First Vienna
1963-64   2   0   First Vienna
1964-65   5   0   SC Wiener Neustadt
1968-69   12 2   Wacker Innsbruck

Autz, Karl
*18.12.1949, Torwächter
1973-74   2   0   WSG Radenthein/VSV
1982-83   2   0   Austria Klagenfurt

Avădanei, Lorin
*22.02.1956, Libero
1989-90   1   0   Wiener Sportclub
1990-91 21   1   Wiener Sportclub

Aydemir, Etem
*01.01.1965, Mittelfeldspieler
1983-84   3   0   Favoritner AC
1984-85 23   2   Favoritner AC

Avdijai, Donis
*25.08.1996, 6 A, Mittelfeld/Stürmer
2021-22 18   5   TSV Hartberg
2022-23 16   7   TSV Hartberg
2023-24 25 12   TSV Hartberg
2014-15 17   6   Sturm Graz
2015-16 25   3   Sturm Graz

Avlonitis, Anastasios
*01.01.1990, Innenverteidiger
2015-16 16   0   Sturm Graz
2018-19 19   0   Sturm Graz
2019-20 28   1   Sturm Graz

Awoudja, Maxim Aglago
*02.02.1998, Innenverteidiger
2021-22 20   2   WSG Tirol

Aydın, Okan
*08.05.1994, Stürmer
2021-22 12   2   TSV Hartberg
2022-23 14   3   TSV Hartberg

Aydogdu, Furkan
*06.06.1988, Mittelfeldspieler
2013-14 10   1   SV Ried

Ayre, Colin
*14.03.1956, Außenstürmer
1981-82   5   0   Wattens-Wacker Innsbruck

Ayyildiz, Ilter
*31.07.1992, Mittelfeldspieler
2015-16 10   1   Admira/Wacker Mödling
2016-17   3   0   Admira/Wacker Mödling

Azima, Mohamed Semida Abdel
*17.10.1968, 14 A, Mittelfeldspieler
1994-95 27   4   Vorwärts Steyr
1995-96 18   1   Vorwärts Steyr

Azinović, Mladen
*16.08.1939, Stürmer
1968-69 27   5   Austria Klagenfurt
1969-70 14   0   Austria Klagenfurt

B

Ba, Cheikh Sidy
*31.03.1968, 9 A, Innenverteidiger
1996-97 17   0   Linzer ASK
1997-98 34   1   Linzer ASK
1998-99 29   0   Linzer ASK
1999-00 28   0   Linzer ASK
2000-01 15   1   LASK Linz

Ba, Sanoussy
*05.01.2004, linker Außendecker
2023-24 11   0   Linzer ASK

Babalade, Ajibade Kunde
*29.03.1972, 13 A, Manndecker
1998-99 10   0   Sturm Graz

Babangida, Haruna
*01.10.1982, 1 A, Stürmer
2011-12 16   2   Kapfenberger SV

Babil, Nana Kofi
*04.01.2002, Stürmer
2020-21   2   0   SC Rheindorf Altach

Babler, Rudolf (Rudi)
*27.05.1945, Außendecker
1969-70 20   0   Wacker Wien

Babuscu, Onurhan
*05.09.2003, Mittelfeldspieler
2019-20   2   0   Admira/Wacker Mödling
2020-21   2   0   Admira/Wacker Mödling
2021-22 10   2   Admira/Wacker Mödling

Bacher, Felix
*25.10.2000, Mittelfeldspieler
2021-22 17   0   WSG Tirol
2022-23 30   1   WSG Tirol
2023-24 28   1   WSG Tirol

Bacher, Franz
*02.05.1954, 1 A, Libero
1972-73 22   2   Austria Salzburg
1973-74 23   6   Austria Salzburg
1974-75 32   4   Austria Salzburg
1975-76 35   0   Austria Salzburg
1976-77 30   0   Austria Salzburg
1978-79 33   2   Austria Salzburg
1979-80 35   4   Austria Salzburg
1980-81 14   2   Austria Salzburg
1981-82 34   3   Austria Salzburg
1982-83 29   9   Austria Salzburg
1983-84 26   1   Austria Salzburg

Bacher, Friedrich (Fritz)
*30.10.1945, rechter Außendecker
1973-74 25   0   WSG Radenthein/VSV

Bacher, Gerald
*08.10.1968, Mittelfeldspieler
1987-88 10   0   Admira/Wacker
1988-89 10   0   Admira/Wacker
1989-90 34   1   Admira/Wacker
1990-91 26   3   Admira/Wacker
1991-92 31   0   Admira/Wacker
1992-93 29   1   Admira/Wacker
1993-94 30   0   Admira/Wacker
1994-95 32 13   Admira/Wacker
1995-96 26   3   Admira/Wacker
1996-97 22   0   FC Linz

Bacher, Manfred
*13.03.1946, Stürmer
1969-70 10   0   FC Dornbirn

Bachl, Erwin
*08.04.1938, Mittelstürmer
1960-61 18 10   SVS Linz
1961-62 13   6   SVS Linz
1962-63 26   8   SVS Linz
1963-64 23   6   SVS Linz

Bachler, Paul
Innenstürmer
1952-53 16   4   Salzburger AK
1961-62   4   0   Salzburger AK

Bachmayer, Kurt
*07.12.1966, linker Außendecker
1984-85   6   0   First Vienna

Bachstein, Alexander
*20.11.1987, Verteidiger
2008-09   1   0   SC Rheindorf Altach

Backhaus, Sven
*01.06.1968, Libero
1996-97 22   1   Admira/Wacker

Badelt, Gottlieb
*19.06.1930, Innenstürmer
1953-54   5   0   Floridsdorfer AC

Baden Frederiksen, Nikolai
*18.05.2000, Stürmer
2020-21 31 18   WSG Tirol
2023-24 10   0   Austria Lustenau

Bader, Hermann
02.03.1936, Torwächter
1960-61   1   0   FC Dornbirn

Badji, Aliou
*10.10.1997, Stürmer
2018-19 13   5   Rapid Wien
2019-20 16   3   Rapid Wien

Badji, Mamina
*23.08.2002, Mittelfeldspieler
2020-21   1   0   Admira/Wacker Mödling

Bähre, Mike-Steven
*10.08.1995, Mittelfeldspieler
2022-23   7   1   SC Rheindorf Altach
2023-24 30   5   SC Rheindorf Altach

Báez, Enrique Raúl
*19.01.1966, 7 A, Stürmer
1988-89 13   1   Austria Wien
1989-90 15   4   Austria Wien

Bagajoko, Oumar
*19.09.1975, 1 A, Stürmer
1993-94   3   0   Austria Wien

Baghdasaryan, Artashes
*11.02.1984, 1 A, rechter Außendecker
2006-07   2   0   FC Pasching

Bagnack Mouegni, **Macky** Frank
*07.06.1995, 4 A, Innenverteidiger
2017-18   1   0   Admira/Wacker Mödling

Bahloul, Sofian
*16.12.1999, Mittelfeldspieler
2023-24 12   2   SC Rheindorf Altach

Bahr, Gerhart (Gert)
*14.02.1940, linker Außendecker
1962-63   8   0   Austria Klagenfurt
1965-66 19   0   Austria Klagenfurt
1966-67 17   0   Austria Klagenfurt
1967-68 26   0   Austria Klagenfurt
1968-69 25   0   Austria Klagenfurt
1969-70 25   0   Austria Klagenfurt
1972-73   4   0   Austria Klagenfurt

Baic, Helmut
*04.03.1961, Mittelfeldspieler
1983-84   5   0   VOEST Linz
1984-85 12   0   VOEST Linz
1985-86 17   0   VOEST Linz
1986-87   3   0   VOEST Linz

Baidoo, Samson
*31.03.2004, 1 A, Innenverteidiger
2022-23   4   0   RB Salzburg
2023-24 17   2   RB Salzburg

Baier, Rupert
Linksaußen
1961-62   1   0   Kapfenberger SV

Baier, Walter
Linksaußen
1953-54   4   0   Sturm Graz

Baier, Walter
*14.12.1941, Mittelfeld/Linker Außendecker
1960-61   4   1   Schwechater SC
1961-62   5   2   Schwechater SC
1962-63 20   5   Schwechater SC
1963-64 22   3   Schwechater SC
1964-65   9   0   Schwechater SC
1965-66 18   3   Schwechater SC
1966-67   9   0   Rapid Wien
1967-68   7   0   Rapid Wien
1968-69 25   0   Wacker Wien
1969-70 30   0   Wacker Wien
1970-71 15   0   Wacker Wien

Bajak, Helmut
Mittelfeldspieler
1963-64 21   1   SC Wiener Neustadt
1964-65   1   0   Austria Wien

Bajic, Ante
*22.08.1995, Mittelfeldspieler
2020-21 25   5   SV Ried
2021-22 26   9   SV Ried
2022-23 24   1   Rapid Wien
2023-24   6   1   Rapid Wien

Bajlicz, Othmar
*11.09.1952, rechter Außendecker
1971-72 26   3   SC Eisenstadt
1972-73 30   1   SC Eisenstadt
1973-74 26   0   SC Eisenstadt
1974-75 15   0   Wattens-Wacker Innsbruck
1975-76 19   0   Wattens-Wacker Innsbruck
1976-77 28   2   VÖEST Linz
1977-78   4   0   VÖEST Linz
1980-81 18   0   SC Eisenstadt

Bajlitz, Paul
*26.12.1951, Stürmer
1972-73   4   0   VÖEST Linz
1979-80 23   5   Grazer AK
1980-81 32   4   Grazer AK
1981-82 15   1   Grazer AK
1982-83   7   0   Grazer AK

Bajrami, Eldis
*12.12.1992, Mittelfeldspieler
2012-13   1   0   Rapid Wien
2013-14   1   0   Rapid Wien
2014-15 31   3   Admira/Wacker Mödling
2015-16 32   1   Admira/Wacker Mödling
2016-17 29   0   Admira/Wacker Mödling
2017-18 18   0   SKN St. Pölten
2018-19 11   1   SKN St. Pölten

Bąk, Jacek Waldemar
*24.03.1973, 96 A, Innenverteidiger
2007-08 26   3   Austria Wien
2008-09 31   2   Austria Wien
2009-10 23   2   Austria Wien

Bakış, Sinan
*22.04.1994, Stürmer
2018-19 27   4   Admira/Wacker Mödling
2019-20 25 12   Admira/Wacker Mödling

Bakota, Božidar (Božo)
*01.10.1950, 1 A, Mittelfeldspieler
1980-81 30   8   Sturm Graz
1981-82 35 24   Sturm Graz
1982-83 29 19   Sturm Graz
1983-84 21 15   Sturm Graz
1984-85 20 14   Sturm Graz
1985-86 32   5   Sturm Graz

Baldauf, Dario
*27.03.1985, Außenstürmer
2004-05 13   0   Schwarz-Weiß Bregenz
2004-05 16   1   Admira/Wacker Mödling
2006-07 19   0   SC Rheindorf Altach
2007-08   4   0   SC Rheindorf Altach
2012-13 33   2   Wolfsberger AC
2013-14 35   2   Wolfsberger AC
2014-15 17   0   Wolfsberger AC
2015-16 17   0   Wolfsberger AC
2016-17 17   0   Wolfsberger AC

Balaj, Bekim
*11.01.1991, 47 A, Stürmer
2019-20 28   6   Sturm Graz
2020-21 29   3   Sturm Graz

Balen, Željko
*11.10.1990, Innenverteidiger
2012-13   1   0   Sturm Graz

Balić, Husein
*15.02.1996, 1 A, Mittelfeldspieler
2017-18 14   0   SKN St. Pölten
2018-19 29   3   SKN St. Pölten
2019-20 18   4   SKN St. Pölten
2019-20 11   2   Linzer ASK
2020-21 29   3   Linzer ASK
2021-22 27   3   Linzer ASK
2022-23   5   0   Linzer ASK
2022-23 12   0   SC Rheindorf Altach
2023-24   5   1   Linzer ASK

Ballo, Thierno Mamadou Lamarana
*02.01.2002, Mittelfeldspieler
2021-22   8   0   Rapid Wien
2022-23 27   6   Wolfsberger AC
2023-24 27 12   Wolfsberger AC

Balogh, Rudolf (Rudi)
*08.11.1948, linker Außendecker
1970-71 30   1   Schwarz-Weiß Bregenz
1972-73 12   0   SC Bregenz
1976-77 36   0   First Vienna
1977-78 34   0   First Vienna

Baltaxa, Matan
*20.09.1995, 1 A, linker Außendecker
2022-23   5   1   Austria Wien
2023-24   7   0   Austria Wien

Balzis, Ralf
*31.07.1965, Stürmer
1989-90 28   7   First Vienna
1990-91 21   9   First Vienna
1990-91 14   1   Austria Salzburg

Bamba, Mohamed
*10.12.2001, Stürmer
2023-24 15   6   Wolfsberger AC

Bammer, Andreas
*18.07.1984, Stürmer
2008-09 15   0   SV Ried
2010-11 22   2   Wacker Innsbruck
2011-12   3   0   Wacker Innsbruck

Bandl, Alexander
*04.01.1944, Mittelfeld/Linker Außendecker
1969-70   9   0   VÖEST Linz
1970-71 12   0   VÖEST Linz

Banovits, Christian
*28.10.1981, Verteidiger
2000-01   5   0   Admira/Wacker Mödling
2001-02 18   0   Admira/Wacker Mödling
2002-03   7   0   Admira/Wacker Mödling

Barac, Peter
*14.04.1964, Manndecker
1984-85   5   0   Austria Klagenfurt
1985-86 24   0   Austria Klagenfurt
1986-87 21   0   Austria Klagenfurt
1987-88 19   0   Austria Klagenfurt
1988-89 19   0   Austria Klagenfurt
1989-90 16   0   Vorwärts Steyr
1990-91 30   1   Vorwärts Steyr
1991-92 20   2   Vorwärts Steyr
1992-93 10   0   Vorwärts Steyr
1993-94 31   1   Vorwärts Steyr
1994-95 36   1   Vorwärts Steyr
1995-96 35   1   Vorwärts Steyr

Barać, Mateo
*20.07.1994, 1 A, Innenverteidiger
2018-19 12   0   Rapid Wien
2019-20 18   3   Rapid Wien
2020-21 27   0   Rapid Wien

Barazite, Nacer
*27.05.1990, Stürmer
2010-11 16   4   Austria Wien
2011-12 18   8   Austria Wien
2012-13   5   1   Austria Wien

Barbarić, Tomislav
*29.03.1989, Innenverteidiger
2014-15   7   0   Sturm Graz

Barber, Eric
*18.01.1942, 1 A, Stürmer
1970-71 19   8   Wiener Sportclub

Bardel, Georg
*08.03.1975, Mittelfeldspieler
1993-94   1   0   Sturm Graz
1996-97   4   1   Sturm Graz
1997-98   9   0   Sturm Graz
1998-99   8   0   Sturm Graz
1999-00   2   0   Sturm Graz
2000-01 12   2   Admira/Wacker Mödling
2001-02   8   0   Admira/Wacker Mödling
2002-03   1   0   Admira/Wacker Mödling

Bardoun, Oskar
Torwächter
1953-54   3 0 Wiener Sportclub
1955-56 17 0 Wiener Sportclub
1956-57   6 0 Wiener Sportclub
1956-57   5 0 Kremser SC
1957-58 11 0 Kremser SC
1958-59 23 0 Kremser SC
1959-60 19 0 Kremser SC
1960-61   7 0 Linzer ASK
1961-62 11 0 Linzer ASK
1962-63   2 0 Linzer ASK

Baribo, Tai
*15.01.1998, 3 A, Stürmer
2021-22 29 11 Wolfsberger AC
2022-23 32 16 Wolfsberger AC

Barišić, Zoran (Zoki)
*22.05.1970, 1 A, Mittelfeld/Libero
1989-90 15 1 Wiener Sportclub
1990-91 20 1 Wiener Sportclub
1992-93 22 4 VfB Mödling
1993-94 24 0 Rapid Wien
1994-95 22 3 Rapid Wien
1995-96 31 8 Rapid Wien
1996-97   6 0 Rapid Wien
1996-97 13 0 FC Linz
1997-98 23 2 FC Tirol Innsbruck
1998-99 22 4 FC Tirol Innsbruck
1999-00 17 4 FC Tirol Innsbruck
2000-01 21 2 FC Tirol Innsbruck
2001-02 17 1 FC Tirol Innsbruck
2002-03 16 0 Admira/Wacker Mödling
2003-04   3 0 Admira/Wacker Mödling

Barrera Pérez, **Juan** Ramon
*02.05.1989, 80 A, Mittelfeldspieler
2015-16   2 0 SC Rheindorf Altach

Barry, Shawn Maurice
*23.04.1990, Innenverteidiger
2010-11   2 0 Linzer ASK

Barschandt, Leopold
*12.08.1925, 23 A, linker Läufer/Mittelläufer
1951-52 13 2 Wiener Sportclub
1953-54 26 3 Wiener Sportclub
1954-55 26 2 Wiener Sportclub
1955-56 24 1 Wiener Sportclub
1956-57 25 0 Wiener Sportclub
1957-58 26 2 Wiener Sportclub
1958-59 24 1 Wiener Sportclub
1959-60 23 2 Wiener Sportclub
1960-61 13 0 Wiener Sportclub
1960-61 13 0 SVS Linz
1961-62 26 1 SVS Linz
1962-63 25 2 SVS Linz
1963-64   3 0 SVS Linz

Barthold, Peter
*17.02.1954, Torwächter
1973-74 15 0 Rapid Wien
1974-75   6 0 Rapid Wien
1975-76 28 0 Rapid Wien
1976-77   8 0 Rapid Wien
1977-78   1 0 Rapid Wien
1978-79 13 0 Rapid Wien
1979-80   1 0 Rapid Wien
1980-81 32 0 Wiener Sportclub
1981-82   9 0 Wiener Sportclub
1982-83   6 0 Wiener Sportclub

Bartosch, Ferdinand
*03.05.1954, linker Außendecker
1974-75 21 1 Admira/Wacker
1975-76 23 1 Admira/Wacker
1976-77 20 1 Admira/Wacker
1977-78 23 2 Admira/Wacker
1978-79 14 0 Admira/Wacker
1979-80 13 0 Admira/Wacker
1980-81 22 1 Admira/Wacker
1981-82 28 0 Austria Salzburg
1982-83 20 0 Austria Salzburg
1983-84   9 0 Admira/Wacker
1984-85 13 0 Admira/Wacker

Baruwa, Abiodun
*16.11.1974, 5 A, Torwächter
1998-99   1 0 Sturm Graz

Basala-Mazana, Bienvenue
*02.01.1992, rechter Außendecker
2011-12 20 0 SV Ried

Batričević, Slobodan
*03.01.1958, 1 A, Außendecker/Libero
1986-87 15 1 First Vienna
1989-90 21 0 Kremser SC
1990-91 21 0 Kremser SC
1992-93 22 0 Linzer ASK

Bauer, Alexander
*28.05.1949, Stürmer
1973-74 25 5 Grazer AK

Bauer, Alfred
Rechter Außendecker
1961-62   3 0 Salzburger AK

Bauer, Christian
*01.11.1958, Mittelfeldspieler
1979-80   2 0 First Vienna

Bauer, Ferdinand
*12.03.1942, Mittelfeldspieler
1966-67   3 1 Wacker Innsbruck

Bauer, Franz
Linksaußen
1949-50   4 0 Slovan Wien
1953-54   2 0 Floridsdorfer AC

Bauer, Franz
*18.03.1921, Mittelstürmer
1952-53 26 15 VfB Mödling

Bauer, Johann
Linker Außendecker
1949-50   9 0 SK Oberlaa

Bauer, Johann (Hans)
*14.07.1942, Mittelfeldspieler
1965-66   1 0 Austria Salzburg

Bauer, Johann
Mittelfeldspieler
1969-70   5 0 Austria Klagenfurt

Bauer, Jürgen
*13.10.1974, Libero
1993-94   1 0 VSE St. Pölten

Bauer, Karl-Heinz
Außendecker/Mittelfeld
1964-65 21 0 Wacker Wien
1966-67 24 0 Wacker Wien
1968-69   1 0 Wacker Wien

Bauer, Sebastian
*07.11.1992, Innenverteidiger
2018-19 24 0 Admira/Wacker Mödling
2019-20 18 0 Admira/Wacker Mödling
2020-21 20 1 Admira/Wacker Mödling
2021-22 24 0 Admira/Wacker Mödling

Bauer, Siegfried
*14.06.1954, Außendecker
1976-77   8 0 VÖEST Linz
1977-78 11 0 VÖEST Linz
1978-79 28 0 VOEST Linz
1979-80 20 0 VOEST Linz
1980-81 22 0 VOEST Linz
1981-82 31 2 VOEST Linz
1982-83 22 0 VOEST Linz
1983-84 12 0 VOEST Linz

Bauer, Thomas
*09.02.1969, Manndecker/Rechter Außendecker
1992-93 11 0 VfB Mödling
1993-94 34 2 VfB Mödling

Bauer, Wilhelm
*19.11.1946, Libero
1968-69   6 0 SC Eisenstadt
1969-70   1 0 SC Eisenstadt

Bauer, Willibald
*06.07.1949, Mittelfeldspieler
1967-68   9 0 Linzer ASK
1968-69   2 0 Linzer ASK
1969-70 20 3 Linzer ASK
1970-71 20 5 Linzer ASK
1971-72 10 1 Linzer ASK
1972-73 16 1 Linzer ASK
1973-74   4 1 Linzer ASK

Bauer, Wolfgang
*11.11.1951, Mittelfeldspieler
1969-70   3 0 Wiener Sportclub
1970-71 20 1 Wiener Sportclub

Bauer, Wolfgang
*24.08.1959, Stürmer
1980-81 29 4 SC Eisenstadt
1981-82   9 0 Sturm Graz
1982-83 15 2 SC Eisenstadt

Bauernfeind, Kilian
*23.04.2002, Mittelfeldspieler
2022-23   2 0 WSG Tirol

Bauerstätter, Robert
*29.04.1959, Stürmer
1977-78   2 0 Rapid Wien

Baumann, Erwin
Torwächter
1955-56   5 0 Austria Graz

Baumeister, Ernst Robert
*22.01.1957, 39 A, Mittelfeld/Linker Außendecker
1974-75   2 0 Austria/WAC
1975-76   7 2 Austria/WAC
1976-77 31 2 Austria/WAC
1977-78 31 3 Austria Wien
1978-79 34 8 Austria Wien
1979-80 28 4 Austria Wien
1980-81 32 4 Austria Wien
1981-82 29 3 Austria Wien
1982-83 29 6 Austria Wien
1983-84 24 3 Austria Wien
1984-85 21 1 Austria Wien
1985-86 32 2 Austria Wien
1986-87 27 6 Austria Wien
1987-88 35 3 Admira/Wacker
1988-89 30 3 Admira/Wacker
1989-90 12 1 Admira/Wacker
1989-90   9 0 Kremser SC

Baumgartl, Werner
Mittelstürmer
1954-55   1 0 Schwarz-Weiß Bregenz

Baumgartlinger, Julian
*02.01.1988, 84 A, Mittelfeldspieler
2009-10 30 0 Austria Wien
2010-11 31 1 Austria Wien

Baumgärtner, Theodor
*08.10.1943, Stürmer
1960-61   1 1 Austria Wien
1962-63   1 0 Austria Wien

Baumgartner, Dominik
*20.07.1996, Innenverteidiger
2015-16   7 0 SV Grödig
2018-19 12 2 Wacker Innsbruck
2019-20 12 0 Wolfsberger AC
2020-21 28 4 Wolfsberger AC
2021-22 27 1 Wolfsberger AC
2022-23 19 0 Wolfsberger AC
2023-24 30 0 Wolfsberger AC

Baumgartner, Gerald
*14.11.1964, Mittelfeld/Stürmer
1984-85   6 1 Austria Salzburg
1987-88 10 0 Austria Wien
1989-90 20 2 Austria Salzburg
1990-91 15 0 Austria Salzburg
1991-92 14 3 First Vienna
1991-92 13 1 Vorwärts Steyr
1991-92   6 0 FC Stahl Linz
1992-93 15 0 FC Stahl Linz

Baumgartner, Herbert
*21.04.1932, Torwächter
1956-57 10 0 Austria Salzburg
1959-60 12 0 SC Wiener Neustadt
1960-61   2 0 SC Wiener Neustadt

Baumgartner, Hubert (Hubsi)
*25.02.1955, 1 A, Torwächter
1973-74 15 0 DSV Alpine
1974-75 10 0 Austria/WAC
1975-76 35 0 Austria/WAC
1976-77 36 0 Austria/WAC
1977-78 31 0 Austria Wien
1978-79 33 0 Austria Wien
1982-83 15 0 Admira/Wacker
1983-84 26 0 Admira/Wacker
1984-85 30 0 Admira/Wacker
1985-86 36 0 Admira/Wacker
1986-87 33 0 Admira/Wacker
1987-88   1 0 Admira/Wacker
1988-89   8 0 VSE St. Pölten

Baumgartner, Horst
*08.11.1955, Stürmer
1975-76   2 0 VÖEST Linz
1978-79 33 4 VOEST Linz
1982-83 22 4 Union Wels
1983-84 16 11 Union Wels
1983-84   6 1 Austria Klagenfurt
1984-85 11 1 Favoritner AC
1986-87 11 2 First Vienna
1987-88 28 3 First Vienna

Baumgartner, Johann
Linker Außendecker/Mittelfeld
1969-70 14 0 VÖEST Linz
1970-71 10 0 VÖEST Linz

Baumgartner, Julian
*27.07.1994, Mittelfeldspieler
2011-12   2 0 SV Ried
2013-14 16 0 SV Ried
2014-15   1 0 SV Ried

Baumgartner, Leopold
*14.03.1932, Rechter Halbstürmer
1951-52 13   6 Kapfenberger SV
1953-54   5   0 Austria Wien
1954-55 14   3 Austria Wien
1955-56 18 13 Austria Wien
1956-57 23 19 Austria Wien
1957-58   8   5 Austria Wien

Baumgartner, Paul
*1939, Außendecker/Außenläufer
1959-60 15   0 Austria Salzburg
1960-61 15   0 Austria Salzburg

Baumühlner, August
*18.01.1967, Mittelfeldspieler
1989-90   4   0 Kremser SC
1990-91   4   0 Kremser SC
1991-92 13   1 Kremser SC

Baur, Michael
*16.04.1969, Libero
1989-90 22   2 FC Tirol
1990-91 36   1 FC Tirol
1991-92 33   3 FC Tirol
1992-93 33   3 Wacker Innsbruck
1993-94 34   6 FC Tirol Innsbruck
1994-95 30   1 FC Tirol
1995-96 33   1 FC Tirol Innsbruck
1996-97 12   1 FC Tirol Innsbruck
1997-98 28   3 FC Tirol Innsbruck
1998-99 27   4 FC Tirol Innsbruck
1999-00 19   4 FC Tirol Innsbruck
2000-01 34   6 FC Tirol Innsbruck
2001-02 31   6 FC Tirol Innsbruck
2003-04 31   3 SV Pasching
2004-05 29   1 FC Pasching
2005-06 34   4 FC Pasching
2006-07 34   3 FC Pasching
2007-08 35   2 Linzer ASK
2008-09 31   3 Linzer ASK

Bayer, Ernst
Vorstopper
1969-70   4   0 First Vienna

Bayraktutan, Turhan
*26.07.1932, Stürmer
1962-63 11   0 Austria Salzburg

Bazina, Mario
*08.09.1975, 1 A, Stürmer
2001-02 32   6 Grazer AK
2002-03 32   5 Grazer AK
2003-04 33   7 Grazer AK
2004-05 34 15 Grazer AK
2005-06 19 10 Grazer AK
2005-06 10   1 Rapid Wien
2006-07 28   8 Rapid Wien
2007-08 34   9 Rapid Wien
2008-09 33   9 Austria Wien

Beccari, Simon
*18.11.1998, Torwächter
2019-20   1   0 WSG Tirol

Beck, Horst
*15.06.1942, Torwächter
1972-73   5   0 Admira Wiener Neustadt

Becker, Volker
*12.12.1946, rechter Außendecker
1970-71 18   0 Schwarz-Weiß Bregenz

Bedernik, Werner
*13.07.1940, Mittelfeldspieler
1961-62 17   3 Admira-Energie Wien
1962-63 10   1 Admira-Energie Wien
1963-64 11   4 Admira-Energie Wien
1964-65 20   1 Admira-Energie Wien
1965-66 14   2 Admira-Energie Wien
1966-67 25   1 Admira-Energie Wien
1967-68 19   5 Admira-Energie Wien
1968-69 24   1 Admira-Energie Wien

Been, Mario
*11.12.1963, 1 A, Mittelfeldspieler
1992-93 14   1 Wacker Innsbruck

Beer, Reinhard
*03.10.1960, Torwächter
1979-80   2   0 First Vienna
1982-83 15   0 First Vienna
1984-85 15   0 First Vienna

Beganović, Belmin
*09.09.2004, Stürmer
2022-23 12   1 SV Ried

Beharić, Kemal
*13.08.1956, Stürmer
1982-83   6   0 Austria Klagenfurt

Behounek, Franz
*1920, Torwächter
1947-48 15   0 Rapid Oberlaa (WL)
1948-49   7   0 SK Oberlaa (WL)
1949-50 13   0 SK Oberlaa
1951-52 19   0 Simmeringer SC
1952-53 14   0 Simmeringer SC

Behounek, Raffael
*16.04.1997, Innenverteidiger
2019-20   6   0 SV Mattersburg
2020-21 29   1 WSG Tirol
2021-22 30   2 WSG Tirol
2022-23 31   1 WSG Tirol

Behrendt, Brian
*24.10.1991, Innenverteidiger
2013-14 30   1 Rapid Wien
2014-15 10   0 Rapid Wien

Beichler, Daniel
*13.10.1988, 5 A, Mittelfeld/Stürmer
2006-07   2   0 Sturm Graz
2007-08   6   1 Sturm Graz
2008-09 27   9 Sturm Graz
2009-10 29 11 Sturm Graz
2011-12 26   4 SV Ried
2013-14 33 10 Sturm Graz
2014-15 21   3 Sturm Graz

Beinhauer, Kurt
*27.02.1937, Linksaußen
1953-54   1   0 Austria Wien
1955-56 19   7 Austria Wien
1956-57   6   0 Austria Wien
1957-58   1   0 Kremser SC
1958-59   3   0 Kremser SC

Bejbl, Radek
*29.08.1972, 58 A, Mittelfeldspieler
2005-06 32   2 Rapid Wien
2006-07 27   1 Rapid Wien

Bejić, Esad
*03.03.2001, Innenverteidiger
2021-22   1   0 Austria Wien

Beke, János
*29.08.1936, Rechtsaußen/Rechter Außendecker
1957-58 16   2 Wacker Wien

Belajić, Stojan
*17.04.1969, Manndecker/Libero
1994-95 26 0 Austria Wien
1995-96 22 1 Austria Wien

Belaković, Nemanja
*08.01.1997, Stürmer
2021-22 7 1 TSV Hartberg

Bellache, Yuliwes
*15.12.2002, Mittelfeldspieler
2022-23 7 0 Austria Lustenau

Bello, George
*22.01.2002, 7 A, linker Außendecker
2023-24 24 0 Linzer ASK

Beljin, Milovan
*07.09.1936, Stürmer
1962-63 2 0 Austria Klagenfurt
1965-66 1 0 Austria Klagenfurt

Belsvik, Petter
*02.10.1967, Stürmer
1997-98 3 0 Austria Wien

Benatelli, Rico
*17.03.1992, Mittelfeldspieler
2022-23 24 0 Austria Klagenfurt
2023-24 31 1 Austria Klagenfurt

Benc, Pavel
*26.06.1936, Stürmer
1969-70 16 7 First Vienna
1970-71 1 0 First Vienna
1970-71 11 1 WSG Radenthein

Bendekovits, Johann
*23.02.1954, Mittelfeldspieler
1972-73 8 0 Austria Wien
1973-74 4 0 Austria/WAC

Benedejčič, Igor
*28.07.1969, 8 A, Mittelfeldspieler
1990-91 5 0 DSV Alpine

Benedekovits, Werner
*09.01.1974, Stürmer
1993-94 4 3 Admira/Wacker

Benjamin, Avi
*03.01.1952, Torwächter
1972-73 3 0 Austria Wien

Benko, Fabian
*05.06.1998, Mittelfeldspieler
2018-19 3 0 Linzer ASK

Benko, Friedrich (Fritz)
*22.10.1952, 2 A, Torwächter
1970-71 21 0 Sturm Graz
1971-72 16 0 Sturm Graz
1972-73 30 0 Sturm Graz
1973-74 32 0 Sturm Graz
1974-75 18 0 Sturm Graz
1975-76 14 0 Sturm Graz
1976-77 7 0 Sturm Graz
1977-78 1 0 Sturm Graz
1982-83 20 0 Austria Klagenfurt

Benko, Udo
*28.08.1965, Stürmer
1987-88 32 7 Sturm Graz
1988-89 6 1 Sturm Graz
1989-90 2 0 Sturm Graz

Bennecker, Armand
*25.06.1969, Innenverteidiger
1998-99 11 0 Austria Lustenau
1999-00 35 2 Austria Lustenau
2000-01 22 0 Schwarz-Weiß Bregenz

Beran, Anton
*23.09.1925, Außenläufer
1949-50 24 0 Slovan Wien
1950-51 12 0 First Vienna
1951-52 9 0 First Vienna
1952-53 25 0 Sturm Graz
1953-54 21 0 Sturm Graz
1955-56 23 0 Sturm Graz
1956-57 24 0 Sturm Graz
1957-58 11 0 Sturm Graz

Berchtold, Dietmar (Didi)
*06.08.1974, Mittelfeldspieler
1993-94 12 0 Wiener Sportclub
1994-95 26 1 Vorwärts Steyr
1995-96 30 3 Vorwärts Steyr
1996-97 4 0 Linzer ASK
2002-03 13 3 Schwarz-Weiß Bregenz
2003-04 26 6 Schwarz-Weiß Bregenz
2005-06 27 2 SV Ried
2006-07 11 2 Grazer AK

Berco, Viktor
*20.04.1979, 16 A, Stürmer
1998-99 10 0 Sturm Graz

Berdusco, Eddy
*08.09.1969, 18 A, Stürmer
1994-95 3 1 VfB Mödling

Berek, Marijan
*02.01.1938, Außenläufer
1966-67 18 1 Sturm Graz
1967-68 17 1 Sturm Graz
1968-69 27 0 Sturm Graz
1969-70 22 0 Sturm Graz
1970-71 8 0 Sturm Graz

Berensztajn, Jazek Zbigniew
*16.10.1973, 2 A, Mittelfeldspieler
1997-98 32 1 SV Ried
1998-99 10 0 SV Ried

Bergaus, Reinhard
*18.12.1963, Stürmer
1983-84 10 0 Sturm Graz
1984-85 3 0 Sturm Graz

Berger, Denis
*14.04.1983, Mittelfeldspieler
2008-09 20 0 SV Ried

Berger, Gerhard
*24.01.1947, Torwächter
1971-72 15 0 SK Bischofshofen

Berger, Hans-Peter
*02.04.1956, Torwächter
1974-75 3 0 Austria Salzburg
1976-77 11 0 Austria Salzburg
1979-80 2 0 Austria Salzburg
1980-81 20 0 Austria Salzburg
1981-82 3 0 Austria Salzburg
1982-83 1 0 Austria Salzburg
1983-84 5 0 Austria Salzburg
1984-85 16 0 Austria Salzburg

Berger, Hans-Peter
*28.09.1981, Torwächter
2005-06 35 0 SV Ried
2006-07 35 0 SV Ried
2007-08 26 0 SV Ried
2011-12 5 0 Admira/Wacker Mödling

Berger, Markus
*21.01.1985, Innenverteidiger
2005-06 18 0 SV Ried
2006-07 14 0 SV Ried

Berger, Michael
*01.12.1990, rechter Außendecker
2012-13 13 0 SC Wiener Neustadt
2013-14 16 0 SC Wiener Neustadt
2014-15 16 1 Wolfsberger AC
2015-16 11 0 Wolfsberger AC

Berger, Rupert
*25.03.1960, Mittelfeldspieler
1985-86 21 0 DSV Alpine
1991-92   4 0 DSV Alpine

Berger, Tobias
*02.11.2001, Mittelfeldspieler
2022-23 18 1 Austria Lustenau
2023-24 21 0 Austria Lustenau

Bergl, Erwin
Innenstürmer
1950-51 15 7 Vorwärts Steyr

Bergmann, Gerold
*29.11.1974, Torwächter
1993-94   1 0 FC Tirol Innsbruck

Bergmann, Thomas
*20.09.1989, rechter Außendecker
2010-11 14 0 Wacker Innsbruck
2011-12 15 0 Wacker Innsbruck
2012-13 29 1 Wacker Innsbruck
2013-14 28 0 Wacker Innsbruck
2015-16 28 1 SV Ried
2016-17 16 0 SV Ried

Berić, Robert
*17.06.1991, 25 A, Stürmer
2013-14 35 10 Sturm Graz
2014-15 33 27 Rapid Wien
2015-16   5   3 Rapid Wien

Berisha, Mërgim
*11.05.1998, 2 A, Stürmer
2016-17   1   0 RB Salzburg
2017-18 18   5 Linzer ASK
2018-19 14   7 SC Rheindorf Altach
2019-20 17   7 SC Rheindorf Altach
2019-20   8   1 RB Salzburg
2020-21 28 14 RB Salzburg
2021-22   2   1 RB Salzburg

Berisha, Valon
*07.02.1993, 56 A, Mittelfeldspieler
2012-13 30 6 RB Salzburg
2013-14 32 5 RB Salzburg
2014-15 14 4 RB Salzburg
2015-16 33 5 RB Salzburg
2016-17 34 7 RB Salzburg
2017-18 24 4 RB Salzburg
2023-24 15 0 Linzer ASK

Berisha, Veton
*13.04.1994, 10 A, Stürmer
2017-18 27 4 Rapid Wien
2018-19 17 3 Rapid Wien

Berloffa, Alexander
*27.11.1963, Manndecker
1984-85 2 0 Wattens-Wacker Innsbruck
1985-86 7 0 Wattens-Wacker Innsbruck

Berloffa, Bruno
*12.04.1971, Mittelfeldspieler
1999-00 1 0 FC Tirol Innsbruck

Bernardi (Tiago Henrique Bernardini Consoni)
*02.12.1979, Innenverteidiger
2007-08 15 0 SC Rheindorf Altach

Bernardo (Bernardo Fernandes da Silva Junior)
*14.05.1995, linker Außendecker
2015-16 13 0 RB Salzburg
2016-17   3 1 RB Salzburg
2020-21 14 1 RB Salzburg
2021-22 19 0 RB Salzburg
2022-23 18 0 RB Salzburg

Bernede, Antoine
*26.05.1999, Mittelfeldspieler
2018-19   3 0 RB Salzburg
2019-20 10 0 RB Salzburg
2020-21 19 1 RB Salzburg
2021-22 17 0 RB Salzburg
2022-23   2 0 RB Salzburg

Bernreiter, Walter
Mittelläufer
1955-56 5 0 Admira Wien

Bernsteiner, Bernd
*25.11.1980, Stürmer
2008-09 24 6 Kapfenberger SV

Berntsen, Thomas Edvin
*31.07.1970, rechter Außendecker
1999-00 3 0 Schwarz-Weiß Bregenz

Bertalan, Josef
*29.09.1934, 1 A, Linksaußen
1952-53   3   0 Rapid Wien
1954-55   4   0 Rapid Wien
1955-56 23   7 Rapid Wien
1956-57   8   2 Rapid Wien
1957-58 25 11 Rapid Wien
1958-59 17   3 Rapid Wien
1959-60 23 10 Rapid Wien
1960-61 24   3 Rapid Wien
1961-62 16   1 Rapid Wien
1962-63   2   0 Rapid Wien
1962-63   8   1 Simmeringer SC
1963-64 20   6 Simmeringer SC
1965-66   5   0 Simmeringer SC

Berthold, Rudolf (Rudi)
Linker Außendecker
1953-54 1 0 Wiener AC
1956-57 1 0 Wiener AC
1958-59 4 0 ÖMV Olympia

Besek, Dražen
*10.03.1963, Mittelfeldspieler
1996-97 11 2 Austria Salzburg

Besenlehner, Bernd
*24.11.1986, Mittelfeldspieler
2009-10   3 0 SC Wiener Neustadt
2010-11   2 0 SC Wiener Neustadt
2011-12 17 0 SC Wiener Neustadt
2012-13   2 0 SC Wiener Neustadt

Besuschkow, Max
*31.05.1997, Mittelfeldspieler
2023-24 15 2 Austria Klagenfurt

Betancor Sánchez, Jefté
*06.07.1993, Stürmer
2018-19 6 1 SV Mattersburg

Bettagno, Alain
*09.11.1968, 2 A, Mittelfeldspieler
1996-97 27 2 FC Linz

Bettstein, Lorenz
Rechter Halbstürmer
1958-59 3 2 Wiener AC

Bevab, Ervin
*09.04.1991, Verteidiger/Mittelfeld
2012-13   1   0   Sturm Graz

Biberhofer, Leopold
*16.12.1949, Stürmer/Vorstopper
1970-71   28   6   Simmeringer SC
1971-72   22   1   Simmeringer SC
1973-74   32   4   Simmeringer SC

Bichelhuber, Paul
*22.02.1987, Mittelfeldspieler
2009-10   12   0   Linzer ASK

Bichler, August
*09.03.1920, 1 A, Rechtsaußen
1946-47   18   3   Wiener Sportclub (WL)
1947-48   15   4   Wiener Sportclub (WL)
1948-49   7   1   Wiener Sportclub (WL)
1949-50   12   4   Wiener Sportclub
1951-52   11   3   Kapfenberger SV

Bičovský, Přemysl
*18.08.1950, 45 A, Mittelfeldspieler
1983-84   25 10   SC Eisenstadt
1984-85   30   7   SC Eisenstadt
1985-86   11   1   SC Eisenstadt
1987-88   16   6   VfB Union Mödling

Bidstrup, Mads
*25.02.2001, Mittelfeldspieler
2023-24   25   2   RB Salzburg

Biegler, Franz
Linker Halbstürmer/Linker Außendecker
1957-58   14   0   ÖMV Olympia Wien
1958-59   13   1   ÖMV Olympia Wien

Bier, Christian
*07.11.1968, Stürmer
1987-88   1   0   Austria Klagenfurt

Bierbaumer, Josef
Rechter Halbstürmer/Rechtsaußen
1963-64   15   7   SC Wiener Neustadt
1964-65   10   2   SC Wiener Neustadt
1965-66   11   1   SC Wiener Neustadt

Biereth, Mika Miles
*08.02.2003, Mittelstürmer
2023-24   15   5   Sturm Graz

Bierhoff, Oliver
*01.05.1968, 70 A, Mittelstürmer
1990-91   33 23   Austria Salzburg

Bilek, Heinrich
Innenstürmer
1956-57   18   4   Wiener AC
1957-58   13   3   Wiener AC
1958-59   3   0   Wiener AC

Bilek, Johann
Linker Außendecker/Linker Läufer
1950-51   7   0   Wiener Sportclub
1951-52   4   0   Wiener Sportclub

Bilek, Lothar
Linker Außendecker/Außenläufer
1952-53   21   2   Simmeringer SC
1953-54   13   2   Simmeringer SC
1954-55   12   0   Rapid Wien
1955-56   3   0   Rapid Wien
1956-57   11   0   Rapid Wien
1957-58   8   0   Rapid Wien
1958-59   5   0   Rapid Wien
1959-60   2   0   Rapid Wien
1960-61   8   0   Rapid Wien
1960-61   8   0   Wacker Wien

Bilek, Walter
Rechter Läufer
1957-58   25   1   ÖMV Olympia Wien

Bilgen, Bülent Kaan
*05.04.1977, linker Außendecker/Mittelfeld
1997-98   3   0   FC Tirol Innsbruck
1998-99   4   1   FC Tirol Innsbruck
2010-11   20   0   Wacker Innsbruck
2011-12   14   0   Wacker Innsbruck

Bilić, Joško
*05.10.1974, Innenverteidiger
2003-04   2   0   Austria Salzburg

Bilić, Mate
*23.10.1980, 7 A, Stürmer
2006-07   35 11   Rapid Wien
2007-08   19   5   Rapid Wien

Bincsik, Raimund
*28.01.1955, Mittelfeldspieler
1974-75   8   0   Linzer ASK
1975-76   33   4   Linzer ASK
1976-77   17   1   Linzer ASK
1977-78   13   0   Linzer ASK

Binder, Christian
*02.02.1961, Manndecker
1981-82   1   0   Sturm Graz
1982-83   15   0   Sturm Graz
1983-84   4   0   Sturm Graz
1984-85   16   0   Sturm Graz
1985-86   13   0   Sturm Graz
1986-87   11   0   Sturm Graz

Binder, Christian
*06.02.1979, Mittelfeldspieler
1999-00   2   0   Grazer AK

Binder, Heinz
*29.01.1943, 9 A, Vorstopper/Libero
1963-64   7   0   Austria Wien
1964-65   26   0   Austria Wien
1965-66   26   0   Austria Wien
1966-67   15   1   Austria Wien
1967-68   22   0   Wacker Innsbruck
1968-69   27   2   Wacker Innsbruck
1969-70   30   1   Wacker Innsbruck
1970-71   25   4   Wacker Innsbruck
1971-72   24   8   Wattens-Wacker Innsbruck
1972-73   17   4   DSV Alpine
1973-74   32   9   DSV Alpine
1975-76   31   1   Grazer AK
1976-77   36   0   Grazer AK

Binder, Helmut
*11.11.1957, Stürmer
1976-77   10   2   Austria Salzburg

Binder, Horst
*17.10.1962, Torwächter
1982-83   8   0   Admira/Wacker

Binder, Michael
*14.05.1969, Mittelfeld/Stürmer
1985-86   1   1   Admira/Wacker
1986-87   10   0   Admira/Wacker
1987-88   6   0   Admira/Wacker
1990-91   19   1   Admira/Wacker
1991-92   22   8   Kremser SC
1992-93   26   1   Austria Wien
1993-94   32   6   Admira/Wacker
1994-95   10   1   Admira/Wacker
1995-96   12   0   Admira/Wacker
1996-97   14   1   Admira/Wacker
1997-98   32   4   Admira/Wacker Mödling

Binder, Nicolas
*13.01.2002, Stürmer
2021-22   5   0   Rapid Wien
2022-23   9   0   Austria Klagenfurt
2023-24 12   1   Austria Klagenfurt

Binder, Otto
Mittelstürmer/Mittelläufer
1950-51   1   0   Austria Wien
1952-53   1   1   Austria Wien
1957-58 25   4   FC Wien

Binder, Walter
*14.12.1958, Mittelfeldspieler
1978-79 21   5   Admira/Wacker
1979-80 32   4   Admira/Wacker
1980-81 35   6   Admira/Wacker
1981-82 33   4   Admira/Wacker
1982-83 30   7   Admira/Wacker
1983-84 19   9   Admira/Wacker
1984-85 30   5   Admira/Wacker
1985-86 35   6   Admira/Wacker
1986-87 32   5   Admira/Wacker
1987-88   3   0   Admira/Wacker
1987-88 24   0   Sturm Graz

Bingöl, Ibrahim
*24.09.1993, Mittelfeldspieler
2015-16   2   0   Wolfsberger AC

Binkovski, Boris Edward
*25.11.1944, Außenstürmer
1973-74   6   1   Wattens-Wacker Innsbruck
1974-75 10   0   Linzer ASK
1975-76   9   1   Linzer ASK

Bischof, Günter Josef
*25.09.1949, Stürmer
1967-68 13   3   Schwarz-Weiß Bregenz
1968-69 21   1   Schwarz-Weiß Bregenz
1970-71 19   3   Schwarz-Weiß Bregenz
1972-73 15   3   SC Bregenz
1972-73 11   1   VÖEST Linz
1973-74   8   3   VÖEST Linz

Bischof, Noah
*07.12.2002, Stürmer
2021-22 23   2   SC Rheindorf Altach
2022-23 23   3   SC Rheindorf Altach
2023-24 12   1   SC Rheindorf Altach

Biškup, Dražen
*28.12.1965, 5 A, Innenverteidiger
1994-95 21   0   Admira/Wacker

Bittelmayer, Othmar
Außenstürmer
1958-59 25 12   WSV Donawitz
1959-60 14   1   WSV Donawitz

Bittermann
Linker Außendecker
1962-63   1   0   Wiener AC

Bizek, Karl
Rechtsaußen
1953-54   2   0   FC Wien

Bjarmann, Torgeir
*24.06.1968, Innenverteidiger
2000-01   3   1   LASK Linz

Bjelica, Nenad
*20.08.1971, 9 A, Mittelfeldspieler
2004-05 24   5   Admira/Wacker Mödling
2005-06 28   7   Admira/Wacker Mödling

Bjerregaard, Carsten
*12.08.1970, Mittelfeld/Rechter Außendecker
1990-91   9   0   First Vienna
1991-92 14   0   First Vienna
1994-95 17   0   Admira/Wacker

Bjerregaard, Jørn (Johnny)
*19.01.1943, Mittelstürmer
1966-67 21 11   Rapid Wien
1967-68 26 23   Rapid Wien
1968-69 26 20   Rapid Wien
1969-70 30 20   Rapid Wien
1970-71 30 18   Rapid Wien
1971-72 18   3   Rapid Wien
1972-73 29   9   SC Eisenstadt
1973-74 29 12   SC Eisenstadt
1974-75 26   4   SC Eisenstadt

Blacher, Josef
Außendecker/Torwächter
1951-52   1   0   Kapfenberger SV
1954-55   1   0   Kapfenberger SV
1955-56 10   0   Kapfenberger SV
1956-57   1   0   Kapfenberger SV

Błachut, Ryszard
*14.09.1948, Stürmer
1979-80   9   3   First Vienna

Blaha, Anton
Vorstopper
1969-70   3   0   Admira-Energie Wien

Blanchard, Jocelyn
*28.05.1972, Mittelfeldspieler
2003-04 31   1   Austria Wien
2004-05 35   1   Austria Wien
2005-06 33   1   Austria Wien
2006-07 36   3   Austria Wien
2007-08 31   2   Austria Wien
2008-09 31   0   Austria Wien
2009-10 21   1   Austria Kärnten

Blankenburg, Horst
*10.07.1947, Libero
1968-69 27   0   Wiener Sportclub

Bläser, Josef (Jupp)
*11.12.1952, Vorstopper
1979-80 36   2   Linzer ASK
1980-81 29   0   Linzer ASK
1981-82 24   0   Linzer ASK

Blaschke, Friedrich
Rechter Außendecker/Außenläufer
1951-52   5   0   Admira Wien
1952-53   1   0   Admira Wien
1953-54   3   0   Admira Wien
1954-55 13   0   Admira Wien
1955-56   7   0   Admira Wien
1958-59   1   0   Linzer ASK

Blatnik, Georg
*06.07.1992, Torwächter
2009-10   1   0   Austria Kärnten

Blauensteiner, Michael
*11.02.1995, Mittelfeldspieler
2016-17   1   0   Austria Wien
2017-18 10   0   Austria Wien
2018-19 26   1   TSV Hartberg
2020-21 28   0   SKN St. Pölten
2021-22 17   0   Austria Klagenfurt
2022-23 16   1   Austria Klagenfurt

Bleidelis, Imants
*16.08.1975, 106 A, Mittelfeldspieler
2004-05 10   0   Grazer AK
2005-06 18   0   Grazer AK

Bleyer, Matthias
*01.08.1969, Stürmer
1990-91 20 5 Wiener Sportclub
1991-92 13 0 Rapid Wien
1996-97   8 0 FC Linz
1999-00 20 3 Schwarz-Weiß Bregenz

Bliem, Stefan
*05.05.1983, Torwächter/Stürmer
2008-09 16 0 SV Mattersburg
2009-10 25 0 SV Mattersburg
2010-11   5 0 SV Mattersburg

Blizenec, Franz
*30.10.1966, Mittelfeld/Libero
1987-88   4 0 Rapid Wien
1988-89 21 1 Rapid Wien
1989-90 30 0 Rapid Wien
1990-91   7 0 Rapid Wien
1991-92 20 0 Kremser SC
1992-93 25 2 Rapid Wien
1993-94 30 0 Rapid Wien
1995-96 23 0 Grazer AK

Blizenetz, Karl
*02.07.1940, Stürmer
1960-61 26 4 Schwechater SC
1961-62 19 8 Schwechater SC
1962-63 15 7 Schwechater SC
1963-64 15 8 Schwechater SC
1964-65 23 6 Schwechater SC
1965-66   8 3 Schwechater SC
1966-67 10 1 Admira-Energie Wien
1967-68 10 1 Admira-Energie Wien

Blokhin, Oleg Vladimirovich
*05.11.1952, 112 A, Linksaußen
1988-89 18 1 Vorwärts Steyr

Blum, Josef
*15.01.1917, Mittelläufer
1936-37   6 0 Favoritner AC (WL)
1937-38 14 1 Favoritner AC (NL)
1938-39 18 1 Grazer SC (GL)
1940-41   2 0 Grazer SC (BK)
1943-44   1 0 Wacker Wien (OK)
1952-53   6 0 Grazer SC

Blum, Karl
*12.11.1961, Mittelfeldspieler
1980-81   1 0 Austria Salzburg
1981-82   3 0 Austria Salzburg

Blume-Jensen, **Bror** Emil
*22.01.1992, Mittelfeldspieler
2021-22 28 2 WSG Tirol
2022-23 25 0 WSG Tirol
2023-24 14 0 WSG Tirol

Blutsch, Adolf (Dolfi)
*18.08.1940, Außenläufer
1958-59 17 0 Austria Wien
1959-60 19 0 Austria Wien
1962-63   3 0 Austria Wien
1963-64 26 0 Linzer ASK
1964-65 25 2 Linzer ASK
1965-66 17 1 Wiener Sportclub
1966-67 16 0 Schwarz-Weiß Bregenz
1967-68 21 0 Wacker Innsbruck
1968-69 26 4 Schwarz-Weiß Bregenz
1969-70 29 4 Austria Salzburg
1970-71 24 1 Austria Salzburg
1971-72   1 0 Austria Salzburg
1972-73 16 3 SC Bregenz
1973-74 13 0 FC Vorarlberg

Blutsch, Markus
*01.06.1995, Mittelfeldspieler
2014-15   2 0 Admira/Wacker Mödling
2015-16 25 1 Admira/Wacker Mödling
2016-17   5 0 Admira/Wacker Mödling

Boakye, Augustine
*03.11.2000, Mittelfeldspieler
2021-22   1 0 Wolfsberger AC
2022-23 14 3 Wolfsberger AC
2023-24 26 9 Wolfsberger AC

Boateng, Kennedy Kofi
*29.11.1966, 7 A, Innenverteidiger
2020-21 24 0 SV Ried
2023-24 17 0 Austria Lustenau

Bobek, Rudolf (Rudi)
*28.10.1954, Mittelfeldspieler
1987-88 17 0 VfB Union Mödling

Bobzien, Ben Justus
*29.04.2003, Stürmer
2023-24 27 1 Austria Lustenau

Bochdalofsky, Josef
*29.09.1952, rechter Außendecker
1982-83 26 0 SC Neusiedl am See
1983-84 27 0 SC Neusiedl am See

Bochtler, Michael
*15.10.1975, linker Außendecker
1997-98   4 0 Sturm Graz
1998-99   8 0 Sturm Graz
1999-00   2 0 Sturm Graz

Böck, Franz
*21.04.1939, Stürmer
1959-60   4 0 Wiener Sportclub

Böck, Thomas
*20.02.1965, Mittelfeldspieler
1984-85   1 0 Austria Salzburg

Böckle, Günther
*02.05.1951, Torwächter
1982-83 29 0 SC Neusiedl am See
1983-84   1 0 SC Neusiedl am See

Böcskör, Markus
*01.10.1982, Torwächter
2003-04   1 0 SV Mattersburg
2004-05   6 0 SV Mattersburg
2005-06   6 0 SV Mattersburg
2011-12   4 0 SV Mattersburg
2012-13   1 0 SV Mattersburg
2015-16   2 0 SV Mattersburg
2016-17   6 0 SV Mattersburg

Bocsinecs, Erich
Rechtsaußen
1958-59   4 2 Wiener AC

Boczek, Bruno
Rechter Außendecker
1958-59 10 0 ÖMV Olympia Wien

Bodnár, László
*25.02.1979, 44 A, rechter Außendecker
2005-06   8 0 RB Salzburg
2006-07 19 0 RB Salzburg
2007-08   9 0 RB Salzburg
2008-09 28 2 RB Salzburg
2010-11   8 0 RB Salzburg

Bodul, Darko
*11.01.1989, Mittelfeldspieler
2011-12 28 11 Sturm Graz
2012-13 11 0 Sturm Graz
2014-15 12 1 SC Rheindorf Altach

Bodul, Dragan
*12.03.1975, Mittelfeldspieler
1997-98 11 0 Admira/Wacker Mödling

Bogdanović, Josip (Jozo)
*21.10.1960, Stürmer
1988-89 19 9 Austria Klagenfurt

Boghossian, Antonio **Joaquín** Lorenzo
*19.06.1987, Stürmer
2010-11 18 1 RB Salzburg

Bögl, Josef
*23.11.1976, Mittelfeldspieler
1995-96 7 0 SV Ried
1996-97 9 0 SV Ried

Bognar, Karol
Linksaußen/Rechter Halbstürmer
1963-64 4 3 Schwechater SC
1964-65 4 0 Schwechater SC

Bogner, Kurt
*07.01.1938, Torwächter
1958-59 6 0 Wiener Sportclub
1959-60 2 0 Wiener Sportclub
1960-61 7 0 Wiener Sportclub
1963-64 1 0 Wiener Sportclub
1967-68 2 0 First Vienna

Böhm, Albert
*09.07.1926, Rechter Halbstürmer/Rechter Läufer
1946-47 4 0 Post SV Wien (WL)
1949-50 3 0 FC Wien
1950-51 16 4 FC Wien
1951-52 23 4 FC Wien
1952-53 26 6 FC Wien
1953-54 25 6 FC Wien
1954-55 12 2 Kapfenberger SV
1955-56 26 5 Kapfenberger SV
1956-57 26 0 Kapfenberger SV
1957-58 24 1 Kapfenberger SV
1958-59 22 1 Kapfenberger SV

Böhm, Karl
*21.10.1911, Rechter Halbstürmer
1949-50 1 0 SV Gloggnitz

Böhm, Leopold
*10.06.1919, Mittelläufer
1939-40 2 0 FC Wien (BK)
1940-41 7 0 FC Wien (BK)
1945-46 19 0 FC Wien (WL)
1946-47 17 0 FC Wien (WL)
1947-48 13 0 FC Wien (WL)
1948-49 8 0 FC Wien (WL)
1949-50 23 0 FC Wien
1950-51 21 0 FC Wien
1951-52 24 0 FC Wien
1952-53 3 0 FC Wien

Böhm, Rudolf (Rudi)
*26.01.1945, Stürmer
1964-65 25 7 Wacker Wien
1966-67 26 9 Wacker Wien
1968-69 26 9 Wacker Wien
1969-70 29 10 Wacker Wien
1970-71 29 10 Admira-Energie Wien
1971-72 19 3 Admira/Wacker
1972-73 5 0 Austria Klagenfurt
1973-74 14 0 Austria Klagenfurt

Böhme, Rudolf (Rudi)
*25.10.1928, Linker Halbstürmer/Außenläufer
1948-49 5 0 Austria Wien (WL)
1949-50 16 0 Austria Wien
1950-51 5 0 Austria Wien
1951-52 26 1 Kapfenberger SV
1953-54 9 2 Wiener AC
1953-54 3 0 FC Wien
1954-55 12 0 FC Wien
1955-56 19 0 FC Wien

Böhmer, Gerhard
*05.08.1947, Mittelfeldspieler
1965-66 5 2 First Vienna
1966-67 11 3 First Vienna
1967-68 21 3 First Vienna
1968-69 25 4 Admira-Energie Wien
1969-70 20 3 Admira-Energie Wien

Böhs, Udo
*15.08.1943, Torwächter
1972-73 22 0 First Vienna
1973-74 2 0 First Vienna

Botic, Manuel
*19.10.1998, Mittelfeldspieler
2017-18 1 0 Admira/Wacker Mödling

Böttger, Wolfgang
*26.04.1950, Mittelfeldspieler
1971-72 1 0 Simmeringer SC

Bøving Wick, **William**
*01.03.2003, Stürmer
2022-23 17 1 Sturm Graz
2023-24 28 2 Sturm Graz

Bohusek, Wilhelm
*18.12.1960, Stürmer/Mittelfeld
1978-79 5 0 First Vienna
1979-80 1 0 First Vienna
1982-83 27 4 First Vienna
1984-85 17 3 First Vienna
1986-87 14 1 First Vienna

Bokon, Ernst
*19.03.1922, Rechtsaußen
1946-47 18 7 SCR Hochstädt (WL)
1947-48 15 7 Wacker Wien (WL)
1948-49 13 0 Wacker Wien (WL)
1949-50 23 16 Wacker Wien
1950-51 24 29 Wacker Wien
1951-52 23 28 Wacker Wien
1952-53 24 29 Wacker Wien
1953-54 26 23 Wacker Wien
1954-55 4 4 Wacker Wien
1956-57 10 5 Wacker Wien
1957-58 21 10 Kremser SC
1958-59 14 13 Kremser SC

Bolingoli-Mbombo, **Boli**
*01.07.1995, linker Außendecker
2017-18 28 1 Rapid Wien
2018-19 25 2 Rapid Wien

Boller, Jan
*14.03.2000, Innenverteidiger
2021-22 23 0 Linzer ASK
2022-23 1 0 Linzer ASK

Boller, Sascha
*16.02.1984, Mittelfeldspieler
2013-14 22 0 SV Grödig
2014-15 8 0 SV Grödig

Bolter, Mario
*01.07.1984, Mittelfeldspieler
2002-03   2 0 Schwarz-Weiß Bregenz
2003-04 20 0 Schwarz-Weiß Bregenz
2004-05 27 0 Schwarz-Weiß Bregenz
2005-06   8 0 FC Pasching
2006-07 22 0 SC Rheindorf Altach
2007-08 13 0 SC Rheindorf Altach

Bonić, Mario
*04.08.1952, Stürmer
1983-84   6 0 Austria Salzburg

Bonman, Hendrik
*22.01.1994, Torwächter
2022-23 31 0 Wolfsberger AC
2023-24 24 0 Wolfsberger AC

Bonnah, Salomon Owusu
*19.08.2003, Außendecker
2022-23 12 1 Austria Klagenfurt
2023-24 28 2 Austria Klagenfurt

Booth, Taylor Anthony
*31.05.2001, 2 A, Mittelfeld/Rechter Außendecker
2020-21 15 3 SKN St. Pölten

Borenitsch, Thomas
*19.12.1980, Torwächter
2003-04   1 0 SV Mattersburg
2004-05 13 0 SV Mattersburg
2005-06 31 0 SV Mattersburg
2006-07 28 0 SV Mattersburg
2007-08 25 0 SV Mattersburg
2008-09 15 0 SV Mattersburg
2009-10 11 0 SV Mattersburg
2010-11 29 0 SV Mattersburg
2011-12 28 0 SV Mattersburg
2012-13 35 0 SV Mattersburg
2015-16   3 0 SV Mattersburg

Borgan, Friedrich (Fritz)
*18.10.1956, Stürmer
1978-79 10 1 Austria Wien
1979-80   3 0 Austria Wien
1980-81 11 4 Austria Wien
1982-83 27 6 First Vienna
1983-84   5 1 Wiener Sportclub

Borković, Alexandar
*11.06.1999, Innenverteidiger
2016-17   2 0 Austria Wien
2017-18 11 0 Austria Wien
2018-19   6 1 Austria Wien
2019-20 19 0 Austria Wien
2021-22   7 0 Sturm Graz
2022-23 20 1 Sturm Graz
2023-24   2 0 Sturm Graz

Borovka, Peter
*11.09.1951, Mittelfeldspieler
1971-72   3 0 Linzer ASK

Borsos, Filip
*22.06.2000, Stürmer
2019-20   2 0 SV Mattersburg
2020-21   2 0 SV Ried

Bortoli, Karl
*01.03.1935, Linksaußen
1953-54   2 0 FC Wien
1954-55   2 1 FC Wien
1955-56 14 2 FC Wien
1957-58 15 3 FC Wien

Bošković, Branko
*21.06.1980, 35 A, Mittelfeldspieler
2006-07 12 2 Rapid Wien
2007-08 34 8 Rapid Wien
2008-09 29 6 Rapid Wien
2009-10 29 3 Rapid Wien
2012-13 10 1 Rapid Wien
2013-14 19 3 Rapid Wien

Bosnar, Eddy
*29.04.1980, Innenverteidiger
2001-02 20 0 Sturm Graz
2002-03 19 1 Sturm Graz
2003-04 14 0 Sturm Graz

Bosnjak, Vladimir (Vlado)
*22.07.1974, Verteidiger
1994-95   2 0 Linzer ASK

Boussaïdi, Anis
*10.04.1981, 37 A, rechter Außendecker
2008-09 28 1 RB Salzburg

Bowat, Ibane
15.09.2002, Innenverteidiger
2023-24 29 1 TSV Hartberg

Boyd, Terrence Anthony
*16.02.1991, 14 A, Stürmer
2012-13 30 13 Rapid Wien
2013-14 29 15 Rapid Wien

Boyron, Marcel
*07.04.1951, Stürmer
1978-79 18 2 Sturm Graz
1979-80 33 4 Sturm Graz
1980-81 21 1 Sturm Graz

Bozgo, Kliton
*05.12.1971, 12 A, Stürmer
2000-01 31   3 Admira/Wacker Mödling
2001-02 34 10 Admira/Wacker Mödling
2002-03 34   5 Admira/Wacker Mödling
2003-04 33   0 Admira/Wacker Mödling

Bozkurt, Osman
*18.08.1984, Stürmer
2005-06   5 1 Admira/Wacker Mödling
2012-13   9 0 SC Wiener Neustadt

Brabec, Erich
*24.02.1977, 2 A, Innenverteidiger
2005-06 16 0 FC Pasching

Brabetz, Günther
*17.06.1943, rechter Außendecker
1967-68   1 0 Rapid Wien

Brad, Otto
*09.09.1967, Stürmer
1987-88   3 0 Wiener Sportclub

Bradarić, Amir
*11.09.1974, Mittelfeldspieler
1994-95   3 0 Rapid Wien
1998-99 13 1 Austria Salzburg
1998-99 11 4 Vorwärts Steyr
1999-00 20 2 Linzer ASK
1999-00   5 0 Austria Salzburg
2000-01   6 0 Austria Salzburg

Brager, Kurt
Rechtsaußen
1952-53 24 5 VfB Union Mödling

Bragstad, Bjørn Otto
*05.01.1971, 15 A, Innenverteidiger
2002-03   9 0 Schwarz-Weiß Bregenz
2003-04 32 2 Schwarz-Weiß Bregenz

Brajković, Mate
*18.06.1981, Stürmer
2004-05 17   0 Admira/Wacker Mödling

Brandl, Peter
*17.07.1988, Mittelfeldspieler
2016-17   9   0 SKN St. Pölten

Brandmayer, Mathias
*01.02.1980, Mittelfeldspieler
2000-01 12   0 Admira/Wacker Mödling
2001-02 15   0 Admira/Wacker Mödling
2002-03   1   0 Admira/Wacker Mödling

Brandner, Helmuth
Torwächter
1964-65   1   0 Wacker Wien

Brandner, Michael
*13.02.1995, Mittelfeldspieler
2015-16   8   0 SV Ried
2016-17 16   0 SV Ried
2023-24   7   0 Blau-Weiß Linz

Brandner, Sebastian Philipp
*08.02.1983, Torwächter
2014-15   2   0 SC Rheindorf Altach
2015-16   1   0 SC Rheindorf Altach

Brandstätter, Josef
*19.09.1958, Vorstopper
1980-81   8   0 Linzer ASK
1981-82   2   0 Linzer ASK
1982-83   1   0 Linzer ASK

Brandstätter, Friedrich
*24.01.1948, Torwächter
1983-84 14   0 SC Neusiedl am See

Brandstätter, Karl
*03.01.1943, rechter Außendecker
1962-63   1   0 Austria Wien
1963-64   5   0 Austria Wien
1964-65   3   0 Austria Wien
1965-66 10   0 Austria Wien
1966-67   1   0 Austria Wien

Brandt, Walter
*21.05.1939, Linker Halbstürmer
1961-62 12   9 Salzburger AK
1962-63   3   0 Austria Salzburg

Brandtner, Johann
Torwächter
1950-51   4   0 Floridsdorfer AC

Branković, Slobodan
*09.12.1963, Stürmer
1986-87 16   2 First Vienna
1988-89 32   8 VSE St. Pölten
1989-90 19   5 Vorwärts Steyr
1990-91 33   8 Vorwärts Steyr
1991-92 22   7 VSE St. Pölten
1992-93 20   5 VfB Mödling

Braschler, Manfred (Mani)
*08.10.1958, Linksaußen
1977-78 21   3 Wattens-Wacker Innsbruck
1978-79 15   2 Wattens-Wacker Innsbruck
1981-82 34   9 Wattens-Wacker Innsbruck

Brauer, Timo
*30.05.1990, Mittelfeldspieler
2014-15 34   0 SV Grödig
2015-16 30   2 SV Grödig

Braun, Christian
*06.11.1958, Mittelfeldspieler
1979-80   2   0 Linzer ASK
1980-81   6   0 Linzer ASK

Braun, Davor
*15.11.1963, linker Außendecker
1986-87   2   0 Linzer ASK

Braun, Georg
Linker Halbstürmer
1950-51 12   2 Linzer ASK
1951-52   6   0 Linzer ASK

Braun, Martin
*18.11.1968, Mittelfeldspieler
1997-98 32   0 Rapid Wien
1998-99 30   1 Rapid Wien
1999-00   1   0 Rapid Wien

Brauneder, Karl
*13.03.1960, 19 A, linker Außendecker/Mittelfeld
1978-79 36   9 Wiener Sportclub
1979-80 36   8 Wiener Sportclub
1980-81 36   3 Wiener Sportclub
1981-82 36 10 Wiener Sportclub
1982-83 29   4 Wiener Sportclub
1983-84 22   5 Rapid Wien
1984-85 28   7 Rapid Wien
1985-86 35   3 Rapid Wien
1986-87 26   4 Rapid Wien
1987-88 34   1 Rapid Wien
1988-89 29   0 Rapid Wien
1989-90 28   0 Rapid Wien
1990-91 10   0 Rapid Wien
1991-92 26   1 FC Stahl Linz
1992-93 21   1 Rapid Wien
1993-94 29   0 Rapid Wien
1994-95 16   2 VfB Mödling

Brauneis, Daniel
*29.08.1986, Stürmer
2013-14   7   0 Wacker Innsbruck

Braunöder, Matthias
*27.03.2002, Mittelfeldspieler
2020-21   1   0 Austria Wien
2021-22 27   1 Austria Wien
2022-23 31   2 Austria Wien
2023-24 16   0 Austria Wien

Breber, Zvonko
*25.05.1952, Mittelfeldspieler
1980-81 36   3 Sturm Graz
1981-82 33   4 Sturm Graz
1982-83 28   0 Sturm Graz
1983-84 25   2 Sturm Graz

Breibert, Michael
*11.01.1941, 2 A, rechter Außendecker
1962-63   2   0 Admira-Energie Wien
1963-64 11   0 Admira-Energie Wien
1964-65 25   0 Admira-Energie Wien
1965-66 22   1 Admira-Energie Wien
1966-67 20   1 Admira-Energie Wien
1967-68 11   0 Admira-Energie Wien
1968-69 18   0 Admira-Energie Wien
1969-70 11   0 First Vienna

Breiner, Engelbert
*03.11.1947, Vorstopper
1968-69 12   0 Grazer AK
1969-70   8   0 Grazer AK
1970-71 20   0 Grazer AK
1971-72 20   0 Grazer AK
1972-73 16   1 Grazer AK
1973-74 16   0 Grazer AK

Breinesberger, Alfred
*22.02.1962, Mittelfeldspieler
1980-81   4   0 Linzer ASK
1982-83   1   0 Linzer ASK

Breitenberger, Gerhard
*14.10.1954, 15 A, linker Außendecker
1974-75   2 0 VÖEST Linz
1975-76 18 0 VÖEST Linz
1976-77 36 0 VÖEST Linz
1977-78 35 2 VÖEST Linz
1978-79 17 0 Austria Salzburg
1979-80 31 2 Austria Salzburg
1980-81 30 0 Austria Salzburg
1981-82 28 1 Austria Salzburg
1982-83 28 0 Austria Salzburg
1983-84 15 0 Austria Salzburg
1984-85   6 0 Austria Salzburg

Breitenberger, Gerhard
*07.02.1979, Mittelfeldspieler
1998-99   1 0 Austria Salzburg
2008-09   3 0 Austria Kärnten

Breiteneder, Peter
*01.01.1949, Stürmer
1970-71   7 0 Simmeringer SC

Breitenfelder, Friedrich
*16.06.1980, Mittelfeldspieler
1996-97   1 0 Rapid Wien
2003-04   1 0 Rapid Wien

Breitenfelder, Werner
*16.01.1940, Vorstopper
1959-60   1 0 Austria Salzburg
1960-61   3 0 Schwechater SC
1961-62   4 0 Schwechater SC
1962-63 10 1 Austria Salzburg
1965-66 22 0 Austria Salzburg
1967-68 24 0 Austria Salzburg
1968-69   8 0 Austria Salzburg
1969-70 21 0 Austria Salzburg
1970-71   1 0 Austria Salzburg

Breithuber, Siegfried
*04.04.1965, Torwächter
1987-88   1 0 Grazer AK

Breitler, Erich
*03.08.1920, Außenläufer/Linker Außendecker
1951-52 23 0 Kapfenberger SV

Breitler, Otto
*18.09.1924, Außenläufer
1951-52 23 0 Kapfenberger SV

Brenner, Ewald
*26.06.1975, Außenstürmer
1996-97 32 7 FC Linz
1997-98 12 1 Linzer ASK
1997-98 21 1 Grazer AK
1998-99 28 3 Grazer AK
1999-00 32 6 Linzer ASK
2000-01 33 9 LASK Linz
2001-02 12 3 Austria Salzburg
2002-03 34 6 Austria Salzburg
2003-04 21 2 Austria Salzburg
2005-06 33 1 SV Ried
2006-07 31 0 SV Ried
2007-08 30 1 SV Ried
2008-09 26 2 SV Ried
2009-10 32 2 SV Ried
2010-11 34 3 SV Ried

Brenner, Josef
Linksaußen
1949-50   1 0 Floridsdorfer AC

Brenninger, Erwin
*06.09.1960, Verteidiger/Mittelfeld
1979-80   1 0 Admira/Wacker
1980-81   7 0 Admira/Wacker

Brenter, Mario
*28.10.1962, Verteidiger/Mittelfeld
1984-85 25 0 SV Spittal/Drau

Bretterbauer, Martin
Verteidiger/Mittelfeld
1969-70   4 0 Linzer ASK

Brettner, Gustav
Rechter Läufer
1962-63   1 0 Grazer AK

Breu, Reinhold
*12.09.1970, Stürmer
1996-97 28 1 Austria Wien
1997-98   3 0 Austria Wien

Breuer, Wolfgang (Bobby)
*24.05.1944, Stürmer
1972-73 30 22 Wattens-Wacker Innsbruck
1973-74 28 11 Wattens-Wacker Innsbruck

Breunig, Maximilian
*14.08.2000, Stürmer
2020-21 23 5 Admira/Wacker Mödling

Breyer, Franz
Mittelfeldspieler
1967-68   7 0 SC Eisenstadt
1968-69   1 0 SC Eisenstadt

Brezič, Danijel
*15.02.1976, 1 A, Mittelfeldspieler
1999-00 28 1 Austria Lustenau

Breznik, Karl
Rechtsaußen
1971-72   3 0 SC Eisenstadt

Brezovar, Wolfgang
Rechter Außendecker
1973-74 29 0 Simmeringer SC

Brezovsek, Erich
Außendecker/Mittelfeld
1971-72 22 0 SK Bischofshofen

Brickler, Johann (Hans)
*1922, linker Läufer
1949-50 14 1 Vorwärts Steyr
1950-51   2 0 Vorwärts Steyr

Briedl, Alexander
*21.04.2002, Mittelfeldspieler
2023-24 22 1 Blau-Weiß Linz

Brinek, Theodor
*09.05.1921, 17 A, Außenläufer
1939-40 13 0 Wacker Wien (BK)
1943-44   2 0 Wacker Wien (OK)
1945-46 21 11 Wacker Wien (WL)
1946-47 20 4 Wacker Wien (WL)
1947-48 18 1 Wacker Wien (WL)
1948-49   9 7 Wacker Wien (WL)
1949-50 24 12 Wacker Wien
1950-51 22 3 Wacker Wien
1951-52 25 5 Wacker Wien
1952-53 22 7 Wacker Wien
1953-54   7 1 Wacker Wien
1956-57   5 3 Wiener AC

Brkljačić, Zdravko
*22.05.1936, Torwächter
1966-67   8 0 Wiener Sportclub

Brlenić, Zoran
*06.09.1967, Mittelfeldspieler
1990-91   8 0 Vorwärts Steyr

Brnas, Stipe
*26.09.1969, Innenverteidiger
1996-97　21　1　Grazer AK
1997-98　25　0　Grazer AK

Brochmann, Friedrich (Fritz)
Mittelfeld/Rechtsaußen
1969-70　 1　0　First Vienna

Brochmann, Karl
Rechter Halbstürmer/Mittelstürmer
1945-46　 2　 0　Rapid Oberlaa (WL)
1948-49　 7　 0　SK Oberlaa (WL)
1949-50　23　10　SK Oberlaa

Brod, Herbert
*04.03.1956, Torwächter
1976-77　 2　0　Grazer AK

Broneder, Anton
*19.09.1924, Torwächter
1948-49　 6　0　Floridsdorfer AC (WL)
1949-50　24　0　Floridsdorfer AC
1950-51　19　0　Floridsdorfer AC
1951-52　15　0　Floridsdorfer AC

Bronkhorst, Henry
*15.10.1957, Manndecker
1980-81　 9　0　Admira/Wacker
1981-82　12　0　Admira/Wacker
1982-83　15　1　Admira/Wacker
1984-85　11　0　SC Eisenstadt
1985-86　20　0　SC Eisenstadt
1986-87　 3　0　SC Eisenstadt

Broser, Mario
*04.04.1978, Innenverteidiger
1998-99　 5　0　SV Ried
1999-00　10　0　SV Ried
2000-01　 3　0　SV Ried

Brousek, Richard
*12.01.1931, 1 A, Mittelstürmer
1948-49　 1　 0　Wacker Wien (WL)
1949-50　14　14　Wacker Wien
1950-51　24　24　Wacker Wien
1951-52　20　 9　Wacker Wien
1952-53　12　 4　Wacker Wien
1953-54　24　14　Wacker Wien
1954-55　23　31　Wacker Wien
1955-56　22　27　Wacker Wien
1956-57　23　12　Wacker Wien
1957-58　25　11　Wacker Wien
1962-63　18　 5　Wacker Wien

Brown Perea, **Roberto** Ronaldo
*15.07.1977, 54 A, Stürmer
2004-05　 9　1　Austria Salzburg

Broz, Josef
*21.04.1941, Mittelläufer/Außenläufer
1962-63　20　2　Wacker Wien
1964-65　26　0　Wacker Wien
1965-66　 5　0　First Vienna
1966-67　14　0　First Vienna
1967-68　21　1　First Vienna
1969-70　24　0　First Vienna

Brtnicky-Janecek, Herbert
*07.09.1931, rechter Außendecker
1956-57　17　0　Wiener AC
1957-58　24　0　Wiener AC
1958-59　25　0　Wiener AC

Bručić, Petar
*28.06.1953, Mittelfeldspieler
1982-83　21　2　Rapid Wien
1983-84　 9　0　Rapid Wien
1984-85　24　0　Rapid Wien
1985-86　33　3　Rapid Wien
1986-87　31　1　Rapid Wien
1987-88　27　1　Wiener Sportclub
1988-89　29　0　Wiener Sportclub
1989-90　19　2　Wiener Sportclub

Bruck, Josef
*10.09.1953, Libero
1982-83　28　0　SC Neusiedl am See
1983-84　28　0　SC Neusiedl am See

Bruck, Jürgen
*19.05.1975, Mittelfeldspieler
1992-93　 5　0　Wiener Sportclub
1993-94　20　0　Wiener Sportclub

Bruckhoff, Detlef
*08.04.1958, Mittelfeldspieler
1982-83　17　4　SC Neusiedl am See
1983-84　28　2　SC Neusiedl am See
1984-85　20　2　SC Eisenstadt

Bruckl, Alfred
Mittelläufer
1947-48　 1　0　Wiener AC (WL)
1953-54　23　0　Wiener AC

Brückl, Franz
Rechtsaußen
1958-59　 2　0　Kremser SC

Brückner, Angelo
*29.04.2003, rechter Außendecker
2023-24　11　0　TSV Hartberg

Brudna, Ernst
*13.10.1955, Stürmer
1977-78　22　1　Wiener Sportclub

Brugger, Walter
*18.08.1927, linker Läufer
1952-53　 3　0　Salzburger AK

Brugger, Yannick
*17.01.2001, Innenverteidiger
2021-22　12　0　Admira/Wacker Mödling

Bruins, Luigi
*09.03.1987, Mittelfeldspieler
2011-12　 3　0　RB Salzburg

Bruncic, Peter
*07.06.1949, Mittelfeldspieler
1971-72　18　2　SK Bischofshofen

Brunmayr, Ronald (Ronny)
*17.02.1975, 8 A, Stürmer
1994-95　33　 5　FC Linz
1996-97　36　 9　Austria Wien
1997-98　27　 3　Austria Wien
1998-99　28　 1　SV Ried
1999-00　34　19　SV Ried
2000-01　34　15　Grazer AK
2001-02　31　27　Grazer AK
2002-03　27　 8　Grazer AK
2003-04　18　 2　Sturm Graz
2004-05　22　 4　Sturm Graz
2005-06　 3　 0　SV Ried
2006-07　18　 4　SV Ried

Brunnenmeier, Rudolf (Rudi)
*11.02.1941, 5 A, Mittelstürmer
1973-74　19　1　FC Vorarlberg

Brunner, Bernhard
*14.11.1966, Stürmer
1985-86   1   0   Rapid Wien

Brunner, Johann
*15.02.1956, Mittelfeldspieler
1979-80   21   0   First Vienna
1982-83   24   3   First Vienna
1984-85   15   0   First Vienna

Bruno Felipe (Bruno Felipe Souza da Silva)
*26.05.1994, Außenstürmer
2017-18   18   1   Linzer ASK

Bruno, Massimo
*17.09.1993, Mittelfeld/Flügel
2014-15   24   6   RB Salzburg

Brzęczek, Jerzy Józef
*18.03.1971, 42 A, Mittelfeldspieler
1995-96   34   9   FC Tirol Innsbruck
1996-97   33   2   FC Tirol Innsbruck
1997-98   18   0   FC Tirol Innsbruck
1997-98   13   0   Linzer ASK
1998-99   20   2   Linzer ASK
2000-01   27   1   FC Tirol Innsbruck
2001-02   34   6   FC Tirol Innsbruck
2002-03   31   2   Sturm Graz
2003-04   4   0   Sturm Graz
2003-04   13   0   FC Kärnten
2004-05   32   2   Wacker Tirol
2005-06   28   4   Wacker Tirol
2006-07   19   2   Wacker Tirol

Brzić, Ivan (Ivica)
*28.05.1941, 1 A, Mittelfeldspieler
1972-73   21   5   DSV Alpine
1973-74   32   1   DSV Alpine
1974-75   34   1   VÖEST Linz
1975-76   31   0   VÖEST Linz
1976-77   16   1   VÖEST Linz

Bubalo, Stanko
*26.04.1973, 2 A, Stürmer
2001-02   10   1   FC Kärnten
2002-03   24   7   FC Kärnten
2003-04   32   3   FC Kärnten

Bubberman, Wim
*30.10.1970, Innenverteidiger
1996-97   15   0   Admira/Wacker
1997-98   14   0   Admira/Wacker Mödling

Bubenik, Wolfgang
*31.03.1981, rechter Außendecker/Mittelfeld
2003-04   4   0   SV Pasching
2004-05   21   3   FC Pasching
2005-06   23   2   FC Pasching
2006-07   30   2   FC Pasching
2007-08   34   0   Austria Kärnten
2008-09   28   1   Austria Kärnten
2009-10   32   0   Linzer ASK
2010-11   29   0   Linzer ASK

Buberník, Titus
*12.10.1933, 23 A, Mittelfeldspieler
1968-69   19   5   Linzer ASK
1969-70   17   2   Linzer ASK

Buchacher, Florian
*28.09.1987, linker Außendecker
2018-19   5   0   Wacker Innsbruck
2019-20   17   1   WSG Tirol
2020-21   13   0   WSG Tirol

Buchacher, Heinz
Außenläufer
1954-55   15   0   Simmeringer SC
1955-56   19   0   Simmeringer SC
1956-57   15   0   Simmeringer SC
1957-58   11   0   Simmeringer SC
1958-59   2   0   Simmeringer SC
1959-60   18   0   Simmeringer SC
1960-61   10   0   Simmeringer SC
1962-63   16   0   Simmeringer SC
1963-64   16   2   Simmeringer SC

Buchacher, Heinz
*21.03.1961, Mittelfeldspieler
1987-88   18   5   VfB Union Mödling

Buchberger, Othmar
Mittelläufer/Linker Außendecker
1960-61   17   0   SVS Linz
1961-62   18   0   SVS Linz
1962-63   13   0   SVS Linz
1963-64   6   0   SVS Linz

Buchinger, Gustav
Mittelstürmer
1950-51   15   12   SC Wiener Neustadt

Buchinger, Helmut
*30.10.1954, rechter Außendecker
1973-74   1   0   Austria Salzburg
1975-76   2   0   Austria Salzburg

Buchleitner, Hans-Peter
*24.11.1960, Mittelfeldspieler
1981-82   15   0   Austria Wien
1982-83   12   0   Austria Wien
1982-83   14   0   Simmeringer SC
1983-84   29   2   Austria Klagenfurt
1984-85   27   0   Austria Klagenfurt
1985-86   24   2   Austria Klagenfurt
1986-87   20   2   Austria Klagenfurt
1987-88   19   1   Austria Klagenfurt
1988-89   19   0   Austria Klagenfurt

Buchner, Rudolf (Rudi)
*22.04.1941, Außendecker
1962-63   3   0   Austria Salzburg

Buchsbaum, Ewald
Linker Außendecker
1964-65   1   0   Grazer AK

Buchta, Julian
*11.07.2000, Innenverteidiger/Rechter Außendecker
2020-21   2   0   Admira/Wacker Mödling

Bucsek, Walter
*24.11.1955, Stürmer
1974-75   2   0   Sturm Graz
1975-76   1   0   Sturm Graz

Bucsich, Ernst
*26.08.1961, Verteidiger
1983-84   6   0   SC Eisenstadt

Budicin, Fausto
*01.05.1981, rechter Außendecker
2004-05   11   0   FC Pasching

Budimirović, Milorad
Rechtsaußen
1962-63   3   0   Wiener Sportclub

Büllwatsch, Heinrich
*01.01.1935, 2 A, Mittelläufer
1954-55   2   0   Wiener Sportclub
1955-56 18   0   Wiener Sportclub
1956-57 22   0   Wiener Sportclub
1957-58 26   0   Wiener Sportclub
1958-59 25   0   Wiener Sportclub
1959-60 19   0   Wiener Sportclub
1960-61 20   0   Wiener Sportclub
1961-62 10   0   Wiener Sportclub
1962-63 14   0   Austria Klagenfurt
1965-66 26   0   Austria Klagenfurt
1966-67 21   0   Austria Klagenfurt
1967-68 21   0   WSG Radenthein
1970-71 15   0   WSG Radenthein

Bürger, Patrick
*27.06.1987, 2 A, Stürmer
2004-05   7   1   SV Mattersburg
2005-06   7   0   SV Mattersburg
2006-07 14   1   SV Mattersburg
2007-08   9   0   SV Mattersburg
2010-11 34 14   SV Mattersburg
2011-12 35 12   SV Mattersburg
2012-13 33   9   SV Mattersburg
2015-16 19   6   SV Mattersburg
2016-17 31   8   SV Mattersburg
2017-18 17   3   SV Mattersburg
2018-19 10   0   SV Mattersburg
2019-20 26   4   SV Mattersburg

Bürger, Peter
Stürmer/Mittelfeld
1968-69   5   0   Admira-Energie Wien

Bürgler, Stephan
*21.11.1987, Stürmer
2007-08   2   0   Austria Kärnten
2008-09   2   0   Austria Kärnten

Bürgler, Werner
*01.06.1960, Stürmer
1982-83 15   4   Austria Klagenfurt
1983-84 21   9   Austria Klagenfurt
1984-85 29   5   Austria Klagenfurt
1985-86 12   0   VOEST Linz
1986-87 13   0   VOEST Linz

Bürringer, Sascha
*03.09.1975, Mittelfeldspieler
1993-94   2   0   Rapid Wien
1994-95 10   0   Rapid Wien
1995-96   2   0   Rapid Wien

Buhr, Eduard
Mittelstürmer
1950-51   2   0   SC Wiener Neustadt

Bujdak, Roman
*20.06.1973, Mittelfeldspieler
1996-97 10   1   FC Linz

Buković, Berislav
*06.06.1956, Libero
1984-85   6   0   DSV Alpine
1985-86 16   2   SC Eisenstadt
1986-87 16   0   SC Eisenstadt

Bukrán, Gábor
*16.11.1975, 1 A, Mittelfeldspieler
2001-02   8   0   Austria Salzburg
2002-03   6   0   Austria Salzburg

Buksa, Aleksandar
*15.01.2003, Stürmer
2023-24 29   1   WSG Tirol

Bukta, Csaba
*25.07.2001, Stürmer
2020-21 17   0   SC Rheindorf Altach
2021-22 19   0   SC Rheindorf Altach
2022-23 27   0   SC Rheindorf Altach

Bukva, Haris
*15.03.1988, Mittelfeldspieler
2006-07 10   0   FC Pasching
2007-08   2   1   Austria Kärnten
2008-09 24   1   Austria Kärnten
2010-11 15   0   Linzer ASK
2009-10 20   1   Sturm Graz
2010-11 10   3   Sturm Graz
2011-12 21   1   Sturm Graz
2012-13 22   0   Sturm Graz

Bukusu, Kevin Vangu Phambu
*27.02.2001, Innenverteidiger
2022-23   8   0   Wolfsberger AC

Bulatović, Nedeljko (Ned)
*19.04.1939, Mittelfeldspieler
1962-63   6   2   Austria Klagenfurt

Bule, Nino
*19.03.1976, 3 A, Stürmer
2004-05 16   0   FC Pasching
2004-05   8   3   Austria Salzburg
2005-06 27   7   Admira/Wacker Mödling

Bumberger, David
*05.02.1999, Innenverteidiger
2020-21 15   0   SC Rheindorf Altach
2021-22   8   1   SC Rheindorf Altach

Burdein, Walter
*24.09.1956, rechter Außendecker
1987-88 13   0   VfB Union Mödling

Buresch, Alois
Mittelläufer
1949-50   3   0   SV Gloggnitz

Burger, Richard
*27.08.1958, Stürmer
1980-81 21   4   Grazer AK
1981-82   4   0   Admira/Wacker
1982-83   5   0   Grazer AK
1983-84 18   6   SV St. Veit

Burghuber, Thomas
*03.05.1994, linker Außendecker
2011-12   1   0   SV Ried
2013-14   3   0   SV Ried
2014-15   6   0   SV Ried

Burgić, Miran
*25.09.1984, 5 A, Stürmer
2010-11 34   6   Wacker Innsbruck
2011-12 33   5   Wacker Innsbruck

Burgstaller, Guido
*29.04.1989, 26 A, Stürmer
2009-10 30   0   SC Wiener Neustadt
2010-11 25   5   SC Wiener Neustadt
2011-12 23   7   Rapid Wien
2012-13 32   6   Rapid Wien
2013-14 30 11   Rapid Wien
2022-23 31 21   Rapid Wien
2023-24 20   7   Rapid Wien

Burgstaller, Karl
Mittelstürmer
1954-55   1   0   Simmeringer SC

Burgstaller, Peter
*13.02.1964, Torwächter
1983-84 14 0 Favoritner AC
1984-85 27 0 Favoritner AC
1985-86   7 0 Wattens-Wacker Innsbruck
1986-87   1 0 Grazer AK
1987-88   9 0 VfB Union Mödling
1989-90   4 0 Austria Salzburg

Burgstaller, Thomas
*09.01.1980, Innenverteidiger
2003-04 19 2 Rapid Wien
2004-05 10 0 Rapid Wien
2005-06   5 0 Rapid Wien
2006-07   7 0 Rapid Wien
2008-09 31 4 SV Ried
2009-10 34 1 SV Ried
2010-11 20 1 Sturm Graz
2011-12 31 2 Sturm Graz

Burke, Cory Lamar Crossgill
*28.12.1991, 34 A, Stürmer
2019-20 11 4 SKN St. Pölten

Burusić, Dominik
*17.03.1993, Stürmer
2013-14 10 0 Admira/Wacker Mödling
2014-15   1 0 Admira/Wacker Mödling

Burvall, Ken Roger
*27.03.1966, 4 A, Mittelfeldspieler
1995-96 10 0 Admira/Wacker
1996-97 30 2 Admira/Wacker

Busk, Søren Thomas
*10.04.1953, 61 A, rechter Außendecker
1987-88 11 0 Wiener Sportclub
1988-89 15 1 Wiener Sportclub

Butković, Ladislav
*30.10.1928, Außenstürmer
1954-55 11 2 Austria Salzburg
1955-56   1 0 Austria Salzburg
1959-60   2 0 Austria Salzburg

Butrej, Michael
*26.06.1968, Mittelfeldspieler
1998-99 29 2 Austria Lustenau
1999-00 29 2 Austria Lustenau

Buus-Nielsen, Thomas
*17.08.1976, Stürmer
2000-01   3 0 Schwarz-Weiß Bregenz

Buzek, Johann (Hans)
*22.05.1938, 42 A, Mittelstürmer
1954-55   7   8 First Vienna
1955-56 26 32 First Vienna
1956-57 26 16 First Vienna
1957-58 25 27 First Vienna
1958-59   9 12 First Vienna
1959-60 19 15 First Vienna
1960-61 22 13 First Vienna
1961-62 24 11 First Vienna
1962-63   5   2 Austria Wien
1963-64 19   3 Austria Wien
1964-65 19   8 Austria Wien
1965-66 21 18 Austria Wien
1966-67 22 13 Austria Wien
1967-68 17   7 Wiener Sportclub
1968-69 24 11 Wiener Sportclub
1969-70 28 14 FC Dornbirn
1970-71 30 10 Rapid Wien
1971-72 19   1 Rapid Wien
1972-73 23   3 Austria Klagenfurt

Bydschovsky, Johann
Linker Außendecker
1960-61   1 0 Wacker Wien

Byrnes, Mark John
*08.02.1982, Innenverteidiger
2000-01   7 0 Austria Salzburg

C

Čabala, Ivan
*13.02.1960, 4 A, Mittelfeld/Libero
1991-92 15 1 Kremser SC

Cabrera Agonay, **Ione** Jimenez
*13.10.1985, Innenverteidiger
2013-14 16 1 SV Grödig
2014-15 14 0 SV Grödig
2016-17   2 0 Admira/Wacker Mödling
2019-20 13 0 WSG Tirol

Caha, Günter
*28.10.1953, Stürmer/Mittelfeld
1973-74 17 0 First Vienna
1976-77 32 4 First Vienna
1977-78 33 3 First Vienna
1978-79 21 1 First Vienna
1979-80 16 0 First Vienna
1982-83 25 0 Union Wels
1983-84 15 0 Union Wels

Çaka, Yalçın
*30.11.1930, 2 A, Linksaußen
1953-54   2 0 Sturm Graz
1955-56 11 1 Sturm Graz
1956-57   5 1 Sturm Graz

Ćaleta-Car, Duje
*17.09.1996, 24 A, Innenverteidiger
2014-15   7 0 RB Salzburg
2015-16 31 2 RB Salzburg
2016-17 18 0 RB Salzburg
2017-18 28 0 RB Salzburg

Čalo, Igor
*03.05.1968, Stürmer
1992-93 19 5 Sturm Graz

Camara, Mohamed
*06.01.2000, 22 A, Mittelfeldspieler
2018-19   7 0 TSV Hartberg
2019-20 13 1 RB Salzburg
2020-21 15 0 RB Salzburg
2021-22 25 1 RB Salzburg

Čamernik, Anton
*22.08.1953, Mittelfeldspieler
1980-81   4 1 Admira/Wacker

Canadi, Marcel
*27.10.1997, Mittelfeldspieler
2020-21 14 0 SV Ried
2021-22   6 0 SV Ried

Čanadi, Damir
*06.05.1970, Mittelfeldspieler
1988-89   1 0 Austria Wien
1994-95 18 1 VfB Mödling

Cancola, David
*23.10.1996, Mittelfeldspieler
2017-18   1 0 Austria Wien
2018-19 11 2 TSV Hartberg
2019-20 28 1 TSV Hartberg

Cap, Edgar
*06.11.1957, Mittelfeldspieler
1973-74   1   0   Admira/Wacker
1975-76   4   0   Admira/Wacker
1976-77 11   0   Admira/Wacker
1977-78   6   0   Admira/Wacker
1978-79   4   0   Admira/Wacker

Capaldo Taboas, **Nicolás**
*14.09.1998, Mittelfeldspieler
2021-22 27   3   RB Salzburg
2022-23 23   5   RB Salzburg
2023-24 10   0   RB Salzburg

Carando, Danilo Ezequiel
*05.08.1988, Stürmer
2020-21   3   2   SC Rheindorf Altach

Carboni, Ezequiel Alejo
*04.04.1979, Mittelfeldspieler
2005-06 33   2   RB Salzburg
2006-07 33   2   RB Salzburg
2007-08 32   1   RB Salzburg

Cárcamo Flores, **Juan Manuel**
*22.05.1974, 18 A, Stürmer
2000-01 36 12   Austria Salzburg
2001-02 17   1   Austria Salzburg

Cardozo, Pablo
*23.12.1972, 4 A, Stürmer
1997-98 10   0   Rapid Wien

Cariús, Alan Lima
*04.04.1997, Stürmer
2017-18   5   0   Linzer ASK
2019-20 13   2   SKN St. Pölten

Carlsen, Peter
*20.12.1964, Manndecker
1985-86   2   0   SC Eisenstadt

Carniel, Kurt
Rechter Außendecker
1961-62   1   0   SC Wiener Neustadt

Carracedo García, **Marcelo**
*16.04.1970, Mittelfeldspieler
1993-94 31   5   FC Tirol Innsbruck

Carreño Colonbo, **Fernando**
*15.01.1979, Innenverteidiger
2007-08 24   3   SC Rheindorf Altach
2008-09   3   0   SC Rheindorf Altach

Carril Regueiro, Iván
*13.02.1985, Mittelfeldspieler
2010-11 30   5   SV Ried
2011-12 22   4   SV Ried
2012-13   9   0   SV Ried

Carril Regueiro, Jonathan
*28.02.1984, Stürmer
2009-10 14   1   SV Ried

Carvalho (José Renato da Silva)
*06.10.1960, Stürmer
1991-92   9   1   FC Tirol

Casali, Tino
*14.11.1995, Torwächter
2018-19   5   0   SV Mattersburg
2019-20   4   0   SV Mattersburg
2020-21   5   0   SC Rheindorf Altach
2021-22 30   0   SC Rheindorf Altach
2022-23 23   0   SC Rheindorf Altach

Casar, Aljaž
*17.09.2000, Mittelfeldspieler
2019-20   3   0   SC Rheindorf Altach
2020-21 21   1   SC Rheindorf Altach

Castellano, Franco
*24.06.1956, Stürmer
1978-79   7   0   Wattens-Wacker Innsbruck

Cavlan, Caner
*05.02.1992, linker Außendecker
2019-20   7   0   Austria Wien

Čavlina, Silvije
*22.04.1977, Torwächter
2007-08 35   0   Linzer ASK
2008-09 24   0   Linzer ASK
2009-10 15   0   Linzer ASK
2010-11 10   0   Sturm Graz
2011-12 18   0   Sturm Graz

Čebinac, Srđan
*08.12.1939, 1 A, Stürmer
1968-69   9   2   Austria Wien

Čeh, Aleš
*07.04.1968, 74 A, Mittelfeldspieler
1995-96 32   0   Grazer AK
1996-97 30   0   Grazer AK
1997-98 31   0   Grazer AK
1998-99 29   1   Grazer AK
1999-00 26   0   Grazer AK
2000-01 35   1   Grazer AK
2001-02 29   0   Grazer AK
2002-03 18   0   Grazer AK

Čeh, Nastja
*26.01.1978, 46 A, Mittelfeldspieler
2005-06 32   3   Austria Wien
2006-07   4   0   Austria Wien

Čehajić, Salmin
*07.05.1984, Mittelfeldspieler
2001-02   1   0   Rapid Wien
2003-04   7   0   Rapid Wien

Cejka, Friedrich (Fritz)
*03.07.1928, 1 A, Außenstürmer
1947-48 13   2   Admira Wien (WL)
1948-49 14   3   Admira Wien (WL)
1949-50 24 11   Admira Wien
1950-51 23   7   Admira Wien
1951-52 26   7   Admira Wien
1952-53 25 11   Admira Wien
1953-54 25 10   Admira Wien
1954-55 26 14   Admira Wien
1955-56 26 13   Admira Wien
1956-57 23 14   Admira Wien
1957-58 19 13   Admira Wien
1958-59 26 23   Admira Wien
1959-60 26 28   Wiener AC
1960-61 25 20   Wiener AC
1961-62 24 19   Wiener AC
1962-63 25 16   Wiener AC
1963-64 22 14   Kapfenberger SV
1964-65 26 16   First Vienna
1965-66 20   7   First Vienna

Celestina, Anton
Mittelfeldspieler
1967-68   7   0   Sturm Graz
1968-69   4   0   WSV Donawitz
1970-71   4   0   Grazer AK

Čelić, Dragutin
*19.08.1962, 3 A, Mittelfeldspieler
1994-95 15   0   FC Linz

Čelić, Nemanja (Nemo)
*26.04.1999, Mittelfeld/Innenverteidiger
2017-18   2 0 Linzer ASK
2019-20   1 0 Linzer ASK
2020-21 29 1 WSG Tirol
2022-23   7 0 Linzer ASK

Celofiga, Hannes
*21.11.1953, Stürmer
1972-73   1 1 DSV Alpine

Celouch, Kurt
Rechter Läufer/Linker Halbstürmer
1952-53 17 0 VfB Union Mödling

Cemernjak, Christoph
*03.03.1982, Innenverteidiger
2006-07 16 0 SC Rheindorf Altach

Cerin, Snježan (Snješko)
*19.01.1955, Stürmer
1986-87 14 1 Austria Klagenfurt

Cernin, Niki
Linksaußen
1959-60   2 0 Simmeringer SC

Cerny, Harald
*13.09.1973, 47 A, Mittelfeldspieler
1993-94 22 7 Admira/Wacker
1994-95 34 8 FC Tirol
1995-96 18 6 FC Tirol Innsbruck

Cerny, Wilhelm
*31.01.1955, 2 A, Mittelfeldspieler
1972-73 24 4 Admira/Wacker
1973-74 22 7 Admira/Wacker
1974-75 31 6 Admira/Wacker
1975-76 36 8 Admira/Wacker
1976-77 35 8 Admira/Wacker
1977-78 36 6 Admira/Wacker
1978-79 32 5 Admira/Wacker
1979-80 17 1 Admira/Wacker
1980-81 12 0 Wiener Sportclub
1981-82 22 6 Austria Salzburg

Cestnik, Martin
*21.09.1973, Mittelfeldspieler
2002-03 17 0 Admira/Wacker Mödling

Ceyka, Rudolf (Rudi)
*16.03.1941, 1 A, rechter Läufer
1960-61 20 0 First Vienna
1961-62 20 0 First Vienna
1962-63 17 0 First Vienna
1963-64 23 1 First Vienna
1964-65 24 0 First Vienna
1965-66 24 1 First Vienna
1966-67 25 3 First Vienna
1967-68 26 1 First Vienna

Chabbi, Seifedin
*04.07.1993, Stürmer
2016-17   7 0 Sturm Graz
2020-21 23 5 TSV Hartberg
2021-22 23 7 SV Ried
2022-23 25 4 SV Ried

Chaile, Carlos Walter Ariel
*14.01.1975, Innenverteidiger
2003-04 19 3 SV Pasching
2004-05 33 4 FC Pasching
2005-06 34 1 FC Pasching
2006-07 29 1 FC Pasching
2007-08 25 0 Austria Kärnten
2008-09 29 3 Austria Kärnten

Chalupetzky, Franz
Rechter Außendecker/Rechter Läufer
1953-54 12 0 Wacker Wien
1954-55 18 2 Wacker Wien
1955-56 25 0 Wacker Wien
1956-57 25 0 Wacker Wien
1957-58 11 1 Wacker Wien

Charwath, Otto
*4.11.1949, Mittelfeldspieler
1970-71 11 1 Wacker Wien
1971-72 26 2 Simmeringer SC
1973-74 25 0 Simmeringer SC

Chato Nguendong, **Paterson**
01.12.1996, Mittelfeldspieler
2023-24 14 0 Austria Lustenau

Cheberko, Yevhen
*23.01.1998, 1 A, Innenverteidiger
2020-21   5 0 Linzer ASK

Chema (José María Antón)
*19.03.1989, linker Außendecker
2011-12   4 0 RB Salzburg

Cherchesov, Stanislav Salamovich
*02.09.1963, 49 A, Torwächter
1995-96 17 0 FC Tirol Innsbruck
1996-97 30 0 FC Tirol Innsbruck
1997-98 30 0 FC Tirol Innsbruck
1998-99 35 0 FC Tirol Innsbruck
1999-00 36 0 FC Tirol Innsbruck
2000-01 19 0 FC Tirol Innsbruck
2001-02 15 0 FC Tirol Innsbruck

Chernyshov, Andrey Alekseyevich
*07.01.1968, 34 A, Libero
1994-95 18 2 Sturm Graz
1995-96 29 0 Sturm Graz

Chessa, Dennis
*19.10.1992, Mittelfeldspieler
2016-17 21 0 SV Ried

Cheukoua, Michael
*13.01.1997, Stürmer
2017-18   6 1 SC Rheindorf Altach
2022-23 18 3 Austria Lustenau

Chico (Francisco Carlos Correia Lima)
*24.01.1936, Stürmer
1962-63 26 10 Linzer ASK
1963-64 23 6 Linzer ASK
1964-65 15 4 Linzer ASK
1965-66 20 4 Linzer ASK
1966-67 18 0 Linzer ASK
1967-68 25 0 Linzer ASK
1968-69 18 0 Linzer ASK
1969-70 11 0 Linzer ASK
1970-71 30 1 Linzer ASK
1971-72   2 0 Linzer ASK

Chinchilla Vega, **Pablo**
*21.12.1978, 39 A, Innenverteidiger
2006-07 35 1 SC Rheindorf Altach
2007-08 29 1 SC Rheindorf Altach
2008-09   7 0 Linzer ASK
2009-10 31 2 Linzer ASK
2010-11 15 1 Linzer ASK

Chiquinho (Alexandre da Silva)
*21.03.1974, Mittelfeldspieler
2005-06 30 3 FC Pasching
2006-07 30 2 FC Pasching
2007-08 14 1 Austria Kärnten
2008-09 14 4 Austria Kärnten

Chiusole, Norbert
*24.08.1936, Innenstürmer
1954-55   2   0   Schwarz-Weiß Bregenz
1966-67 12   0   Schwarz-Weiß Bregenz
1967-68 16   0   Schwarz-Weiß Bregenz

Chlud, Karl
Mittelläufer
1949-50   1   0   First Vienna

Choi, Sung-Yong
*25.12.1975, 64 A, Außendecker
2000-01 13   1   LASK Linz

Chrappan, Peter
*21.12.1984, Innenverteidiger
2009-10 16   0   SV Mattersburg
2010-11 21   0   SV Mattersburg

Chrastka, Ferdinand
Rechtsaußen/Rechter Außendecker
1960-61 19   1   Schwechater SC
1961-62 18   3   Schwechater SC
1962-63   4   1   Schwechater SC
1963-64 10   6   Simmeringer SC
1965-66   1   0   Simmeringer SC

Chrastka, Leopold
Rechtsaußen/Rechter Läufer
1963-64   5   0   Schwechater SC
1964-65   1   0   Schwechater SC

Christ, Peter
*16.12.1944, Verteidiger
1969-70   2   0   First Vienna

Cibulak, Ernst
Torwächter
1938-39 18   9   Grazer SC (GL)
1940-41 13   0   Grazer SC (BK)
1952-53 23   0   Grazer SC

Çiftçi, Serkan
*03.08.1989, Stürmer
2011-12 23   2   SC Wiener Neustadt
2012-13   8   1   Sturm Graz

Cihlář, Zdeněk
*27.12.1973, Verteidiger
2001-02   1   0   FC Kärnten

Cimarolli, Alfred
*26.10.1943, Libero/Linksaußen
1963-64   4   0   FC Dornbirn
1969-70 24   0   FC Dornbirn

Cinkl, Erich
Mittelläufer
1958-59   3   0   Wacker Wien
1959-60   3   0   Wacker Wien
1960-61 13   0   Wacker Wien
1964-65   4   0   Wacker Wien

Ćirković, Aleksandar
*21.09.2001, Stürmer
2020-21   3   0   Admira/Wacker Mödling

Cisse, Namory Noel
*05.01.2003, Mittelstürmer
2023-24 26   3   Austria Lustenau

Cizek, Josef
Rechter Läufer
1946-47   7   0   Wacker Wien (WL)
1947-48 18   0   Wacker Wien (WL)
1948-49 18   0   Wacker Wien (WL)
1949-50 22   0   Wacker Wien
1950-51 24   0   Wacker Wien
1951-52 21   1   Wacker Wien
1952-53   1   0   Wacker Wien

Cizl, Karl
Außenläufer
1960-61 24   0   SVS Linz
1961-62 19   1   SVS Linz
1962-63 13   0   SVS Linz
1963-64   6   0   Wiener Sportclub
1964-65   1   0   Wiener Sportclub

Clement, Peter
*27.03.1946, 2 A, rechter Außendecker
1969-70 18   1   Wiener Sportclub
1970-71 21   2   Wiener Sportclub
1971-72   8   0   Austria Salzburg
1973-74   8   0   Austria Salzburg

Clottey, Emmanuel
*30.08.1987, 9 A, Stürmer
2007-08   5   0   Wacker Innsbruck

Cmiljanić, Boris
*17.03.1996, Mittelstürmer
2019-20   8   1   Admira/Wacker Mödling

Codalonga, Günther
*21.01.1949, Mittelfeld/Stürmer
1970-71   4   0   Austria Salzburg
1972-73 18   2   SC Bregenz

Colp, Ferdinand
*09.10.1929, Außenläufer
1960-61 22   1   FC Dornbirn

Constantini, Dietmar (Didi)
*30.05.1955, Libero
1975-76 19   0   Wattens-Wacker Innsbruck
1976-77 31   2   Wattens-Wacker Innsbruck
1977-78 26   2   Wattens-Wacker Innsbruck
1978-79   2   0   Wattens-Wacker Innsbruck
1979-80 28   2   Linzer ASK
1982-83 15   0   Union Wels
1983-84 16   0   Union Wels
1983-84 13   0   Favoritner AC
1984-85 28   0   Favoritner AC
1986-87 20   0   Wiener Sportclub

Conté, Abdoul Karim
*25.08.1999, Mittelfeldspieler
2018-19   1   0   Wacker Innsbruck

Čop, Josip
*17.08.1961, 2 A, Mittelfeld/Libero
1984-85 27   1   Sturm Graz
1985-86 30   1   Sturm Graz

Copado Schrobenhauser, **Lucas** Fernando
*10.01.2004, Stürmer
2023-24   4   0   Linzer ASK

Čopák, Gordon
*24.05.1972, Mittelfeldspieler
1998-99   9   0   Vorwärts Steyr

Coronel, Carlos Miguel
*29.12.1996, 6 A, Torwächter
2017-18   1   0   RB Salzburg
2019-20   5   0   RB Salzburg
2020-21   1   0   RB Salzburg

Cosgun, Denizcan
*16.02.2002, Mittelfeldspieler
2022-23 11   0   SV Ried

Črnjak, Vlado
*31.08.1954, Linksaußen
1982-83 29   6   Union Wels
1983-84 15   2   Union Wels
1984-85 30 12   DSV Alpine
1985-86 15   4   DSV Alpine

Crnković, Tomislav
*17.06.1929, 51 A, linker Außendecker/Mittelläufer
1960-61 11 0 Linzer ASK
1961-62 21 0 Linzer ASK

Csarmann, Friedrich
*14.10.1954, Stürmer
1974-75   3 0 Admira/Wacker
1975-76   6 0 Admira/Wacker
1982-83 22 3 SC Neusiedl am See

Csizmadia, Csaba
*30.05.1985, 12 A, Innenverteidiger
2006-07 13 1 SV Mattersburg
2007-08 32 2 SV Mattersburg
2008-09 20 1 SV Mattersburg

Csulem, Friedrich
Außenläufer/Innenstürmer
1952-53   6 1 Floridsdorfer AC
1953-54 13 4 Floridsdorfer AC
1954-55   2 0 FC Wien

Cuevas, Cristián
*02.04.1995, linker Außendecker/Linksaußen
2018-19 18 0 Austria Wien

Ćulafić, Zoran
*13.01.1963, Manndecker
1986-87 13 0 Wiener Sportclub

Curda, Ludwig
*28.07.1923, Mittelstürmer/Rechtsaußen
1946-47 16 1 Post SV Wien (WL)
1947-48   6 2 FC Wien (WL)
1948-49   8 4 FC Wien (WL)
1949-50   5 2 FC Wien
1950-51   7 0 FC Wien
1951-52 23 13 FC Wien
1952-53 22 8 FC Wien
1953-54 19 6 FC Wien
1954-55 12 3 FC Wien
1955-56   1 0 FC Wien

Cvetko, Andreas
*15.12.1963, Außendecker
1982-83   1 0 Austria Klagenfurt
1983-84   3 0 Austria Klagenfurt
1984-85 30 0 Austria Klagenfurt
1985-86 31 0 Austria Klagenfurt
1986-87 13 0 Grazer AK
1988-89 13 0 Vorwärts Steyr

Cvetko, Christopher
*02.04.1997, Mittelfeldspieler
2021-22 31 1 Austria Klagenfurt
2022-23 30 1 Austria Klagenfurt
2023-24 24 2 Austria Klagenfurt

Cvetković, Nenad
*06.01.1996, Innenverteidiger
2023-24   7 0 Rapid Wien

Cvijanović, Darko
*25.05.1972, Mittelfeldspieler
1992-93   6 0 VSE St. Pölten

Cvitković, Ivica
*08.01.1943, Rechtsaußen
1967-68 14 2 SC Eisenstadt

Czapka, Franz
*1939, rechter Läufer
1956-57   1 0 FC Stadlau

Czerny, Alois
Torwächter
1953-54   1 0 Wacker Wien
1954-55   8 0 Wacker Wien
1955-56   4 0 Wacker Wien
1956-57   3 0 Wacker Wien
1957-58   4 0 Wacker Wien

Czibor, Zoltán
*23.08.1929, 43 A, Linksaußen
1962-63   1 0 Austria Wien

Czihak, Emil
*08.07.1927, rechter Außendecker
1945-46   8 0 FC Wien (WL)
1946-47 11 0 FC Wien (WL)
1947-48 18 0 FC Wien (WL)
1948-49   4 0 FC Wien (WL)
1949-50   6 1 FC Wien
1951-52 24 0 Grazer AK
1952-53 17 0 Grazer AK
1955-56 17 2 Austria Graz

Cziommer, Simon
*06.11.1980, Mittelfeldspieler
2009-10 26 6 RB Salzburg
2010-11 26 5 RB Salzburg
2011-12 18 0 RB Salzburg

Czornomaz, Adrián Carlos
*30.04.1968, Stürmer
1991-92   3 0 Rapid Wien

Czischek, Hermann
*28.03.1924, rechter Läufer/Innenstürmer
1947-48   2 0 Floridsdorfer AC (WL)
1948-49 18 0 Floridsdorfer AC (WL)
1949-50 22 0 Floridsdorfer AC
1950-51 24 0 Floridsdorfer AC
1951-52   9 0 Floridsdorfer AC
1958-59 22 2 ÖMV Olympia Wien

D

Da Silva, Cristiano
*12.01.1987, Mittelfeldspieler
2011-12 15 3 RB Salzburg

Da Silva, Douglas
*07.03.1984, Innenverteidiger
2011-12 11 0 RB Salzburg
2012-13   2 0 RB Salzburg

Da Silva, Sandro José Ferreira
*19.03.1986, Mittelfeldspieler
2008-09 26 4 Austria Kärnten
2009-10 24 4 Austria Kärnten
2013-14 28 3 SV Ried

Dabac, Dario
*23.05.1978, linker Außendecker
2005-06 31 2 SV Ried
2006-07   3 0 SV Ried

Dabanlı, Berkay Tolga
*27.06.1990, Innenverteidiger
2019-20 12 0 SC Rheindorf Altach
2020-21 22 0 SC Rheindorf Altach
2021-22 14 0 SC Rheindorf Altach

Dabbur, Munas
*14.05.1992, 40 A, Stürmer
2016-17   15   2   RB Salzburg
2017-18   32   22   RB Salzburg
2018-19   29   20   RB Salzburg

Dadi, Eugène
*20.08.1973, 1 A, Stürmer
1997-98   19   4   Linzer ASK
1998-99   20   3   Linzer ASK
1999-00   13   3   Linzer ASK

Dağ, Ekrem Hayyam
*05.12.1980, 10 A, Mittelfeldspieler
2001-02   8   0   Sturm Graz
2002-03   35   4   Sturm Graz
2003-04   31   3   Sturm Graz
2004-05   21   3   Sturm Graz

Daghim, Adam
*28.09.2005, Außenstürmer
2023-24   1   0   RB Salzburg

Dähne, Thomas
*04.01.1994, Torwächter
2012-13   1   0   RB Salzburg

Dainhammer, Walter
*13.10.1956, Mittelfeldspieler
1975-76   1   0   Linzer ASK

Daka, Patson
*09.10.1998, 35 A, Stürmer
2017-18   8   0   RB Salzburg
2018-19   15   3   RB Salzburg
2019-20   31   24   RB Salzburg
2020-21   28   27   RB Salzburg

Đaković, Dario
*20.04.1987, Innenverteidiger
2007-08   1   0   Wacker Innsbruck
2010-11   15   0   Wacker Innsbruck
2011-12   26   1   Wacker Innsbruck
2012-13   22   0   Wacker Innsbruck

Dallos, Bernd
*23.08.1966, Mittelfeldspieler
1983-84   5   0   Wiener Sportclub
1984-85   5   1   Wiener Sportclub
1986-87   25   4   Wiener Sportclub
1987-88   7   0   Wiener Sportclub
1988-89   33   2   Wiener Sportclub
1989-90   15   0   Wiener Sportclub
1990-91   18   5   Wiener Sportclub
1991-92   16   1   Sturm Graz
1992-93   31   2   Wiener Sportclub
1993-94   28   0   Wiener Sportclub
1997-98   4   0   Admira/Wacker Mödling

Damari, Omer
*24.03.1989, 20 A, Stürmer
2014-15   13   8   Austria Wien
2015-16   16   4   RB Salzburg

Damjanović, Jovan
*04.10.1982, 3 A, Stürmer
2006-07   28   5   SV Ried
2007-08   8   4   SV Ried

Damm
Mittelfeldspieler
1967-68   1   0   Sturm Graz

Damm, Christoph
*22.09.1978, Mittelfeldspieler
1997-98   1   0   FC Tirol Innsbruck
1998-99   4   0   FC Tirol Innsbruck
1999-00   1   0   FC Tirol Innsbruck

Dampfhofer, Erwin
*30.08.1966, Stürmer
1995-96   36   8   SV Ried
1996-97   12   1   Grazer AK

Daněk, Václav
*22.12.1960, 22 A, Mittelstürmer
1989-90   25   15   FC Tirol
1990-91   32   29   FC Tirol
1992-93   35   24   Wacker Innsbruck
1993-94   34   12   FC Tirol Innsbruck
1994-95   20   3   FC Tirol

Daniels, Frank
*25.11.1967, Stürmer
1993-94   8   2   Rapid Wien

Daniels, Pius
*06.07.1975, Stürmer
1993-94   9   4   VSE St. Pölten

Daniliuc, Daniel-Edward
*16.11.1999, Torwächter
2020-21   4   0   SV Ried

Daniliuc, Flavius David
*27.04.2001, 3 A, Innenverteidiger
2023-24   11   0   RB Salzburg

Danner, Dietmar
*29.11.1950, 6 A, Mittelfeld/Linker Außendecker
1982-83   17   1   Linzer ASK

Dannerberger, Martin
*22.09.1930, linker Außendecker
1953-54   17   1   Austria Salzburg
1954-55   25   0   Austria Salzburg
1955-56   13   0   Austria Salzburg
1956-57   9   0   Austria Salzburg
1959-60   5   0   Austria Salzburg

Dannhauser, Walter
*24.01.1946, Torwächter
1970-71   4   0   First Vienna
1971-72   3   0   First Vienna
1972-73   8   0   First Vienna
1973-74   31   0   First Vienna
1976-77   36   0   First Vienna
1977-78   23   0   First Vienna
1978-79   11   0   First Vienna
1979-80   27   0   First Vienna

Dante, Amadou
*07.10.2000, 4 A, linker Außendecker
2019-20   8   1   TSV Hartberg
2020-21   31   1   Sturm Graz
2021-22   31   0   Sturm Graz
2022-23   21   0   Sturm Graz
2023-24   11   0   Sturm Graz

Dantlinger, Klaus
*19.01.1962, Vorstopper
1981-82   1   0   Linzer ASK
1982-83   14   0   Linzer ASK
1983-84   29   2   Linzer ASK
1984-85   27   0   Linzer ASK
1985-86   35   1   Linzer ASK
1986-87   35   5   Linzer ASK
1987-88   20   1   Linzer ASK
1988-89   18   0   Linzer ASK
1992-93   22   1   Linzer ASK

Darazs, Thomas
*05.11.1977, Mittelfeldspieler
1996-97   4 0 Austria Wien
1997-98 10 1 Austria Wien
1998-99 17 1 Austria Wien
1999-00 25 1 Austria Wien
2000-01   8 0 Austria Wien
2001-02   6 0 Austria Wien
2002-03 27 1 SV Ried

Darboe, Ebrima
*06.06.2001, 13 A, Mittelfeldspieler
2023-24   5 0 Linzer ASK

Darhi, Galily
*19.03.1949, Mittelfeldspieler
1973-74   7 0 Wiener Sportclub

Dasoul, Denis André
*20.07.1983, rechter Außendecker
2002-03 12 0 Schwarz-Weiß Bregenz
2003-04 14 0 Schwarz-Weiß Bregenz

Datković, Niko
*21.04.1993, Innenverteidiger
2020-21 14 1 Admira/Wacker Mödling
2021-22   9 0 Admira/Wacker Mödling

Datoru, George
*25.05.1977, 2 A, Stürmer
1997-98 22 4 Admira/Wacker Mödling
1998-99 32 3 Vorwärts Steyr
1999-00 31 5 Austria Wien
2000-01 12 0 Austria Wien
2000-01 12 1 Admira/Wacker Mödling
2001-02 24 3 Austria Wien
2002-03 22 2 SV Pasching
2003-04 29 5 SV Pasching

Daumantas, Tomas
*30.08.1975, 4 A, Mittelfeldspieler
1995-96 17 0 Austria Wien

Davies, George
*16.11.1996, 10 A, Mittelfeldspieler
2017-18   7 0 SKN St. Pölten
2019-20 23 2 SKN St. Pölten
2020-21 28 0 SKN St. Pölten

Daxbacher, Karl
*15.04.1953, 6 A, Mittelfeldspieler
1971-72 14 0 Austria Wien
1972-73 26 4 Austria Wien
1973-74 32 3 Austria/WAC
1974-75 34 3 Austria/WAC
1975-76 36 2 Austria/WAC
1976-77 29 6 Austria/WAC
1977-78 34 3 Austria Wien
1978-79 23 5 Austria Wien
1979-80 36 6 Austria Wien
1980-81 34 2 Austria Wien
1981-82 33 0 Austria Wien
1982-83 24 3 Austria Wien
1983-84 26 4 Austria Wien
1984-85 12 1 Austria Wien

Decker, Karl
*05.09.1921, 25 A, Rechter Halbstürmer
1938-39 14 10 First Vienna (GL)
1939-40 14 10 First Vienna (BK)
1940-41 15 12 First Vienna (BK)
1941-42 12 14 First Vienna (BK)
1942-43 16 29 First Vienna (BK)
1943-44 14 28 First Vienna (OK)
1945-46 20 32 First Vienna (WL)
1946-47 17 15 First Vienna (WL)
1947-48 17 13 First Vienna (WL)
1948-49 17 17 First Vienna (WL)
1949-50 23 22 First Vienna
1950-51 19 19 First Vienna
1951-52 19 13 First Vienna
1952-53 13   7 Sturm Graz
1953-54 23 15 Sturm Graz

Dedić, Amar
*18.08.2002, 10 A, rechter Außendecker
2021-22 32 2 Wolfsberger AC
2022-23 27 1 RB Salzburg
2023-24 21 3 RB Salzburg

Dedić, Zlatko
*05.10.1984, 48 A, Stürmer
2018-19 28   9 Wacker Innsbruck
2019-20 31 12 WSG Tirol
2020-21 24   5 WSG Tirol

Degeorgi, Josef
*19.01.1960, 30 A, linker Außendecker
1979-80 29 0 Admira/Wacker
1980-81 32 1 Admira/Wacker
1981-82 36 0 Admira/Wacker
1982-83 12 0 Admira/Wacker
1982-83 15 1 Austria Wien
1983-84 29 1 Austria Wien
1984-85 26 1 Austria Wien
1985-86 28 0 Austria Wien
1986-87 35 2 Austria Wien
1987-88 34 2 Austria Wien
1988-89 35 4 Austria Wien
1989-90 24 1 Austria Wien
1990-91 30 1 Admira/Wacker

De Greef, Walter
*13.11.1957, 5 A, Vorstopper/Libero
1986-87 24 0 Wiener Sportclub

De Luka, Alfons
Linker Halbstürmer
1950-51   1 0 Vorwärts Steyr

Delzepich, Günther
*21.03.1958, Stürmer
1986-87 28 6 Sturm Graz

Demaku, Vesel
*05.02.2000, Mittelfeldspieler
2017-18   9 0 Austria Wien
2018-19 15 0 Austria Wien
2019-20   9 0 Austria Wien
2020-21 12 1 Austria Wien
2021-22 19 0 Austria Wien
2022-23 13 0 Austria Klagenfurt
2022-23   3 0 Sturm Graz
2023-24 15 1 SC Rheindorf Altach

Demantke, Johannes
*17.05.1949, 4 A, Mittelfeldspieler
1967-68   3   1 Admira-Energie Wien
1968-69 14   3 Admira-Energie Wien
1969-70 25   2 Admira-Energie Wien
1970-71 27   1 Admira-Energie Wien
1971-72 25   2 Admira/Wacker
1972-73 24   2 Admira/Wacker
1973-74 28   1 Admira/Wacker
1974-75 26   7 Admira/Wacker
1975-76 36   1 Admira/Wacker
1976-77 31   1 Admira/Wacker
1977-78 35   7 Admira/Wacker
1978-79 24   1 Admira/Wacker
1979-80 34   5 Admira/Wacker
1980-81 28 10 Admira/Wacker
1981-82 31   7 Admira/Wacker
1982-83 21   3 Admira/Wacker

Demel, Walter
*13.11.1953, Stürmer
1973-74 22   5 Wiener Sportclub
1977-78 36 10 Wiener Sportclub
1978-79 12   2 Wiener Sportclub
1979-80 16   2 Wiener Sportclub

Demir, Yusuf
*02.06.2003, 4 A, Mittelfeldspieler
2019-20   6   0 Rapid Wien
2020-21 25   6 Rapid Wien
2021-22 11   1 Rapid Wien
2022-23   1   1 Rapid Wien

Demo, Igor
*18.09.1975, 24 A, Mittelfeldspieler
2005-06 14   0 Grazer AK

Demschar, Friedrich
Linksaußen
1952-53 24   7 Grazer SC

Denk, Friedrich
*06.06.1924, Linker Halbstürmer
1941-42   4   0 FC Wien (BK)
1942-43 18 12 FC Wien (BK)
1943-44   9   4 FC Wien (OK)
1945-46   2   0 FC Wien (WL)
1952-53 24   6 Grazer SC
1953-54 25 11 Grazer AK
1954-55 21   5 Grazer AK
1955-56 17   2 Grazer AK
1956-57   3   0 Grazer AK
1957-58   2   0 Grazer AK
1958-59   1   0 Grazer AK

Denk, Otto
Rechter Läufer
1942-43   1   0 Wacker Wien (BK)
1943-44   2   2 Wacker Wien (OK)
1945-46   1   0 Wacker Wien (WL)
1949-50 22   4 Sturm Graz
1950-51 18   1 Sturm Graz

Denner, Lukas
*19.06.1991, linker Außendecker
2012-13   1   0 Rapid Wien
2013-14   3   0 Rapid Wien
2013-14   9   0 SC Wiener Neustadt
2014-15 23   0 SC Wiener Neustadt
2015-16 28   0 SV Grödig

Denizkiran, Selim
*11.09.1974, Mittelfeldspieler
1993-94   9   0 Admira/Wacker
1994-95   3   0 Admira/Wacker

De Oliveira, Amilton
*20.11.1965, Mittelfeldspieler
1984-85 15   3 DSV Alpine
1985-86 20   1 DSV Alpine
1990-91 31   3 DSV Alpine
1991-92 21   2 DSV Alpine

De Oliweira, Amilton
*20.06.1939, Mittelfeldspieler
1968-69 24   2 WSV Donawitz

De Paula Gallardo, **David**
*03.05.1984, Mittelfeldspieler
2012-13 32   2 Wolfsberger AC
2013-14 19   0 Wolfsberger AC
2013-14 14   2 Austria Wien
2014-15 22   4 Austria Wien
2015-16 20   1 Austria Wien
2016-17 12   0 Austria Wien
2017-18 22   0 Austria Wien

Depauly, Alois
*29.06.1964, Mittelfeldspieler
1983-84 14   0 SC Neusiedl am See

Derdak, Patrick
*16.02.1990, Stürmer
2010-11   4   0 Linzer ASK

Derflinger, Christian
*02.02.1994, Mittelfeldspieler
2015-16 22   3 SV Grödig

Derksen, Dirk-Jan
*17.06.1972, Stürmer
2000-01 18   3 Austria Wien

Despodov, Kiril
*11.11.1996, 49 A, Außenstürmer/Stürmer
2019-20 19   8 Sturm Graz

Despotović, Nikola
*11.01.2001, Mittelfeldspieler
2018-19   1   0 SKN St. Pölten

Deutschmann, Christian
*11.02.1988, Innenverteidiger
2014-15 11   0 SC Wiener Neustadt

Deverić, Stjepan
*20.08.1961, 6 A, Stürmer
1991-92 18   3 Sturm Graz
1992-93 18   6 Sturm Graz

Devescovi, Angelo
*10.05.1955, Libero
1984-85 30   0 Grazer AK
1985-86 28   0 Grazer AK
1986-87 20   0 Grazer AK
1987-88 30   0 Grazer AK

Devisate, Rafael
*02.08.2005, Mittelfeldspieler
2023-24   1   0 Austria Lustenau

De Vora, Walter
*17.09.1970, Torwächter
1993-94   9   0 FC Tirol Innsbruck
1994-95   1   0 FC Tirol
1995-96 13   0 FC Tirol Innsbruck
2004-05   5   0 Wacker Tirol

De Wilde, Filip Alfons
*05.07.1964, 33 A, Torwächter
2003-04 17   0 Sturm Graz

Dheedene, Didier
*22.01.1972, Innenverteidiger/Linker Außendecker
2002-03　29　2　Austria Wien
2003-04　20　0　Austria Wien
2004-05　19　2　Austria Wien
2005-06　18　0　Austria Wien

Diabang, Mamadou Laminé
*21.01.1979, 7 A, Stürmer
2008-09　21　4　Austria Wien
2009-10　26　3　Austria Wien

Diabate, Cheick Mamadou
*01.01.2004, Innenverteidiger
2023-24　12　0　Wolfsberger AC

Diaby, Yadali
*09.08.2000, 2 A, Mittelfeldspieler
2022-23　22　4　Austria Lustenau
2023-24　28　5　Austria Lustenau

Diakité, Ousmane
*25.07.2000, Mittelfeldspieler
2019-20　 9　0　SC Rheindorf Altach
2022-23　15　0　TSV Hartberg
2023-24　29　2　TSV Hartberg

Diallo, Babacar
*25.03.1989, Innenverteidiger
2016-17　12　0　SKN St. Pölten
2017-18　18　1　SKN St. Pölten

Diallo, Baïla
*24.06.2001, linker Außendecker
2023-24　13　0　Austria Lustenau

Diambou, Mamady
*11.11.2002, 1 A, Mittelfeldspieler
2021-22　 8　0　RB Salzburg
2022-23　 4　0　RB Salzburg
2023-24　14　0　RB Salzburg

Diarra, Mahamadou
*30.11.2003, Mittelstürmer
2023-24　22　4　WSG Tirol

Diarra, Hamaciré Youba
*24.03.1998, Mittelfeldspieler
2018-19　10　0　TSV Hartberg
2021-22　14　0　TSV Hartberg
2022-23　 7　1　RB Salzburg

Diawara, Ousmane
*10.10.1999, Linksaußen
2023-24　 4　0　SC Rheindorf Altach

Diawusie, Agyemang (Agy)
*12.02.1998, Mittelfeld/Stürmer
2022-23　 1　0　SV Ried

Díaz, Jorge Manuel
*08.06.1966, Mittelfeldspieler
1989-90　25　6　Sturm Graz
1990-91　 6　2　VSE St. Pölten

Dibold, Willibald (Willi)
*07.02.1976, Stürmer
1994-95　 5　0　Linzer ASK

Dibon, Christopher
*02.11.1990, 1 A, Innenverteidiger
2011-12　20　1　Admira/Wacker Mödling
2012-13　 6　0　RB Salzburg
2013-14　27　0　Rapid Wien
2014-15　16　1　Rapid Wien
2015-16　23　1　Rapid Wien
2016-17　26　1　Rapid Wien
2018-19　12　2　Rapid Wien
2019-20　22　2　Rapid Wien
2021-22　 3　0　Rapid Wien
2022-23　 2　0　Rapid Wien

Dicenta, Arno
Rechtsaußen
1967-68　 6　0　Schwarz-Weiß Bregenz

Dickhaut, Mirko
*11.01.1971, Verteidiger/Mittelfeld
2002-03　13　0　Schwarz-Weiß Bregenz
2003-04　23　0　Schwarz-Weiß Bregenz
2004-05　16　0　Schwarz-Weiß Bregenz

Didulica, Joseph Anthony (Joey)
*14.10.1977, 4 A, Torwächter
2003-04　25　0　Austria Wien
2004-05　33　0　Austria Wien
2005-06　29　0　Austria Wien

Dieng, Cheikhou
*23.11.1993, Mittelfeldspieler
2016-17　13　1　SKN St. Pölten
2018-19　26　4　Wacker Innsbruck
2019-20　12　1　Wolfsberger AC
2020-21　21　3　Wolfsberger AC
2021-22　17　3　Wolfsberger AC

Dienst, Robert
*01.03.1928, 27 A, Mittelstürmer
1943-44　 4　 1　Floridsdorfer AC (OK)
1945-46　 8　 1　Floridsdorfer AC (WL)
1946-47　 8　 0　Floridsdorfer AC (WL)
1947-48　18　 1　Floridsdorfer AC (WL)
1948-49　 7　 4　Floridsdorfer AC (WL)
1948-49　 8　12　Rapid Wien (WL)
1949-50　20　19　Rapid Wien
1950-51　23　37　Rapid Wien
1951-52　23　18　Rapid Wien
1952-53　25　29　Rapid Wien
1953-54　26　25　Rapid Wien
1954-55　24　29　Rapid Wien
1955-56　26　17　Rapid Wien
1956-57　21　32　Rapid Wien
1957-58　24　19　Rapid Wien
1958-59　24　28　Rapid Wien
1959-60　25　25　Rapid Wien
1960-61　13　 6　Rapid Wien
1961-62　 2　 0　Rapid Wien
1961-62　11　 4　Schwechater SC

Dierdorf, Otto
*03.07.1944, Mittelfeldspieler
1965-66　 1　0　SC Wiener Neustadt
1966-67　20　1　SC Wiener Neustadt

Dietinger, Wolfgang
*10.04.1958, Manndecker
1985-86　18　0　Salzburger AK

Dietrich, Klaus
*27.06.1974, Manndecker
1992-93　24　0　Wiener Sportclub
1993-94　25　0　Wiener Sportclub
1994-95　 2　0　Austria Salzburg
1995-96　 8　0　Grazer AK
1996-97　 6　0　Grazer AK
1997-98　 7　0　Grazer AK

Di Giuseppe, Marcus (Bica)
*12.03.1972, Stürmer
1995-96   7   3   Austria Salzburg
1996-97 11   0   Austria Salzburg

Dihanich, Johann (Hans)
*24.10.1958, 10 A, Mittelfeld/Außendecker
1978-79   5   1   Austria Wien
1979-80 30   4   Austria Wien
1980-81 34   3   Austria Wien
1981-82 36   0   Austria Wien
1982-83 19   0   Austria Wien
1984-85 30   1   Austria Wien
1985-86 33   3   Austria Wien
1986-87 35   0   Austria Wien
1987-88 35   4   Grazer AK
1988-89 34   3   Grazer AK

Dijaković, Marko
*18.03.2002, linker Außendecker
2021-22   2   0   Rapid Wien

Dilaver, Emir
*07.05.1991, Mittelfeldspieler
2010-11   3   0   Austria Wien
2011-12 19   0   Austria Wien
2012-13 26   2   Austria Wien
2013-14 22   0   Austria Wien

Dilber, Luka
*18.10.1957, Stürmer
1984-85 12   4   SC Eisenstadt
1985-86 12   1   SC Eisenstadt

Dimić, Dragan
*14.10.1981, Mittelfeldspieler
2008-09   1   0   Austria Wien

Dinglmaier, Christian
*18.03.1962, Mittelfeldspieler
1982-83   3   0   SC Neusiedl am See

Diomande, Gontie
*20.05.2003, Mittelfeldspieler
2021-22   1   0   SV Ried
2022-23   8   1   SV Ried

Dirnberger, Alfons
*04.09.1941, 3 A, Mittelfeld/Libero
1959-60   1   0   First Vienna
1960-61 17   0   First Vienna
1961-62   8   0   First Vienna
1962-63 19   1   First Vienna
1963-64 26   2   First Vienna
1964-65 25   1   Austria Wien
1965-66 13   0   Austria Wien
1966-67 16   0   Austria Wien
1967-68 14   0   Austria Wien
1968-69 20   0   Austria Wien
1969-70 18   3   Austria Wien
1970-71 19   0   Austria Wien
1971-72 24   0   Austria Wien
1972-73 29   0   Admira Wiener Neustadt

Dirnwöber, Anton
Rechter Halbstürmer
1955-56   2   0   FC Stadlau

Di Salvo, Antonio
*05.06.1979, Stürmer
2009-10   7   0   Kapfenberger SV

Dittrich, Elmar
*05.04.1933, Linksaußen
1954-55   1   0   Schwarz-Weiß Bregenz

Dittrich, Norbert
Mittelstürmer/Linker Halbstürmer
1954-55 19   2   Schwarz-Weiß Bregenz

Djalminha (Djalma Feitosa Dias Maia)
*09.12.1970, 14 A, Mittelfeldspieler
2002-03 10   2   Austria Wien

Djuricin, Marco
*12.12.1992, 2 A, Stürmer
2013-14 18   6   Sturm Graz
2014-15 18 11   Sturm Graz
2014-15 13   2   RB Salzburg
2015-16   3   0   RB Salzburg
2020-21 14   4   Austria Wien
2021-22 28   9   Austria Wien
2022-23   3   1   Austria Wien

Dmitriev, Sergey Igorevich
*19.03.1964, 6 A, Stürmer
1991-92   9   1   FC Stahl Linz
1992-93   3   0   FC Stahl Linz

Dmitrović, Boban
*02.04.1972, 13 A, Mittelfeld/Innenverteidiger
1996-97 33   3   Grazer AK
1997-98 22   2   Grazer AK
1998-99 32   4   Grazer AK
1999-00 20   2   Grazer AK
2000-01 34   0   Grazer AK
2001-02 32   1   Grazer AK
2002-03 25   0   Grazer AK
2003-04 31   0   Sturm Graz
2004-05 21   0   Sturm Graz

Dmitrović, Filip
*28.07.1995, Torwächter
2017-18   6   0   SKN St. Pölten

Dobaj, Herbert
*09.03.1957, Mittelfeldspieler
1978-79   3   0   Sturm Graz

Dober, Andreas
*31.03.1986, 3 A, rechter Außendecker
2003-04   5   0   Rapid Wien
2004-05   1   0   Rapid Wien
2005-06 23   1   Rapid Wien
2006-07 12   0   Rapid Wien
2007-08 24   4   Rapid Wien
2008-09 33   1   Rapid Wien
2009-10 28   1   Rapid Wien
2010-11   9   0   Rapid Wien
2016-17   1   0   Rapid Wien
2016-17 14   1   SKN St. Pölten

Doberauer, Franz
*27.02.1934, rechter Außendecker
1956-57   5   0   Sturm Graz
1957-58 20   0   Sturm Graz

Dobersberger, Hubert
*16.09.1943, Mittelfeldspieler
1965-66   3   0   Linzer ASK
1966-67   3   0   Linzer ASK
1967-68 11   0   Linzer ASK
1968-69   6   0   Linzer ASK

Dobias, Karl
Torwächter
1955-56   2   0   Wiener Sportclub
1957-58   1   0   Wiener Sportclub

Dobnik, Christian
*10.07.1986, Torwächter
2012-13 35   0   Wolfsberger AC
2013-14 31   0   Wolfsberger AC
2014-15   7   0   Wolfsberger AC
2015-16 13   0   Wolfsberger AC
2016-17 10   0   Wolfsberger AC
2017-18   5   0   Wolfsberger AC
2018-19   2   0   Wolfsberger AC

Dobras, Kristijan
*09.10.1992, Mittelfeldspieler
2012-13   1 0 Rapid Wien
2013-14 27 4 SC Wiener Neustadt
2014-15 25 5 SC Wiener Neustadt
2015-16 30 0 Sturm Graz
2016-17 13 0 Sturm Graz
2017-18 17 3 SC Rheindorf Altach
2018-19 18 3 SC Rheindorf Altach
2023-24 17 2 Blau-Weiß Linz

Dochnahl, Johann
Linksaußen
1950-51   1 0 Linzer ASK

Dötzl, Alois
*05.04.1960, Manndecker
1982-83 26 2 Simmeringer SC
1983-84 26 0 Admira/Wacker
1984-85 28 0 Admira/Wacker
1985-86 33 0 Admira/Wacker
1986-87 33 0 Admira/Wacker
1987-88 33 1 Admira/Wacker
1988-89 26 2 Admira/Wacker
1989-90 12 0 Admira/Wacker
1990-91 30 0 Admira/Wacker
1991-92 15 0 Admira/Wacker
1992-93 26 0 Admira/Wacker

Doğan, Mesut
*04.10.1984, Mittelfeldspieler
2004-05   1 1 Austria Wien

Đokić, Rade
*23.06.1983, Stürmer
2006-07 18 6 Grazer AK
2007-08 25 1 SV Ried

Đokić, Željko
*10.05.1982, Innenverteidiger
2013-14 12 0 Wacker Innsbruck

Đoric, Nikola
*03.03.2000, Innenverteidiger
2022-23 12 0 Austria Klagenfurt
2023-24 12 0 Austria Klagenfurt

Đordjevic, Slavoljub
*15.02.1981, Innenverteidiger
2008-09 13 0 SC Rheindorf Altach

Dokupil, Ernst
*24.04.1947, Stürmer
1965-66 12 1 Simmeringer SC
1969-70 27 15 Wacker Wien
1970-71 24 12 Wacker Wien
1971-72 19 4 Admira/Wacker
1973-74 29 15 Simmeringer SC
1974-75 32 7 Rapid Wien
1975-76 22 2 Rapid Wien

Doleschal, Dominik
*09.05.1989, Mittelfeldspieler
2007-08   4 0 SV Mattersburg
2008-09   6 0 SV Mattersburg
2009-10 16 3 SV Mattersburg
2010-11 17 1 SV Mattersburg
2015-16   2 0 SV Mattersburg

Doleschall, Eugen
Linker Außendecker/Rechtsaußen
1959-60   1 0 Wacker Wien
1960-61 15 0 Wacker Wien

Dolezal, Franz
*26.06.1922, Rechtsaußen
1945-46   5 2 SC Helfort Wien (WL)
1950-51   8 5 Elektra Wien

Dolezal, Heinrich
*1938, Rechtsaußen
1957-58   5 0 Austria Wien
1958-59 12 4 Austria Wien
1960-61 12 3 Austria Wien

Doller, Karl
Rechter Läufer
1950-51   3 0 Admira Wien
1951-52 15 0 Admira Wien

Dollereder, Werner
Mittelfeldspieler
1967-68   2 0 Linzer ASK

Dollinger, Martin
*02.03.1987, Mittelfeldspieler
2005-06   2 0 Wacker Tirol
2006-07 12 1 Wacker Tirol
2007-08 21 1 Wacker Innsbruck

Dollinger, Matthias (Mothe)
*12.09.1979, 7 A, Mittelfeldspieler
2003-04 28 1 Grazer AK
2004-05 15 0 Grazer AK
2005-06 14 0 Rapid Wien
2006-07 10 0 Rapid Wien
2007-08 19 1 Linzer ASK
2008-09 10 0 Austria Kärnten
2009-10 24 1 Austria Kärnten

Domínguez Lamas, Juan
*08.01.1990, Mittelfeldspieler
2018-19 10 0 Sturm Graz
2019-20 28 4 Sturm Graz

Dominik, Franz
*07.01.1931, Mittelläufer
1950-51   3 0 SV Gloggnitz

Dominik, Rupert
*20.03.1928, linker Außendecker
1949-50 12 0 SV Gloggnitz

Domnanich, Karl
*12.01.1925, Rechter Halbstürmer
1945-46   2 0 Rapid Wien (WL)
1946-47   4 3 Rapid Wien (WL)
1947-48   1 1 Rapid Wien (WL)
1948-49   9 2 Floridsdorfer AC (WL)
1949-50 24 6 Floridsdorfer AC
1950-51 22 7 Floridsdorfer AC
1951-52 18 21 Floridsdorfer AC
1952-53 23 16 Floridsdorfer AC
1953-54 11 3 Floridsdorfer AC
1956-57 25 15 Kremser SC
1957-58   4 1 Kremser SC

Domoraud, Wilfried
*18.08.1988, Mittelfeldspieler
2011-12 14 0 SV Mattersburg
2012-13 10 0 SV Mattersburg
2013-14 34 7 Admira/Wacker Mödling
2014-15   4 0 Admira/Wacker Mödling

Donkor, Isaac
*15.08.1995, Innenverteidiger/Rechter Außendecker
2019-20 12 0 Sturm Graz

Donnert, Walter
Mittelstürmer
1958-59   1 2 Admira Wien

Donnhauser, Otto
*05.11.1918, Linker Halbstürmer
1946-47 17 8 Post SV Wien (WL)
1947-48 17 15 First Vienna (WL)
1948-49   4 0 First Vienna (WL)
1951-52   3 2 Favoritner SK
1952-53   5 1 VfB Union Mödling

Dorfer, Adolf
Linker Außendecker/Rechtsaußen
1954-55 22 1 Schwarz-Weiß Bregenz

Dorfer, Gerhard
*1944, Torwächter
1971-72 16 0 SK Bischofshofen

Dorgeles, Nene
*23.12.2002, 12 A, Stürmer
2021-22 14 2 SV Ried
2023-24 24 5 RB Salzburg

Dorner, Mario
*21.03.1970, Stürmer
1989-90   1 0 Admira/Wacker
1991-92 21 1 Admira/Wacker

Dorner, Martin
*27.08.1985, Stürmer
2002-03   2 0 Admira/Wacker Mödling
2003-04   1 0 Admira/Wacker Mödling
2004-05   6 0 Admira/Wacker Mödling

Dorta Donizeti, **Alexandre**
*08.04.1975, Innenverteidiger/Mittelfeld
2006-07 32 3 SC Rheindorf Altach

Dos Santos, Maicon
*18.09.1981, Mittelfeldspieler
2005-06   8 1 Austria Wien
2006-07 11 0 Austria Wien

Došek, Tomáš
*12.09.1978, 3 A, Stürmer
2004-05 28 7 Rapid Wien

Dospel, Ernst
*08.10.1976, 19 A, Libero/Manndecker
1995-96 19 0 Austria Wien
1996-97 27 0 Austria Wien
1997-98 26 0 Austria Wien
1998-99 25 0 Austria Wien
1999-00 32 1 Austria Wien
2000-01 24 3 Austria Wien
2001-02 26 0 Austria Wien
2002-03 26 0 Austria Wien
2003-04 34 1 Austria Wien
2004-05 32 2 Austria Wien
2005-06 17 1 Austria Wien
2006-07 13 1 Sturm Graz
2006-07 13 0 FC Pasching
2007-08 30 2 SV Ried

Dossou, Jodel
*17.03.1992, 55 A, Mittelfeldspieler
2019-20 29 6 TSV Hartberg

Dosti, Edoard
*05.02.1969, Mittelfeldspieler
1995-96   3 0 Vorwärts Steyr

Dosunmu, Tosin
*15.07.1980, 1 A, Stürmer
2004-05 23 4 Austria Wien

Dotter, Ralf
*18.12.1964, Mittelfeldspieler
1983-84   1 0 VOEST Linz

Doumbouya, Lonsana
*26.09.1990, 2 A, Stürmer
2016-17 13 3 SKN St. Pölten
2017-18 10 0 SKN St. Pölten

Doval Vázquez, **Jorge**
*14.02.1949, Stürmer
1978-79 22 2 Wiener Sportclub
1979-80   9 0 Wiener Sportclub

Dovedan, Nikola
*06.07.1994, Mittelfeld/Stürmer
2016-17 32 10 SC Rheindorf Altach
2022-23 20   1 Austria Wien

Dowe, Jens
*01.06.1968, Mittelfeldspieler
1996-97 18 3 Sturm Graz
1999-00 32 1 Rapid Wien
2000-01 28 6 Rapid Wien

Dovgalyuk, Leonid
Mittelstürmer/Rechter Halbstürmer
1959-60   2 0 Wacker Wien

Drabek, Johann
*29.04.1957, Mittelfeldspieler
1979-80   1 0 Austria Wien
1980-81   6 1 Austria Wien
1984-85 28 5 Admira/Wacker
1985-86 26 4 Admira/Wacker
1986-87 23 4 Admira/Wacker

Drabits, Alfred
*06.04.1959, 7 A, Stürmer
1978-79 28 12 Wiener Sportclub
1979-80 36 16 Wiener Sportclub
1980-81 36 16 Wiener Sportclub
1981-82 24   8 Austria Wien
1982-83 28 13 Austria Wien
1983-84 28 19 Austria Wien
1984-85 23   7 Austria Wien
1985-86 35 20 Austria Wien
1986-87 29 15 Austria Wien
1987-88 30 15 Austria Wien
1988-89 22   7 First Vienna
1989-90 28   5 First Vienna
1990-91 18   3 First Vienna

Drabits, Richard
Torwächter
1962-63 26 0 Wacker Wien

Dragić, Dalibor
*23.06.1972, Innenverteidiger
2003-04 33 2 SV Mattersburg

Dragoslavić, Tihomir
*20.11.1967, Mittelfeldspieler
1993-94 15 2 VfB Mödling

Dragović, Aleksandar
*06.03.1991, 100 A, Innenverteidiger
2008-09 17 0 Austria Wien
2009-10 32 0 Austria Wien
2010-11 18 1 Austria Wien

Dramé, Ibrahima
*06.10.2001, 2 A, Stürmer
2022-23   3 0 Austria Wien

Drapić, Predrag
*27.04.1950, Stürmer
1978-79   4 0 VOEST Linz

Draxelmayer, Johann
*20.08.1937, Torwächter
1955-56   3   0   Admira Wien
1956-57   1   0   Admira Wien
1957-58   3   0   Admira Wien
1958-59 12   0   Admira Wien
1959-60   9   0   Admira-Energie Wien
1961-62 15   0   Admira-Energie Wien
1962-63 25   0   Admira-Energie Wien
1963-64 14   0   Admira-Energie Wien
1964-65   3   0   Admira-Energie Wien
1965-66   2   0   Admira-Energie Wien
1966-67   5   0   Admira-Energie Wien
1967-68 11   0   Admira-Energie Wien
1968-69 16   0   Admira-Energie Wien
1969-70   8   0   Admira-Energie Wien

Drazan, Christopher
*02.10.1990, 3 A, Mittelfeldspieler
2008-09 19   0   Rapid Wien
2009-10 30   2   Rapid Wien
2010-11 23   1   Rapid Wien
2011-12 31   2   Rapid Wien
2012-13   9   1   Rapid Wien
2016-17   9   0   SKN St. Pölten

Drazan, Friedrich (Fritz)
*13.01.1957, Mittelfeldspieler
1974-75   1   0   Austria/WAC
1975-76 26   4   Austria/WAC
1976-77 35 11   Austria/WAC
1977-78 26   2   Austria Wien
1978-79 12   1   Admira/Wacker
1979-80 27   5   VOEST Linz
1980-81 15   1   VOEST Linz
1982-83 28   4   SC Eisenstadt
1983-84 18   2   Austria Wien
1984-85   7   1   Austria Wien
1985-86   9   0   Austria Wien
1986-87 16   4   SC Eisenstadt
1986-87   3   0   First Vienna
1987-88 13   0   First Vienna
1987-88   1   1   VfB Union Mödling

Drazda, Albert
Rechter Außendecker
1945-46   4   0   SC Helfort Wien (WL)
1946-47   2   0   Wiener AC (WL)
1949-50 13   0   SK Oberlaa

Drechsel, Herwig (Wiggerl)
*04.09.1973, Mittelfeldspieler
1994-95   5   0   FC Linz
1995-96 23   2   SV Ried
1996-97 34 11   SV Ried
1997-98 24   5   SV Ried
1998-99 20   3   Grazer AK
1999-00 25   3   SV Ried
2000-01 31 14   SV Ried
2001-02 26   6   SV Ried
2002-03 22   6   SV Ried
2005-06 29   6   SV Ried
2006-07 31 10   SV Ried
2007-08 30   9   SV Ried
2008-09 31 10   SV Ried
2009-10 28   3   SV Ried

Drescher, Daniel
*07.10.1989, Innenverteidiger
2011-12 28   1   Admira/Wacker Mödling
2012-13 14   0   Admira/Wacker Mödling
2013-14   4   0   Admira/Wacker Mödling
2014-15 17   1   Wolfsberger AC
2015-16 15   1   Wolfsberger AC
2016-17 10   1   Wolfsberger AC
2017-18 10   1   Wolfsberger AC
2018-19 24   0   SKN St. Pölten
2019-20 17   0   SKN St. Pölten
2020-21 16   0   SKN St. Pölten

Drexler, Wilhelm
*14.08.1941, Torwächter
1968-69   1   0   Austria Salzburg
1968-69 13   0   WSG Wattens

Druijf, Ferdy
*12.02.1998, Stürmer
2021-22 10   5   Rapid Wien
2022-23 23   3   Rapid Wien

Drulák, Radek
*12.01.1962, 19 A, Stürmer
1996-97 10   3   FC Linz

Drumlic, Christian
*24.08.1969, Stürmer
1987-88   2   0   Grazer AK
1988-89   3   0   Grazer AK

Dubajić, Dragan
*07.07.1964, Stürmer
1992-93 14   4   Linzer ASK
1993-94 27   6   Vorwärts Steyr
1995-96 17   0   Linzer ASK
1996-97 22   1   Linzer ASK
1997-98 15   0   Linzer ASK

Duchek, Franz
Rechtsaußen
1960-61   2   0   Wiener Sportclub

Dudić, Milan
*01.11.1979, 13 A, Innenverteidiger
2006-07 30   2   RB Salzburg
2007-08 20   1   RB Salzburg
2008-09   9   1   RB Salzburg
2009-10 13   1   RB Salzburg
2010-11 14   2   RB Salzburg
2011-12 21   0   Sturm Graz
2012-13 23   1   Sturm Graz
2013-14   4   0   Sturm Graz

Dür, Walter
*26.04.1948, Mittelfeldspieler
1967-68   1   0   Schwarz-Weiß Bregenz
1968-69   1   0   Schwarz-Weiß Bregenz

Dürnberger, Wilfried
*05.03.1939, Stürmer
1961-62   7   1   Salzburger AK

Dürr, Harald
*02.10.1978, Mittelfeldspieler
1997-98 11   0   Austria Lustenau
1998-99 16   0   Austria Lustenau
1999-00   3   0   Austria Lustenau

Dugalić, Esad
*10.01.1947, Torwächter
1966-67   7   0   First Vienna

Đulić, Fuad
*31.07.1950, Torwächter
1981-82 31   0   Wattens-Wacker Innsbruck
1982-83 26   0   Wattens-Wacker Innsbruck
1984-85 12   0   Wattens-Wacker Innsbruck

Đurić, Milos
*22.02.1950, Mittelfeldspieler
1979-80 29   1   Wiener Sportclub
1980-81 33   3   Wiener Sportclub
1981-82 33   2   Wiener Sportclub
1982-83   4   0   Wiener Sportclub

Đurić, Sandro
*15.02.1994, Mittelfeldspieler
2014-15 24   0   SV Grödig
2015-16 21   2   SV Grödig

Đuricin, Goran (Gogo)
*16.10.1974, 2 A, Stürmer
1994-95 10   1 Austria Wien

Dundee, Sean William
*07.12.1972, Stürmer
2003-04 18   0 Austria Wien

Dunst, Daniel
*12.04.1984, rechter Außendecker/Mittelfeld
2004-05   3   1 Admira/Wacker Mödling
2005-06   6   0 Admira/Wacker Mödling
2009-10 20   0 SC Wiener Neustadt
2013-14   2   0 Wolfsberger AC

Duraković, Reuf
*21.03.1994, Torwächter
2015-16   1   0 SV Ried
2016-17   5   0 SV Ried
2018-19   1   0 SC Rheindorf Altach
2019-20   2   0 SC Rheindorf Altach

Durmić, Amer
*21.01.1987, linker Außendecker
2007-08   4   0 Wacker Innsbruck

Durek, Ludwig
*27.01.1921, 8 A, Mittelstürmer/Rechter Halbstürmer
1936-37   2   0 FC Wien (WL)
1937-38 12   3 FC Wien (NL)
1939-40 14   5 FC Wien (BK)
1940-41 16 10 FC Wien (BK)
1941-42 10   3 FC Wien (BK)
1942-43   9   9 FC Wien (BK)
1943-44   4   0 FC Wien (OK)
1945-46 13 12 FC Wien (WL)
1949-50 23 14 Sturm Graz
1950-51 23 18 Sturm Graz
1951-52 20   5 Sturm Graz
1952-53 18   9 Sturm Graz
1953-54 24 10 Sturm Graz
1955-56   8   0 Sturm Graz

Durmuş, İlkay
*01.05.1994, Mittelfeldspieler
2018-19 18   1 Wacker Innsbruck

Duro, Klodian
*21.12.1977, 78 A, Mittelfeldspieler
2010-11 18   2 Linzer ASK

Dursun, Furkan
*14.03.2005, Stürmer
2023-24   5   1 Rapid Wien

Duspara, Ivica
*29.08.1965, Mittelfeldspieler
1992-93   6   0 FC Stahl Linz
1994-95 33   4 FC Linz
1995-96 24   4 Linzer ASK
1996-97 31   3 Linzer ASK

Dvoracek, Hermann
*04.05.1920, Mittelstürmer
1936-37   2   1 Rapid Wien (WL)
1938-39   1   1 Rapid Wien (GL)
1939-40   2   1 Rapid Wien (BK)
1940-41   6   1 Rapid Wien (BK)
1941-42 13   2 Rapid Wien (BK)
1942-43 20 23 Rapid Wien (BK)
1943-44 13 12 Rapid Wien (OK)
1945-46   1   0 Austria Wien (WL)
1945-46   7   1 SC Helfort Wien (WL)
1946-47   5   1 First Vienna (WL)
1950-51   4   0 Elektra Wien

Dworacek, Walter
*25.10.1952, Torwächter
1970-71   1   0 Admira-Energie Wien
1971-72   4   0 Admira/Wacker

E

Ebenhofer, Mario
*29.07.1992, Mittelfeldspieler
2014-15 10   1 SC Wiener Neustadt

Eberhardt, Martin
*10.03.1975, linker Außendecker/Manndecker
1993-94 15   1 Admira/Wacker
1994-95   7   1 Admira/Wacker

Eberhardt, Wolfgang
*03.12.1963, Stürmer
1984-85   7   0 Sturm Graz

Ebhardt, Ernst
*11.06.1945, Vorstopper/Linker Außendecker
1968-69 28   1 Wacker Wien
1969-70   2   0 Wacker Wien

Ebinger, Leopold
Torwächter
1953-54   4   0 Simmeringer SC
1954-55   7   0 Simmeringer SC

Ebner, Thomas
*22.02.1992, Mittelfeldspieler
2011-12   3   0 Admira/Wacker Mödling
2012-13 15   0 Admira/Wacker Mödling
2013-14 32   0 Admira/Wacker Mödling
2014-15 26   0 Admira/Wacker Mödling
2015-16 34   0 Admira/Wacker Mödling
2016-17 33   2 Admira/Wacker Mödling
2017-18 32   1 Admira/Wacker Mödling
2018-19 19   0 Austria Wien
2019-20 22   1 Austria Wien
2020-21 25   0 Austria Wien
2021-22 23   1 Admira/Wacker Mödling

Ebster, Norbert
*07.10.1952, Mittelfeld/Libero
1971-72 26   1 SK Bischofshofen
1972-73 14   1 VÖEST Linz
1973-74 32   0 VÖEST Linz
1974-75 28   0 VÖEST Linz
1975-76 17   0 VÖEST Linz
1976-77 26   1 Austria Salzburg
1977-78 36   0 VÖEST Linz

Eccher, Walther
*31.03.1976, Innenverteidiger
1996-97   1   0 Grazer AK
1997-98   1   0 Grazer AK

Echaniz Conchez, **Gustavo** Pedro
*04.09.1960, Stürmer
1990-91   7   1 VSE St. Pölten

Ecker, Gerhard
*21.07.1969, Mittelfeldspieler
1995-96   9   0 Linzer ASK

Ecker, Horst
Rechter Halbstürmer
1958-59 10   1 Linzer ASK
1959-60   8   0 Linzer ASK

Ecker, Manfred
Torwächter
1967-68   4   0 Sturm Graz

Ecker, Ronald
*03.03.1970, Mittelfeld/Linker Außendecker
1990-91   4   0   Kremser SC

Eckert, Rudolf
Linksaußen
1951-52   1   0   Wiener Sportclub

Eckhart, Ferdinand
*27.11.1949, Stürmer
1967-68   10   1   Grazer AK
1968-69   5   0   Grazer AK

Eckhart, Wilhelm
*16.09.1947, Mittelfeld/Linker Außendecker
1973-74   8   0   WSG Radenthein/VSV

Eckmayr, Alexander
*06.07.1999, Torwächter
2023-24   1   0   SC Rheindorf Altach

Eckmüller, Kurt
Linksaußen
1954-55   2   0   FC Stadlau

Edelmaier, Helmut
*01.10.1968, Mittelfeldspieler
1992-93   10   0   Linzer ASK

Eder, Anton
*29.06.1959, Stürmer
1980-81   1   0   Sturm Graz

Eder, Bernhard
Mittelfeld/Libero
1968-69   26   2   WSG Wattens
1969-70   4   0   WSG Wattens
1970-71   6   0   WSG Wattens

Eder, Franz
*15.10.1953, rechter Außendecker
1980-81   11   0   SC Eisenstadt
1982-83   28   0   SC Eisenstadt
1983-84   28   0   SC Eisenstadt

Eder, Hannes
*05.09.1983, 2 A, Libero
2004-05   30   3   Wacker Tirol
2005-06   19   3   Wacker Tirol
2006-07   12   0   Wacker Tirol
2006-07   9   0   Rapid Wien
2007-08   14   2   Rapid Wien
2008-09   23   2   Rapid Wien
2009-10   19   0   Rapid Wien
2010-11   3   0   Rapid Wien

Eder, Harald
*11.03.1965, Mittelfeldspieler
1986-87   7   0   Wattens-Wacker Innsbruck
1987-88   20   2   FC Tirol

Eder, Josef
*23.01.1938, Torwächter
1959-60   3   0   Rapid Wien
1960-61   0   0   Rapid Wien
1961-62   12   0   Rapid Wien

Eder, Roland
*07.12.1960, Mittelfeldspieler
1982-83   1   0   VOEST Linz
1983-84   7   1   VOEST Linz

Eder, Thomas
*30.01.1969, 1 A, Mittelfeld/Libero
1986-87   1   0   Wattens-Wacker Innsbruck
1987-88   2   0   FC Tirol
1995-96   34   3   SV Ried
2001-02   14   0   Austria Salzburg
2002-03   22   5   Austria Salzburg
2003-04   17   3   Austria Salzburg
2004-05   10   0   Austria Salzburg
2005-06   11   1   SV Ried
2006-07   27   1   SV Ried
2007-08   18   2   Wacker Innsbruck

Eder, Wolfgang
*28.11.1976, Mittelfeldspieler
1996-97   4   0   Grazer AK

Edokpolor, Nosa Iyobosa
*22.09.1996, linker Außendecker
2020-21   20   0   SC Rheindorf Altach
2021-22   20   0   SC Rheindorf Altach
2022-23   26   0   SC Rheindorf Altach
2023-24   9   0   SC Rheindorf Altach

Edomwonyi, Bright Osagie
*24.07.1994, Stürmer
2012-13   1   0   RB Salzburg
2013-14   10   0   Wacker Innsbruck
2014-15   6   0   Sturm Graz
2015-16   27   7   Sturm Graz
2016-17   18   4   Sturm Graz
2017-18   11   3   Sturm Graz
2018-19   24   5   Austria Wien
2019-20   25   2   Austria Wien
2020-21   5   0   Austria Wien

Eechteld, Lee-Roy
*30.09.1968, Mittelfeldspieler
1999-00   20   0   Austria Lustenau

Efthimiadis, Panagiotis
*12.04.1975, Manndecker
1998-99   8   0   Austria Lustenau

Egger, Johann
*22.02.1941, Linker Halbstürmer
1960-61   23   2   Grazer AK
1961-62   16   1   Grazer AK
1962-63   9   1   Grazer AK
1963-64   4   0   Grazer AK
1964-65   6   0   Grazer AK
1968-69   6   0   WSV Donawitz

Egger, Helmut
Linker Läufer/Linksaußen
1965-66   6   0   Kapfenberger SV
1966-67   14   0   Kapfenberger SV

Egger, Karl
*01.06.1938, Linksaußen
1957-58   1   0   Kapfenberger SV
1958-59   1   0   Kapfenberger SV
1961-62   23   0   Kapfenberger SV
1963-64   18   0   Kapfenberger SV
1964-65   25   1   Kapfenberger SV
1965-66   26   0   Kapfenberger SV
1966-67   19   0   Kapfenberger SV

Egger, Markus
*15.01.1990, Torwächter
2011-12   6   0   Wacker Innsbruck
2012-13   2   0   Wacker Innsbruck

Egressy, Gábor
*11.02.1974, 21 A, Mittelfeldspieler
2005-06   11   1   Admira/Wacker Mödling

Eggestein, Johannes
*08.05.1998, Stürmer
2020-21   28   12   Linzer ASK

Egho, Marvin
*09.05.1994, Außenstürmer
2014-15 6 0 Admira/Wacker Mödling
2015-16 1 0 Admira/Wacker Mödling
2016-17 10 1 SV Ried

Ehmann, Anton (Toni)
*17.12.1972, 13 A, Manndecker
1995-96 14 0 Linzer ASK
1996-97 25 0 SV Ried
1997-98 23 2 Grazer AK
1998-99 19 0 Grazer AK
1999-00 29 3 Grazer AK
2000-01 26 3 Grazer AK
2001-02 3 0 Grazer AK
2002-03 28 5 Grazer AK
2003-04 27 3 Grazer AK
2004-05 28 4 Grazer AK
2005-06 16 3 Grazer AK

Ehn, Karl
*26.08.1953, Torwächter
1975-76 1 0 Rapid Wien
1979-80 2 0 Rapid Wien
1980-81 3 0 Rapid Wien
1981-82 3 0 Rapid Wien
1982-83 1 0 Rapid Wien
1983-84 10 0 Rapid Wien
1984-85 4 0 Rapid Wien

Ehrenreich, Martin
*10.05.1983, Innenverteidiger
2009-10 20 0 Sturm Graz
2010-11 17 0 Sturm Graz
2011-12 26 3 Sturm Graz
2012-13 20 0 Sturm Graz
2013-14 8 0 Sturm Graz
2014-15 22 1 Sturm Graz
2015-16 6 0 Sturm Graz

Ehrentraut, Hans
*08.11.1958, Außendecker/Vorstopper
1982-83 26 0 Simmeringer SC

Eichinger, Johann
Torwächter
1952-53 2 0 Sturm Graz
1953-54 10 0 Sturm Graz
1956-57 3 0 Kapfenberger SV
1957-58 19 0 Kapfenberger SV
1958-59 8 0 Kapfenberger SV

Eigel, Franz
*13.10.1950, Torwächter
1970-71 6 0 Simmeringer SC
1971-72 10 0 Simmeringer SC

Eigenstiller, Johann (Hans)
*17.06.1943, 37 A, Vorstopper/Libero
1963-64 26 0 SVS Linz
1965-66 26 0 Wacker Innsbruck
1966-67 26 0 Wacker Innsbruck
1967-68 26 0 Wacker Innsbruck
1968-69 8 0 Wacker Innsbruck
1968-69 14 0 Rapid Wien
1969-70 10 1 Rapid Wien
1969-70 15 0 Wacker Innsbruck
1970-71 28 1 Wacker Innsbruck
1971-72 28 0 Wattens-Wacker Innsbruck
1972-73 29 0 Wattens-Wacker Innsbruck
1973-74 31 0 Wattens-Wacker Innsbruck
1974-75 33 0 Wattens-Wacker Innsbruck
1975-76 32 0 Wattens-Wacker Innsbruck
1976-77 21 0 Wattens-Wacker Innsbruck

Eigenstiller, Kurt
*11.04.1928, 1 A, Rechter Halbstürmer
1948-49 7 1 First Vienna (WL)
1949-50 23 6 Vorwärts Steyr
1950-51 23 5 Vorwärts Steyr
1951-52 26 7 Grazer AK
1952-53 25 5 Grazer AK
1953-54 25 8 Grazer AK
1954-55 20 5 Grazer AK
1955-56 22 4 Grazer AK
1956-57 17 5 Grazer AK
1957-58 18 3 Grazer AK
1958-59 23 3 Grazer AK
1959-60 17 0 Grazer AK
1960-61 9 1 Grazer AK

Eineder, Leopold
*23.11.1933, Linker Halbstürmer
1952-53 3 0 Rapid Wien
1953-54 1 0 Rapid Wien
1954-55 1 0 Rapid Wien
1958-59 26 12 Kremser SC
1959-60 24 6 Kremser SC

Eisbacher, Manfred
*21.09.1972, Mittelfeldspieler
1999-00 14 0 Schwarz-Weiß Bregenz

Eisele, Alfred
*26.04.1947, 2 A, Mittelfeldspieler
1967-68 24 3 SC Eisenstadt
1968-69 27 4 SC Eisenstadt
1969-70 30 4 SC Eisenstadt
1971-72 28 4 SC Eisenstadt
1972-73 29 2 SC Eisenstadt
1973-74 31 1 SC Eisenstadt
1974-75 16 1 SC Eisenstadt

Eisele, Hans
*07.08.1940, rechter Außendecker
1971-72 14 0 DSV Alpine

Eisemann, Georg
*15.05.1927, rechter Läufer
1950-51 10 0 Linzer ASK
1951-52 9 0 Linzer ASK

Eisenköck, Max
*20.10.1966, Torwächter
1984-85 1 0 VOEST Linz
1986-87 16 0 VOEST Linz

Eisl, Martin
*14.11.1982, Torwächter
2008-09 29 0 Kapfenberger SV
2009-10 1 0 Kapfenberger SV

Eisner, Leopold
Rechter Außendecker/Rechtsaußen
1959-60 11 0 Admira-Energie Wien
1961-62 16 1 Admira-Energie Wien
1962-63 6 0 Admira-Energie Wien
1963-64 3 0 Admira-Energie Wien

Ejupi, Albert
*28.08.1992, Mittelfeldspieler
2022-23 10 0 TSV Hartberg

Eker, Ramazan
*25.07.1982, Mittelfeldspieler
2004-05 1 0 FC Pasching

Ekmečić, Savo
*09.05.1948, Torwächter
1977-78 36 0 Grazer AK
1978-79 36 0 Grazer AK
1979-80 36 0 Grazer AK
1980-81 36 0 Grazer AK
1981-82 36 0 Grazer AK
1982-83 30 0 Grazer AK
1983-84 29 0 Grazer AK
1984-85 30 0 Grazer AK

El Dahab, Mahmoud
*23.02.1970, 12 A, Innenverteidiger
1997-98 29 2 FC Tirol Innsbruck
1998-99   4 0 FC Tirol Innsbruck

Eler, Patrik
*13.06.1991, Stürmer
2018-19 13 0 Wacker Innsbruck

Eller, Thomas
*03.11.1980, Mittelfeld/Verteidiger
2000-01 21 1 Schwarz-Weiß Bregenz
2001-02   8 2 Schwarz-Weiß Bregenz
2002-03 20 0 Schwarz-Weiß Bregenz

Ellerböck, Harald
*21.03.1960, Stürmer
1979-80   2 0 Linzer ASK
1980-81 13 3 Linzer ASK

Ellmaier
Linksaußen
1952-53   4 0 VfB Union Mödling

Elmkies, Ilay Eliyau
*10.03.2000, 5 A, Mittelfeldspieler
2021-22 12 0 Admira/Wacker Mödling

El Sheiwi, Ziad
*11.03.2004, linker Außendecker
2021-22   6 0 Austria Wien
2022-23   1 0 Austria Wien

Elsneg, Dieter
*04.02.1990, Stürmer
2006-07   1 0 Grazer AK
2010-11 35 4 Kapfenberger SV
2011-12 35 5 Kapfenberger SV
2013-14 35 8 SV Grödig
2014-15 36 1 SV Ried
2015-16 31 8 SV Ried
2016-17 33 2 SV Ried

Elsner, Luka
*02.08.1982, 1 A, Innenverteidiger
2009-10 15 0 Austria Kärnten

Elsner, Marko
*11.04.1960, 16 A, Libero
1990-91 17 0 Admira/Wacker

Emmanuel, Sunday Chukwuemeka
*25.02.1992, 4 A, Stürmer
2014-15 15 2 SV Grödig

Emegha, Emanuel Esseh
*03.02.2003, Stürmer
2022-23 27 9 Sturm Graz

Emich, Dietmar (Didi)
*14.06.1967, Stürmer
1992-93   7 1 Austria Salzburg

Emmerich, Lothar
*29.11.1941, 5 A, Linksaußen/Mittelstürmer
1972-73 29 20 Austria Klagenfurt
1973-74 29 21 Austria Klagenfurt

Emmich, Heinz
Rechtsaußen
1961-62 11 1 Salzburger AK

Emminger, Alois
Innenstürmer
1953-54   8 1 Floridsdorfer AC

Emrović, Edin
*30.03.1974, Mittelfeldspieler
1990-91   1 0 Rapid Wien

Ender, Christian
*08.08.1968, Stürmer
1991-92   4 0 Vorwärts Steyr
1999-00   1 0 Austria Lustenau

Endlicher, Michael
*24.11.1996, Stürmer
2014-15   1 0 Austria Wien

Enevoldsen, Peter (Ålen)
*14.08.1961, Verteidiger
1986-87   9 0 Linzer ASK

Engbarth, Franz
Linker Außendecker/Linker Halbstürmer
1950-51 24 4 Linzer ASK
1951-52 20 2 Linzer ASK
1952-53 24 1 Linzer ASK
1953-54   2 0 Linzer ASK

Engel, Dominicus (Minni)
Mittelstürmer
1951-52 10 9 Grazer AK
1952-53 20 8 Grazer AK
1953-54 16 8 Grazer AK
1954-55 17 6 Grazer AK
1955-56   4 1 Grazer AK

Engelbogen, Karl
Linker Außendecker
1951-52   4 1 Kapfenberger SV

Engelmaier, Thomas
*10.04.1970, Torwächter
1989-90   1 0 Vorwärts Steyr
1992-93   7 0 Vorwärts Steyr
1993-94   1 0 Vorwärts Steyr
1994-95   1 0 Vorwärts Steyr
1995-96 12 0 Vorwärts Steyr
1998-99   8 0 Vorwärts Steyr

Engelmeier, Bruno
*05.09.1927, 10 A, Torwächter
1945-46 11 0 Rapid Oberlaa (WL)
1946-47 20 0 First Vienna (WL)
1947-48 11 0 First Vienna (WL)
1948-49 18 0 First Vienna (WL)
1949-50 23 0 First Vienna
1950-51 22 0 First Vienna
1951-52 25 0 First Vienna
1952-53 13 0 First Vienna
1953-54   7 0 First Vienna
1953-54 10 0 FC Wien
1955-56 19 0 First Vienna
1956-57 21 0 First Vienna
1957-58 12 0 First Vienna
1958-59 24 0 Simmeringer SC
1959-60 10 0 Simmeringer SC
1960-61   7 0 Simmeringer SC

Enghuber, Reinhard
*19.06.1962, Stürmer
1997-98   1 0 SV Ried

Englisch, Franz
*10.01.1944, Stürmer
1963-64   6   0   First Vienna
1966-67   1   0   First Vienna
1973-74   1   0   Austria/WAC

Ensrud, Gudbrand
*21.06.1977, Innenverteidiger
2004-05   10   0   Schwarz-Weiß Bregenz

Entinger, Ferdinand
Rechter Halbstürmer
1950-51   1   0   Vorwärts Steyr

Entrup, Maximilian
*25.07.1997, 3 A, Stürmer
2016-17   2   0   Rapid Wien
2017-18   6   0   SKN St. Pölten
2023-24   24   12   TSV Hartberg

Enz, Friedrich
*01.08.1945, Torwächter
1966-67   1   0   First Vienna
1967-68   3   0   First Vienna

Enz, Günther
*09.11.1948, linker Außendecker
1967-68   5   0   SC Eisenstadt
1968-69   22   0   SC Eisenstadt
1969-70   26   0   SC Eisenstadt
1970-71   29   2   VÖEST Linz
1971-72   27   1   VÖEST Linz
1972-73   15   0   Sturm Graz

Enzenebner, Ernst
*08.02.1944, Verteidiger
1969-70   1   0   Linzer ASK

Enzenebner, Markus
*20.09.1973, Innenverteidiger
1997-98   30   0   Austria Lustenau
1998-99   24   0   Austria Lustenau
1999-00   4   0   Austria Lustenau

Epp, Josef
*01.03.1920, 8 A, Mittelstürmer
1936-37   9   9   Wiener Sportclub (WL)
1937-38   17   15   Wiener Sportclub (NL)
1938-39   18   23   Wiener Sportclub (GL)
1939-40   14   13   Wiener Sportclub (BK)
1940-41   12   10   Wiener Sportclub (BK)
1941-42   3   2   Wiener Sportclub (BK)
1942-43   1   1   Wiener Sportclub (BK)
1945-46   7   12   Wiener Sportclub (WL)
1946-47   20   14   Wiener Sportclub (WL)
1947-48   17   12   Wiener Sportclub (WL)
1948-49   18   18   Wiener Sportclub (WL)
1949-50   17   11   Wiener Sportclub
1950-51   12   14   Wiener Sportclub
1950-51   12   1   Linzer ASK
1951-52   13   6   Linzer ASK
1951-52   12   9   First Vienna
1952-53   22   22   First Vienna

Erbay, Ümit
*18.09.1980, Mittelfeldspieler
2001-02   8   0   Rapid Wien

Erbek, Harun
*08.06.1986, Mittelfeldspieler
2007-08   33   1   SV Ried

Erdoğan, Doğan
*22.08.1996, Mittelfeldspieler
2017-18   13   1   Linzer ASK
2018-19   3   0   Linzer ASK

Ergović, Ivo
*24.12.1967, 1 A, Mittelfeldspieler
1991-92   13   2   Austria Salzburg
1992-93   20   1   Austria Salzburg

Erhardt, Philipp
*10.09.1993, Mittelfeld/Innenverteidiger
2015-16   5   0   SV Mattersburg
2016-17   25   1   SV Mattersburg
2017-18   22   0   SV Mattersburg
2018-19   30   0   SV Mattersburg
2019-20   30   0   SV Mattersburg
2021-22   20   0   TSV Hartberg

Erhart, Klaus
*02.04.1960, Torwächter
1985-86   4   0   DSV Alpine

Erkinger, Bernhard
*30.04.1980, Mittelfeldspieler
1999-00   4   0   FC Tirol Innsbruck
2004-05   3   0   Austria Salzburg

Erkinger, Gerald
*11.02.1941, Außendecker/Außenläufer
1961-62   25   2   Grazer AK
1962-63   21   0   Grazer AK
1963-64   24   0   Grazer AK
1964-65   22   0   Grazer AK
1965-66   15   0   Grazer AK
1966-67   22   0   Grazer AK
1967-68   23   0   Grazer AK
1968-69   10   0   Grazer AK
1969-70   2   0   Grazer AK

Erkinger, Stefan
*01.091981, Mittelfeldspieler
2008-09   17   2   Kapfenberger SV
2009-10   1   0   Kapfenberger SV
2010-11   24   1   Kapfenberger SV
2011-12   22   0   Kapfenberger SV

Ertlthaler, Julius Konrad
*25.04.1997, Mittelfeldspieler
2015-16   7   0   SV Mattersburg
2016-17   9   0   SV Mattersburg
2017-18   17   0   SV Mattersburg
2018-19   17   0   SV Mattersburg
2019-20   5   0   SV Mattersburg
2020-21   25   1   TSV Hartberg
2021-22   13   1   WSG Tirol
2022-23   18   2   WSG Tirol
2023-24   16   2   WSG Tirol

Ernst, Franz
Torwächter
1957-58   2   0   Austria Wien
1962-63   1   0   Wacker Wien

Ernstsson, Ludwig
*29.04.1972, Mittelstürmer
1998-99   25   4   Austria Wien
1999-00   3   0   Austria Wien

Ertl, Johannes Bruno (Johnny)
*13.11.1982, 7 A, Innenverteidiger
2004-05   27   0   Sturm Graz
2005-06   27   0   Sturm Graz
2006-07   7   0   Sturm Graz
2006-07   24   1   Austria Wien
2007-08   26   2   Austria Wien

Eschlmüller, Roland
*06.10.1943, 2 A, Mittelfeldspieler
1964-65 15 1 Wacker Innsbruck
1965-66 22 0 Wacker Innsbruck
1966-67 24 4 Wacker Innsbruck
1967-68 25 0 Wacker Innsbruck
1968-69 26 1 Wacker Innsbruck
1969-70 26 0 Wacker Innsbruck
1970-71 30 1 Wacker Innsbruck
1971-72 20 1 Wattens-Wacker Innsbruck
1972-73 14 0 Wattens-Wacker Innsbruck

Esser, Michael (Bruno)
*22.11.1987, Torwächter
2015-16 36 0 Sturm Graz

Estrada, Pascal Juan
*12.03.2002, Innenverteidiger
2023-24 6 0 SC Rheindorf Altach

Ettmayer, Johann (Hans)
*23.07.1946, 30 A, Mittelfeldspieler
1963-64 1 0 Austria Wien
1964-65 6 1 Austria Wien
1966-67 24 9 Wacker Innsbruck
1967-68 26 6 Wacker Innsbruck
1968-69 27 16 Wacker Innsbruck
1969-70 30 18 Wacker Innsbruck
1970-71 30 20 Wacker Innsbruck

Etzelsdorfer, Gerhard
*15.08.1954, Mittelfeldspieler
1976-77 1 0 VÖEST Linz

Eugl, Harald
*08.04.1975, Mittelfeldspieler
1993-94 7 0 VfB Mödling

Evseev, Wilhelm (Willi)
*14.02.1992, Mittelfeldspieler
2011-12 20 0 SC Wiener Neustadt

Ewandro (Felipe de Lima Costa)
*15.03.1996, Stürmer
2018-19 8 1 Austria Wien

Exinger, Konrad
*22.05.1950, Mittelfeldspieler
1968-69 1 0 Wacker Wien
1969-70 2 0 Wacker Wien

Ey, Jürgen
*04.09.1946, Stürmer
1971-72 14 2 Rapid Wien
1972-73 5 0 Rapid Wien

Eze, Emeka Friday
*26.09.1996, Stürmer
2017-18 18 4 Sturm Graz
2018-19 23 2 Sturm Graz
2019-20 1 0 Sturm Graz

Faast, Ferdinand
Rechter Außendecker/Linker Außendecker
1958-59 6 0 ÖMV Olympia Wien
1962-63 3 0 Wacker Wien

Faber, Roman Ryszard
*16.12.1955, 2 A, Mittelfeldspieler
1984-85 22 1 Wiener Sportclub
1986-87 5 0 Wiener Sportclub

Fabian, Ingo
*07.04.1946, Mittelfeldspieler
1969-70 6 0 FC Dornbirn

Fabiano (Fabiano de Lima Campos Maria)
*24.11.1985, Stürmer
2007-08 17 0 Rapid Wien

Fabitschowitz, Hans
Rechter Halbstürmer
1960-61 1 0 First Vienna

Facel, Ali
*27.05.1956, Mittelfeldspieler
1982-83 1 0 Wiener Sportclub
1983-84 7 0 Wiener Sportclub
1986-87 8 0 Wiener Sportclub
1987-88 1 0 Wiener Sportclub
1988-89 21 0 Vorwärts Steyr
1989-90 10 0 Vorwärts Steyr
1990-91 12 1 Vorwärts Steyr

Fading, Andreas
*04.01.1975, Mittelfeldspieler
1998-99 14 0 Vorwärts Steyr
1999-00 9 3 SV Ried
2000-01 14 0 Austria Salzburg
2001-02 18 0 Austria Salzburg

Fadinger, Lukas
*27.10.2000, Mittelfeldspieler
2017-18 2 0 Sturm Graz
2022-23 30 2 TSV Hartberg
2023-24 31 3 SC Rheindorf Altach

Fahly, Ferdinand
Linker Läufer/Linksaußen
1957-58 2 0 ÖMV Olympia Wien
1958-59 22 0 ÖMV Olympia Wien

Faist, Florian
*10.04.1989, Torwächter
2018-19 3 0 TSV Hartberg
2019-20 1 0 TSV Hartberg
2021-22 1 0 TSV Hartberg
2022-23 1 0 TSV Hartberg

Fak, Erich
*10.03.1945, 13 A, linker Außendecker
1965-66 4 0 Rapid Wien
1966-67 16 0 Rapid Wien
1967-68 23 0 Rapid Wien
1968-69 26 0 Rapid Wien
1969-70 25 0 Rapid Wien
1970-71 30 0 Rapid Wien
1971-72 23 0 Rapid Wien
1972-73 30 2 Rapid Wien
1973-74 20 0 Austria Klagenfurt
1974-75 27 0 Austria Klagenfurt

Falck, Jesper
*04.12.1970, Mittelfeldspieler
2001-02 17   0   Schwarz-Weiß Bregenz

Falk, Christian
*01.04.1987, Stürmer
2012-13 17 10   Wolfsberger AC
2013-14 28   4   Wolfsberger AC

Fallmann, Jochen
*19.02.1979, Mittelfeldspieler
1997-98 23   0   Admira/Wacker Mödling

Fallmann, Pascal Armando
*07.11.2003, rechter Außendecker
2021-22   1   0   Rapid Wien

Faludy, Stefan
*17.05.1930, Mittelstürmer
1959-60   1   0   Austria Salzburg

Famera, Walter
Rechter Läufer
1957-58   2   0   Simmeringer SC

Faraji, Mohsen
*21.02.1980, Mittelfeldspieler
2005-06 11   1   Admira/Wacker Mödling

Farkas, Patrick
*09.09.1992, Außendecker
2009-10 16   0   SV Mattersburg
2010-11 30   0   SV Mattersburg
2011-12 34   2   SV Mattersburg
2012-13 35   0   SV Mattersburg
2015-16 32   3   SV Mattersburg
2016-17 27   0   SV Mattersburg
2017-18 16   1   RB Salzburg
2018-19   3   0   RB Salzburg
2019-20 18   0   RB Salzburg
2020-21 11   0   RB Salzburg
2021-22 13   0   TSV Hartberg
2022-23 17   0   TSV Hartberg

Fasching, Felix
*15.12.1946, Torwächter
1965-66   1   0   Wiener Sportclub

Fasching, Hannes
*01.04.1967, Mittelfeldspieler
1985-86 19   1   SC Eisenstadt
1986-87   1   0   SC Eisenstadt
1988-89 14   0   Sturm Graz
1989-90   3   0   Sturm Graz
1980-81   2   0   SC Eisenstadt

Fasching, Peter
Mittelfeldspieler
1970-71   1   0   Simmeringer SC
1971-72   1   0   Simmeringer SC

Fasching, Thomas
*27.06.1968, Torwächter
1987-88 13   0   Wiener Sportclub
1988-89   1   0   Wiener Sportclub

Fasser, Franz
Torwächter
1962-63   1   0   Austria Klagenfurt

Fath Al Katheiri, **Saoud**
*16.08.1980, 74 A, Innenverteidiger
2002-03   5   0   Rapid Wien

Fegerl, Franz
*16.10.1949, Stürmer
1973-74 22   1   Austria Klagenfurt
1974-75   3   0   Rapid Wien

Fegg, Franz
*21.11.1954, Stürmer
1985-86   1   0   Salzburger AK

Feichtinger, Andreas
*10.11.1978, Verteidiger/Mittelfeld
2000-01   8   0   SV Ried
2001-02 22   0   SV Ried
2002-03 24   0   SV Ried

Feichtinger, Gerhard
Linksaußen/Mittelfeld
1970-71   3   0   Linzer ASK

Feichtinger, Josef
*11.04.1981, Innenverteidiger
2002-03   1   0   SV Ried

Feierabend, Josef
*22.10.1964, rechter Außendecker
1984-85   8   0   SV Spittal/Drau

Feiersinger, Wolfgang (Sali)
*30.01.1965, 46 A, Libero
1989-90 31   1   Austria Salzburg
1990-91 34   2   Austria Salzburg
1991-92 29   0   Austria Salzburg
1992-93 33   1   Austria Salzburg
1993-94 25   0   Austria Salzburg
1994-95 25   1   Austria Salzburg
1995-96 26   0   Austria Salzburg
1996-97   4   1   Austria Salzburg
2000-01 25   1   LASK Linz
2001-02 18   0   Austria Salzburg

Feiertag, Stefan
*18.12.2001, Stürmer
2023-24 27   1   Blau-Weiß Linz

Feirer, Franz
*29.11.1960, linker Außendecker
1982-83   2   0   Sturm Graz
1983-84 28   0   Sturm Graz
1984-85 30   1   Sturm Graz
1985-86 35   1   Sturm Graz
1986-87 23   0   Sturm Graz
1987-88 35   2   Sturm Graz
1988-89 20   1   Sturm Graz
1989-90 30   1   Sturm Graz
1990-91 31   0   Vorwärts Steyr
1991-92 35   0   Vorwärts Steyr

Feitsch, Stefan
*24.05.1980, Mittelfeldspieler
1999-00   4   0   Rapid Wien

Feitzinger, Christian
*19.03.1973, Mittelfeldspieler
1993-94   1   0   VfB Mödling

Fekete, László
*14.04.1954, 21 A, Stürmer
1984-85 11   3   Sturm Graz

Felber, Oskar
*09.08.1922, Außendecker
1949-50 19   0   Slovan Wien
1951-52 25   0   Simmeringer SC
1952-53 20   1   Simmeringer SC
1953-54 18   0   Simmeringer SC
1954-55   5   0   Simmeringer SC
1956-57   8   0   Kremser SC
1957-58 26   0   Kremser SC
1958-59 20   0   Kremser SC
1959-60 12   0   Kremser SC

Felbermayer, Marco
*23.01.1972, Libero
1992-93 10 0 Vorwärts Steyr
1993-94 30 1 Vorwärts Steyr
1994-95 33 1 Vorwärts Steyr
1995-96 28 0 Vorwärts Steyr

Feldhofer, Ferdinand
*23.10.1979, 13 A, Innenverteidiger
1998-99   3 0 Sturm Graz
1999-00   8 0 Sturm Graz
2000-01 10 0 Sturm Graz
2001-02 11 1 Sturm Graz
2001-02 12 1 Rapid Wien
2002-03 17 0 Rapid Wien
2003-04 22 0 Rapid Wien
2004-05 29 4 Rapid Wien
2005-06 30 1 Wacker Tirol
2006-07 27 2 Wacker Tirol
2007-08 20 1 Wacker Innsbruck
2008-09 31 1 Sturm Graz
2009-10 18 0 Sturm Graz
2010-11 18 1 Sturm Graz
2011-12 15 0 Sturm Graz
2012-13   6 0 Sturm Graz

Feldinger, Franz
*22.08.1928, Außenläufer
1953-54 26 1 Austria Salzburg
1954-55 26 0 Austria Salzburg
1955-56 22 3 Austria Salzburg
1956-57 24 1 Austria Salzburg
1959-60 26 6 Austria Salzburg
1960-61 22 2 Austria Salzburg
1962-63 14 0 Austria Salzburg

Felfernig, Markus
*18.06.1983, Mittelfeldspieler
2000-01   4 0 Austria Salzburg
2001-02   1 0 Austria Salzburg
2008-09 31 5 Kapfenberger SV
2009-10 28 3 Kapfenberger SV
2010-11 29 3 Kapfenberger SV
2011-12 22 1 Kapfenberger SV

Felix, René
*23.06.1990, Mittelfeldspieler
2010-11   7 0 SC Wiener Neustadt
2011-12 10 1 SC Wiener Neustadt

Feller, Dieter
*01.12.1942, Torwächter
1970-71 10 0 Austria Wien
1971-72 28 0 Austria Wien

Fellermayr, Helmut
*25.04.1950, linker Außendecker
1969-70 10 0 VÖEST Linz
1973-74   3 0 Linzer ASK
1975-76 26 1 Linzer ASK
1976-77 11 0 Linzer ASK

Fellner, Gerhard
*24.04.1970, Libero/Mittelfeld
1989-90   6 2 Austria Salzburg
1990-91 15 0 Austria Salzburg
1991-92   2 0 Austria Salzburg
2000-01 22 1 Admira/Wacker Mödling
2001-02 21 0 Admira/Wacker Mödling
2004-05   2 0 FC Pasching

Fend, Kevin
*08.04.1990, Torwächter
2013-14 20 0 SV Grödig

Fend, Norbert
*21.06.1946, Mittelfeldspieler
1969-70 15 0 FC Dornbirn

Fendler, Robert
*17.04.1947, 1 A, Mittelfeldspieler
1966-67   2 0 Austria Klagenfurt
1967-68 16 3 Austria Klagenfurt
1968-69 21 7 Austria Klagenfurt
1969-70 27 12 Austria Klagenfurt
1970-71 29 7 VÖEST Linz
1971-72 28 4 VÖEST Linz
1972-73 23 9 Grazer AK
1973-74 23 2 Grazer AK
1974-75 35 8 Austria Klagenfurt
1975-76 26 1 Austria Klagenfurt
1976-77 10 3 First Vienna

Fenz, Manfred
*10.01.1944, linker Außendecker
1963-64   2 0 SC Wiener Neustadt
1964-65 19 0 SC Wiener Neustadt
1965-66 24 0 SC Wiener Neustadt
1966-67 18 1 SC Wiener Neustadt

Ferhatović, Nijaz
*12.03.1955, 2 A, Libero
1984-85 27 1 VOEST Linz

Ferić, Slavko
*19.06.1970, Stürmer
1993-94 11 2 Vorwärts Steyr

Fernandes, Marcelo
*01.01.1991, Stürmer
2012-13   8 1 Wacker Innsbruck

Fernández, Mariano
*02.09.1978, Innenverteidiger
2001-02 19 0 Sturm Graz

Fernando (Fernando dos Santos Pedro)
*01.03.1999, Außenstürmer
2022-23   9 6 RB Salzburg
2023-24 11 4 RB Salzburg

Ferreira Neves, **Filipe** Miguel
*27.09.1990, linker Außendecker/Mittelfeld
2018-19   3 0 Sturm Graz

Ferreira, Johnny
*13.07.1957, Stürmer
1982-83 11 1 Simmeringer SC

Ferschitz, Wolfgang
*17.11.1952, Stürmer
1966-67   1 0 SC Wiener Neustadt

Fesl, Harald
*03.08.1962, Mittelfeldspieler
1982-83 22 1 Austria Salzburg
1985-86 18 0 Salzburger AK

Fesselmar, Karl
Linker Außendecker/Rechtsaußen
1960-61   9 0 Simmeringer SC

Feuerfeil, Markus
*29.12.1980, Torwächter
2001-02   2 0 Admira/Wacker Mödling
2002-03   1 0 Admira/Wacker Mödling

Feuersinger, Kurt
*24.03.1957, linker Außendecker
1976-77   1 0 Austria Salzburg

Feurer, Mario
*14.09.1981, Innenverteidiger
2000-01   2 0 Admira/Wacker Mödling

Feurer, Herbert (Funki)
*14.01.1954, 7 A, Torwächter
1976-77   28   0   Rapid Wien
1977-78   35   0   Rapid Wien
1978-79   23   0   Rapid Wien
1979-80   34   0   Rapid Wien
1980-81   33   0   Rapid Wien
1981-82   34   0   Rapid Wien
1982-83   30   0   Rapid Wien
1983-84   18   0   Rapid Wien
1984-85   19   0   Rapid Wien
1985-86   11   0   Rapid Wien
1986-87   14   0   Rapid Wien
1987-88   3   0   Rapid Wien
1988-89   7   0   Rapid Wien

Fiala, Ernst
*23.02.1940, 15 A, Mittelstürmer
1959-60   22   7   Austria Wien
1960-61   23   11   Austria Wien
1961-62   24   12   Austria Wien
1962-63   25   9   Austria Wien
1963-64   19   12   Austria Wien
1964-65   8   1   Austria Wien
1965-66   23   9   Austria Wien
1966-67   21   8   Austria Wien
1967-68   22   7   Austria Wien
1968-69   24   3   Austria Wien
1969-70   25   9   Austria Wien
1970-71   16   1   Austria Wien
1971-72   25   6   Austria Wien
1972-73   18   3   Austria Wien
1973-74   27   10   Austria/WAC
1974-75   14   4   Austria/WAC

Fiala, Walter
*26.03.1949, Mittelfeldspieler
1970-71   20   1   First Vienna
1971-72   15   1   First Vienna
1972-73   4   1   First Vienna
1973-74   25   2   First Vienna

Fichtl, Karl
Mittelläufer
1953-54   13   0   Admira Wien
1954-55   7   0   Admira Wien

Fidjeu-Tazemeta, Thierry
*13.10.1982, 16 A, Stürmer
2006-07   12   5   FC Pasching
2007-08   17   1   Austria Kärnten

Fiedler, Gerhard
Linker Halbstürmer/Linksaußen
1961-62   2   0   Admira-Energie Wien

Fiedler, Hans
Rechter Läufer
1952-53   15   0   VfB Union Mödling

Filip, Oliver
*15.01.1998, Mittelfeldspieler
2017-18   9   1   Sturm Graz

Filipović, Bojan
*01.01.1976, Mittelfeldspieler
2003-04   23   3   Sturm Graz
2004-05   25   3   Sturm Graz
2005-06   29   7   Sturm Graz
2006-07   21   6   Sturm Graz

Filipović, Petar
*14.09.1990, Mittelfeldspieler
2014-15   14   2   SV Ried
2015-16   32   2   SV Ried
2016-17   31   4   Austria Wien
2017-18   4   0   Austria Wien
2019-20   21   2   Linzer ASK
2020-21   18   1   Linzer ASK
2021-22   16   0   Linzer ASK

Filipovits, Karl
Rechtsaußen
1961-62   8   1   Wiener Sportclub
1962-63   10   2   Wiener Sportclub
1963-64   2   0   Wiener Sportclub

Fillafer, Maximilian
*26.12.2004, Mittelfeldspieler
2023-24   26   2   TSV Hartberg

Filz, Werner
Torwächter
1961-62   19   0   SVS Linz
1962-63   4   0   SVS Linz
1963-64   24   0   SVS Linz

Filzmoser, Gerhard
*25.05.1950, Mittelfeldspieler
1969-70   25   2   Austria Salzburg
1970-71   24   1   Austria Salzburg
1971-72   25   1   Austria Salzburg
1972-73   17   0   Austria Salzburg
1973-74   32   0   Austria Salzburg
1974-75   34   0   Austria Salzburg
1975-76   34   0   Austria Salzburg
1976-77   32   3   Austria Salzburg
1978-79   31   0   Austria Salzburg

Finding, Eduard
*19.11.1933, Rechter Halbstürmer
1956-57   1   0   Sturm Graz
1957-58   4   0   Sturm Graz

Fink, Karl
*22.11.1964, Libero
1982-83   1   0   Grazer AK

Finz, Herbert
Linksaußen
1958-59   1   0   Admira Wien

Fischer, Andreas
*06.01.1991, Stürmer
2013-14   1   0   Sturm Graz

Fischer, Christian
*26.10.1962, Mittelfeldspieler
1983-84   1   0   SC Eisenstadt

Fischer, Erich
Verteidiger/Mittelfeld
1973-74   1   0   First Vienna

Fischer, Harald
*26.12.1965, Torwächter
1988-89   5   0   Austria Wien
1989-90   1   0   Austria Wien

Fischer, Kurt
Torwächter
1951-52   1   0   Wacker Wien
1953-54   2   0   Wacker Wien
1953-54   22   0   Simmeringer SC
1954-55   18   0   Simmeringer SC
1955-56   17   0   Simmeringer SC
1956-57   13   0   Simmeringer SC

Fischer, Leopold
Innenstürmer
1953-54   9   0   Floridsdorfer AC

Fischer, Manfred
*06.08.1995, Mittelfeldspieler
2018-19   29   7   SC Rheindorf Altach
2019-20   26   3   SC Rheindorf Altach
2020-21   31   7   SC Rheindorf Altach
2021-22   31   5   Austria Wien
2022-23   32   2   Austria Wien
2023-24   29   0   Austria Wien

Fischer, Oskar
*14.07.1929, 1 A, rechter Außendecker
```
1948-49   1  0  Austria Wien (WL)
1949-50  15  0  Austria Wien
1950-51  16  0  Austria Wien
1951-52  21  1  Austria Wien
1952-53  17  0  Austria Wien
1953-54  12  0  Austria Wien
1954-55  11  0  Austria Wien
1955-56  16  5  Austria Wien
1956-57  21  0  Austria Wien
1957-58  14  2  Austria Wien
1958-59  25  0  Austria Wien
1959-60  18  1  Austria Wien
1960-61   9  0  Austria Wien
1961-62   4  0  Austria Wien
1961-62   6  0  SVS Linz
```

Fischer, Richard
*27.01.1917, 3 A, Mittelstürmer
```
1934-35   1   0  First Vienna (WL)
1935-36   8   2  First Vienna (WL)
1936-37  13  10  First Vienna (WL)
1937-38  14   8  First Vienna (NL)
1938-39   9  10  First Vienna (GL)
1939-40   4   2  First Vienna (BK)
1940-41  12  16  First Vienna (BK)
1941-42  15  13  First Vienna (BK)
1942-43  14  21  First Vienna (BK)
1943-44  16  12  First Vienna (OK)
1945-46  17  20  First Vienna (WL)
1946-47  18  10  First Vienna (WL)
1947-48  15   4  First Vienna (WL)
1948-49  17   4  Floridsdorfer AC (WL)
1949-50  18   2  Floridsdorfer AC
1950-51  21   1  First Vienna
1951-52   9   3  First Vienna
```

Fischer, Paul
*26.11.1962, Mittelfeldspieler
```
1987-88   9  0  Austria Klagenfurt
```

Fischer, Wolfgang
Mittelstürmer
```
1962-63   7  2  Wacker Wien
1964-65  18  3  Wacker Wien
```

Fischerauer, Florian
*01.01.1999, Mittelfeldspieler
```
2017-18   2  0  Admira/Wacker Mödling
```

Fischl, Otto
Linksaußen
```
1959-60  17  3  First Vienna
1960-61   3  0  First Vienna
1960-61   3  0  Wacker Wien
```

Fitz, Alfred
*27.05.1919, Rechter Halbstürmer
```
1954-55  12  1  Schwarz-Weiß Bregenz
```

Fitz, Dominik
*16.06.1999, Mittelfeldspieler
```
2017-18   7  1  Austria Wien
2018-19   2  0  Austria Wien
2019-20  25  4  Austria Wien
2020-21  24  5  Austria Wien
2021-22  14  2  Austria Wien
2022-23  27  7  Austria Wien
2023-24  27  8  Austria Wien
```

Fitz, Heinrich
Linksaußen
```
1966-67   5  2  Admira-Energie Wien
1967-68   2  0  Admira-Energie Wien
```

Fitz, Wilhelm
*12.03.1918, 1 A, Rechtsaußen
```
1938-39   1  0  Rapid Wien (GL)
1939-40   3  1  Rapid Wien (BK)
1940-41  18  7  Rapid Wien (BK)
1941-42  15  2  Rapid Wien (BK)
1942-43  15  2  Rapid Wien (BK)
1943-44  11  4  Rapid Wien (OK)
1945-46  15  6  Rapid Wien (WL)
1946-47  15  6  Rapid Wien (WL)
1947-48  13  1  First Vienna (WL)
1948-49  17  4  Floridsdorfer AC (WL)
1949-50  21  5  Floridsdorfer AC
1950-51  12  2  Floridsdorfer AC
1951-52  23  3  Floridsdorfer AC
1952-53  19  4  Floridsdorfer AC
1953-54  10  1  Floridsdorfer AC
```

Fitzl, Josef
Rechtsaußen
```
1956-57   1  0  Wiener Sportclub
```

Fjørtoft, Jan Åge
*10.01.1967, 71 A, Mittelstürmer
```
1989-90  34  17  Rapid Wien
1990-91  33  17  Rapid Wien
1991-92  34  16  Rapid Wien
1992-93  28  12  Rapid Wien
```

Flajs, Michael
*27.02.1967, Manndecker/Mittelfeld
```
1989-90  27  0  VSE St. Pölten
1990-91  15  0  VSE St. Pölten
1991-92  10  0  VSE St. Pölten
1992-93  25  0  VSE St. Pölten
1993-94  15  0  VSE St. Pölten
```

Flatz, Norbert (Ivo)
30.10.1945, Stürmer
```
1972-73   1  0  SC Bregenz
```

Fleck, Bruno
*11.04.1929, Stürmer
```
1950-51   7   1  SC Wiener Neustadt
1951-52   3   1  First Vienna
1952-53   0   0  First Vienna
1953-54  24  16  Austria Salzburg
1954-55  16   5  Austria Salzburg
1955-56  18  13  Austria Salzburg
1956-57  15   9  Austria Salzburg
```

Fleck, Kurt
*24.03.1921, Rechtsaußen
```
1950-51  15  0  SC Wiener Neustadt
1952-53  21  3  Salzburger AK
```

Flecker, Florian
*29.10.1995, Mittelfeldspieler
```
2017-18  31  1  Wolfsberger AC
2018-19  32  7  TSV Hartberg
2020-21  14  3  TSV Hartberg
2021-22  29  3  Linzer ASK
2022-23  26  2  Linzer ASK
2023-24  29  5  Linzer ASK
```

Fleischhacker, Günther
*16.09.1944, Außenstürmer
```
1964-65  12  6  Grazer AK
1965-66  20  9  Grazer AK
1966-67   8  0  Grazer AK
1967-68   2  0  Grazer AK
```

Fleischhacker, Heinrich
*11.03.1957, Mittelfeldspieler
```
1983-84  11  0  SC Neusiedl am See
```

Fleischhacker, Michael
*06.02.1965, Mittelfeldspieler
1983-84   13   0   SC Eisenstadt
1984-85   14   0   SC Eisenstadt
1985-86   11   0   SC Eisenstadt
1986-87   19   0   SC Eisenstadt
1987-88   9   0   VfB Union Mödling

Fleischhacker, Rudolf (Rudi)
*12.10.1939, Vorstopper
1964-65   25   2   Wacker Innsbruck
1965-66   6   0   Grazer AK
1966-67   13   1   Grazer AK
1967-68   11   2   Schwarz-Weiß Bregenz

Fleischmann, Gerhard
*23.09.1947, 1 A, Torwächter
1969-70   21   0   Admira-Energie Wien
1970-71   26   0   Admira-Energie Wien
1971-72   3   0   Admira/Wacker
1972-73   5   0   Admira/Wacker
1973-74   14   0   Admira/Wacker
1974-75   32   0   Admira/Wacker
1975-76   35   0   Admira/Wacker
1976-77   33   0   Admira/Wacker
1977-78   35   0   Admira/Wacker
1978-79   34   0   Admira/Wacker
1979-80   30   0   Admira/Wacker
1980-81   24   0   Admira/Wacker
1981-82   36   0   Admira/Wacker
1982-83   6   0   Admira/Wacker

Fleischmann, Helmut
*12.09.1968, Torwächter
1989-90   7   0   First Vienna

Fleißner, Günther
Linksaußen
1971-72   11   3   SK Bischofshofen

Fleurquin Rubio, José **Andrés**
*08.02.1975, 11 A, Mittelfeldspieler
1999-00   13   2   Sturm Graz
2000-01   27   0   Sturm Graz
2001-02   6   0   Sturm Graz

Flindt-Bjerg, Christian
*19.02.1974, Mittelfeldspieler
1996-97   18   0   FC Tirol Innsbruck

Flindt-Bjerg, Ove
*21.07.1948, 18 A, Mittelfeldspieler
1971-72   26 14   Wattens-Wacker Innsbruck
1972-73   30   8   Wattens-Wacker Innsbruck
1973-74   32 14   Wattens-Wacker Innsbruck
1974-75   36 11   Wattens-Wacker Innsbruck
1975-76   18   5   Wattens-Wacker Innsbruck
1979-80   18   4   VOEST Linz
1980-81   29   5   VOEST Linz
1981-82   32   0   VOEST Linz

Flögel, Rudolf (Rudi)
*13.12.1939, 40 A, Linksaußen
1958-59   10   3   Rapid Wien
1959-60   24 14   Rapid Wien
1960-61   23 18   Rapid Wien
1961-62   26 12   Rapid Wien
1962-63   25 17   Rapid Wien
1963-64   25 18   Rapid Wien
1964-65   25   5   Rapid Wien
1965-66   24 12   Rapid Wien
1966-67   24 10   Rapid Wien
1967-68   25   8   Rapid Wien
1968-69   18   8   Rapid Wien
1969-70   29   2   Rapid Wien
1970-71   29 12   Rapid Wien
1971-72   26   7   Rapid Wien
1972-73   29   7   Admira Wiener Neustadt
1973-74   31   7   Simmeringer SC

Flögel, Thomas
*07.06.1971, 37 A, Mittelfeldspieler
1989-90   16   1   Austria Wien
1990-91   28   5   Austria Wien
1991-92   35   6   Austria Wien
1992-93   35 10   Austria Wien
1993-94   35   5   Austria Wien
1994-95   36   7   Austria Wien
1995-96   29   4   Austria Wien
1996-97   34   4   Austria Wien
2002-03   33   1   Austria Wien
2003-04   20   0   Austria Wien
2004-05   24   0   FC Pasching
2005-06   25   1   Admira/Wacker Mödling

Focher, Johannes
*20.01.1990, Torwächter
2012-13   22   0   Sturm Graz

Foda, Franco
*23.04.1966, 2 A, Libero
1997-98   31   0   Sturm Graz
1998-99   27   1   Sturm Graz
1999-00   33   0   Sturm Graz
2000-01   8   0   Sturm Graz

Foda, Sandro
*28.12.1989, Mittelfeldspieler
2007-08   1   0   Sturm Graz
2008-09   6   0   Sturm Graz
2009-10   11   0   Sturm Graz
2010-11   5   0   Sturm Graz
2011-12   4   0   Sturm Graz

Foidl, Bernhard
*09.08.1977, Mittelfeldspieler
1998-99   1   0   FC Tirol Innsbruck

Foka, Kurt
*28.03.1948, Stürmer
1970-71   19   5   Austria Wien
1971-72   11   4   Austria Wien
1972-73   7   0   Austria Salzburg
1973-74   10   1   Austria Salzburg

Foreth, Josef Ernst
*24.02.1924, 3 A, linker Außendecker
1947-48   6   0   Wacker Wien (WL)
1948-49   16   5   Wacker Wien (WL)
1949-50   12   1   Wacker Wien
1950-51   7   1   Wacker Wien
1951-52   13   0   Wacker Wien
1952-53   21   6   Wacker Wien
1953-54   16   5   Wacker Wien
1954-55   23   1   Wacker Wien
1955-56   26   0   Wacker Wien
1956-57   25   0   Wacker Wien
1957-58   24   0   Wacker Wien
1958-59   10   0   Wacker Wien
1959-60   17   0   Wacker Wien
1960-61   14   0   Wacker Wien

Fornezzi, Sašo
*11.12.1982, Torwächter
2006-07   10   0   Grazer AK
2007-08   13   0   Austria Wien
2009-10   34   0   SC Wiener Neustadt
2010-11   32   0   SC Wiener Neustadt

Forson, Amankwah
*31.12.2002, Mittelfeldspieler
2021-22   1   0   RB Salzburg
2022-23   12   0   RB Salzburg
2023-24   23   2   RB Salzburg
2022-23   16   1   SC Rheindorf Altach

Forst, Justin
*21.02.2003, Stürmer
2021-22   8   1   WSG Tirol
2022-23 26   1   WSG Tirol
2023-24 13   0   WSG Tirol

Forster, Hannes
*02.04.1980, Stürmer
2001-02 25   0   SV Ried

Forstinger, Gerhard
*11.09.1952, Vorstopper/Außendecker
1976-77 13   0   Wattens-Wacker Innsbruck
1977-78 32   2   Wattens-Wacker Innsbruck
1978-79 27   1   Wattens-Wacker Innsbruck

Fortunato, Elio Ángel Sergio
*23.10.1956, 5 A, Stürmer
1983-84   9   2   Favoritner AC

Fottner, Helmut
*24.12.1927, Innenstürmer
1960-61   2   0   Linzer ASK

Fountas, Taxiarchis
*04.09.1995, 18 A, Mittelfeldspieler
2013-14   7   0   SV Grödig
2018-19 21   4   SKN St. Pölten
2019-20 27 19   Rapid Wien
2020-21 24   9   Rapid Wien
2021-22 17   7   Rapid Wien

Fradl, Günther
*20.01.1956, Mittelfeldspieler
1975-76   2   0   Grazer AK
1976-77 11   0   Grazer AK

Fran Sánchez (Francisco José Sánchez Rodriguez)
*08.02.1990, rechter Außendecker
2015-16   3   0   SV Mattersburg
2016-17 13   3   SV Mattersburg
2017-18   5   0   SV Mattersburg
2018-19   8   0   SV Mattersburg

Francescin, Josip
*28.11.1941, Außenstürmer
1970-71 21   2   Wacker Innsbruck
1971-72 11   1   Wattens-Wacker Innsbruck

Francker, Lars
*06.06.1952, Stürmer
1978-79 21   3   Rapid Wien
1979-80   0   0   Rapid Wien

Franek, Erich
*10.01.1924, linker Läufer
1940-41   4   1   Floridsdorfer AC (BK)
1941-42 11   4   Floridsdorfer AC (BK)
1942-43   2   0   Floridsdorfer AC (BK)
1943-44   1   0   Floridsdorfer AC (OK)
1945-46 15   8   Floridsdorfer AC (WL)
1946-47 12   2   Floridsdorfer AC (WL)
1947-48 12   1   Floridsdorfer AC (WL)
1948-49 16   0   Floridsdorfer AC (WL)
1949-50 12   0   Floridsdorfer AC
1950-51 12   1   Floridsdorfer AC
1950-51 12   0   First Vienna
1951-52   8   0   FC Wien
1952-53 16   0   Salzburger AK

Frank, Alexander
*24.03.1994, Stürmer
2014-15   5   0   Austria Wien
2017-18   3   0   Austria Wien

Frank, Ernő
*20.06.1937, Rechtsaußen
1959-60 25   9   SC Wiener Neustadt
1960-61 10   2   SC Wiener Neustadt
1961-62 14   3   SC Wiener Neustadt
1963-64 18   1   SC Wiener Neustadt
1964-65 11   7   SC Wiener Neustadt
1965-66 15   3   Austria Salzburg
1966-67 13   2   SC Wiener Neustadt

Frank, Fritz
Rechter Läufer
1954-55   3   0   Wacker Wien
1955-56   1   2   Wacker Wien
1956-57 10   1   Wacker Wien
1957-58 17   0   Kremser SC
1958-59 10   0   Kremser SC

Frank, Johann
*14.05.1938, 7 A, rechter Läufer
1955-56   2   0   FC Wien
1957-58 25   0   FC Wien
1960-61 26   3   Schwechater SC
1961-62 26   0   Schwechater SC
1962-63 26   0   Schwechater SC
1963-64 23   6   Schwechater SC
1964-65 25   1   Schwechater SC
1965-66 26   2   Schwechater SC
1966-67 22   0   Austria Wien
1967-68 24   0   Austria Wien
1968-69 27   0   Austria Wien
1969-70 18   0   Austria Wien

Frankollin, Oskar
Außenstürmer
1959-60 13   0   SC Wiener Neustadt
1960-61 21   8   SC Wiener Neustadt
1961-62 14   1   SC Wiener Neustadt
1963-64   1   0   SC Wiener Neustadt

Franta, Wilhelm
Mittelläufer
1954-55   1   0   Wacker Wien

Franz, Gerhard
*29.01.1948, Mittelfeldspieler
1973-74 16   2   First Vienna
1976-77 35   1   First Vienna
1977-78 33   2   First Vienna
1978-79 29   2   First Vienna
1979-80 10   0   First Vienna

Frasz, Franz
*04.10.1959, Stürmer
1976-77 19   4   Admira/Wacker
1977-78   8   0   Admira/Wacker
1978-79   2   0   Admira/Wacker
1979-80 19   0   Admira/Wacker
1980-81 22   2   Admira/Wacker
1981-82 18   2   Admira/Wacker
1982-83   2   0   Admira/Wacker

Frasz, Sascha
*11.02.1973, Stürmer
1993-94   1   0   FC Tirol Innsbruck

Frattnig, Horst
*11.02.1937, Stürmer
1962-63   6   1   Austria Klagenfurt

Fraydl, Gernot
*10.12.1939, 27 A, Torwächter
1957-58 18   0   Grazer AK
1958-59 12   0   Grazer AK
1959-60 15   0   Grazer AK
1960-61 26   0   Grazer AK
1961-62 26   0   Austria Wien
1962-63 26   0   Austria Wien
1963-64 25   0   Austria Wien
1964-65   5   0   Austria Wien
1965-66 24   0   Wacker Innsbruck
1966-67 18   0   Schwarz-Weiß Bregenz
1971-72 20   0   First Vienna

Freiberger, Horst
*28.12.1985, Stürmer
2008-09   4   0   SC Rheindorf Altach

Freimüller, Ronald
*12.06.1955, Libero
1978-79 21   0   Wattens-Wacker Innsbruck

Freisinger, Friedrich
Rechter Außendecker
1954-55   1   0   FC Stadlau
1955-56 11   0   FC Stadlau
1956-57   1   0   FC Stadlau

Freissegger, Arnold (Nolte)
*17.01.1966, Mittelfeldspieler
1984-85 11   0   SV Spittal/Drau
1987-88 12   0   Grazer AK
1988-89 33   1   Grazer AK
1994-95 16   0   Admira/Wacker
1994-95 11   0   Austria Salzburg

Freitag, Christoph
*21.01.1990, Mittelfeldspieler
2012-13 14   0   SC Wiener Neustadt
2013-14 17   1   SC Wiener Neustadt
2014-15 31   1   SC Wiener Neustadt
2018-19 18   1   Wacker Innsbruck

Frenay, Didier
*09.04.1966, Mittelfeldspieler
1996-97 24   0   FC Linz
1998-99   8   0   Vorwärts Steyr

Fresser, Josef
*18.08.1937, linker Läufer
1962-63 14   0   Wacker Wien
1964-65 21   0   SC Wiener Neustadt
1965-66 26   2   SC Wiener Neustadt
1966-67 22   0   SC Wiener Neustadt

Freudenschuß, Josef
*14.08.1941, rechter Außendecker
1968-69   7   0   WSG Wattens
1969-70   9   0   WSG Wattens

Freudensprung, Herbert
Verteidiger/Mittelfeld
1966-67   5   0   Wacker Wien

Freudenthaler, Benjamin Georg
*16.04.1989, Mittelfeld/Stürmer
2008-09   8   0   Linzer ASK

Freudenthaler, Eugen
Linksaußen
1960-61   1   0   First Vienna

Freund, Oliver
*15.04.1970, Manndecker
1997-98 31   0   Rapid Wien
1998-99 33   2   Rapid Wien
1999-00 31   3   Rapid Wien
2000-01 11   0   Rapid Wien
2001-02 20   1   Rapid Wien

Freytag, Paul
*12.05.1940, Torwächter
1969-70 17   0   First Vienna

Fridrikas, Robertas
*08.04.1967, 10 A, Außenstürmer
1991-92   9   3   Austria Wien
1992-93 26   4   Austria Wien
1993-94 16   5   Austria Wien

Fridrikas, Lukas
*30.12.1997, Stürmer
2021-22   6   0   Austria Klagenfurt
2022-23 29 13   Austria Lustenau
2023-24 19   6   Austria Lustenau

Friedl, Helmut
*28.01.1954, Torwächter
1985-86 22   0   Salzburger AK

Friedl, Jürgen
*29.01.1981, Mittelfeldspieler
2001-02 25   2   Austria Salzburg
2002-03 20   0   Austria Salzburg
2003-04   4   0   Austria Salzburg
2004-05 14   0   Austria Salzburg

Friedl, Dominik
*19.01.1986, Stürmer/Mittelfeld
2007-08   1   0   SV Mattersburg

Friedrich, Manfred
*19.04.1941, Torwächter
1967-68   6   0   WSG Radenthein
1970-71 11   0   WSG Radenthein

Friedrich, Robert
Rechter Außendecker
1940-41   2   0   Grazer SC (BK)
1942-43   5   0   Sturm Graz (BK)
1949-50 20   0   Sturm Graz
1950-51   2   0   Sturm Graz
1951-52   1   0   Sturm Graz

Friedrich, Wilhelm
Mittelfeldspieler
1975-76   2   0   Admira/Wacker

Friesacher, Max
*16.07.1990 Torwächter
2012-13   1   0   Wolfsberger AC

Friese, Hermann
*29.01.1942, Linksaußen
1960-61   1   0   Simmeringer SC
1962-63   1   0   Simmeringer SC

Friesenbichler, Bruno
*30.03.1967, Stürmer
1991-92 10   0   First Vienna
1993-94 29   6   Sturm Graz
1994-95 20   6   Sturm Graz
1999-00 17   4   Schwarz-Weiß Bregenz

Friesenbichler, Günter
*04.03.1979, Stürmer
1999-00   1   0   Schwarz-Weiß Bregenz
2005-06   9   0   SV Ried
2011-12 24   4   SC Wiener Neustadt
2012-13 23   4   SC Wiener Neustadt

Friesenbichler, Kevin
*06.05.1994, Stürmer
2015-16 31   6   Austria Wien
2016-17 32   5   Austria Wien
2017-18 30   8   Austria Wien
2018-19 13   2   Austria Wien
2018-19 12   2   Wolfsberger AC
2019-20 12   0   Sturm Graz
2020-21 24   4   Sturm Graz

Frieser, Dominik
*09.09.1993, Mittelfeldspieler
2017-18 22 4 Wolfsberger AC
2018-19 31 6 Linzer ASK
2019-20 30 8 Linzer ASK
2022-23 27 1 TSV Hartberg
2023-24 30 3 TSV Hartberg

Friess, Thomas
*03.01.1985, Innenverteidiger
2004-05 1 0 Sturm Graz
2007-08 3 0 Sturm Graz

Frigård, Geir
*03.11.1970, 5 A, Stürmer
1997-98 27 23 Linzer ASK
1998-99 20 10 Linzer ASK
2000-01 33 15 LASK Linz

Frind, Robert
*02.12.1963, 5 A, Vorstopper
1981-82 2 0 Austria Wien
1982-83 4 1 Austria Wien
1983-84 2 0 Austria Wien
1984-85 9 1 Austria Wien
1985-86 29 0 Austria Wien
1986-87 33 1 Austria Wien
1987-88 20 1 Austria Wien
1988-89 1 0 Austria Wien
1988-89 1 0 Wiener Sportclub
1989-90 14 0 Austria Wien
1990-91 20 3 Austria Wien
1991-92 16 0 Austria Wien

Frisch, Erich
*08.09.1935, rechter Außendecker/Mittelläufer
1952-53 25 0 Grazer AK
1953-54 26 0 Grazer AK
1954-55 24 0 Grazer AK
1955-56 18 1 Grazer AK
1956-57 24 0 Grazer AK
1957-58 25 0 Grazer AK
1958-59 17 0 Grazer AK
1959-60 16 0 Grazer AK
1960-61 26 0 Grazer AK
1961-62 25 3 Grazer AK
1962-63 23 1 Grazer AK
1963-64 23 5 Grazer AK
1964-65 25 2 Grazer AK
1965-66 25 1 Grazer AK
1966-67 12 1 Grazer AK
1967-68 23 2 Grazer AK
1968-69 8 0 Grazer AK

Frischmann, Harald
*12.09.1962, Manndecker
1986-87 20 1 SC Eisenstadt

Fritsch, Anton (Toni)
*10.07.1945, 9 A, Mittelfeldspieler
1963-64 2 0 Rapid Wien
1964-65 7 1 Rapid Wien
1965-66 17 3 Rapid Wien
1966-67 19 3 Rapid Wien
1967-68 25 5 Rapid Wien
1968-69 24 1 Rapid Wien
1969-70 17 2 Rapid Wien
1970-71 12 0 Rapid Wien

Fritsch, Waldemar
*11.01.1923, Mittelstürmer/Linker Halbstürmer
1954-55 14 2 Schwarz-Weiß Bregenz

Fröhlich, Karl
*15.04.1944, 8 A, Außendecker
1963-64 6 0 Austria Wien
1964-65 26 0 Austria Wien
1965-66 25 0 Austria Wien
1966-67 20 0 Austria Wien
1967-68 26 0 Austria Wien
1968-69 28 0 Austria Wien
1969-70 24 0 Austria Wien
1970-71 25 0 Austria Wien
1971-72 21 0 Austria Wien
1972-73 27 0 Admira Wiener Neustadt

Fröschl, Alexander
*15.07.1992, Mittelfeldspieler
2010-11 2 0 Wacker Innsbruck
2011-12 1 0 Wacker Innsbruck
2012-13 4 0 Wacker Innsbruck
2013-14 1 0 Wacker Innsbruck

Fröschl, Thomas
*20.09.1988, Stürmer
2012-13 24 3 SC Wiener Neustadt
2013-14 26 5 SC Wiener Neustadt
2014-15 33 7 SV Ried
2015-16 15 4 SV Ried
2016-17 24 1 SV Ried

Fronius, Wilhelm
Linker Läufer
1952-53 26 0 VfB Union Mödling

Früchtl, Christian
*28.01.2000, Torwächter
2022-23 32 0 Austria Wien
2023-24 29 0 Austria Wien

Frühauf, Karl
Mittelfeldspieler
1968-69 1 0 WSV Donawitz

Frühwirth, Bernd
*13.04.1949, rechter Außendecker
1968-69 2 0 Grazer AK
1975-76 13 0 Grazer AK

Frühwirth, Hans-Peter
*18.06.1966, Manndecker
1984-85 2 0 Austria Wien
1985-86 4 0 Austria Wien
1986-87 1 0 Austria Wien
1988-89 34 0 VSE St. Pölten
1989-90 32 0 VSE St. Pölten
1990-91 18 0 VSE St. Pölten
1991-92 32 0 VSE St. Pölten
1992-93 31 0 VSE St. Pölten
1993-94 29 1 VSE St. Pölten

Früstük, Robert
*27.07.1973, Mittelfeldspieler
2000-01 33 2 Austria Salzburg
2001-02 19 1 Austria Salzburg

Fruhmann, Manfred
*11.12.1956, Mittelfeldspieler
1976-77 1 0 Sturm Graz

Fuček, Željko
*19.01.1943, rechter Außendecker/Libero
1971-72 28 3 DSV Alpine
1972-73 30 0 DSV Alpine
1973-74 30 1 DSV Alpine

Fuchs, Alexander
*24.11.1967, Torwächter
1988-89   12   0   Austria Klagenfurt

Fuchs, Alexander
*05.01.1996, Innenverteidiger
2021-22   7   0   Austria Klagenfurt

Fuchs, Christian
*07.04.1986, 78 A, linker Außendecker
2003-04   13   0   SV Mattersburg
2004-05   25   2   SV Mattersburg
2005-06   35   1   SV Mattersburg
2006-07   35   6   SV Mattersburg
2007-08   33   3   SV Mattersburg

Fuchs, Josef
*1922, Rechtsaußen
1940-41   10   2   Linzer ASK (BK)
1950-51   11   2   Vorwärts Steyr
1950-51   10   3   Linzer ASK
1951-52   25   4   Linzer ASK
1952-53   18   4   Linzer ASK
1953-54   21   2   Linzer ASK
1954-55   4   1   Linzer ASK

Fuchs, Rainer
*03.10.1973, Stürmer
2000-01   5   0   SV Ried

Fuchs, Ronald
*02.11.1968, Mittelfeldspieler
1990-91   1   0   FC Tirol

Fuchs, Rudolf (Rudi)
*19.12.1919, Rechter Halbstürmer/Außenläufer
1940-41   9   3   Linzer ASK (BK)
1949-50   16   6   Vorwärts Steyr
1950-51   10   2   Vorwärts Steyr
1950-51   12   5   Linzer ASK
1951-52   25   6   Linzer ASK
1952-53   22   4   Linzer ASK
1953-54   5   0   Linzer ASK
1954-55   12   6   Linzer ASK

Fuchs, Walter
Rechter Halbstürmer/Mittelläufer
1961-62   16   1   Kapfenberger SV
1963-64   6   1   Kapfenberger SV
1964-65   7   2   Kapfenberger SV
1966-67   19   2   Sturm Graz
1967-68   19   0   Sturm Graz
1968-69   25   0   Sturm Graz
1969-70   27   0   Sturm Graz
1970-71   27   0   Sturm Graz
1971-72   27   0   Sturm Graz
1972-73   17   0   Sturm Graz
1973-74   29   0   Sturm Graz
1974-75   6   0   Sturm Graz

Fuchsbichler, Erwin
*27.03.1952, 4 A, Torwächter
1970-71   2   0   Rapid Wien
1971-72   4   0   Rapid Wien
1972-73   15   0   Rapid Wien
1973-74   17   0   FC Vorarlberg
1974-75   25   0   VÖEST Linz
1975-76   29   0   VÖEST Linz
1976-77   3   0   VÖEST Linz
1977-78   31   0   VÖEST Linz
1978-79   30   0   VOEST Linz
1979-80   26   0   VOEST Linz
1980-81   19   0   VOEST Linz
1981-82   30   0   VOEST Linz
1982-83   21   0   VOEST Linz
1983-84   28   0   VOEST Linz
1984-85   22   0   VOEST Linz
1985-86   22   0   VOEST Linz
1988-89   22   0   Vorwärts Steyr

Fuchsbichler, Gerald
*30.03.1943, 6 A, Torwächter
1964-65   18   0   Kapfenberger SV
1965-66   12   0   Kapfenberger SV
1966-67   18   0   Kapfenberger SV
1967-68   24   0   Rapid Wien
1968-69   24   0   Rapid Wien
1969-70   26   0   Rapid Wien
1970-71   21   0   Rapid Wien
1971-72   26   0   Wiener Sportclub
1972-73   24   0   Wiener Sportclub
1973-74   22   0   Wiener Sportclub

Fuchsbichler, Heinz
*07.11.1967, Mittelfeldspieler
1990-91   30   1   DSV Alpine
1991-92   22   1   DSV Alpine
1992-93   25   1   Vorwärts Steyr
1993-94   30   0   Vorwärts Steyr
1994-95   33   0   Vorwärts Steyr
1995-96   26   0   Vorwärts Steyr

Fuchsbichler, Simon
*15.09.1930, Torwächter
1954-55   8   0   Kapfenberger SV
1955-56   7   0   Kapfenberger SV
1956-57   12   0   Kapfenberger SV
1957-58   7   0   Kapfenberger SV
1958-59   18   0   Kapfenberger SV
1961-62   15   0   Kapfenberger SV
1963-64   10   0   Kapfenberger SV
1964-65   1   0   Kapfenberger SV

Fuchshuber, Franz
13.02.1965, rechter Außendecker
1982-83   4   0   Union Wels
1983-84   9   0   Union Wels

Fuchsjäger, Markus
*10.08.1975, Mittelfeldspieler
1994-95   1   0   FC Linz

Fucik, Bernhard
*26.09.1990, Stürmer
2011-12   4   0   Admira/Wacker Mödling
2012-13   2   0   Admira/Wacker Mödling

Fucik, Leopold
*02.02.1933, linker Läufer
1954-55   4   0   Austria Wien
1955-56   2   0   Austria Wien
1957-58   25   1   FC Wien

Füllenhals, Helmut
*03.03.1947, Mittelfeldspieler
1969-70   27   1   Admira-Energie Wien
1970-71   22   2   Admira-Energie Wien
1971-72   13   0   Admira/Wacker
1972-73   19   0   Admira/Wacker
1973-74   12   0   Admira/Wacker
1974-75   34   1   Admira/Wacker
1975-76   19   0   Admira/Wacker
1976-77   15   0   Admira/Wacker

Fülöp, Zoltán
*26.07.1976, Stürmer
2003-04   31   9   SV Mattersburg
2004-05   19   4   SV Mattersburg

Fürst, Hermann
*22.02.1938, Linker Halbstürmer
1958-59   24   4   Linzer ASK
1959-60   20   9   Linzer ASK
1960-61   10   1   Linzer ASK
1961-62   18   8   Linzer ASK
1962-63   4   0   Linzer ASK
1963-64   14   6   Linzer ASK
1964-65   8   2   Linzer ASK
1966-67   1   0   Wacker Wien

Fürst, Harald
*02.05.1960, Mittelfeldspieler
1978-79   1   0   Austria Wien
1980-81 27   5   Austria Wien
1981-82 20   2   Austria Wien
1982-83   3   1   Austria Wien
1982-83 21   2   Linzer ASK
1983-84 18   4   Favoritner AC
1984-85 21   5   Favoritner AC
1985-86 23   3   Admira/Wacker

Fürstaller, Christian
*30.12.1964, 5 A, Manndecker
1984-85 25   0   Austria Salzburg
1989-90 24   0   Austria Salzburg
1990-91 11   0   Austria Salzburg
1991-92 30   0   Austria Salzburg
1992-93 15   0   Austria Salzburg
1993-94 28   0   Austria Salzburg
1994-95 30   0   Austria Salzburg
1995-96   4   0   Austria Salzburg

Fürstaller, Markus
*18.10.1975, Manndecker
1998-99   3   0   Austria Salzburg
1999-00   1   0   Austria Salzburg

Fürthaler, Mario
*26.10.1984, rechter Außendecker
2005-06   8   0   Admira/Wacker Mödling

Füzi, Ákos
*24.03.1978, 11 A, linker Außendecker
2005-06   4   0   Admira/Wacker Mödling

Füzi, Alexander
*30.03.1962, Stürmer
1982-83 17   1   SC Neusiedl am See
1983-84 28   0   SC Neusiedl am See

Füzi, Johann
*30.10.1958, Stürmer
1980-81 26   1   SC Eisenstadt
1982-83 27   6   SC Eisenstadt
1983-84 24   5   SC Eisenstadt
1984-85 23   1   SC Eisenstadt

Fuhl, Wenantny
*02.12.1960, Manndecker
1983-84 24   4   Wiener Sportclub

Fukal, Milan
*16.05.1975, 19 A, Innenverteidiger
2008-09 23   3   Kapfenberger SV
2009-10 33   2   Kapfenberger SV
2010-11 30   0   Kapfenberger SV

Furthmayer, Johann
*17.11.1939, Mittelfeldspieler
1965-66 22   4   Austria Salzburg
1967-68 15   1   Austria Salzburg

Furtner, Josef
*07.01.1964, Stürmer
1989-90   5   1   Austria Wien

Fux, Hans-Jörg
*17.04.1966, Mittelfeldspieler
1990-91 18   1   Wiener Sportclub

Fuseini, Mohammed
*16.05.2002, Stürmer
2022-23   7   2   Sturm Graz
2023-24 11   1   Sturm Graz

G

Gabbichler, Lukas
*12.05.1998, Mittelfeldspieler
2019-20 12   1   TSV Hartberg
2020-21   2   0   TSV Hartberg

Gabriel, Lukas
*26.11.1991, Innenverteidiger
2008-09   2   0   SV Ried
2011-12   3   0   SV Ried

Gabriel, Norbert
*01.11.1948, Linker Halbstürmer
1971-72 22   6   SK Bischofshofen

Gabriele, Daniele
*16.12.1994, Stürmer
2018-19 17   4   Wacker Innsbruck

Gänger, Johann
*07.05.1929, linker Außendecker/Außenläufer
1948-49   2   0   Admira Wien (WL)
1949-50 11   1   Admira Wien
1950-51 16   0   Admira Wien
1951-52   5   0   Admira Wien
1952-53 13   0   Admira Wien
1953-54 19   0   Admira Wien
1954-55 18   0   Admira Wien
1955-56 20   0   Admira Wien
1956-57   6   0   Admira Wien
1957-58   9   0   Admira Wien
1958-59   3   2   Admira Wien

Gänsthaler, Ludwig
Rechter Halbstürmer
1957-58 15 10   Simmeringer SC
1958-59 14   4   Simmeringer SC
1959-60   4   0   Simmeringer SC
1959-60   3   2   Wiener Sportclub
1960-61 10   7   Wiener Sportclub
1961-62 12   4   Wiener Sportclub
1962-63 16   3   Wiener AC
1963-64   9   2   Wiener AC
1964-65 12   3   Wiener AC

Gärtner, Harald
*30.11.1968, Libero
2000-01   4   0   Admira/Wacker Mödling

Gärtner, Helmut
*07.03.1950, rechter Außendecker
1973-74 28   0   WSG Radenthein/VSV

Gärtner, Viktor
Torwächter
1952-53 15   0   Salzburger AK

Gager, Alfred
*10.02.1942, 6 A, Mittelfeldspieler
1961-62 24   0   Austria Wien
1962-63 24   2   Austria Wien
1963-64 18   1   Austria Wien
1964-65 22   5   Austria Wien
1965-66   2   0   Austria Wien
1966-67 15   3   Wacker Wien

Gager, Herbert
*18.09.1969, 4 A, Libero/Mittelfeld
1988-89 11 0 Rapid Wien
1989-90   3 0 Rapid Wien
1989-90 14 2 Wiener Sportclub
1990-91 21 2 Wiener Sportclub
1991-92 32 4 Rapid Wien
1992-93   3 0 Rapid Wien
1992-93 13 2 FC Stahl Linz
1993-94 20 3 VfB Mödling
1993-94 16 1 Admira/Wacker
1994-95 33 5 Admira/Wacker
1995-96 32 5 Admira/Wacker
1996-97 33 8 Austria Wien
1997-98 35 6 Austria Wien
1999-00 19 3 Schwarz-Weiß Bregenz

Gaisinger, Harald
*28.01.1955, Stürmer
1975-76 18 7 Linzer ASK
1976-77 27 4 Linzer ASK
1977-78 25 4 Linzer ASK

Gaißmayer, Holger
*02.07.1970, Stürmer
1999-00   7 0 Schwarz-Weiß Bregenz

Gajda, Dariusz
*03.09.1956, Außendecker
1985-86   4 0 Linzer ASK
1986-87 21 0 Linzer ASK
1987-88   9 0 Linzer ASK
1988-89 17 0 Linzer ASK

Gale, Thierry
*01.05.2002, 11 A, Stürmer
2023-24   5 1 Rapid Wien

Galić, Marin
*14.02.1968, Mittelfeldspieler
1990-91   3 0 DSV Alpine

Gall, Anton
Torwächter
1956-57   5 0 Kremser SC
1957-58 12 0 FC Wien

Gallatz, Martin
Linker Halbstürmer
1958-59 11 1 Kapfenberger SV

Gallautz, Josef
*07.11.1947, Stürmer
1971-72 21 0 Austria Wien
1972-73 16 3 Austria Wien
1974-75   2 0 Austria Klagenfurt

Gallbauer, Rudolf
Rechtsaußen
1940-41   6 1 Linzer ASK (BK)
1950-51   1 0 Linzer ASK

Gallos, Geza
*07.09.1948, 6 A, Mittelfeldspieler
1968-69 28 10 SC Eisenstadt
1969-70 24   5 Rapid Wien
1970-71 30 13 Rapid Wien
1971-72 28   8 Rapid Wien
1972-73 29 12 Rapid Wien
1973-74 32 14 Linzer ASK
1974-75 31   8 Linzer ASK
1975-76 36   4 Linzer ASK
1976-77 32   8 Linzer ASK
1977-78 23   1 Rapid Wien
1978-79 36 10 Rapid Wien
1979-80 36   4 Admira/Wacker
1980-81 36   5 Admira/Wacker
1981-82 34   3 Admira/Wacker
1982-83 15   2 SC Neusiedl am See

Galvão, Lucas da Costa Souza
*22.06.1991, Innenverteidiger
2015-16 14 1 SC Rheindorf Altach
2016-17 27 0 SC Rheindorf Altach
2017-18   4 0 SC Rheindorf Altach
2017-18 26 1 Rapid Wien
2021-22 13 0 Austria Wien
2022-23 14 0 Austria Wien
2023-24 24 0 Austria Wien

Gamauf, Harald (Harry)
*03.05.1957, Vorstopper/Mittelfeld
1978-79   6 1 Austria Wien
1979-80   2 0 Austria Wien
1979-80 18 1 Grazer AK
1980-81 32 2 Grazer AK
1981-82 32 1 Grazer AK
1982-83 29 1 Grazer AK
1983-84 28 0 Grazer AK
1984-85 23 0 Grazer AK
1985-86 34 2 Grazer AK
1986-87 22 0 Grazer AK
1987-88 30 2 Grazer AK
1988-89 18 2 Grazer AK
1989-90   9 0 Grazer AK

Gambaro, Enzo
*23.02.1966, linker Außendecker
1996-97 14 1 Sturm Graz

Ganda, Joseph
*10.03.1997, Mittelfeldspieler
2020-21 11 0 Admira/Wacker Mödling
2021-22 21 5 Admira/Wacker Mödling

Gansterer, Gerald
*29.10.1982, Innenverteidiger
2007-08 16 0 Linzer ASK
2008-09 24 0 Linzer ASK
2009-10 22 0 Kapfenberger SV

Gapp, Franz
Linksaußen
1950-51   9 2 Sturm Graz
1951-52 16 3 Sturm Graz
1952-53 13 4 Sturm Graz
1953-54 11 3 Sturm Graz
1955-56   6 3 Sturm Graz

Gappmaier, Josef
Mittelfeldspieler
1971-72   7 0 SK Bischofshofen

Garci, Samir
*09.08.1981, Mittelstürmer
1999-00   5 0 Austria Lustenau

García de Dios, Édgar Arturo
*01.09.1977, Stürmer
1996-97 12 0 FC Linz

Garcia, Roberto
*12.09.1969, Mittelfeldspieler
1991-92   1 0 FC Tirol

Gardenier, Rudolf (Rudi)
Rechter Außendecker
1958-59 17 0 WSV Donawitz
1959-60 23 0 WSV Donawitz
1968-69 10 0 WSV Donawitz

Gareis, Roland
*15.03.1948, Außendecker
1971-72 26 0 Wiener Sportclub
1972-73 28 2 Wiener Sportclub
1973-74 22 0 Wiener Sportclub

Gargano, Dino
*28.01.1965, Stürmer
1985-86   7 0 Salzburger AK

Garger, Kurt
*15.09.1960, 1 A, Vorstopper
1979-80 12 0 Rapid Wien
1980-81 28 1 Rapid Wien
1981-82 34 0 Rapid Wien
1982-83 27 0 Rapid Wien
1983-84 25 1 Rapid Wien
1984-85 27 1 Rapid Wien
1985-86 23 0 Rapid Wien
1986-87 36 0 Rapid Wien
1987-88 34 1 Rapid Wien
1988-89 33 3 FC Tirol
1989-90 19 1 FC Tirol
1990-91 34 2 Austria Salzburg
1991-92 33 2 Austria Salzburg
1992-93 34 1 Austria Salzburg
1993-94 27 0 Austria Salzburg
1994-95   9 1 Rapid Wien

Garics, György (Gyuri)
*08.03.1984, 41 A, Mittelfeldspieler
2002-03   2 0 Rapid Wien
2003-04 27 0 Rapid Wien
2004-05 18 1 Rapid Wien
2005-06 28 0 Rapid Wien
2006-07   6 0 Rapid Wien

Gartler, Harry
*17.10.1964, Stürmer
1997-98   1 0 Rapid Wien

Gartler, Paul
*10.03.1997, Torwächter
2019-20   2 0 Rapid Wien
2020-21   7 0 Rapid Wien
2021-22 17 0 Rapid Wien
2022-23   1 0 Rapid Wien

Gartler, René
*21.10.1985, Mittelstürmer
2003-04   2 0 Rapid Wien
2004-05   3 0 Rapid Wien
2008-09   3 0 Rapid Wien
2009-10 19 3 Rapid Wien
2010-11 16 4 Rapid Wien
2011-12 16 3 Rapid Wien
2012-13 29 15 SV Ried
2013-14 31 15 SV Ried
2017-18 29 3 Linzer ASK
2018-19 31 9 SKN St. Pölten
2019-20 14 2 SKN St. Pölten

Gartner, Christian
*03.04.1994, Mittelfeldspieler
2009-10   1 0 SV Mattersburg
2010-11   6 1 SV Mattersburg
2011-12   4 1 SV Mattersburg
2012-13 17 1 SV Mattersburg
2020-21   7 0 Admira/Wacker Mödling

Gartner, Herbert
*20.05.1933, Torwächter
1954-55 14 0 Rapid Wien
1955-56 23 0 Rapid Wien
1956-57   9 0 Rapid Wien
1957-58   7 0 Rapid Wien
1958-59 17 0 Austria Wien
1959-60 17 0 Austria Wien
1960-61 23 0 Austria Wien
1962-63 24 0 Austria Klagenfurt
1964-65 12 0 Wacker Innsbruck
1965-66   6 0 Austria Salzburg

Gartner, Karl
*1938, Rechtsaußen
1955-56   3 0 Kapfenberger SV
1956-57   1 0 Kapfenberger SV

Gartner, Max
*19.10.1958, Mittelfeldspieler
1977-78   3 0 Wattens-Wacker Innsbruck
1978-79   6 0 Wattens-Wacker Innsbruck
1978-79 19 0 VOEST Linz

Gasselich, Felix
*07.04.1930, Linker Halbstürmer
1953-54 20 6 Wiener Sportclub
1954-55 15 9 Wiener Sportclub
1955-56   6 2 Wiener Sportclub

Gasselich, Felix Parzival
*21.12.1955, 19 A, Mittelfeldspieler
1973-74   1 0 Austria/WAC
1974-75 17 1 Austria/WAC
1975-76 22 6 Austria/WAC
1976-77 22 2 Austria/WAC
1977-78 34 9 Austria Wien
1978-79 35 4 Austria Wien
1979-80 35 9 Austria Wien
1980-81 36 15 Austria Wien
1981-82 34 16 Austria Wien
1982-83 28 14 Austria Wien
1985-86 23 7 Linzer ASK
1986-87 34 9 Wiener Sportclub
1987-88 30 2 Wiener Sportclub
1988-89 30 3 Grazer AK
1989-90 17 1 Kremser SC

Gasselsberger, Friedrich
Linker Läufer
1953-54   1 0 Floridsdorfer AC

Gassner, Alfred
*02.01.1947, 3 A, Stürmer
1970-71 30 13 First Vienna
1971-72 26 6 First Vienna
1972-73 25 5 Admira/Wacker
1973-74 13 7 Admira/Wacker
1974-75 30 7 Admira/Wacker
1975-76   7 2 Admira/Wacker
1976-77 36 5 Admira/Wacker
1977-78 35 10 Admira/Wacker
1978-79 32 8 Admira/Wacker
1979-80 13 1 Admira/Wacker

Gassner, Jürgen
*05.11.1963, Mittelfeldspieler
1983-84   1 0 Austria Klagenfurt
1989-90 17 0 Austria Salzburg
1990-91 28 1 Austria Salzburg
1991-92 12 0 Austria Salzburg
1992-93 10 0 Vorwärts Steyr

Gasteiger, Horst
Torwächter
1968-69   3 0 WSG Wattens

Gasteiger, Ottokar
*27.11.1925, Rechtsaußen
1951-52   7 0 Grazer AK
1955-56   3 0 Austria Wien

Gatt, Joshua
*29.08.1991, Rechtsaußen
2018-19 15 1 SC Rheindorf Altach

Gattermayer, Angelo
*06.06.2002, Stürmer
2020-21   1 0 Admira/Wacker Mödling
2021-22 13 0 Admira/Wacker Mödling

Gaudino, Gianluca
*11.11.1996, Mittelfeldspieler
2021-22 14 0 SC Rheindorf Altach

Gauglica, Alois
*07.05.1924, Mittelläufer
1951-52 25 0 Simmeringer SC
1952-53 24 0 Simmeringer SC
1953-54 20 0 Simmeringer SC
1954-55 23 0 Simmeringer SC
1955-56 21 1 Simmeringer SC
1956-57   4 0 Simmeringer SC

Gauglica, Gustav
*04.02.1926, linker Läufer
1951-52 12 0 Simmeringer SC
1952-53 23 0 Simmeringer SC
1953-54 13 0 Simmeringer SC
1954-55 17 0 Simmeringer SC
1955-56   7 0 Simmeringer SC
1956-57   2 0 Simmeringer SC
1957-58   1 0 Simmeringer SC

Gausterer, Konrad
*19.08.1932, Linker Halbstürmer
1950-51   9 2 Elektra Wien

Gavilán Morales, **Manuel**
*12.07.1991, Stürmer
2015-16 18 0 SV Ried

Gayer, Wolfgang
*09.01.1943, Mittelfeld/Libero
1963-64 26   6 Wiener Sportclub
1964-65 26 18 Wiener Sportclub
1965-66 22 14 Wiener Sportclub
1968-69 21 15 Wiener Sportclub
1974-75 31   5 Linzer ASK
1975-76 32   3 Linzer ASK
1976-77 36   0 Linzer ASK
1977-78 27   0 Linzer ASK
1979-80 32   3 Linzer ASK

Gazibegović, Jusuf
*11.03.2000, 16 A, rechter Außendecker
2020-21 25 1 Sturm Graz
2021-22 27 0 Sturm Graz
2022-23 29 2 Sturm Graz
2023-24 31 2 Sturm Graz

Gebauer, Christian
*20.12.1993, Mittelfeldspieler
2017-18 36 4 SC Rheindorf Altach
2018-19 31 4 SC Rheindorf Altach
2019-20 31 5 SC Rheindorf Altach
2023-24 30 2 SC Rheindorf Altach

Gebauer, Heinrich
*24.10.1946, Stürmer
1966-67   1 0 Admira-Energie Wien
1967-68   1 0 Admira-Energie Wien

Gebauer, Thomas
*30.06.1982, Torwächter
2006-07   2 0 SV Ried
2007-08 11 0 SV Ried
2008-09 36 0 SV Ried
2009-10 35 0 SV Ried
2010-11 16 0 SV Ried
2011-12 35 0 SV Ried
2012-13 35 0 SV Ried
2013-14 35 0 SV Ried
2014-15 35 0 SV Ried
2015-16 35 0 SV Ried
2016-17 31 0 SV Ried
2018-19   1 0 Linzer ASK

Gebhardt, Walter
*10.04.1945, 17 A, rechter Außendecker
1965-66 25 0 Rapid Wien
1966-67 20 1 Rapid Wien
1967-68 21 0 Rapid Wien
1968-69 21 0 Rapid Wien
1969-70 27 0 Rapid Wien
1970-71 21 0 Rapid Wien
1971-72 26 0 Linzer ASK
1972-73 29 0 Linzer ASK
1973-74 23 0 Linzer ASK
1974-75 18 0 Linzer ASK
1975-76 28 0 Linzer ASK
1976-77 18 1 Linzer ASK
1977-78 29 0 Linzer ASK

Gedikli, Emrehan (Emre)
*25.04.2003, Stürmer
2022-23   4 1 Austria Lustenau

Gegenhuber, Johann (Hans)
*08.09.1939, rechter Außendecker
1959-60 15 0 Austria Salzburg
1960-61 26 0 Austria Salzburg
1962-63 26 0 Austria Salzburg
1965-66 26 0 Austria Salzburg

Geiger, Ralph
*06.03.1972, Innenverteidiger
1999-00 27 1 Schwarz-Weiß Bregenz
2000-01 23 0 Schwarz-Weiß Bregenz
2001-02 12 0 Schwarz-Weiß Bregenz
2002-03 26 0 Schwarz-Weiß Bregenz
2003-04 25 0 Schwarz-Weiß Bregenz
2004-05 16 0 Schwarz-Weiß Bregenz

Geiselmann, Willi
Rechtsaußen
1954-55   2 0 Schwarz-Weiß Bregenz

Geißler, Günther
*01.03.1944, rechter Außendecker
1966-67   3 0 SC Wiener Neustadt
1972-73 20 0 Admira Wiener Neustadt

Geißler, Ludwig
Linker Außendecker
1959-60 11 0 SC Wiener Neustadt
1960-61   2 0 SC Wiener Neustadt
1961-62   8 0 SC Wiener Neustadt
1963-64   4 0 SC Wiener Neustadt

Gelegs, Josef
Mittelstürmer
1958-59   8 6 First Vienna
1962-63   9 3 Wiener AC

Gemicibaşı, Turgay Philipp
*23.04.1996, Mittelfeldspieler
2021-22 26 9 Austria Klagenfurt
2023-24 16 0 Austria Klagenfurt

Gerber, Udo
Linker Außendecker
1968-69 12 0 WSV Donawitz

Gërçaliu, Ronald
*12.02.1986, 14 A, linker Außendecker
2003-04   1 0 Sturm Graz
2004-05 24 0 Sturm Graz
2005-06 21 0 Sturm Graz
2005-06   2 0 RB Salzburg
2006-07 12 0 Sturm Graz
2006-07 15 0 Austria Wien
2007-08 28 1 Austria Wien
2008-09 23 0 RB Salzburg
2009-10 24 0 SC Wiener Neustadt
2014-15 17 0 SC Rheindorf Altach

Gerdenits, Johann
Linksaußen
1950-51 22 0 SC Wiener Neustadt
1954-55   7 1 Admira Wien
1955-56 16 7 Admira Wien
1956-57 15 8 Admira Wien
1957-58 14 9 Admira Wien
1958-59 15 5 Admira Wien
1959-60   5 0 Admira-Energie Wien

Gerdenitsch, Roland
*31.08.1978, Torwächter
2006-07   1 0 SV Mattersburg
2008-09   6 0 SV Mattersburg

Gergits, Anton
Linksaußen
1955-56 16 3 Austria Graz

Gerhart, Gustav
*04.02.1922, 4 A, Außendecker
1939-40 12 0 Admira Wien (BK)
1940-41   9 0 Admira Wien (BK)
1941-42 15 0 Admira Wien (BK)
1942-43 16 1 Admira Wien (BK)
1945-46 19 3 Admira Wien (WL)
1946-47 18 0 Admira Wien (WL)
1947-48 17 1 Admira Wien (WL)
1948-49 15 0 Admira Wien (WL)
1949-50 17 1 Admira Wien
1950-51 23 0 Admira Wien
1951-52 21 0 Admira Wien
1952-53   1 0 Admira Wien
1953-54   1 0 Admira Wien

Geris, Thomas
*16.10.12002, Stürmer
2022-23   1 0 WSG Tirol
2023-24 13 0 WSG Tirol

Gernhardt, Leopold
*16.03.1920, 27 A, Mittelläufer/Rechter Läufer
1939-40   3 0 Rapid Wien (BK)
1940-41   2 0 Rapid Wien (BK)
1941-42 16 1 Rapid Wien (BK)
1942-43 11 10 Rapid Wien (BK)
1943-44   7 0 Rapid Wien (OK)
1945-46 10 2 Rapid Wien (WL)
1946-47 18 1 Rapid Wien (WL)
1947-48 18 2 Rapid Wien (WL)
1948-49 16 0 Rapid Wien (WL)
1949-50 21 9 Rapid Wien
1950-51 23 10 Rapid Wien
1951-52 22 9 Rapid Wien
1952-53 15 3 Rapid Wien
1953-54 15 0 Rapid Wien
1954-55   4 0 Rapid Wien

Gerson (Gerson Guimarães Ferreira Júnior)
*07.01.1992, Innenverteidiger
2011-12 15 0 Kapfenberger SV
2012-13 26 0 Rapid Wien

Gert, Alfred
*03.03.1955, Außendecker/Vorstopper
1977-78 35 0 VÖEST Linz
1978-79 30 1 VOEST Linz
1979-80 33 0 VOEST Linz
1980-81 34 0 VOEST Linz
1981-82 23 0 VOEST Linz
1982-83   7 0 VOEST Linz
1983-84 15 0 VOEST Linz

Geurtz, Friedrich
Torwächter
1961-62   2 0 Wiener AC
1962-63   2 0 Grazer AK

Geyer, Helmut
*18.07.1938, Rechtsaußen
1957-58   6 1 Rapid Wien
1958-59   6 0 Simmeringer SC
1959-60 26 2 Simmeringer SC
1960-61 26 0 Simmeringer SC
1961-62 26 0 Simmeringer SC
1962-63 26 0 Simmeringer SC
1963-64 25 0 Simmeringer SC
1965-66 23 0 Simmeringer SC
1967-68   3 0 Admira-Energie Wien

Geyer, Johann
*12.08.1942, 9 A, Mittelfeldspieler
1961-62 12 1 Austria Wien
1962-63 14 6 Austria Wien
1963-64 20 1 Austria Wien
1964-65 16 0 Austria Wien
1965-66 25 2 Austria Wien
1966-67 17 2 Austria Wien
1967-68 23 2 Grazer AK
1968-69 25 2 Austria Wien
1969-70 29 0 Austria Wien
1970-71 28 3 Austria Wien
1971-72 26 0 Austria Wien

Geyrhofer, Niklas
*11.02.2000, Innenverteidiger
2019-20   6 0 Sturm Graz
2020-21 10 0 Sturm Graz
2021-22 12 0 Sturm Graz
2022-23   7 0 Sturm Graz
2023-24 12 0 Sturm Graz

Giannini, Giuseppe
*20.08.1964, 47 A, Mittelfeldspieler
1996-97 16 2 Sturm Graz

Giesser, Karl
*29.10.1928, 4 A, Mittelläufer/Außenläufer
1949-50 13 8 Rapid Wien
1950-51   2 0 Rapid Wien
1951-52   7 0 Rapid Wien
1952-53 13 1 Rapid Wien
1953-54 20 2 Rapid Wien
1954-55 19 1 Rapid Wien
1955-56 17 0 Rapid Wien
1956-57 15 1 Rapid Wien
1957-58 19 1 Rapid Wien
1958-59 24 1 Rapid Wien
1959-60 26 1 Rapid Wien
1960-61   9 0 Rapid Wien
1961-62 26 0 Rapid Wien
1962-63 22 0 Rapid Wien
1963-64 11 0 Rapid Wien

Gieszer, Paul
*11.11.1918, rechter Läufer
1937-38 11 0 Admira Wien (NL)
1938-39   3 0 Admira Wien (GL)
1941-42   1 0 Admira Wien (BK)
1942-43   3 0 Admira Wien (BK)
1951-52 26 0 Simmeringer SC
1952-53 25 0 Simmeringer SC
1953-54 26 0 Simmeringer SC
1954-55 13 0 Simmeringer SC

Gigerl, Fritz
Mittelläufer
1951-52 22 3 Sturm Graz
1952-53 14 0 Sturm Graz
1953-54 13 0 Sturm Graz
1955-56   5 1 Sturm Graz

Gilewicz, Radosław
*08.05.1971, 10 A, Stürmer
1998-99 12   8 FC Tirol Innsbruck
1999-00 30 18 FC Tirol Innsbruck
2000-01 31 22 FC Tirol Innsbruck
2001-02 30 11 FC Tirol Innsbruck
2002-03 29 11 Austria Wien
2003-04 27 13 Austria Wien
2004-05 25   5 Austria Wien
2005-06 26   5 FC Pasching
2006-07 31   6 FC Pasching

Gill, Thomas
*16.05.1965, 5 A, Torwächter
1995-96 18   0 Sturm Graz

Gilly, Alfred
*10.09.1930, Torwächter
1952-53 23   0 VfB Union Mödling
1953-54   8   0 Admira Wien
1954-55 15   0 Admira Wien
1955-56 10   0 Admira Wien
1956-57 12   0 Wiener AC
1957-58 13   0 Wiener AC
1958-59 15   0 Wiener AC
1959-60   3   0 Wiener AC
1959-60   4   0 Linzer ASK

Gimpl, Franz
Mittelfeldspieler
1970-71   2   0 Grazer AK

Ginhardt, Harald
*07.02.1926, Außenläufer
1951-52   4   0 Grazer AK
1952-53   9   1 Grazer AK
1953-54 20   0 Grazer AK
1954-55 26   0 Grazer AK
1955-56 25   0 Grazer AK
1956-57 22   0 Grazer AK
1957-58 23   1 Grazer AK
1958-59 23   0 Grazer AK

Giorbelidze, Guram
*25.02.1996, 11 A, linker Außendecker
2020-21 15   0 Wolfsberger AC

Girardi, Wolfgang
*14.12.1953, rechter Außendecker
1972-73 10   0 SC Bregenz
1973-74 10   0 FC Vorarlberg

Girschik, Johann
*19.07.1936, Außenstürmer
1954-55   8   1 Austria Salzburg
1955-56 16   2 Austria Salzburg
1956-57   2   0 Austria Salzburg

Gíslason, Stefán
*15.03.1980, 26 A, Mittelfeldspieler
2001-02   3   0 Grazer AK
2002-03   2   0 Grazer AK

Gjoševski, Nikola
*01.04.1979, linker Außendecker
2004-05 10   1 Austria Salzburg

Gkezos, Kosmas
*15.08.1992, Innenverteidiger
2021-22 16   0 Austria Klagenfurt
2022-23 28   4 Austria Klagenfurt
2023-24 19   2 Austria Klagenfurt

Glänzer, Markus
*18.09.1987, Torwächter
2013-14   1   0 SC Wiener Neustadt

Glaser, Günther
Rechter Außendecker
1963-64   5   0 SVS Linz

Glasner, Oliver
*28.08.1974, Innenverteidiger
1995-96 26   4 SV Ried
1996-97 27   0 SV Ried
1997-98 31   2 SV Ried
1998-99 31   1 SV Ried
1999-00 32   4 SV Ried
2000-01 34   0 SV Ried
2001-02 27   1 SV Ried
2002-03 33   1 SV Ried
2005-06 30   2 SV Ried
2006-07 32   0 SV Ried
2007-08 28   0 SV Ried
2008-09 33   1 SV Ried
2009-10 17   2 SV Ried
2010-11 27   3 SV Ried
2011-12   2   0 SV Ried

Glatzer, Rene
*24.02.19, Mittelfeldspieler
1994-95 10   1 Austria Wien
1995-96 17   0 Austria Wien
1996-97 22   0 Austria Wien
1997-98 18   1 Austria Wien
1998-99   4   0 Austria Wien

Glatzmayer, Gerald
*13.12.1968, 6 A, Mittelfeldspieler
1985-86   5   0 Austria Wien
1986-87 19   1 Austria Wien
1987-88 25   2 First Vienna
1988-89 34   7 First Vienna
1989-90 30 12 First Vienna
1990-91 25   4 Admira/Wacker
1991-92 20   2 Admira/Wacker
1992-93 19   0 Admira/Wacker

Glauninger, Michael
*28.01.1987, Mittelfeldspieler
2006-07   8   0 Grazer AK

Glechner, Walter
*12.02.1939, 35 A, Mittelläufer
1958-59   7   0 Rapid Wien
1959-60 23   2 Rapid Wien
1960-61 26   0 Rapid Wien
1961-62 22   4 Rapid Wien
1962-63 26   1 Rapid Wien
1963-64 26   0 Rapid Wien
1964-65 17   0 Rapid Wien
1965-66   8   0 Rapid Wien
1966-67 25   1 Rapid Wien
1967-68 25   0 Rapid Wien
1968-69 24   0 Rapid Wien
1969-70 27   1 Rapid Wien
1970-71   1   0 Rapid Wien
1972-73 22   0 Admira Wiener Neustadt

Gletzl, Franz
Linker Läufer
1955-56   1   0 Wiener Sportclub
1957-58   1   0 Wiener Sportclub

Glieder, Eduard Günter (Edi)
*28.01.1969, 11 A, Stürmer
1988-89   3   0 Grazer AK
1989-90 21   1 Grazer AK
1994-95 20   3 Austria Salzburg
1995-96 36   7 Grazer AK
1996-97 28 12 Austria Salzburg
1997-98 32   9 Austria Salzburg
1998-99 34 22 Austria Salzburg
1999-00 16   4 Austria Salzburg
1999-00 12   0 FC Tirol Innsbruck
2000-01 21   5 FC Tirol Innsbruck
2001-02 22   7 FC Tirol Innsbruck
2002-03 33 16 SV Pasching
2003-04   6   8 SV Pasching
2004-05 32   9 FC Pasching
2005-06 14   1 FC Pasching

Glößmann, Viktor
*12.12.1919, Mittelläufer
1942-43 15 0 Sturm Graz (BK)
1949-50   9 0 Sturm Graz
1950-51 16 0 Sturm Graz
1951-52   3 0 Sturm Graz
1952-53   4 0 Sturm Graz
1953-54   5 0 Sturm Graz

Gloukh, Oscar
*01.04.2004, 12 A, Mittelfeldspieler
2022-23 15 2 RB Salzburg
2023-24 29 7 RB Salzburg

Gluhaković, Petar
*25.03.1996, rechter Außendecker
2016-17   1 0 Austria Wien
2017-18 10 0 Austria Wien

Gluić, Joško
*23.09.1951, Mittelfeldspieler
1978-79   2 0 Grazer AK

Gmeindl, Johann (Hans)
*27.09.1917, linker Außendecker
1949-50 19 2 Sturm Graz
1950-51   9 0 Sturm Graz

Gmeiner, Fabian
*27.01.1997, Außendecker
2022-23 25 0 Austria Lustenau
2023-24 26 0 Austria Lustenau

Goak, Holger
Mittelfeldspieler
1964-65   6 0 Kapfenberger SV

Gobara, Paul
*26.03.2000, Innenverteidiger
2019-20   1 0 Rapid Wien

Gochev, Rusi
*09.03.1958, 33 A, Außenstürmer
1987-88   8 0 Linzer ASK
1988-89   5 2 Linzer ASK

Gödl, Eduard
Rechtsaußen
1951-52 10 1 Kapfenberger SV

Göffing, Wilhelm
Linker Außendecker
1948-49 16 0 SK Oberlaa (WL)
1949-50 22 0 SK Oberlaa

Gögh, Koloman
*07.01.1948, 55 A, linker Außendecker
1980-81 35 0 VOEST Linz
1981-82 24 0 VOEST Linz

Gölles, Julian Peter
*22.09.1999, rechter Außendecker
2019-20 15 0 WSG Tirol
2020-21   9 0 WSG Tirol
2023-24 25 2 Blau-Weiß Linz

Gölles, Peter
*11.10.1957, Stürmer/Mittelfeld
1977-78 17 0 Sturm Graz
1978-79   4 0 Sturm Graz
1979-80   4 0 Sturm Graz

Gölles, Stefan
*04.10.1991, rechter Außendecker
2018-19   4 1 Wolfsberger AC
2019-20 12 0 Wolfsberger AC
2020-21 11 0 TSV Hartberg

Gönner, Johann
Rechtsaußen
1956-57   5 1 FC Stadlau

Gönner, Josef
Torwächter
1956-57   1 0 FC Stadlau
1960-61   8 0 Schwechater SC
1961-62   2 0 Schwechater SC

Göschl, Alois
Linker Außendecker
1958-59   1 0 ÖMV Olympia Wien

Gössl, Ernst
*11,01,1956, Mittelfeldspieler
1976-77 18 2 Grazer AK
1977-78 13 2 Grazer AK
1978-79   8 0 Grazer AK
1979-80 29 2 Grazer AK
1980-81 20 3 Grazer AK
1981-82 24 2 Grazer AK
1982-83 28 0 Grazer AK
1983-84 23 1 Grazer AK
1984-85   7 0 Grazer AK

Gösweiner, Thomas
*03.03.1995, Stürmer
2013-14   1 0 Admira/Wacker Mödling

Görbicz, Roland
*22.02.1966, Mittelfeldspieler
1989-90   2 1 First Vienna

Götz, Rudolf (Rudi)
*10.01.1926, linker Außendecker/Linker Läufer
1953-54   3 0 Austria Salzburg

Goger, Heinz
*02.11.1956, linker Außendecker/Mittelfeld
1975-76 18 0 Austria Klagenfurt

Goic, Viktor
*17.11.1956, Stürmer
1987-88   9 3 Austria Klagenfurt

Goiginger, Thomas
*15.03.1993, 1 A, Mittelfeldspieler
2014-15 16 1 SV Grödig
2015-16 16 0 SV Grödig
2017-18 33 8 Linzer ASK
2018-19 31 6 Linzer ASK
2019-20 19 5 Linzer ASK
2020-21 28 6 Linzer ASK
2021-22 29 7 Linzer ASK
2022-23 25 4 Linzer ASK
2023-24 12 2 Linzer ASK

Gois, Kurt
*13.03.1929, Linker Halbstürmer/Mittelstürmer
1951-52   3 0 Simmeringer SC
1952-53   4 0 VfB Union Mödling

Golautschnig, Günther
*22.11.1953, 1 A, Linksaußen
1982-83 22 11 Austria Klagenfurt
1983-84 17 3 Austria Klagenfurt

Goldbrich, Gerhard
*21.01.1967, Mittelfeldspieler
1986-87 34 3 Sturm Graz
1987-88 23 1 Sturm Graz

Golemac, Robert
*20.04.196, Innenverteidiger
1999-00 27 0 Schwarz-Weiß Bregenz
2000-01 34 2 Schwarz-Weiß Bregenz
2001-02 34 1 Schwarz-Weiß Bregenz
2002-03 18 0 Sturm Graz
2003-04 10 0 Sturm Graz

Gollner, Manfred
*22.12.1990, Innenverteidiger
2009-10   2   0   Kapfenberger SV
2010-11   3   0   Kapfenberger SV
2011-12   9   0   Kapfenberger SV
2018-19 22   1   Wolfsberger AC
2019-20 17   2   Wolfsberger AC
2020-21 28   2   TSV Hartberg
2021-22 27   2   TSV Hartberg
2022-23   8   0   TSV Hartberg

Gollnhuber, Otto
*09.02.1924, 4 A, Linksaußen/Linker Außendecker
1951-52 26   6   Kapfenberger SV
1954-55 25   7   Kapfenberger SV
1955-56 26   1   Kapfenberger SV
1956-57 25   3   Kapfenberger SV
1957-58 25   3   Kapfenberger SV
1958-59 26   0   Kapfenberger SV
1961-62 24   2   Kapfenberger SV

Golobic, Franz Walter
*07.04.1922, 3 A, Außenläufer
1940-41 16   0   FC Wien (BK)
1941-42   8   5   FC Wien (BK)
1942-43   1   0   FC Wien (BK)
1943-44   1   0   FC Wien (OK)
1945-46 21   0   FC Wien (WL)
1946-47   9   0   Rapid Wien (WL)
1947-48   8   0   Rapid Wien (WL)
1948-49 10   0   Rapid Wien (WL)
1949-50 19   0   Rapid Wien
1950-51 21   2   Rapid Wien
1951-52 26   4   Rapid Wien
1952-53 26   0   Rapid Wien
1953-54 24   0   Rapid Wien
1954-55 20   0   Rapid Wien
1955-56 20   0   Rapid Wien
1956-57 26   2   Rapid Wien
1957-58 16   0   Rapid Wien
1958-59 23   1   Rapid Wien

Golombek, Andreas
*09.08.1968, Innenverteidiger/Mittelfeld
1998-99 13   1   Grazer AK

Gombasch, Manfred
*07.01.1952, 4 A, Mittelfeld/Libero
1970-71 23   1   WSG Wattens
1971-72   7   0   Wattens-Wacker Innsbruck
1972-73 24   0   Wattens-Wacker Innsbruck
1973-74 31   3   Wattens-Wacker Innsbruck
1974-75 26   5   Wattens-Wacker Innsbruck
1975-76 21   2   Wattens-Wacker Innsbruck
1976-77 16   3   Wattens-Wacker Innsbruck
1977-78   5   0   Wattens-Wacker Innsbruck

Gombocz, Hans
*20.02.1946, linker Außendecker
1964-65 12   0   Sturm Graz

Gonano, Johann
Linker Läufer
1950-51 12   0   Floridsdorfer AC
1951-52 23   0   Floridsdorfer AC
1952-53 26   0   Floridsdorfer AC
1953-54 19   1   Floridsdorfer AC

Gonzáles, Rónald
*08.08.1970, 65 A, Innenverteidiger
1990-91 11   1   Vorwärts Steyr

Goossens, Mickaël Henri (Mika)
*30.11.1973, 14 A, Stürmer
2003-04 13   0   Grazer AK

Goračinov, Slobodan
*20.01.1963, Mittelfeldspieler
1987-88   9   2   Grazer AK
1989-90 13   4   Grazer AK

Gorenc-Stankovič, Jon
*14.01.1996, 28 A, Mittelfeld/Innenverteidiger
2020-21 30   3   Sturm Graz
2021-22 30   4   Sturm Graz
2022-23 31   2   Sturm Graz
2023-24 28   3   Sturm Graz

Gorgon, Alexander
*28.10.1988, Mittelfeldspieler
2010-11   3   0   Austria Wien
2011-12 31   6   Austria Wien
2012-13 31 10   Austria Wien
2013-14 14   4   Austria Wien
2014-15 21   8   Austria Wien
2015-16 35 19   Austria Wien

Goriupp, Roland
*24.04.1971, 1 A, Torwächter
1988-89   6   0   Grazer AK
1989-90   2   0   Grazer AK
1993-94 20   0   Sturm Graz
1994-95 22   0   Sturm Graz
1995-96 15   0   Sturm Graz
1996-97 13   0   Sturm Graz
1997-98   1   0   Sturm Graz
2001-02 36   0   FC Kärnten
2002-03 28   0   FC Kärnten
2003-04 23   0   FC Kärnten

Gorosito, Néstor Raúl (Pipo)
*14.05.1964, 19 A, Mittelfeldspieler
1989-90 26 11   FC Tirol
1990-91 30   5   FC Tirol
1991-92 21   6   FC Tirol

Gorzel, Nico
*29.07.1998, Mittelfeldspieler
2019-20   9   0   SKN St. Pölten
2023-24 13   0   Austria Lustenau

Goschier, Anton
*03.11.1957, Verteidiger
1976-77   4   0   Sturm Graz

Gotal, Sandro
*09.09.1991, Stürmer
2013-14 25   3   Wolfsberger AC
2019-20   9   0   TSV Hartberg

Gotarelli, Georg
*25.12.1926, Außenstürmer
1953-54   7   1   Austria Salzburg

Gourna-Douath, Lucas
*05.08.2003, Mittelfeldspieler
2022-23 21   0   RB Salzburg
2023-24 28   0   RB Salzburg

Grabher, Pius
*11.08.1993, Mittelfeldspieler
2022-23 30   1   Austria Lustenau
2023-24 25   1   Austria Lustenau

Grabič, Dejan
*21.09.1980, Mittelfeldspieler
2004-05 20   0   Schwarz-Weiß Bregenz

Grabmayr, Kurt
Rechtsaußen
1958-59 15   3   Linzer ASK

Grabner, Markus
*03.04.1969, Manndecker/Mittelfeld
1990-91   4   0   Vorwärts Steyr
1991-92   4   0   Vorwärts Steyr

Grabovac, Damir
*11.11.1969, Stürmer
1995-96   6   0   FC Tirol Innsbruck

Grabovac, Lorenz
*25.07.1997, Stürmer
2017-18   3   0   SKN St. Pölten
2019-20   1   0   SKN St. Pölten

Gräftner, Felix
Rechtsaußen
1949-50   5   0   SV Gloggnitz

Graf, Edmund
Mittelfeldspieler
1967-68   5   0   WSG Radenthein

Graf, Helmut
*08.02.1963, Vorstopper
1983-84   13   0   Admira/Wacker
1984-85   30   0   Admira/Wacker
1985-86   30   0   Admira/Wacker
1986-87   5   0   Admira/Wacker
1987-88   25   0   Admira/Wacker
1988-89   33   0   Admira/Wacker
1989-90   35   0   Admira/Wacker
1990-91   31   0   Admira/Wacker
1991-92   27   0   Admira/Wacker
1992-93   26   0   Admira/Wacker
1993-94   19   1   Admira/Wacker
1994-95   14   0   Admira/Wacker
1995-96   27   0   Admira/Wacker
1996-97   10   0   Admira/Wacker
1997-98   11   0   Admira/Wacker Mödling

Graf, Oliver
*26.08.1978, Mittelfeldspieler
1997-98   6   0   SV Ried
1998-99   3   0   SV Ried

Gragger, Matthias
*03.11.2001, Mittelfeldspieler
2020-21   8   0   SV Ried
2021-22   3   0   SV Ried
2022-23   18   2   SV Ried

Grahovac, Srđan
*19.09.1992, 3 A, Mittelfeldspieler
2014-15   13   0   Rapid Wien
2015-16   26   2   Rapid Wien
2016-17   20   2   Rapid Wien
2018-19   8   0   Rapid Wien
2019-20   19   0   Rapid Wien
2020-21   27   1   Rapid Wien
2021-22   23   1   Rapid Wien

Gramann, Daniel
*06.01.1987, Innenverteidiger
2004-05   2   0   Admira/Wacker Mödling
2007-08   27   1   SC Rheindorf Altach
2008-09   8   0   SC Rheindorf Altach
2009-10   18   2   Austria Kärnten

Gramann, Wolfgang
*19.09.1963, Manndecker
1981-82   7   0   Admira/Wacker
1982-83   2   0   Admira/Wacker
1987-88   20   1   VfB Union Mödling
1990-91   27   0   Admira/Wacker

Granabetter, Josef
*25.10.1941, Mittelfeldspieler
1967-68   21   2   SC Eisenstadt
1968-69   23   2   SC Eisenstadt

Granzer, Hannes
*27.05.1946, Mittelläufer
1965-66   21   1   Austria Salzburg
1967-68   7   0   Austria Salzburg

Grasegger, Martin
*10.01.1989, rechter Außendecker
2008-09   1   0   SV Ried
2009-10   23   0   SV Ried
2011-12   1   0   SV Ried
2016-17   14   0   SKN St. Pölten

Grasel, Alfred
*11.11.1951, Verteidiger
1973-74   4   0   Simmeringer SC

Grasmann, Richard
*28.03.1928, Linksaußen
1953-54   4   1   Austria Salzburg

Grasserbauer, Rudolf (Rudi)
*01.01.1938, Rechter Halbstürmer
1957-58   5   1   First Vienna
1958-59   18   11   First Vienna
1959-60   9   5   First Vienna
1960-61   12   7   First Vienna
1961-62   6   2   First Vienna
1962-63   9   4   First Vienna
1963-64   14   2   Wiener AC

Grassl, Heinz
Rechter Halbstürmer
1957-58   1   0   Wiener AC

Grassler, Herbert
*26.05.1973, Mittelfeldspieler
1992-93   4   0   Sturm Graz
1993-94   31   1   Sturm Graz
1994-95   34   3   Sturm Graz
1995-96   31   0   Sturm Graz
1996-97   14   1   Sturm Graz
1997-98   18   2   Austria Salzburg
1998-99   33   1   Linzer ASK
1999-00   31   1   Linzer ASK
2000-01   29   3   LASK Linz
2001-02   10   0   SV Ried
2002-03   27   0   SV Ried

Grasz, Horst
*14.04.1940, Torwächter
1968-69   1   0   SC Eisenstadt
1969-70   6   0   SC Eisenstadt

Gratz, Rüdiger
*06.04.1936, Stürmer
1970-71   2   0   WSG Wattens

Gratzei, Christian
*19.09.1981, 10 A, Torwächter
2002-03   6   0   Sturm Graz
2004-05   24   0   Sturm Graz
2006-07   15   0   Sturm Graz
2007-08   32   0   Sturm Graz
2008-09   20   0   Sturm Graz
2009-10   36   0   Sturm Graz
2010-11   26   0   Sturm Graz
2011-12   18   0   Sturm Graz
2012-13   14   0   Sturm Graz
2013-14   15   0   Sturm Graz
2014-15   31   0   Sturm Graz
2016-17   35   0   Sturm Graz
2017-18   1   0   Sturm Graz

Grausam, Leopold
*29.06.1943, 8 A, Stürmer
1963-64   14   10   Rapid Wien
1964-65   8   1   Rapid Wien
1965-66   25   13   Rapid Wien
1966-67   19   3   Rapid Wien
1967-68   25   11   Rapid Wien
1968-69   24   12   Rapid Wien
1969-70   27   7   Rapid Wien
1970-71   24   8   Wacker Innsbruck
1971-72   22   2   Linzer ASK
1972-73   2   0   Linzer ASK

Grausenberger, Karl
Rechter Halbstürmer
1958-59   1   1   Kremser SC

Grbić, Adrian
*04.08.1996, 9 A, Stürmer
2017-18   26   7   SC Rheindorf Altach
2018-19   16   4   SC Rheindorf Altach

Greazzi, Karl
Linker Läufer
1950-51   1   0   Elektra Wien

Gregoritsch, Michael
*18.04.1994, 59 A, Linksaußen
2009-10   4   1   Kapfenberger SV
2010-11   24   2   Kapfenberger SV
2011-12   16   1   Kapfenberger SV

Gregoritsch, Werner
*22.03.1958, Stürmer
1976-77   2   0   Grazer AK
1977-78   1   0   Grazer AK
1979-80   21   7   Grazer AK
1980-81   18   3   Grazer AK
1981-82   30   8   VOEST Linz
1982-83   19   1   VOEST Linz
1983-84   21   5   Grazer AK
1984-85   22   3   First Vienna

Greil, Patrick
*08.09.1996, Mittelfeldspieler
2021-22   31   5   Austria Klagenfurt
2022-23   28   1   Rapid Wien
2023-24   5   0   Rapid Wien

Greiml, Leo
*03.07.2001, Innenverteidiger
2019-20   9   0   Rapid Wien
2020-21   21   0   Rapid Wien
2021-22   11   0   Rapid Wien

Gremsl, Armin
*13.08.1994, Torwächter
2020-21   2   0   SKN St. Pölten

Gremsl, Daniel
*02.08.1992, Mittelfeldspieler
2012-13   2   0   Admira/Wacker Mödling

Gretschnig, Andreas
*16.12.1960, 2 A, Mittelfeldspieler
1981-82   30   7   Wattens-Wacker Innsbruck
1982-83   27   5   Wattens-Wacker Innsbruck
1983-84   27   7   Wattens-Wacker Innsbruck
1984-85   25   4   Wattens-Wacker Innsbruck
1987-88   32   7   Wiener Sportclub
1988-89   28   7   Wiener Sportclub
1989-90   18   6   Wiener Sportclub
1989-90   12   1   Admira/Wacker
1990-91   29   5   Admira/Wacker

Gretzker, Gerd
*16.09.1952, Linksaußen
1968-69   28   9   Austria Salzburg
1969-70   27   6   Austria Salzburg
1971-72   9   1   SC Eisenstadt
1972-73   23   1   SC Eisenstadt
1973-74   12   0   SC Eisenstadt

Grgić, Leon
*22.01.2006, Stürmer
2022-23   2   0   Sturm Graz

Grgić, Lukas
*17.08.1995, Mittelfeldspieler
2019-20   19   0   WSG Tirol
2020-21   15   2   Linzer ASK
2021-22   13   2   Linzer ASK
2023-24   21   2   Rapid Wien

Grgić, Mario
*10.09.1991, Mittelfeldspieler
2009-10   2   0   Kapfenberger SV
2010-11   3   0   Kapfenberger SV
2011-12   17   0   Kapfenberger SV
2015-16   11   2   SV Mattersburg
2016-17   15   1   SV Mattersburg
2017-18   3   0   SV Mattersburg
2018-19   2   0   SV Mattersburg

Griesenauer, Gerhard (Hartl)
*24.11.1956, Mittelfeldspieler
1975-76   4   0   Grazer AK
1976-77   10   0   Grazer AK

Griessler, Thomas
*30.03.1970, Stürmer
1988-89   1   0   Rapid Wien
1989-90   4   0   Wiener Sportclub
1990-91   10   1   Kremser SC
1991-92   6   1   Rapid Wien
1992-93   3   0   Rapid Wien

Grießmayer, August
*22.07.1953, Stürmer
1970-71   1   0   Sturm Graz

Griga, Stanislav
*04.11.1961, 34 A, Stürmer
1992-93   23   10   Rapid Wien

Griger, Adam
*16.03.2004, Stürmer
2020-21   4   0   Linzer ASK
2021-22   1   0   Linzer ASK

Grigorchuk, Roman
*22.03.1965, Stürmer
1993-94   3   0   VSE St. Pölten

Grill, Leopold
Mittelfeldspieler
1968-69   1   0   Admira-Energie Wien

Grimm, Marco
*16.06.1972, Innenverteidiger
1998-99   26   2   Grazer AK

Grimme, Leopold
*05.06.1916, 1 A, Torwächter
1937-38   6   0   Simmeringer SC (NL)
1939-40   12   0   FC Wien (BK)
1940-41   3   0   FC Wien (BK)
1941-42   16   0   FC Wien (BK)
1942-43   9   0   FC Wien (BK)
1943-44   10   0   FC Wien (OK)
1945-46   16   0   FC Wien (WL)
1946-47   20   0   FC Wien (WL)
1947-48   8   0   FC Wien (WL)
1949-50   3   0   SV Gloggnitz

Grischenig, Helmut
*02.12.1952, Vorstopper
1975-76   2   0   Sturm Graz
1976-77   5   1   Sturm Graz
1977-78   10   0   Sturm Graz
1984-85   17   1   SV Spittal/Drau

Grissmann, Johannes
*14.02.1983, Verteidiger
2001-02   2   0   Schwarz-Weiß Bregenz

Gritschacher, Hermann
*07.02.1954, Stürmer
1984-85 30 8 SV Spittal/Drau

Gritzner, Wolfgang
*23.06.1964, Außendecker
1984-85 23 0 SV Spittal/Drau

Grloci, Damir
*20.04.1938, Torwächter
1968-69 24 0 Sturm Graz
1969-70 29 0 Sturm Graz
1970-71 10 0 Sturm Graz
1971-72 12 0 Sturm Graz
1972-73 12 0 SC Bregenz

Gröbl, Thomas
*19.12.1973, Mittelfeldspieler
1993-94 16 1 Vorwärts Steyr
1994-95 17 2 Vorwärts Steyr
1995-96 23 4 Vorwärts Steyr
1997-98 11 0 Sturm Graz
1999-00   2 0 Sturm Graz
2000-01 20 1 LASK Linz

Groeleken, Erik
*03.03.1966, Stürmer
1996-97   3 0 FC Linz

Gröss, Ewald
*28.10.1958, Stürmer
1973-74   1 0 Admira/Wacker
1975-76 23 5 Admira/Wacker
1976-77 22 4 Admira/Wacker
1977-78 15 2 Admira/Wacker
1978-79 28 7 Admira/Wacker
1979-80 26 6 Admira/Wacker
1980-81 31 7 Austria Salzburg
1981-82 34 15 Wattens-Wacker Innsbruck
1982-83 23 12 Wattens-Wacker Innsbruck
1984-85   8 0 Wattens-Wacker Innsbruck

Gröss, Georg
*09.07.1960, Mittelfeldspieler
1982-83 10 0 SC Neusiedl am See

Gröss, Johann
*21.12.1959, Stürmer
1978-79 17 2 Rapid Wien
1979-80   3 1 Rapid Wien
1980-81 28 5 Rapid Wien
1981-82 21 2 Rapid Wien
1982-83   6 0 Rapid Wien
1982-83 14 6 Linzer ASK
1983-84 21 7 Linzer ASK
1984-85 19 2 Rapid Wien
1985-86 26 7 Linzer ASK
1986-87 31 5 Linzer ASK
1987-88 10 0 Linzer ASK
1988-89   1 0 Linzer ASK
1989-90   7 0 Vorwärts Steyr
1990-91 19 3 Kremser SC

Grohs, Herbert
*04.05.1931, 7 A, Rechtsaußen
1952-53 24 17 Grazer SC
1953-54 10 7 First Vienna
1954-55 20 6 First Vienna
1955-56 26 19 First Vienna
1956-57 26 19 First Vienna
1957-58 13 2 First Vienna
1959-60 25 12 First Vienna
1960-61 25 7 Schwechater SC
1961-62 18 5 Schwechater SC
1964-65   1 0 Wacker Wien
1965-66   6 0 Schwechater SC

Grohs, Josef
*19.06.1917, linker Außendecker
1948-49   9 0 FC Wien (WL)
1949-50   2 0 FC Wien

Groicher, Gerald
*06.01.1963, Mittelfeldspieler
1985-86 15 0 Austria Klagenfurt
1986-87 18 0 Austria Klagenfurt

Grois, Helmut
Torwächter
1958-59   2 0 Wiener AC
1959-60   4 0 Wiener AC
1960-61   1 0 Wiener AC
1961-62 10 0 Schwechater SC
1962-63   3 0 Schwechater SC

Grois, Josef
Verteidiger/Mittelfeld
1970-71   1 0 Wiener Sportclub

Grois, Karl
Mittelfeldspieler
1959-60   5 1 Admira-Energie Wien

Groll, Roman
*24.05.1950, rechter Außendecker
1972-73   9 0 Rapid Wien
1973-74   1 0 Rapid Wien

Gronen, Herbert
*13.01.1944, Stürmer
1972-73 15 1 Rapid Wien
1972-73 12 0 SC Bregenz
1973-74 28 8 Rapid Wien
1974-75 26 2 Rapid Wien
1975-76   8 1 Rapid Wien

Grosch, Wolfgang
*16.09.1962, linker Außendecker
1984-85   2 0 Wattens-Wacker Innsbruck
1985-86 10 0 Wattens-Wacker Innsbruck

Groso, Amir
*01.01.1973, Mittelfeldspieler
1992-93   2 0 Vorwärts Steyr
1994-95 15 0 Vorwärts Steyr
1995-96   3 0 Vorwärts Steyr

Gross, Karl-Heinz
*26.07.1944, Mittelfeldspieler
1967-68 23 6 WSG Radenthein
1970-71 18 3 WSG Radenthein

Großauer, Johann
Mittelläufer
1950-51   3 0 Sturm Graz
1955-56 20 0 Austria Graz

Grosser, Peter
*28.09.1938, 2 A, Mittelfeldspieler
1969-70 23 4 Austria Salzburg
1970-71 29 9 Austria Salzburg
1971-72 26 9 Austria Salzburg
1972-73 23 2 Austria Salzburg
1973-74 29 5 Austria Salzburg
1974-75 34 2 Austria Salzburg

Grössing, Herbert
Torwächter
1959-60   1 0 Linzer ASK

Grössinger, Kurt
*27.01.1959, Außendecker/Vorstopper
1979-80   17   0   Sturm Graz
1980-81   16   0   Sturm Graz
1981-82   30   0   Sturm Graz
1982-83   17   0   Sturm Graz
1983-84   8   0   Sturm Graz
1984-85   13   0   Sturm Graz

Grössinger, Markus
*01.08.1989, Mittelfeldspieler
2012-13   20   2   SV Ried

Grötzer, Karl
Rechter Außendecker
1960-61   1   0   Schwechater SC

Grozurek, Lukas
*22.12.1991, Stürmer
2011-12   13   1   Rapid Wien
2012-13   24   2   Rapid Wien
2013-14   22   0   Rapid Wien
2014-15   5   0   Rapid Wien
2014-15   13   0   Admira/Wacker Mödling
2015-16   25   4   Admira/Wacker Mödling
2016-17   19   2   Admira/Wacker Mödling
2017-18   35 10   Admira/Wacker Mödling
2018-19   26   5   Sturm Graz
2020-21   9   1   SKN St. Pölten

Grubeck, Fabian
*12.03.1996, Mittelfeldspieler
2015-16   1   0   SV Grödig

Grubeck, Valentin
*26.02.1995, Stürmer
2015-16   7   1   SV Grödig
2017-18   1   0   Linzer ASK
2020-21   6   1   SV Ried

Gruber, Alexander
*07.08.1975, Innenverteidiger
1995-96   1   0   FC Tirol Innsbruck
2005-06   26   1   Wacker Tirol
2006-07   24   2   Wacker Tirol

Gruber, Andreas
*29.06.1995, Stürmer
2014-15   24   2   Sturm Graz
2015-16   29   3   Sturm Graz
2016-17   5   0   Sturm Graz
2017-18   27   4   SV Mattersburg
2018-19   30   6   SV Mattersburg
2019-20   20 12   SV Mattersburg
2020-21   17   5   Linzer ASK
2021-22   13   0   Linzer ASK
2022-23   24   8   Austria Wien
2023-24   31 11   Austria Wien

Gruber, Franz
Linker Läufer
1957-58   1   0   Sturm Graz

Gruber, Franz
Rechter Außendecker
1958-59   1   0   ÖMV Olympia Wien

Gruber, Franz
*31.07.1967, Torwächter
1990-91   1   0   First Vienna
1992-93   8   0   Admira/Wacker
1994-95   4   0   Admira/Wacker
1995-96   4   0   Admira/Wacker
1996-97   15   0   Austria Wien
1996-97   4   0   Admira/Wacker

Gruber, Klaus
*01.05.1962, linker Außendecker
1984-85   16   1   DSV Alpine
1985-86   3   0   DSV Alpine

Gruber, Michael
*05.02.1966, Mittelfeldspieler
1986-87   29   1   Admira/Wacker
1987-88   21   1   Admira/Wacker
1988-89   30   2   Admira/Wacker
1989-90   24   2   Admira/Wacker
1990-91   30   2   Sturm Graz
1991-92   31   2   Admira/Wacker
1992-93   29   0   Admira/Wacker
1993-94   25   2   Admira/Wacker
1994-95   28   1   VfB Mödling
1995-96   28   1   Sturm Graz
1996-97   21   0   Sturm Graz
1998-99   13   0   Austria Wien

Gruber, Tobias
*10.01.2005, Innenverteidiger
2023-24   2   0   Wolfsberger AC

Gruber, Walter
*22.07.1956, Stürmer
1975-76   21   1   Sturm Graz
1976-77   20   3   Sturm Graz
1977-78   9   0   Sturm Graz
1978-79   11   0   Sturm Graz

Grubišić, Giorgio
*22.04.1940, Libero/Vorstopper
1969-70   28   1   Grazer AK
1970-71   25   1   Grazer AK

Grubješić, Pavle
*12.03.1953, Mittelfeldspieler
1981-82   7   0   Grazer AK

Grubor, Slobodan
*09.09.1968, Innenverteidiger
1998-99   32   3   Vorwärts Steyr
1999-00   22   0   Schwarz-Weiß Bregenz

Grüll, Marco
*06.07.1998, 5 A, Stürmer
2020-21   31 11   SV Ried
2021-22   31   8   Rapid Wien
2022-23   30   6   Rapid Wien
2023-24   29 13   Rapid Wien

Grün, Alfred
*09.07.1924, Linker Halbstürmer
1950-51   16   3   SC Wiener Neustadt
1953-54   26   7   Austria Salzburg
1954-55   10   3   Austria Salzburg
1955-56   21 14   Austria Salzburg
1956-57   25 11   Austria Salzburg

Grüneis, Alexander
*13.11.1964, Manndecker
1984-85   14   1   First Vienna

Grüneis, Dietmar
*29.10.1964, Manndecker
1984-85   1   0   Linzer ASK
1985-86   29   0   Linzer ASK
1986-87   23   1   Linzer ASK
1987-88   22   0   Linzer ASK
1988-89   22   0   Linzer ASK
1992-93   16   0   Linzer ASK
1994-95   27   0   Linzer ASK
1995-96   11   0   Linzer ASK

Grüneis, Robert
Linker Halbstürmer
1941-42   2   0   Rapid Wien (BK)
1948-49   9   1   SK Oberlaa (WL)
1949-50   19   4   SK Oberlaa

Gründler, Alexander
*24.07.1993, Stürmer
2013-14 17   4 Wacker Innsbruck
2018-19   7   2 Wacker Innsbruck

Grüner, Theo
24.10.1976, Mittelfeldspieler
1994-95   7   0 FC Tirol
1995-96 27   1 FC Tirol Innsbruck
1996-97 20   0 FC Tirol Innsbruck
1997-98   8   0 Rapid Wien
1997-98   7   0 Admira/Wacker Mödling
1998-99 30   0 Austria Lustenau
1999-00 32   0 Austria Lustenau
2004-05 31   4 Wacker Tirol
2005-06 27   1 Wacker Tirol
2006-07 28   0 Wacker Tirol
2007-08   5   0 Wacker Innsbruck

Grünwald, Alexander
*01.05.1989, Mittelfeldspieler
2007-08   1   0 Austria Wien
2009-10 28   2 SC Wiener Neustadt
2010-11 33   6 SC Wiener Neustadt
2011-12 22   3 Austria Wien
2012-13 26   7 Austria Wien
2013-14 13   2 Austria Wien
2014-15 31   7 Austria Wien
2015-16 33   9 Austria Wien
2016-17 36 11 Austria Wien
2017-18   9   1 Austria Wien
2018-19 22   8 Austria Wien
2019-20 29   7 Austria Wien
2020-21 19   3 Austria Wien
2021-22 25   2 Austria Wien

Grünwald, Pascal
*13.11.1982, 3 A, Torwächter
2003-04   2   0 Austria Salzburg
2004-05   7   0 Austria Salzburg
2005-06   1   0 RB Salzburg
2007-08 10   0 Wacker Innsbruck
2010-11 28   0 Wacker Innsbruck
2011-12 13   0 Austria Wien

Grujčić, Darijo
*19.05.1999, Innenverteidiger
2022-23 21   2 Austria Lustenau
2023-24 25   1 Austria Lustenau

Grujić, Vladica
*22.10.1962, Stürmer
1993-94 12   1 VSE St. Pölten

Grumbach, Eduard
Linksaußen/Linker Halbstürmer
1961-62   8   3 Salzburger AK

Grumser, Thomas
*08.11.1979, Mittelfeldspieler
1996-97   1   0 FC Tirol Innsbruck
1999-00   7   1 FC Tirol Innsbruck
2000-01   3   0 FC Tirol Innsbruck
2001-02   9   1 FC Tirol Innsbruck

Grund, Manfred
*02.08.1962, Mittelfeldspieler
1981-82   2   0 Sturm Graz
1983-84   1   0 Sturm Graz

Grundner, Günter
*25.05.1966, rechter Außendecker
1987-88   1   0 Austria Wien
1989-90 14   0 Kremser SC
1990-91 17   0 Kremser SC
1991-92 13   0 Kremser SC

Grzesiak, Adam Zbigniew
*22.02.1965, Stürmer
1993-94 12   3 VfB Mödling

Gschnaidtner, Harald
*04.09.1970, 1 A, Manndecker
1991-92 27   2 FC Stahl Linz
1992-93 17   1 FC Stahl Linz
1994-95 32   1 FC Linz
1996-97 29   0 FC Linz

Gschweidl, Bernd
*08.09.1995, Stürmer
2014-15 10   0 SV Grödig
2015-16   9   1 SV Grödig
2017-18 34   7 Wolfsberger AC
2018-19 15   0 Wolfsberger AC
2019-20   6   0 SC Rheindorf Altach
2020-21 22   2 SV Ried

Gsöll, Leopold
*20.10.1925, Mittelstürmer
1948-49 12   9 First Vienna (WL)
1949-50   8   3 First Vienna

Gspan, Karl
*04.05.1911, Linker Halbstürmer
1933-34 19   4 Favoritner AC (WL)
1934-35 18   8 Favoritner AC (WL)
1935-36 22   7 Favoritner AC (WL)
1936-37 20   5 Favoritner AC (WL)
1937-38 18 10 FC Wien (NL)
1939-40 14   4 FC Wien (BK)
1941-42   1   1 FC Wien (BK)
1942-43   1   0 FC Wien (BK)
1946-47   1   1 FC Wien (WL)
1947-48 12   2 Rapid Oberlaa (WL)
1948-49   5   0 SK Oberlaa (WL)
1949-50   2   0 SK Oberlaa

Gspurning, Michael
*02.05.1981, 3 A, Torwächter
2004-05   5   0 FC Pasching
2005-06   2   0 FC Pasching

Gubari, Sherko Kareem Lateef
*25.05.1996, Mittelfeldspieler
2018-19 11   0 SC Rheindorf Altach

Gubier, Franz
*24.01.1949, linker Außendecker
1973-74 32   2 Simmeringer SC

Gucher, Robert
*20.02.1991, Mittelfeldspieler
2010-11 11   0 Kapfenberger SV
2011-12 10   1 Kapfenberger SV

Guem, Alexander
*06.03.1977, Innenverteidiger
2006-07 30   0 SC Rheindorf Altach
2007-08 33   0 SC Rheindorf Altach
2008-09 34   2 SC Rheindorf Altach

Guenouche, Hakim
*30.05.2000, linker Außendecker
2022-23 30   1 Austria Lustenau
2023-24 24   1 Austria Wien

Günthner, Alfred
*18.07.1936, Rechter Halbstürmer
1954-55   2   0 Linzer ASK

Gürtler, Hans-Peter
*28.03.1940, Torwächter
1962-63 11   0 Rapid Wien
1964-65 23   0 Wiener AC

Gütlbauer, Lukas
*06.12.2000, Torwächter
2020-21   1   0 SV Ried
2023-24   8   0 Wolfsberger AC

Gugganig, David
*10.02.1997, Innenverteidiger
2019-20   23   0   WSG Tirol
2020-21   31   2   WSG Tirol
2021-22   16   1   Wolfsberger AC
2022-23   8   0   Wolfsberger AC
2023-24   22   0   WSG Tirol

Gugganig, Lukas Josef
*14.02.1995, Innenverteidiger
2014-15   1   0   RB Salzburg
2022-23   21   1   SC Rheindorf Altach
2023-24   27   3   SC Rheindorf Altach

Guggenberger, Harald
*16.06.1958, Mittelfeldspieler
1980-81   5   0   Wiener Sportclub

Guggi, Peter
*25.09.1968, Mittelfeldspieler
1987-88   9   0   Grazer AK
1988-89   8   0   Grazer AK
1990-91   21   3   DSV Alpine
1992-93   13   2   Wiener Sportclub
1993-94   28   2   Wiener Sportclub
1994-95   14   1   VfB Mödling
1994-95   16   2   Rapid Wien
1995-96   29   3   Rapid Wien
1996-97   26   0   Rapid Wien
1997-98   29   2   Admira/Wacker Mödling

Guillemenot, Jérémy
*06.01.1998, Stürmer
2018-19   3   0   Rapid Wien

Guindo, Daouda
*14.10.2002, 2 A, Innenverteidiger
2021-22   7   0   RB Salzburg
2023-24   18   0   RB Salzburg

Gulácsi, Péter
*06.05.1990, 57 A, Torwächter
2013-14   31   0   RB Salzburg
2014-15   34   0   RB Salzburg

Gulbrandsen, Fredrik
*10.09.1992, 3 A, Stürmer
2016-17   9   2   RB Salzburg
2017-18   31 11   RB Salzburg
2018-19   23   7   RB Salzburg

Gulbrandsen, Tom
*05.05.1964, 17 A, Mittelfeldspieler
1996-97   4   0   SV Ried

Gunnarson, Hermann (Hemmi)
*09.12.1946, 14 A, Mittelfeldspieler
1969-70   5   1   SC Eisenstadt

Gunnlaugsson, Garðar
*25.04.1983, Stürmer
2009-10   5   1   Linzer ASK

Guobadia, Osa (Ice-Cream)
*01.06.1987, Mittelfeldspieler
2006-07   1   0   FC Pasching

Gurinovich, Igor
*05.03.1960, 4 A, Stürmer
1994-95   14   4   Linzer ASK

Gussnig, Rudolf (Rudi)
*19.06.1969, Stürmer
1990-91   5   1   FC Tirol
1991-92   16   3   FC Tirol
1992-93   3   2   Wacker Innsbruck
1992-93   25   4   VSE St. Pölten
1993-94   17   0   FC Tirol Innsbruck
1995-96   14   0   Linzer ASK

Gustafsson McIntosh, Douglas **Edward** (Eddie)
*31.01.1977, 10 A, Torwächter
2008-09   9   0   RB Salzburg
2009-10   31   0   RB Salzburg
2010-11   8   0   RB Salzburg
2011-12   15   0   RB Salzburg
2012-13   5   0   RB Salzburg
2013-14   1   0   RB Salzburg

Gustavo Balotelli (Gustavo Santos Costa)
*25.06.1996, Stürmer
2023-24   23   4   SC Rheindorf Altach

Gutlederer, Andreas
*24.03.1973, Mittelfeldspieler
1991-92   25   1   Admira/Wacker
1992-93   18   1   Admira/Wacker
1994-95   10   0   Admira/Wacker

Gutschik, Josef
*28.09.1960, Mittelfeldspieler
1983-84   5   0   Wiener Sportclub

Gyamfi, Sarfo
*17.07.1967, 4 A, Mittelfeldspieler
1990-91   4   0   FC Tirol
1991-92   11   3   FC Tirol

H

Haag, Erich
Linker Halbstürmer
1960-61   10   1   Schwechater SC

Haag, Otto
Rechtsaußen
1960-61   3   1   Schwechater SC

Haaland, Erling Braut
*21.07.2000, 33 A, Mittelstürmer
2018-19   2   1   RB Salzburg
2019-20   14 16   RB Salzburg

Haarbye, Niels
*04.05.1953, Stürmer
1980-81   11   0   Austria Salzburg

Haas, Anton
*09.02.1954, Stürmer
1977-78   31 14   Sturm Graz
1978-79   28   7   Sturm Graz
1979-80   30   5   Sturm Graz
1980-81   17   4   Sturm Graz

Haas, Christoph
*23.07.1992, Torwächter
2021-22   2   0   SV Ried

Haas, Günther
*16.12.1941, Stürmer
1967-68   3   0   Austria Salzburg

Haas, Manuel
*076.05.1996, linker Außendecker
2018-19   23   0   SKN St. Pölten
2019-20   9   0   SKN St. Pölten
2020-21   5   0   SV Ried

Haas, Mario
*16.09.1974, 43 A, Stürmer
1993-94   28   5   Sturm Graz
1994-95   34 13   Sturm Graz
1995-96   35 12   Sturm Graz
1996-97   14   1   Sturm Graz
1997-98   36 17   Sturm Graz
1998-99   32 17   Sturm Graz
2000-01   14   4   Sturm Graz
2001-02   30 12   Sturm Graz
2002-03   20   6   Sturm Graz
2003-04   34 10   Sturm Graz
2004-05   16   7   Sturm Graz
2006-07   15   4   Sturm Graz
2007-08   35 14   Sturm Graz
2008-09   35 15   Sturm Graz
2009-10   17   1   Sturm Graz
2010-11   31   5   Sturm Graz
2011-12   24   2   Sturm Graz
2012-13   1   0   Sturm Graz

Haas, Peter
*10.07.1940, Torwächter
1962-63   4   0   Rapid Wien

Haas, Robert
*14.08.1971, Mittelfeldspieler
1989-90   7   0   First Vienna
1990-91   16   1   First Vienna
1991-92   4   0   First Vienna

Haase, Jörg
Rechter Außendecker
1962-63   12   0   Grazer AK
1963-64   5   0   Grazer AK

Habel, Fritz
Rechtsaußen
1954-55   2   0   FC Stadlau

Habeler, Lukas
*03.08.1980, Stürmer
1997-98   5   0   Admira/Wacker Mödling

Haberfellner, Eugen
*30.12.1974, Stürmer
1995-96   20   1   Vorwärts Steyr

Haberl, Franz
*25.06.1957, Mittelfeldspieler
1984-85   24   0   DSV Alpine
1985-86   20   2   DSV Alpine

Haberl, Günther
*31.08.1962, Manndecker/Mittelfeld
1984-85   13   0   DSV Alpine
1985-86   10   0   DSV Alpine

Haberle, Erwin
Rechter Außendecker
1949-50   7   0   First Vienna
1950-51   3   0   First Vienna

Habitzl, Erich
*09.10.1923, 11 A, Mittelstürmer
1939-40   1   0   Admira Wien (BK)
1940-41   18 11   Admira Wien (BK)
1941-42   14   6   Admira Wien (BK)
1942-43   2   0   Admira Wien (BK)
1945-46   10   7   Admira Wien (WL)
1946-47   20 11   Admira Wien (WL)
1947-48   17 11   Admira Wien (WL)
1948-49   18 23   Admira Wien (WL)
1949-50   20 23   Admira Wien
1950-51   23 21   Admira Wien
1951-52   25 24   Admira Wien
1952-53   17 10   Admira Wien
1953-54   26 12   Admira Wien
1957-58   18   6   Admira Wien
1959-60   5   0   Admira-Energie Wien

Hacker, Rudolf (Rudi)
Verteidiger/Mittelfeld
1964-65   1   0   Wiener AC
1970-71   3   0   Wacker Wien

Hacker, Wolfgang
*15.01.1977, Mittelfeldspieler
1993-94   5   0   Admira/Wacker
1994-95   4   0   Admira/Wacker
1995-96   7   2   Admira/Wacker
1995-96   9   0   Austria Wien
1996-97   19   0   Austria Wien
1997-98   5   0   Austria Wien
1998-99   20   0   SV Ried

Hackmair, Peter Alexander
*26.06.1987, Mittelfeldspieler
2006-07   26   0   SV Ried
2007-08   29   0   SV Ried
2008-09   22   2   SV Ried
2009-10   21   0   SV Ried
2010-11   4   1   SV Ried
2011-12   18   2   Wacker Innsbruck

Hadžić, Anel
*16.08.1989, 14 A, Mittelfeldspieler
2007-08   14   0   SV Ried
2008-09   20   0   SV Ried
2009-10   31   1   SV Ried
2010-11   33   5   SV Ried
2011-12   33   7   SV Ried
2012-13   30   6   SV Ried
2013-14   29   2   Sturm Graz
2014-15   32   1   Sturm Graz
2015-16   15   2   Sturm Graz

Hadžikić, Osman
*12.03.1996, Torwächter
2014-15   5   0   Austria Wien
2015-16   13   0   Austria Wien
2016-17   27   0   Austria Wien
2017-18   12   0   Austria Wien

Hähn, Franz
Mittelstürmer/Linksaußen
1971-72   17   1   SK Bischofshofen

Häßler, Thomas Jürgen (Icke)
*30.05.1966, 101 A, Mittelfeldspieler
2003-04   19   1   Austria Salzburg

Häusler, Franz
*11.03.1933, Linksaußen
1950-51   6   5   FC Wien
1951-52   19   5   FC Wien
1952-53   18   5   FC Wien
1953-54   23   1   FC Wien
1954-55   13   0   FC Wien
1954-55   3   1   Rapid Wien

Haffner, Alfred
*12.04.1949, rechter Außendecker/Vorstopper
1970-71   12   1   Wiener Sportclub
1971-72   15   2   SC Eisenstadt
1973-74   16   0   SC Eisenstadt
1974-75   26   0   SC Eisenstadt
1975-76   14   0   VÖEST Linz
1978-79   33   0   First Vienna
1979-80   28   0   First Vienna

Hafner, Fabian
*17.07.1993, Innenverteidiger
2012-13   1   0   Wacker Innsbruck

Hafner, Johann
*02.06.1942, Vorstopper/Linker Außendecker
1968-69 24 0 WSG Wattens
1969-70 14 0 WSG Wattens
1971-72 14 0 DSV Alpine
1972-73 14 0 DSV Alpine
1973-74 19 0 WSG Radenthein/VSV

Hafner, Paul
*03.04.1977, Libero
1999-00   4 0 FC Tirol Innsbruck

Hager, Peter
Linksaußen/Linker Außendecker
1957-58   4 1 Wacker Wien
1958-59   8 0 Wacker Wien
1960-61 25 1 Schwechater SC
1961-62 16 0 Schwechater SC
1962-63 14 3 Schwechater SC

Hager, Otto
Mittelstürmer/Linker Halbstürmer
1949-50 13 3 SV Gloggnitz

Hager, Stefan
*25.01.1995, Innenverteidiger
2019-20 29 2 WSG Tirol
2020-21 13 0 WSG Tirol

Hagmayr, Maximilian (Max)
*16.11.1956, 9 A, Stürmer
1975-76 20   3 VÖEST Linz
1976-77 22   3 VÖEST Linz
1977-78 32 11 VÖEST Linz
1978-79   5   2 VOEST Linz
1979-80 36 12 VOEST Linz
1980-81 34 14 VOEST Linz
1981-82 33 14 VOEST Linz
1983-84 14   0 Rapid Wien
1984-85 30 15 Linzer ASK
1985-86 15   9 Linzer ASK
1986-87   5   1 Linzer ASK
1987-88 10   0 Linzer ASK

Hahn, Erich (Witsche)
*27.05.1937, Rechter Halbstürmer
1960-61 13 10 Austria Salzburg

Hahn, Niels
*24.05.2001, Mittelfeldspieler
2018-19   1 0 Austria Wien
2019-20   1 0 Austria Wien
2020-21   4 0 Austria Wien

Hahnemann, Wilhelm
*14.04.1914, 46 A, Linker Halbstürmer
1931-32 13 10 Admira Wien (WL)
1932-33 13   4 Admira Wien (WL)
1933-34 21 12 Admira Wien (WL)
1934-35 18 14 Admira Wien (WL)
1935-36 20 23 Admira Wien (WL)
1936-37 22 20 Admira Wien (WL)
1937-38 14   9 Admira Wien (NL)
1938-39 15 18 Admira Wien (GL)
1939-40   8   7 Admira Wien (BK)
1940-41 15 19 Admira Wien (BK)
1941-42   8   9 Admira Wien (BK)
1942-43   0   0 Admira Wien (BK)
1945-46 22 20 Wacker Wien (WL)
1946-47 20 15 Wacker Wien (WL)
1947-48 17 20 Wacker Wien (WL)
1948-49   8   3 Wacker Wien (WL)
1949-50 16   5 Wacker Wien
1950-51 24   5 Wacker Wien
1951-52 22   5 Wacker Wien
1959-60   1   1 Wacker Wien

Haid, Helmut
Linker Läufer
1954-55 17 0 Schwarz-Weiß Bregenz

Haidara, Amadou
*31.01.1998, 43 A, Mittelfeldspieler
2016-17   5 1 RB Salzburg
2017-18 31 3 RB Salzburg
2018-19 12 2 RB Salzburg

Haiden, Anton
Torwächter
1953-54 10 0 Wiener AC

Haiden, Anton
*12.02.1967, Mittelfeldspieler
1987-88   6 0 Admira/Wacker
1988-89 11 0 Admira/Wacker
1989-90 27 0 First Vienna
1990-91 10 0 VSE St. Pölten
1991-92 30 0 VSE St. Pölten
1992-93 34 1 VSE St. Pölten
1993-94 32 0 VSE St. Pölten
1994-95 25 2 Linzer ASK
1995-96 16 1 Linzer ASK

Haiden, Gerhard
Linksaußen
1952-53   1 0 First Vienna

Haider, Armin
*05.09.2005, Mittelfeldspieler
2023-24   1 0 Linzer ASK

Haider, Ernst
*01.02.1940, linker Außendecker
1968-69 26 0 Wiener Sportclub
1969-70 30 0 Wiener Sportclub
1970-71 29 0 Wiener Sportclub
1971-72   8 0 Wiener Sportclub

Haider, Gerald
*01.07.1955, 1 A, Stürmer
1974-75 33   9 Austria Salzburg
1975-76 35 15 Austria Salzburg
1976-77 36   8 Austria Salzburg
1978-79 17   1 Austria Salzburg
1978-79 19   4 VOEST Linz
1979-80 31 10 VOEST Linz
1980-81 30 10 VOEST Linz
1981-82 35   9 VOEST Linz
1982-83 28 18 VOEST Linz
1983-84 23 11 VOEST Linz
1984-85   9   0 VOEST Linz
1985-86 14   7 VOEST Linz
1986-87 30 13 VOEST Linz
1987-88 20   4 VOEST Linz

Haider, Gerhard
*02.03.1959, Libero
1978-79 16 0 Sturm Graz
1979-80 11 0 Sturm Graz
1981-82   3 0 Sturm Graz
1984-85 28 0 DSV Alpine
1985-86 21 0 DSV Alpine

Haider, Richard
Linker Außendecker
1950-51   7 1 SC Wiener Neustadt

Haindl, Helmut
Mittelstürmer
1959-60 11 4 Wacker Wien
1960-61 10 4 Wacker Wien

Hainzl, Wolfgang
*03.10.1967, Mittelfeldspieler
1986-87 14 0 Sturm Graz
1988-89   8 0 Sturm Graz

Haitzer, Roman
*17.05.1940, Rechtsaußen
1959-60   8   2   Wiener AC
1960-61 24   8   Wiener AC
1961-62 15   6   Wiener AC
1962-63 17   3   Schwechater SC
1963-64 14   0   Schwechater SC
1964-65 19   0   Schwechater SC
1965-66 24   0   Schwechater SC
1966-67 23   2   Sturm Graz
1967-68 10   0   Sturm Graz

Haizinger, Günter
*26.02.1964, Mittelfeldspieler
1980-81   1   0   VOEST Linz
1981-82   3   0   VOEST Linz
1982-83 16   0   VOEST Linz
1983-84 18   1   VOEST Linz
1984-85 26   6   VOEST Linz
1985-86 15   1   VOEST Linz
1986-87 10   1   VOEST Linz
1987-88 15   2   VOEST Linz
1989-90 22   3   Kremser SC
1990-91   3   1   VSE St. Pölten

Hajc, Robert
Mittelfeldspieler
1972-73   3   0   Admira Wiener Neustadt

Hajdari, Adrian
*31.05.2000, rechter Außendecker
2019-20   2   0   Rapid

Hájek, František
Linksaußen
1947-48   1   0   First Vienna (WL)
1948-49   3   2   First Vienna (WL)
1950-51   1   0   First Vienna

Hak, Hong Soon
*19.09.1980, 5 A, Mittelfeldspieler
2006-07   3   0   Grazer AK

Hala, Alfred (Mecki)
*06.10.1950, Stürmer/Mittelfeld
1967-68 10   1   Wiener Sportclub
1968-69 20   4   Wiener Sportclub
1969-70 23 12   Wiener Sportclub
1970-71 27 15   Wiener Sportclub
1971-72 22 11   Austria Salzburg
1972-73 30   5   Austria Salzburg
1973-74 30   7   Austria Salzburg
1974-75 36   6   Austria Salzburg
1975-76 23   0   Austria Salzburg
1976-77 10   0   Austria Salzburg

Halilović, Sulejman
*14.11.1955, 12 A, Stürmer
1985-86 33 10   Rapid Wien
1986-87 34 12   Rapid Wien
1987-88 13   2   Rapid Wien

Halla, Paul
*10.04.1931, 34 A, Rechtsaußen/Rechter Außendecker
1951-52 22 12   Grazer AK
1952-53 26 13   Grazer AK
1953-54 22   6   Rapid Wien
1954-55 25   7   Rapid Wien
1955-56 26   1   Rapid Wien
1956-57 26 10   Rapid Wien
1957-58 26   5   Rapid Wien
1958-59 26   5   Rapid Wien
1959-60 22   1   Rapid Wien
1960-61 23   2   Rapid Wien
1961-62 23   1   Rapid Wien
1962-63 21   0   Rapid Wien
1963-64 26   0   Rapid Wien
1964-65 23   0   Rapid Wien

Haller, René
*12.11.1973, Manndecker
1993-94   7   0   Rapid Wien
1994-95 14   0   Rapid Wien
1995-96   6   0   Rapid Wien

Halmosi, Péter
*25.09.1979, 35 A, Mittelfeldspieler
2002-03 17   3   Grazer AK

Halper, Christoph
*21.05.1998, Mittelfeldspieler
2018-19   7   1   SV Mattersburg
2019-20 24   1   SV Mattersburg
2020-21 18   1   SKN St. Pölten

Halper, Jürgen
*17.11.1974, Mittelfeldspieler
1996-97 10   0   Admira/Wacker

Halter, Hans
*28.06.1956, Stürmer
1979-80 22   4   Linzer ASK
1980-81   3   0   Linzer ASK
1982-83 13   1   Union Wels

Halwachs, Julian
*25.01.2003, Mittelfeldspieler
2023-24 19   0   TSV Hartberg

Halwachs, Peter
*25.01.1971, Mittelfeldspieler
1990-91   1   0   Austria Wien

Hamdemir, Ali
*01.05.1989, Mittelfeldspieler
2007-08   3   0   Linzer ASK
2008-09   5   0   Linzer ASK
2009-10   2   0   Linzer ASK

Hamerl, Josef (Pepi)
*22.01.1931, 9 A, Linksaußen/Linker Halbstürmer
1951-52   1   1   FC Wien
1952-53   8   3   FC Wien
1953-54 22 10   FC Wien
1954-55   3   0   Austria Wien
1954-55 12   6   FC Wien
1955-56 25 18   FC Wien
1956-57 26 11   Wiener Sportclub
1957-58 25 18   Wiener Sportclub
1958-59 22 18   Wiener Sportclub
1959-60 24 22   Wiener Sportclub
1960-61   9   9   Wiener Sportclub
1961-62 25 13   Admira-Energie Wien
1962-63 23   8   Admira-Energie Wien
1963-64 18   4   Wiener Sportclub
1964-65 16   6   Wiener Sportclub
1965-66 25 10   Kapfenberger SV
1966-67 15   5   SC Wiener Neustadt

Hammer, Adolf
*17.06.1939, rechter Außendecker/Rechter Läufer
1965-66 18   0   Grazer AK
1966-67   8   0   Grazer AK
1967-68 12   0   Grazer AK
1969-70   1   0   VÖEST Linz

Hammerer, Markus
*31.08.1989, Stürmer
2009-10 13   3   SV Ried
2010-11 33   3   SV Ried
2011-12   2   0   SV Ried
2012-13 20   2   SV Ried

Hammerl, Andreas
*08.05.1949, Torwächter
1972-73   1   0   Sturm Graz

Hammerschmidt, Peter
*17.05.1979, Mittelfeldspieler
1997-98   1   0   Admira/Wacker Mödling

Hamouz, Josef
*08.04.1980, Außendecker
2009-10 17   0   SV Mattersburg

Hamp, Peter
Torwächter
1969-70   1   0   Admira-Energie Wien
1970-71   6   0   Admira-Energie Wien

Hampl, Helmut
*29.09.1950, Stürmer
1973-74 31   4   SC Eisenstadt

Hamzic, Armin
*30.12.1993, Mittelfeldspieler
2013-14   7   0   Wacker Innsbruck

Hanappi, Gerhard
*16.02.1929, 93 A, linker Läufer/Linker Halbstürmer
1946-47   3   0   Wacker Wien (WL)
1947-48 18   0   Wacker Wien (WL)
1948-49 18   0   Wacker Wien (WL)
1949-50 24   2   Wacker Wien
1950-51 12   2   Rapid Wien
1951-52 24 15   Rapid Wien
1952-53 26 14   Rapid Wien
1953-54 24 22   Rapid Wien
1954-55 25   8   Rapid Wien
1955-56 25 25   Rapid Wien
1956-57 25   5   Rapid Wien
1957-58 26   4   Rapid Wien
1958-59 26   6   Rapid Wien
1959-60 24   6   Rapid Wien
1960-61 25   6   Rapid Wien
1961-62 24   1   Rapid Wien
1962-63 25   0   Rapid Wien
1963-64 20   1   Rapid Wien
1964-65   1   0   Rapid Wien

Hanausek, Gerhard
*07.08.1965, Mittelfeldspieler
1984-85   4   0   Favoritner AC

Hanbauer, Rudolf (Rudi)
*01.03.1944, linker Außendecker
1966-67 13   3   SC Wiener Neustadt
1967-68 21   3   SC Eisenstadt
1968-69 23   0   SC Eisenstadt
1969-70 23   1   SC Eisenstadt
1970-71 24   0   First Vienna

Hanc, František
*02.04.1974, Innenverteidiger
2004-05   9   0   SV Mattersburg

Handik, Gerald
Mittelfeldspieler
1983-84   2   0   SC Neusiedl am See

Handl, Johannes
*07.05.1998, Innenverteidiger
2018-19   1   0   Wacker Innsbruck
2019-20   4   0   Austria Wien
2020-21 22   3   Austria Wien
2021-22 20   1   Austria Wien
2022-23 18   0   Austria Wien
2023-24 26   1   Austria Wien

Handle, Peter
*16.03.1962, Mittelfeldspieler
1982-83   2   0   Simmeringer SC

Handle, Simon
*25.01.1993, Mittelfeldspieler
2013-14 15   0   SV Grödig
2014-15 15   0   SV Grödig

Handorf, Adolf
*1935, Mittelläufer
1959-60   9   0   SC Wiener Neustadt

Hanek, Michal
*18.09.1980, 14 A, Innenverteidiger
2011-12   7   1   Kapfenberger SV

Hanfstingl, Rudolf (Rudi)
*25.09.1957, Stürmer
1976-77 16   1   Sturm Graz
1977-78   1   0   Sturm Graz

Hanicar, Zlatko
*17.05.1960, Mittelfeldspieler
1985-86 15   2   Salzburger AK

Hanikel, Marcus
*10.05.1983, Stürmer
2005-06 23   2   SV Mattersburg
2006-07 21   1   SV Mattersburg

Hankić, Hidajet
*29.06.1994, Torwächter
2018-19   3   0   Wacker Innsbruck

Hannemann, Dirk
*11.08.1970, Mittelfeld/Stürmer
1995-96 11   2   SV Ried

Hanschitz, Robert
*05.06.1957, Mittelfeldspieler
1976-77   2   0   Wattens-Wacker Innsbruck
1977-78 14   1   Wattens-Wacker Innsbruck
1978-79 33   3   Wattens-Wacker Innsbruck
1984-85 28   2   Wiener Sportclub

Hansen, Johnny
*25.03.1964, 2 A, Mittelfeldspieler
1985-86 18   0   Sturm Graz
1986-87   6   1   Sturm Graz

Hansen, Ove
*09.04.1966, Mittelstürmer
1996-97 13   4   SV Ried
1997-98 26   2   SV Ried

Hanser, Markus
*24.01.1965, Mittelfeldspieler
1988-89 15   0   Austria Klagenfurt

Hansl, Karl
*19.10.1948, rechter Außendecker
1970-71 23   0   Simmeringer SC
1971-72 17   0   Simmeringer SC

Hansy, Herbert
*10.12.1925, Mittelläufer
1947-48 15   2   Admira Wien (WL)
1948-49 18 12   Admira Wien (WL)
1949-50   9   8   Admira Wien
1950-51 15 10   Admira Wien
1951-52 18   7   Admira Wien
1952-53 19   1   Admira Wien
1953-54 18   0   Admira Wien
1954-55 19   1   Admira Wien
1955-56 20   2   Admira Wien
1956-57 22   2   Admira Wien
1957-58 21   2   Admira Wien
1958-59   1   0   Admira Wien
1959-60   3   0   Admira-Energie Wien

Hantschk, Theodor
*29.11.1934, linker Läufer/Mittelläufer
1954-55 26   0   FC Stadlau
1955-56 25   0   FC Stadlau
1956-57 26   0   FC Stadlau

Happel, Ernst Franz Hermann
*29.11.1925, 51 A, Mittelläufer
```
1942-43    3   0  Rapid Wien (BK)
1943-44   11   0  Rapid Wien (BK)
1945-46    6   0  Rapid Wien (WL)
1946-47   16   0  Rapid Wien (WL)
1947-48   15   0  Rapid Wien (WL)
1948-49   13   1  Rapid Wien (WL)
1949-50   21   0  Rapid Wien
1950-51   23   0  Rapid Wien
1951-52   22   1  Rapid Wien
1952-53   24   2  Rapid Wien
1953-54   21   3  Rapid Wien
1954-55    2   0  Rapid Wien
1956-57   18   3  Rapid Wien
1957-58   26   7  Rapid Wien
1958-59   19   7  Rapid Wien
1959-60    1   0  Rapid Wien
```

Happich, Günther
*28.01.1952, 5 A, Mittelfeldspieler
```
1970-71    3   0  Wiener Sportclub
1971-72   21   0  Wiener Sportclub
1972-73   15   0  Wiener Sportclub
1973-74   26   1  Wiener Sportclub
1977-78   34   8  Wiener Sportclub
1978-79   35   6  Rapid Wien
1979-80   16   1  Rapid Wien
1981-82    8   1  Wiener Sportclub
1982-83   28   0  Wiener Sportclub
1984-85   21   2  First Vienna
```

Haraminčić, Zlatko
*08.01.1942, Mittelfeldspieler
```
1966-67    3   0  Kapfenberger SV
```

Harasser, Reinhold
*11.08.1972, Torwächter
```
2000-01    4   0  FC Tirol Innsbruck
```

Harding, Georg
*30.08.1981, Mittelfeldspieler
```
2007-08   10   0  Rapid Wien
2008-09    8   0  Rapid Wien
2010-11   29   0  Wacker Innsbruck
2011-12   17   0  Wacker Innsbruck
```

Hardt, Jean
*17.08.1938, 2 A, rechter Läufer
```
1962-63    8   0  Grazer AK
```

Haring, Gert
Mittelfeldspieler
```
1966-67    6   0  Grazer AK
1968-69    4   0  WSV Donawitz
```

Harrauer, Michael
*10.02.1984, Torwächter
```
2003-04    2   0  Rapid Wien
```

Harreither, Wilhelm
*27.10.1945, 13 A, Torwächter
```
1964-65    8   0  Linzer ASK
1965-66   14   0  Linzer ASK
1966-67   26   0  Linzer ASK
1967-68   24   0  Linzer ASK
1968-69   26   0  Linzer ASK
1969-70   25   0  Linzer ASK
1971-72   18   0  Linzer ASK
1972-73   18   0  Linzer ASK
1973-74    3   0  Linzer ASK
```

Harrer, David
*24.04.1990, Mittelfeld/Linker Außendecker
```
2011-12   16   0  Kapfenberger SV
```

Harrer, Heimo
*18.07.1962, Mittelfeldspieler
```
1984-85   28   2  DSV Alpine
1985-86   20   1  DSV Alpine
```

Harrer, Martin
*19.05.1992, Mittelfeldspieler
```
2011-12    1   0  Austria Wien
2014-15    6   0  Austria Wien
2015-16   27   4  SC Rheindorf Altach
2016-17   15   0  SC Rheindorf Altach
2018-19   20   4  Wacker Innsbruck
```

Hart, Florian
*11.05.1990, rechter Außendecker
```
2008-09    6   0  Linzer ASK
2009-10   12   1  Linzer ASK
2010-11   23   0  Linzer ASK
2013-14   10   0  SV Grödig
2014-15   12   1  SV Grödig
2015-16   26   0  SV Ried
2016-17   28   1  SV Ried
2017-18   12   0  SV Mattersburg
2018-19   22   0  SV Mattersburg
2019-20   13   1  SV Mattersburg
```

Hartl, Alexander
*26.02.1970, Mittelfeldspieler
```
1991-92    1   0  Vorwärts Steyr
1992-93    2   0  Vorwärts Steyr
```

Hartl, Alois
*24.06.1924, Mittelstürmer
```
1949-50   24  19  Vorwärts Steyr
1950-51   24   9  Vorwärts Steyr
1951-52   13   6  Grazer AK
1951-52   13   5  Linzer ASK
1952-53   18  13  Linzer ASK
1953-54   22   7  Linzer ASK
1954-55    3   0  Linzer ASK
```

Hartl, Franz
*14.04.1912, Torwächter
```
1931-32    7   0  SC Nicholson (WL)
1932-33   22   0  FC Wien (WL)
1933-34   22   1  FC Wien (WL)
1934-35   22   2  FC Wien (WL)
1935-36    7   0  Admira Wien (WL)
1936-37    7   0  Admira Wien (WL)
1941-42    1   0  FC Wien (BK)
1946-47    7   0  Post SV Wien (WL)
1948-49    5   2  FC Wien (WL)
1949-50    5   0  FC Wien
1950-51    4   0  FC Wien
```

Hartl, Hannes
*24.06.1947, Stürmer
```
1969-70   14   1  Rapid Wien
1970-71    1   0  Rapid Wien
```

Hartl, Manuel
*31.12.1985, Mittelfeldspieler
```
2004-05    1   0  FC Pasching
2005-06    1   0  FC Pasching
2016-17   21   3  SKN St. Pölten
```

Hartl, Max
Linker Außendecker
```
1952-53    1   0  Salzburger AK
1961-62    6   1  Salzburger AK
```

Hartl, Stefan
*16.10.1976, Mittelfeldspieler
```
1996-97   18   1  FC Linz
1997-98   26   1  SV Ried
1998-99   23   1  SV Ried
1999-00    3   0  SV Ried
```

Hartmann, Jürgen
*28.08.1970, 8 A, Mittelfeld/Verteidiger
1990-91 32 0 FC Tirol
1991-92 33 0 FC Tirol
1992-93 17 0 Wacker Innsbruck
1993-94 24 0 FC Tirol Innsbruck
1994-95 25 0 FC Tirol
1995-96 16 0 FC Tirol Innsbruck
1996-97 24 1 FC Tirol Innsbruck
1997-98 32 0 Grazer AK
1998-99 25 0 Grazer AK
1999-00 25 0 Grazer AK
2000-01   8 0 Grazer AK
2001-02 20 0 Grazer AK
2002-03 14 0 Grazer AK

Hartwig, Alois
Linker Außendecker
1956-57   1 0 FC Stadlau

Hartwig, Günther
Mittelfeldspieler
1968-69   2 0 WSG Wattens

Hašek, Martin
*11.10.1969, 14 A, Mittelfeldspieler
2001-02   3 0 Austria Wien
2002-03 13 1 Austria Wien
2003-04   6 0 Sturm Graz

Haselberger, Christian
*02.06.1989, Innenverteidiger/Mittelfeld
2006-07   1 0 Austria Wien
2009-10   4 0 SC Wiener Neustadt
2010-11 10 0 SC Wiener Neustadt

Hasenberger, Johann
Rechtsaußen
1958-59 11 3 Kapfenberger SV

Hasenhüttl, Ralph
*09.08.1967, 8 A, Mittelstürmer
1985-86   1 0 Grazer AK
1987-88 34 12 Grazer AK
1988-89 27 7 Grazer AK
1989-90 34 8 Austria Wien
1990-91 25 11 Austria Wien
1991-92 31 10 Austria Wien
1992-93 27 5 Austria Wien
1993-94 29 11 Austria Wien
1994-95 22 8 Austria Salzburg
1995-96 31 5 Austria Salzburg

Hasenkopf, Erich
*20.02.1935, 31 A, Außendecker/Außenläufer
1951-52   2 0 Wiener Sportclub
1953-54 11 0 Wiener Sportclub
1954-55 25 0 Wiener Sportclub
1955-56 25 0 Wiener Sportclub
1956-57 22 0 Wiener Sportclub
1957-58 23 0 Wiener Sportclub
1958-59 25 0 Wiener Sportclub
1959-60 25 0 Wiener Sportclub
1960-61 26 0 Wiener Sportclub
1961-62 22 0 Wiener Sportclub
1962-63 25 0 Wiener Sportclub
1963-64 22 0 Wiener Sportclub
1964-65 12 0 Wiener Sportclub

Hasenöhrl, Rudolf (Rudi)
Rechter Halbstürmer
1964-65   2 0 SC Wiener Neustadt

Hasil, Franz
*28.07.1944, 21 A, Mittelfeldspieler
1962-63 14 4 Rapid Wien
1963-64 10 1 Rapid Wien
1964-65 21 2 Rapid Wien
1965-66 26 7 Rapid Wien
1966-67 12 2 Rapid Wien
1967-68 20 2 Rapid Wien
1973-74 32 3 Austria Klagenfurt
1974-75 35 6 Austria Klagenfurt
1975-76 31 3 Austria Klagenfurt

Hasitzka, Robert
*30.05.1957, Manndecker/Mittelfeld
1983-84 28 3 SV St. Veit

Haslehner, Anton
*04.02.1953, Stürmer
1975-76   3 0 Linzer ASK

Hassler, Christian
*07.11.1970, Torwächter
1990-91 19 0 FC Tirol
1991-92 18 0 FC Tirol
1994-95 35 0 Vorwärts Steyr

Hassler, Dominic
*30.03.1981, Stürmer
2001-02   3 0 Austria Salzburg
2002-03 21 7 Austria Salzburg
2003-04 10 0 Austria Salzburg
2003-04   8 1 Grazer AK
2004-05   4 0 Grazer AK
2005-06   8 3 Grazer AK
2006-07 26 3 Grazer AK
2008-09 13 0 Sturm Graz
2009-10   9 1 Sturm Graz
2010-11   1 0 Sturm Graz

Haslinger, Herbert
*15.12.1929, Linksaußen/Linker Außendecker
1947-48   1 0 First Vienna (WL)
1948-49   3 2 First Vienna (WL)
1949-50   9 4 First Vienna
1953-54 26 8 Simmeringer SC
1954-55   9 2 Simmeringer SC
1955-56 11 1 Simmeringer SC
1956-57 10 1 Simmeringer SC
1957-58 25 0 Simmeringer SC
1958-59   1 0 Simmeringer SC

Hastings, Richard Cory
*18.05.1977, 59 A, linker Außendecker
2002-03   9 0 Grazer AK

Hattenberger, Roland
*07.12.1948, 51 A, Mittelfeld/Libero
1968-69 25 2 WSG Wattens
1969-70 15 5 WSG Wattens
1970-71 28 6 WSG Wattens
1971-72 22 1 Wattens-Wacker Innsbruck
1972-73 28 2 Wattens-Wacker Innsbruck
1973-74 24 8 Wattens-Wacker Innsbruck
1981-82 34 1 Wattens-Wacker Innsbruck
1982-83 25 1 Wattens-Wacker Innsbruck

Hattenberger, Matthias
*30.11.1978, Mittelfeldspieler
2003-04   1 0 FC Kärnten
2005-06 22 3 Wacker Tirol
2006-07 26 3 Wacker Tirol
2007-08 19 3 Wacker Innsbruck
2008-09 20 2 Austria Wien
2009-10 19 1 Austria Wien

Hatz, Michael
*17.11.1970, 8 A, Manndecker
1990-91 11   0 Rapid Wien
1991-92 18   0 Rapid Wien
1992-93 23   1 Rapid Wien
1993-94 22   0 Rapid Wien
1994-95 33   5 Rapid Wien
1995-96 30   1 Rapid Wien
1997-98   6   0 Rapid Wien
1998-99 27   0 Rapid Wien
1999-00 25   3 Rapid Wien
2000-01 30   0 Rapid Wien
2001-02 28   1 Admira/Wacker Mödling
2002-03 32   2 Admira/Wacker Mödling
2003-04 32   0 Admira/Wacker Mödling
2004-05 14   0 Admira/Wacker Mödling

Hauberger, Helmut
*23.02.1935, Mittelstürmer/Linksaußen
1954-55 15   6 Kapfenberger SV
1955-56 23   5 Kapfenberger SV
1956-57 18   5 Kapfenberger SV
1957-58 21   4 Kapfenberger SV
1958-59   5   5 Kapfenberger SV

Haubitz, Johannes (Hannes)
*15.09.1956, Libero
1975-76 18   0 Austria Klagenfurt
1982-83 28   1 Austria Klagenfurt
1983-84   7   0 Austria Klagenfurt
1984-85 18   1 Austria Klagenfurt

Haudum, Stefan
*27.11.1994, Mittelfeldspieler
2018-19   5   1 Linzer ASK
2019-20 10   1 Linzer ASK
2020-21   1   0 Linzer ASK
2020-21 19   1 SC Rheindorf Altach
2021-22 31   2 SC Rheindorf Altach
2022-23 27   0 SC Rheindorf Altach
2023-24 14   0 Blau-Weiß Linz

Hauer, Johann
Mittelstürmer
1957-58 15   4 Admira Wien
1958-59   7   0 Admira Wien
1962-63   5   0 Wiener AC
1963-64 10   0 Wiener AC
1964-65 24   2 Wiener AC
1967-68   1   0 Wiener Sportclub

Hauer, Rudolf (Rudi)
Innenstürmer/Außenläufer
1951-52   1   0 Floridsdorfer AC
1952-53 16   4 Floridsdorfer AC
1953-54 15   5 Floridsdorfer AC
1957-58   4   0 Wiener AC
1958-59   1   0 Wiener AC

Haummer, Walter
*22.11.1928, 16 A, Linksaußen
1949-50 12 10 Wacker Wien
1950-51 21 22 Wacker Wien
1951-52 26 17 Wacker Wien
1952-53 26 18 Wacker Wien
1953-54 21   6 Wacker Wien
1954-55 24 10 Wacker Wien
1955-56 23   9 Wacker Wien
1956-57 23 20 Wacker Wien
1957-58 24 11 Wacker Wien
1958-59 21 13 Wacker Wien
1959-60 23   5 Wacker Wien
1960-61 14   0 Wacker Wien

Hauptmann, Helmut
*05.08.1964, Mittelfeldspieler
1984-85   1   0 Wiener Sportclub
1988-89 15   1 Vorwärts Steyr
1989-90 31   2 Austria Salzburg
1990-91 26   0 Rapid Wien
1991-92 20   0 Kremser SC

Hauptmann, Otto
*26.11.1964, Mittelfeldspieler
1986-87 19   2 First Vienna

Hauptmann, Walter
*05.08.1964, Mittelfeldspieler
1988-89 18   1 Vorwärts Steyr
1990-91 18   1 Wiener Sportclub

Hauser, Alexander
*23.06.1984, linker Außendecker
2002-03   2   0 Schwarz-Weiß Bregenz
2003-04 22   3 Schwarz-Weiß Bregenz
2004-05 29   2 Schwarz-Weiß Bregenz
2005-06   4   0 FC Pasching
2006-07   1   0 FC Pasching
2007-08 15   2 Austria Kärnten
2010-11 24   1 Wacker Innsbruck
2011-12 34   1 Wacker Innsbruck
2012-13 31   1 Wacker Innsbruck
2013-14 32   1 Wacker Innsbruck

Hauser, Anton
*1915, Mittelläufer/Außendecker
1938-39 13   1 Amateure Steyr (GL)
1949-50 12   0 Vorwärts Steyr
1950-51 24   0 Vorwärts Steyr

Hauser, Helmut
*16.11.1936, Rechtsaußen
1956-57 13   1 Sturm Graz
1957-58 18   7 Sturm Graz
1962-63   8   2 Grazer AK
1963-64 20   0 Grazer AK

Hauser, Rudolf (Rudi)
*20.11.1954, Torwächter
1973-74   5   0 Linzer ASK
1974-75   1   0 Linzer ASK

Hausjell, Marco
*06.06.1999, Mittelfeldspieler
2017-18 13   2 Admira/Wacker Mödling
2020-21 20   1 Admira/Wacker Mödling
2021-22   8   1 Admira/Wacker Mödling

Hausstätter, Max
*01.01.1926, Mittelläufer
1952-53 25   1 Salzburger AK

Hausteiner, Franz
Rechtsaußen/Mittelstürmer
1951-52 11   1 Wiener Sportclub

Havel, Elias
*16.04.2003, Stürmer
2023-24 19   2 Linzer ASK

Havlicek, Franz
*21.02.1930, Torwächter
1950-51   2   0 FC Wien
1951-52   3   0 FC Wien
1952-53 15   0 FC Wien
1953-54 12   0 FC Wien
1954-55 13   0 FC Wien
1955-56   7   0 FC Wien

Havlicek, Rudolf (Rudi)
*05.03.1929, Mittelstürmer/Linksaußen
1949-50   1   0   SV Gloggnitz
1954-55 16   7   FC Wien
1956-57   3   0   Wiener AC

Hawlik, Peter
*13.08.1991, Mittelfeldspieler
2011-12   1   0   SV Mattersburg

Hebenstreit, Werner
*16.10.1959, Torwächter
1982-83 23   0   Simmeringer SC
1983-84 16   0   Union Wels
1984-85   1   0   Wattens-Wacker Innsbruck
1986-87 20   0   Wiener Sportclub
1987-88 34   0   First Vienna
1988-89   1   0   First Vienna
1989-90   9   0   Admira/Wacker

Hayden, Christian
*26.03.1994, Innenverteidiger
2013-14   8   0   SV Grödig

Heber, Hans
Linker Halbstürmer/Linksaußen
1952-53   6   2   Grazer AK
1958-59 16   7   WSV Donawitz
1959-60   2   0   WSV Donawitz

Hedl, Niklas
*17.03.2001, 1 A, Torwächter
2021-22 10   0   Rapid Wien
2022-23 31   0   Rapid Wien
2023-24 32   0   Rapid Wien

Hedl, Raimund (Mundl)
*31.07.1974, Torwächter
1996-97   1   0   Rapid Wien
1997-98 28   0   Rapid Wien
1999-00   1   0   Rapid Wien
2000-01   3   0   Rapid Wien
2003-04 34   0   SV Mattersburg
2004-05 17   0   SV Mattersburg
2005-06   4   0   Rapid Wien
2006-07   2   0   Rapid Wien
2007-08   1   0   Rapid Wien
2008-09   8   0   Rapid Wien
2009-10 14   0   Rapid Wien
2010-11 21   0   Rapid Wien

Heerings, Kai
*12.01.1990, Innenverteidiger
2016-17   5   0   SKN St. Pölten

Hefert, Konrad
*01.11.1950, Stürmer
1970-71 15   1   Wacker Wien
1971-72   9   0   Admira/Wacker

Heikkinen, Markus
*13.10.1978, 61 A, Innenverteidiger
2007-08 28   1   Rapid Wien
2008-09 32   0   Rapid Wien
2009-10 28   1   Rapid Wien
2010-11 30   2   Rapid Wien
2011-12 29   0   Rapid Wien
2012-13 26   0   Rapid Wien

Heil, Jürgen
*04.04.1997, Mittelfeldspieler
2018-19   8   0   TSV Hartberg
2019-20 22   0   TSV Hartberg
2020-21 26   0   TSV Hartberg
2021-22 30   4   TSV Hartberg
2022-23 29   2   TSV Hartberg
2023-24 30   2   TSV Hartberg

Heiling, Josef
*26.04.1962, Mittelfeldspieler
1984-85   3   0   Austria Wien
1985-86   5   0   Austria Wien
1986-87 19   3   SC Eisenstadt
1987-88 29   1   Admira/Wacker
1988-89   9   0   Admira/Wacker
1992-93 22   2   VfB Mödling
1993-94 34   2   VfB Mödling
1994-95 36   1   VfB Mödling

Heiml, Oliver
*25.04.1974, Mittelfeldspieler
1992-93   1   0   Vorwärts Steyr
1993-94   3   0   Vorwärts Steyr
1994-95 10   0   Vorwärts Steyr
1995-96 20   0   Vorwärts Steyr
1998-99   6   0   Vorwärts Steyr

Heiml, Rupert
*18.09.1976, Mittelfeldspieler
1994-95   6   0   Vorwärts Steyr

Heinz, Marek
*04.08.1977, 30 A, Stürmer
2009-10 27   5   Kapfenberger SV

Heissenberger, Alois
*09.11.1962, Stürmer
1985-86   3   0   Wattens-Wacker Innsbruck

Heißenberger, Johann
1958-59 12   6   WSV Donawitz
1958-59   4   1   First Vienna

Heißenberger, Reinhold
Rechtsaußen/Rechter Halbstürmer
1959-60 12   7   SC Wiener Neustadt

Helac, Ammar
*13.06.1998, Torwächter
2022-23   3   0   Austria Lustenau

Heldt, Horst
*09.12.1969, 2 A, Mittelfeldspieler
2001-02 25   1   Sturm Graz
2002-03   8   0   Sturm Graz

Hellquist, Philip Nikola Björn
*12.05.1991, Mittelfeld/Stürmer
2014-15 12   4   SC Wiener Neustadt
2015-16 26   1   Wolfsberger AC
2016-17 19   4   Wolfsberger AC

Hellweg, Friedrich
*04.06.1951, linker Außendecker
1970-71 24   0   WSG Radenthein

Helly, Thomas
*20.10.1990, Mittelstürmer
2009-10   1   0   SC Wiener Neustadt
2010-11 14   1   SC Wiener Neustadt
2011-12 20   4   SC Wiener Neustadt

Helm, Michael
*09.03.1969, rechter Außendecker
1991-92   5   1   First Vienna
1992-93 28   3   Wiener Sportclub
1993-94 31   1   VfB Mödling
1994-95 28   3   VfB Mödling
1995-96 26   1   Vorwärts Steyr
1996-97 10   0   Admira/Wacker

Helminger, Christian
*01.02.1964, Mittelfeldspieler
1983-84   8   0   Austria Salzburg
1984-85   5   0   Austria Salzburg

Helstad, Thorstein
*28.04.1977, 38 A, Stürmer
2002-03 29   6 Austria Wien
2003-04 27   6 Austria Wien
2004-05   3   0 Austria Wien

Hembach, Georg
*22.09.1945, Mittelfeldspieler
1971-72 28   1 Simmeringer SC
1973-74 23   0 Simmeringer SC

Hengster, Heinz
*05.07.1950, Stürmer
1973-74   8   0 Austria/WAC
1974-75 12   1 Austria/WAC
1975-76   3   0 Austria/WAC
1977-78 28   3 Wiener Sportclub
1978-79   9   0 Wiener Sportclub

Henning, Bryan
*16.03.1995, Mittelfeldspieler
2018-19 27   0 Wacker Innsbruck

Henriksson, Gustav Niklas
*03.02.1998, Innenverteidiger
2020-21 11   1 Wolfsberger AC
2021-22   1   0 Wolfsberger AC

Hepflinger, Erich
*04.05.1955, Mittelfeldspieler
1977-78 34   0 Grazer AK
1978-79 15   0 Grazer AK

Heraf, Andreas
*10.09.1967, 11 A, Mittelfeldspieler
1985-86   5   0 Rapid Wien
1986-87 19   4 Rapid Wien
1987-88 31   2 Rapid Wien
1988-89 34   9 First Vienna
1989-90 24   6 First Vienna
1990-91 17   4 First Vienna
1990-91 11   4 Austria Salzburg
1991-92 27   6 Vorwärts Steyr
1992-93 34 12 Vorwärts Steyr
1993-94 19   5 Vorwärts Steyr
1994-95 15   6 Rapid Wien
1995-96 32   5 Rapid Wien
1996-97 31   4 Rapid Wien
1997-98 18   2 Rapid Wien
1998-99 29   4 Rapid Wien
1999-00 10   0 Rapid Wien

Herfort, Heinz
*19.02.1945, Stürmer
1964-65 26   8 Wiener AC
1970-71 28   6 Schwarz-Weiß Bregenz
1971-72 10   0 Simmeringer SC
1972-73 25 10 Wiener Sportclub
1973-74 25   4 Wiener Sportclub
1976-77 10   0 First Vienna

Herfort, Walter
Mittelfeldspieler
1963-64 12   2 Wiener AC

Hermann, Andreas
*26.05.1969, Manndecker
1992-93   7   0 VfB Mödling

Hermann, Gustav
*01.01.1915, rechter Läufer
1934-35   9   5 Libertas Wien (WL)
1935-36 15   1 Libertas Wien (WL)
1936-37 19   0 Libertas Wien (WL)
1945-46   7   0 SC Helfort Wien (WL)
1945-46   4   1 Wacker Wien (WL)
1946-47 15   0 Wacker Wien (WL)
1948-49   7   0 FC Wien (WL)
1949-50   1   0 FC Wien

Hermes, Markus
*12.10.1982, Mittelstürmer
2005-06   1   0 FC Pasching

Herold, David
*20.02.2003, linker Außendecker
2022-23 15   0 SC Rheindorf Altach

Herzog, Anton (Burli)
*02.12.1941, Linker Halbstürmer
1958-59 18   5 Wacker Wien
1959-60 25   7 Wacker Wien
1960-61 21   8 Wacker Wien
1961-62   4   4 Austria Wien
1962-63 17   2 Wacker Wien
1963-64   5   1 SVS Linz
1964-65 24   3 Wacker Wien
1965-66 24   5 Admira-Energie Wien
1966-67 22   3 Admira-Energie Wien
1967-68 17   4 Admira-Energie Wien
1968-69 20   4 Wiener Sportclub
1969-70 30   3 Wiener Sportclub
1970-71 30   6 Wiener Sportclub
1971-72 24   7 Wiener Sportclub
1972-73 30   3 Admira/Wacker
1973-74 32   3 Admira/Wacker
1974-75 25   2 Admira/Wacker

Herzog, Andreas (Andi)
*10.09.1968, 103 A, Mittelfeldspieler
1986-87   4   0 Rapid Wien
1987-88   5   0 Rapid Wien
1987-88   7   3 First Vienna
1988-89 34   8 Rapid Wien
1989-90 27   8 Rapid Wien
1990-91 30   6 Rapid Wien
1991-92 33 11 Rapid Wien
2001-02 12   1 Rapid Wien
2002-03 29   3 Rapid Wien

Herzog, Richard
Außenläufer
1963-64   2   0 SC Wiener Neustadt
1964-65   6   1 SC Wiener Neustadt

Hesina, Marco
*06.12.1991, Stürmer
2006-07   1   0 Wacker Tirol

Hesl, Wolfgang
*13.01.1986, Torwächter
2010-11 20   0 SV Ried

Heu, Georg
*31.10.1965, Torwächter
1987-88   1   0 VfB Union Mödling
1991-92   8   0 Kremser SC
1993-94   4   0 VfB Mödling
1994-95 29   0 VfB Mödling
1997-98   9   0 Admira/Wacker Mödling
2000-01 31   0 Admira/Wacker Mödling
2001-02 29   0 Admira/Wacker Mödling
2002-03 12   0 Admira/Wacker Mödling
2003-04 13   0 Admira/Wacker Mödling

Heuchl, Josef
Außendecker
1955-56 16   0 FC Wien
1957-58 26   0 FC Wien
1960-61 26   0 Schwechater SC
1961-62 24   0 Schwechater SC
1962-63 13   0 Schwechater SC
1963-64   7   0 Schwechater SC
1964-65   3   0 Schwechater SC

Hevera, Rudolf (Rudi)
*19.03.1949, Mittelfeldspieler
1971-72 17 2 First Vienna
1972-73 20 0 First Vienna
1973-74 27 6 First Vienna
1976-77 31 8 First Vienna
1977-78 25 2 First Vienna
1978-79 21 4 First Vienna
1979-80 18 0 First Vienna
1982-83 26 0 First Vienna

Hevessy, Ladislav
*29.08.1974, Manndecker
1995-96 6 0 Vorwärts Steyr

Hickel, Josef
Linker Halbstürmer
1955-56 3 0 FC Stadlau
1956-57 6 1 FC Stadlau

Hickersberger, Josef (Bepi)
*27.04.1948, 39 A, Mittelfeld/Libero
1966-67 5   4 Austria Wien
1967-68 20 5 Austria Wien
1968-69 11 2 Austria Wien
1969-70 28 8 Austria Wien
1970-71 26 4 Austria Wien
1971-72 21 5 Austria Wien
1978-79 26 3 Wattens-Wacker Innsbruck
1980-81 27 1 Rapid Wien
1981-82 21 3 Rapid Wien

Hickersberger, Thomas
*21.08.1973, 1 A, Mittelfeldspieler
1998-99 7   1 Vorwärts Steyr
1999-00 23 1 Schwarz-Weiß Bregenz
2000-01 12 0 Admira/Wacker Mödling
2001-02 9   0 Admira/Wacker Mödling
2001-02 9   1 Austria Salzburg

Hiden, Alfred
Außenläufer
1955-56 3 0 Kapfenberger SV

Hiden, Markus
*11.03.1973, 50 A, Libero
1992-93 20 1 Sturm Graz
1993-94 33 4 Sturm Graz
1994-95 27 1 Austria Salzburg
1995-96 31 1 Austria Salzburg
1996-97 28 3 Sturm Graz
1997-98 20 0 Rapid Wien
2000-01 32 0 Austria Wien
2001-02 35 2 Austria Wien
2002-03 15 0 Austria Wien
2003-04 29 0 Rapid Wien
2004-05 20 0 Rapid Wien
2005-06 19 0 Rapid Wien
2006-07 32 2 Rapid Wien
2007-08 10 0 Austria Kärnten
2007-08 17 2 Rapid Wien
2008-09 4   0 Rapid Wien
2009-10 11 1 Austria Kärnten

Hiden, Martin Franz
*04.02.1978, 5 A, rechter Außendecker/Mittelfeld
1999-00 35 1 SV Ried
2000-01 35 2 SV Ried
2001-02 35 2 Rapid Wien
2002-03 30 1 Rapid Wien
2003-04 18 0 Rapid Wien
2004-05 13 0 Rapid Wien
2005-06 5   0 Rapid Wien
2006-07 8   0 Grazer AK

Hieblinger, Mario
*05.07.1977, 12 A, Innenverteidiger
1995-96 1   0 Admira/Wacker
1997-98 32 1 Admira/Wacker Mödling
1999-00 7   0 Austria Salzburg
2002-03 13 0 FC Kärnten
2003-04 21 0 FC Kärnten
2005-06 19 1 Grazer AK

Hierländer, Stefan
*03.02.1991, 3 A, Mittelfeldspieler
2008-09 8   0 Austria Kärnten
2009-10 30 4 Austria Kärnten
2010-11 21 1 RB Salzburg
2011-12 20 0 RB Salzburg
2012-13 20 1 RB Salzburg
2013-14 18 1 RB Salzburg
2016-17 30 5 Sturm Graz
2017-18 32 4 Sturm Graz
2018-19 26 2 Sturm Graz
2019-20 26 4 Sturm Graz
2020-21 32 3 Sturm Graz
2021-22 21 1 Sturm Graz
2022-23 28 0 Sturm Graz
2023-24 22 0 Sturm Graz

Hierzer, Wolfgang
*19.02.1964, Stürmer
1983-84 1 1 Grazer AK

Hiesel, Walter
*13.03.1944, 2 A, Innenstürmer
1962-63 7   0 First Vienna
1963-64 13 1 First Vienna
1964-65 25 0 First Vienna
1965-66 24 6 First Vienna
1966-67 21 4 Austria Wien
1967-68 17 1 Austria Wien
1968-69 23 8 Grazer AK
1969-70 19 2 First Vienna
1971-72 27 0 DSV Alpine
1972-73 23 0 DSV Alpine
1973-74 12 0 DSV Alpine

Hieß, Friedrich
*14.04.1954, rechter Außendecker
1972-73 29 0 First Vienna
1973-74 14 0 First Vienna
1976-77 17 0 First Vienna
1977-78 23 1 First Vienna
1978-79 32 1 First Vienna
1979-80 13 0 First Vienna
1982-83 16 0 First Vienna
1983-84 25 0 Favoritner AC
1984-85 18 0 Favoritner AC

Hilber, Erwin
*17.02.1921, linker Läufer/Mittelläufer
1949-50 24 1 Vorwärts Steyr
1950-51 7   2 Vorwärts Steyr

Hilberger, Martin
*04.03.1979, Mittelfeldspieler
1999-00 4 0 Schwarz-Weiß Bregenz

Hill, Delano
*25.04.1975, Innenverteidiger
2005-06 6 0 Austria Wien
2006-07 6 0 Austria Wien

Hiller, Franz
*22.10.1950, Mittelfeldspieler
1983-84 9 0 SC Neusiedl am See

Hinesser, Rainer
*10.01.1931, 1 A, Linker Halbstürmer
1951-52 21   7 Wacker Wien
1952-53 26 10 Wacker Wien
1953-54   4   0 Wacker Wien
1954-55 14   1 Wacker Wien
1955-56   1   0 Wacker Wien
1956-57   2   0 Wacker Wien
1957-58   1   0 Wacker Wien

Hinteregger, Martin Josef
*07.09.1992, 67 A, Innenverteidiger
2010-11 22   0 RB Salzburg
2011-12 21   0 RB Salzburg
2012-13 24   2 RB Salzburg
2013-14 32   2 RB Salzburg
2014-15 31   1 RB Salzburg
2015-16   8   0 RB Salzburg
2016-17   5   0 RB Salzburg

Hinterleitner, Ignaz
Mittelfeldspieler
1965-66   1   0 Wiener Sportclub

Hintermaier, Reinhold
*14.02.1956, 15 A, Mittelfeld/Libero
1975-76 21   2 VÖEST Linz
1976-77 35   6 VÖEST Linz
1977-78 35   8 VÖEST Linz
1978-79 32   2 VOEST Linz

Hinterseer, Lukas
*28.01.1991, 13 A, Mittelfeld/Stürmer
2010-11   3   0 Wacker Innsbruck
2011-12   2   0 Wacker Innsbruck
2012-13 13   3 Wacker Innsbruck
2013-14 34 13 Wacker Innsbruck

Hintersteiner, Lukas
*21.09.1981, Stürmer
1999-00   1   0 Linzer ASK

Hintringer, Siegfried
*14.01.1942, Mittelfeldspieler
1963-64   3   0 Linzer ASK
1965-66   6   1 Linzer ASK
1966-67 13   0 Linzer ASK
1967-68 24   0 Linzer ASK
1968-69 14   0 Linzer ASK

Hinum, Thomas
*24.07.1987, Mittelfeldspieler
2007-08   2   0 Austria Kärnten
2008-09 20   1 Austria Kärnten
2009-10 30   4 Austria Kärnten
2010-11 11   0 Rapid Wien
2011-12 30   1 SV Ried
2012-13 32   0 SV Ried
2013-14 32   0 SV Ried

Hipfl, Ludwig
Torwächter
1958-59   6   0 WSV Donawitz

Hirnschrodt, Horst
*05.12.1940, 19 A, Rechtsaußen/Mittelfeld
1958-59   4   0 Austria Wien
1959-60 17   2 Austria Wien
1960-61 24   6 Austria Wien
1961-62 17   3 Austria Wien
1962-63 15   2 Austria Wien
1963-64 23   3 Austria Wien
1964-65 24   1 Austria Wien
1965-66 24   3 Austria Wien
1966-67 20   2 Austria Wien
1967-68 26   3 Austria Salzburg
1968-69 20   1 Austria Salzburg
1969-70 25   0 Austria Salzburg
1970-71 30   0 Austria Salzburg
1971-72 25   2 Austria Salzburg
1972-73 23   0 Austria Salzburg
1973-74 19   0 Austria Salzburg
1974-75 11   0 Austria Salzburg

Hirsch, Thomas
*28.01.1979, Innenverteidiger
1999-00   1   0 Rapid Wien

Hirscher, Roland
*03.09.1944, Mittelfeldspieler
1960-61   7   0 Austria Salzburg
1962-63   1   0 Austria Salzburg
1965-66 17   4 Austria Salzburg
1967-68   8   0 Austria Salzburg
1968-69 15   4 Austria Salzburg
1969-70 18   4 Austria Salzburg

Hirschhofer, Thomas
*30.01.1992, Stürmer
2010-11   1   0 Kapfenberger SV
2011-12   3   0 Kapfenberger SV

Hitzel, Gerhard
*11.10.1947, rechter Außendecker
1967-68 15   0 SC Eisenstadt
1968-69 18   0 SC Eisenstadt
1969-70 25   0 SC Eisenstadt
1971-72   2   0 SC Eisenstadt

Hjulmand, Morten Due
*25.06.1999, 10 A, Mittelfeldspieler
2018-19 29   0 Admira/Wacker Mödling
2019-20 30   1 Admira/Wacker Mödling
2020-21   9   0 Admira/Wacker Mödling

Hladisch, Johann
Linksaußen/Rechter Halbstürmer
1958-59   6   0 Kremser SC

Hlaváček, Ladislav
*26.06.1925, 15 A, Stürmer
1957-58   1   0 FC Wien

Hlinka, Peter
*05.12.1978, 28 A, Mittelfeldspieler
2000-01   6   1   Sturm Graz
2001-02   2   0   Sturm Graz
2001-02 13   1   Schwarz-Weiß Bregenz
2002-03 32   3   Schwarz-Weiß Bregenz
2003-04 30   4   Schwarz-Weiß Bregenz
2004-05 34   1   Rapid Wien
2005-06 28   3   Rapid Wien
2006-07 31   7   Rapid Wien
2008-09 34   4   Sturm Graz
2009-10 26   3   Sturm Graz
2010-11 25   2   Austria Wien
2011-12 11   1   Austria Wien
2012-13 32   4   SC Wiener Neustadt
2013-14 30   5   SC Wiener Neustadt

Hobel, Armin
*11.02.1976, Stürmer
1995-96   1   0   FC Tirol Innsbruck
1996-97   1   0   FC Tirol Innsbruck
2000-01 11   0   Austria Salzburg

Hochedlinger, Kurt
*07.01.1959, Libero/Vorstopper
1988-89 20   0   Vorwärts Steyr
1989-90 22   0   Vorwärts Steyr
1990-91 33   1   Vorwärts Steyr
1991-92 32   0   Vorwärts Steyr
1992-93 35   1   Vorwärts Steyr
1994-95   1   0   Vorwärts Steyr

Hochleitner, Hermann
*17.10.1925, Rechter Halbstürmer
1952-53 25   4   Salzburger AK
1953-54 26   5   Austria Salzburg
1954-55 26   2   Austria Salzburg
1955-56 25   6   Austria Salzburg
1956-57   7   0   Austria Salzburg
1961-62 12   1   Salzburger AK

Hochleutner, Franz
*30.05.1947, Stürmer
1966-67   5   1   Austria Wien
1967-68 11   0   Austria Wien
1968-69 27   4   Wacker Wien
1969-70 27   1   Wacker Wien
1970-71 16   0   Wacker Wien
1971-72 15   1   Admira/Wacker
1972-73 11   0   Admira/Wacker
1973-74 27   1   Admira/Wacker
1974-75 23   0   Admira/Wacker
1975-76   3   0   Admira/Wacker

Hochmaier, Walter
*28.09.1968, 3 A, Manndecker
1990-91   9   1   Wiener Sportclub
1992-93 19   2   Wiener Sportclub
1994-95 26   1   Linzer ASK
1995-96 23   0   Linzer ASK
1996-97 21   2   Linzer ASK
2000-01 10   0   Admira/Wacker Mödling
2001-02   9   0   Admira/Wacker Mödling

Hodi, Andras
*05.10.1955, Stürmer
1984-85   3   0   Favoritner AC

Hodits, Ferdinand
*18.10.1955, Mittelfeldspieler
1973-74   2   0   Austria Salzburg
1974-75   5   0   Austria Salzburg
1975-76 15   2   Austria Salzburg
1976-77 17   1   Austria Salzburg
1978-79 17   1   Austria Salzburg

Hodits, Karl
*29.12.1956, Libero
1975-76   2   0   Austria Salzburg
1976-77 13   1   Austria Salzburg
1978-79 36   0   VOEST Linz
1979-80 21   0   VOEST Linz
1980-81 28   0   VOEST Linz
1981-82 19   0   VOEST Linz
1982-83 30   0   VOEST Linz
1983-84 22   0   VOEST Linz
1984-85 18   0   Austria Salzburg

Höckner, Josef
*09.12.1936, rechter Läufer
1953-54   2   0   Austria Salzburg
1954-55   1   0   Austria Salzburg
1955-56 10   2   Austria Salzburg
1956-57 10   0   Austria Salzburg
1959-60 16   3   Austria Salzburg
1960-61 14   4   Austria Salzburg
1962-63 16   0   Austria Salzburg

Hödl, Günter
*08.01.1961, Stürmer
1987-88   1   0   Grazer AK

Hödl, Silvio
*23.06.1967, Verteidiger
1988-89   3   0   Vorwärts Steyr

Höbarth, Lorenz
*14.09.1991, Torwächter
2013-14   1   0   SV Ried
2014-15   2   0   SV Ried

Höfel, Dominik
*22.01.1987, Mittelfeldspieler
2010-11   1   0   SV Mattersburg

Höfer, Ernst
Linker Läufer
1950-51   1   0   Austria Wien

Höfer, Karl
*10.04.1925, 1 A, Linksaußen
1941-42   8   1   Austria Wien (BK)
1942-43 15 12   Austria Wien (BK)
1943-44   3   1   Austria Wien (OK)
1950-51 13   7   Admira Wien
1952-53 25 13   Admira Wien
1953-54 25 10   Admira Wien
1954-55 24 12   Admira Wien
1955-56 25   4   Admira Wien
1956-57 14   4   Admira Wien
1957-58 25 10   Linzer ASK
1959-60 25 13   Linzer ASK
1960-61 22   9   Linzer ASK
1961-62 21   7   Linzer ASK
1962-63   9   0   Wiener AC
1962-63 10   1   Wiener Sportclub
1963-64 13   1   Wiener AC

Höfler, Walter
Mittelstürmer/Rechtsaußen
1956-57 24   1   Sturm Graz
1957-58 22   1   Sturm Graz

Höger, Werner
*25.09.1951, Mittelfeldspieler
1969-70   2   0   Wacker Innsbruck

Höggerl, Anton
Mittelstürmer/Linksaußen
1968-69   5   1   Sturm Graz
1969-70   1   0   Sturm Graz

Högl, Erhard
Rechter Außendecker
1958-59   1   0   Kremser SC

Højlund, Rasmus Winther
*04.02.2003, 18 A, Stürmer
2021-22 13   6   Sturm Graz
2022-23   5   3   Sturm Graz

Höld, Erwin
*11.03.1956, Mittelfeldspieler
1979-80 32   4   Linzer ASK
1980-81 32   1   Linzer ASK
1981-82 35   2   Linzer ASK
1982-83 19   0   Linzer ASK
1983-84 13   2   Linzer ASK
1984-85 24   4   Linzer ASK
1985-86 25   4   Linzer ASK
1989-90 20   2   Kremser SC
1990-91 20   0   Kremser SC
1991-92 19   0   Kremser SC

Höll, Adolf
Rechtsaußen
1971-72 13   4   SK Bischofshofen

Höller, Alois
*15.03.1989, Mittelfeldspieler
2009-10   4   0   SV Mattersburg
2010-11 32   1   SV Mattersburg
2011-12 34   1   SV Mattersburg
2012-13 33   5   SV Mattersburg
2015-16 31   0   SV Mattersburg
2016-17 33   3   SV Mattersburg
2017-18 26   2   SV Mattersburg
2018-19 25   3   SV Mattersburg
2019-20 21   1   SV Mattersburg

Höller, Ernst
*03.08.1926, linker Läufer
1949-50 24   0   SV Gloggnitz

Höller, Herbert
*14.05.1952, Torwächter
1970-71 28   0   VÖEST Linz
1971-72 25   0   VÖEST Linz
1972-73   2   0   VÖEST Linz
1973-74   3   0   VÖEST Linz

Höller, Thomas
*02.06.1976, 2 A, Mittelfeldspieler
2001-02 33   1   FC Kärnten
2002-03 28   3   FC Kärnten
2003-04 25   2   FC Kärnten
2004-05 28   0   Schwarz-Weiß Bregenz

Höltl, Josef
*24.01.1937, Außendecker/Außenläufer
1955-56 21   0   Rapid Wien
1956-57 24   0   Rapid Wien
1957-58 19   1   Rapid Wien
1958-59 20   0   Rapid Wien
1959-60 24   0   Rapid Wien
1960-61 16   0   Rapid Wien
1961-62 25   0   Rapid Wien
1962-63 23   0   Rapid Wien
1963-64 25   0   Rapid Wien
1964-65 26   0   Rapid Wien
1965-66 21   0   Rapid Wien
1966-67   8   0   Rapid Wien

Höltl, Wolfgang
*19.09.1959, Mittelfeldspieler
1986-87   2   0   First Vienna

Höltschl, Thomas
*30.04.1990, Mittelfeld/Stürmer
2008-09   5   0   Linzer ASK
2010-11   4   0   Linzer ASK

Hölzl, Andreas (Andi)
*16.03.1985, 10 A, Mittelfeldspieler
2004-05 12   0   Wacker Tirol
2005-06 35   3   Wacker Tirol
2006-07 32   4   Wacker Tirol
2007-08 25   3   Wacker Innsbruck
2008-09 33 11   Sturm Graz
2009-10 29   6   Sturm Graz
2010-11 33   5   Sturm Graz
2011-12 21   4   Sturm Graz
2012-13 18   1   Sturm Graz
2013-14 17   0   Sturm Graz

Hölzl, Ernst
*01.01.1940, Stürmer
1968-69 27   7   WSV Donawitz
1969-70 28   6   Sturm Graz

Hönig, Karl
*28.08.1935, Außendecker
1954-55   2   0   Rapid Wien

Hörgl, Rainer
*05.03.1957, Mittelfeldspieler
1978-79 28   5   Austria Salzburg
1979-80 30   0   Austria Salzburg

Hörmann, Walter
*13.09.1961, 15 A, Mittelfeldspieler
1980-81 20   0   Sturm Graz
1981-82 30   0   Sturm Graz
1982-83 30   1   Sturm Graz
1983-84 24   1   Sturm Graz
1984-85 28   5   Sturm Graz
1987-88 34   0   Austria Wien
1988-89 33   3   Austria Wien
1989-90 29   0   Austria Wien
1990-91 32   0   Austria Wien
1991-92 15   0   Austria Wien
1992-93 19   1   Sturm Graz
1993-94 32   3   Sturm Graz
1994-95 19   3   Sturm Graz
1995-96 22   0   Sturm Graz
1996-97 32   1   Austria Salzburg
1997-98 30   0   Austria Salzburg

Hörmayer, Johann
*25.05.1942, 9 A, Stürmer
1963-64 26 10   Wiener Sportclub
1964-65 26   8   Wiener Sportclub
1965-66 26   7   Wiener Sportclub
1966-67 24   8   Wiener Sportclub
1967-68 26   5   Wiener Sportclub
1968-69 26 10   Wiener Sportclub
1969-70 30 12   Wiener Sportclub
1970-71   9   1   Wiener Sportclub
1971-72 26   3   Wiener Sportclub
1972-73 12   3   Wiener Sportclub
1973-74 22   3   First Vienna
1977-78 18   0   Wiener Sportclub

Hörtnagl, Alexander
*14.10.1980, Mittelfeldspieler
1997-98   1   0   FC Tirol Innsbruck
1999-00 12   0   FC Tirol Innsbruck
2000-01   1   0   FC Tirol Innsbruck
2002-03 24   2   SV Pasching
2003-04 20   0   SV Pasching
2004-05   2   0   Wacker Tirol
2005-06 15   0   Wacker Tirol

Hörtnagl, Alfred (Ali)
*24.09.1966, 27 A, Mittelfeldspieler
1984-85   7   0   Wattens-Wacker Innsbruck
1985-86 24   2   Wattens-Wacker Innsbruck
1986-87 16   0   Wattens-Wacker Innsbruck
1987-88 23   0   FC Tirol
1988-89 20   4   FC Tirol
1989-90 34   2   FC Tirol
1990-91 32   4   FC Tirol
1991-92 30   3   FC Tirol
1992-93 32   3   Wacker Innsbruck
1993-94 24   2   Rapid Wien
1994-95   8   1   Sturm Graz
1995-96   8   0   Sturm Graz
1997-98 13   3   FC Tirol Innsbruck
1998-99 30   3   FC Tirol Innsbruck
1999-00 31   1   FC Tirol Innsbruck
2000-01 28   1   FC Tirol Innsbruck
2001-02 27   2   FC Tirol Innsbruck
2004-05 24   0   Wacker Tirol

Hösele, Thomas
*09.05.1969, Mittelfeldspieler
1986-87   1   0   Grazer AK
1987-88   2   0   Grazer AK
1988-89   7   1   Grazer AK
1989-90   9   0   Grazer AK

Hösl, Karl
*02.07.1942, Stürmer
1965-66   5   0   Kapfenberger SV
1966-67   5   0   Kapfenberger SV

Hodschar, Gerfried
*24.03.1945, 2 A, Torwächter
1965-66 21   0   Grazer AK
1966-67 26   0   Grazer AK
1967-68 18   0   Grazer AK
1968-69   7   0   Grazer AK
1969-70   1   0   Grazer AK
1972-73 15   0   Austria Wien

Hodžić, Amar
*12.08.1999, Stürmer
2017-18   1   0   Wolfsberger AC
2018-19   4   0   Wolfsberger AC
2020-21   1   0   Wolfsberger AC

Hof, Erich
*03.08.1936, 37 A, Mittelstürmer
1953-54   6   1   Wiener Sportclub
1954-55   7   2   Wiener Sportclub
1955-56 22   8   Wiener Sportclub
1956-57 11 12   Wiener Sportclub
1957-58 25 23   Wiener Sportclub
1958-59 25 33   Wiener Sportclub
1959-60 23 25   Wiener Sportclub
1960-61 26 26   Wiener Sportclub
1961-62 23 14   Wiener Sportclub
1962-63 23 21   Wiener Sportclub
1963-64 24 13   Wiener Sportclub
1964-65   5   1   Austria Wien
1964-65 11   7   Wiener Sportclub
1965-66 20   8   Wiener Sportclub
1966-67 26 15   Wiener Sportclub
1967-68 26   7   Wiener Sportclub
1968-69 10   8   Wiener Sportclub

Hof, Norbert
*02.02.1944, 31 A, Libero/Außendecker
1962-63   4   1   Wiener Sportclub
1963-64   8   1   Wiener Sportclub
1964-65 23   1   Wacker Wien
1965-66 16   0   Wiener Sportclub
1966-67 25   0   Wiener Sportclub
1967-68 26   0   Wiener Sportclub
1968-69 27   4   Wiener Sportclub
1970-71 29   4   Wiener Sportclub
1971-72 24   1   Rapid Wien
1972-73 27   3   Rapid Wien
1973-74 32   1   Rapid Wien
1974-75 34   1   Rapid Wien
1975-76 30   0   Rapid Wien
1977-78 34   1   Wiener Sportclub
1978-79 34   0   Wiener Sportclub
1979-80 13   0   Wiener Sportclub

Hofbauer, Dominik
*19.09.1990, Mittelfeldspieler
2012-13 23   0   SC Wiener Neustadt
2014-15 13   3   SC Wiener Neustadt
2015-16 26   2   SC Rheindorf Altach
2017-18 23   1   SKN St. Pölten
2018-19 13   0   SKN St. Pölten
2019-20 19   1   SKN St. Pölten

Hofbauer, Josef
*26.11.1945, Außendecker
1967-68   5   1   First Vienna
1969-70 24   1   Grazer AK
1970-71 27   0   Grazer AK
1971-72 23   0   Grazer AK

Hofbauer, Otto
*04.01.1932, 2 A, Rechtsaußen
1953-54 12   8   Wiener AC
1954-55 21 12   Austria Wien
1955-56   4   1   Austria Wien

Hofer, Daniel
*18.12.1983, Mittelfeldspieler
2008-09   8   0   SV Ried
2009-10   2   0   Kapfenberger SV

Hofer, Helmut
*16.07.1962, Stürmer
1984-85   3   1   DSV Alpine

Hofer, Herbert
Linksaußen
1966-67   1   0   Wacker Wien

Hofer, Kurt
*15.08.1934, rechter Läufer
1961-62 21   0   Salzburger AK

Hofer, Kurt
*16.03.1954, Stürmer
1976-77 13   1   Linzer ASK
1977-78   6   0   Linzer ASK

Hofer, Peter
Libero
1968-69   7   0   WSV Donawitz

Hofer, Raphael
*14.02.2003, Stürmer
2023-24   6   0   Blau-Weiß Linz

Hoffer, Erwin (Jimmy)
*14.04.1987, 28 A, Stürmer
2004-05   4   0   Admira/Wacker Mödling
2005-06 17   4   Admira/Wacker Mödling
2006-07 21   4   Rapid Wien
2007-08 29 10   Rapid Wien
2008-09 34 27   Rapid Wien
2009-10   1   0   Rapid Wien
2019-20 25   2   Admira/Wacker Mödling
2020-21 20   2   Admira/Wacker Mödling

Hoffmann, Alfred
*24.11.1936, Mittelstürmer
1959-60 24   5   SC Wiener Neustadt
1960-61 25   5   SC Wiener Neustadt
1961-62 15   6   SC Wiener Neustadt
1963-64 11   2   SC Wiener Neustadt
1964-65 25   1   SC Wiener Neustadt
1965-66 23   4   SC Wiener Neustadt
1966-67 14   1   SC Wiener Neustadt

Hoffmann, Daniel
*27.10.1971, Torwächter
2001-02   5   0   Sturm Graz
2002-03   4   0   Sturm Graz

Hoffmann, Rainer
*03.03.1969, Mittelfeldspieler
1996-97 32   2   Admira/Wacker

Hoffmann, Theodor
*05.07.1940, Außenläufer/Mittelläufer
1970-71 25   0   Rapid Wien

Hofka, Eduard
*08.03.1929, Mittelstürmer
1947-48 10   2   SK Oberlaa (WL)
1947-48   3   3   SK Oberlaa (WL)
1948-49   9   5   SL Oberlaa (WL)
1949-50 14   5   Admira Wien
1950-51   2   0   Admira Wien
1950-51   9   4   SC Wiener Neustadt
1954-55 23 19   Kapfenberger SV
1955-56 22 16   Kapfenberger SV
1956-57 23 15   Kapfenberger SV
1957-58 15   4   Kapfenberger SV
1958-59 21 10   Kapfenberger SV

Hofmann, Andreas
*25.09.1974, Mittelfeldspieler
1994-95 12   0   FC Linz

Hofmann, Helmut
*04.03.1961, Stürmer
1979-80 30   1   Rapid Wien
1980-81   3   0   Rapid Wien
1981-82 28   7   Rapid Wien
1982-83 14   2   Rapid Wien
1983-84 19   3   Austria Salzburg
1984-85 13   1   Austria Salzburg
1985-86 20   4   SC Eisenstadt

Hofmann, Maximilian
*07.08.1993, Innenverteidiger
2012-13   1   0   Rapid Wien
2013-14   5   0   Rapid Wien
2014-15 23   1   Rapid Wien
2015-16 22   0   Rapid Wien
2016-17 19   0   Rapid Wien
2017-18 23   0   Rapid Wien
2018-19 14   1   Rapid Wien
2019-20 18   1   Rapid Wien
2020-21 22   0   Rapid Wien
2021-22 13   0   Rapid Wien
2022-23   6   0   Rapid Wien
2023-24 17   0   Rapid Wien

Hofmann
Linksaußen
1962-63   1   0   Wacker Wien

Hofmann, Rudolf
Linksaußen
1954-55   1   0   Wiener Sportclub
1955-56 11   2   Wiener Sportclub
1956-57   1   0   Wiener Sportclub

Hofmann, Steffen
*09.09.1980, Mittelfeldspieler
2002-03 30   5   Rapid Wien
2003-04 27 10   Rapid Wien
2004-05 32   8   Rapid Wien
2005-06 20   3   Rapid Wien
2006-07 19   1   Rapid Wien
2007-08 36 10   Rapid Wien
2008-09 34 12   Rapid Wien
2009-10 36 20   Rapid Wien
2010-11 25   5   Rapid Wien
2011-12 32   6   Rapid Wien
2012-13 20   2   Rapid Wien
2013-14 32   5   Rapid Wien
2014-15 36   4   Rapid Wien
2015-16 29   4   Rapid Wien
2016-17 15   2   Rapid Wien
2017-18 11   1   Rapid Wien

Hofmeister, Karl
*16.11.1947, Mittelfeldspieler
1974-75 12   0   Sturm Graz
1975-76 17   1   Sturm Graz
1976-77 22   0   Sturm Graz

Hohenberger, Alfred
*17.12.1931, Mittelfeldspieler
1962-63 21   1   Austria Klagenfurt
1965-66 23   5   Austria Klagenfurt
1966-67   8   1   Austria Klagenfurt

Hohenecker, Martin
*26.02.1965, rechter Außendecker
1984-85   3   0   First Vienna

Hoheneder, Niklas
*17.08.1986, Innenverteidiger
2007-08 36   1   Linzer ASK
2008-09 33   1   Linzer ASK
2010-11   6   0   Austria Wien

Hohenwarter, Erwin
*01.12.1947, Mittelfeld/Libero
1965-66   5   1   Grazer AK
1966-67 25 14   Grazer AK
1967-68 23   7   Grazer AK
1968-69   5   0   Grazer AK
1968-69 13   2   Wacker Innsbruck
1969-70 20   3   Wacker Innsbruck
1977-78 36   1   Grazer AK
1978-79 36   1   Grazer AK
1979-80 34   2   Grazer AK
1980-81 34   3   Grazer AK
1981-82 36   0   Grazer AK
1982-83 26   1   Grazer AK

Hohn, Alfred
*24.10.1940, rechter Außendecker
1960-61 11   0   FC Dornbirn
1963-64 15   0   FC Dornbirn

Hohnjec, Stjepan
*30.10.1952, Stürmer
1977-78 21   3   Grazer AK

Holata, Josef
Linksaußen
1967-68   6   1   Admira-Energie Wien
1968-69 18   2   Admira-Energie Wien
1969-70 26   7   Admira-Energie Wien
1970-71   9   0   Admira-Energie Wien
1971-72 19   1   Simmeringer SC

Holata, Karl
*11.09.1950, Verteidiger
1971-72 12   0   Sturm Graz
1972-73   3   0   Sturm Graz

Hold, Raimund
Rechter Läufer
1951-52   1   0   FC Wien
1952-53   1   0   FC Wien

Holemar, Markus
*16.06.1976, Mittelfeldspieler
1998-99 12   0   Vorwärts Steyr

Holeňák, Miroslav
*10.02.1976, 3 A, Mittelfeld/Innenverteidiger
2006-07 32   2   SV Mattersburg

Holeschofsky, Franz
Rechter Halbstürmer
1949-50 20 10   Slovan Wien

Holland, James Robert
*15.05.1989, 15 A, Mittelfeldspieler
2011-12 11   0   Austria Wien
2012-13 34   0   Austria Wien
2013-14 33   0   Austria Wien
2014-15 27   0   Austria Wien
2017-18 23   0   Linzer ASK
2018-19 28   3   Linzer ASK
2019-20 29   3   Linzer ASK
2020-21 27   3   Linzer ASK
2021-22 23   0   Linzer ASK
2022-23 17   0   Austria Wien
2023-24 18   0   Austria Wien

Hollaus, Friedrich (Fritz)
*21.10.1929, Mittelstürmer/Mittelläufer
1948-49   6   0   SK Oberlaa (WL)
1949-50 11   1   SK Oberlaa
1951-52 11   3   Wiener Sportclub
1953-54   4   2   Wiener Sportclub
1954-55 25   9   FC Stadlau
1955-56 26 20   FC Stadlau
1956-57 14   7   FC Stadlau
1956-57 12 12   Wiener AC
1957-58 14 10   Wiener AC
1960-61   2   0   Wiener AC
1961-62 26   0   Wiener AC
1962-63 26   0   Wiener AC
1963-64 25   0   Wiener AC
1964-65 26   0   Wiener AC

Hollaus, Leopold
Rechtsaußen
1956-57 13   1   FC Stadlau

Hollenstein, Walter
*24.10.1946, Verteidiger/Mittelfeld
1969-70 10   0   FC Dornbirn

Holocher, Paul
*24.05.1969, 1 A, Mittelfeldspieler
1993-94   1   0   Admira/Wacker

Holtzman, Shay
*01.01.1974, 9 A, Stürmer
1998-99 18   2   Austria Wien

Holub, Robert
*02.12.1976, Mittelstürmer
2002-03   4   0   Admira/Wacker Mödling

Holzer, Harald
*28.02.1964, Mittelfeldspieler
1987-88 21   1   Sturm Graz
1988-89 18   3   Sturm Graz
1989-90 31   3   Sturm Graz
1990-91 35   5   Sturm Graz
1991-92 21   1   Sturm Graz
1992-93 11   0   Sturm Graz

Holzer, Marcel
*06.10.1998, Stürmer
2016-17   3   0   Wolfsberger AC
2018-19   5   0   TSV Hartberg
2019-20   6   0   Wolfsberger AC

Holzer, Richard
Rechter Läufer
1954-55 12   0   FC Stadlau
1954-55 11   0   Admira Wien
1955-56 18   0   Admira Wien
1956-57 24   0   Admira Wien
1957-58   7   0   Admira Wien
1958-59 17   0   Admira Wien
1959-60   4   0   Admira-Energie Wien

Holzfeind, Gerald
*09.11.1961, Stürmer
1984-85 17   3   SV Spittal/Drau

Holzfeind, Johann
Rechtsaußen
1953-54   4   0   Floridsdorfer AC

Holzhauser, Raphael
*16.02.1993, 2 A, Mittelfeldspieler
2014-15   16   1   Austria Wien
2015-16   35   3   Austria Wien
2016-17   35   8   Austria Wien
2017-18   28 10   Austria Wien

Holzmann, Marcel
*03.09.1990, linker Außendecker/Mittelfeld
2016-17   6   0   SKN St. Pölten
2017-18   13   0   Admira/Wacker Mödling

Homola, Anton
*01.01.1911, Rechter Halbstürmer
1945-46   6   0   First Vienna (WL)
1946-47   12   0   First Vienna (WL)
1950-51   12   0   Linzer ASK

Hondt, Robert
*15.06.1967, Mittelfeldspieler
1987-88   1   0   Wiener Sportclub
1989-90   2   0   Wiener Sportclub

Hong, Hyun-Seok
*16.06.1999, 22 A, Mittelfeldspieler
2021-22   23   0   Linzer ASK
2022-23   3   0   Linzer ASK

Honsak, Mathias (Honsi)
*20.12.1996, Stürmer
2015-16   14   1   SV Ried
2016-17   24   3   SV Ried
2017-18   19   3   SC Rheindorf Altach

Hopfer, Wolfgang
*10.06.1975, Mittelfeldspieler
1993-94   4   1   Sturm Graz
1994-95   7   0   Sturm Graz
1995-96   1   0   Sturm Graz
1996-97   16   4   Sturm Graz
1997-98   25   4   Sturm Graz
1998-99   3   0   Sturm Graz
1998-99   24   0   Austria Wien
1999-00   27   1   Austria Wien
2000-01   30   0   Austria Wien
2001-02   19   0   Austria Wien
2002-03   7   1   Austria Wien
2003-04   18   0   SV Mattersburg

Hoping, Clemens
*14.01.1960, Stürmer
1988-89   1   0   Vorwärts Steyr

Horak, Walter (Max)
*01.06.1931, 13 A, Rechtsaußen
1953-54   4   2   Wiener Sportclub
1954-55   23 15   Wiener Sportclub
1955-56   22   6   Wiener Sportclub
1956-57   21   9   Wiener Sportclub
1957-58   26 33   Wiener Sportclub
1958-59   25 18   Wiener Sportclub
1959-60   9   1   Wiener Sportclub
1959-60   12   6   Wacker Wien
1960-61   10   1   Wacker Wien
1960-61   12   2   Grazer AK
1961-62   4   1   Austria Wien
1962-63   13   8   Schwechater SC
1963-64   18   2   Schwechater SC
1964-65   21   2   Schwechater SC
1965-66   18   2   Schwechater SC
1966-67   1   0   Austria Klagenfurt

Horak, Michael
*31.03.1966, Mittelfeldspieler
1986-87   1   0   Rapid Wien
1989-90   6   1   Wiener Sportclub
1990-91   19   0   Wiener Sportclub
1992-93   27   2   Wiener Sportclub
1993-94   8   1   Wiener Sportclub

Horejs, Josef
Linksaußen/Linker Halbstürmer
1951-52   6   0   Simmeringer SC

Horn, Timo
*12.05.1993, Torwächter
2023-24   3   0   RB Salzburg

Hornik, Ernst
Außenläufer
1956-57   15   1   Wiener AC
1957-58   17   0   Wiener AC
1958-59   20   0   Wiener AC
1959-60   1   0   Wiener AC

Horvat, Matija
*07.05.1999, Mittelfeldspieler
2020-21   16   0   TSV Hartberg
2021-22   27   2   TSV Hartberg
2022-23   24   1   TSV Hartberg

Horvat, Tomi
*24.03.1999, 7 A, Mittelfeldspieler
2022-23   32   4   Sturm Graz
2023-24   28   7   Sturm Graz

Horvath, Alfred
*26.03.1944, Mittelfeldspieler
1966-67   20   5   Sturm Graz
1967-68   10   0   Sturm Graz

Horvath, Attila
*23.01.1971, 2 A, Mittelfeldspieler
1996-97   1   0   Austria Wien

Horvath, Gerhard
*15.05.1955, Torwächter
1969-70   28   0   SC Eisenstadt
1971-72   21   0   SC Eisenstadt
1972-73   9   0   VÖEST Linz
1973-74   24   1   VÖEST Linz
1974-75   14   0   VÖEST Linz
1975-76   22   1   VÖEST Linz
1979-80   4   0   Admira/Wacker
1980-81   12   0   Admira/Wacker
1986-87   2   0   SC Eisenstadt

Horvath, Günther
*08.04.1963, Mittelfeldspieler
1982-83   3   0   SC Eisenstadt
1983-84   1   0   SC Eisenstadt

Horvath, Geza
*1918, rechter Läufer
1945-46   19   0   Rapid Oberlaa (WK)
1949-50   1   0   SK Oberlaa

Horvath, Heinrich
*12.12.1957, Mittelfeldspieler
1978-79   2   0   Austria Wien
1978-79   6   0   Austria Salzburg
1979-80   1   0   Austria Salzburg
1983-84   8   0   SC Eisenstadt

Horvath, Johann
*12.05.1947, Mittelfeldspieler
1965-66   7   1   Grazer AK
1966-67   10   2   Grazer AK

Horvath, Ludwig
Mittelläufer
1952-53   1   0   Wacker Wien
1955-56   21   0   Sturm Graz
1956-57   14   0   Sturm Graz
1956-57   12   0   FC Stadlau
1957-58   24   0   ÖMV Olympia Wien
1958-59   13   0   WSV Donawitz
1959-60   26   0   WSV Donawitz

Horvath, Michael
*05.02.1982, Mittelfeldspieler
2002-03 14   2 SV Pasching
2003-04 13   0 SV Pasching
2004-05 30   0 FC Pasching
2005-06 30   3 Admira/Wacker Mödling
2006-07   9   0 Grazer AK

Horvath, Rudolf (Rudi)
*01.12.1947, 16 A, Mittelfeld/Libero
1967-68 23   3 Austria Salzburg
1968-69 27   6 Austria Salzburg
1969-70 27   5 Austria Salzburg
1970-71 26   1 VÖEST Linz
1971-72 28   4 VÖEST Linz
1972-73 24   1 VÖEST Linz
1972-73   6   1 First Vienna
1973-74 22 10 First Vienna
1973-74 27   2 Wattens-Wacker Innsbruck
1974-75 29   6 Wattens-Wacker Innsbruck
1975-76 19   3 Wattens-Wacker Innsbruck
1976-77 20   1 Wattens-Wacker Innsbruck
1977-78   3   0 First Vienna

Horvath, Sascha
*22.08.1996, Mittelfeldspieler
2013-14 12   0 Austria Wien
2014-15   2   0 Austria Wien
2015-16 25   4 Sturm Graz
2016-17 23   0 Sturm Graz
2018-19 14   0 Wacker Innsbruck
2020-21 24   2 TSV Hartberg
2021-22   6   3 TSV Hartberg
2021-22 26   7 Linzer ASK
2022-23 31   2 Linzer ASK
2023-24 24   1 Linzer ASK

Horvatić, Alfons
*13.07.1942, Torwächter
1972-73 30   0 Austria Klagenfurt
1973-74 25   0 Austria Klagenfurt

Hoschek, Adolf
*05.01.1925, rechter Läufer
1954-55   2   0 Wiener Sportclub
1955-56   7   0 Wiener Sportclub
1956-57   8   0 Wiener Sportclub

Hosiner, Philipp
*15.05.1989, 5 A, Stürmer
2011-12 32 10 Admira/Wacker Mödling
2012-13   6   5 Admira/Wacker Mödling
2012-13 30 27 Austria Wien
2013-14 34 14 Austria Wien
2018-19 14   3 Sturm Graz

Hosp, Walter
*10.02.1949, Mittelfeldspieler
1970-71 17   0 Schwarz-Weiß Bregenz
1972-73 13   0 SC Bregenz

Hota, Almedin
*22.07.1976, 21 A, Mittelfeldspieler
2001-02 32   4 FC Kärnten
2002-03 31   1 FC Kärnten
2003-04 33   2 FC Kärnten
2007-08 29   0 Linzer ASK

Hovenkamp, Hugo Hermannus
*05.10.1950, 31 A, linker Außendecker/Libero
1984-85 25   6 Wattens-Wacker Innsbruck

Howanietz, Johann
*29.03.1934, Rechter Halbstürmer
1954-55 22   4 Wiener Sportclub
1955-56 15   5 Wiener Sportclub
1956-57 15   1 Wiener Sportclub
1957-58 10   2 Wiener Sportclub
1958-59   3   1 Wiener Sportclub
1958-59 11   5 WSV Donawitz
1959-60 25   4 WSV Donawitz
1962-63 16   4 Wacker Wien
1964-65 21   8 Wacker Wien

Hrivnak, Jozef
*17.02.1973, Stürmer
1997-98   6   1 Austria Wien

Hrncir, Peter
*1938, Rechter Halbstürmer
1957-58   1   0 Austria Wien
1958-59   2   0 Austria Wien

Hroubinek, Werner
Linksaußen
1961-62   1   0 Wiener Sportclub

Hrovat, Andreas
*30.05.1963, Stürmer
1984-85   2   0 First Vienna

Hrstić, Davor
*26.08.1959, Libero
1982-83 21   0 Austria Klagenfurt
1983-84 11   0 Austria Klagenfurt
1984-85 13   0 Austria Klagenfurt
1985-86 30   2 Austria Klagenfurt
1986-87 16   0 Austria Klagenfurt
1987-88 20   0 Austria Klagenfurt
1988-89 14   1 Austria Klagenfurt

Hrstic, Josef
*07.08.1963, Mittelfeldspieler
1982-83 11   2 Austria Klagenfurt
1983-84 28   5 Austria Klagenfurt
1984-85 29   4 Austria Klagenfurt
1985-86 33   4 Austria Klagenfurt
1986-87 16   0 Grazer AK
1987-88   7   0 Austria Klagenfurt
1988-89 14   2 Austria Klagenfurt

Hrstic, Peter
*24.09.1961, 3 A, Mittelfeldspieler
1982-83 23 10 Austria Klagenfurt
1983-84 26 10 Austria Klagenfurt
1984-85 16 10 Austria Klagenfurt
1984-85 11   5 Rapid Wien
1985-86 19   3 Rapid Wien
1986-87 29 15 Rapid Wien
1987-88 25   4 Rapid Wien
1988-89 11   1 FC Tirol
1989-90 18   5 Austria Salzburg
1991-92 36   9 Austria Salzburg
1992-93 18   2 Austria Salzburg

Hrubant, Gottfried
Torwächter
1954-55   5   0 FC Stadlau
1955-56 20   0 FC Stadlau
1956-57 17   0 FC Stadlau

Hruby, Alois
Mittelfeldspieler
1970-71 29   2 Admira-Energie Wien
1971-72   9   1 Admira/Wacker

Hruby, Franz
Rechter Läufer
1953-54 21 0 FC Wien
1954-55 15 0 FC Wien
1955-56 12 0 FC Wien
1956-57   3 2 Wacker Wien
1957-58   8 1 Wacker Wien
1958-59   1 0 Wacker Wien

Hruška, Bohumil
*02.03.1930, Innenstürmer/Rechter Läufer
1953-54 24 12 Wiener AC
1956-57 19 8 Wiener AC
1957-58 21 3 Wiener AC
1958-59 15 0 Wiener AC
1959-60 25 2 Wiener AC
1960-61 23 4 Wiener AC
1961-62 23 2 Wiener AC
1962-63 22 1 Admira-Energie Wien
1963-64 25 1 Admira-Energie Wien
1964-65 23 6 Admira-Energie Wien
1965-66 19 2 Admira-Energie Wien

Huber, Adolf (Dolfi)
*05.03.1923, 15 A, Mittelstürmer
1940-41   5 1 Austria Wien (BK)
1941-42 14 11 Austria Wien (BK)
1942-43   0 0 Austria Wien (BK)
1943-44   3 2 Austria Wien (OK)
1945-46 10 13 Austria Wien (WL)
1946-47   7 0 Austria Wien (WL)
1947-48 14 11 Austria Wien (WL)
1948-49   6 8 Austria Wien (WL)
1949-50 24 23 Austria Wien
1950-51 18 20 Austria Wien
1951-52 25 18 Austria Wien
1952-53 16 12 Austria Wien
1953-54 12 2 Austria Wien
1954-55   9 3 Austria Wien
1955-56 15 12 Austria Wien
1956-57   9 3 Austria Wien

Huber, Elmar
*19.09.1931, linker Außendecker
1960-61 13 0 FC Dornbirn

Huber, Josef
*29.12.1956, linker Außendecker/Mittelfeld
1982-83 23 0 SC Neusiedl am See
1983-84 27 0 SC Neusiedl am See

Huber, Josef (Pepi)
*18.01.1959, Stürmer
1978-79   1 0 Austria Salzburg
1979-80   1 0 Austria Salzburg
1985-86 22 2 Salzburger AK

Huber, Karl
Linker Läufer/Stürmer
1957-58   4 0 Admira Wien
1958-59   8 0 Admira Wien
1959-60 11 0 Admira-Energie Wien

Huber, Michael
*14.01.1990, Innenverteidiger
2016-17 31 1 SKN St. Pölten
2017-18 32 1 SKN St. Pölten
2018-19 26 1 TSV Hartberg
2019-20 31 2 TSV Hartberg
2020-21   2 0 TSV Hartberg

Huber, Wolfgang
Linker Läufer
1958-59 10 0 Linzer ASK

Huberts, Helmut
*29.04.1944, Mittelfeldspieler
1967-68 23 4 Sturm Graz
1968-69 26 0 Sturm Graz
1969-70 25 3 Sturm Graz
1970-71 27 1 Sturm Graz
1971-72 18 2 Sturm Graz
1972-73 25 1 Sturm Graz
1973-74 24 0 Sturm Graz
1974-75 20 0 Sturm Graz
1975-76 31 0 Sturm Graz
1976-77 15 0 Sturm Graz

Huberts, Wilhelm
*22.02.1938, 4 A, Stürmer/Libero
1955-56 17 5 Grazer AK
1956-57 25 2 Grazer AK
1957-58 24 7 Grazer AK
1958-59 26 4 Grazer AK
1959-60 18 8 Grazer AK
1960-61   8 2 Grazer AK
1970-71 29 0 Austria Wien
1971-72 24 1 Grazer AK
1972-73 30 0 Grazer AK
1973-74 30 0 Grazer AK

Huberts, Wilhelm
*07.03.1947, 3 A, linker Außendecker
1968-69 25 0 Sturm Graz
1969-70 30 0 Sturm Graz
1970-71   6 0 Sturm Graz
1970-71 14 0 VÖEST Linz
1971-72 28 0 VÖEST Linz
1972-73 30 1 VÖEST Linz
1973-74 32 0 VÖEST Linz
1974-75 36 1 VÖEST Linz
1975-76 24 2 VÖEST Linz
1976-77 22 1 VÖEST Linz

Huberts, Peter
*25.09.1961, Vorstopper/Mittelfeld
1979-80 27 0 Sturm Graz
1980-81 17 1 Sturm Graz
1981-82 21 1 Sturm Graz
1982-83 24 0 Sturm Graz
1983-84 24 0 Sturm Graz
1984-85 21 0 Sturm Graz
1985-86   8 1 Sturm Graz
1986-87 24 0 Sturm Graz
1987-88 35 0 Sturm Graz
1988-89 15 0 Sturm Graz
1989-90 24 0 Sturm Graz
1990-91   1 0 Sturm Graz

Hubich, Markus
*16.10.1973, Mittelstürmer
1998-99 17 3 Vorwärts Steyr

Hübler, Josef
*13.01.1939, Außenläufer
1959-60 11 3 Simmeringer SC
1960-61 26 2 Simmeringer SC
1961-62 26 0 Simmeringer SC
1962-63 26 1 Simmeringer SC
1963-64 10 1 Simmeringer SC
1965-66 12 0 Simmeringer SC

Hübler, Michael
*15.12.1978, Innenverteidiger
1999-00   8 0 Grazer AK
2000-01   5 0 Grazer AK

Hülshoff, Bernardus Adrianus (Barry)
*30.09.1946, 14 A, Vorstopper
1982-83   3 0 Grazer AK

Hüttenbrenner, Boris
*23.09.1985, Mittelfeldspieler
2008-09   13   1   Kapfenberger SV
2009-10   31   2   Kapfenberger SV
2010-11   32   3   Kapfenberger SV
2011-12   13   0   Kapfenberger SV
2012-13   13   0   Wolfsberger AC
2013-14   25   1   Wolfsberger AC
2014-15   32   3   Wolfsberger AC
2015-16   30   2   Wolfsberger AC
2016-17   21   3   Wolfsberger AC
2017-18   9   0   Wolfsberger AC

Hütter, Adolf (Adi)
*11.02.1970, 14 A, Mittelfeldspieler
1988-89   3   0   Grazer AK
1993-94   27   3   Austria Salzburg
1994-95   28   2   Austria Salzburg
1995-96   34   1   Austria Salzburg
1996-97   27   7   Austria Salzburg
1997-98   25   0   Austria Salzburg
1998-99   33   2   Austria Salzburg
1999-00   28   2   Austria Salzburg
2000-01   21   2   Grazer AK
2001-02   8   0   Grazer AK

Hütter Wippel, **Philipp**
*17.08.1990, Mittelfeldspieler
2012-13   4   0   Sturm Graz
2013-14   7   0   Sturm Graz
2021-22   8   0   Austria Klagenfurt

Hütterer, Alois
Linker Läufer
1956-57   3   0   Simmeringer SC
1957-58   8   0   Simmeringer SC

Huf, Manfred
*12.06.1957, Mittelfeldspieler
1980-81   1   0   SC Eisenstadt

Hugi, Dor
*10.07.1995, Stürmer
2020-21   31   8   SKN St. Pölten

Hugonet, Jean
*24.11.1999, Innenverteidiger
2022-23   29   1   Austria Lustenau

Hujdurović, Faruk
*14.05.1970, 12 A, Innenverteidiger
1997-98   14   3   SV Ried
1998-99   32   0   SV Ried
1999-00   30   0   SV Ried
2000-01   9   0   SV Ried

Humann, Franz
Rechtsaußen
1949-50   5   0   SV Gloggnitz

Hummel, Walter
*05.05.1944, Mittelfeldspieler
1969-70   18   0   FC Dornbirn

Hundegger, Erich
*01.01.1932, Mittelläufer
1960-61   24   0   FC Dornbirn

Hupf, Roman
*04.11.1978, Verteidiger
1998-99   2   0   Austria Salzburg

Hupfauf, Lukas
*11.09.1996, Außendecker
2018-19   15   0   Wacker Innsbruck

Hupfauf, Wolfgang
*06.12.1961, Verteidiger/Mittelfeld
1981-82   10   0   Wattens-Wacker Innsbruck
1982-83   8   0   Wattens-Wacker Innsbruck
1984-85   22   0   Wattens-Wacker Innsbruck
1985-86   17   0   Wattens-Wacker Innsbruck

Husa, Otto
Mittelläufer/Rechter Außendecker
1959-60   2   0   Simmeringer SC
1960-61   1   0   Simmeringer SC

Huschek, Werner
*20.04.1939, Linksaußen
1958-59   2   3   Wiener Sportclub
1959-60   2   0   Wiener Sportclub
1959-60   9   1   Austria Wien
1960-61   3   0   Austria Wien
1961-62   4   1   Simmeringer SC
1962-63   10   3   Simmeringer SC

Husković, Murharem
*05.03.2003, Mittelfeldspieler
2020-21   1   0   Austria Wien
2021-22   14   2   Austria Wien
2022-23   8   1   Austria Wien
2023-24   27   3   Austria Wien

Huspek, Philipp
*05.02.1991, Mittelfeld/Stürmer
2008-09   7   0   SV Ried
2009-10   20   1   SV Ried
2010-11   5   0   SV Ried
2013-14   35   5   SV Grödig
2014-15   34   6   SV Grödig
2015-16   6   0   Rapid Wien
2016-17   26   1   Sturm Graz
2017-18   23   6   Sturm Graz
2018-19   20   0   Sturm Graz
2019-20   22   3   Sturm Graz
2020-21   15   0   Sturm Graz

Huspek, Roland
*08.04.1971, Mittelfeldspieler
1991-92   1   0   FC Stahl Linz
1992-93   3   0   FC Stahl Linz
1994-95   24   0   FC Linz
1996-97   30   1   FC Linz
2002-03   20   2   SV Pasching

Hutfleß, Hubert
*27.08.1937, linker Läufer
1959-60   13   2   SC Wiener Neustadt
1960-61   25   0   SC Wiener Neustadt
1961-62   25   0   SC Wiener Neustadt
1963-64   19   1   SC Wiener Neustadt
1964-65   26   1   SC Wiener Neustadt
1965-66   26   1   SC Wiener Neustadt
1966-67   18   1   SC Wiener Neustadt

Hutterstrasser, Markus
*07.09.1973, Mittelfeldspieler
1992-93   2   0   VSE St. Pölten

Hutwelker, Karsten
*27.08.1971, Mittelfeldspieler
2007-08   34   3   SC Rheindorf Altach
2008-09   4   0   SC Rheindorf Altach

Huyer, Andreas
*13.08.1965, Stürmer/Libero
1988-89   3   1   Rapid Wien
1989-90   1   0   Rapid Wien
1989-90   14   0   Wiener Sportclub
1990-91   5   0   Wiener Sportclub
1991-92   16   1   First Vienna
1992-93   14   0   Linzer ASK

Huyer, Ludwig
*10.06.1941, Torwächter
1960-61 22 0 Rapid Wien
1961-62 14 0 Rapid Wien
1962-63 11 0 Rapid Wien

Hwang, Hee-Chan
*26.01.1996, 64 A, Stürmer
2015-16 13 0 RB Salzburg
2016-17 26 12 RB Salzburg
2017-18 20 5 RB Salzburg
2019-20 27 11 RB Salzburg

Hýll, Miroslav
*20.09.1973, 6 A, Torwächter
2005-06   1 0 Admira/Wacker Mödling

I

Iberer, Günter
*28.03.1940, Innenstürmer
1961-62 21 8 Grazer AK
1964-65   2 0 Grazer AK

Ibermaier, Josef
Mittelläufer
1952-53 26 2 FC Wien
1953-54   8 0 FC Wien

Ibertsberger, Andreas
*27.07.1982, 15 A, Außendecker
2000-01   1 0 Austria Salzburg
2001-02   4 0 Austria Salzburg
2002-03 24 1 Austria Salzburg
2003-04 35 1 Austria Salzburg
2004-05 21 2 Austria Salzburg

Ibertsberger, Lukas
*06.08.2003, linker Außendecker
2023-24 13 0 Wolfsberger AC

Ibertsberger, Robert
*20.01.1977, 8 A, rechter Außendecker
1996-97 19 3 Austria Salzburg
1998-99 31 0 Austria Salzburg
1999-00 20 1 Austria Salzburg
2000-01 22 0 Sturm Graz
2001-02 14 0 FC Tirol Innsbruck

Ibrahimi, Mehmet
*09.02.2003, Stürmer
2023-24 13 0 Blau-Weiß Linz

İbrahimoğlu, Melih
*17.07.2000, Mittelfeldspieler
2019-20   4 0 Rapid Wien
2020-21   2 0 Rapid Wien

Ibrahimović, Edin
*16.08.1991, Stürmer
2012-13   2 0 SV Ried

Ibser, Alexander
*19.02.1991, Stürmer
2015-16 21 3 SV Mattersburg
2016-17 14 0 SV Mattersburg

Ičin, Milan
*08.08.1960, Mittelfeldspieler
1983-84   8 0 VOEST Linz

Idl, Robert
*02.08.1958, Mittelfeldspieler
1982-83   5 0 Wattens-Wacker Innsbruck
1984-85 14 0 Wattens-Wacker Innsbruck
1985-86 13 0 Wattens-Wacker Innsbruck
1986-87 22 2 Wattens-Wacker Innsbruck
1987-88   2 0 FC Tirol

Idrizaj, Besian
*12.10.1987, Mittelfeld/Stürmer
2007-08   2 0 Wacker Innsbruck

Iencsi, Mihai Adrian
*15.03.1975, 30 A, Innenverteidiger
2008-09   4 0 Kapfenberger SV

Igbonekwu, Emmanuel Kelvin
*16.01.2002, Stürmer
2020-21   1 0 TSV Hartberg

Igesund, Gordon
*22.07.1965, Stürmer
1980-81   5 1 Grazer AK
1981-82 27 11 Admira/Wacker
1982-83 29 9 Admira/Wacker
1983-84 20 6 Admira/Wacker

Ignjatović, Patrick
*12.08.1982, Mittelfeldspieler
2003-04   2 0 Schwarz-Weiß Bregenz

Igor (Igor Julio dos Santos de Paulo)
*07.02.1998, Innenverteidiger
2016-17   1 0 RB Salzburg
2017-18   1 0 RB Salzburg
2017-18 15 0 Wolfsberger AC
2018-19 27 0 Austria Wien

Ikanović, Asmir
*30.04.1976, 12 A, Innenverteidiger
2002-03 27 0 Schwarz-Weiß Bregenz
2003-04 16 0 Schwarz-Weiß Bregenz
2004-05 17 0 Schwarz-Weiß Bregenz

Ilarionov, Ivaylo
*06.01.1973, Stürmer/Mittelfeld
1996-97 28 1 Admira/Wacker

Ildiz, Muhammed
*14.05.1991, Mittelfeldspieler
2010-11 14 0 Wacker Innsbruck
2011-12 16 1 Wacker Innsbruck
2012-13 15 0 Rapid Wien

Ilić, Christian
*22.07.1996, Mittelfeldspieler
2018-19 17 2 TSV Hartberg

Ilić, Saša
*30.12.1977, 34 A, Mittelfeldspieler
2007-08 30 8 RB Salzburg
2008-09   3 0 RB Salzburg
2009-10   1 0 RB Salzburg

Iličić, Josip
*29.01.1988, 83 A, Mittelfeld/Stürmer
1985-86   9 3 Austria Klagenfurt

Ille, Roko
Mittelfeldspieler
1966-67   6 0 Linzer ASK
1967-68   3 0 Linzer ASK

Illibauer, Mario
*03.05.1985, Mittelfeld/Stürmer
2006-07   2   0   SV Ried
2007-08   2   0   SV Ried
2008-09   1   0   SV Ried

Ilsanker, Herbert
*24.05.1967, Torwächter
1989-90   10   0   Austria Salzburg
1990-91   31   0   Austria Salzburg
1991-92   31   0   Austria Salzburg
1992-93   1   0   Austria Salzburg
1994-95   2   0   Austria Salzburg
1995-96   8   0   Austria Salzburg
1996-97   5   0   Austria Salzburg
1997-98   3   0   Austria Salzburg

Ilsanker, Stefan
*18.05.1989, 61 A, Mittelfeldspieler
2010-11   26   0   SV Mattersburg
2011-12   24   0   SV Mattersburg
2012-13   26   0   RB Salzburg
2013-14   32   4   RB Salzburg
2014-15   31   0   RB Salzburg

İmamoğlu, Mahmud Selim
*23.01.1991, Mittelfeldspieler
2011-12   8   0   SC Wiener Neustadt

Imhoff, Guillermo Sergio
*11.10.1982, Innenverteidiger
2007-08   4   0   Wacker Innsbruck

Imrekov, Oleg Yevgenyevich
*10.07.1962, Mittelfeldspieler
1991-92   31   4   FC Stahl Linz
1992-93   14   0   FC Stahl Linz

Iñaki Bea (Iñaki Bea Jauregi)
*27.06.1978, Innenverteidiger
2010-11   35   1   Wacker Innsbruck
2011-12   28   0   Wacker Innsbruck

Inama, Bruno
*08.06.1935, Linksaußen
1960-61   1   0   FC Dornbirn

Inama, Franz
*13.02.1944, Mittelfeldspieler
1963-64   13   4   FC Dornbirn
1969-70   27   1   FC Dornbirn

Ingolitsch, Sandro
*18.04.1997, rechter Außendecker
2017-18   20   1   SKN St. Pölten
2018-19   26   0   SKN St. Pölten
2019-20   27   1   SKN St. Pölten
2020-21   16   0   Sturm Graz
2021-22   1   0   Sturm Graz
2022-23   5   0   Sturm Graz
2023-24   21   0   SC Rheindorf Altach

Ipavec, Patrick
*13.07.1977, 2 A, Stürmer
1998-99   11   2   Vorwärts Steyr

Ipoua Hamben, **Samuel**
*01.03.1973, 15 A, Stürmer
1996-97   7   0   Rapid Wien
1997-98   18   6   Rapid Wien

Irndorfer, Karl
*10.12.1978, Innenverteidiger
1998-99   21   0   Vorwärts Steyr
1999-00   1   0   Linzer ASK
2000-01   10   0   LASK Linz

Irndorfer, Siegfried
*29.10.1961, Stürmer
1982-83   1   0   Linzer ASK

Irović, Gordon
*02.07.1934, Torwächter
1966-67   8   0   Wacker Innsbruck
1967-68   12   0   WSG Radenthein

Irschitz, Alfred
Mittelstürmer
1958-59   13   7   WSV Donawitz
1959-60   4   0   WSV Donawitz

Irving, Andrew (Andy)
*13.05.2000, Mittelfeldspieler
2022-23   31   5   Austria Klagenfurt
2023-24   28   9   Austria Klagenfurt

Irzl, Oswald
Linksaußen
1959-60   14   3   Grazer AK
1960-61   1   0   Grazer AK

Isabella, Patrick
*25.01.1971, Mittelfeldspieler
2000-01   6   2   Grazer AK

Itter, Pascal
*03.04.1995, rechter Außendecker/Mittelfeld
2015-16   15   0   SV Grödig

Ivan, Andrei Virgil
*04.01.1997, 17 A, Stürmer
2018-19   22   1   Rapid Wien

Ivanauskas, Valdas
*31.07.1966, 33 A, Stürmer
1990-91   14   4   Austria Wien
1991-92   32   9   Austria Wien
1992-93   32   15   Austria Wien
1997-98   26   6   Austria Salzburg
1998-99   9   1   Austria Salzburg

Ivančić, Mladen
*08.02.1970, Innenverteidiger
1999-00   16   0   Austria Wien

Ivanics, Gustav
*26.06.1935, Linksaußen
1958-59   15   3   Simmeringer SC
1959-60   26   8   Simmeringer SC
1960-61   16   4   Simmeringer SC
1961-62   25   9   Simmeringer SC
1962-63   19   13   Schwechater SC
1963-64   9   3   Schwechater SC
1964-65   4   1   Schwechater SC
1965-66   2   0   Schwechater SC

Ivanov, Andrej
*06.04.1967, 15 A, linker Außendecker/Mittelfeld
1996-97   12   0   FC Tirol Innsbruck

Ivanov, Trifon Marinov
*27.07.1965, 76 A, Vorstopper/Libero
1995-96   30   7   Rapid Wien
1996-97   23   0   Rapid Wien
1997-98   11   0   Austria Wien

Ivanschitz, Andreas
*15.10.1983, 69 A, Mittelfeldspieler
1999-00   1   0   Rapid Wien
2000-01   14   2   Rapid Wien
2001-02   24   1   Rapid Wien
2002-03   36   5   Rapid Wien
2003-04   25   7   Rapid Wien
2004-05   29   5   Rapid Wien
2005-06   18   5   Rapid Wien
2005-06   12   1   RB Salzburg
2006-07   1   0   RB Salzburg

Ivanschitz, Clemens
*16.07.1980, Stürmer
2005-06   6   0   SV Mattersburg

Ivkić, Leonardo
*30.01.2003, Innenverteidiger
2021-22 12   0 Austria Wien

Ivković, Tomislav
*11.08.1960, 38 A, Torwächter
1985-86 23   0 Wattens-Wacker Innsbruck
1986-87 35   0 Wattens-Wacker Innsbruck
1987-88 30   1 FC Tirol
1988-89 15   0 Wiener Sportclub

Ivos, Martin
*02.12.1991, Stürmer
2008-09   1   0 Linzer ASK

Ivoš, Aleksander
*28.06.1931, 3 A, Linker Halbstürmer
1963-64 25   4 Simmeringer SC

Ivšić, Marinko
*24.03.1962, Mittelfeldspieler
1984-85 18   1 DSV Alpine
1985-86 10   0 DSV Alpine
1990-91 32   0 DSV Alpine
1991-92 33   2 FC Stahl Linz
1992-93 20   1 FC Stahl Linz
1995-96 34   0 SV Ried

Iwan, Tomasz
*12.06.1971, 40 A, Mittelfeldspieler
2001-02 12   0 Austria Wien
2002-03 34   6 Admira/Wacker Mödling
2003-04 33   7 Admira/Wacker Mödling
2004-05 14   1 Admira/Wacker Mödling

J

Jacaré (Graciano Waldemar)
*04.02.1938, Stürmer
1962-63 22 16 Austria Wien
1963-64 14 10 Austria Wien
1964-65 11   2 Austria Wien
1965-66 19 10 Austria Wien
1966-67   4   0 Austria Wien
1967-68 19   4 First Vienna

Jacquemond, Helmut
Rechter Außendecker/Mittelfeld
1970-71 29   4 Schwarz-Weiß Bregenz
1972-73 17   0 SC Bregenz

Jadoua, Ali Adel
*13.09.1981, 17 A, Mittelfeldspieler
2002-03   3   1 Rapid Wien

Jäger, Lukas
*12.02.1994, Mittelfeld/Innenverteidiger
2014-15 15   0 SC Rheindorf Altach
2015-16 28   1 SC Rheindorf Altach
2016-17 34   0 SC Rheindorf Altach
2019-20 13   0 Sturm Graz
2020-21 22   1 Sturm Graz
2021-22 29   1 Sturm Graz
2022-23 30   1 SC Rheindorf Altach
2023-24 30   1 SC Rheindorf Altach

Jäger, Martin
*02.11.1960, linker Außendecker
1982-83   5   0 First Vienna

Jagne, Modou
*14.02.1983, 4 A, Mittelstürmer
2006-07 23   3 SC Rheindorf Altach
2007-08 14   0 SC Rheindorf Altach
2008-09 17   1 SC Rheindorf Altach
2008-09 10   1 Austria Kärnten
2009-10   4   0 Austria Kärnten

Jagodic, Alois
*24.03.1946, 2 A, Mittelfeld/Rechter Außendecker
1967-68 20   2 Austria Klagenfurt
1969-70 23   0 Rapid Wien
1970-71 30   7 Rapid Wien
1971-72 27   1 Rapid Wien
1972-73 11   1 Austria Klagenfurt
1973-74 20   1 Austria Klagenfurt
1975-76 23   1 Austria Klagenfurt

Jaio Gabiola, **Egoitz**
*13.08.1980, Innenverteidiger
2013-14   7   0 Wacker Innsbruck

Jakirović, Sergej
*23.12.1976, 6 A, Mittelfeldspieler
2006-07   1   0 FC Pasching

Jaklitsch, Arnold
*11.10.1946, Mittelfeld/Stürmer
1969-70 17   0 FC Dornbirn

Jakoliš, Marin
*26.12.1996, Stürmer
2017-18 28   5 Admira/Wacker Mödling
2018-19 23   1 Admira/Wacker Mödling

Jakomin, Saša
*15.03.1973, 1 A, Stürmer
2004-05 34   4 Schwarz-Weiß Bregenz

Jakupović, Arnel
*29.05.1998, Stürmer
2018-19   6   0 Sturm Graz

Jalen, Johann
*01.08.1939, Torwächter
1965-66 11   0 Austria Klagenfurt
1967-68 15   0 WSG Radenthein

Jamnig, Florian
*03.11.1990, Mittelfeldspieler
2006-07   1   0 Wacker Tirol
2018-19 15   1 Linzer ASK
2019-20 11   1 SC Rheindorf Altach

Jamnig, Peter
Rechtsaußen
1958-59   6   0 WSV Donawitz
1959-60 12   4 WSV Donawitz

Jancker, Carsten
*28.08.1974, 33 A, Stürmer
1995-96 27   7 Rapid Wien
2006-07 12   2 SV Mattersburg
2007-08 33 12 SV Mattersburg
2008-09 31   7 SV Mattersburg

Jančula, Tibor
*16.06.1969, 29 A, Stürmer
1995-96 26   7 Austria Salzburg
1996-97 23   2 Austria Salzburg

Jandl, Franz
*1920, Außenläufer
1945-46   2   0   Rapid Oberlaa (WL)
1947-48 16   0   SK Oberlaa (WL)
1948-49 18   0   SK Oberlaa (WL)
1949-50 22   0   SK Oberlaa

Jandl, Gerhard
Mittelfeld/Stürmer
1972-73 22   1   Admira Wiener Neustadt

Janecek, Herbert
*07.09.1931, rechter Außendecker
1959-60 19   0   Wiener AC
1960-61 22   0   Wiener AC
1961-62 23   0   Wiener AC
1962-63 10   0   Wiener AC

Janeczek, Bernhard
*10.03.1992, Innenverteidiger
2013-14 20   0   SV Ried
2014-15 26   1   SV Ried
2015-16 28   0   SV Ried
2016-17   9   0   SC Rheindorf Altach
2017-18 10   0   SC Rheindorf Altach

Janeschitz, Thomas
*22.06.1966, 1 A, Stürmer
1984-85   3   0   Wiener Sportclub
1986-87   7   1   Wiener Sportclub
1989-90 22   4   Kremser SC
1990-91 20   1   Wiener Sportclub
1992-93 36 16   Wiener Sportclub
1993-94 32   8   FC Tirol Innsbruck
1994-95 34 13   FC Tirol
1995-96 35   9   FC Tirol Innsbruck
1996-97 32 13   FC Tirol Innsbruck
1997-98 25   3   Austria Wien

Jani, Sancho
*12.08.1974, Stürmer
1999-00 22   3   Schwarz-Weiß Bregenz

Janisch, Stefan
*24.01.1942, Mittelfeldspieler
1963-64 10   1   Kapfenberger SV
1964-65 15   0   Kapfenberger SV
1965-66   4   0   Kapfenberger SV

Janitsch, Christian
*10.12.1959, Mittelfeldspieler
1979-80   1   0   Rapid Wien
1980-81   1   0   Rapid Wien
1987-88 13   0   VfB Union Mödling

Janjanin, Željko
*19.04.1954, Mittelfeldspieler
1984-85 29   7   DSV Alpine
1985-86 22   6   DSV Alpine

Jank, Alexander
*09.03.1975, Innenverteidiger
1997-98 13   1   SV Ried
1998-99 26   1   SV Ried
2000-01 21   0   SV Ried
1999-00 25   2   SV Ried
2001-02 15   1   SV Ried

Jank, Christoph
*14.10.1973, Innenverteidiger
1998-99 20   0   Vorwärts Steyr
1999-00 28   0   Austria Salzburg
2000-01 30   0   Austria Salzburg
2001-02 33   1   Austria Salzburg
2002-03 33   1   Austria Salzburg
2003-04 35   0   Austria Salzburg
2004-05 35   1   Austria Salzburg
2005-06 17   0   RB Salzburg
2006-07 33   0   SV Ried
2007-08 36   0   SV Ried

Jank, Johannes
*21.07.1936, 1 A, Mittelstürmer
1958-59 21 16   Grazer AK
1959-60 22 10   Grazer AK
1960-61 25 23   Grazer AK
1961-62 21   8   Grazer AK
1962-63   7   1   Grazer AK
1963-64 24 10   Grazer AK
1966-67   5   1   Sturm Graz

Janko, Marc
*25.06.1983, 70 A, Mittelstürmer/Mittelfeld
2004-05 13   2   Admira/Wacker Mödling
2005-06 17 11   RB Salzburg
2006-07   8   2   RB Salzburg
2007-08 14   5   RB Salzburg
2008-09 34 39   RB Salzburg
2009-10 34 18   RB Salzburg

Jano (Farinas Alejandro Velasco)
*23.12.1986, Mittelfeldspieler
2015-16 33   1   SV Mattersburg
2016-17 35   2   SV Mattersburg
2017-18 35   1   SV Mattersburg
2018-19 31   2   SV Mattersburg
2019-20 27   3   SV Mattersburg

Janočko, Vladimír
*02.12.1976, 56 A, Mittelfeldspieler
2001-02 34   8   Austria Wien
2002-03 30 12   Austria Wien
2003-04 33   2   Austria Wien
2004-05 16   2   Austria Wien
2005-06   2   1   Austria Wien
2006-07 18   1   RB Salzburg
2007-08   3   0   RB Salzburg
2008-09 16   5   RB Salzburg

Janonis, Arvydas
*06.11.1960, 5 A, Libero
1991-92 26   0   VSE St. Pölten
1992-93 17   0   VSE St. Pölten
1993-94 34   0   VSE St. Pölten

Janotka, Ferdinand
*17.10.1945, Vorstopper/Außendecker
1963-64   1   0   Austria Wien
1965-66   9   0   Austria Wien
1967-68 13   0   WSG Radenthein
1968-69 28   0   Austria Salzburg
1971-72   6   0   Wiener Sportclub
1972-73   4   0   Wiener Sportclub
1973-74 19   0   Austria/WAC
1974-75 20   0   SC Eisenstadt

Jansen, Stefan
*04.07.1972, Stürmer
2004-05 35   1   Schwarz-Weiß Bregenz

Jansenberger, Ewald
*23.08.1954, Außendecker
1979-80 20   2   VOEST Linz

Janska, Erwin
*29.10.1930, linker Außendecker
1950-51   8   0   SC Wiener Neustadt

Janson, Klaus
*22.02.1951, Stürmer
1971-72 17   2   Austria Salzburg
1972-73 20   2   Grazer AK
1973-74   2   0   Grazer AK

Janssen, Jochen
*22.01.1976, Mittelstürmer
2000-01 12   2   Austria Wien

Jansson, Isak
*31.01.2002, Stürmer
2023-24   11   1   Rapid Wien

Jantscher, Jakob
*08.01.1989, 23 A, Mittelfeldspieler
2007-08   12   2   Sturm Graz
2008-09   28   5   Sturm Graz
2009-10   33   7   Sturm Graz
2010-11   28   5   RB Salzburg
2011-12   27 14   RB Salzburg
2012-13   7   1   RB Salzburg
2013-14   3   0   RB Salzburg
2017-18   14   0   Sturm Graz
2018-19   12   1   Sturm Graz
2019-20   22   5   Sturm Graz
2020-21   31   9   Sturm Graz
2021-22   30 14   Sturm Graz
2022-23   9   1   Sturm Graz
2023-24   1   0   Sturm Graz

Jany, Peter
*29.01.1963, Vorstopper
1980-81   4   0   Wiener Sportclub
1981-82   3   0   Wiener Sportclub
1982-83   0   0   Wiener Sportclub
1983-84   8   0   Wiener Sportclub
1984-85   8   0   Wiener Sportclub
1985-86   0   0   Wiener Sportclub
1986-87   21   1   Wiener Sportclub
1987-88   33   1   Wiener Sportclub
1988-89   29   2   Wiener Sportclub
1990-91   21   3   Wiener Sportclub

Janzen, Jörn
*13.09.1971, Linksaußen
1997-98   2   0   Austria Lustenau

Jaqua, Jonathan Nathan (Nate)
*28.10.1981, 3 A, Stürmer
2007-08   13   5   SC Rheindorf Altach

Jaquemond, Hans
Rechtsaußen
1954-55   1   1   FC Wien
1955-56   1   0   FC Wien
1957-58   1   0   FC Wien

Jara, Kurt
*14.10.1950, 59 A, Linksaußen/Mittelfeld
1969-70   30   7   Wacker Innsbruck
1970-71   28 12   Wacker Innsbruck
1971-72   28   8   Wattens-Wacker Innsbruck
1972-73   29 13   Wattens-Wacker Innsbruck
1973-74   1   0   Wattens-Wacker Innsbruck

Jarc, Alois
*01.06.1934, rechter Läufer
1957-58   14   0   Sturm Graz

Jarecki, Jacek
*26.06.1958, Torwächter
1983-84   17   0   Wiener Sportclub
1984-85   27   0   Wiener Sportclub

Jaritz, Florian
*18.10.1997, Mittelfeldspieler
2021-22   23   3   Austria Klagenfurt
2022-23   17   1   Austria Klagenfurt
2023-24   26   3   Austria Klagenfurt

Jarjué, Maudo
*30.09.1997, 2 A, Innenverteidiger
2019-20   6   0   Austria Wien
2020-21   4   0   Austria Wien

Jarmer, Gottfried
Rechtsaußen
1956-57   3   1   Kremser SC
1957-58   1   0   Kremser SC

Jaros, Alois
*15.01.1930, 1 A, Linksaußen/Linker Außendecker
1948-49   6   1   Wiener Sportclub (WL)
1950-51   16   5   Wiener Sportclub
1951-52   24   2   Wiener Sportclub
1953-54   25   4   Wiener Sportclub
1954-55   17   6   Wiener Sportclub
1955-56   7   2   Wiener Sportclub
1956-57   21   2   Wiener Sportclub
1957-58   25   0   Wiener Sportclub
1958-59   15   0   Wiener Sportclub
1959-60   9   1   SC Wiener Neustadt

Jaroš, Vítězslav
*23.07.2001, Torwächter
2023-24   14   0   Sturm Graz

Jarosch, Hermann
*26.05.1940, rechter Läufer/Rechter Halbstürmer
1959-60   20   1   Austria Salzburg
1960-61   15   2   Austria Salzburg

Jarosch, Karl
*25.08.1931, 1 A, Rechtsaußen
1954-55   24   9   FC Stadlau
1955-56   23   4   FC Stadlau
1956-57   20   2   Austria Wien
1957-58   7   0   Austria Wien

Jašić, Adis
*12.03.2003, Mittelfeldspieler
2020-21   6   0   Wolfsberger AC
2021-22   21   2   Wolfsberger AC
2022-23   24   2   Wolfsberger AC
2023-24   30   2   Wolfsberger AC

Jatta, Seedyahmed Tijan (Seedy)
*18.03.2003, Stürmer
2023-24   17   2   Sturm Graz

Jauck, Wolfgang
*19.11.1964, Vorstopper
1983-84   1   0   SC Eisenstadt
1984-85   14   0   SC Eisenstadt
1985-86   17   0   SC Eisenstadt
1986-87   1   0   SC Eisenstadt
1990-91   12   0   First Vienna
1991-92   13   1   First Vienna

Jauk, Thomas
*20.11.1971, Verteidiger
1992-93   1   0   Wiener Sportclub

Jaunegg, David
*28.02.2003, rechter Außendecker
2022-23   3   0   WSG Tirol
2023-24   1   0   WSG Tirol

Javorović, Dejan
*24.03.1989, Mittelfeldspieler
2006-07   1   0   FC Pasching

Jazić, Ante
*27.02.1976, 37 A, linker Außendecker
2000-01   13   0   Rapid Wien
2001-02   31   0   Rapid Wien
2002-03   33   0   Rapid Wien
2003-04   30   1   Rapid Wien

Jedynak, Jarosław
*24.08.1965, Stürmer
1985-86   31 12   Grazer AK
1986-87   19   7   Grazer AK

Jeggo, James Alexander
*12.02.1992, 15 A, Mittelfeldspieler
2016-17   32   0   Sturm Graz
2017-18   29   1   Sturm Graz
2018-19   19   1   Austria Wien
2019-20   27   0   Austria Wien

Jefferson (Jefferson Cardoso dos Santos)
*15.02.1986, linker Außendecker
2011-12   8   0   RB Salzburg

Jelavić, Nikica
*27.08.1985, 36 A, Mittelstürmer
2008-09   34   7   Rapid Wien
2009-10   33   18   Rapid Wien
2010-11   4   2   Rapid Wien

Jelenko, Christoph
*15.08.1967, Stürmer
1984-85   11   1   First Vienna
1988-89   7   0   Wiener Sportclub

Jelić, Matej
*05.11.1990, Stürmer
2015-16   27   6   Rapid Wien
2016-17   10   0   Rapid Wien

Jelinek, Erwin
*14.05.1959, Stürmer
1978-79   1   0   Austria Wien
1979-80   14   1   Austria Wien
1980-81   3   0   Austria Wien
1983-84   25   3   Favoritner AC
1984-85   24   4   Favoritner AC

Jelinek, Richard
*07.04.1927, rechter Außendecker
1953-54   23   0   Austria Salzburg
1954-55   26   0   Austria Salzburg
1955-56   24   0   Austria Salzburg
1956-57   19   0   Austria Salzburg
1959-60   20   0   Austria Salzburg

Jellinek, Rudolf (Rudi)
*04.12.1952, Stürmer
1975-76   6   1   Rapid Wien
1976-77   1   0   Rapid Wien
1978-79   9   2   Austria Salzburg

Jenisch, Ewald
*29.02.1964, Mittelfeldspieler
1984-85   24   1   First Vienna
1986-87   17   0   First Vienna
1987-88   34   2   First Vienna
1988-89   29   2   First Vienna
1989-90   32   1   First Vienna
1990-91   16   0   First Vienna

Jensen, Bent Kjær
*06.06.1947, 20 A, Mittelstürmer
1973-74   21   2   Austria Klagenfurt
1974-75   33   4   Austria Klagenfurt

Jerabek, Günther
*23.06.1968, Mittelfeldspieler
1989-90   2   0   Rapid Wien

Jerabek, Johann
*1928, Linker Halbstürmer
1956-57   5   2   Wiener Sportclub

Jericha, Karl
*24.11.1931, Linker Halbstürmer
1953-54   8   4   First Vienna
1954-55   19   10   First Vienna
1955-56   20   12   First Vienna
1956-57   10   3   First Vienna
1957-58   12   4   First Vienna
1959-60   1   2   First Vienna
1959-60   1   1   Admira-Energie Wien

Jerkan, Nikola
*08.12.1964, 31 A, Innenverteidiger
1997-98   21   0   Rapid Wien

Jermaniš, Alfred
*21.01.1967, 29 A, Mittelfeldspieler
1994-95   18   1   Rapid Wien

Jesse, Manfred
*06.01.1965, Torwächter
1984-85   1   0   Austria Klagenfurt

Jessenitschnig, Tino
*02.08.1965, Mittelfeldspieler
1983-84   1   0   Austria Wien
1985-86   2   0   Austria Wien
1985-86   12   1   Wattens-Wacker Innsbruck
1986-87   9   0   Austria Wien
1987-88   18   2   First Vienna
1988-89   12   2   Grazer AK
1989-90   9   1   Grazer AK
1991-92   16   3   Kremser SC
1992-93   15   0   Admira/Wacker
1993-94   3   0   VSE St. Pölten

Jestrab, Karl
*11.01.1907, 1 A, linker Läufer
1925-26   6   1   Wacker Wien (WL)
1926-27   23   0   Wacker Wien (WL)
1927-28   17   0   Wacker Wien (WL)
1928-29   22   0   Wacker Wien (WL)
1929-30   20   0   Wacker Wien (WL)
1930-31   17   0   Wacker Wien (WL)
1931-32   10   1   Rapid Wien (WL)
1932-33   22   0   Rapid Wien (WL)
1933-34   22   0   Rapid Wien (WL)
1934-35   19   0   Rapid Wien (WL)
1935-36   22   0   Rapid Wien (WL)
1936-37   21   0   Rapid Wien (WL)
1940-41   3   0   Rapid Wien (BK)
1951-52   1   0   Wacker Wien

Jestrab, Karl
*20.08.1930, Außenläufer
1950-51   3   0   Rapid Wien

Jetzinger, Markus
*23.04.1971, Torwächter
1990-91   1   0   Vorwärts Steyr
1991-92   1   0   Vorwärts Steyr

Jevtić, Darko
*08.02.1993, Mittelfeld/Stürmer
2013-14   19   3   Wacker Innsbruck

Ježek, Patrik
*28.12.1976, Mittelfeldspieler
1997-98   15   4   FC Tirol Innsbruck
1998-99   32   6   FC Tirol Innsbruck
1999-00   21   4   FC Tirol Innsbruck
1999-00   15   1   Austria Wien
2000-01   13   1   Austria Wien
2000-01   19   2   FC Tirol Innsbruck
2001-02   30   5   FC Tirol Innsbruck
2003-04   12   0   SV Pasching
2004-05   33   1   FC Pasching
2005-06   30   7   RB Salzburg
2006-07   29   7   RB Salzburg
2007-08   28   5   RB Salzburg
2008-09   15   2   RB Salzburg
2009-10   6   0   RB Salzburg
2011-12   30   11   Admira/Wacker Mödling
2012-13   22   1   Admira/Wacker Mödling

Ježek, Václav
Rechter Halbstürmer
1959-60   1   1   First Vienna
1960-61   4   3   First Vienna

Ji Paraná (Júnior Felício Marques)
*11.06.1987, Mittelfeldspieler
2013-14   9   1   Wacker Innsbruck

Jirausek, Alfred
*01.06.1965, Mittelfeldspieler
1988-89   1   0   FC Tirol

Jirsak, Ernst
Linksaußen
1958-59   7   1   ÖMV Olympia Wien

Joelinton (Joelinton Cassio Apolinário de Lira)
*14.08.1996, 5 A, Mittelfeld/Stürmer
2016-17   33   8   Rapid Wien
2017-18   27   7   Rapid Wien

Jochum, Hannes
*08.01.1977, Innenverteidiger
1996-97   6   0   FC Tirol Innsbruck
1997-98   20   0   FC Tirol Innsbruck
1998-99   7   0   FC Tirol Innsbruck
1999-00   24   0   Linzer ASK
2000-01   33   0   LASK Linz

Johana, Petr
*01.11.1976, 13 A, Innenverteidiger
2009-10   20   3   SC Wiener Neustadt

Johnston, Max
*26.12.2003, rechter Außendecker
2023-24   20   0   Sturm Graz

Jojić, Miloš
*19.03.1992, 5 A, Mittelfeldspieler
2019-20   14   1   Wolfsberger AC

Joksch, Siegfried
*04.07.1917, 22 A, Außenläufer
1934-35   0   0   Admira Wien (WL)
1935-36   5   0   Admira Wien (WL)
1936-37   21   0   Admira Wien (WL)
1937-38   13   0   SC Ostmark Wien (NL)
1938-39   9   0   Austria Wien (BK)
1939-40   1   0   Austria Wien (BK)
1940-41   1   0   Austria Wien (BK)
1941-42   1   0   Austria Wien (BK)
1942-43   2   0   Austria Wien (BK)
1943-44   11   0   Austria Wien (OK)
1945-46   17   0   Austria Wien (WL)
1946-47   18   0   Austria Wien (WL)
1947-48   14   1   Austria Wien (WL)
1948-49   16   0   Austria Wien (WL)
1949-50   15   0   Austria Wien
1950-51   18   0   Austria Wien
1951-52   6   0   Austria Wien

Jonas, Heribert
Torwächter
1945-46   20   0   Wiener AC (WL)
1946-47   16   0   Wiener AC (WL)
1947-48   14   0   Wiener AC (WL)
1950-51   7   0   Vorwärts Steyr

Jørgensen, Gert
*16.02.1957, 4 A, Stürmer
1981-82   7   1   Wattens-Wacker Innsbruck
1982-83   25   6   Wattens-Wacker Innsbruck
1984-85   21   1   Wattens-Wacker Innsbruck

Jovanović, Milan
*18.04.1981, 44 A, Stürmer
2009-10   9   0   Rapid Wien

Jovanović, Nenad
*09.11.1979, Innenverteidiger
2012-13   28   0   Wolfsberger AC
2013-14   7   0   Wolfsberger AC

Jovanović, Saša
*30.08.1993, Linksaußen
2017-18   12   0   Wolfsberger AC
2018-19   17   1   Wolfsberger AC

Jovanović, Prvoslav (Patrick)
*17.12.1973, Libero
1990-91   1   0   Rapid Wien
1991-92   2   0   Rapid Wien
1992-93   23   0   Rapid Wien
1993-94   7   0   Rapid Wien
1994-95   28   1   Rapid Wien
1995-96   34   0   Rapid Wien
1996-97   25   0   Rapid Wien
1997-98   1   0   Rapid Wien
1998-99   28   0   Austria Lustenau
1999-00   28   1   Austria Lustenau
2001-02   30   0   FC Kärnten
2002-03   31   0   FC Kärnten
2003-04   20   0   FC Kärnten

Joveljić, Dejan
*07.08.1999, 2 A, Stürmer
2020-21   32   17   Wolfsberger AC

Jovičić, Branko
*18.03.1993, 2 A, Mittelfeldspieler
2021-22   10   1   Linzer ASK
2022-23   28   1   Linzer ASK
2023-24   19   0   Linzer ASK

Jovičić, Miloš
*29.01.1995, Innenverteidiger
2021-22   11   0   SV Ried

Jubin, Walter
*16.06.1946, Stürmer
1969-70   13   1   FC Dornbirn

Jud, Adolf (Adi)
*01.05.1938, Mittelfeld/Rechter Außendecker
1968-69   27   2   WSG Wattens
1969-70   30   0   WSG Wattens
1970-71   15   0   WSG Wattens

Juen, Oskar
*03.04.1936, Rechtsaußen
1954-55   1   0   Schwarz-Weiß Bregenz

Jünger, Matthias
Linker Läufer
1950-51   18   0   Linzer ASK
1951-52   14   0   Linzer ASK

Jugović, Vladimir
*30.08.1969, 41 A, Mittelfeldspieler
2003-04   25   3   Admira/Wacker Mödling

Jukić, Aleksandar
*26.07.2000, Mittelfeldspieler
2019-20   1   0   Austria Wien
2020-21   23   2   Austria Wien
2021-22   26   5   Austria Wien
2022-23   27   3   Austria Wien
2023-24   16   0   Austria Wien

Jukić, Hrovje
*01.08.1938, Mittelfeldspieler
1970-71   3   0   Sturm Graz

Júlio César (Júlio César Santos Correa)
*18.11.1978, Innenverteidiger
2002-03   9   1   Austria Wien

Jun, Noh Byung
*29.09.1979, 6 A, Stürmer
2006-07   8   3   Grazer AK

Jun, Tomáš
*17.01.1983, 10 A, Stürmer
2008-09　14　8　SC Rheindorf Altach
2009-10　21　9　Austria Wien
2010-11　26　4　Austria Wien
2011-12　32　4　Austria Wien
2012-13　33　10　Austria Wien
2013-14　22　5　Austria Wien

Jung, Reinhard
*14.01.1946, Innenstürmer
1965-66　19　0　Austria Salzburg

Jungdal, Andreas Kristoffer
*22.02.2002, Torwächter
2022-23　6　0　SC Rheindorf Altach

Jung-Min, Kim
*13.11.1999, 1 A, Mittelfeldspieler
2019-20　3　0　Admira/Wacker Mödling

Júnior (José Carlos de Jesus)
*10.10.1977, Mittelfeldspieler
2003-04　12　0　FC Kärnten

Junior Adamu (Chikwubuike Junior Adamu)
*06.06.2001, 6 A, Stürmer
2021-22　30　7　RB Salzburg
2022-23　28　10　RB Salzburg

Junuzović, Zlatko
*26.09.1987, 55 A, Mittelfeldspieler
2004-05　4　0　Grazer AK
2005-06　33　4　Grazer AK
2006-07　34　5　Grazer AK
2007-08　28　3　Austria Kärnten
2008-09　29　1　Austria Kärnten
2009-10　30　6　Austria Wien
2010-11　33　9　Austria Wien
2011-12　19　6　Austria Wien
2018-19　21　5　RB Salzburg
2019-20　23　3　RB Salzburg
2020-21　25　1　RB Salzburg
2021-22　12　1　RB Salzburg

Jurčec, Jan
*27.11.2000, Stürmer
2022-23　31　2　SC Rheindorf Altach
2023-24　28　0　SC Rheindorf Altach

Jurčec, Jurica
*04.04.2002, Stürmer
2022-23　4　0　SC Rheindorf Altach

Jurčević, Nikola
*14.09.1966, 19 A, Mittelfeldspieler
1991-92　35　11　Austria Salzburg
1992-93　36　14　Austria Salzburg
1993-94　33　14　Austria Salzburg
1994-95　24　3　Austria Salzburg
1995-96　2　0　Austria Salzburg
1997-98　25　4　Austria Salzburg
1998-99　6　0　Austria Salzburg

Jurdík, Milan
*08.11.1991, Stürmer
2019-20　9　0　WSG Tirol

Jurić, Ante
*01.02.1934, 1 A, Torwächter
1964-65　11　0　Grazer AK

Jurišić, Roko
*28.09.2001, linker Außendecker
2022-23　14　0　SV Ried

Jursitzky, Franz
*19.04.1966, Stürmer
1984-85　4　0　DSV Alpine
1991-92　2　0　DSV Alpine

Jurtin, Gernot
*09.09.1955, 12 A, Stürmer
1974-75　30　7　Sturm Graz
1975-76　27　5　Sturm Graz
1976-77　36　9　Sturm Graz
1977-78　34　10　Sturm Graz
1978-79　35　18　Sturm Graz
1979-80　35　13　Sturm Graz
1980-81　34　19　Sturm Graz
1981-82　25　7　Sturm Graz
1982-83　30　8　Sturm Graz
1983-84　25　6　Sturm Graz
1984-85　23　3　Sturm Graz
1985-86　28　10　Sturm Graz
1986-87　16　2　Sturm Graz

Jurtin, Hannes
*29.02.1964, Stürmer
1984-85　1　0　Sturm Graz
1985-86　14　0　Sturm Graz
1986-87　9　0　Sturm Graz
1987-88　1　0　Sturm Graz
1989-90　7　0　Sturm Graz

Just, Rudolf (Rudi)
Rechter Halbstürmer
1954-55　26　3　Kapfenberger SV
1955-56　22　1　Kapfenberger SV
1956-57　22　4　Kapfenberger SV
1957-58　18　2　Kapfenberger SV
1958-59　24　3　Kapfenberger SV

K

Kabát, Peter
*25.09.1977, 16 A, Stürmer
2003-04　26　7　FC Kärnten
2005-06　17　3　FC Pasching
2006-07　19　4　FC Pasching
2007-08　11　2　Austria Kärnten

Kablar, Davorin
*12.06.1977, Innenverteidiger
2005-06　31　1　SV Ried
2006-07　1　0　SV Ried
2008-09　14　0　Linzer ASK

Kaczor, Edmund
*24.12.1956, Mittelfeld/Stürmer
1981-82　33　14　Linzer ASK
1982-83　27　10　Linzer ASK

Kadiri, Mohammed Abdul
*07.03.1996, Mittelfeldspieler
2016-17 10 0 Austria Wien
2017-18 22 0 Austria Wien

Kadlec, Marco
*28.02.2000, Mittelfeldspieler
2018-19   6 0 Admira/Wacker Mödling
2019-20 18 1 Admira/Wacker Mödling
2020-21   9 0 Admira/Wacker Mödling

Käfer, Karl
*28.07.1944, Stürmer
1967-68 10 0 Linzer ASK
1969-70   1 0 Austria Klagenfurt

Käfer, Walter
*14.01.1928, Mittelstürmer
1954-55   4 0 Admira Wien

Kaffka, Robert
*05.06.1930, Außendecker/Mittelläufer
1951-52 11 0 Rapid Wien
1952-53 12 0 Rapid Wien
1953-54   8 0 Rapid Wien
1954-55 24 0 Rapid Wien
1955-56 16 0 Rapid Wien
1956-57 12 0 Kremser SC
1957-58 23 0 Kremser SC
1958-59   1 0 Kremser SC

Kafkas, Hakkı Tolunay
*31.03.1968, 33 A, Mittelfeld/Innenverteidiger
2002-03 23 1 SV Pasching
2003-04 24 0 SV Pasching
2004-05   4 0 FC Pasching
2004-05   8 0 Admira/Wacker Mödling

Kahl, Ernst
Rechtsaußen
1954-55   8 3 FC Wien
1955-56 12 0 FC Wien
1957-58 17 6 FC Wien

Kahraman, Volkan
*10.10.1979, 3 A, Mittelfeldspieler
2002-03 12 2 SV Pasching
2002-03   7 0 Austria Wien
2003-04 13 0 Austria Salzburg
2005-06   5 0 FC Pasching

Kahrović, Mirsad
*05.02.1959, Stürmer
1988-89   1 0 Vorwärts Steyr

Kaiba, Djawal
*08.02.2003, 5 A, Mittelfeldspieler
2023-24   4 0 SC Rheindorf Altach

Kainbacher, Kurt
Torwächter
1955-56 12 0 FC Wien
1957-58 14 0 FC Wien
1958-59   1 0 Kremser SC
1962-63   1 0 Wiener AC
1964-65   1 0 Wacker Wien

Kainberger, Alfred
*28.03.1939, Rechtsaußen
1959-60 25 2 Austria Salzburg
1960-61 14 2 Austria Salzburg
1962-63   6 0 Austria Salzburg

Kainberger, Peter
*22.08.1940, Torwächter
1961-62 10 0 Salzburger AK

Kainrath, Wilhelm
*06.04.1940, 2 A, Torwächter
1960-61 14 0 Wiener Sportclub
1961-62 22 3 Wiener Sportclub
1962-63 22 1 Wiener Sportclub
1963-64 25 0 Wiener Sportclub
1964-65 22 0 Wiener Sportclub
1965-66 26 0 Wiener Sportclub
1966-67   3 0 Wiener Sportclub
1967-68 23 0 Wiener Sportclub

Kaintz, Bernd
*2703.1980, Innenverteidiger
1999-00   3 0 Grazer AK
2000-01   3 0 Grazer AK
2001-02   4 0 Grazer AK
2003-04 27 0 SV Mattersburg
2004-05 28 1 SV Mattersburg
2005-06 33 0 SV Mattersburg
2006-07 11 0 SV Mattersburg

Kainz, Florian
*24.10.1992, 28 A, Mittelfeldspieler
2010-11 13 2 Sturm Graz
2011-12 25 3 Sturm Graz
2012-13 26 3 Sturm Graz
2013-14 33 7 Sturm Graz
2014-15   1 0 Sturm Graz
2014-15 32 4 Rapid Wien
2015-16 33 7 Rapid Wien

Kainz, Tobias
*31.10.1992, Mittelfeldspieler
2012-13 18 0 Sturm Graz
2013-14 15 0 Sturm Graz
2014-15 26 2 SC Wiener Neustadt
2015-16 28 3 SV Grödig
2018-19 23 1 TSV Hartberg
2019-20 28 2 TSV Hartberg
2020-21 29 2 TSV Hartberg
2021-22 32 1 TSV Hartberg
2022-23 31 0 TSV Hartberg
2023-24 30 1 TSV Hartberg

Kainz, Willibald
*18.06.1949, Stürmer
1970-71   6 1 Sturm Graz

Kaipel, Wilhelm
*20.11.1948, Torwächter
1966-67 19 0 Wiener Sportclub
1967-68 26 0 Wiener Sportclub
1968-69 25 0 Wiener Sportclub
1969-70 24 0 Wiener Sportclub
1970-71 25 0 Wiener Sportclub
1971-72 22 0 Austria Salzburg
1972-73 23 0 Austria Salzburg
1973-74 29 0 Austria Salzburg
1974-75 31 0 Austria Salzburg
1975-76   8 0 VÖEST Linz
1976-77   2 0 VÖEST Linz

Kaiser, Franz
Mittelstürmer
1957-58   2 0 FC Wien

Kaiser, Robert
*27.02.1946, 1 A, Stürmer
1967-68 19   9 Sturm Graz
1968-69 27   9 Sturm Graz
1969-70 30 12 Sturm Graz
1970-71 27   6 Sturm Graz
1971-72 12   3 Sturm Graz
1973-74 23   4 Sturm Graz
1974-75 18   0 Sturm Graz

Kaiserseder, Harald
*02.02.1964, Mittelfeldspieler
1985-86 1   0   VOEST Linz
1986-87 5   0   VOEST Linz
1987-88 4   0   VOEST Linz

Kaiserseder, Kurt
Rechter Außendecker/Rechter Läufer
1960-61 24 0   SVS Linz
1961-62 14 0   SVS Linz
1962-63 15 0   SVS Linz

Kaiserseder, Kurt
*20.06.1953, Torwächter
1974-75 2   0   VÖEST Linz
1975-76 3   0   VÖEST Linz
1976-77 33 0   VÖEST Linz
1977-78 6   0   VÖEST Linz
1978-79 7   0   VOEST Linz
1979-80 10 0   VOEST Linz
1980-81 19 0   VOEST Linz
1981-82 7   0   VOEST Linz
1982-83 10 0   VOEST Linz
1983-84 1   0   VOEST Linz

Kalaitchev, Andrey
*26.10.1963, Libero
1992-93 22 0   VfB Mödling

Kalajdžić, Daniel
*24.11.2000, Mittelfeldspieler
2020-21 1   0   Admira/Wacker Mödling

Kalajdžić, Saša
*07.07.1997, 19 A, Stürmer
2017-18 18 3   Admira/Wacker Mödling
2018-19 15 8   Admira/Wacker Mödling

Kaletta, Karl
Linksaußen
1950-51 12 4   Wiener Sportclub
1951-52 20 5   Wiener Sportclub
1952-53 10 1   VfB Union Mödling
1952-53 6   0   First Vienna
1953-54 4   0   First Vienna
1954-55 1   0   First Vienna

Kalinić, Ivica
*26.03.1956, Libero
1985-86 20 1   Wattens-Wacker Innsbruck
1986-87 29 3   Wattens-Wacker Innsbruck
1987-88 19 2   FC Tirol
1988-89 2   1   FC Tirol
1989-90 7   0   Grazer AK

Kaloperović, Tomislav
*31.01.1932, 6 A, Mittelfeldspieler
1962-63 7   3   Wiener Sportclub

Kalss, Sascha
*10.11.1968, Mittelfeldspieler
1990-91 11 0   Admira/Wacker
1992-93 29 0   Wiener Sportclub

Kaltenbrunner, Ernst
*05.06.1937, 1 A, Mittelstürmer
1955-56 22 15 Admira Wien
1956-57 24 7   Admira Wien
1957-58 12 8   Wiener AC
1958-59 25 28 Wiener AC
1959-60 26 26 Wiener AC
1960-61 24 19 Wiener AC
1961-62 1   1   Admira-Energie Wien
1962-63 2   0   Admira-Energie Wien
1963-64 7   4   Admira-Energie Wien
1963-64 12 3   Wiener AC
1964-65 12 3   Wiener AC

Kaltenbrunner, Günter
*28.07.1943, 4 A, Stürmer
1960-61 7   2   Wiener AC
1961-62 8   6   Admira-Energie Wien
1962-63 18 4   Admira-Energie Wien
1963-64 20 17 Admira-Energie Wien
1964-65 23 17 Admira-Energie Wien
1965-66 18 11 Admira-Energie Wien
1966-67 24 11 Schwarz-Weiß Bregenz
1967-68 22 14 Rapid Wien
1968-69 25 13 Rapid Wien
1969-70 30 22 Wiener Sportclub
1972-73 27 15 Admira/Wacker
1973-74 27 6   Admira/Wacker

Kaltenegger, Anton
Rechtsaußen/Rechter Halbstürmer
1952-53 11 2   Sturm Graz
1953-54 17 6   Sturm Graz
1955-56 20 6   Sturm Graz
1956-57 23 13 Sturm Graz
1956-57 23 13 Sturm Graz
1957-58 19 12 Sturm Graz

Kamara, Ola Williams
*15.10.1989, 17 A, Stürmer
2013-14 12 1   Austria Wien
2014-15 11 1   Austria Wien

Kamavuaka, Wilson
*29.03.1990, 10 A, Mittelfeld/Innenverteidiger
2014-15 7   0   Sturm Graz
2015-16 31 0   Sturm Graz

Kammerhofer, Gerhard
*09.05.1965, Stürmer
1989-90 14 0   First Vienna

Kameri, Dijon
*20.04.2004, Mittelfeldspieler
2022-23 12 1   RB Salzburg
2023-24 6   0   RB Salzburg

Kammermayer, Gerhard
*14.11.1933, Torwächter
1957-58 12 0   Wiener AC
1958-59 3   0   Wiener AC

Kammhuber, Johann
Rechter Außendecker
1950-51 24 0   Elektra Wien

Kampel, Jürgen
*28.01.1981, Innenverteidiger
2003-04 30 1   FC Kärnten

Kampl, Kevin
*09.10.1990, 28 A, Mittelfeld/Rechtsaußen
2012-13 23 4   RB Salzburg
2013-14 33 9   RB Salzburg
2014-15 18 5   RB Salzburg

Kampusch, Friedrich
*27.07.1952, Mittelfeldspieler
1968-69 1   0   WSV Donawitz

Kandelaki, Ilia
*26.12.1981, 14 A, linker Außendecker
2008-09 36 1   Sturm Graz
2009-10 24 0   Sturm Graz

Kandler, Friedrich
*14.01.1926, linker Außendecker
1945-46   7   2   Wiener AC (WL)
1946-47 20 10   Wiener AC (WL)
1947-48 10   4   Wiener AC (WL)
1951-52 23   4   Grazer AK
1952-53 26   5   Grazer AK
1953-54 26   4   Grazer AK
1954-55 26   2   Grazer AK
1955-56 21   1   Grazer AK
1956-57 26   1   Grazer AK
1958-59 17   0   WSV Donawitz
1959-60 13   2   WSV Donawitz

Kandler, Hans
Rechter Läufer
1947-48   1   0   Wiener AC (WL)
1953-54   3   0   Wiener AC

Kang, Chul
*02.11.1971, 54 A, linker Außendecker
2000-01   8   0   LASK Linz

Kangani, Ayi Silva
*15.05.2003, Stürmer
2023-24   4   0   Austria Wien

Kantor, Josef
*28.04.1936, rechter Außendecker
1957-58   6   0   Kapfenberger SV
1960-61 13   0   Simmeringer SC
1961-62 19   0   Simmeringer SC

Kanurić, Benjamin
*26.02.2003, Mittelfeldspieler
2021-22   2   0   Rapid Wien

Kaponek, Friedrich
Linksaußen
1970-71   2   0   Wacker Wien
1973-74 10   0   Admira/Wacker

Kaponek, Günther
*28.11.1966, Stürmer
1983-84   7   0   Wiener Sportclub
1984-85   1   0   Wiener Sportclub
1986-87 10   1   SC Eisenstadt
1988-89 24   3   Wiener Sportclub
1989-90   4   0   Wiener Sportclub

Kapoun, Günter
*25.11.1944, Vorstopper
1965-66 13   0   SC Wiener Neustadt
1966-67 16   0   SC Wiener Neustadt

Kappel, Josef
*15.02.1966, Mittelfeldspieler
1984-85   2   0   Favoritner AC

Kappl, Franz
*14.10.1934, Rechter Halbstürmer/Mittelstürmer
1954-55   8   2   Linzer ASK
1958-59 22 11   Linzer ASK
1959-60 11   0   Linzer ASK
1959-60 10   4   Wacker Wien
1960-61 24   8   Wacker Wien
1962-63 23 12   Austria Salzburg

Kara, Ercan
*03.01.1996, 7 A, Stürmer
2019-20   9   3   Rapid Wien
2020-21 32 15   Rapid Wien
2021-22 17   9   Rapid Wien

Karačić, Branko
*24.09.1960, Mittelfeldspieler
1996-97   7   0   FC Linz

Karakaya, Mustafa
*09.02.1976, Mittelfeldspieler
1994-95   1   0   Admira/Wacker

Karamoko, Mamoudou
*08.09.1999, Stürmer
2020-21   2   1   Linzer ASK
2021-22 14   4   Linzer ASK

Karamoko, Marin
*14.04.1998, Innenverteidiger
2022-23 13   0   TSV Hartberg

Karamoko, Sankara William
*09.11.2003, 5 A, Stürmer
2023-24   9   0   Wolfsberger AC

Karasek, Florian
*04.01.1976, Mittelfeldspieler
1999-00   4   0   Austria Salzburg
2000-01   3   0   Austria Salzburg
2002-03   4   0   Schwarz-Weiß Bregenz

Karasek, Josef
Linker Außendecker
1951-52   1   0   Wiener Sportclub

Karatay, Dursun
*05.10.1984, Mittelfeld/Stürmer
2005-06 23   3   FC Pasching
2006-07 17   1   FC Pasching
2007-08 11   1   SC Rheindorf Altach
2008-09 28   7   SC Rheindorf Altach

Karel, Karl
*19.05.1933, rechter Läufer
1951-52   2   0   Simmeringer SC
1952-53 14   5   Simmeringer SC
1953-54 23   5   Simmeringer SC
1954-55 25   5   Simmeringer SC
1955-56 24   2   Simmeringer SC
1956-57 22   3   Simmeringer SC
1957-58 13   0   Simmeringer SC
1958-59 25   0   Simmeringer SC
1959-60 23   2   Simmeringer SC
1960-61 26   1   Austria Salzburg
1962-63 25   1   Austria Salzburg
1965-66 14   4   Austria Salzburg

Karg, Werner
*16.03.1950, Torwächter
1969-70   4   0   FC Dornbirn

Karić, Emir (Eko)
*09.06.1997, linker Außendecker
2018-19 25   0   SC Rheindorf Altach
2019-20 27   1   SC Rheindorf Altach
2020-21 23   0   SC Rheindorf Altach

Karitovny, Rudolf
Rechtsaußen
1949-50   3   0   SK Oberlaa

Karlsberger, Gerhard
*01.06.1963, Mittelfeld/Libero
1982-83 17   5   Union Wels
1983-84   7   0   Union Wels
1990-91 34   1   DSV Alpine
1991-92 16   0   DSV Alpine

Karlstätter, Josef (Pepi)
*09.04.1946, Stürmer
1965-66   1   0   Austria Salzburg

Karner, Josef
*27.01.1955, Mittelfeldspieler
1982-83 28   3   SC Neusiedl am See
1983-84   8   0   SC Neusiedl am See

Karner, Mario
*17.02.1983, rechter Außendecker
2004-05   1   0   Sturm Graz

Karner, Maximilian
*03.01.1990, Innenverteidiger
2011-12 12   0   SV Ried
2012-13   6   0   SV Ried
2013-14 22   1   SV Grödig
2014-15 23   3   SV Grödig

Karoly, Gerhard
*02.09.1970, Stürmer
1989-90   1   0   Rapid Wien

Karpiuk, Ferdinand
Mittelstürmer
1958-59   6   2   Linzer ASK

Kartalija, Goran
*17.01.1966, 4 A, Libero
1992-93 21   4   Wiener Sportclub
1994-95 33   2   Linzer ASK
1995-96 34   0   Linzer ASK
1996-97 31   0   Linzer ASK

Karweina, Sinan
*29.03.1999, Stürmer
2022-23 20   1   Austria Klagenfurt
2023-24 27 10   Austria Klagenfurt

Kasamas, Anton
Mittelstürmer
1951-52   1   0   FC Wien
1952-53   6   6   FC Wien
1953-54   7   3   FC Wien

Kasanwirjo, Neraysho Meritchio
*18.02.2002, Innenverteidiger
2023-24 23   0   Rapid Wien

Kasch, Alexander
Mittelläufer
1955-56 24   1   Austria Graz

Kasius, Denso
*06.12.2002, rechter Außendecker
2022-23 10   0   Rapid Wien

Kasparek, Heinz
Außenläufer
1959-60   4   0   Wacker Wien

Kaspirek, Franz
*30.03.1918, 2 A, Außenläufer
1936-37   1   0   Rapid Wien (WL)
1937-38   0   0   Rapid Wien (NL)
1938-39 10   3   Rapid Wien (BK)
1939-40   3   0   Rapid Wien (BK)
1940-41   1   0   Rapid Wien (BK)
1941-42   3   0   Rapid Wien (BK)
1942-43 18   8   Rapid Wien (BK)
1943-44 15   3   Rapid Wien (OK)
1945-46 17   8   Rapid Wien (WL)
1946-47 20   2   Rapid Wien (WL)
1947-48 18   1   Rapid Wien (WL)
1948-49   0   0   Rapid Wien (WL)
1949-50   2   0   Rapid Wien
1949-50   3   0   Wiener Sportclub

Kastner, Daniel
*03.11.1981, Stürmer
2004-05 22   4   Austria Salzburg
2005-06 17   4   SV Ried
2006-07 14   1   SV Ried

Kastner, Frank
*29.11.1969, Mittelfeld/Libero
1991-92 23   0   Vorwärts Steyr

Kastner, Franz
Linksaußen
1964-65   8   0   Sturm Graz

Kastner, Helmut
Rechtsaußen
1961-62 15   4   Kapfenberger SV
1963-64 23   3   Kapfenberger SV
1964-65   5   0   Kapfenberger SV

Kastner, Peter
*12.06.1951, Stürmer
1970-71 30 10   WSG Wattens
1971-72 21   3   Wattens-Wacker Innsbruck
1972-73   6   1   Wattens-Wacker Innsbruck
1974-75   1   0   Wattens-Wacker Innsbruck
1974-75 16   1   SC Eisenstadt
1975-76   2   0   Wattens-Wacker Innsbruck

Kastner, Stanislaus
*06.11.1947, Stürmer
1971-72   8   3   Rapid Wien
1972-73 17   1   Rapid Wien

Kasuba, Patrick
*04.04.1977, Mittelfeldspieler
1996-97   2   0   Austria Wien
1997-98   2   0   Austria Wien
1999-00   1   0   Austria Wien

Kasztelan, Zenon
*16.11.1946, 6 A, Mittelfeldspieler
1978-79 34   7   Admira/Wacker
1979-80 27   7   Admira/Wacker

Katanha, Newton Ben
*03.02.1983, 3 A, Stürmer
1999-00   1   0   Austria Salzburg
2000-01   1   0   Austria Salzburg

Katemann, Harald
*07.07.1972, Mittelfeldspieler
1999-00 33   0   Austria Lustenau

Katnik, Egon
*04.11.1957, Torwächter
1975-76   2   0   Austria Klagenfurt
1978-79   7   0   Wattens-Wacker Innsbruck
1983-84 29   0   SV St. Veit

Katnik, Lukas
*31.07.1989, Stürmer
2019-20   2   0   WSG Tirol

Katrakylakis, Stelios
*02.07.1959, Mittelfeldspieler
1984-85 28   5   Wiener Sportclub

Katzberger, Gottfried
Mittelstürmer/Rechtsaußen
1960-61 11   5   Schwechater SC

Katzer, Markus (Mecky)
*11.12.1979, 11 A, linker Außendecker
2000-01   1   0   Admira/Wacker Mödling
2001-02 27   1   Admira/Wacker Mödling
2002-03 33   4   Admira/Wacker Mödling
2003-04 31   7   Admira/Wacker Mödling
2004-05 31   4   Rapid Wien
2005-06 13   0   Rapid Wien
2006-07 28   2   Rapid Wien
2007-08 17   3   Rapid Wien
2008-09 19   2   Rapid Wien
2009-10 26   4   Rapid Wien
2010-11 32   1   Rapid Wien
2011-12 27   1   Rapid Wien
2012-13 23   2   Rapid Wien
2013-14 20   2   Admira/Wacker Mödling
2014-15 24   1   Admira/Wacker Mödling

Katzgraber, Friedrich (Fritz)
Rechtsaußen/Rechter Halbstürmer
1962-63 16 1 Austria Klagenfurt

Katzler, Wolfgang
*20.02.1959, Vorstopper
1982-83 28 1 Simmeringer SC
1984-85 21 0 Wiener Sportclub

Katzler, Philipp
*10.10.1981, Mittelfeld/Stürmer
2001-02   9 0 Austria Wien

Kaubek, Adalbert
*07.04.1926, 2 A, Rechtsaußen/Rechter Halbstürmer
1946-47   1 0 Rapid Wien (WL)
1947-48   1 0 Rapid Wien (WL)
1948-49   1 0 Rapid Wien (WL)
1949-50 21 6 Slovan Wien
1950-51 24 12 Wiener Sportclub
1951-52 21 8 Wiener Sportclub
1952-53 25 7 Wacker Wien
1953-54 19 1 Wacker Wien
1954-55 23 3 Wacker Wien
1955-56 24 6 Wacker Wien
1956-57 24 10 Kremser SC
1957-58 26 7 Kremser SC
1958-59 23 9 Kremser SC
1959-60 24 3 Kremser SC

Kauf, Roland
Rechter Außendecker
1969-70   2 0 Wacker Wien

Kaufmann, Leonhard
*12.01.1989, Innenverteidiger
2007-08   2 0 Sturm Graz
2008-09   5 1 Sturm Graz
2009-10 34 5 Austria Kärnten
2010-11 28 2 Linzer ASK
2012-13 17 0 Sturm Graz

Kaufmann, Peter
*02.08.1952, Torwächter
1969-70   1 0 FC Dornbirn

Kausich, Marek
*23.06.1976, Mittelfeldspieler
2003-04 34 1 SV Mattersburg
2004-05 34 1 SV Mattersburg
2005-06 20 0 SV Mattersburg

Kautz, Alfred
Linker Läufer
1953-54   1 0 Floridsdorfer AC

Kautzky, Christian
*21.07.1957, rechter Außendecker
1975-76   2 0 Rapid Wien
1976-77 30 0 Rapid Wien
1977-78 21 0 Rapid Wien

Kauz, Jürgen
*23.08.1974, 2 A, Mittelfeldspieler
1993-94 12 1 Austria Wien
1994-95   5 0 Austria Wien
1995-96 22 4 Linzer ASK
1996-97 16 2 Linzer ASK
1997-98 32 4 Linzer ASK
1998-99 26 1 Linzer ASK
1999-00 27 2 Linzer ASK
2000-01 18 0 Rapid Wien
2001-02   4 0 Rapid Wien
2002-03 16 1 SV Ried
2003-04   2 0 SV Pasching

Kauzil, Oskar
*22.04.1940, Stürmer
1964-65   5 0 Grazer AK

Kavlak, Veli
*03.11.1988, 31 A, Mittelfeldspieler
2004-05   2 0 Rapid Wien
2005-06 14 2 Rapid Wien
2006-07 29 3 Rapid Wien
2007-08 27 2 Rapid Wien
2008-09 29 4 Rapid Wien
2009-10 24 2 Rapid Wien
2010-11 21 0 Rapid Wien

Kaygin, Dennis
*02.04.2004, Mittelfeldspieler
2023-24   1 0 Rapid Wien

Kayhan, Ercan
*15.09.1983, Mittelfeldspieler
2001-02   2 0 Admira/Wacker Mödling

Kayhan, Tanju
*22.07.1989, Außendecker
2008-09   3 0 Rapid Wien
2009-10   8 0 SC Wiener Neustadt
2010-11 30 0 Rapid Wien
2015-16 16 0 Sturm Graz

Kayode, Olarenwaju
*08.05.1993, 4 A, Mittelstürmer
2015-16 34 13 Austria Wien
2016-17 33 17 Austria Wien

Kec, Josef
Rechtsaußen
1954-55 14 5 Kapfenberger SV

Keck, Matthias
*15.01.1980, Mittelfeldspieler
1998-99   5 0 Austria Lustenau
1999-00   6 0 Austria Lustenau

Kecskés, Ákos
*04.01.1996, 6 A, Innenverteidiger
2022-23   6 0 Linzer ASK

Keglevits, Christian
*29.01.1961, 18 A, Stürmer
1979-80 34 7 Rapid Wien
1980-81 35 16 Rapid Wien
1981-82 28 5 Rapid Wien
1982-83 29 7 Rapid Wien
1983-84 17 1 Rapid Wien
1984-85 27 6 Wiener Sportclub
1986-87 29 9 Wiener Sportclub
1987-88 32 13 Wiener Sportclub
1988-89 35 22 Wiener Sportclub
1989-90   6 4 Wiener Sportclub
1989-90 27 9 Rapid Wien
1990-91 27 10 Rapid Wien
1991-92 31 11 Austria Salzburg
1992-93 22 7 Linzer ASK
1993-94 26 2 Wiener Sportclub

Keglevits, Wilhelm
*04.09.1951, Stürmer
1969-70   1 0 Admira-Energie Wien
1973-74   9 0 First Vienna

Kehat, Roi
*12.05.1992, 5 A, Mittelfeldspieler
2015-16 28 1 Austria Wien
2016-17   1 0 Austria Wien

Keil, Erwin
*30.11.1980, Mittelfeldspieler
1999-00   1 0 Austria Salzburg
2004-05   8 2 Austria Salzburg

Keita, Alhassane
*26.06.1983, 11 A, Stürmer
2016-17 11 2 SKN St. Pölten

Keita, Naby
*10.02.1995, 54 A, Mittelfeldspieler
2014-15 30   5 RB Salzburg
2015-16 29 12 RB Salzburg

Kek, Matjaž
*09.09.1961, 1 A, Libero
1988-89 11   0 Grazer AK
1989-90   5   0 Grazer AK

Keketi, Dušan
*24.03.1951, 7 A, Torwächter
1983-84 18   0 Austria Klagenfurt
1984-85 25   0 Austria Klagenfurt
1985-86 23   0 Austria Klagenfurt

Kekoh Ndifor, **Felix**
*02.03.2001, Mittelfeldspieler
2020-21   3   0 Admira/Wacker Mödling

Keleş, Can
*02.09.2001, Mittelfeldspieler
2021-22 20   3 Austria Wien
2022-23 18   3 Austria Wien

Keleş, Eren
*13.05.1994, Mittelfeldspieler
2017-18   8   1 Rapid Wien
2017-18 11   1 SKN St. Pölten

Keller, Josef
Linker Läufer
1952-53 11   0 Grazer SC

Keller, Michael
*07.10.1962, Mittelfeldspieler
1982-83   1   0 Rapid Wien
1983-84   1   0 Rapid Wien
1984-85   1   0 Rapid Wien
1984-85 13   0 First Vienna

Kellner, Christian
*22.11.1975, Mittelstürmer
1995-96 11   2 Austria Wien
1996-97   9   0 Austria Wien
1997-98 31   1 Austria Wien
1998-99   2   0 Austria Wien

Kelmer, Klaus
*21.10.1952, Stürmer
1972-73   8   0 Austria Wien

Kemec, Zlatko
*11.10.1964, Mittelfeldspieler
1988-89   2   0 Wiener Sportclub

Kempes Chiodi, **Mario** Alberto
*15.07.1954, 43 A, Stürmer
1986-87 20   7 First Vienna
1988-89 29   9 VSE St. Pölten
1989-90 35 15 VSE St. Pölten
1990-91 21   5 Kremser SC
1991-92 18   2 Kremser SC

Kempter, August
*03.07.1946, Rechter Halbstürmer
1965-66   3   0 Austria Salzburg

Kemptner, Alois
Rechter Außendecker
1969-70 11   0 FC Dornbirn

Kennedy, Harrison
*15.19.1989, Stürmer
2006-07   5   0 FC Pasching

Kennedy, Scott Fitzgerald
*31.03.1997, 14 A, Innenverteidiger/Mittelfeld
2023-24 18   1 Wolfsberger AC

Kensy, Adam
*18.11.1956, 3 A, Mittelfeldspieler
1986-87 12   2 Linzer ASK
1987-88 21   3 Linzer ASK
1988-89 22   0 Linzer ASK

Kerbach, Karl
*30.09.1918, 1 A, Linksaußen
1941-42 15 14 Floridsdorfer AC (BK)
1942-43 20 31 Floridsdorfer AC (BK)
1943-44   3   4 Floridsdorfer AC (OK)
1945-46 20 17 Floridsdorfer AC (WL)
1946-47 19 11 Floridsdorfer AC (WL)
1947-48 15   3 Floridsdorfer AC (WL)
1948-49 16   2 Floridsdorfer AC (WL)
1949-50 22   7 Floridsdorfer AC
1950-51   3   0 Floridsdorfer AC
1950-51 11   6 SC Wiener Neustadt

Kerber, Felix
*25.10.2002, Stürmer
2019-20   1   0 WSG Tirol
2021-22   1   0 WSG Tirol

Kereki, János
*20.02.1938, Innenstürmer
1959-60 22 10 SC Wiener Neustadt
1960-61 25 11 SC Wiener Neustadt
1961-62 25   5 SC Wiener Neustadt
1963-64 16   4 SC Wiener Neustadt
1966-67 16   3 Kapfenberger SV

Kereki, Zoltán
*13.07.1953, 37 A, Libero
1984-85 21   6 Wattens-Wacker Innsbruck
1985-86   2   0 Wattens-Wacker Innsbruck

Kereszturi, Andras
*02.11.1967, 20 A, Stürmer
1993-94 16   1 Austria Wien

Kerhe, Manuel
*03.06.1987, Mittelfeldspieler
2012-13 34   2 Wolfsberger AC
2013-14 36   6 Wolfsberger AC
2014-15 31   4 Wolfsberger AC
2020-21 14   1 SV Ried

Kern, Friedrich
Rechtsaußen
1954-55   2   0 Linzer ASK

Kern, Hermann
*22.09.1966, Libero
1985-86   1   0 Grazer AK
1987-88   1   0 Grazer AK
1992-93   2   1 Sturm Graz

Kern, Manfred
*13.02.1964, 3 A, Mittelfeldspieler
1981-82 33   4 Admira/Wacker
1982-83 24   3 Admira/Wacker
1983-84 21   0 Admira/Wacker
1984-85 30   3 Admira/Wacker
1985-86 33   5 Admira/Wacker
1986-87 29   5 Admira/Wacker
1987-88 33   6 Admira/Wacker
1988-89 32   4 Admira/Wacker
1989-90 27   5 Admira/Wacker
1990-91 24   3 Rapid Wien
1991-92 25   0 Austria Wien
1992-93 16   3 FC Stahl Linz

Kerschbaum, Roman
*19.01.1994, Mittelfeldspieler
2014-15   7 0 SV Grödig
2015-16 21 1 SV Grödig
2018-19 21 0 Wacker Innsbruck
2019-20 29 3 Admira/Wacker Mödling
2020-21 29 6 Admira/Wacker Mödling
2021-22 26 9 Admira/Wacker Mödling
2022-23 28 2 Rapid Wien
2023-24 27 0 Rapid Wien

Kerschbaumer, Daniel
*11.06.1989, rechter Außendecker/Mittelfeld
2018-19   9 1 SV Mattersburg

Kerschbaumer, Konstantin
*01.07.1992, Mittelfeldspieler
2014-15 16 1 Admira/Wacker Mödling
2022-23 27 2 Wolfsberger AC
2023-24   1 0 Wolfsberger AC

Kerschischnik, Ingo
*10.04.1974, Libero/Rechter Außendecker
1993-94 11 0 VfB Mödling
1994-95 10 0 VfB Mödling

Ketelaer, Marcel
*03.11.1977, Mittelfeldspieler
2005-06 13 3 FC Pasching
2006-07 26 5 FC Pasching
2007-08   6 0 Austria Kärnten
2008-09 12 0 Rapid Wien

Kibler, Artur
*27.04.1944, linker Außendecker
1962-63   7 0 Austria Salzburg
1965-66 21 2 Austria Salzburg
1967-68 22 0 Austria Salzburg
1968-69 28 2 Austria Salzburg
1969-70 26 1 Austria Salzburg
1970-71 22 1 Austria Salzburg
1971-72 26 2 Austria Salzburg
1972-73 27 4 Austria Salzburg
1973-74 27 1 Austria Salzburg
1974-75 24 0 Austria Salzburg

Kibler, Manfred
*06.01.1947, Vorstopper
1965-66   2 0 Austria Salzburg

Kickl, Andreas
*08.07.1944, rechter Außendecker
1967-68   2 0 WSG Radenthein
1970-71 17 0 WSG Radenthein

Kienast, Josef
Torwächter
1961-62   1 0 Simmeringer SC
1963-64 14 0 Simmeringer SC

Kienast, Reinhard
*02.09.1959, 13 A, Mittelfeld/Libero
1978-79 19 1 Rapid Wien
1979-80 34 5 Rapid Wien
1980-81 29 7 Rapid Wien
1981-82 33 1 Rapid Wien
1982-83 23 4 Rapid Wien
1983-84 28 4 Rapid Wien
1984-85 21 4 Rapid Wien
1985-86 28 4 Rapid Wien
1986-87 30 12 Rapid Wien
1987-88 29 3 Rapid Wien
1988-89 35 7 Rapid Wien
1989-90 33 3 Rapid Wien
1990-91 30 5 Rapid Wien
1991-92 21 1 Rapid Wien

Kienast, Roman
*29.03.1984, 11 A, Stürmer
2002-03 11 0 Rapid Wien
2003-04 13 0 Rapid Wien
2004-05 21 2 Rapid Wien
2005-06 10 1 Rapid Wien
2009-10 17 5 Sturm Graz
2010-11 31 19 Sturm Graz
2011-12 13 6 Sturm Graz
2011-12 13 2 Austria Wien
2012-13 29 7 Austria Wien
2013-14 17 5 Austria Wien
2014-15   4 0 Austria Wien
2014-15 12 7 Sturm Graz
2015-16 24 8 Sturm Graz
2016-17 10 0 Sturm Graz

Kienast, Wolfgang
*14.08.1956, Mittelfeld/Libero
1975-76 19 0 Rapid Wien
1976-77   5 0 Rapid Wien
1977-78 10 1 Admira/Wacker
1978-79 13 0 Rapid Wien
1979-80 29 2 Wiener Sportclub
1980-81 35 6 Wiener Sportclub
1981-82 32 0 Wiener Sportclub
1982-83 27 1 Wiener Sportclub
1983-84 22 2 Austria Salzburg
1984-85 22 1 Austria Salzburg
1985-86 22 1 SC Eisenstadt
1986-87 21 1 SC Eisenstadt
1987-88 22 7 First Vienna
1988-89   7 1 VSE St. Pölten

Kienbacher, Dieter
*19.11.1963, Stürmer
1987-88   6 2 First Vienna
1988-89   3 0 Linzer ASK

Kiening, Johann
Linker Außendecker
1954-55 18 0 Schwarz-Weiß Bregenz

Kienzl, Mario
*19.12.1983, 1 A, Mittelfeldspieler
2001-02   2 0 Sturm Graz
2002-03   3 0 Sturm Graz
2004-05 12 1 Sturm Graz
2006-07 13 1 Sturm Graz
2007-08 30 2 Sturm Graz
2008-09 35 4 Sturm Graz
2009-10   9 1 Sturm Graz
2010-11 27 0 Sturm Graz

Kiesenebner, Karl
*08.12.1950, rechter Außendecker
1969-70 28 0 Linzer ASK
1970-71 29 1 Linzer ASK
1971-72 17 0 Linzer ASK
1972-73 28 0 Linzer ASK
1973-74 26 0 Linzer ASK
1974-75 30 0 Linzer ASK
1975-76 19 0 Linzer ASK
1976-77 24 0 Linzer ASK
1977-78 31 0 Linzer ASK
1982-83 28 1 Union Wels
1983-84 15 0 Union Wels

Kiesenebner, Markus
*21.04.1979, 12 A, Mittelfeldspieler
1999-00 10 0 Linzer ASK
2000-01 26 2 LASK Linz
2001-02 13 1 Austria Wien
2002-03 10 0 SV Pasching
2003-04 30 5 SV Pasching
2004-05 27 0 Austria Wien
2005-06 20 2 Austria Wien
2006-07 19 2 Austria Wien

Kiesenhofer, Leopold
*22.05.1967, rechter Außendecker
1995-96　32　1　SV Ried
1996-97　16　0　SV Ried
1998-99　29　0　Vorwärts Steyr

Kigbu, Ash
*05.02.1999, Innenverteidiger
2018-19　4　0　Wolfsberger AC

Kikić, Muris
*28.03.1952, Mittelfeldspieler
1982-83　19　0　SC Neusiedl am See
1983-84　1　0　SC Neusiedl am See

Kimoni, Daniel Mark
*22.08.1971, 3 A, Innenverteidiger
2001-02　3　0　Grazer AK

Kincl, Marek
*03.04.1973, 2 A, Stürmer
2004-05　27　9　Rapid Wien
2005-06　35　11　Rapid Wien
2006-07　31　7　Rapid Wien

Kindl, Markus
*16.10.1970, Mittelfeldspieler
1990-91　2　0　FC Tirol

King, Rudolf
Torwächter
1954-55　24　0　Schwarz-Weiß Bregenz

Kiprit, Muhammed Enes
*09.07.1999, Stürmer
2018-19　5　0　Wacker Innsbruck

Kirasitsch, Horst
*30.11.1960, Torwächter
1986-87　22　0　First Vienna
1987-88　2　0　First Vienna
1991-92　7　0　VSE St. Pölten
1992-93　36　0　VSE St. Pölten
1993-94　23　0　VSE St. Pölten

Kirch, Rudolf
Torwächter
1961-62　1　0　First Vienna

Kirchberger, Thomas
*07.06.1969, Manndecker
1989-90　8　0　Austria Salzburg

Kircher, Christian
*19.08.1967, Stürmer
1990-91　2　0　Sturm Graz
1992-93　34　7　Wiener Sportclub
1993-94　27　1　Wiener Sportclub

Kircher, Herwig
*18.03.1955, 2 A, Mittelfeldspieler
1972-73　24　0　VÖEST Linz
1973-74　14　0　VÖEST Linz
1974-75　34　0　VÖEST Linz
1975-76　33　0　VÖEST Linz
1976-77　36　1　VÖEST Linz
1977-78　11　1　VÖEST Linz
1978-79　34　1　Austria Salzburg
1981-82　22　2　Wattens-Wacker Innsbruck
1982-83　14　1　Austria Klagenfurt
1984-85　21　0　SV Spittal/Drau

Kirchler, Richard
Rechter Außendecker
1968-69　28　0　WSG Wattens

Kirchler, Roland
*29.09.1970, 28 A, Mittelfeldspieler
1990-91　5　3　FC Tirol
1991-92　18　3　FC Tirol
1992-93　35　7　Wacker Innsbruck
1993-94　26　3　FC Tirol Innsbruck
1994-95　31　5　FC Tirol
1995-96　30　7　FC Tirol Innsbruck
1996-97　26　1　FC Tirol Innsbruck
1997-98　29　4　FC Tirol Innsbruck
1998-99　31　4　FC Tirol Innsbruck
1999-00　34　8　FC Tirol Innsbruck
2000-01　33　11　FC Tirol Innsbruck
2001-02　28　8　FC Tirol Innsbruck
2002-03　25　9　Austria Salzburg
2003-04　4　0　Austria Salzburg
2003-04　29　9　SV Pasching
2004-05　32　3　FC Pasching
2005-06　27　2　RB Salzburg
2006-07　4　1　RB Salzburg
2006-07　13　2　SC Rheindorf Altach
2007-08　30　9　SC Rheindorf Altach

Kirchschläger, Bernhard
*22.08.1976, Mittelfeldspieler
1994-95　3　0　Linzer ASK

Kirisits, Fritz
Linksaußen
1948-49　14　2　SCR Hochstädt (WL)
1949-50　8　1　SK Oberlaa

Kirisits, Helmut
*12.05.1954, Mittelfeldspieler
1973-74　13　3　Grazer AK
1975-76　29　5　Grazer AK
1976-77　29　11　Rapid Wien
1977-78　33　2　Rapid Wien
1978-79　29　6　Rapid Wien
1984-85　12　1　Grazer AK
1984-85　15　1　VOEST Linz

Kirisits, Josef
*20.01.1951, Mittelfeldspieler
1973-74　1　0　Grazer AK
1978-79　4　0　Grazer AK

Kirnbauer, Dominik
*20.08.2002, Innenverteidiger
2019-20　2　0　TSV Hartberg

Kirschner, Alfred
*01.05.1949, Stürmer
1972-73　12　3　SC Eisenstadt
1973-74　28　6　SC Eisenstadt
1974-75　8　0　SC Eisenstadt

Kirschner, Hans
Linker Außendecker/Linker Läufer
1950-51　23　3　SC Wiener Neustadt

Kiss, Hans
Mittelfeldspieler
1968-69　8　0　WSG Wattens

Kiss, Pavle
*08.07.1940, Stürmer
1963-64　10　1　First Vienna
1964-65　12　1　Grazer AK
1964-65　6　1　First Vienna
1970-71　2　0　WSG Radenthein

Kitagawa, Kōya
*26.07.1996, 5 A, Stürmer
2019-20　19　2　Rapid Wien
2020-21　18　3　Rapid Wien
2021-22　12　0　Rapid Wien

Kiteishvili, Otar
*26.03.1996, 39 A, Mittelfeldspieler
2018-19 29 4 Sturm Graz
2019-20 31 6 Sturm Graz
2020-21 26 7 Sturm Graz
2021-22 14 1 Sturm Graz
2022-23 20 6 Sturm Graz
2023-24 25 9 Sturm Graz

Kitka, Boris
*16.08.1970, rechter Außendecker
1996-97 15 1 SV Ried
1997-98   6 0 SV Ried
1998-99 23 0 SV Ried
1999-00 14 0 SV Ried

Kittenberger, Franz
*01.01.1942, Linker Halbstürmer/Linker Läufer
1961-62   6 1 Wiener Sportclub
1962-63   6 0 Wiener Sportclub
1963-64 10 1 Simmeringer SC
1965-66 25 4 Simmeringer SC
1969-70 10 0 Wacker Wien
1970-71 14 1 Wacker Wien

Kittinger, Johann
*27.07.1941, Außenläufer
1959-60   1 0 Wiener Sportclub
1962-63 14 2 Simmeringer SC
1963-64 23 1 Simmeringer SC
1965-66 22 1 Simmeringer SC

Kittinger, Stefan
*18.02.1966, Mittelfeldspieler
1984-85   5 0 First Vienna

Kittler, Roman
*11.10.1959, Mittelfeldspieler
1982-83 13 0 Simmeringer SC

Kitzbichler, Richard
*12.01.1974, 17 A, Mittelfeldspieler
1992-93   1 0 Wacker Innsbruck
1993-94   4 0 FC Tirol Innsbruck
1995-96 32 7 FC Tirol Innsbruck
1996-97 35 7 FC Tirol Innsbruck
1997-98 31 2 Austria Salzburg
1998-99 34 6 Austria Salzburg
1999-00 28 3 Austria Salzburg
2000-01 36 10 Austria Salzburg
2001-02 33 6 Austria Salzburg
2003-04 24 1 Austria Wien
2004-05 21 2 Austria Wien

Kitzhöfer, Herbert
Mittelstürmer
1951-52   2 0 FC Wien
1952-53   2 0 FC Wien
1953-54   4 2 FC Wien

Kitzmüller, Helmut
*05.04.1940, 1 A, Torwächter
1958-59 20 0 Linzer ASK
1959-60 24 0 Linzer ASK
1960-61 22 0 Linzer ASK
1961-62 17 0 Linzer ASK
1962-63 22 0 Linzer ASK
1963-64 23 0 Linzer ASK
1964-65 19 0 Linzer ASK
1965-66 12 0 Linzer ASK
1966-67   2 0 Linzer ASK
1969-70 24 0 VÖEST Linz
1970-71   3 0 VÖEST Linz
1971-72   3 0 VÖEST Linz
1972-73   1 0 VÖEST Linz

Kizee, Mohamed
*30.11.1956, Mittelfeldspieler
1984-85   4 0 SV Spittal/Drau

Kjærgaard, Maurits
*26.06.2003, Mittelfeldspieler
2020-21   1 0 RB Salzburg
2021-22 17 0 RB Salzburg
2022-23 26 2 RB Salzburg
2023-24 17 2 RB Salzburg

Klacl, Friedrich (Fritz)
*23.04.1919, rechter Läufer
1936-37   6 5 Admira Wien (WL)
1937-38   9 2 Admira Wien (NL)
1938-39 13 2 Admira Wien (BK)
1939-40   1 0 Admira Wien (BK)
1940-41 17 0 Admira Wien (BK)
1941-42 14 2 Admira Wien (BK)
1942-43 10 7 Admira Wien (BK)
1945-46   2 0 Admira Wien (WL)
1946-47 14 0 Admira Wien (WL)
1947-48 15 1 Admira Wien (WL)
1948-49 18 7 Admira Wien (WL)
1949-50 18 8 Admira Wien
1950-51   7 3 Admira Wien
1952-53   1 0 Admira Wien

Kladensky, Peter
*11.03.1944, Stürmer
1967-68   9 0 Schwarz-Weiß Bregenz
1969-70 12 1 FC Dornbirn

Klammer, Peter
*12.04.1963, Stürmer
1983-84   6 1 Wiener Sportclub
1984-85   2 0 Wiener Sportclub

Klapacek, Hans
Rechter Außendecker
1947-48   1 1 Wacker Wien (WL)
1948-49   7 2 Wacker Wien (WL)
1951-52   1 0 Wacker Wien
1952-53   8 0 Salzburger AK

Klapf, Wolfgang
*14.12.1978, Innenverteidiger
2007-08 27 0 Linzer ASK
2009-10 25 0 SC Wiener Neustadt
2010-11 15 0 SC Wiener Neustadt
2011-12 29 0 SC Wiener Neustadt

Klapija, Jasmin
*21.02.1985, Stürmer
2004-05   1 0 Schwarz-Weiß Bregenz

Klaras, Andreas
*29.05.1946, Mittelfeldspieler
1969-70 22 2 VÖEST Linz
1970-71   3 0 VÖEST Linz

Klarer, Christoph
*14.06.2000, Innenverteidiger
2019-20 13 0 SKN St. Pölten

Klarić, Danijel
*19.01.1995, Stürmer
2014-15   1 0 Sturm Graz
2015-16   3 0 Sturm Graz

Klarl, Otto
*19.06.1942, Mittelfeldspieler
1959-60   1 0 Wiener Sportclub
1960-61   1 0 Wiener Sportclub
1962-63   7 1 Wacker Wien
1966-67 25 1 First Vienna
1967-68 17 0 First Vienna
1968-69 27 1 Austria Salzburg
1969-70 30 0 VÖEST Linz
1970-71 30 1 VÖEST Linz
1971-72 26 2 VÖEST Linz

Klassen, Leon
*01.07.2024, linker Außendecker
2021-22 17   0   WSG Tirol

Klaus, Peter
*27.11.1929, Rechter Halbstürmer
1950-51   2   0   Sturm Graz

Klauss de Mello, **João**
*01.03.1997, Stürmer
2018-19 14   3   Linzer ASK
2019-20 28 12   Linzer ASK

Klausz, Laszlo
*24.06.1971, 27 A, Stürmer
1994-95 31   8   Admira/Wacker
1995-96 30   6   Admira/Wacker
1996-97 15   3   Admira/Wacker
1996-97 20   5   Austria Salzburg
1997-98 14   4   Austria Salzburg
2002-03 34   9   Schwarz-Weiß Bregenz
2003-04 31   5   Schwarz-Weiß Bregenz

Kléber (Joquebidis dos Santos)
*29.10.1978, Mittelstürmer/Mittelfeld
1997-98 18   1   Austria Lustenau
1998-99 20   1   Austria Lustenau

Kleer, Johann (Hans)
*04.09.1969, Mittelfeldspieler
1997-98 26   3   Austria Lustenau
1998-99 33   3   Austria Lustenau

Kleibel, Friedrich
*29.06.1922, Mittelläufer
1942-43   1   0   Wiener Sportclub (BK)
1943-44   1   0   Wiener Sportclub (OK)
1945-46 14   0   Wiener Sportclub (WL)
1946-47 19   0   Wiener Sportclub (WL)
1947-48 18   2   Wiener Sportclub (WL)
1948-49   9   0   Austria Wien (WL)
1949-50 14   0   Austria Wien
1950-51 12   0   First Vienna
1951-52 26   0   First Vienna
1952-53 20   0   First Vienna
1953-54   1   0   First Vienna

Klein, Florian
*17.11.1986, 45 A, rechter Außendecker/Mittelfeld
2007-08 34   1   Linzer ASK
2008-09 33   5   Linzer ASK
2009-10 35   4   Austria Wien
2010-11 36   2   Austria Wien
2011-12 34   0   Austria Wien
2012-13 20   0   RB Salzburg
2013-14 23   1   RB Salzburg
2017-18 21   3   Austria Wien
2018-19 32   2   Austria Wien
2019-20 29   0   Austria Wien

Kleinbichler, Josef
*14.12.1963, rechter Außendecker/Mittelfeld
1982-83   5   0   Wattens-Wacker Innsbruck
1983-84 10   0   Wattens-Wacker Innsbruck
1984-85   8   0   Wattens-Wacker Innsbruck

Kleinlercher, Walter
*21.07.1926, Rechtsaußen
1953-54   3   0   Austria Salzburg

Klem, Christian
*21.04.1991, linker Außendecker/Mittelfeld
2009-10   6   0   Sturm Graz
2010-11 18   0   Sturm Graz
2011-12 25   0   Sturm Graz
2012-13 34   0   Sturm Graz
2013-14 32   0   Sturm Graz
2014-15 34   1   Sturm Graz
2015-16 17   0   Sturm Graz
2016-17 32   3   Wolfsberger AC
2018-19 14   0   Wacker Innsbruck
2019-20 30   1   TSV Hartberg
2020-21 28   0   TSV Hartberg
2021-22 22   0   TSV Hartberg
2022-23   7   0   TSV Hartberg

Klemen, Ingo
*29.07.1986, Stürmer
2012-13 14   3   SV Mattersburg

Klemenschits, Matthias
*25.02.1948, Mittelfeld/Linker Außendecker
1972-73 28   0   Admira Wiener Neustadt
1974-75 21   0   SC Eisenstadt

Klempa, Rudolf (Rudi)
*24.06.1918, linker Außendecker/Linker Läufer
1945-46 22   1   SC Helfort Wien (WL)
1947-48 17   0   Wiener AC (WL)
1951-52 11   1   Favoritner SK

Klepatsch, Walter
*14.06.1947, Mittelfeldspieler
1972-73   2   0   Admira Wiener Neustadt

Kling, Stephan
*22.03.1981, linker Außendecker
2007-08 29   1   SC Rheindorf Altach
2008-09 25   2   SC Rheindorf Altach

Klinge, Dirk
*30.06.1966, Mittelfeldspieler
1996-97 27   0   SV Ried

Klinger, Franz
*1932, linker Außendecker/Rechter Läufer
1951-52 17   0   Simmeringer SC
1952-53 24   1   Simmeringer SC
1953-54 24   2   Simmeringer SC
1954-55 26   4   Simmeringer SC
1955-56   7   0   Simmeringer SC

Klobucar, Mladen
*15.06.1939, Mittelfeldspieler
1968-69 27   0   WSG Wattens
1969-70 26   1   WSG Wattens

Kloiber, Erich
*17.04.1949, Mittelfeldspieler
1969-70   7   1   VÖEST Linz
1970-71 20   3   VÖEST Linz
1971-72   9   1   VÖEST Linz

Kloiber, Peter
*11.12.1954, Vorstopper
1972-73   5   0   SC Eisenstadt
1973-74   2   0   SC Eisenstadt
1974-75   1   0   SC Eisenstadt
1980-81 36   0   SC Eisenstadt
1982-83 27   0   SC Eisenstadt
1983-84 20   0   SC Eisenstadt
1984-85 19   0   SC Eisenstadt

Klopf, Johann (Hans)
*04.05.1946, Außendecker
1965-66   6   0   Austria Salzburg
1967-68 16   0   Austria Salzburg
1968-69 21   0   Austria Salzburg
1969-70 25   0   Austria Salzburg
1970-71 26   0   Austria Salzburg

Klug, Johann
*01.03.1936, Linksaußen
1956-57 26   3 Sturm Graz
1957-58 26   2 Sturm Graz
1962-63 18   1 Austria Klagenfurt
1964-65 22   2 Grazer AK
1965-66 25   2 Grazer AK
1966-67 26   1 Grazer AK
1967-68 26   0 Grazer AK
1968-69 26   0 Grazer AK

Knabel, Torsten
*06.05.1980, Innenverteidiger
2002-03 34   0 SV Pasching
2003-04 22   0 SV Pasching
2004-05 32   0 FC Pasching
2005-06 24   1 Wacker Tirol
2006-07 26   3 Wacker Tirol
2007-08 26   1 Wacker Innsbruck

Knaller, Bernhard
*07.03.1960, Libero
1984-85 27   0 SV Spittal/Drau

Knaller, Christoph
*01.11.1980, Mittelstürmer
2000-01   2   0 Admira/Wacker Mödling
2001-02 10   0 Admira/Wacker Mödling
2002-03 11   0 Admira/Wacker Mödling
2022-23   2   0 Austria Klagenfurt
2023-24   1   0 Austria Klagenfurt

Knaller, Walter
*24.10.1957, Mittelstürmer
1980-81 32   4 Admira/Wacker
1981-82 19   3 Admira/Wacker
1982-83 27   3 Admira/Wacker
1983-84 29   7 Admira/Wacker
1984-85 29   8 Admira/Wacker
1985-86 34 12 Admira/Wacker
1986-87 36 15 Admira/Wacker
1987-88 36 26 Admira/Wacker
1988-89 36 25 Admira/Wacker
1989-90 36 20 Admira/Wacker
1991-92 19   4 FC Stahl Linz

Knaller, Wolfgang
*09.10.1961, 26 A, Torwächter
1984-85 30   0 SV Spittal/Drau
1987-88 26   0 Admira/Wacker
1988-89 35   0 Admira/Wacker
1989-90 28   0 Admira/Wacker
1990-91 36   0 Admira/Wacker
1991-92 36   0 Admira/Wacker
1992-93 28   0 Admira/Wacker
1993-94 36   0 Admira/Wacker
1994-95 33   0 Admira/Wacker
1995-96 32   0 Admira/Wacker
1996-97 16   0 Admira/Wacker
1996-97 20   0 Austria Wien
1997-98 34   0 Austria Wien
1998-99 31   0 Austria Wien
1999-00 33   0 Austria Wien
2000-01   9   0 Austria Wien
2001-02   8   0 Austria Wien
2002-03 23   0 Admira/Wacker Mödling
2003-04 24   0 Admira/Wacker Mödling

Knapp, Werner
*14.09.1970, Verteidiger
1989-90   2   0 Sturm Graz
1990-91   2   0 Sturm Graz

Knasmüllner, Christoph
*30.04.1992, Mittelfeldspieler
2014-15 14   0 Admira/Wacker Mödling
2015-16 22   4 Admira/Wacker Mödling
2016-17 35   8 Admira/Wacker Mödling
2017-18 18 12 Admira/Wacker Mödling
2018-19 29   4 Rapid Wien
2019-20 28   4 Rapid Wien
2020-21 27   1 Rapid Wien
2021-22 26   3 Rapid Wien
2022-23 12   0 Rapid Wien

Knauer, Franz
Außendecker
1946-47 19   0 SCR Hochstädt (WL)
1947-48   9   0 First Vienna (WL)
1948-49   2   0 First Vienna (WL)
1949-50 20   1 SK Oberlaa

Knavs, Alexander
*05.12.1975, 65 A, Innenverteidiger
1997-98 32   2 FC Tirol Innsbruck
1998-99 21   1 FC Tirol Innsbruck
1999-00 29   1 FC Tirol Innsbruck
2000-01 31   1 FC Tirol Innsbruck
2005-06 28   1 RB Salzburg
2007-08   2   0 RB Salzburg

Knett, Christopher
*01.08.1990, Torwächter
2018-19 30   0 Wacker Innsbruck

Knez, Ivan
*21.07.1974, Innenverteidiger
2001-02 15   1 Rapid Wien
2002-03 35   0 Rapid Wien

Knez, Tomislav
*09.06.1938, 14 A, Stürmer
1965-66 26   6 Schwechater SC
1966-67   6   1 Rapid Wien

Knežević, Alexander
*14.10.1981, Torwächter
1998-99   1   0 Sturm Graz
2003-04   4   0 Sturm Graz

Knoflach, Tobias
*30.12.1993, Torwächter
2015-16   2   0 Rapid Wien
2016-17 15   0 Rapid Wien
2017-18   1   0 Rapid Wien
2018-19   3   0 Rapid Wien
2019-20 12   0 Rapid Wien

Knoflíček, Ivo
*23.02.1962, 38 A, Stürmer
1992-93 22   2 Vorwärts Steyr

Knoll, Adolf
*17.03.1938, 21 A, Rechter Halbstürmer
1956-57 23   2 Wiener Sportclub
1957-58 19 10 Wiener Sportclub
1958-59 25 18 Wiener Sportclub
1959-60 22   6 Wiener Sportclub
1960-61 20   6 Wiener Sportclub
1961-62 26 13 Wiener Sportclub
1962-63 21 13 Wiener Sportclub
1963-64 25   6 Wiener Sportclub
1964-65 26   4 Wiener Sportclub
1965-66 22   1 Wiener Sportclub
1966-67 19   3 Wiener Sportclub
1967-68 24   5 Austria Wien
1968-69   8   0 Austria Wien
1971-72 22   3 DSV Alpine
1972-73 26   1 DSV Alpine
1973-74 22   0 DSV Alpine

Knollmüller, Jakob
*26.07.2003, Stürmer
2022-23   3   0   TSV Hartberg

Knor, Franz
*22.12.1923, rechter Läufer
1945-46   5   0   Rapid Wien (WL)
1946-47 13   6   Rapid Wien (WL)
1948-49   5   0   Rapid Wien (WL)
1949-50 12   0   SK Oberlaa

Knor, Roman
*22.01.1927, linker Außendecker/Innenstürmer
1945-46 10   2   SC Helfort Wien (WL)
1946-47   9   0   Wiener AC (WL)
1947-48   4   3   Rapid Wien (WL)
1948-48   6   0   Rapid Wien (WL)
1949-50   7   1   Rapid Wien
1950-51 22   0   Floridsdorfer AC
1951-52 19   0   Floridsdorfer AC
1952-53 20   8   Floridsdorfer AC
1953-54 13   3   Floridsdorfer AC
1954-55 10   0   FC Stadlau
1955-56 14   5   FC Stadlau
1956-57 19   1   FC Stadlau

Knorrek, Ernst
*22.10.1948, Stürmer
1972-73 22   3   Linzer ASK
1973-74 24   2   Linzer ASK
1974-75 26   3   Linzer ASK
1975-76 29   5   Linzer ASK
1976-77 12   0   Linzer ASK

Knotzer, Herbert
*07.04.1942, Außenstürmer
1960-61   1   0   SC Wiener Neustadt
1961-62   7   0   SC Wiener Neustadt

Knotzer, Robert
*17.02.1938, Rechtsaußen
1961-62   3   1   SC Wiener Neustadt

Knotzinger, Horst
*16.07.1961, rechter Außendecker
1982-83 20   0   Wiener Sportclub
1983-84 25   0   Wiener Sportclub
1984-85 24   0   Wiener Sportclub

Kny, Robert
Innenstürmer
1949-50 14   2   Slovan Wien
1951-52   3   0   Favoritner SK

Kobanitsch, Franz
Innenstürmer
1955-56   3   0   FC Wien

Kobleder, Peter
*22.10.1967, Mittelfeldspieler
1985-86   7   0   Salzburger AK

Kobleder, Christoph
*03.03.1990, Innenverteidiger
2009-10 11   1   Linzer ASK

Kobozev, Alexej
*13.04.1967, Mittelstürmer
1991-92   9   0   VSE St. Pölten

Kobras, Martin
*19.06.1986, Torwächter
2008-09   5   0   Sturm Graz
2014-15 22   0   SC Rheindorf Altach
2015-16 10   0   SC Rheindorf Altach
2016-17 10   0   SC Rheindorf Altach
2017-18 31   0   SC Rheindorf Altach
2018-19 25   0   SC Rheindorf Altach
2019-20 29   0   SC Rheindorf Altach
2020-21 27   0   SC Rheindorf Altach
2021-22   3   0   SC Rheindorf Altach

Koç, Enes
*22.05.2005, Mittelfeldspieler
2023-24   2   0   Austria Lustenau

Koçak, Kenan
*05.01.1981, Mittelfeldspieler
2003-04   2   0   Austria Salzburg

Koch, Andreas
*14.01.1938, rechter Außendecker
1968-69   8   0   SC Eisenstadt
1969-70   5   0   SC Eisenstadt

Koch, Andreas
*11.09.1966, Torwächter
1989-90   2   0   Rapid Wien
1991-92 22   0   First Vienna
1993-94 32   0   VfB Mödling
1994-95 35   0   FC Tirol
1995-96   1   0   Grazer AK
1997-98   8   0   Rapid Wien

Koch, Anton
Rechter Halbstürmer
1949-50   4   0   Floridsdorfer AC
1952-53   1   0   Floridsdorfer AC

Koch, Fabian
*24.06.1989, rechter Außendecker
2010-11 18   1   Wacker Innsbruck
2010-11 10   0   Austria Wien
2011-12   1   0   Austria Wien
2012-13 21   2   Austria Wien
2013-14 23   0   Austria Wien
2014-15 18   1   Austria Wien
2015-16 22   1   Austria Wien
2016-17 36   3   Sturm Graz
2017-18 36   1   Sturm Graz
2018-19 30   2   Sturm Graz
2019-20   4   0   Sturm Graz
2019-20 11   1   WSG Tirol
2020-21 28   1   WSG Tirol
2021-22 28   1   WSG Tirol

Koch, Georg
*03.02.1972, Torwächter
2008-09   7   0   Rapid Wien

Koch, Josef
*06.10.1969, Manndecker
1990-91 16   0   Sturm Graz

Koch, Matthias
*01.04.1988, Mittelfeldspieler
2008-09 28   2   SC Rheindorf Altach
2011-12 15   1   Sturm Graz
2012-13 16   0   Sturm Graz
2013-14 24   3   SC Wiener Neustadt
2014-15 25   0   SC Wiener Neustadt

Koch, Roman
*19.09.1972, Mittelfeldspieler
1992-93   1   0   Austria Wien
1993-94 20   0   Vorwärts Steyr

Koch, Tobias
*06.04.2001, Mittelfeldspieler
2018-19 1 0 Sturm Graz
2019-20 1 0 Sturm Graz
2020-21 1 0 Sturm Graz
2023-24 23 1 Blau-Weiß Linz

Koch, Walter
*08.04.1954, Mittelfeldspieler
1979-80 35 4 Linzer ASK
1980-81 34 1 Linzer ASK
1981-82 33 2 Linzer ASK
1982-83 27 2 Linzer ASK
1983-84 21 1 Linzer ASK
1984-85 24 0 Linzer ASK

Koch, Walter
*22.08.1954, Mittelfeldspieler
1973-74 14 0 Austria Klagenfurt
1974-75 35 2 Austria Klagenfurt
1975-76 31 0 Austria Klagenfurt
1982-83 23 1 Austria Klagenfurt

Kocijan, Anel
*19.11.1992, Stürmer
2012-13 1 0 Sturm Graz

Kocijan, Tomislav
*21.11.1967, 4 A, Stürmer
1990-91 21 3 Vorwärts Steyr
1992-93 25 3 Vorwärts Steyr
1993-94 24 8 Vorwärts Steyr
1994-95 34 4 Austria Salzburg
1995-96 28 4 Austria Salzburg
1996-97 35 5 Austria Salzburg
1997-98 26 5 Sturm Graz
1998-99 18 1 Sturm Graz
1999-00 26 9 Sturm Graz
2000-01 22 6 Sturm Graz

Koçin, Robert
*02.06.1988, Mittelfeldspieler
1996-97 10 1 Austria Wien

Koçin, Umut
*02.06.1988, Mittelfeld
2010-11 22 1 Kapfenberger SV

Köck, Stefan
*30.08.1975, Libero/Manndecker
1994-95 9 0 FC Tirol
1998-99 19 0 FC Tirol Innsbruck
1999-00 13 0 FC Tirol Innsbruck

Köfler, Marco
*14.11.1990, linker Außendecker
2010-11 4 1 Wacker Innsbruck
2011-12 7 0 Wacker Innsbruck
2012-13 1 0 Wacker Innsbruck

Köglberger, Helmut
*12.01.1946, 28 A, Mittelstürmer
1964-65 14 5 Linzer ASK
1965-66 11 6 Linzer ASK
1966-67 22 16 Linzer ASK
1967-68 23 13 Linzer ASK
1968-69 28 31 Austria Wien
1969-70 25 9 Austria Wien
1970-71 21 7 Austria Wien
1971-72 28 15 Austria Wien
1972-73 28 11 Austria Wien
1973-74 25 14 Austria/WAC
1974-75 17 9 Austria/WAC
1974-75 17 13 Linzer ASK
1975-76 28 11 Linzer ASK
1976-77 36 16 Linzer ASK
1977-78 32 9 Linzer ASK
1979-80 35 18 Linzer ASK
1980-81 35 7 Linzer ASK

Köhler, Erich
Rechter Läufer
1952-53 11 0 Floridsdorfer AC
1953-54 23 0 Floridsdorfer AC

Köhn, Philipp François
*02.04.1998, Torwächter
2021-22 28 0 RB Salzburg
2022-23 32 0 RB Salzburg

Koejoe, Samuel (Sammy)
*17.08.1974, Stürmer
1997-98 29 7 Austria Lustenau
1998-99 34 7 Austria Salzburg
1999-00 18 2 Austria Salzburg
2004-05 21 12 Wacker Tirol

Kölbl, Friedrich (Fritz)
*04.10.1928, rechter Außendecker
1950-51 2 0 SC Wiener Neustadt

Kölbl, Hans
Rechtsaußen/Torwächter
1950-51 12 2 Elektra Wien
1954-55 2 0 Schwarz-Weiß Bregenz
1957-58 7 0 FC Wien

Köll, Christian
*15.10.1975, Stürmer
1994-95 2 0 FC Tirol

Köll, Helmut
*29.02.1984, Stürmer
1964-65 7 3 Wacker Innsbruck
1965-66 1 0 Wacker Innsbruck
1967-68 14 2 WSG Radenthein

Kölli, Josef
Mittelfeldspieler
1964-65 1 0 Grazer AK

Kölly, Alfred
*28.09.1929, linker Läufer/Linker Außendecker
1951-52 16 3 Grazer AK
1952-53 23 2 Grazer AK
1953-54 23 0 Grazer AK
1954-55 21 0 Grazer AK
1955-56 20 0 Grazer AK
1956-57 23 0 Grazer AK
1957-58 18 0 Grazer AK
1958-59 21 0 Grazer AK
1959-60 16 0 Grazer AK
1960-61 24 0 Grazer AK
1961-62 24 0 Grazer AK
1962-63 23 0 Grazer AK
1963-64 18 0 Grazer AK
1964-65 13 0 Grazer AK

Kölly, Stefan
*14.03.1928, 1 A, Linksaußen
1951-52 26 19 Grazer AK
1952-53 18 6 Grazer AK
1953-54 26 10 Grazer AK

Költringer, Anton
*02.02.1961, Torwächter
1983-84 1 0 Austria Salzburg

König, Helmut (Heli)
*11.05.1956, Mittelfeldspieler
1975-76 18 0 Austria Klagenfurt
1982-83 30 2 Austria Klagenfurt
1983-84 29 0 Austria Klagenfurt
1984-85 23 0 Austria Klagenfurt

König, Johann
Rechtsaußen
1956-57 1 0 Kapfenberger SV
1958-59 1 0 Kapfenberger SV

König, Wilhelm
*08.07.1929, Innenstürmer
1953-54　15　 5　Austria Salzburg
1954-55　22　19　Austria Salzburg
1955-56　10　 2　Austria Salzburg
1956-57　 5　 0　Austria Salzburg
1956-57　 8　 2　FC Stadlau
1961-62　20　 3　Salzburger AK

Königshofer, Franz
*19.01.1980, Mittelfeldspieler
2000-01　12　 0　Austria Wien
2001-02　 7　 0　Austria Wien

Königshofer, Lukas
*16.03.1989, Torwächter
2011-12　20　 0　Rapid Wien
2012-13　26　 0　Rapid Wien

Köpf, Josef (Pepi)
*13.01.1940, Torwächter
1959-60　 2　 0　Austria Salzburg
1960-61　 1　 0　Austria Salzburg
1965-66　 1　 0　Austria Salzburg

Körner, Alfred
*14.02.1926, 47 A, Linksaußen/Linker Halbstürmer
1942-43　 4　 3　Rapid Wien (BK)
1943-44　10　 1　Rapid Wien (OK)
1945-46　11　 9　Rapid Wien (WL)
1946-47　17　15　Rapid Wien (WL)
1947-48　17　14　Rapid Wien (WL)
1948-49　18　10　Rapid Wien (WL)
1949-50　23　22　Rapid Wien
1950-51　21　15　Rapid Wien
1951-52　18　 8　Rapid Wien
1952-53　16　 7　Rapid Wien
1953-54　19　 5　Rapid Wien
1954-55　21　 6　Rapid Wien
1955-56　21　15　Rapid Wien
1956-57　20　10　Rapid Wien
1957-58　23　10　Rapid Wien
1958-59　23　 9　Rapid Wien
1959-60　 6　 1　Admira-Energie Wien
1961-62　19　 6　Admira-Energie Wien
1962-63　17　10　Admira-Energie Wien
1963-64　10　 1　Admira-Energie Wien

Körner, Robert
*21.08.1924, 16 A, Rechtsaußen/Rechter Halbstürmer
1942-43　12　 1　Rapid Wien (BK)
1943-44　 2　 0　Rapid Wien (OK)
1945-46　17　 9　Rapid Wien (WL)
1946-47　20　 9　Rapid Wien (WL)
1947-48　16　 4　Rapid Wien (WL)
1948-49　18　 9　Rapid Wien (WL)
1949-50　23　 7　Rapid Wien
1950-51　21　17　Rapid Wien
1951-52　21　11　Rapid Wien
1952-53　12　 1　Rapid Wien
1953-54　17　 8　Rapid Wien
1954-55　22　 4　Rapid Wien
1955-56　 6　 1　Rapid Wien
1956-57　 6　 0　Rapid Wien

Köstenbauer, Albin
*03.06.1944, Torwächter
1966-67　 3　 0　Sturm Graz
1969-70　 8　 0　VÖEST Linz

Köstenberger, Adolf (Adi)
*22.09.1940, Rechtsaußen
1961-62　16　 4　Wiener Sportclub
1962-63　 2　 0　Wiener Sportclub

Köstenberger, Rudolf
*25.04.1965, Stürmer
1983-84　10　 2　Linzer ASK
1984-85　 4　 0　Linzer ASK
1985-86　23　 3　Linzer ASK
1986-87　30　 7　Linzer ASK
1987-88　15　 3　Linzer ASK
1988-89　20　 4　Linzer ASK

Köszegi, Anton
*31.10.1970, Mittelstürmer
2003-04　31　 4　SV Mattersburg
2004-05　26　 2　SV Mattersburg

Kodat, Karl
*10.02.1943, 5 A, Stürmer
1964-65　 5　 1　Austria Wien
1965-66　16　 5　Austria Wien
1966-67　 6　 1　Austria Wien
1967-68　22　13　Austria Salzburg
1968-69　22　 7　Austria Salzburg
1969-70　30　14　Austria Salzburg
1970-71　25　23　Austria Salzburg
1978-79　22　 9　Austria Salzburg
1979-80　23　 5　Austria Salzburg

Kodnar, Franz
*19.02.1940, Torwächter
1961-62　 2　 0　SC Wiener Neustadt
1963-64　19　 0　SC Wiener Neustadt
1964-65　 2　 0　SC Wiener Neustadt
1965-66　 8　 0　SC Wiener Neustadt
1966-67　 3　 0　SC Wiener Neustadt

Kofler, Alexander
*06.11.1986, Torwächter
2013-14　 6　 0　Wolfsberger AC
2014-15　30　 0　Wolfsberger AC
2015-16　25　 0　Wolfsberger AC
2016-17　25　 0　Wolfsberger AC
2017-18　24　 0　Wolfsberger AC
2018-19　30　 0　Wolfsberger AC
2019-20　28　 0　Wolfsberger AC
2020-21　18　 0　Wolfsberger AC
2021-22　28　 0　Wolfsberger AC

Kofler, Gustav
*17.09.1958, Stürmer/Manndecker
1985-86　15　 1　Salzburger AK

Kofler, Josef
Linker Läufer
1948-49　 7　 0　SCR Hochstädt (WL)
1953-54　11　 0　Wiener AC

Kofler, Marco
*08.05.1989, Innenverteidiger/Mittelfeld
2010-11　 1　 0　Wacker Innsbruck
2011-12　24　 0　Wacker Innsbruck
2012-13　28　 0　Wacker Innsbruck
2013-14　26　 2　Wacker Innsbruck

Kofler, Michael
*19.04.1966, Manndecker
1988-89　 3　 0　Sturm Graz
1989-90　24　 0　Sturm Graz
1990-91　29　 0　Sturm Graz
1991-92　15　 0　Sturm Graz
1992-93　13　 0　Sturm Graz

Kofler, Thomas
*07.07.1998, Mittelfeldspieler
2021-22　12　 0　TSV Hartberg
2022-23　 8　 0　TSV Hartberg

Kogler, Daniel
*16.08.1988, Mittelfeld/Stürmer
2010-11　25　 2　Linzer ASK

Kogler, Franz
*15.07.1944, Mittelfeldspieler
1962-63   5 1 Austria Klagenfurt
1965-66   9 0 Austria Klagenfurt
1966-67 19 1 Austria Klagenfurt
1967-68 24 0 Austria Klagenfurt
1968-69 25 1 Austria Klagenfurt
1972-73 27 0 Austria Klagenfurt

Kogler, Gerald
*03.10.1967, Mittelfeldspieler
1987-88 14 0 Austria Klagenfurt
1988-89   5 0 Austria Klagenfurt

Kogler, Johann (Hans)
*12.05.1968, 7 A, Mittelfeldspieler
1989-90 19 2 Grazer AK
1991-92 23 3 Vorwärts Steyr
1992-93 33 3 Vorwärts Steyr
1993-94 24 1 Admira/Wacker
1994-95 30 5 Admira/Wacker
1995-96 28 1 Admira/Wacker
1996-97 15 0 Linzer ASK
1997-98 32 4 Linzer ASK
1998-99 14 0 Linzer ASK
1999-00 13 1 Schwarz-Weiß Bregenz
2000-01 31 1 Schwarz-Weiß Bregenz
2001-02 31 1 Schwarz-Weiß Bregenz

Kogler, Patrick
*13.09.1987, Mittelfeldspieler
2008-09   3 0 SV Mattersburg

Kogler, Stefan
*19.07.1980, Mittelfeld/Innenverteidiger
2003-04   1 0 Admira/Wacker Mödling
2004-05   4 0 Admira/Wacker Mödling

Kogler, Walter
*12.12.1967, 28 A, Manndecker/Libero
1987-88 19 1 Sturm Graz
1988-89 12 1 Sturm Graz
1989-90 34 0 Sturm Graz
1990-91 30 3 Sturm Graz
1991-92 21 1 Sturm Graz
1992-93 34 0 Austria Wien
1993-94 34 2 Austria Wien
1994-95 36 2 Austria Wien
1995-96 33 3 Austria Wien
1996-97 35 2 Austria Salzburg
1997-98 20 4 Austria Salzburg
1998-99 19 4 Linzer ASK
1998-99 14 0 FC Tirol Innsbruck
1999-00 34 0 FC Tirol Innsbruck
2000-01 29 0 FC Tirol Innsbruck
2001-02 33 1 FC Tirol Innsbruck
2002-03 32 0 FC Kärnten
2003-04 26 0 FC Kärnten

Kohlhauser, Oskar (Ferdl)
*1935, 3 A, Rechtsaußen
1960-61 26 20 SVS Linz
1961-62 18 14 SVS Linz
1962-63 19 8 SVS Linz
1963-64 19 9 SVS Linz

Kohlhuber, Helmut
Rechtsaußen
1958-59   6 1 WSV Donawitz

Koiner, Peter
*05.04.1967, Stürmer
1984-85 29 3 DSV Alpine
1985-86 18 2 DSV Alpine
1987-88 15 1 VfB Union Mödling

Koisser, Karl
Außenstürmer
1956-57   5 0 First Vienna
1957-58 16 1 First Vienna
1958-59   1 0 First Vienna
1959-60   9 1 First Vienna

Koïta, Sékou
*28.11.1999, 24 A, Mittelfeld/Stürmer
2018-19 14 5 Wolfsberger AC
2019-20 16 8 RB Salzburg
2020-21 17 14 RB Salzburg
2021-22   2 1 RB Salzburg
2022-23 22 6 RB Salzburg
2023-24 19 8 RB Salzburg

Kojsza, Istvan (Stefan)
*31.01.1947, Stürmer
1972-73   3 0 Admira Wiener Neustadt
1972-73   2 1 SC Eisenstadt

Kolar, Ernst
*20.07.1929, Mittelläufer
1954-55 26 2 Kapfenberger SV
1955-56 20 3 Kapfenberger SV
1956-57 26 1 Kapfenberger SV
1957-58 25 3 Kapfenberger SV
1958-59 25 0 Kapfenberger SV
1961-62 21 0 Kapfenberger SV
1963-64 22 0 Kapfenberger SV
1964-65 26 0 Kapfenberger SV
1965-66 23 0 Kapfenberger SV
1966-67 13 0 Kapfenberger SV
1968-69 16 0 WSV Donawitz

Kolarik, Ferdinand
*04.10.1937, 2 A, linker Außendecker
1957-58   6 0 Admira Wien
1958-59 25 0 Admira Wien
1959-60 24 0 Admira-Energie Wien
1961-62 24 0 Admira-Energie Wien
1962-63 22 0 Admira-Energie Wien
1963-64 13 0 Admira-Energie Wien

Kolarik, Leopold
Torwächter
1953-54 10 0 Wiener AC

Koleznik, Walter
*17.10.1942, 6 A, Mittelfeldspieler
1961-62 14 4 Grazer AK
1962-63 26 4 Grazer AK
1963-64 21 8 Grazer AK
1964-65 25 6 Grazer AK
1965-66 22 7 Grazer AK
1966-67   9 1 Grazer AK
1967-68 20 7 Grazer AK
1968-69 26 10 Grazer AK
1969-70 30 11 Grazer AK
1970-71 26 6 Grazer AK
1971-72 28 6 Grazer AK
1972-73 27 1 Grazer AK
1973-74 30 5 Grazer AK
1975-76 31 1 Grazer AK
1976-77 35 4 Grazer AK
1977-78 31 4 Grazer AK

Koller, Ewald
*26.09.1948, linker Außendecker
1969-70 18 0 FC Dornbirn

Koller, Hans
*21.09.1958, Mittelfeldspieler
1977-78   3 0 Sturm Graz
1978-79 25 0 Sturm Graz
1979-80 19 0 Sturm Graz

Koller, Heinrich
Linksaußen/Linker Halbstürmer
1954-55   2   0   FC Wien
1955-56   4   2   FC Wien
1957-58 20   4   FC Wien
1959-60 25   4   WSV Donawitz
1961-62   2   0   Admira-Energie Wien

Koller, Karl
*09.02.1929, 86 A, rechter Läufer
1949-50 23   7   First Vienna
1950-51 24   1   First Vienna
1951-52 26   2   First Vienna
1952-53 22   3   First Vienna
1953-54 26   2   First Vienna
1954-55 22   0   First Vienna
1955-56 26   0   First Vienna
1956-57 25   1   First Vienna
1957-58 26   1   First Vienna
1958-59 19   1   First Vienna
1959-60 25   9   First Vienna
1960-61 24   2   First Vienna
1961-62 23   3   First Vienna
1962-63 26   6   First Vienna
1963-64 26   0   First Vienna
1964-65 26   1   First Vienna
1965-66 26   1   First Vienna

Koller, Michael
*25.08.1982, Mittelfeldspieler
2003-04   1   0   Austria Wien
2004-05 12   0   SV Mattersburg

Koller, Paul-Friedrich
*22.02.2002, Innenverteidiger
2020-21   1   0   Admira/Wacker Mödling
2023-24 31   3   SC Rheindorf Altach

Kollmann, Roland
*06.06.1962, Stürmer
1982-83   1   0   Austria Klagenfurt

Kollmann, Roland (Roli)
*08.10.1976, 11 A, Stürmer
1998-99   8   1   FC Tirol Innsbruck
2001-02   7   3   Grazer AK
2002-03 19   6   Grazer AK
2003-04 32 27   Grazer AK
2004-05 35 15   Grazer AK
2005-06 25   7   Grazer AK
2006-07 22   5   Grazer AK
2007-08 26   5   Austria Kärnten

Kollmann, Walter
*17.06.1932, 16 A, Mittelläufer
1951-52 21   0   Wacker Wien
1952-53 25   0   Wacker Wien
1953-54 26   0   Wacker Wien
1954-55 24   0   Wacker Wien
1955-56 26   0   Wacker Wien
1956-57 25   0   Wacker Wien
1957-58 20   0   Wacker Wien
1958-59 18   0   Wacker Wien
1959-60 17   0   Wacker Wien
1961-62   4   0   Wiener Sportclub

Kolonerits, Franz
Torwächter
1952-53   2   0   Salzburger AK

Koloušek, Václav
*13.04.1976, 5 A, Mittelfeldspieler
2005-06 14   2   Wacker Tirol
2006-07 27   4   Wacker Tirol
2007-08 32   2   Wacker Innsbruck
2009-10 10   0   SC Wiener Neustadt
2010-11 16   0   SC Wiener Neustadt

Kolowrat, Joachim
*25.09.1973, Stürmer
1992-93   9   0   Rapid Wien

Kolviðsson, Helgi
*13.09.1971, 29 A, Innenverteidiger
1997-98 34   2   Austria Lustenau
2001-02 21   1   FC Kärnten
2002-03 30   3   FC Kärnten
2003-04 25   1   FC Kärnten

Komanovits, Günther
*11.06.1941, Mittelfeldspieler
1967-68 26   3   SC Eisenstadt
1968-69 25   5   SC Eisenstadt
1969-70 27   7   SC Eisenstadt

Kometer, Siegfried
*16.04.1939, Linksaußen
1960-61   2   0   Rapid Wien

Kominek, Friedrich (Fritz)
*17.01.1927, 6 A, Rechtsaußen
1942-43   4   0   Austria Wien (BK)
1943-44 12   2   Austria Wien (OK)
1945-46 22 13   Austria Wien (WL)
1946-47 11   2   Austria Wien (WL)
1947-48   9   2   Austria Wien (WL)
1948-49 18   6   Austria Wien (WL)
1949-50 12   4   Austria Wien
1950-51   6   1   Austria Wien
1951-52 24   7   Austria Wien
1952-53 26 11   Austria Wien
1953-54 26 10   Austria Wien
1954-55 10   1   Austria Wien
1961-62   9   2   Schwechater SC
1962-63 12   4   Schwechater SC
1962-63   6   1   First Vienna

Komposch, Paul
*13.05.2001, Innenverteidiger
2020-21   2   0   Sturm Graz
2023-24 31   0   TSV Hartberg

Konaté, Karim
*21.03.2004, 14 A, Stürmer
2022-23   9   3   RB Salzburg
2023-24 29 20   RB Salzburg

Končalović, Siniša
*24.10.1968, Mittelfeldspieler
1995-96 12   0   Vorwärts Steyr

Koncilia, Friedrich (Friedl)
*25.02.1948, 84 A, Torwächter
1965-66   8   0   Austria Klagenfurt
1966-67   5   0   Austria Klagenfurt
1967-68 25   0   Austria Klagenfurt
1968-69 28   0   Austria Klagenfurt
1969-70 30   0   WSG Wattens
1970-71 30   0   WSG Wattens
1971-72 15   0   Wattens-Wacker Innsbruck
1972-73 30   0   Wattens-Wacker Innsbruck
1973-74 24   0   Wattens-Wacker Innsbruck
1974-75 34   0   Wattens-Wacker Innsbruck
1975-76 34   0   Wattens-Wacker Innsbruck
1976-77 36   0   Wattens-Wacker Innsbruck
1977-78 36   0   Wattens-Wacker Innsbruck
1978-79 27   0   Wattens-Wacker Innsbruck
1979-80 19   0   Austria Wien
1980-81 24   0   Austria Wien
1981-82 35   0   Austria Wien
1982-83 30   0   Austria Wien
1983-84 29   0   Austria Wien
1984-85 26   0   Austria Wien

Koncilia, Peter
*22.07.1949, 6 A, Mittelfeld/Libero
1966-67   1   0   Austria Klagenfurt
1967-68   2   0   Austria Klagenfurt
1970-71 15   0   WSG Wattens
1972-73   5   1   Wattens-Wacker Innsbruck
1973-74 18   0   Wattens-Wacker Innsbruck
1974-75 25 15   Wattens-Wacker Innsbruck
1975-76 26 13   Wattens-Wacker Innsbruck
1976-77 26   9   Wattens-Wacker Innsbruck
1977-78 18   5   Wattens-Wacker Innsbruck
1978-79 24 13   Wattens-Wacker Innsbruck

Kondert, Janos (Johann)
*10.09.1944, Mittelfeldspieler
1962-63   5   0   Linzer ASK
1963-64 13   5   Linzer ASK
1964-65   5   2   Linzer ASK
1965-66   8   2   Linzer ASK
1966-67 18   4   Linzer ASK
1970-71 28   6   Linzer ASK
1971-72 27   2   Linzer ASK
1972-73 26   3   Linzer ASK
1973-74 29   4   Linzer ASK
1974-75 31   8   Linzer ASK
1975-76 22   3   Linzer ASK
1976-77   3   0   Linzer ASK

Kondratyev, Georgy Petrovich
*07.01.1960, 14 A, Stürmer
1991-92 12   3   VSE St. Pölten

Koné, Moussa
*30.12.1996, Stürmer
2023-24   8   0   Linzer ASK

Kongolo, Terence
*14.02.1994, 4 A, Innenverteidiger/Linker Außendecker
2023-24 12   0   Rapid Wien

Koniarek, Marek Krzysztof
*29.05.1962, 2 A, Stürmer
1993-94 16   6   Wiener Sportclub

Konrad, Mario
*22.01.1983, Stürmer
2001-02 15   1   Schwarz-Weiß Bregenz
2002-03   5   0   Schwarz-Weiß Bregenz
2003-04 24   0   Schwarz-Weiß Bregenz
2008-09 33   6   SC Rheindorf Altach
2009-10 15   2   Rapid Wien

Konrad, Otto
*01.11.1964, 12 A, Torwächter
1984-85   5   0   Sturm Graz
1985-86   3   0   Sturm Graz
1986-87 33   0   Sturm Graz
1987-88 21   0   Sturm Graz
1988-89 20   0   Sturm Graz
1989-90 36   0   Sturm Graz
1990-91 36   1   Sturm Graz
1991-92 19   0   Sturm Graz
1992-93 35   0   Austria Salzburg
1993-94 36   0   Austria Salzburg
1994-95 34   1   Austria Salzburg
1995-96 29   0   Austria Salzburg
1996-97 18   0   Austria Salzburg

Konsel, Michael
*06.03.1962, 43 A, Torwächter
1984-85 13   0   First Vienna
1984-85   7   0   Rapid Wien
1985-86 25   0   Rapid Wien
1986-87 23   0   Rapid Wien
1987-88 34   0   Rapid Wien
1988-89 32   0   Rapid Wien
1989-90 34   0   Rapid Wien
1990-91 36   0   Rapid Wien
1991-92 27   0   Rapid Wien
1992-93 36   0   Rapid Wien
1993-94 34   0   Rapid Wien
1994-95 36   0   Rapid Wien
1995-96 36   0   Rapid Wien
1996-97 35   0   Rapid Wien

Kopfer, Ernst
*11.10.1970, Verteidiger
1991-92   1   0   Austria Salzburg

Kopinits
Mittelfeldspieler
1973-74   1   0   SC Eisenstadt

Kopp, Martin
*19.02.1953, Torwächter
1973-74   1   0   Austria Klagenfurt

Koppi, Karl
Mittelfeldspieler
1973-74   1   0   SC Eisenstadt

Kopta, Ernst
*10.12.1952, Stürmer
1974-75   4   0   Admira/Wacker
1976-77 30   1   First Vienna
1977-78 15   0   First Vienna

Korak, Bogdan
*02.11.1959, Stürmer
1989-90   7   1   Vorwärts Steyr

Koranda, Karl
*24.06.1929, Linksaußen
1959-60 26   9   Kremser SC
1960-61 23   8   Schwechater SC
1961-62 12   0   Schwechater SC
1964-65   2   0   Schwechater SC

Korček, František
Linksaußen
1950-51 12   2   Elektra Wien

Kordesch, Engelbert
*19.10.1944, Libero
1965-66 21   0   Austria Klagenfurt
1966-67 23   0   Austria Klagenfurt
1967-68 22   2   Austria Klagenfurt
1968-69 24   0   Austria Klagenfurt
1969-70 28   0   WSG Wattens
1970-71 27   0   WSG Wattens
1971-72 11   0   Wattens-Wacker Innsbruck
1972-73 18   0   Wattens-Wacker Innsbruck
1973-74 28   0   Wattens-Wacker Innsbruck
1974-75 25   0   Wattens-Wacker Innsbruck
1975-76 23   0   Austria Klagenfurt

Koreimann, Arnold
*19.02.1957, 1 A, Mittelfeldspieler
1975-76 24   2   Austria Klagenfurt
1981-82 36 17   Wattens-Wacker Innsbruck
1982-83 23   6   Wattens-Wacker Innsbruck
1983-84 15   2   Austria Salzburg
1984-85 30   4   Wattens-Wacker Innsbruck
1985-86 27   5   Wattens-Wacker Innsbruck
1986-87 33   0   Wattens-Wacker Innsbruck
1987-88   9   0   FC Tirol
1988-89 19   6   Austria Klagenfurt

Koretic, Karl
*03.09.1941, Mittelfeld/Libero
1960-61 16 9 FC Dornbirn
1963-64 25 3 FC Dornbirn
1966-67 25 1 Schwarz-Weiß Bregenz
1967-68 22 1 Schwarz-Weiß Bregenz
1968-69 27 0 Schwarz-Weiß Bregenz
1970-71 14 0 Schwarz-Weiß Bregenz

Korgalidze, Otari
*02.09.1960, 1 A, Stürmer
1993-94   3 0 Austria Salzburg
1993-94 12 0 Wiener Sportclub

Korkmaz, Ümit
*17.09.1985, 10 A, Mittelfeldspieler
2006-07 23 1 Rapid Wien
2007-08 31 2 Rapid Wien
2016-17 11 0 SKN St. Pölten

Kornexl, Harald
*10.03.1972, Mittelfeldspieler
1999-00 18 0 Schwarz-Weiß Bregenz
2000-01 20 0 Schwarz-Weiß Bregenz
2001-02   4 0 Schwarz-Weiß Bregenz

Kornexl, Reinhard
*02.04.1947, linker Außendecker/Vorstopper
1968-69 28 1 Schwarz-Weiß Bregenz
1970-71 21 0 Schwarz-Weiß Bregenz
1972-73 30 0 SC Bregenz
1973-74 27 0 FC Vorarlberg

Kornexl, Roland
*15.04.1969, Mittelfeld/Libero
1999-00 21 0 Schwarz-Weiß Bregenz
2000-01 24 0 Schwarz-Weiß Bregenz
2001-02   2 0 Schwarz-Weiß Bregenz

Korsós, Attila
*25.12.1971, 11 A, Mittelfeldspieler
1999-00 17 3 Austria Salzburg
2001-02 12 2 Austria Salzburg

Korsós, György
*22.08.1976, 33 A, Innenverteidiger
1999-00 20 1 Sturm Graz
2000-01 29 3 Sturm Graz
2001-02 26 7 Sturm Graz
2002-03 25 0 Sturm Graz
2003-04 34 1 Sturm Graz
2004-05 27 2 Rapid Wien
2005-06 26 0 Rapid Wien

Kortenhof, Fritz
Mittelläufer
1951-52   1 0 Wiener Sportclub

Kos, Clemens
*27.11.1952, Stürmer
1971-72   7 1 Rapid Wien
1972-73   2 0 Rapid Wien
1973-74   1 0 Rapid Wien

Kos, Mirko
*12.04.1997, Torwächter
2019-20   1 0 Austria Wien
2022-23   1 0 Austria Wien
2023-24   3 0 Austria Wien

Kosacsek, Wilhelm
Mittelstürmer
1950-51   1 0 Elektra Wien

Koscelnik, Martin
*02.03.1995, 14 A, rechter Außendecker
2022-23 18 0 Rapid Wien
2023-24   2 0 Rapid Wien

Koschak, Günther
*11.09.1962, Stürmer
1980-81   1 0 Grazer AK
1981-82 24 5 Grazer AK
1982-83 25 6 Grazer AK
1983-84 29 9 Grazer AK
1984-85 29 7 Grazer AK
1985-86 22 9 Grazer AK
1986-87 21 5 Grazer AK
1987-88 17 3 Grazer AK
1987-88 18 6 Sturm Graz
1988-89 21 3 Sturm Graz
1989-90 35 5 Sturm Graz
1990-91 30 7 Sturm Graz
1991-92 18 2 Sturm Graz

Koschier, Giuseppe
*16.03.1936, 2 A, Mittelläufer
1956-57 22 0 Simmeringer SC
1957-58 26 0 Simmeringer SC
1958-59   3 0 Wiener Sportclub
1958-59 11 0 Simmeringer SC
1959-60 13 0 Simmeringer SC
1959-60 13 0 Admira-Energie Wien
1961-62 26 0 Admira-Energie Wien
1962-63 23 0 Admira-Energie Wien
1963-64 16 0 Admira-Energie Wien
1964-65 26 0 First Vienna
1965-66   2 0 First Vienna
1966-67   8 0 First Vienna

Koschier, Rene
Rechter Läufer
1961-62 14 0 Admira-Energie Wien

Koschischek, Johann
*21.01.1933, Torwächter
1953-54   2 0 Floridsdorfer AC
1955-56   3 0 Sturm Graz

Kossek, Rudolf (Rudi)
*1921, rechter Außendecker
1937-38   6 0 Simmeringer SC (NL)
1939-40   2 0 Wiener Sportclub (BK)
1949-50   1 0 Slovan Wien

Kossina, Georg
*22.04.1968, Verteidiger
1991-92   5 0 Kremser SC

Košťál, Pavel
*17.09.1980, Innenverteidiger
2009-10 31 1 SC Wiener Neustadt
2010-11 29 3 SC Wiener Neustadt

Kostić, Aleksandar
*12.10.1995, Mittelfeldspieler
2017-18   1 0 Rapid Wien
2018-19   5 0 Rapid Wien

Kostner, Patrick
*28.02.1988, Torwächter
2010-11   2 0 Kapfenberger SV
2011-12   2 0 Kapfenberger SV

Kosturkov, Petar
*17.09.1969, Mittelfeldspieler
1997-98 36 1 Austria Lustenau
1998-99 11 1 Austria Lustenau

Kosztka, Franz
*1948, Mittelfeldspieler
1972-73   7 0 Wiener Sportclub
1973-74   7 1 Wiener Sportclub

Kothmeier, Gerhard
*28.11.1971, Stürmer
1991-92   3 0 VSE St. Pölten

Kotschnig, Gerald
*10.02.1958, Mittelfeldspieler
1984-85 15   0   SV Spittal/Drau

Kottán, György
*06.10.1946, Stürmer
1972-73 19   7   VÖEST Linz
1973-74 22   7   VÖEST Linz
1974-75 33   3   VÖEST Linz
1975-76   6   1   VÖEST Linz

Kotter, Friedrich
*03.02.1920, linker Außendecker
1947-48   3   0   Floridsdorfer AC (WL)
1949-50 24   0   Slovan Wien
1950-51 24   0   FC Wien
1951-52 24   0   FC Wien
1952-53 24   1   FC Wien
1953-54 26   0   FC Wien
1954-55 18   0   FC Wien
1955-56 21   0   FC Wien

Kotzauer, Gerald
*06.01.1966, Stürmer
1988-89 16   3   Linzer ASK

Kotzmuth, Hugo
*26.03.1929, Mittelläufer
1951-52   4   0   Grazer AK

Koubek, Josef
*07.11.1946, Stürmer
1973-74 28   3   WSG Radenthein/VSV
1974-75 12   1   Austria Klagenfurt

Koudossou, Henri
*03.09.1999, Mittelfeldspieler
2022-23   6   0   Austria Lustenau

Koutsoupias, Giorgios
*11.02.1974, Verteidiger
1999-00   2   0   Sturm Graz

Koulouris, Efthymis
*06.03.1996, 18 A, Stürmer
2022-23 14   1   Linzer ASK

Koumetio, Billy Dawson
*14.11.2002, Innenverteidiger
2022-23   5   0   Austria Wien

Kovač, Niko
*15.10.1971, 83 A, Mittelfeldspieler
2006-07 28   6   RB Salzburg
2007-08 25   3   RB Salzburg
2008-09 12   0   RB Salzburg

Kovać, Željko
*01.06.1944, Stürmer
1972-73 22 10   Grazer AK

Kovačec, Dino
*27.12.1993, Mittelfeldspieler
2015-16   1   0   Rapid Wien
2019-20   8   0   WSG Tirol

Kovačec, Ivan
*27.06.1988, Stürmer
2014-15 24   4   SC Rheindorf Altach

Kovačević, Božo
*24.12.1979, 7 A, Mittelfeldspieler
1999-00   2   0   Austria Wien
2000-01   1   0   Austria Wien
2002-03 33   3   SV Pasching
2003-04 29   1   SV Pasching
2004-05 25   0   FC Pasching
2005-06 29   1   FC Pasching
2006-07 13   1   FC Pasching
2006-07 14   2   SV Ried
2007-08 10   0   SV Ried
2008-09 14   0   SV Ried

Kovačević, Damjan
*28.08.2004, Mittelfeld/Rechter Außendecker
2023-24   1   0   TSV Hartberg

Kovačević, Krešimir
*07.08.1994, Stürmer
2018-19   7   3   TSV Hartberg

Kovačević, Marjan
*31.08.1973, Mittelfeldspieler
2004-05 18   2   Admira/Wacker Mödling

Kovacic, Bernd
*11.02.1965, Manndecker
1990-91 34   1   DSV Alpine
1991-92 16   0   DSV Alpine

Kovačič, Marjan
*14.10.1943, Mittelfeldspieler
1967-68 22   0   Austria Klagenfurt
1969-70 23   3   Wiener Sportclub
1970-71 23   5   Wiener Sportclub
1972-73 29   1   Austria Klagenfurt
1973-74 17   1   Austria Klagenfurt
1974-75 34   0   Austria Klagenfurt
1975-76 28   2   Austria Klagenfurt

Kovačič, Slavko
*14.05.1950, Stürmer
1982-83 15   9   Austria Salzburg
1983-84 27   5   Austria Salzburg
1984-85 19   3   Austria Salzburg

Kovazh, Julius
*06.07.1930, 1 A, Mittelstürmer
1957-58 24   6   ÖMV Olympia Wien
1958-59 13   5   Kremser SC
1959-60 19   5   Kremser SC

Kovrig, Ákos
*02.06.1982, Mittelfeldspieler
2007-08 20   2   SV Mattersburg
2008-09 13   0   SV Mattersburg

Kowalczyk, Karl
*04.03.1929, Linksaußen
1948-49   2   2   Admira Wien (WL)
1949-50   3   0   Admira Wien
1950-51   1   0   Admira Wien
1951-52   6   1   Admira Wien
1953-54 17   5   Wiener Sportclub

Kowanz, Karl
*15.04.1926, 17 A, rechter Läufer/Mittelläufer
1942-43   19   0   Admira Wien (BK)
1945-46   4   5   Admira Wien (WL)
1946-47   18   4   Admira Wien (WL)
1947-48   18   0   Admira Wien (WL)
1948-49   18   1   Admira Wien (WL)
1949-50   20   2   Admira Wien
1950-51   21   0   Austria Wien
1951-52   25   0   Austria Wien
1952-53   26   2   Austria Wien
1953-54   11   1   Austria Wien
1954-55   8   0   Austria Wien
1955-56   14   1   Austria Wien
1956-57   25   1   Austria Wien
1957-58   13   0   Austria Wien
1958-59   26   0   Wiener AC
1959-60   25   0   Wiener AC
1960-61   24   0   Wiener AC

Kowatsch, Eduard
Rechter Außendecker
1967-68   3   0   First Vienna

Kozacek, Wilhelm
Innenstürmer
1953-54   12   1   Wiener AC

Kozelsky, Arno Paul
*01.11.1981, Stürmer
2002-03   4   1   FC Kärnten
2003-04   4   0   FC Kärnten
2008-09   27   2   Kapfenberger SV
2009-10   17   0   Kapfenberger SV

Kožiak, Ján
*13.08.1978, Mittelstürmer
2003-04   18   1   SV Mattersburg

Kozich, Hermann
Rechter Außendecker
1957-58   11   0   First Vienna
1958-59   25   0   First Vienna
1959-60   25   0   First Vienna
1960-61   14   0   First Vienna
1961-62   20   0   First Vienna
1962-63   24   0   First Vienna

Kozich, Thomas
*29.04.1934, Torwächter
1953-54   3   0   First Vienna
1958-59   5   0   First Vienna
1959-60   1   0   First Vienna
1960-61   2   0   First Vienna
1961-62   2   0   First Vienna

Kozlicek, Ernst
*21.01.1931, 11 A, rechter Läufer/Mittelläufer
1949-50   1   0   Wacker Wien
1950-51   1   0   Wacker Wien
1951-52   17   0   Wacker Wien
1952-53   24   0   Wacker Wien
1953-54   24   1   Wacker Wien
1954-55   25   2   Wacker Wien
1955-56   21   0   Wacker Wien
1956-57   24   3   Wacker Wien
1957-58   14   1   Wacker Wien
1958-59   25   2   Wacker Wien
1959-60   13   0   Linzer ASK
1960-61   26   1   Linzer ASK
1961-62   25   0   Linzer ASK
1962-63   9   1   Linzer ASK
1962-63   8   2   Schwechater SC
1963-64   17   2   Schwechater SC
1964-65   1   0   Schwechater SC
1964-65   13   1   Sturm Graz

Kozlicek, Paul
*22.07.1937, 14 A, Linker Halbstürmer
1954-55   7   4   Wacker Wien
1955-56   26 20   Wacker Wien
1956-57   24 20   Wacker Wien
1957-58   26 11   Wacker Wien
1958-59   17 12   Wacker Wien
1959-60   24   6   Linzer ASK
1960-61   25   7   Linzer ASK
1961-62   25 15   Linzer ASK
1962-63   24   7   Linzer ASK
1963-64   2   1   Linzer ASK
1964-65   18   2   Linzer ASK
1965-66   26   3   Admira-Energie Wien
1966-67   21   1   Admira-Energie Wien
1967-68   23   0   Admira-Energie Wien
1968-69   26   0   Admira-Energie Wien
1969-70   27   0   Admira-Energie Wien
1970-71   26   0   Admira-Energie Wien

Kozuborski, Mario
*12.11.1978, Mittelfeldspieler
1996-97   1   0   Admira/Wacker

Kracun, Harald
Torwächter
1958-59   3   0   Kapfenberger SV

Krämer, Gerhard
*1941, Außenstürmer
1960-61   3   0   Austria Salzburg
1961-62   6   0   Wiener AC

Krämer, Harald
*13.02.1964, Stürmer
1987-88   34 24   Sturm Graz
1988-89   3   1   Sturm Graz
1989-90   17   6   Sturm Graz

Krätzig, Frans
*14.01.2003, Mittelfeld/Linker Außendecker
2023-24   14   1   Austria Wien

Kragl, Lukas
*12.01.1990, Stürmer
2008-09   2   0   Linzer ASK
2009-10   9   2   Linzer ASK
2010-11   25   1   Linzer ASK

Kragl, Oliver
*12.05.1990, Mittelfeldspieler
2013-14   34   8   SV Ried
2014-15   32   3   SV Ried
2015-16   19   1   SV Ried
2022-23   5   0   SV Ried

Kraiger, Christian
*11.08.1973, Verteidiger
1993-94   3   0   Austria Salzburg
1996-97   7   0   Admira/Wacker

Krainz, Helmut
*29.12.1956, Vorstopper
1976-77   30   0   Sturm Graz
1977-78   3   0   Sturm Graz
1978-79   6   0   Sturm Graz

Krainz, Marco
*17.05.1997, Mittelfeldspieler
2023-24   31   0   Blau-Weiß Linz

Krajic, Gerald
*03.12.1981, Stürmer
1999-00   2   1   Austria Wien
2000-01   1   0   Austria Wien
2001-02   1   0   Austria Wien
2006-07   30   4   FC Pasching
2007-08   24   3   Austria Kärnten

Kral, Franz
Mittelläufer
1953-54 13   0 Floridsdorfer AC

Kral, Heinz
*28.11.1942, Außendecker
1960-61   1   0 Austria Wien
1961-62   1   0 Austria Wien

Kral, Gustav
*04.06.1983, Torwächter
2004-05   1   0 Admira/Wacker Mödling

Kral, Thomas
*08.01.1990, Innenverteidiger
2010-11   9   0 SC Wiener Neustadt
2011-12 10   0 SC Wiener Neustadt
2012-13   4   0 SC Wiener Neustadt

Kralovics, Erich
Rechter Außendecker
1950-51 11   0 Linzer ASK
1951-52 10   0 Linzer ASK
1952-53 23   0 Linzer ASK
1953-54 20   0 Linzer ASK
1954-55   9   0 Linzer ASK

Krammer, Anton
*14.03.1921, linker Außendecker
1952-53 13   0 Salzburger AK

Krammer, Helmut
*10.06.1960, Torwächter
1986-87   2   0 Grazer AK

Krammer, Roland
*02.01.1966, Mittelfeld/Manndecker
1989-90   4   0 Austria Salzburg
1991-92 26   4 Vorwärts Steyr
1995-96 29   1 SV Ried
1996-97 23   2 SV Ried
1997-98 15   0 SV Ried

Krammer, Rudolf (Rudi)
*07.03.1929, Torwächter
1953-54 24   0 Austria Salzburg
1954-55 26   0 Austria Salzburg
1955-56 26   0 Austria Salzburg
1956-57 16   0 Austria Salzburg
1959-60 10   0 Austria Salzburg
1960-61 15   0 Austria Salzburg
1962-63 10   0 Austria Salzburg

Krammer, Thomas
*18.02.1983, Mittelfeldspieler
2001-02   1   0 Sturm Graz
2003-04 19   0 Sturm Graz
2004-05 28   0 Sturm Graz
2005-06 14   1 Sturm Graz
2006-07 32   5 Sturm Graz
2007-08 34   3 Sturm Graz
2008-09 34   1 Austria Wien
2009-10   3   0 Austria Wien
2010-11 16   0 Linzer ASK

Kranister, Karl
Rechter Außendecker
1956-57 24   2 Kremser SC
1957-58 15   0 Kremser SC
1958-59 19   0 Kremser SC
1959-60 13   2 Kremser SC

Kranjčar, Zlatko
*15.11.1956, 13 A, Stürmer
1983-84 13   7 Rapid Wien
1984-85 30 17 Rapid Wien
1985-86 34 23 Rapid Wien
1986-87 28 17 Rapid Wien
1987-88 31 17 Rapid Wien
1988-89 33 17 Rapid Wien
1989-90 27   8 Rapid Wien
1990-91   5   0 Rapid Wien
1990-91 12   2 VSE St. Pölten

Krankl, Fritz
Rechtsaußen
1951-52 24 11 Simmeringer SC
1952-53   4   0 Simmeringer SC

Krankl, Johann (Hans)
*14.02.1953, 69 A, Mittelstürmer
1970-71   4   0 Rapid Wien
1972-73 30 13 Rapid Wien
1973-74 32 36 Rapid Wien
1974-75 33 17 Rapid Wien
1975-76 35 20 Rapid Wien
1976-77 35 32 Rapid Wien
1977-78 36 41 Rapid Wien
1979-80 17 13 First Vienna
1980-81 18 16 Rapid Wien
1981-82 32 19 Rapid Wien
1982-83 26 23 Rapid Wien
1983-84 27 17 Rapid Wien
1984-85 25 14 Rapid Wien
1985-86 17 18 Rapid Wien
1986-87 27 20 Wiener Sportclub
1987-88 33 20 Wiener Sportclub

Krappel, Karl
*20.05.1952, Stürmer
1969-70   3   0 Wacker Wien
1970-71   7   1 Wacker Wien
1973-74 18   1 Admira/Wacker

Krasa, Norbert
*28.11.1942, Mittelläufer/Rechter Läufer
1959-60   6   0 Austria Wien
1960-61   1   0 Austria Wien
1961-62 13   0 Simmeringer SC
1962-63 16   0 Simmeringer SC
1963-64 17   0 Simmeringer SC

Krassnitzer, Mario
*25.07.1975, Torwächter
1995-96   8   0 Linzer ASK
1996-97   4   0 Linzer ASK
1997-98   9   0 Grazer AK
1998-99 16   0 Austria Lustenau
1999-00 25   0 Austria Lustenau
2006-07 36   0 SC Rheindorf Altach
2007-08 23   0 SC Rheindorf Altach
2008-09   9   0 SC Rheindorf Altach

Kratky, Franz
Linker Halbstürmer
1947-48   3   3 Floridsdorfer AC (WL)
1948-49 17 12 Floridsdorfer AC (WL)
1949-50   2   0 Floridsdorfer AC
1949-50 11   4 Slovan Wien
1951-52 10   1 Simmeringer SC
1952-53   9   4 Simmeringer SC

Kraus, Reinhard
Mittelfeldspieler
1967-68   1   0 Linzer ASK

Krause, Emil
*25.10.1950, Mittelfeld/Rechter Außendecker
1973-74   29   1   Rapid Wien
1974-75   36   1   Rapid Wien
1975-76   29   0   Rapid Wien
1976-77   36   1   Rapid Wien
1977-78   24   1   Rapid Wien

Kraushofer, Herbert
*15.01.1939, Torwächter
1958-59   3   0   First Vienna
1959-60   1   0   First Vienna
1960-61   1   0   First Vienna
1961-62   5   0   First Vienna
1962-63   11   0   First Vienna
1963-64   2   0   First Vienna
1964-65   17   0   First Vienna
1965-66   15   0   First Vienna

Krauss, Bernd
*08.05.1957, 22 A, rechter Außendecker
1977-78   36   4   Rapid Wien
1978-79   24   3   Rapid Wien
1979-80   36   4   Rapid Wien
1980-81   34   3   Rapid Wien
1981-82   31   1   Rapid Wien
1982-83   30   3   Rapid Wien

Krautberger, Markus
*14.10.1976, Mittelfeldspieler
2004-05   15   1   Schwarz-Weiß Bregenz

Krautgartner, Alexander
*23.12.1966, Mittelfeldspieler
1986-87   1   0   Rapid Wien

Kreiker, Mario
*02.08.1969, Mittelfeldspieler
1993-94   17   0   VfB Mödling
1994-95   24   1   VfB Mödling

Kreimer, Mario
*08.03.1987, Mittelfeldspieler
2004-05   1   0   Sturm Graz
2006-07   2   0   Sturm Graz
2007-08   7   0   Sturm Graz

Kreissl, Günter
*17.05.1974, Torwächter
1996-97   17   0   Admira/Wacker
1997-98   2   0   Austria Wien
1998-99   7   0   Austria Wien
1999-00   3   0   Austria Wien

Krejca, Johann
*16.09.1942, Mittelfeldspieler
1964-65   4   0   Kapfenberger SV
1965-66   4   0   Kapfenberger SV
1966-67   7   1   Kapfenberger SV

Krejci, Martin
*05.08.1975, Stürmer
1993-94   1   0   Rapid Wien

Krejcirik, Johann
*23.02.1952, Stürmer
1976-77   35   11 Rapid Wien
1977-78   34   12 Rapid Wien
1978-79   20   1   Rapid Wien
1979-80   36   7   Rapid Wien
1980-81   29   8   Admira/Wacker
1981-82   35   12 Admira/Wacker
1982-83   30   6   Admira/Wacker
1983-84   28   1   Admira/Wacker
1984-85   29   8   Admira/Wacker
1985-86   13   0   Admira/Wacker

Kreiker, Dario
*07.01.2003, Mittelfeldspieler
2021-22   3   0   Austria Wien
2022-23   3   0   Austria Wien

Kremser, Friedrich
*10.09.1942, 4 A, Mittelfeldspieler
1962-63   1   0   First Vienna
1963-64   2   0   First Vienna
1964-65   25   0   First Vienna
1965-66   22   0   First Vienna
1966-67   24   0   First Vienna
1967-68   14   0   First Vienna

Kren, Leopold
Linker Außendecker
1954-55   26   0   FC Stadlau
1955-56   23   0   FC Stadlau
1956-57   15   0   FC Stadlau
1961-62   1   0   Kapfenberger SV

Krenn, Georg
Libero
1969-70   30   0   VÖEST Linz
1970-71   8   0   VÖEST Linz

Krenn, Georg
*04.10.1990, Libero
2009-10   2   0   Kapfenberger SV

Krenn, Michael
*16.04.1956, Torwächter
1982-83   1   0   Grazer AK
1990-91   28   0   DSV Alpine
1991-92   13   0   DSV Alpine

Kresznik, Anton
Linksaußen
1950-51   1   0   Sturm Graz

Kreuz, Erich
*08.08.1947, Mittelfeldspieler
1967-68   1   0   Admira-Energie Wien
1968-69   15   2   Admira-Energie Wien
1969-70   26   1   Admira-Energie Wien
1970-71   25   0   Admira-Energie Wien
1971-72   17   0   Admira/Wacker

Kreuz, Wilhelm (Willy)
*29.05.1949, 56 A, Mittelfeld/Stürmer
1966-67   15   8   Admira-Energie Wien
1967-68   26   7   Admira-Energie Wien
1968-69   22   8   Admira-Energie Wien
1969-70   28   8   Admira-Energie Wien
1970-71   28   26 Admira-Energie Wien
1971-72   28   8   Admira/Wacker
1978-79   33   16 VOEST Linz
1979-80   34   13 VOEST Linz
1980-81   21   6   VOEST Linz
1981-82   24   2   VOEST Linz
1982-83   3   0   SC Eisenstadt

Kreuzer, Jakob
*19.01.1995, Stürmer
2013-14   14   0   SV Ried
2014-15   4   0   SV Ried
2015-16   13   1   SV Ried

Kreuzer, Jürgen
*01.04.1942, Mittelfeldspieler
1963-64   26   3   SVS Linz
1969-70   24   1   VÖEST Linz
1970-71   14   1   VÖEST Linz
1971-72   11   0   VÖEST Linz
1972-73   16   0   VÖEST Linz
1973-74   5   0   VÖEST Linz
1974-75   13   0   VÖEST Linz
1975-76   7   0   VÖEST Linz

Kriechbaum, Herbert
*23.12.1943, rechter Außendecker
1964-65   1   0   Admira-Energie Wien
1965-66   5   0   Admira-Energie Wien
1966-67   1   0   Admira-Energie Wien

Krieger, Eduard Franz (Edi)
*16.12.1946, 25 A, Vorstopper/Libero
1969-70   26   0   Austria Wien
1970-71   30   3   Austria Wien
1971-72   25   2   Austria Wien
1972-73   28   5   Austria Wien
1973-74   29   3   Austria/WAC
1974-75   31   1   Austria/WAC
1979-80   35   6   Linzer ASK
1980-81   32   7   Linzer ASK
1981-82   26   1   Linzer ASK

Kriegler, Helmuth
*3.09.1961, Mittelfeldspieler
1983-84   19   2   Favoritner AC

Kriegler, Manfred
*07.06.1966, linker Außendecker
1983-84   19   0   Favoritner AC
1984-85   28   1   Favoritner AC
1985-86   8   0   Admira/Wacker
1986-87   14   0   First Vienna

Krienzer, Martin
*12.02.2000, Stürmer
2019-20   1   0   Sturm Graz

Kriess, Werner
*06.09.1947, 15 A, Außendecker/Vorstopper
1967-68   5   0   First Vienna
1968-69   16   0   Wacker Innsbruck
1969-70   28   0   Wacker Innsbruck
1970-71   26   1   Wacker Innsbruck
1971-72   24   1   Wattens-Wacker Innsbruck
1972-73   30   3   Wattens-Wacker Innsbruck
1973-74   30   6   Wattens-Wacker Innsbruck
1974-75   27   2   Wattens-Wacker Innsbruck
1975-76   21   1   Wattens-Wacker Innsbruck
1976-77   36   4   Wattens-Wacker Innsbruck
1977-78   34   7   Wattens-Wacker Innsbruck
1978-79   7   0   Wattens-Wacker Innsbruck

Krimbacher, Mario
*20.03.1982, Mittelstürmer
2003-04   1   1   Austria Salzburg
2004-05   2   0   Austria Salzburg

Krinner, Gernot
*01.04.1967, Stürmer
1988-89   32   6   Grazer AK
1989-90   19   4   Grazer AK
1990-91   21   6   Vorwärts Steyr
1991-92   34   10   Vorwärts Steyr
1992-93   11   0   Vorwärts Steyr
1993-94   24   1   Vorwärts Steyr
1994-95   30   9   Vorwärts Steyr
1995-96   12   5   Vorwärts Steyr
1995-96   18   9   FC Tirol Innsbruck
1996-97   30   6   FC Tirol Innsbruck
1997-98   5   1   FC Tirol Innsbruck
1997-98   8   2   Austria Wien
1998-99   1   0   Austria Wien

Krisper, Gernot
*06.11.1972, Libero
1993-94   28   0   Sturm Graz
1994-95   26   0   Vorwärts Steyr

Kristen, Albert
*11.03.1929, Torwächter
1949-50   21   0   Sturm Graz
1950-51   17   0   Sturm Graz
1951-52   21   0   Sturm Graz
1952-53   23   0   Sturm Graz
1953-54   16   0   Sturm Graz

Kristensen, Rasmus
*11.07.1997, 21 A, rechter Außendecker
2019-20   12   0   RB Salzburg
2020-21   31   3   RB Salzburg
2021-22   29   7   RB Salzburg

Kristensen, Sigurd
*28.03.1963, Mittelfeldspieler
1990-91   34   10   Sturm Graz
1991-92   21   4   Sturm Graz

Kristinsson, Birkir
*15.08.1964, 72 A, Torwächter
1999-00   7   0   Austria Lustenau

Kristo, Ivan
*04.08.1980, Außenstürmer
1998-99   20   3   Austria Lustenau
1999-00   18   2   Austria Lustenau

Krivolahvy, Leopold
Mittelläufer
1951-52   11   0   Favoritner SK

Kriwak, René
*30.04.1999, Stürmer
2022-23   3   0   Rapid Wien
2022-23   24   2   TSV Hartberg

Kriwitz, Daniel
*09.06.1971, Verteidiger
1992-93   2   0   Wiener Sportclub
1993-94   10   0   Wiener Sportclub

Križman, Sandi
*17.08.1989, Mittelstürmer
2021-22   16   1   SC Rheindorf Altach

Kro, Robert
*24.09.1958, Vorstopper
1976-77   9   0   Admira/Wacker
1977-78   22   0   Admira/Wacker
1978-79   19   0   Admira/Wacker
1979-80   21   0   Admira/Wacker
1980-81   24   0   Admira/Wacker
1981-82   2   0   Admira/Wacker

Kroboth, Erich
*06.09.1958, Stürmer
1976-77   1   0   Admira/Wacker
1977-78   10   1   Admira/Wacker
1978-79   3   1   Admira/Wacker
1979-80   8   0   Admira/Wacker
1982-83   16   1   Simmeringer SC

Kröger, Helmut
*03.06.1939, Torwächter
1960-61   12   0   SVS Linz
1961-62   8   0   SVS Linz
1962-63   25   0   SVS Linz
1963-64   2   0   SVS Linz

Kröpfl, Christoph
*04.05.1990, Mittelfeldspieler
2007-08   3   0   Sturm Graz
2008-09   3   0   Sturm Graz
2009-10   1   0   RB Salzburg
2010-11   19   1   Kapfenberger SV
2011-12   3   0   Kapfenberger SV
2011-12   8   0   Sturm Graz
2012-13   19   0   Sturm Graz

Krois, Gerhard
*13.10.1945, Mittelstürmer
1968-69   9   4   Grazer AK

Kroiss, Helmut
*06.01.1956, Mittelfeldspieler
1978-79   13   1   First Vienna
1979-80   13   2   First Vienna
1982-83   23   5   First Vienna

Kronberger, Luca
*15.02.2002, Stürmer
2020-21   23   1   Admira/Wacker Mödling
2021-22   17   0   Admira/Wacker Mödling
2021-22   8   0   Sturm Graz
2022-23   16   0   SV Ried
2023-24   23   3   WSG Tirol

Kronberger, Norbert
*19.07.1962, Stürmer
1982-83   13   1   First Vienna
1984-85   7   0   First Vienna
1985-86   1   0   Admira/Wacker

Kronberger, Otto
*27.11.1946, Torwächter
1974-75   34   0   SC Eisenstadt
1975-76   25   0   Linzer ASK
1976-77   32   0   Linzer ASK
1977-78   34   0   Linzer ASK
1978-79   27   0   Wiener Sportclub
1979-80   25   0   Wiener Sportclub
1981-82   1   0   Wiener Sportclub

Kronsteiner, Günter
*14.09.1953, Mittelfeldspieler
1978-79   20   6   Wattens-Wacker Innsbruck
1980-81   24   3   Austria Salzburg
1981-82   21   2   Austria Salzburg
1982-83   10   0   Austria Salzburg

Kropf, Günther
Mittelstürmer
1964-65   12   1   Sturm Graz
1966-67   1   0   Kapfenberger SV

Kropf, Franz
*22.12.1952, Stürmer
1971-72   8   0   Grazer AK
1972-73   7   3   Grazer AK
1973-74   20   2   Grazer AK

Kröpfl, Christoph
*04.05.1990, Stürmer
2013-14   12   0   Sturm Graz
2018-19   25   2   TSV Hartberg
2019-20   10   0   TSV Hartberg

Kröpfl, Mario
*21.12.1989, Mittelfeldspieler
2008-09   1   0   Austria Kärnten
2009-10   14   0   Austria Kärnten
2012-13   12   0   Wolfsberger AC
2022-23   13   0   TSV Hartberg
2023-24   1   0   TSV Hartberg

Krstić, Zoran
*06.03.1960, Stürmer
1983-84   19   1   Favoritner AC

Krstović, Radovan
*17.09.1963, Außenstürmer
1991-92   16   1   DSV Alpine

Kruder, Kurt
Mittelläufer
1967-68   1   0   Wiener Sportclub

Krüger, Jacob
*23.05.1975, Innenverteidiger
2001-02   10   0   Schwarz-Weiß Bregenz

Krumpholz, Johann
Rechtsaußen
1951-52   1   0   Favoritner SK

Kubica, Andrzej
*07.07.1972, Stürmer
1993-94   32   9   Rapid Wien
1994-95   16   2   Austria Wien

Kubicka, Ludwig
Rechter Läufer
1959-60   2   0   Admira-Energie Wien

Kubik, Johann
*13.10.1929, Linker Halbstürmer
1946-47   6   1   Wiener AC (WL)
1947-48   1   1   Floridsdorfer AC (WL)
1949-50   8   0   Floridsdorfer AC
1950-51   22 10   Floridsdorfer AC
1951-52   24   6   Floridsdorfer AC
1952-53   22   5   Floridsdorfer AC
1953-54   15   2   Floridsdorfer AC
1953-54   5   0   Simmeringer SC
1954-55   9   0   Simmeringer SC
1955-56   6   1   Simmeringer SC
1956-57   25   4   Austria Salzburg

Kucera, Ernst
Torwächter
1955-56   9   0   Simmeringer SC
1956-57   12   0   Simmeringer SC
1957-58   5   0   Simmeringer SC
1958-59   2   0   Simmeringer SC

Kudyn, Josef
Rechter Außendecker
1950-51   4   0   Elektra Wien

Kú, Lajos
*05.07.1948, 5 A, Mittelfeldspieler
1980-81   28   2   SC Eisenstadt
1982-83   5   0   SC Eisenstadt

Kühbauer, Dietmar (Didi)
*04.04.1971, 55 A, Mittelfeldspieler
1987-88   12   0   Admira/Wacker
1988-89   23   0   Admira/Wacker
1989-90   26   1   Admira/Wacker
1990-91   25   0   Admira/Wacker
1991-92   35   6   Admira/Wacker
1992-93   33   3   Rapid Wien
1993-94   31   6   Rapid Wien
1994-95   27   7   Rapid Wien
1995-96   26   6   Rapid Wien
1996-97   31 11   Rapid Wien
2003-04   32 10   SV Mattersburg
2004-05   32   7   SV Mattersburg
2005-06   32   1   SV Mattersburg
2006-07   27   2   SV Mattersburg
2007-08   29   2   SV Mattersburg

Kühn, Nicolas Gerrit
*01.01.2000, Außenstürmer
2022-23   20   3   Rapid Wien
2023-24   16   2   Rapid Wien

Kührer, Rainer
*10.06.1981, rechter Außendecker
2000-01   8   0   SV Ried
2001-02   4   0   SV Ried
2002-03   33   2   SV Ried

Kuen, Andreas
*24.03.1995, Mittelfeldspieler
2012-13 2 0 Wacker Innsbruck
2013-14 11 1 Wacker Innsbruck
2015-16 2 0 Rapid Wien
2016-17 8 0 Rapid Wien
2017-18 7 2 Rapid Wien
2018-19 10 1 SV Mattersburg
2019-20 28 4 SV Mattersburg
2020-21 31 2 Sturm Graz
2021-22 29 0 Sturm Graz

Künast, Michael
*14.02.1961, Stürmer
1988-89 14 1 Austria Wien
1989-90 9 0 Austria Wien

Küng, Hannes
*02.02.2003, Mittelfeldspieler
2022-23 1 0 Austria Lustenau

Küppers, Hans (Hennes)
*24.12.1938, 7 A, Mittelfeldspieler
1969-70 30 10 WSG Wattens
1970-71 30 15 WSG Wattens
1971-72 9 4 Wattens-Wacker Innsbruck

Kürner, Erwin
Rechtsaußen
1972-73 30 0 Wiener Sportclub
1973-74 19 2 Wiener Sportclub

Kugler, Wolfgang
*21.02.1959, Vorstopper
1981-82 2 0 Admira/Wacker

Kuhnert, Armin
*16.02.1958, Mittelfeldspieler
1977-78 1 0 Rapid Wien
1978-79 10 0 First Vienna
1979-80 1 0 First Vienna

Kuhnert, Klaus
*26.03.1934, Stürmer
1962-63 4 1 Austria Salzburg

Kujabi, Pa Saikou
*10.12.1986, 15 A, Mittelfeldspieler
2004-05 1 0 Grazer AK
2005-06 24 0 Grazer AK
2006-07 31 0 Grazer AK
2007-08 23 1 SV Ried
2008-09 26 1 SV Ried

Kuleski, Vasil
*21.03.1993, Mittelfeldspieler
2010-11 2 0 Rapid Wien

Kuljić, Sanel
*10.10.1977, 20 A, Stürmer
1996-97 1 0 Austria Salzburg
2002-03 12 1 SV Pasching
2005-06 34 15 SV Ried
2007-08 34 11 Austria Wien
2009-10 14 8 SC Wiener Neustadt
2011-12 8 1 Kapfenberger SV

Kulmer, Hubert (Hubsi)
*30.1953, Außenstürmer
1973-74 16 4 Sturm Graz
1974-75 29 7 Sturm Graz
1975-76 35 7 Sturm Graz
1976-77 33 6 Sturm Graz
1977-78 30 8 Sturm Graz
1978-79 35 4 Sturm Graz
1979-80 34 6 Sturm Graz
1980-81 25 6 Sturm Graz
1981-82 25 5 Sturm Graz

Kulović, Sulejman
*05.12.1931, Mittelstürmer/Mittelläufer
1966-67 22 1 Schwarz-Weiß Bregenz
1967-68 26 2 Schwarz-Weiß Bregenz
1968-69 19 4 Schwarz-Weiß Bregenz

Kulovits, Enrico
*29.12.1974, Mittelfeldspieler
1996-97 4 0 Grazer AK
1997-98 30 4 Grazer AK
1998-99 26 4 Grazer AK
1999-00 31 1 Grazer AK
2000-01 29 0 Grazer AK
2001-02 18 1 Grazer AK
2002-03 30 0 Schwarz-Weiß Bregenz
2003-04 8 0 Grazer AK
2004-05 24 0 Admira/Wacker Mödling
2005-06 19 0 SV Mattersburg

Kulovits, Stefan
*19.04.1983, 5 A, Mittelfeldspieler
2002-03 18 1 Rapid Wien
2003-04 19 0 Rapid Wien
2004-05 28 0 Rapid Wien
2005-06 10 0 Rapid Wien
2006-07 10 0 Rapid Wien
2007-08 23 1 Rapid Wien
2008-09 17 0 Rapid Wien
2009-10 19 0 Rapid Wien
2010-11 17 1 Rapid Wien
2011-12 18 0 Rapid Wien
2012-13 23 1 Rapid Wien

Kumhofer, Gerhard
*21.11.1942, Stürmer
1960-61 1 0 Austria Wien
1962-63 9 2 Simmeringer SC

Kummer, Gerald
*27.03.1965, Torwächter
1986-87 3 0 Admira/Wacker
1987-88 10 0 Admira/Wacker
1988-89 1 0 Admira/Wacker

Kummer, Kurt
Torwächter
1942-43 12 0 Sturm Graz (BK)
1949-50 1 0 Sturm Graz

Kump, Reinhard
*15.05.1955, Mittelfeldspieler
1972-73 1 0 DSV Alpine

Kump, Heimo
*01.04.1968, Mittelfeldspieler
1993-94 1 0 Wiener Sportclub

Kuna, Ladislav
*03.04.1947, 47 A, Mittelfeld/Libero
1980-81 34 4 Admira/Wacker
1981-82 32 1 Admira/Wacker
1982-83 24 0 Admira/Wacker

Kunčić, Michael
*25.09.1968, Mittelfeldspieler
1987-88 7 0 Austria Klagenfurt

Kunczer, Gerhard
Torwächter
1956-57 2 0 FC Stadlau

Kuntschner, Jürgen
*17.09.1962, Manndecker
1985-86 4 0 Wattens-Wacker Innsbruck

Kuntz, Günter
*28.11.1938, Linksaußen/Vorstopper
1968-69 26 7 Austria Wien
1969-70 27 9 Austria Wien

Kupferschmidt, Peter
*02.03.1942, rechter Außendecker
1971-72   27   0   Sturm Graz

Kupfinger, Walter
*17.12.1943, rechter Außendecker
1968-69   8   2   Grazer AK
1969-70   29   0   VÖEST Linz
1970-71   27   0   VÖEST Linz
1971-72   13   0   VÖEST Linz
1972-73   21   0   VÖEST Linz
1973-74   10   0   VÖEST Linz

Kurbaša, Srečko
*30.01.1958, Stürmer
1989-90   30   7   Austria Salzburg
1990-91   20   9   Austria Salzburg

Kurtiši, Mensur
*25.03.1986, 2 A, Stürmer
2009-10   23   7   SC Wiener Neustadt

Kuru, Bartoloměj
*06.04.1987, Torwächter
2006-07   1   0   Austria Wien

Kurusović, Neno
*14.06.1960, Torwächter
1999-00   28   0   Schwarz-Weiß Bregenz
2000-01   17   0   Schwarz-Weiß Bregenz
2001-02   2   0   Schwarz-Weiß Bregenz
2003-04   1   0   Schwarz-Weiß Bregenz

Kurz, Bruno
*02.04.1942, Mittelfeldspieler
1965-66   17   0   Austria Salzburg
1967-68   24   0   Austria Salzburg
1968-69   24   0   Austria Salzburg
1969-70   9   0   Austria Salzburg

Kurz, Gerhard
*30.08.1971, Mittelfeldspieler
1970-71   2   0   Wiener Sportclub
1971-72   2   0   Wiener Sportclub

Kurz, Walter
Vorstopper/Mittelfeld
1971-72   28   0   SK Bischofshofen

Kurzeja, Jozef
*13.03.1948, Mittelfeldspieler
1983-84   11   0   SV St. Veit

Kusi-Asare, Jones
*21.05.1980, Stürmer
2001-02   13   5   Grazer AK
2002-03   11   1   Grazer AK

Kusolits, Michael
*05.02.1937, Mittelfeldspieler
1967-68   24   1   SC Eisenstadt
1968-69   12   0   WSV Donawitz

Kuster, Markus
*22.02.1994, Torwächter
2015-16   32   0   SV Mattersburg
2016-17   30   0   SV Mattersburg
2017-18   36   0   SV Mattersburg
2018-19   27   0   SV Mattersburg
2019-20   27   0   SV Mattersburg

Kuszmann, Jozsef János
*03.12.1938, Linker Halbstürmer
1958-59   1   1   Wiener Sportclub

Kuttin, Manuel
*17.12.1993, Torwächter
2013-14   22   0   Admira/Wacker Mödling
2014-15   8   0   Admira/Wacker Mödling
2015-16   1   0   Admira/Wacker Mödling
2016-17   8   0   Admira/Wacker Mödling
2017-18   5   0   Admira/Wacker Mödling
2019-20   4   0   Wolfsberger AC
2020-21   15   0   Wolfsberger AC
2021-22   4   0   Wolfsberger AC

Kuzma, Franz
Mittelstürmer
1950-51   7   3   Elektra Wien

Kvasina, Marko
*20.12.1996, Stürmer
2014-15   17   3   Austria Wien
2015-16   3   0   Austria Wien
2016-17   16   0   Austria Wien
2018-19   24   6   SV Mattersburg
2019-20   19   2   SV Mattersburg

Kvilitaia, Giorgi
*01.10.1993, 38 A, Stürmer
2016-17   26   7   Rapid Wien
2017-18   29 10   Rapid Wien

Kvisvik, Raymond
*08.11.1974, 8 A, Außenstürmer
2002-03   21   3   Austria Wien

Kwiatkowski, Józef
*30.11.1950, 7 A, Mittelfeldspieler
1983-84   26   3   SV St. Veit

L

Labant, Vladimir
*08.06.1974, 25 A, linker Außendecker
2004-05   13   0   Admira/Wacker Mödling
2005-06   8   0   Rapid Wien

Lachnit, Franz
*17.01.1942, Torwächter
1965-66   11   0   Simmeringer SC
1970-71   27   0   Simmeringer SC
1971-72   14   0   Simmeringer SC
1973-74   1   0   Simmeringer SC

Lackenbauer, Christoph
*06.09.1979, Torwächter
1998-99   1   0   Vorwärts Steyr

Lackner, Georg
*1918, Mittelstürmer
1945-46   7   2   Wiener AC (WL)
1946-47   1   0   Wiener AC (WL)
1948-49   7   2   SK Oberlaa (WL)
1949-50   3   1   SK Oberlaa

Lackner, Markus
*05.04.1991, Innenverteidiger
2012-13   3   0   Admira/Wacker Mödling
2014-15   28   0   Admira/Wacker Mödling
2015-16   33   1   Admira/Wacker Mödling
2016-17   33   1   Admira/Wacker Mödling
2017-18   35   2   Admira/Wacker Mödling
2018-19   14   1   Sturm Graz
2019-20   1   0   Sturm Graz
2019-20   27   1   Admira/Wacker Mödling
2020-21   22   0   SV Ried
2021-22   24   0   SV Ried
2022-23   21   0   SV Ried

Lärnsack, Stefan
*07.04.1992, Mittelfeldspieler
2011-12   2   0   SC Wiener Neustadt

Laeßig, Heiko
*18.06.1968, Stürmer/Mittelfeld
1996-97   20   1   Austria Salzburg
1997-98   27   1   Austria Salzburg
1998-99   32   0   Austria Salzburg
1999-00   29   2   Austria Salzburg
2000-01   31 13   Austria Salzburg
2001-02   32   8   Austria Salzburg
2002-03   33   6   Austria Salzburg
2003-04   31   9   Austria Salzburg
2004-05   33   2   Austria Salzburg

Lafata, David
*18.09.1981, 41 A, Stürmer
2006-07   13   1   Austria Wien
2007-08   22   5   Austria Wien
2008-09   1   0   Austria Wien

Lagonikakis, Andreas
*04.-06.1972, Mittelfeldspieler
1999-00   31   2   Rapid Wien
2000-01   25   5   Rapid Wien
2001-02   24   1   Rapid Wien

Lahner, Johann
*12.03.1939, Rechtsaußen
1955-56   1   0   First Vienna
1956-57   3   1   First Vienna
1957-58   6   0   First Vienna
1958-59   2   0   First Vienna
1959-60   11   0   First Vienna
1960-61   23   3   First Vienna
1961-62   22   7   First Vienna
1962-63   24   6   First Vienna
1963-64   14   1   First Vienna
1964-65   5   1   First Vienna
1967-68   1   0   First Vienna

Lahner, Josef
Mittelläufer
1957-58   21   0   FC Wien

Laimer, Konrad
*27.05.1997, 40 A, Mittelfeld/Rechter Außendecker
2014-15   8   0   RB Salzburg
2015-16   18   1   RB Salzburg
2016-17   31   3   RB Salzburg

Laimer, Thomas
*13.08.1977, linker Außendecker
2000-01   8   0   LASK Linz
2001-02   25   0   SV Ried
2002-03   25   0   SV Ried

Laiminger, Jakob
*21.09.1961, Mittelfeldspieler
1982-83   5   0   Wattens-Wacker Innsbruck
1983-84   0   0   Wattens-Wacker Innsbruck
1984-85   3   0   Wattens-Wacker Innsbruck

Lainer, Leopold (Leo)
*10.09.1960, 28 A, rechter Außendecker/Mittelfeld
1978-79   6   0   Austria Salzburg
1979-80   24   0   Austria Salzburg
1980-81   23   3   Austria Salzburg
1981-82   35   5   Austria Salzburg
1982-83   29   6   Rapid Wien
1983-84   29   3   Rapid Wien
1984-85   28   4   Rapid Wien
1985-86   33   7   Rapid Wien
1986-87   30   3   Rapid Wien
1987-88   19   0   Rapid Wien
1988-89   32   7   FC Tirol
1989-90   34   4   FC Tirol
1990-91   33   2   Austria Salzburg
1991-92   28   2   Austria Salzburg
1992-93   28   6   Austria Salzburg
1993-94   31   3   Austria Salzburg
1994-95   34   1   Austria Salzburg
1995-96   32   1   Austria Salzburg
1996-97   6   0   Austria Salzburg

Lainer, Stefan
*27.08.1992, 39 A, rechter Außendecker
2014-15   34   1   SV Ried
2015-16   21   1   RB Salzburg
2016-17   31   6   RB Salzburg
2017-18   33   1   RB Salzburg
2018-19   25   1   RB Salzburg

Lamoth, Max
*12.12.1912, Linker Halbstürmer
1934-35   4   1   Wiener AC (WL)
1940-41   10   6   Grazer SC (BK)
1949-50   14   3   Sturm Graz
1950-51   15   5   Sturm Graz
1951-52   14   2   Sturm Graz
1952-53   8   3   Sturm Graz

Lamotte, Fabian
*25.02.1983, Innenverteidiger/Rechter Außendecker
2006-07 15 1 Sturm Graz
2007-08 36 0 Sturm Graz
2008-09 22 0 Sturm Graz
2009-10 20 1 Sturm Graz

Lampichler, Dietmar
*16.12.1945, Stürmer
1965-66 14 8 Austria Klagenfurt
1966-67 18 5 Austria Klagenfurt
1967-68 12 1 Austria Klagenfurt
1968-69 19 6 Austria Klagenfurt
1969-70   7 0 Austria Klagenfurt
1972-73   9 0 Austria Klagenfurt
1973-74   2 0 Austria Klagenfurt
1974-75   3 0 Austria Klagenfurt

Lamprecht, Friedhelm
Außenläufer
1956-57   8 2 Grazer AK

Lamprecht, Gottfried
*08.10.1948, Außendecker
1969-70 27 0 Austria Klagenfurt
1970-71 27 1 Grazer AK
1971-72 19 1 Grazer AK
1972-73 30 1 Grazer AK
1973-74 30 1 Grazer AK
1975-76 36 0 Grazer AK
1976-77 23 1 Grazer AK
1978-79 16 0 Grazer AK
1979-80 31 0 Grazer AK
1980-81 26 0 Grazer AK

Lamprecht, Johannes
*26.11.1981, Mittelfeldspieler
2002-03   5 0 FC Kärnten

Lanckohr, Roberto
*06.08.1969, Mittelfeldspieler
2000-01   7 0 Grazer AK

Landauer, Herbert
Linksaußen
1962-63   3 0 Wiener AC
1963-64   4 0 Wiener AC

Landauf, Anton
*11.01.1924, linker Außendecker
1951-52 24 2 Grazer AK
1952-53 17 0 Grazer AK
1953-54   4 0 Grazer AK
1954-55   1 0 Grazer AK

Landerl, Rolf
*24.10.1975, 1 A, Stürmer/Mittelfeld
2005-06 13 2 Admira/Wacker Mödling
2006-07 23 1 Grazer AK

Landerl, Rudolf (Rudi)
*10.12.1949, Stürmer
1970-71   2 0 Wiener Sportclub
1971-72   2 0 Wiener Sportclub

Lang, Adolf
Torwächter
1949-50   3 0 SK Oberlaa
1952-53   1 0 Floridsdorfer AC

Lang, Christoph
*07.01.2002, Mittelfeldspieler
2021-22   9 0 Sturm Graz
2022-23   3 1 Sturm Graz
2022-23 15 3 SV Ried
2023-24 14 2 Rapid Wien
2023-24 17 5 TSV Hartberg

Lang, Erich
Torwächter
1949-50   1 0 Wiener Sportclub
1953-54   3 0 FC Wien

Lang, Robert
*03.04.1956, linker Außendecker
1982-83 29 2 SC Neusiedl am See
1983-84 27 1 SC Neusiedl am See

Lang, Rudolf (Rudi)
*16.04.1950, Außendecker/Vorstopper
1971-72 19 0 Sturm Graz
1972-73 25 1 Sturm Graz
1973-74 16 0 Sturm Graz

Lang, Roman
*10.12.1971, Mittelfeldspieler
1989-90   2 0 Admira/Wacker

Lang, Andreas
*08.08.1969, Stürmer
1989-90   8 0 Sturm Graz
1990-91 14 0 Sturm Graz
1991-92 16 2 Sturm Graz

Lang, Martin
*17.12.1976, Innenverteidiger
1999-00   5 0 Austria Lustenau
2003-04 31 0 SV Mattersburg
2004-05 33 0 SV Mattersburg
2005-06 11 0 SV Mattersburg
2006-07 15 0 SV Mattersburg

Langegger, Karl
Torwächter
1952-53   1 0 VfB Union Mödling

Langgruber, Bernd
*02.12.1944, Stürmer
1968-69 24 3 WSG Wattens
1969-70 29 8 WSG Wattens
1970-71 15 5 Austria Salzburg
1971-72   5 0 Austria Salzburg
1972-73 21 6 Austria Salzburg
1973-74 29 0 Austria Salzburg

Lapić, Stipe
*22.01.1983, linker Außendecker
2004-05   2 0 FC Pasching

Larionows, Josef
*27.08.1952, Stürmer
1969-70 10 2 Austria Salzburg
1970-71   6 0 Austria Salzburg
1971-72 15 1 Austria Salzburg
1972-73   9 1 Austria Salzburg
1972-73 15 7 First Vienna
1973-74 11 1 VÖEST Linz
1974-75   9 1 VÖEST Linz
1975-76 25 7 Austria Klagenfurt
1978-79 26 9 Wiener Sportclub
1979-80 31 9 Wiener Sportclub
1980-81 21 1 Wiener Sportclub

Lasanta, Carlos
*01.03.1952, Mittelfeldspieler
1978-79   9 1 Admira/Wacker
1979-80   1 0 Admira/Wacker

Laschet, Sascha
*03.11.1977, Innenverteidiger
2002-03 17 0 SV Pasching

Laschinger, Thomas
*28.08.1967, Torwächter
1986-87   6 0 VÖEST Linz
1987-88   2 0 VÖEST Linz
1994-95 27 0 FC Linz
1996-97   2 0 FC Linz

Lasnik, Andreas
*09.11.1983, 1 A, Mittelfeldspieler
2001-02   9   0   SV Ried
2002-03 22   1   SV Ried
2005-06 21   2   Austria Wien
2006-07 30   5   Austria Wien
2007-08 25   1   Austria Wien

Lasser, Leopold
Rechter Außendecker
1967-68   1   0   First Vienna

Latifi, Ali
*20.02.1976, 3 A, Mittelstürmer
2001-02   5   0   Admira/Wacker Mödling

Latocha, Henryk
*08.06.1943, 8 A, Außendecker
1973-74   9   0   Rapid Wien

Latzke, Felix
*01.02.1942, Stürmer
1961-62   2   0   Admira-Energie Wien
1963-64   8   3   Admira-Energie Wien
1964-65 25 13   Admira-Energie Wien
1965-66 23 12   Admira-Energie Wien
1966-67 25   9   Admira-Energie Wien
1967-68 15   6   Admira-Energie Wien
1968-69 25   9   Admira-Energie Wien
1969-70 20   5   Admira-Energie Wien
1970-71 11   2   Admira-Energie Wien
1971-72   3   0   Admira/Wacker

Latzke, Rene
*22.01.1962, Stürmer
1981-82   1   0   Admira/Wacker

Lauda, Heinrich
Linksaußen
1954-55   9   0   Schwarz-Weiß Bregenz

Laudrup, Finn
*31.07.1945, 19 A, Stürmer
1968-69   8   1   Wiener Sportclub
1969-70 28   3   Wiener Sportclub

Lauf, Stefan
*22.01.2002, Stürmer
2020-21   1   0   WSG Tirol

Laursen, Jacob
*06.10.1971, 24 A, Innenverteidiger
2002-03   8   0   Rapid Wien

Lauwers, Christophe
*17.09.1972, 2 A, Mittelstürmer
1999-00 21   0   SV Ried
2000-01 31   9   SV Ried
2001-02 32   4   SV Ried

Laux, Herbert
*18.10.1967, Manndecker
1989-90 11   0   Austria Salzburg
1990-91   6   0   Austria Salzburg
1995-96 16   1   Vorwärts Steyr

Lavalee, Dimitri Dominique
*13.01.1997, Innenverteidiger
2023-24 22   2   Sturm Graz

Lavrič, Klemen
*12.06.1981, 25 A, Stürmer
2009-10 26   8   Sturm Graz

Lawal, Tobias Okiki
*07.06.2000, Torwächter
2020-21   2   0   Linzer ASK
2022-23   7   0   Linzer ASK
2023-24 32   0   Linzer ASK

Lawarée, Axel
*09.10.1973, Stürmer
2001-02 35 20   Schwarz-Weiß Bregenz
2002-03 34 21   Schwarz-Weiß Bregenz
2003-04 11   7   Schwarz-Weiß Bregenz
2003-04 16   1   Rapid Wien
2004-05 29 13   Rapid Wien
2005-06 26   4   Rapid Wien

Layser
Rechter Außendecker
1958-59   1   0   ÖMV Olympia Wien

Lazaro, Valentino
*24.03.1996, 36 A, Mittelfeld/Rechter Außendecker
2012-13   5   0   RB Salzburg
2013-14 11   2   RB Salzburg
2014-15 25   4   RB Salzburg
2015-16 17   2   RB Salzburg
2016-17 29   3   RB Salzburg

Lazetić, Marko
*22.01.2004, Stürmer
2022-23 10   0   SC Rheindorf Altach

Leber, Günther
*15.11.1953, Stürmer
1973-74   9   1   Rapid Wien

Lebersorger, Friedrich
*12.12.1947, Mittelfeldspieler
1965-66 20   0   Simmeringer SC
1966-67 22   0   Wacker Wien

Lechner, Peter
*30.06.1954, Stürmer
1977-78   3   0   Wattens-Wacker Innsbruck

Lechner, Thomas
*22.10.1985, Innenverteidiger
2003-04   1   0   Grazer AK
2005-06   7   0   Grazer AK
2006-07 15   0   Grazer AK
2007-08   2   0   SV Ried

Lederer, Dieter
*10.03.1944, Außendecker
1966-67   1   0   Wacker Innsbruck
1967-68 15   0   Wacker Innsbruck
1968-69 16   0   Wacker Innsbruck
1969-70   4   0   Wacker Innsbruck
1970-71   5   0   Wacker Innsbruck

Lederer, Oliver
*02.01.1978, Mittelfeldspieler
1995-96   2   0   Rapid Wien
1996-97   4   0   Rapid Wien
1997-98 16   0   Admira/Wacker Mödling
1999-00   7   0   Rapid Wien
2000-01 11   0   Rapid Wien
2001-02   8   0   Rapid Wien
2004-05 14   0   Admira/Wacker Mödling

Lederhaas, Johann
*28.05.1962, linker Außendecker/Manndecker
1984-85   8   0   DSV Alpine

Ledezma, Froylán
*02.01.1978, 17 A, Stürmer
2006-07 24   5   SC Rheindorf Altach
2011-12   1   0   Admira/Wacker Mödling

Ledl, Roman
*16.02.1972, Verteidiger
1992-93   2   0   VSE St. Pölten

Ledwoń, Adam Ryszard
*15.01.1974, 18 A, Mittelfeldspieler
2000-01 31 2 Austria Wien
2001-02 29 0 Austria Wien
2002-03   1 0 Austria Wien
2002-03 24 1 Admira/Wacker Mödling
2003-04 24 0 Admira/Wacker Mödling
2004-05 31 3 Admira/Wacker Mödling
2005-06 24 0 Sturm Graz
2006-07 30 1 Sturm Graz
2007-08 30 0 Austria Kärnten

Lee, Jinhyun
*26.08.1997, 4 A, Mittelfeldspieler
2017-18 13 1 Austria Wien

Leeb, Ernst
Mittelfeldspieler
1964-65 11 1 Sturm Graz

Leeb, Gottfried
*11.11.1968, Mittelfeldspieler
1991-92   8 0 DSV Alpine

Leeb, Josef
Linker Außendecker
1960-61 12 0 SVS Linz

Leeb, Michael
*13.01.1968, linker Außendecker
1985-86   3 0 SC Eisenstadt

Lefor, Martin
*09.10.1935, Linksaußen/Linker Außendecker
1959-60 21 0 SC Wiener Neustadt
1960-61 16 4 SC Wiener Neustadt
1961-62 10 0 SC Wiener Neustadt

Lefor, Martin
*19.02.1960, linker Außendecker
1979-80 34 0 Rapid Wien
1980-81 11 0 Rapid Wien
1982-83 29 2 SC Eisenstadt
1983-84 11 1 SC Eisenstadt
1984-85 27 2 SC Eisenstadt
1985-86 17 1 SC Eisenstadt
1986-87 20 0 SC Eisenstadt

Lehermayr, Christian
*03.01.1961, Libero
1980-81   1 0 Linzer ASK
1981-82 12 0 Linzer ASK
1982-83 28 1 Linzer ASK
1983-84 23 0 Linzer ASK
1984-85 28 0 Linzer ASK
1985-86 35 0 Linzer ASK
1986-87 34 0 Linzer ASK
1987-88 21 1 Linzer ASK
1988-89   8 0 Linzer ASK

Lehermayr, Rupert
*19.09.1962, Außendecker
1980-81   9 0 Linzer ASK
1981-82 14 0 Linzer ASK
1982-83   4 0 Linzer ASK
1983-84 16 1 Linzer ASK
1984-85 19 2 Linzer ASK
1985-86 15 2 Linzer ASK
1988-89 17 0 Vorwärts Steyr
1989-90 15 0 Vorwärts Steyr
1990-91   7 0 Kremser SC

Lehner, Rudolf (Rudi)
Mittelfeldspieler
1969-70   1 0 Wacker Wien

Lehner, Walter
*14.10.1955, Stürmer
1974-75 14 1 Austria/WAC
1975-76   1 0 Austria/WAC
1977-78 27 1 Wiener Sportclub
1978-79 14 2 Wiener Sportclub
1979-80 10 0 Wiener Sportclub

Lehr, Kurt
*25.03.1933, Linker Halbstürmer
1952-53   4 0 VfB Union Mödling

Leidl, Hermann
*03.04.1936, linker Außendecker
1961-62 23 0 Salzburger AK

Leidl, Julian
*25.02.1985, Außendecker
2003-04   1 0 SV Mattersburg
2004-05   2 0 SV Mattersburg
2005-06   2 0 SV Mattersburg

Leidner, Doron
*26.04.2002, 7 A, linker Außendecker
2022-23 10 1 Austria Wien

Leissing, Karl
Rechter Außendecker
1954-55 25 1 Schwarz-Weiß Bregenz

Leitert, Hans
*15.01.1973, Torwächter
1994-95   5 0 VfB Mödling

Leitgeb, Christoph
*14.04.1985, 41 A, Mittelfeldspieler
2005-06 20 1 Sturm Graz
2006-07 34 4 Sturm Graz
2007-08 31 4 RB Salzburg
2008-09 16 0 RB Salzburg
2009-10 33 5 RB Salzburg
2010-11 36 1 RB Salzburg
2011-12 23 2 RB Salzburg
2012-13 22 4 RB Salzburg
2013-14 22 1 RB Salzburg
2014-15 18 0 RB Salzburg
2015-16   3 0 RB Salzburg
2016-17   8 0 RB Salzburg
2017-18 12 0 RB Salzburg
2018-19   5 0 RB Salzburg
2019-20 22 0 Sturm Graz

Leitgeb, Mario
*30.06.1988, Mittelfeldspieler
2013-14 28 4 SV Grödig
2014-15 25 0 Austria Wien
2015-16   1 0 Austria Wien
2016-17 12 1 Wolfsberger AC
2017-18 18 0 Wolfsberger AC
2018-19 30 6 Wolfsberger AC
2019-20 30 3 Wolfsberger AC
2020-21 23 0 Wolfsberger AC
2021-22 27 1 Wolfsberger AC
2022-23 22 1 Wolfsberger AC
2023-24 18 0 Wolfsberger AC

Leitl, Peter
*11.04.1948, Außendecker/Mittelfeld
1970-71   4 0 Admira-Energie Wien
1972-73   7 0 Wiener Sportclub
1973-74 20 1 Wiener Sportclub

Leitner, Andreas
*25.03.1994, Torwächter
2012-13   2 0 Admira/Wacker Mödling
2013-14 11 0 Admira/Wacker Mödling
2014-15 14 0 Admira/Wacker Mödling
2016-17 27 0 Admira/Wacker Mödling
2017-18 31 0 Admira/Wacker Mödling
2018-19 32 0 Admira/Wacker Mödling
2019-20 32 0 Admira/Wacker Mödling
2020-21 32 0 Admira/Wacker Mödling
2021-22 32 0 Admira/Wacker Mödling

Leitner, Armin
*16.04.1979, Mittelfeldspieler
1998-99   2 0 Linzer ASK
1999-00   1 0 Linzer ASK

Leitner, Bernhard
*29.08.1960, rechter Außendecker
1980-81   1 0 Sturm Graz
1981-82   1 0 Sturm Graz
1982-83   8 0 Grazer AK

Leitner, Gustav
Mittelläufer
1958-59   2 0 Linzer ASK

Leitner, Hans
*21.02.1960, Mittelfeldspieler
1981-82 10 1 VOEST Linz

Leitner, Harald
*06.07.1954, Stürmer
1975-76 16 2 Grazer AK
1976-77 21 1 Grazer AK
1977-78 10 1 Grazer AK
1978-79   4 0 Grazer AK

Leitner, Herbert
*24.01.1956, Mittelfeldspieler
1976-77   8 0 First Vienna

Leitner, Jürgen
*18.10.1975, Mittelfeldspieler
1993-94   1 0 Austria Wien
1994-95   3 0 Austria Wien
1995-96 34 0 Austria Wien
1996-97 34 2 Austria Wien
1997-98 34 1 Austria Wien
1998-99 33 1 Austria Wien
1999-00 35 1 Austria Wien
2000-01 30 1 Austria Wien

Leitner, Kurt
*21.03.1946, 1 A, Stürmer
1966-67 11   2 Wiener Sportclub
1967-68 25 11 Wiener Sportclub
1968-69 27 11 Linzer ASK
1969-70 26 13 Linzer ASK
1970-71 15 12 Linzer ASK
1971-72 22 11 Linzer ASK
1972-73 25 13 Linzer ASK
1973-74 29 11 Linzer ASK
1974-75 12   1 Austria/WAC
1974-75 11   4 Linzer ASK
1975-76 20   6 Austria/WAC

Leitner, Manfred
*034.12.1941, Mittelstürmer/Mittelläufer
1958-59   3 0 Linzer ASK
1962-63 25 0 SVS Linz
1963-64 22 0 SVS Linz
1965-66 15 1 Linzer ASK
1966-67 26 0 Linzer ASK
1967-68 22 1 Linzer ASK
1968-69 17 0 Linzer ASK
1969-70 29 2 Linzer ASK
1970-71 15 0 Linzer ASK

Leitner, Michael
*30.12.1974, Libero
1992-93   2 0 Sturm Graz
1993-94 14 0 Sturm Graz
1994-95 18 0 Sturm Graz

Lema, Michael John
*13.09.1999, Mittelfeldspieler
2017-18   1 0 Sturm Graz
2018-19 16 3 Sturm Graz
2019-20   6 0 Sturm Graz
2019-20   2 0 TSV Hartberg
2021-22   6 0 TSV Hartberg

Lemberger, Ehrenfried
*1927, Mittelläufer
1950-51 22 0 Linzer ASK
1951-52 22 0 Linzer ASK
1952-53 25 0 Linzer ASK
1953-54 24 0 Linzer ASK
1954-55   5 0 Linzer ASK

Lemmerer, Jürgen
*06.03.2003, Stürmer
2021-22 12 0 TSV Hartberg
2023-24   3 0 TSV Hartberg

Lemoine, Gabriel
*26.03.2001, Stürmer
2021-22   6 0 TSV Hartberg

Lengyel, Robert
Mittelfeldspieler
1967-68 20 8 Admira-Energie Wien
1968-69   9 0 Admira-Energie Wien

Lenhart, Josef
*12.07.1960, Stürmer
1981-82 11 0 Linzer ASK

Leňko, Jiří
*29.04.1985, linker Außendecker
2004-05   2 0 Rapid Wien
2012-13 16 0 SC Wiener Neustadt

Lenninger, Thomas
*11.02.1965, rechter Außendecker
1984-85   1 0 Wattens-Wacker Innsbruck
1985-86 19 0 Wattens-Wacker Innsbruck
1986-87   7 0 Wattens-Wacker Innsbruck
1987-88   9 0 FC Tirol
1988-89 10 0 Austria Klagenfurt

Lenz, Rudolf (Rudi)
Linker Halbstürmer
1957-58 12 3 ÖMV Olympia Wien

Lenzinger, Friedrich (Fritz)
Stürmer/Mittelfeld
1971-72   8 0 Simmeringer SC

Lenzinger, Herbert
*12.07.1942, linker Außendecker
1959-60   8 0 Wiener AC
1960-61 25 0 Wiener AC
1961-62 11 1 Wiener AC
1962-63 15 0 Wiener AC
1963-64 23 0 Wiener AC
1964-65 21 0 Wiener AC
1965-66 18 4 SC Wiener Neustadt
1966-67 12 0 SC Wiener Neustadt

Lenzinger, Lambert
*01.04.1936, linker Läufer
1955-56 15 0 Rapid Wien
1956-57 13 0 Rapid Wien
1957-58   3 0 Rapid Wien
1958-59   1 0 Rapid Wien
1959-60   1 0 Rapid Wien
1962-63   1 0 Rapid Wien

Leonardo Santiago (Leonardo de Vitor Santiago)
*09.03.1983, Stürmer
2011-12 30   4 RB Salzburg

Leonardo Silva (Leonardo Ferreiro da Silva)
*19.07.1980, Center Corward
2006-07 28 14 SC Rheindorf Altach
2007-08 16   0 SC Rheindorf Altach

Leonov, Igor
*14.09.1967, linker Außendecker
1991-92   9   1 VSE St. Pölten

Leovac, Marin
*07.08.1988, 5 A, linker Außendecker/Mittelfeld
2009-10   8   0 Austria Wien
2010-11 18   0 Austria Wien
2011-12 17   0 Austria Wien
2012-13   2   0 Austria Wien
2013-14   7   0 Austria Wien

Lérant, Peter
*30.11.1977, Innenverteidiger
2001-02 13   0 Austria Wien
2001-02   7   0 Grazer AK

Lercher, Karl-Heinz
*01.03.1954, Mittelfeldspieler
1972-73   7   0 Wattens-Wacker Innsbruck
1973-74   3   0 Wattens-Wacker Innsbruck
1975-76   5   1 Wattens-Wacker Innsbruck
1976-77 14   0 Wattens-Wacker Innsbruck
1977-78 11   0 Wattens-Wacker Innsbruck
1978-79   1   0 Wattens-Wacker Innsbruck

Lercher, Michael
*04.01.1996, linker Außendecker
2017-18 13   0 SV Mattersburg
2018-19   2   0 SV Mattersburg
2019-20 24   1 SV Mattersburg
2020-21 26   0 SV Ried
2021-22   6   0 SV Ried

Lesiak, Andrzej
*21.05.1966, 18 A, Libero
1992-93 31   3 Wacker Innsbruck
1993-94 32   1 FC Tirol Innsbruck
1995-96 30   6 SV Ried
1996-97 31   4 Rapid Wien
1997-98 13   1 Austria Salzburg
1999-00 32   1 SV Ried
2000-01 19   0 SV Ried
2002-03 21   0 SV Ried

Leskovich, Otto
*09.12.1945, linker Außendecker/Mittelfeld
1967-68 14   1 SC Eisenstadt
1968-69 24   2 SC Eisenstadt
1969-70 28   2 SC Eisenstadt
1971-72 27   4 SC Eisenstadt
1972-73 24   0 SC Eisenstadt

Lessnigg, Alexander
*02.11.1980, Mittelstürmer
2000-01   2   0 Admira/Wacker Mödling
2001-02   2   0 Admira/Wacker Mödling

Letard, Yannis
*18.08.1998, 2 A, Innenverteidiger
2021-22 11   0 Linzer ASK

Letocha, Peter
*24.06.1989, Mittelfeldspieler
1988-89   1   0 Wiener Sportclub
1989-90   7   1 Wiener Sportclub
1990-91   2   0 Austria Wien
1991-92   4   1 Austria Wien
1997-98 30   0 Austria Lustenau
1998-99 27   0 Austria Lustenau

Lettner, Alfred
*23.02.1963, Mittelfeldspieler
1978-79   5   2 Austria Salzburg
1979-80 20   1 Austria Salzburg
1980-81 20   0 Austria Salzburg

Leuchtmann, Christian
*16.03.1981, Innenverteidiger/Mittelfeld
1999-00   1   0 Grazer AK

Leurer, Franz
*06.02.1950, Torwächter
1969-70   8   0 SC Eisenstadt
1971-72   4   0 SC Eisenstadt
1972-73   3   0 SC Eisenstadt
1973-74 24   0 SC Eisenstadt
1974-75   2   0 SC Eisenstadt

Leutgeb, Gerhard
*03.04.1943, Mittelfeld/Vorstopper
1968-69 18   3 WSG Wattens
1969-70   8   1 WSG Wattens
1970-71 28   0 WSG Wattens

Lewerenz, Steven
*18.05.1991, Mittelfeldspieler
2010-11   6   0 Kapfenberger SV

Lex, Alexander
*29.09.1974, Mittelfeldspieler
1998-99   3   0 Austria Wien
2000-01   3   0 Admira/Wacker Mödling

Lexa, Stefan
*01.11.1976, 6 A, Mittelfeldspieler
2008-09 35   3 SV Ried
2009-10 34   5 SV Ried
2010-11 24   3 SV Ried
2011-12 28   2 SV Ried

Libuda, Heinz
*08.08.1944, Mittelfeldspieler
1970-71 24   5 Austria Salzburg
1971-72 25   7 Austria Salzburg
1972-73 20   1 Austria Salzburg
1973-74 30   7 Austria Salzburg
1974-75 32   1 Austria Salzburg
1975-76 31   4 Austria Salzburg
1976-77 25   3 VÖEST Linz
1978-79 24   1 Austria Salzburg

Lichtenegger, Norbert
*14.11.1951, Vorstopper
1977-78 34   0 Wiener Sportclub
1978-79 35   0 Wiener Sportclub
1979-80 35   0 Wiener Sportclub
1980-81 31   0 Wiener Sportclub
1981-82 28   0 Wiener Sportclub
1982-83 18   0 Wiener Sportclub

Lichtenwagner, Christoph
*03.01.1977, Mittelfeldspieler
1998-99   7   3 Linzer ASK
1999-00 18   5 Linzer ASK
2000-01 25   1 LASK Linz

Liebhaber, Barnabas
*19.04.1946, Libero
1971-72 14   1 Admira/Wacker
1972-73   2   0 Linzer ASK
1973-74 24   0 Linzer ASK
1974-75 14   0 Linzer ASK

Liedl, Karl
*16.11.1948, Libero
1970-71 30   0 Simmeringer SC
1971-72 28   1 Simmeringer SC
1973-74 32   1 Simmeringer SC

Liendl, Josef
*07.02.1967, Mittelfeldspieler
1986-87 15 2 Grazer AK
1987-88   5 0 Grazer AK
1988-89 23 1 Grazer AK
1989-90 11 0 Grazer AK

Liendl, Michael
*25.10.1985, 1 A, Mittelfeldspieler
2008-09 34 5 Kapfenberger SV
2009-10 20 3 Austria Wien
2010-11 30 3 Austria Wien
2011-12 32 4 Austria Wien
2012-13 36 9 Wolfsberger AC
2013-14 21 11 Wolfsberger AC
2018-19 32 11 Wolfsberger AC
2019-20 32 8 Wolfsberger AC
2020-21 32 8 Wolfsberger AC
2021-22 31 8 Wolfsberger AC

Liener, Hellmuth
*07.04.1942, Mittelfeld/Vorstopper
1961-62 17 0 First Vienna
1962-63 17 0 First Vienna
1963-64 24 0 First Vienna
1964-65   8 0 First Vienna
1965-66 17 0 First Vienna
1966-67 24 0 First Vienna
1967-68 24 1 First Vienna
1969-70 15 2 First Vienna
1970-71 29 1 First Vienna
1971-72 20 0 First Vienna
1972-73 27 1 First Vienna
1973-74 16 1 First Vienna

Lienhart, Andreas
*28.01.1986, rechter Außendecker/Mittelfeld
2005-06 12 1 Grazer AK
2006-07   9 0 Grazer AK
2008-09 23 1 Kapfenberger SV
2014-15 36 3 SC Rheindorf Altach
2015-16 20 0 SC Rheindorf Altach
2016-17 31 1 SC Rheindorf Altach
2017-18 24 1 SC Rheindorf Altach
2018-19 19 0 SC Rheindorf Altach
2019-20 21 3 TSV Hartberg
2020-21 22 0 TSV Hartberg

Liesbauer, Otto
*22.07.1946, Rechtsaußen
1969-70 25 2 Austria Klagenfurt
1971-72   9 0 SC Eisenstadt
1973-74   2 0 SC Eisenstadt

Lima, Henrique Lenta
*20.08.1977, Innenverteidiger/Rechter Außendecker
2005-06 25 0 SV Ried

Linc, Otto
*24.07.1925, Außendecker/Mittelläufer
1947-48   6 0 FC Wien (WL)
1948-49 18 0 FC Wien (WL)
1949-50 24 0 FC Wien
1950-51 24 0 FC Wien
1951-52 11 0 FC Wien
1952-53 25 0 Admira Wien
1953-54 18 0 Admira Wien
1954-55 26 0 Admira Wien
1955-56 26 0 Admira Wien
1956-57 25 0 Admira Wien
1957-58 19 0 Admira Wien
1958-59 26 0 Admira Wien
1959-60 22 0 Admira-Energie Wien

Lind, Robert
*05.07.1967, Mittelfeldspieler
1990-91   1 0 DSV Alpine

Lindenberger, Franz
*09.09.1927, Torwächter
1950-51   2 0 Linzer ASK
1951-52 15 0 Linzer ASK
1952-53 19 0 Linzer ASK
1953-54 26 0 Linzer ASK
1954-55 22 0 Linzer ASK
1960-61 17 0 SVS Linz

Lindenberger, Klaus
*28.05.1957, 41 A, Torwächter
1979-80 36 0 Linzer ASK
1980-81 36 0 Linzer ASK
1981-82 36 0 Linzer ASK
1982-83 29 0 Linzer ASK
1983-84 28 0 Linzer ASK
1984-85 30 0 Linzer ASK
1985-86 30 0 Linzer ASK
1986-87 36 0 Linzer ASK
1987-88 22 0 Linzer ASK
1988-89 36 0 FC Tirol
1989-90 36 0 FC Tirol
1990-91 17 0 FC Tirol
1991-92 36 0 FC Stahl Linz
1992-93 22 0 FC Stahl Linz

Linder, Kurt
*08.10.1933, Mittelstürmer
1959-60   9 5 Rapid Wien

Lindgren, Rasmus
*29.11.1984, 2 A, Mittelfeldspieler
2011-12 20 1 RB Salzburg

Lindman, Sven (Svenne)
*19.04.1942, Mittelfeldspieler
1968-69 14 1 Rapid Wien

Lindner, Heinz
*17.07.1990, 37 A, Torwächter
2009-10 16 0 Austria Wien
2010-11 24 0 Austria Wien
2011-12 23 0 Austria Wien
2012-13 36 0 Austria Wien
2013-14 36 0 Austria Wien
2014-15 31 0 Austria Wien

Lindner, Karl
*1921, linker Außendecker
1939-40   7 2 FC Wien (BK)
1940-41 14 5 FC Wien (BK)
1941-42 15 7 FC Wien (BK)
1942-43   9 2 FC Wien (BK)
1943-44   2 1 FC Wien (OK)
1945-46   8 2 FC Wien (WL)
1946-47 20 0 FC Wien (WL)
1947-48 18 0 FC Wien (WL)
1948-49   6 1 FC Wien (WL)
1949-50 16 2 FC Wien

Lindner, Matthias
*07.09.1988, Stürmer
2007-08   7 2 SV Mattersburg
2008-09   9 0 SV Mattersburg
2009-10   7 3 SV Mattersburg
2010-11   1 0 SV Mattersburg
2011-12 17 2 SC Wiener Neustadt

Lindner, Norbert
*24.01.1969, Mittelfeldspieler
1987-88 13 0 First Vienna
1988-89 13 0 First Vienna
1989-90   8 0 First Vienna

Lindner, Viktor
*09.10.1927, linker Außendecker
1952-53 16   0   Salzburger AK
1953-54   1   0   Austria Salzburg
1954-55 22   0   Austria Salzburg
1955-56 26   0   Austria Salzburg
1956-57 25   0   Austria Salzburg
1959-60   1   0   Austria Salzburg

Lindschinger, Sandro Manuel
*18.01.1985, Mittelfeldspieler
2004-05   1   0   Sturm Graz
2005-06   2   0   Sturm Graz
2006-07   8   0   Sturm Graz
2007-08   8   0   Sturm Graz

Lindström, Mattias
*18.04.1980, 3 A, Mittelfeldspieler
2007-08 13   0   Wacker Innsbruck
2008-09 20   1   SV Mattersburg

Linhart, Anton Hans-Jörg (Toni)
*24.07.1942, 6 A, Rechtsaußen/Rechter Außendecker
1961-62   3   0   Wiener Sportclub
1962-63 26   4   Wiener Sportclub
1963-64 13   1   Wiener Sportclub
1964-65 16   0   Wiener Sportclub
1965-66 19   0   Wiener Sportclub
1966-67 25   0   Wiener Sportclub
1967-68 21   1   Wiener Sportclub
1968-69 22   1   Wiener Sportclub
1969-70   6   0   Wiener Sportclub
1970-71 20   0   First Vienna
1971-72 25   0   First Vienna

Linimair, Herbert
*23.11.1973, Mittelfeldspieler
1990-91   3   0   Vorwärts Steyr
1993-94 16   0   Vorwärts Steyr
1994-95 32   1   FC Linz
1996-97 32   2   FC Linz
1997-98 31   0   Admira/Wacker Mödling
2000-01 34   0   Admira/Wacker Mödling
2001-02 20   3   Admira/Wacker Mödling

Linke, Thomas
*26.12.1969, 43 A, Manndecker
2005-06 24   3   RB Salzburg
2006-07 27   0   RB Salzburg

Lininger, Alois
*24.06.1930, Mittelstürmer
1950-51   5   2   Admira Wien
1951-52   1   1   Admira Wien
1952-53 13   8   Admira Wien
1953-54 16 14   Linzer ASK
1954-55 24   8   Linzer ASK
1956-57 18 13   Austria Salzburg
1961-62   9   2   Salzburger AK

Linossi, Helmut
*21.11.1939, Mittelläufer
1959-60 26   0   Austria Salzburg
1960-61 23   1   Austria Salzburg
1962-63 21   0   Linzer ASK
1963-64 15   0   Linzer ASK
1964-65   1   0   Linzer ASK
1967-68   2   0   Linzer ASK

Lins de Almeida, **Matheus** Guilherme
*24.03.2001, Innenverteidiger/Mittelfeld
2023-24 10   1   Austria Lustenau

Lintner, Helwig
*29.07.1965, rechter Außendecker
1975-76   4   0   Rapid Wien

Linz, Roland
*09.09.1981, 39 A, Stürmer
2001-02 29   8   Austria Wien
2002-03 21   3   Austria Wien
2003-04 31 15   Admira/Wacker Mödling
2004-05 13   4   Sturm Graz
2005-06 31 15   Austria Wien
2009-10 15   6   Austria Wien
2010-11 36 21   Austria Wien
2011-12 28 12   Austria Wien
2012-13   7   1   Austria Wien

Linzer, Milan
Rechter Läufer
1950-51   2   0   SC Wiener Neustadt

Linzmaier, Manfred
*27.08.1962, 25 A, Mittelfeldspieler
1981-82 13   1   Wattens-Wacker Innsbruck
1982-83 29   2   Wattens-Wacker Innsbruck
1984-85 29   3   Wattens-Wacker Innsbruck
1985-86 36   4   Wattens-Wacker Innsbruck
1986-87 31   6   Wattens-Wacker Innsbruck
1987-88 33   2   FC Tirol
1988-89 32   7   FC Tirol
1989-90 29   3   FC Tirol
1990-91 28   4   FC Tirol
1991-92 27   3   FC Tirol
1992-93 16   1   Wacker Innsbruck
1994-95 30   5   Linzer ASK
1995-96   3   0   Vorwärts Steyr

Lipa, Andreas
*26.04.1971, 1 A, Innenverteidiger
1989-90   3   0   First Vienna
1990-91 12   1   First Vienna
1991-92 20   4   First Vienna
1992-93   3   1   Austria Salzburg
1997-98 20   2   Austria Lustenau
1997-98 15   3   Grazer AK
1998-99 29   5   Grazer AK
1999-00 29   2   Grazer AK
2000-01 23   0   Grazer AK
2001-02 10   0   Grazer AK

Lipcsei, Péter
*28.03.1972, 52 A, Mittelfeldspieler
1998-99 13   2   Austria Salzburg
1999-00 25   0   Austria Salzburg

Lipošinović, Ivan
*13.06.1945, Mittelfeldspieler
1966-67 17   2   First Vienna
1967-68   1   0   First Vienna

Lipošinović, Luka
*12.05.1933, 13 A, Rechtsaußen/Rechter Halbstürmer
1962-63 15   3   Linzer ASK
1963-64 23   7   Linzer ASK
1964-65 23   6   Linzer ASK
1965-66 24   3   Linzer ASK
1966-67 24   1   Linzer ASK
1967-68 23   8   Linzer ASK
1968-69 19   3   Linzer ASK

Lippmann, Frank
*23.04.1961, Stürmer
1989-90   3   0   Vorwärts Steyr

Lipponen, Kimmo
*09.12.1962, 2 A, Mittelfeldspieler
1988-89 14   1   First Vienna

Lisak, Erich
*08.09.1958, Mittelfeldspieler
1975-76   4   0   Rapid Wien
1977-78   7   0   Rapid Wien
1978-79   6   0   Rapid Wien
1979-80   5   0   First Vienna
1982-83 25   1   First Vienna

List, Peter
*06.07.1948, Torwächter
1970-71   5 0 Wiener Sportclub
1971-72   2 0 Wiener Sportclub
1972-73   8 0 Wiener Sportclub
1973-74 13 0 Wiener Sportclub
1977-78 12 0 Wiener Sportclub
1982-83   1 0 Wiener Sportclub
1983-84   4 0 Wiener Sportclub

Litovchenko, Genadiy Vladimirovich
*11.09.1963, 61 A, Mittelfeldspieler
1993-94 10 1 Admira/Wacker
1994-95   9 2 Admira/Wacker

Litzlbauer, Josef
*01.02.1979, Innenverteidiger
1998-99   4 0 SV Ried

Ljubić, Ivan
*07.07.1996, Innenverteidiger
2018-19 13 0 Sturm Graz
2018-19 18 1 TSV Hartberg
2019-20 29 1 Sturm Graz
2020-21 32 7 Sturm Graz
2021-22 21 2 Sturm Graz
2022-23 22 1 Sturm Graz
2023-24 14 0 Linzer ASK

Ljubičić, Dejan
*08.10.1997, 9 A, Mittelfeldspieler
2017-18 28 3 Rapid Wien
2018-19 27 1 Rapid Wien
2019-20 22 2 Rapid Wien
2020-21 24 0 Rapid Wien

Ljubičić, Marin
*28.02.2002, Stürmer
2022-23 28 12 Linzer ASK
2023-24 31 12 Linzer ASK

Ljubičić, Robert
*14.07.1999, Mittelfeldspieler
2017-18   3 1 SKN St. Pölten
2018-19 26 1 SKN St. Pölten
2019-20 29 3 SKN St. Pölten
2020-21 30 2 SKN St. Pölten
2021-22 25 2 Rapid Wien

Ljung, Roger
*08.01.1966, 59 A, linker Außendecker/Mittelfeld
1991-92 35 10 Admira/Wacker
1992-93 32 16 Admira/Wacker
1993-94 17 0 Admira/Wacker

Lobenhofer, Hermann
*17.02.1922, rechter Außendecker/Mittelläufer
1940-41 15 3 Grazer SC (BK)
1949-50 24 0 Sturm Graz
1950-51 24 0 Sturm Graz
1951-52 25 0 Sturm Graz
1952-53 19 1 Sturm Graz
1953-54 15 0 Sturm Graz

Lochoshvili, Luka
*29.05.1998, 12 A, Innenverteidiger
2020-21 21 1 Wolfsberger AC
2021-22 29 1 Wolfsberger AC
2022-23   2 0 Wolfsberger AC

Löbe, Alexander
*13.11.1972, Stürmer
1998-99 12 2 Vorwärts Steyr

Löberbauer, Werner
*09.09.1960, Mittelfeldspieler
1988-89 28 1 FC Tirol
1989-90   3 0 FC Tirol

Löffelmann, Franz
*04.05.1930, Rechter Halbstürmer/Rechtsaußen
1956-57 26 14 Simmeringer SC
1957-58 15 5 Simmeringer SC
1958-59 21 15 Simmeringer SC
1959-60 19 9 Simmeringer SC
1960-61 22 8 Simmeringer SC
1961-62 23 7 Simmeringer SC
1962-63 13 3 Simmeringer SC
1963-64   2 2 Simmeringer SC

Löffler, Alfred
*14.10.1958, Mittelfeldspieler
1978-79   1 0 VOEST Linz

Löffler, Harald
*06.01.1959, Mittelfeldspieler
1983-84 19 0 Favoritner AC

Löffler, Nico
*05.07.1997, Mittelfeldspieler
2014-15   1 0 Admira/Wacker Mödling
2016-17   1 0 Admira/Wacker Mödling

Löffler, Thomas
*01.05.1989, Mittelfeldspieler
2010-11 13 1 Wacker Innsbruck
2011-12   7 0 Wacker Innsbruck
2012-13   7 0 Wacker Innsbruck
2013-14 15 0 Wacker Innsbruck

Lösch, Mario
*13.09.1989, Mittelfeldspieler
2008-09   6 0 SV Mattersburg

Löschnig, Klaus
*15.08.1965, linker Außendecker
1985-86   8 2 Sturm Graz
1986-87 13 1 Sturm Graz

Löser, Johann
*23.03.1937, 1 A, linker Läufer
1954-55   2 0 Austria Wien
1955-56   1 0 Austria Wien
1956-57 19 1 Austria Wien
1957-58 25 0 Austria Wien
1958-59 18 0 Austria Wien
1959-60 19 1 Austria Wien
1960-61 22 1 Austria Wien
1961-62 26 0 Austria Wien
1962-63 21 0 Austria Wien
1963-64 11 0 Austria Wien
1964-65   1 0 Austria Wien

Loidolt, Karl
*11.11.1919, rechter Außendecker
1947-48   7 0 Wacker Wien (WL)
1948-49   9 0 First Vienna (WL)
1949-50 17 0 First Vienna
1950-51   8 0 First Vienna
1951-52   1 0 First Vienna
1952-53   3 0 Salzburger AK

Lokvenc, Vratislav
*27.09.1973, 74 A, Mittelstürmer
2005-06   5 0 RB Salzburg
2006-07 23 5 RB Salzburg
2007-08 17 3 RB Salzburg

Lopez, Rosinaldo
*07.09.1968, Stürmer
1993-94 12 0 VfB Mödling

López García-Madrid, **Rubén**
*09.07.1979, Innenverteidiger
2010-11   6 0 Linzer ASK

López Nahún Cárdenas, **Walter**
*01.09.1977, 13 A, Mittelfeldspieler
2001-02   6 1 Austria Salzburg

Lorber, Kurt
*10.11.1937, Innenstürmer/Linksaußen
1962-63   17   7   Austria Klagenfurt

Lorber, Norbert
*17.05.1936, Mittelfeldspieler
1962-63   16   3   Austria Klagenfurt
1965-66   16   5   Austria Klagenfurt
1966-67   14   1   Austria Klagenfurt

Loregger, Siegfried
*28.01.1950, Stürmer
1971-72   17   0   DSV Alpine
1972-73   21   0   DSV Alpine

Lorenz, Bernhard (Bernd)
*24.12.1947, Stürmer
1971-72   27   7   Rapid Wien
1972-73   25   10 Rapid Wien
1973-74   25   10 Rapid Wien
1978-79   26   13 First Vienna
1979-80   7   2   Admira/Wacker

Lorenz, Helmut
*02.02.1969, Mittelfeldspieler
1992-93   35   0   Wacker Innsbruck
1994-95   33   2   Linzer ASK
1995-96   30   0   Linzer ASK
1996-97   4   0   Linzer ASK
1997-98   27   1   Austria Lustenau

Lorenz, Michael
*11.01.1979, Mittelfeldspieler
1973-74   26   17 VÖEST Linz
1974-75   32   9   VÖEST Linz
1975-76   26   3   VÖEST Linz
1976-77   34   6   Austria Salzburg
1977-78   36   4   VÖEST Linz
1978-79   3   0   VOEST Linz
1979-80   6   0   VOEST Linz

Losch, Werner
*11.07.1950, Stürmer
1975-76   21   9   Grazer AK
1976-77   30   4   Grazer AK

Loschy, Helmut
*01.06.1947, rechter Außendecker/Libero
1971-72   16   0   First Vienna
1972-73   13   0   First Vienna

Loske, Helmut
*30.06.1936, Rechter Halbstürmer
1960-61   11   3   Grazer AK
1961-62   19   3   Grazer AK
1962-63   9   1   Grazer AK
1963-64   4   0   Grazer AK

Loske, Walter
*28.08.1942, Stürmer
1962-63   17   5   Grazer AK
1970-71   16   0   Sturm Graz

Lotz, Helmut
Rechter Außendecker
1964-65   3   0   Schwechater SC

Louhenapessy, Elijah Jeremias
*14.10.1976, Mittelfeldspieler
2001-02   9   0   Schwarz-Weiß Bregenz

Lovin, Florin
*11.02.1982, Mittelfeldspieler
2011-12   15   0   Kapfenberger SV
2012-13   32   2   SV Mattersburg

Lovrić, Francesco
*05.10.1995, Mittelfeldspieler
2016-17   1   0   SV Mattersburg

Lovrić, Sandi
*28.03.1998, 35 A, Mittelfeldspieler
2014-15   8   0   Sturm Graz
2015-16   8   0   Sturm Graz
2016-17   3   0   Sturm Graz
2017-18   25   0   Sturm Graz
2018-19   20   1   Sturm Graz

Luan (Luan Leite da Silva)
*31.05.1996, Innenverteidiger/Rechter Außendecker
2017-18   16   0   SKN St. Pölten
2018-19   30   2   SKN St. Pölten
2019-20   24   1   SKN St. Pölten
2020-21   11   2   SKN St. Pölten
2021-22   6   1   Admira/Wacker Mödling

Lučić, Ivan
*23.03.1995, Torwächter
2013-14   1   0   SV Ried
2018-19   5   0   Austria Wien
2019-20   18   0   Austria Wien

Lučić, Ivica
*19.01.1982, Stürmer
2008-09   3   0   Kapfenberger SV
2011-12   2   0   Kapfenberger SV

Luczisca, Stefan
*11.01.1947, Stürmer
1970-71   5   0   Rapid Wien
1971-72   8   0   Wiener Sportclub
1972-73   29   6   Admira Wiener Neustadt

Ludescher, Walter
*05.10.1942, 7 A, linker Außendecker
1962-63   4   0   Rapid Wien
1964-65   26   0   Wacker Innsbruck
1965-66   26   0   Wacker Innsbruck
1967-68   3   0   Wacker Innsbruck

Ludl, Friedrich (Fritz)
*25.03.1969, Verteidiger
1989-90   2   0   Wiener Sportclub

Ludwig, Helmut
Stürmer/Mittelfeld
1971-72   17   0   Simmeringer SC

Lüchinger, Gabriel
*18.12.1992, Mittelfeldspieler
2016-17   2   0   SC Rheindorf Altach

Lück, Daniel
*18.05.1991, Torwächter
2016-17   2   0   Sturm Graz

Luckassen, Kevin
*27.07.1993, Stürmer
2016-17   23   4   SKN St. Pölten

Luckeneder, Felix
*21.03.1994, Innenverteidiger
2017-18   17   2   Linzer ASK
2018-19   16   1   SC Rheindorf Altach
2019-20   29   2   TSV Hartberg
2020-21   31   1   TSV Hartberg
2021-22   5   0   TSV Hartberg
2021-22   13   1   Linzer ASK
2022-23   30   0   Linzer ASK
2023-24   15   2   Linzer ASK

Ludewig, Kilian
*05.03.2000, Stürmer
2021-22   1   0   RB Salzburg

Luftensteiner, Gerald
*10.05.1956, Libero
1974-75   2   1   Admira/Wacker
1982-83   14   0   Union Wels

Luhový, Ľubomír
*31.03.1967, 11 A, Stürmer
1998-99   21   3   Grazer AK

Luiz Alves Soares, **João**
*16.02.1999, Stürmer
2023-24   4   0   Blau-Weiß Linz

Lukac, Jozef
*12.11.1969, rechter Außendecker
1997-98   14   0   Austria Lustenau

Lukačević, Leonardo
*21.01.1999, linker Außendecker
2019-20   19   0   Admira/Wacker Mödling
2020-21   8   0   Admira/Wacker Mödling
2021-22   28   2   Admira/Wacker Mödling
2023-24   21   0   SC Rheindorf Altach

Lukáš, Petr
*24.04.1978, Innenverteidiger
2010-11   13   0   Linzer ASK

Lukawitz, Anton
Innenstürmer
1960-61   3   0   Simmeringer SC
1961-62   1   0   Simmeringer SC
1962-63   10   3   Simmeringer SC
1963-64   5   2   Simmeringer SC

Lukić, Zoran
*27.11.1956, Mittelfeldspieler
1982-83   15   8   SC Neusiedl am See
1983-84   13   1   SC Neusiedl am See
1983-84   16   3   Favoritner AC
1984-85   15   2   Favoritner AC

Lukić, Radan
*21.09.1957, Libero
1988-89   16   0   Vorwärts Steyr
1989-90   16   0   Vorwärts Steyr
1990-91   17   0   Vorwärts Steyr
1991-92   22   0   Vorwärts Steyr

Luksch, Alfred
*02.05.1923, Rechter Halbstürmer
1945-46   7   2   Floridsdorfer AC (WL)
1946-47   9   4   Floridsdorfer AC (WL)
1947-48   2   0   Floridsdorfer AC (WL)
1950-51   22   9   Elektra Wien
1951-52   15   2   FC Wien
1952-53   12   1   FC Wien
1953-54   7   1   FC Wien

Luksch, Andreas
*29.01.1972, Stürmer
1992-93   9   3   Linzer ASK

Lukse, Andreas
*08.11.1987, 1 A, Torwächter
2008-09   9   0   Rapid Wien
2014-15   14   0   SC Rheindorf Altach
2015-16   26   0   SC Rheindorf Altach
2016-17   27   0   SC Rheindorf Altach
2017-18   6   0   SC Rheindorf Altach
2018-19   7   0   SC Rheindorf Altach
2023-24   1   0   Blau-Weiß Linz

Lumu, Jeroen
*27.05.1995, Stürmer
2016-17   12   2   SKN St. Pölten

Lupescu, Nicolae (Culae)
*17.12.1940, 21 A, rechter Außendecker/Libero
1972-73   22   2   Admira/Wacker
1973-74   25   2   Admira/Wacker
1974-75   35   3   Admira/Wacker
1975-76   33   1   Admira/Wacker
1976-77   19   1   Admira/Wacker

Luritzhofer, Alfred
*31.07.1928, rechter Außendecker
1953-54   9   0   Austria Salzburg

Lusenberger, Clemens
*22.10.1937, rechter Außendecker
1958-59   26   0   Linzer ASK
1959-60   9   0   Linzer ASK
1960-61   0   0   Linzer ASK
1961-62   1   0   Linzer ASK
1962-63   11   0   Linzer ASK
1964-65   1   0   Linzer ASK

Lutovac, Aleksander
*28.06.1997, Stürmer
2022-23   13   0   SV Ried

Luttenberger, Erich
Vorstopper/Mittelfeld
1966-67   3   0   Grazer AK
1967-68   2   0   Grazer AK
1969-70   22   0   Grazer AK
1970-71   9   0   Grazer AK
1971-72   3   0   Grazer AK

Luttenberger, Thomas
*20.07.1969, Mittelfeldspieler
1988-89   8   1   Sturm Graz
1989-90   1   0   Sturm Graz
1990-91   1   0   Sturm Graz
2001-02   2   0   Austria Wien

Lutz, Christian
*31.10.1975, Mittelfeldspieler
1997-98   3   0   Grazer AK
2000-01   7   0   SV Ried

Lutz, Ludwig
Mittelstürmer/Rechtsaußen
1940-41   2   4   Linzer ASK (BK)
1950-51   4   0   Linzer ASK

Lux, Bernhard
*25.07.1968, Mittelfeldspieler
1991-92   3   0   First Vienna

Lux, Karl
Linksaußen
1967-68   4   0   Admira-Energie Wien

Luxbacher, Bernhard
*18.11.1994, Mittelfeldspieler
2013-14   1   0   Austria Wien

Luxbacher, Daniel
*13.03.1992, Mittelfeldspieler
2014-15   15   0   SC Rheindorf Altach
2015-16   13   2   SC Rheindorf Altach
2016-17   26   0   SC Rheindorf Altach
2017-18   9   0   SKN St. Pölten
2018-19   30   1   SKN St. Pölten
2019-20   25   3   SKN St. Pölten
2020-21   21   0   SKN St. Pölten

Lydersen, Pål
*10.09.1965, 20 A, linker Außendecker
1996-97   18   1   Sturm Graz

Lykogiannis, Charalampos
*22.10.1993, 6 A, linker Außendecker
2015-16   20   1   Sturm Graz
2016-17   34   3   Sturm Graz
2017-18   17   2   Sturm Graz

M

Maak, Matthias
*12.05.1992, Mittelfeldspieler
2010-11   7 0 SC Wiener Neustadt
2011-12 21 0 SC Wiener Neustadt
2012-13 17 0 SC Wiener Neustadt
2013-14   8 0 SV Grödig
2014-15 25 1 SV Grödig
2015-16 29 2 SV Grödig
2018-19 30 1 Wacker Innsbruck
2019-20 16 1 SC Rheindorf Altach
2022-23 27 1 Austria Lustenau
2023-24 17 0 Austria Lustenau

Maccani, Jürgen
*16.10.1980, Innenverteidiger
1999-00   6 0 Austria Lustenau

Macek, Adolf (Adi)
*16.12.1939, 4 A, Linksaußen/Linker Halbstürmer
1959-60 22 4 Austria Salzburg
1960-61 25 4 Austria Salzburg
1962-63 26 5 Austria Salzburg
1965-66 25 3 Austria Salzburg
1967-68 23 3 Austria Salzburg
1968-69 17 1 Austria Salzburg
1969-70   8 2 Austria Salzburg
1970-71   7 0 Austria Salzburg
1971-72 12 0 Austria Salzburg
1972-73 27 0 Austria Salzburg

Mach, Johann
*23.07.1927, Mittelläufer/Außendecker
1945-46   1 0 Floridsdorfer AC (WL)
1951-52 14 0 Wiener Sportclub
1953-54 25 0 Wiener Sportclub
1954-55 26 0 Wiener Sportclub
1955-56 26 0 Wiener Sportclub
1956-57 14 0 Wiener Sportclub
1957-58   3 0 Wiener Sportclub
1958-59   5 0 Simmeringer SC

Mach, Viktor
*10.12.1932, Außenläufer/Außendecker
1950-51   2 0 Admira Wien
1951-52 15 7 Admira Wien
1953-54 26 1 Wiener AC
1956-57 26 3 Wiener AC
1957-58 26 3 Wiener AC
1958-59 26 0 Wiener AC
1959-60 26 0 Wiener AC
1960-61   8 0 Wiener AC

Machan, Alfred
*03.01.1930, Innenstürmer/Rechtsaußen
1947-48   1 0 First Vienna (WL)
1948-49 14 5 First Vienna (WL)
1949-50   8 2 First Vienna
1950-51 20 3 First Vienna
1951-52 15 1 First Vienna
1952-53   4 0 First Vienna
1952-53 10 0 Linzer ASK
1953-54 25 3 Linzer ASK
1954-55 24 3 Linzer ASK
1961-62   9 0 Salzburger AK

Macher, Othmar (Otto)
*28.05.1940, Mittelfeldspieler
1964-65   2 0 Sturm Graz
1966-67   5 0 Sturm Graz

Macher, Peter
*13.11.1941, Stürmer
1964-65   8 0 Kapfenberger SV
1965-66 17 1 Kapfenberger SV
1966-67 14 1 Kapfenberger SV
1967-68 21 2 Schwarz-Weiß Bregenz
1968-69   9 0 Schwarz-Weiß Bregenz
1970-71   7 0 Schwarz-Weiß Bregenz

Machetanz, Ernst
Rechter Läufer/Rechter Außendecker
1951-52 15 0 Floridsdorfer AC
1952-53 22 1 Floridsdorfer AC
1953-54 26 0 Floridsdorfer AC
1956-57 26 0 Wiener AC
1957-58 22 0 Wiener AC
1958-59   6 0 Wiener AC

Macho, Jürgen
*24.08.1977, 26 A, Torwächter
2004-05   8 0 Rapid Wien
2009-10 13 0 Linzer ASK
2012-13 12 0 Admira/Wacker Mödling

Macho, Wilhelm
*14.08.1919, Mittelläufer/Linker Läufer
1941-42 13 1 Wacker Wien (BK)
1942-43 18 0 Wacker Wien (BK)
1943-44 15 0 Wacker Wien (OK)
1945-46 19 1 Wacker Wien (WL)
1946-47 16 0 Wacker Wien (WL)
1947-48 10 1 Wacker Wien (WL)
1948-49 13 0 Wacker Wien (WL)
1949-50 12 0 Wacker Wien
1950-51 21 0 Wacker Wien
1951-52 15 0 Wacker Wien

Macijewski, Tim
*05.03.2001, Stürmer
2021-22 15 0 Austria Klagenfurt

Mack, Rudolf (Rudi)
*30.11.1952, Mittelfeldspieler
1972-73   1 0 Sturm Graz
1975-76   7 0 Austria Klagenfurt

Mader, Ernst
*04.01.1968, Mittelfeldspieler
1988-89 31 6 First Vienna
1989-90 14 0 First Vienna
1990-91 12 0 First Vienna
1991-92 13 0 First Vienna
1992-93 13 2 VfB Mödling
1993-94 19 0 VfB Mödling
1994-95 25 2 VfB Mödling

Mader, Florian
*14.09.1982, Mittelfeldspieler
2004-05 30 3 Wacker Tirol
2005-06 17 0 Wacker Tirol
2006-07 27 1 Wacker Tirol
2007-08 22 1 Wacker Innsbruck
2008-09 26 2 SV Ried
2009-10 33 2 SV Ried
2010-11 32 1 SV Ried
2011-12   4 1 SV Ried
2011-12 25 0 Austria Wien
2012-13 30 2 Austria Wien
2013-14 24 0 Austria Wien
2014-15 14 0 Austria Wien
2016-17 13 0 SKN St. Pölten
2019-20   9 0 WSG Tirol

Mader, Rolf
*31.12.1936, Rechter Halbstürmer
1960-61   2 0 Austria Salzburg

Maderner, Daniel
*12.10.1995, Stürmer
2013-14 8 0 SC Wiener Neustadt
2014-15 21 0 SC Wiener Neustadt
2020-21 31 5 SC Rheindorf Altach

Madl, Michael
*21.03.1988, 1 A, Innenverteidiger
2006-07 5 0 Austria Wien
2007-08 21 2 Wacker Innsbruck
2008-09 17 0 Austria Wien
2009-10 1 0 Austria Wien
2010-11 23 0 SC Wiener Neustadt
2011-12 31 3 SC Wiener Neustadt
2012-13 33 1 Sturm Graz
2013-14 28 1 Sturm Graz
2014-15 32 1 Sturm Graz
2015-16 18 1 Sturm Graz
2017-18 11 2 Austria Wien
2018-19 26 1 Austria Wien
2019-20 24 0 Austria Wien
2020-21 11 0 Austria Wien

Madlener, Daniel
*24.08.1964, 2 A, Mittelfeldspieler
1988-89 21 4 Vorwärts Steyr
1989-90 18 1 Vorwärts Steyr
1990-91 34 10 Vorwärts Steyr
1991-92 7 0 Vorwärts Steyr
1991-92 16 0 Rapid Wien
1992-93 8 0 Vorwärts Steyr
1993-94 33 2 Vorwärts Steyr
1994-95 34 3 Vorwärts Steyr
1995-96 17 0 Vorwärts Steyr
1996-97 32 4 FC Linz
1998-99 25 0 Vorwärts Steyr

Madritsch, Diego
*02.08.2005, Mittelfeldspieler
2022-23 11 1 SV Ried

Møller Madsen, Mads Emil
*14.01.1998, Mittelfeldspieler
2020-21 24 0 Linzer ASK

Mady Camara (Mohammed Mady Camara)
*28.02.1997, 21 A, Mittelfeldspieler
2023-24 17 1 Sturm Graz

Mählich, Roman
*17.09.1971, 20 A, Mittelfeldspieler
1989-90 15 0 Wiener Sportclub
1990-91 20 0 Wiener Sportclub
1992-93 29 2 Wiener Sportclub
1993-94 35 2 Wiener Sportclub
1994-95 29 0 FC Tirol
1995-96 22 2 Sturm Graz
1996-97 33 2 Sturm Graz
1997-98 32 4 Sturm Graz
1998-99 31 4 Sturm Graz
1999-00 19 0 Sturm Graz
2000-01 17 1 Sturm Graz
2001-02 21 2 Sturm Graz
2002-03 21 0 Sturm Graz
2004-05 1 0 Austria Wien

Märzendorfer, Dietmar
*14.07.1970, Stürmer
1991-92 2 0 DSV Alpine

Mätzler, Leo
*17.04.2002, Innenverteidiger
2023-24 18 0 Austria Lustenau

Maglica, Anton
*11.11.1991, Stürmer
2023-24 6 0 Austria Klagenfurt

Magyar, István
*04.08.1955, 16 A, Mittelfeldspieler
1982-83 22 2 Austria Wien
1983-84 26 6 Austria Wien
1986-87 20 4 SC Eisenstadt

Mahdalik, Anton (Toni)
*22.09.1966, Mittelfeld/Rechter Außendecker
1989-90 17 0 Wiener Sportclub
1990-91 19 1 Wiener Sportclub

Mahlangu, Jabu
*11.07.1980, 20 A, Mittelfeldspieler
2004-05 22 2 SV Mattersburg

Mahrer, Thorsten
*22.01.1990, Innenverteidiger
2015-16 33 3 SV Mattersburg
2016-17 19 1 SV Mattersburg
2017-18 26 2 SV Mattersburg
2018-19 27 1 SV Mattersburg
2019-20 28 1 SV Mattersburg
2021-22 23 2 Austria Klagenfurt
2022-23 31 1 Austria Klagenfurt
2023-24 31 0 Austria Klagenfurt

Maier, Anton
*29.03.1931, Innenstürmer
1954-55 23 11 Grazer AK
1955-56 20 11 Grazer AK
1956-57 16 5 Grazer AK
1957-58 25 2 Grazer AK
1958-59 24 1 Grazer AK
1959-60 26 0 Grazer AK
1960-61 22 1 Grazer AK
1961-62 25 2 Grazer AK

Maier, Ladislav
*04.01.1966, 7 A, Torwächter
1998-99 36 0 Rapid Wien
1999-00 35 0 Rapid Wien
2000-01 33 0 Rapid Wien
2001-02 14 0 Rapid Wien
2002-03 18 0 Rapid Wien
2003-04 9 0 Rapid Wien
2004-05 6 0 Rapid Wien

Maier, Marcus
*18.12.1995, Mittelfeldspieler
2014-15 3 0 Admira/Wacker Mödling
2015-16 3 0 Admira/Wacker Mödling
2016-17 4 0 Admira/Wacker Mödling
2017-18 22 0 Admira/Wacker Mödling
2018-19 22 1 Admira/Wacker Mödling
2019-20 17 0 Admira/Wacker Mödling
2020-21 19 0 Admira/Wacker Mödling

Maier, Werner
*10.11.1949, rechter Außendecker/Vorstopper
1969-70 29 0 Grazer AK
1970-71 30 0 Grazer AK
1971-72 26 0 Grazer AK
1972-73 30 0 Grazer AK
1973-74 31 1 Grazer AK
1975-76 30 0 Grazer AK
1977-78 36 0 Grazer AK
1978-79 34 0 Grazer AK
1979-80 36 1 Grazer AK
1980-81 15 0 Grazer AK
1981-82 28 0 Grazer AK

Maier, Wilhelm
*03.05.1932, linker Läufer
1952-53 5 0 Salzburger AK

Maierhofer, Stefan
*16.08.1982, 19 A, Stürmer
2007-08 11 7 Rapid Wien
2008-09 35 23 Rapid Wien
2009-10   3 1 Rapid Wien
2011-12 29 14 RB Salzburg
2012-13 10 1 RB Salzburg
2014-15   4 1 SC Wiener Neustadt
2016-17 14 2 SV Mattersburg
2017-18 23 5 SV Mattersburg
2019-20 13 2 WSG Tirol
2020-21   6 0 Admira/Wacker Mödling

Mair, Friedrich (Fritz)
*01.12.1943, Mittelfeldspieler
1967-68   3 0 Austria Salzburg

Mair, Gerald
*20.07.1969, Mittelfeldspieler
1992-93 22 0 Linzer ASK

Mair, Wolfgang Mario
*17.02.1980, 3 A, Stürmer
1998-99   9 0 FC Tirol Innsbruck
1999-00 29 3 FC Tirol Innsbruck
2000-01 25 3 FC Tirol Innsbruck
2001-02 22 3 FC Tirol Innsbruck
2002-03 32 0 SV Pasching
2004-05 34 12 Wacker Tirol
2005-06 23 0 RB Salzburg
2006-07 19 3 Austria Wien
2007-08 22 1 Austria Wien
2008-09 14 1 Austria Kärnten
2009-10 14 1 Austria Kärnten

Mairhuber, Gerhard
*06.02.1944, Libero/Vorstopper
1969-70 22 0 Austria Salzburg
1970-71 26 0 Austria Salzburg
1971-72 25 0 Austria Salzburg
1972-73 29 0 Austria Salzburg
1973-74 12 0 Austria Salzburg
1974-75 14 0 Austria Salzburg
1975-76 20 0 Austria Salzburg

Maißner, Franz
Rechter Außendecker
1956-57   2 0 Kremser SC

Maitz, Peter
*27.07.1945, Verteidiger
1973-74   3 0 WSG Radenthein/VSV

Majabvi, Justice
*26.03.1984, 12 A, Mittelfeldspieler
2008-09 12 0 Linzer ASK
2009-10 34 1 Linzer ASK
2010-11 31 0 Linzer ASK

Majer, Georg
*30.07.1971, Torwächter
1993-94   2 0 Vorwärts Steyr

Majidi Ghadikolaei, **Farhad**
*03.06.1976, 45 A, Mittelfeld/Stürmer
1999-00 12 2 Rapid Wien

Majnovićs, Martin
*26.10.2000, linker Außendecker
2019-20   3 0 SV Mattersburg
2020-21   5 0 SKN St. Pölten

Major, Sámuel
*09.01.2002, Mittelfeldspieler
2021-22   7 0 Admira/Wacker Mödling

Majoros, Sándor
Rechter Läufer
1961-62   1 0 First Vienna

Majstorović, Ivica
*20.09.1981, Mittelfeldspieler
2012-13 16 0 SV Mattersburg

Majstorović, Mario
*01.03.1977, linker Außendecker
2003-04   6 0 Grazer AK
2004-05 27 0 Grazer AK
2005-06 18 0 Grazer AK
2006-07 15 0 Grazer AK
2007-08 19 0 Austria Wien
2008-09 17 1 Austria Wien
2009-10 20 0 Kapfenberger SV

Makotschnig, Alfred
*06.07.1949, Stürmer
1968-69 27 5 WSV Donawitz
1971-72   7 0 DSV Alpine
1973-74 24 3 Linzer ASK
1974-75   7 0 Linzer ASK

Maksimenko, Vitālijs
*08.12.1990, 53 A, Innenverteidiger
2015-16 19 0 SV Mattersburg
2016-17 18 0 SV Mattersburg

Maksimović, Damian
*18.11.2004, Stürmer
2022-23   1 0 SC Rheindorf Altach
2023-24   1 0 SC Rheindorf Altach

Maksimović, Miroslav
*09.08.1950, Mittelfeldspieler
1972-73 15 2 SC Bregenz
1973-74 21 1 FC Vorarlberg

Maletić, Darko
*20.10.1980, 19 A, Mittelfeldspieler
2001-02 13 0 Rapid Wien

Malić, Nedeljko
*15.05.1988, Innenverteidiger
2007-08   3 0 SV Mattersburg
2008-09 18 1 SV Mattersburg
2009-10 34 1 SV Mattersburg
2010-11 34 0 SV Mattersburg
2011-12 31 1 SV Mattersburg
2012-13   9 0 SV Mattersburg
2015-16 29 2 SV Mattersburg
2016-17 25 0 SV Mattersburg
2017-18 28 3 SV Mattersburg
2018-19 21 3 SV Mattersburg
2019-20 15 1 SV Mattersburg

Malicsek, Lukas
*06.06.1999, Innenverteidiger
2016-17   1 0 Admira/Wacker Mödling
2017-18   5 0 Admira/Wacker Mödling
2018-19 11 0 Admira/Wacker Mödling
2020-21 20 0 Admira/Wacker Mödling
2021-22 30 0 Admira/Wacker Mödling

Malicsek, Philipp
*03.06.1997, Mittelfeldspieler
2014-15   9 0 Admira/Wacker Mödling
2015-16 18 2 Admira/Wacker Mödling
2016-17   9 2 Rapid Wien
2017-18   9 0 SKN St. Pölten
2018-19   3 0 Rapid Wien

Malik, Alfred
*05.03.1934, Mittelstürmer
1954-55 22 18 Austria Wien
1955-56 12 8 Austria Wien
1956-57   9 9 Austria Wien
1957-58   8 5 Austria Wien
1958-59 18 10 Austria Wien
1959-60   1 1 Austria Wien
1959-60 12 2 Kremser SC
1961-62 25 8 Kapfenberger SV
1963-64 16 4 Kapfenberger SV
1964-65 15 1 Kapfenberger SV

Malkoč, Mehmet
*10.12.1990, Mittelfeldspieler
2008-09   1 1 SC Rheindorf Altach

Mallaschitz, Kurt
*28.10.1958, Mittelfeldspieler
1977-78   4 0 Sturm Graz
1978-79   1 0 Sturm Graz

Malleg, Alois
Rechter Außendecker
1956-57   2 0 Grazer AK
1957-58 21 0 Grazer AK
1958-59 11 0 Grazer AK
1959-60   3 0 Grazer AK
1960-61   1 0 Grazer AK

Mally, Remo
*24.03.1991, Innenverteidiger
2011-12   1 0 Austria Wien
2013-14 17 0 SC Wiener Neustadt
2014-15 11 0 SC Wiener Neustadt

Mally, Werner
*07.07.1948, rechter Außendecker
1971-72 11 0 Sturm Graz

Malnowicz, Tadeusz
*19.10.1953, 1 A, Stürmer
1983-84 25 11 Linzer ASK
1984-85 23 5 Linzer ASK
1985-86 26 4 Linzer ASK

Malone, Maurice Maximilian
*17.08.2000, Mittelfeld/Stürmer
2022-23 26 8 Wolfsberger AC

Malura, Edmund (Eddy)
*24.06.1955, Mittelfeldspieler
1979-80   6 0 First Vienna

Mamedov, Ramiz
*21.08.1972, 10 A, linker Außendecker
2000-01 14 0 Sturm Graz

Mandahus, Ernst
*19.04.1944, Mittelfeldspieler
1963-64   2 0 First Vienna

Mandl, Franz
Rechter Halbstürmer
1957-58   1 0 Sturm Graz
1963-64 13 5 Kapfenberger SV
1964-65   1 0 Kapfenberger SV

Mandl, Peter
Torwächter
1973-74   1 0 Sturm Graz

Mandl, Thomas
*07.02.1979, 13 A, Torwächter
2001-02 19 0 Austria Wien
2002-03 35 0 Austria Wien
2003-04 11 0 Austria Wien
2003-04 16 0 Sturm Graz
2005-06 35 0 Admira/Wacker Mödling
2010-11 34 0 Linzer ASK

Mandler, Wolfgang
*08.06.1962, rechter Außendecker
1984-85 19 0 SV Spittal/Drau

Mandreko, Sergei Vladimirovich
*01.08.1971, 6 A, Mittelfeldspieler
1992-93 22 3 Rapid Wien
1993-94 21 2 Rapid Wien
1994-95 27 6 Rapid Wien
1995-96 18 0 Rapid Wien
1996-97 19 4 Rapid Wien
2003-04 29 0 SV Mattersburg
2004-05 18 0 SV Mattersburg

Mané, Sadio
*10.04.1992, 104 A, Stürmer
2012-13 26 16 RB Salzburg
2013-14 33 13 RB Salzburg
2014-15   4 2 RB Salzburg

Mann, Karl
Rechtsaußen
1953-54   1 0 Wiener AC

Manninger, Alexander
*04.06.1977, 34 A, Torwächter
1995-96   1 0 Austria Salzburg
1995-96   5 0 Vorwärts Steyr
1996-97 23 0 Grazer AK
2005-06 16 0 RB Salzburg

Mansberger, Jürgen
*13.01.1988, Mittelfeldspieler
2006-07   5 0 SV Mattersburg
2007-08   9 0 SV Mattersburg
2008-09   4 0 SV Mattersburg
2009-10   1 0 SV Mattersburg

Mansky, Walter
*1927, Linksaußen
1949-50 17 3 Slovan Wien
1951-52   2 0 Simmeringer SC

Mantl, Nico
*06.02.2000, Torwächter
2020-21   2 0 RB Salzburg
2021-22   3 0 RB Salzburg
2023-24   1 0 RB Salzburg

Manzoni, Simon
*28.03.1985, Torwächter
2014-15   1 0 Admira/Wacker Mödling

Mapeza, Norman
*12.04.1972, 92 A, Mittelfeldspieler
2000-01 10 0 SV Ried

Maradona Franco, **Hugo** Hernán
*09.05.1969, Mittelfeldspieler
1990-91   3 0 Rapid Wien

Maranda, Manuel
*09.07.1997, Innenverteidiger
2015-16   3 0 Admira/Wacker Mödling
2016-17 13 0 Admira/Wacker Mödling
2017-18   5 0 Admira/Wacker Mödling
2018-19 16 0 Wacker Innsbruck
2020-21 16 0 SKN St. Pölten
2023-24 31 3 Blau-Weiß Linz

Marangoni, Gerhard
*08.11.1930, Linker Halbstürmer/Linker Läufer
1956-57 23 3 Kremser SC
1957-58 22 9 Kremser SC
1958-59 23 3 Kremser SC
1959-60 13 0 Kremser SC

Marasek, Stefan
*04.01.1970, 11 A, Mittelfeldspieler
1987-88   2 0 VfB Union Mödling
1992-93 21 1 VfB Mödling
1993-94 34 1 Rapid Wien
1994-95 32 3 Rapid Wien
1995-96 33 2 Rapid Wien
1997-98 32 0 FC Tirol Innsbruck
1998-99 27 1 FC Tirol Innsbruck
1999-00 21 2 FC Tirol Innsbruck
2000-01 27 0 FC Tirol Innsbruck
2001-02 28 1 FC Tirol Innsbruck
2002-03 11 0 Austria Salzburg

Marcelino, José Alexandre
*18.09.1976, Mittelfeldspieler
1999-00 33 2 Austria Lustenau

Marcelo, Francisco
*26.06.1959, Stürmer
1979-80 10 2 Austria Wien
1983-84 27 8 Favoritner AC
1984-85 21 3 Favoritner AC

Marchart, Franz
*17.02.1933, Torwächter
1945-46   9 9 Ostbahn XI Wien (WL)
1950-51 24 0 SC Wiener Neustadt
1951-52   5 0 Sturm Graz
1952-53   2 0 VfB Union Mödling

Marchl, Wilfried
*04.01.1959, Außendecker
1979-80 28 0 Grazer AK
1980-81   4 0 Grazer AK
1982-83 30 1 Grazer AK
1983-84 15 1 Grazer AK
1984-85 19 1 Grazer AK
1985-86 22 0 Grazer AK
1986-87 15 2 Grazer AK

Marcinko, Horst
*09.01.1969, Torwächter
1990-91   5 0 Austria Salzburg

Marcos, Ronny
*01.10.1993, 1 A, linker Außendecker/Mittelfeld
2016-17 19 1 SV Ried

Marek, Johann
Innenstürmer
1952-53 10 1 Simmeringer SC
1953-54   2 0 Simmeringer SC
1960-61 25 0 Schwechater SC
1961-62   5 0 Schwechater SC

Maresch, Franz
*28.06.1972, Stürmer
1990-91   1 0 Austria Wien

Marešić, Dario
*29.09.1999, Innenverteidiger
2016-17   5 0 Sturm Graz
2017-18 34 1 Sturm Graz
2018-19 28 0 Sturm Graz
2019-20   1 0 Sturm Graz
2021-22   8 0 Linzer ASK

Margeirsson, Ragnar Ingi
*14.08.1962, 46 A, Stürmer
1989-90   6 1 Sturm Graz

Margreitter, Georg
*07.11.1988, Innenverteidiger
2007-08   8 0 Linzer ASK
2009-10 20 2 Linzer ASK
2010-11 27 1 Austria Wien
2011-12 29 1 Austria Wien

Marić, Luka
*19.07.2002, Torwächter
2023-24   2 0 Sturm Graz

Marić, Marijo
*12.01.1977, 8 A, Mittelstürmer
2001-02 23 12 FC Kärnten
2002-03 32 16 FC Kärnten
2003-04 27 5 FC Kärnten
2012-13   3 0 Austria Wien

Marić, Marko
*03.01.1996, Torwächter
2013-14   1 0 Rapid Wien
2014-15   7 0 Rapid Wien

Marić, Zvonko
*17.05.1957, Torwächter
1988-89   8 0 Austria Klagenfurt

Marics, Peter
*30.01.1954, Mittelfeldspieler
1975-76 21 0 Austria Klagenfurt

Marik, Heinz
*25.01.1940, Rechtsaußen
1962-63   1 0 First Vienna
1963-64 12 3 First Vienna
1964-65 15 6 First Vienna
1965-66 25 11 First Vienna
1966-67 19 9 First Vienna
1967-68 18 4 First Vienna
1969-70   8 1 Admira-Energie Wien

Marjanović, Đorđe
*02.12.1964, Stürmer
1985-86   4 0 Austria Wien

Markelić, Fabio
*09.08.2001, Mittelfeldspieler
2021-22   6 0 Austria Klagenfurt

Markes, Wolfgang
*03.09.1954, Stürmer
1973-74   9 0 Rapid Wien

Markl, Walter
Rechter Läufer
1954-55   1 0 FC Stadlau
1955-56   4 0 FC Stadlau
1956-57 22 0 FC Stadlau
1959-60 12 0 Wacker Wien

Marko, Erich
*27.01.1955, rechter Außendecker/Vorstopper
1975-76 23 0 Grazer AK
1976-77 20 0 Grazer AK
1977-78 36 1 Grazer AK
1978-79 36 0 Grazer AK
1979-80 11 0 Grazer AK
1980-81 22 1 Grazer AK
1981-82 27 0 Grazer AK
1982-83 21 0 Grazer AK
1983-84 20 0 Grazer AK
1984-85 27 0 Grazer AK
1985-86 32 0 Grazer AK
1986-87   5 0 Grazer AK

Marko, Josef
*07.06.1966, Mittelfeldspieler
1988-89   8 0 First Vienna

Marko, Rupert
*24.11.1963, 3 A, Stürmer
1982-83   8 1 Sturm Graz
1983-84 16 4 Sturm Graz
1984-85 19 4 Sturm Graz
1985-86 25 4 Sturm Graz
1986-87 33 12 Sturm Graz
1987-88 33 4 FC Tirol
1988-89 12 3 FC Tirol
1989-90   2 1 FC Tirol
1989-90 22 12 Austria Salzburg
1990-91   1 0 FC Tirol
1990-91   6 1 Austria Wien
1992-93 15 1 Sturm Graz

Markoutz, Ewald
*01.09.1960, Stürmer
1983-84   8 0 SV St. Veit

Marković, Dejan
*21.04.1975, Innenverteidiger
2000-01 20 2 Admira/Wacker Mödling
2001-02 26 1 Admira/Wacker Mödling
2002-03 30 5 Admira/Wacker Mödling
2003-04 23 1 Admira/Wacker Mödling

Marković, Vitomir
*24.08.1934, Stürmer
1965-66   6 1 Grazer AK

Marković, Vlatko
*01.01.1937, 16 A, Mittelläufer/Mittelstürmer
1966-67 25 19 Wiener Sportclub
1967-68   6 4 Austria Wien

Marquinho (Marco Antônio dos Santos)
*11.11.1996, Mittelfeldspieler
1993-94 11 3 Austria Salzburg
1995-96 10 0 Austria Salzburg

Marschalek, Karl
Rechter Außendecker
1948-49   9 0 SCR Hochstädt (WL)
1951-52   2 0 Wiener Sportclub
1951-52 13 1 Favortiner SK

Marschall, Olaf
*19.03.1966, 17 A, Mittelstürmer
1990-91 28 7 Admira/Wacker
1991-92 36 14 Admira/Wacker
1992-93 35 19 Admira/Wacker

Marschik, Günther
*28.12.1947, Mittelfeldspieler
1969-70   2 0 VÖEST Linz

Marte, Raul Peter
*23.03.2002, Mittelfeldspieler
2023-24   1 0 Austria Lustenau

Martel, Eric
*29.04.2002, Mittelfeldspieler
2020-21 18 1 Austria Wien
2021-22 30 2 Austria Wien

Martens, Jan-Pieter
*23.09.1974, Mittelfeldspieler
1997-98   5 1 Sturm Graz
1998-99 25 5 Sturm Graz
1999-00 27 4 Sturm Graz
2000-01   9 0 Sturm Graz
2001-02   8 0 Sturm Graz

Martí, Guillem Misut
*05.09.1985, Stürmer
2010-11 34 9 SV Ried
2011-12 21 3 SV Ried
2012-13   3 1 SV Ried

Martić, Manuel
*15.08.1995, Mittelfeldspieler
2016-17 23 2 SKN St. Pölten
2017-18 14 1 SKN St. Pölten
2018-19 15 0 Rapid Wien
2019-20   1 0 Rapid Wien

Martin, Bent
*19.02.1943, Torwächter
1970-71   9 0 Rapid Wien

Martin, Jürgen
*01.02.1949, Stürmer
1971-72 12 1 Linzer ASK

Martin, Michael
*10.07.2000, Mittelfeldspieler
2022-23 28 0 SV Ried

Martínez Piriz, Alberto Ariel
*30.07.1950, Mittelfeldspieler
1972-73 13 1 Austria Wien
1973-74 29 11 Austria/WAC
1974-75 32 5 Austria/WAC
1975-76 17 2 Austria/WAC
1976-77 35 3 Austria/WAC
1977-78 19 5 Austria Wien
1978-79 36 20 Wiener Sportclub
1979-80 18 5 VOEST Linz
1979-80 18 2 Wiener Sportclub
1980-81 34 6 Wiener Sportclub
1981-82 31 14 Wiener Sportclub
1983-84 28 9 Favoritner AC
1984-85 29 3 Favoritner AC

Martínez, Sebastián
*04.12.1977, 2 A, Mittelfeldspieler
2003-04 33 2 Rapid Wien
2004-05 35 8 Rapid Wien
2005-06 32 3 Rapid Wien
2006-07 34 8 SV Ried
2007-08 14 0 SV Ried
2009-10   3 0 SC Wiener Neustadt

Martins Santos da Graça, **Marvin**
*17.02.1995, 34 A, rechter Außendecker
2021-22 14 0 Austria Wien
2022-23 30 1 Austria Wien
2023-24 20 0 Austria Wien

Martinschitz, Leo
*18.06.1957, Torwächter
1980-81 35 0 SC Eisenstadt
1982-83 16 0 SC Eisenstadt
1983-84 29 0 SC Eisenstadt
1984-85 30 0 SC Eisenstadt
1985-86 22 0 SC Eisenstadt
1986-87 20 0 SC Eisenstadt
1987-88 20 0 VOEST Linz

Martschinko, Christoph
*13.02.1994, Außendecker
2012-13 26 0 SC Wiener Neustadt
2013-14 18 2 SC Wiener Neustadt
2013-14 12 0 SV Grödig
2014-15 34 1 SV Grödig
2015-16 33 0 Austria Wien
2016-17 23 1 Austria Wien
2017-18   8 0 Austria Wien
2018-19 10 0 Austria Wien
2019-20 13 0 Austria Wien
2020-21   1 0 Austria Wien

Marzi, Hannes
*13.11.1959, Stürmer
1982-83 22 5 SC Eisenstadt
1983-84 18 2 SC Eisenstadt
1985-86 20 3 SC Eisenstadt
1986-87 12 1 SC Eisenstadt

Masak, Günther
*15.11.1942, Vorstopper
1964-65   1   0   Wacker Innsbruck
1967-68   8   0   WSG Radenthein
1970-71 23   0   WSG Radenthein

Mašek, Jiří
*05.10.1978, Stürmer
2006-07 32   3   Wacker Tirol

Masný, Marián
*13.08.1950, 75 A, Stürmer
1982-83   9   0   SC Neusiedl am See

Masný, Vojtech
*08.07.1938, 9 A, Stürmer
1969-70 28   5   First Vienna
1970-71 30 20   First Vienna
1971-72 28   2   First Vienna

Masudi Ekakanga, Alain
*12.02.1978, 12 A, Mittelfeldspieler
2001-02 20   4   Sturm Graz
2002-03 26   6   Sturm Graz
2003-04   3   0   Sturm Graz

Masztaler, Bohdan Mieczysław
*19.09.1943, 22 A, Mittelfeld/Libero
1981-82 34   0   Wiener Sportclub
1982-83 28   1   Wiener Sportclub
1983-84 22   3   Wiener Sportclub

Matejić, Miodrag
*25.10.1950, Stürmer
1983-84 11   0   Favoritner AC

Matejovsky, Kurt
Torwächter
1957-58   1   0   Wiener AC

Mathesz, Imre
*25.03.1937, 12 A, Rechter Halbstürmer
1957-58   5   2   Austria Wien

Matić, Uroš
*23.05.1990, Mittelfeldspieler
2016-17 20   3   Sturm Graz
2018-19 31   5   Austria Wien

Matousek, Franz
*16.07.1947, Mittelfeldspieler
1966-67   8   3   Wiener Sportclub
1967-68   7   1   Wiener Sportclub
1968-69   1   0   Wiener Sportclub
1972-73   2   0   Wiener Sportclub

Matschek, Ludwig
Torwächter
1951-52 25   0   Kapfenberger SV
1954-55 18   0   Kapfenberger SV
1955-56 18   0   Kapfenberger SV
1956-57   8   0   Kapfenberger SV

Matteucci, Carlo
*14.12.1927, Rechtsaußen
1958-59 11   1   First Vienna
1958-59   3   0   Austria Wien

Mattle, Oliver
*31.10.1978, Mittelfeld/Stürmer
1999-00   1   0   Schwarz-Weiß Bregenz
2000-01   8   1   Schwarz-Weiß Bregenz
2001-02 25   3   Schwarz-Weiß Bregenz
2002-03 26   1   Schwarz-Weiß Bregenz
2006-07 17   3   SC Rheindorf Altach
2007-08 27   3   SC Rheindorf Altach
2008-09 14   1   SC Rheindorf Altach

Mátyus, János
*20.12.1974, 34 A, linker Außendecker
2003-04 28   1   Admira/Wacker Mödling
2004-05 21   3   Admira/Wacker Mödling

Maugsch, Erich
Linksaußen
1952-53   6   2   VfB Union Mödling

Maul, Herbert
*14.10.1964, Libero/Mittelfeld
1984-85   5   0   Admira/Wacker
1985-86 18   0   Admira/Wacker
1986-87   9   0   Admira/Wacker
1988-89 25   0   VSE St. Pölten
1989-90 27   0   VSE St. Pölten
1990-91 17   0   VSE St. Pölten
1991-92 20   1   VSE St. Pölten
1992-93 28   1   VSE St. Pölten
1993-94 30   2   VSE St. Pölten

Maurer, Helmut
*07.11.1945, 1 A, Torwächter
1973-74 32   0   Simmeringer SC
1974-75 29   0   Rapid Wien
1975-76   8   0   Rapid Wien

Maurovich, Josef
Außenläufer
1963-64   5   0   Wiener Sportclub

Mavrič, Matej
*29.01.1979, 37 A, Innenverteidiger
2010-11 32   4   Kapfenberger SV
2011-12 10   0   Kapfenberger SV

Mayer, Anton
*18.04.1920, Torwächter
1937-38   1   0   Rapid Wien (NL)
1938-39   3   0   Rapid Wien (GL)
1939-40   3   0   Rapid Wien (BK)
1947-48 10   0   FC Wien (WL)
1948-49 18   0   FC Wien (WL)
1949-50 21   0   FC Wien
1950-51 16   0   FC Wien
1951-52 17   0   FC Wien

Mayer, Franz
*1949, Außenstürmer
1973-74 14   0   WSG Radenthein/VSV

Mayer, Herbert
*15.05.1931, Torwächter
1957-58 25   0   ÖMV Olympia Wien
1958-59 13   0   Wacker Wien
1959-60 18   0   Wacker Wien
1960-61   5   0   Wacker Wien
1962-63 25   0   Schwechater SC
1963-64 11   0   Schwechater SC
1964-65 10   0   Schwechater SC
1965-66 20   0   Schwechater SC

Mayer, Hubert
Innenstürmer/Rechter Läufer
1952-53   8   0   Grazer SC

Mayer, Jonas
*29.06.2004, Mittelfeldspieler
2022-23   1   0   SV Ried

Mayer, Karl
*28.09.1929, linker Außendecker/Linker Läufer
1946-47   6   4   Admira Wien (WL)
1947-48   3   1   Admira Wien (WL)
1948-49   5   0   Admira Wien (WL)
1949-50 15   0   Admira Wien
1950-51 21   0   Admira Wien
1951-52 21   0   Admira Wien
1952-53 11   0   Admira Wien
1953-54 17   1   Admira Wien
1954-55 14   0   Admira Wien
1955-56   7   2   Admira Wien

Mayer, Patrick
*11.08.1986, Mittelfeldspieler
2006-07   5   0   SC Rheindorf Altach
2007-08 28   0   SC Rheindorf Altach
2008-09 11   1   SC Rheindorf Altach

Mayer, Robert
*04.11.1965, Manndecker
1974-75   1   0   SC Eisenstadt
1984-85   3   0   Wiener Sportclub
1988-89 17   0   Wiener Sportclub
1991-92 21   1   First Vienna

Mayerhofer, Jürgen
*05.08.1976, Torwächter
1994-95   1   0   FC Linz

Mayerhofer, Leopold
*30.10.1961, Stürmer
1980-81   1   0   SC Eisenstadt

Mayerhofer, Rudolf
Mittelläufer
1957-58   1   0   FC Wien

Mayr, Gert
Torwächter
1963-64 16   0   FC Dornbirn

Mayr, Karl-Heinz
*21.08.1957, linker Außendecker
1982-83   5   0   Wattens-Wacker Innsbruck

Mayr-Fälten, Luca David
*06.04.1996, Stürmer
2014-15   1   0   SV Ried

Mayrleb, Christian
*08.06.1972, 29 A, Stürmer
1994-95 34   7   Admira/Wacker
1995-96 32   8   Admira/Wacker
1996-97 33   7   FC Tirol Innsbruck
1997-98 20 10   FC Tirol Innsbruck
1998-99 35 16   Austria Wien
1999-00 34 21   Austria Wien
2000-01 35 16   Austria Wien
2001-02 28 12   Austria Wien
2002-03   2   0   Austria Wien
2002-03   9   2   SV Pasching
2003-04 32 15   SV Pasching
2004-05 34 21   FC Pasching
2005-06 28   7   RB Salzburg
2006-07 30 11   FC Pasching
2007-08 25 11   Linzer ASK
2008-09 34 10   Linzer ASK
2009-10 32 10   Linzer ASK
2010-11 17   2   Linzer ASK

Mayulu Mayulu, **Fally** N'Dofunsu
*15.07.2002, Stürmer
2023-24 28   6   Rapid Wien

M'Bock, Joseph Patrice
*20.04.1983, linker Außendecker
2005-06 11   0   FC Pasching
2006-07   5   0   FC Pasching

McKop, Henry George
*08.07.1967, 30 A, Innenverteidiger
1995-96   2   0   Vorwärts Steyr

Medanhodžić, Ahmet
*04.12.1950, Torwächter
1969-70   1   0   Austria Klagenfurt

Medford Bryan, **Hernán** Evaristo
*23.05.1968, 89 A, Stürmer
1990-91 12   4   Rapid Wien

Medjedović, Admir
*25.09.1985, Stürmer
2009-10   4   0   Austria Kärnten

Medjedović, Mirza
Linker Außendecker
1964-65   4   0   Wacker Wien

Medle, Ivan
*10.02.1932, 1 A, Mittelstürmer
1964-65 16   9   Sturm Graz

Medveth, Erich
*23.09.1931, Linker Halbstürmer/Rechter Läufer
1949-50   6   0   First Vienna
1950-51   7   0   First Vienna
1952-53 14   0   First Vienna
1953-54 25   3   First Vienna
1954-55   9   0   First Vienna
1955-56   3   0   First Vienna
1956-57 18   9   Simmeringer SC
1957-58 24   8   Simmeringer SC
1958-59 26   5   Simmeringer SC
1959-60 20   1   Austria Wien
1960-61 23   1   Austria Wien
1961-62   4   0   Simmeringer SC

Medveth, Walter
Mittelstürmer
1958-59   5   3   First Vienna
1959-60   2   0   First Vienna
1960-61   1   0   First Vienna
1960-61   2   0   Simmeringer SC
1961-62   2   1   Simmeringer SC
1962-63   4   0   Simmeringer SC

Medvid, Michal
*01.05.1940, 2 A, Mittelfeldspieler
1969-70 22   1   Linzer ASK
1970-71 20   9   Linzer ASK
1971-72 22   4   Linzer ASK

Medwed, Friedrich
Rechter Außendecker
1950-51   1   0   SC Wiener Neustadt

Mehlem, Michael
*01.05.1977, Mittelfeldspieler
1997-98   1   0   Linzer ASK
1998-99 16   0   Linzer ASK
1999-00 32   0   Linzer ASK
2000-01 24   0   LASK Linz
2001-02 30   0   Schwarz-Weiß Bregenz
2002-03 15   0   Schwarz-Weiß Bregenz
2006-07   2   0   SV Ried

Mehmedović, Damir
*11.12.1997, Mittelfeldspieler
2017-18 15   0   SKN St. Pölten

Mehremić, Adi
*26.04.1992, Innenverteidiger
2016-17 13   0   SKN St. Pölten
2017-18   1   0   SKN St. Pölten

Meier, Friedrich (Fritz)
Mittelfeld/Libero
1971-72   5   0   Wiener Sportclub

Meier, Peter
*17.03.1945, 1 A, Stürmer
1967-68   4   0   Schwarz-Weiß Bregenz
1968-69 16   0   Schwarz-Weiß Bregenz

Meierhofer, Jakob
*06.11.1997, Torwächter
2020-21   1   0   Admira/Wacker Mödling

Meierhofer, Johann
*01.01.1921, Linksaußen
1938-39   5   4   Admira Wien (GL)
1939-40   9   0   Admira Wien (BK)
1940-41   1   0   Admira Wien (BK)
1941-42 10   2   Admira Wien (BK)
1942-43   5   0   Admira Wien (BK)
1946-47 20   4   Admira Wien (WL)
1947-48 12   0   Admira Wien (WL)
1948-49 10   1   Admira Wien (WL)
1949-50   1   0   Admira Wien
1950-51   4   0   Elektra Wien

Meilinger, Marco
*03.08.1991, Mittelfeldspieler
2011-12 27   2   SV Ried
2012-13 35   6   SV Ried
2013-14 18   0   RB Salzburg
2014-15 30   1   Austria Wien
2015-16 18   1   Austria Wien
2017-18 11   1   SC Rheindorf Altach
2018-19 19   2   SC Rheindorf Altach
2019-20 13   0   SC Rheindorf Altach
2020-21 23   1   SC Rheindorf Altach
2021-22 10   1   SC Rheindorf Altach

Meischl, Franz
*22.01.1949, Mittelfeldspieler
1970-71 14   0   Wiener Sportclub
1971-72   5   0   Wiener Sportclub
1972-73   8   0   Wiener Sportclub

Meisl, Luca Emanuel
*04.03.1999, Innenverteidiger
2017-18   1   0   RB Salzburg
2018-19 22   1   SKN St. Pölten
2019-20 17   0   SKN St. Pölten
2020-21 25   0   SV Ried
2021-22 22   1   SV Ried
2023-24   8   0   Austria Lustenau

Meisl, Herbert
Innenstürmer
1958-59   3   0   ÖMV Olympia Wien

Meisl, Matteo
*27.12.2000, Innenverteidiger
2022-23 16   0   Austria Wien
2023-24 17   0   Austria Wien

Meissner, Rudolf
Linksaußen
1966-67   1   0   First Vienna

Meister, Karl
*24.02.1958, Mittelfeldspieler
1981-82 34   0   Linzer ASK
1982-83 23   1   Linzer ASK
1983-84 26   0   Linzer ASK
1984-85 27   3   Linzer ASK
1985-86 24   1   Linzer ASK
1986-87 29   0   Linzer ASK
1987-88 11   0   Linzer ASK
1988-89 17   0   Linzer ASK
1989-90   7   0   Kremser SC

Meister, Nicolas
*28.09.1999, Stürmer
2019-20 10   0   SKN St. Pölten
2020-21 12   2   SKN St. Pölten

Meister, Peter
*12.06.1954, Mittelfeldspieler
1972-73 18   1   First Vienna
1973-74 23   4   First Vienna
1976-77 34   6   First Vienna
1977-78 33   2   First Vienna
1978-79   6   1   First Vienna
1979-80 23   3   First Vienna

Meixner, Egon
*16.07.1965, Mittelfeldspieler
1991-92   9   0   Sturm Graz

Meixner, Franz
*03.11.1953, Mittelfeldspieler
1972-73   2   0   Austria Salzburg
1974-75 15   0   Austria Salzburg
1975-76   6   0   Austria Salzburg
1976-77   2   0   Austria Salzburg

Meixner, Hannes
*01.02.1958, Stürmer
1982-83   7   0   SC Neusiedl am See

Mekis, Heribert
Rechter Läufer/Rechter Halbstürmer
1952-53 17   0   Grazer SC

Melcher, Alexander
*28.12.1955, Mittelfeldspieler
1975-76   1   0   Austria Klagenfurt

Melchior, Ernst (Ernstl)
*26.06.1920, 36 A, Rechtsaußen
1946-47 18 11   Austria Wien (WL)
1947-48 18 19   Austria Wien (WL)
1948-49 18 16   Austria Wien (WL)
1949-50 24 21   Austria Wien
1950-51 24 15   Austria Wien
1951-52 25 16   Austria Wien
1952-53 18 12   Austria Wien
1954-55 13 10   Austria Wien

Melchior, Otto
*21.06.1922, rechter Läufer/Mittelläufer
1942-43   2   0   Sturm Graz (BK)
1946-47 16   0   Austria Wien (WL)
1947-48 18   0   Austria Wien (WL)
1948-49 12   0   Austria Wien (WL)
1949-50 21   0   Austria Wien
1950-51 24   0   Austria Wien
1951-52 13   0   Austria Wien
1952-53 10   0   Austria Wien
1953-54 21   0   Austria Wien
1954-55 13   0   Austria Wien
1955-56   7   0   Austria Wien
1956-57 26   0   Wiener AC
1957-58 26   0   Wiener AC

Melchior, Peter
*16.08.1965, Torwächter
1983-84   1   0   Austria Klagenfurt

Memić, Almir
*01.03.1962, Stürmer
1999-00   5   0   Linzer ASK
2000-01   7   0   LASK Linz

Menasse, Johann (Hans)
*05.03.1930, 2 A, Rechtsaußen
1950-51   9   8   First Vienna
1951-52 23   7   First Vienna
1952-53 21 15   First Vienna
1953-54 24 14   First Vienna
1954-55 18   7   First Vienna
1955-56   6   0   First Vienna
1956-57   8   4   First Vienna
1957-58   0   0   First Vienna
1958-59 10   3   Austria Wien

Mendes da Silva Gonçalves, **Davide** Miquel
*04.08.1982, 7 A, Mittelfeld/Innenverteidiger
2010-11 21 3 RB Salzburg
2011-12 16 1 RB Salzburg
2012-13   6 0 RB Salzburg

Mendez, Gabriel Antonio
*08.05.1988, Mittelfeldspieler
1995-96 12 0 Admira/Wacker

Menig, Fabian Paul
*26.02.1994, rechter Außendecker
2019-20 16 0 Admira/Wacker Mödling

Mensah, Gideon
*18.07.1998, 2 A, linker Außendecker
2018-19 13 0 Sturm Graz

Mensah, Paul
*13.10.1999, Stürmer
2023-24 31 2 Blau-Weiß Linz

Mensens, Franz
Rechter Läufer/Rechter Halbstürmer
1953-54 26 1 Wiener AC
1956-57   9 2 Wiener AC
1957-58   4 3 Wiener AC

Menzel, Helmut
*26.06.1935, Mittelfeldspieler
1967-68   1 0 Grazer AK
1968-69 12 0 Grazer AK
1969-70   1 0 Grazer AK

Menzel, Peter
*23.11.1950, Torwächter
1972-73 15 0 Austria Wien

Menzel, Phillip
*18.08.1998, Torwächter
2021-22 28 0 Austria Klagenfurt
2022-23 30 0 Austria Klagenfurt
2023-24 31 0 Austria Klagenfurt

Merino Gonzales, Carlos
*15.03.1980, Mittelfeldspieler
2010-11 14 3 Wacker Innsbruck
2011-12 30 5 Wacker Innsbruck
2012-13 25 0 Wacker Innsbruck

Merkel, Alexander
*22.02.1992, 3 A, Mittelfeldspieler
2017-18 15 1 Admira/Wacker Mödling

Merkel, Maximilian (Max)
*07.12.1918, 2 A, rechter Außendecker
1936-37   1 0 Rapid Wien (WL)
1937-38   0 0 Wiener Sportclub (NL)
1938-39   4 0 Wiener Sportclub (GL)
1939-40   7 2 Wiener Sportclub (BK)
1940-41 12 0 Wiener Sportclub (BK)
1941-42 13 4 Wiener Sportclub (BK)
1942-43   1 0 Wiener Sportclub (BK)
1943-44   1 0 Wiener Sportclub (OK)
1945-46 18 5 Wiener Sportclub (WL)
1946-47 11 1 Rapid Wien (WL)
1947-48   9 1 Rapid Wien (WL)
1948-49 16 1 Rapid Wien (WL)
1949-50 24 1 Rapid Wien
1950-51 24 1 Rapid Wien
1951-52 24 2 Rapid Wien
1952-53 25 0 Rapid Wien
1953-54 12 0 Rapid Wien

Mertel, Manfred
*25.08.1954, Mittelfeld/Libero
1975-76 10 0 Grazer AK
1976-77 29 1 Grazer AK
1977-78 29 2 Grazer AK
1978-79 34 6 Grazer AK
1979-80 23 1 VOEST Linz
1980-81 31 1 VOEST Linz
1981-82 19 4 Austria Salzburg
1982-83 26 2 VOEST Linz
1983-84 27 0 SV St. Veit
1984-85 12 0 VOEST Linz

Merz, Erwin
*15.05.1925, linker Läufer/Mittelläufer
1954-55 22 0 Schwarz-Weiß Bregenz

Merz, Gebhardt
*18.12.1948, Mittelfeldspieler
1970-71 15 1 WSG Wattens
1971-72   1 0 DSV Alpine

Mesar, Vladimir
*18.09.1948, Vorstopper
1976-77   6 0 Linzer ASK

Messarosch, Bruno
*09.03.1934, Mittelstürmer
1952-53   1 1 Rapid Wien
1953-54   5 6 Rapid Wien
1954-55   8 7 Rapid Wien
1955-56   7 5 Rapid Wien
1956-57   9 7 Rapid Wien
1957-58   4 3 Rapid Wien
1958-59 17 2 Admira Wien
1959-60 19 3 Admira-Energie Wien

Messerer, Christoph
*10.11.2001, Mittelfeldspieler
2019-20 11 1 SKN St. Pölten

Messlender, Gerald
*01.10.1961, 14 A, Vorstopper
1979-80   4 0 Admira/Wacker
1980-81 10 2 Admira/Wacker
1981-82 26 1 Admira/Wacker
1982-83 21 3 Admira/Wacker
1983-84 25 3 Admira/Wacker
1984-85 26 4 Admira/Wacker
1985-86 30 1 Admira/Wacker
1986-87 24 3 Wattens-Wacker Innsbruck
1987-88 10 3 FC Tirol
1991-92 31 4 Admira/Wacker
1992-93 18 1 Admira/Wacker

Messner, Kurt
*16.10.1945, linker Außendecker
1967-68 26 1 WSG Radenthein
1970-71 29 0 WSG Radenthein
1972-73 27 0 Austria Klagenfurt
1973-74 30 0 WSG Radenthein/VSV

Messner, Gernot
*10.10.1980, Mittelfeldspieler
2002-03 18 0 Austria Salzburg
2004-05   1 0 Austria Salzburg
2012-13   4 0 Wolfsberger AC

Meszaros, Josef
*20.10.1920, Rechter Halbstürmer
1942-43   6 3 Sturm Graz (BK)
1952-53 12 5 Grazer SC
1955-56   9 2 Sturm Graz

Metlitskiy, Alyaksandr Ivanovich
*22.04.1964, 9 A, Mittelfeldspieler
1991-92 34   4 Rapid Wien
1992-93 24   6 Rapid Wien
1994-95 31   6 Linzer ASK
1995-96 32   5 Linzer ASK
1996-97 29   1 Linzer ASK
1997-98   6   0 Linzer ASK
1998-99 27   3 Vorwärts Steyr
2002-03 29   1 SV Pasching

Metu, Emilian
*18.04.2003, Mittelfeldspieler
2020-21   3   0 SKN St. Pölten
2022-23   1   0 Austria Klagenfurt

Metz, Eduard
Mittelläufer
1958-59   3   0 ÖMV Olympia Wien

Metz, Florian
*18.09.1985, Mittelfeldspieler
2004-05 10   0 Austria Wien
2005-06 12   0 Austria Wien
2006-07 17   0 Austria Wien
2007-08 22   0 Austria Wien
2008-09   7   0 Austria Wien
2009-10 29   3 Linzer ASK
2010-11 15   0 Linzer ASK

Metzger, Sebastian
*01.07.1935, Mittelläufer
1961-62 24   1 Salzburger AK
1963-64 26   0 FC Dornbirn

Metzler, Dietmar
*19.01.1963, Stürmer
1982-83 25   5 Wiener Sportclub
1991-92 36 11 FC Stahl Linz
1992-93 13   1 FC Stahl Linz

Metzler, Helmut
*05.03.1945, 6 A, Stürmer
1965-66 21   9 Wiener Sportclub
1966-67 22   6 Schwarz-Weiß Bregenz
1967-68 20   5 Schwarz-Weiß Bregenz
1968-69 28   5 Schwarz-Weiß Bregenz
1972-73 13   4 SC Bregenz
1973-74 13   3 FC Vorarlberg
1973-74 11   0 Wattens-Wacker Innsbruck
1974-75 25   6 Wattens-Wacker Innsbruck
1975-76 22   5 Wattens-Wacker Innsbruck

Meusburger, Franz Xaver
*09.11.1956, Vorstopper/Mittelfeld
1980-81 16   2 Austria Salzburg
1984-85   9   2 DSV Alpine
1985-86 10   1 DSV Alpine

Meusburger, Stefan
*28.10.1993, Innenverteidiger
2018-19 20   1 Wacker Innsbruck

Mevoungou, Patrick
*15.02.1986, 2 A, Mittelfeldspieler
2010-11 12   0 Sturm Graz
2011-12 15   1 Admira/Wacker Mödling
2012-13 13   0 Admira/Wacker Mödling

Meyer, Adolf
*03.04.1958, Stürmer
1977-78 14   0 First Vienna
1978-79   9   0 Wiener Sportclub
1979-80   4   0 Wiener Sportclub

Meyer, Rémo
*12.11.1980, 5 A, Mittelfeld/Innenverteidiger
2006-07 24   1 RB Salzburg
2007-08 11   1 RB Salzburg
2008-09 10   0 RB Salzburg

Meyssen, Harold
*24.07.1971, Mittelfeldspieler
1999-00 13   1 Austria Salzburg

Michael, Kingsley Dogo
*26.08.1999, 1 A, Mittelfeldspieler
2022-23 13   0 SV Ried

Michalík, Rastislav
*14.01.1974, 20 A, Mittelfeldspieler
2005-06 20   1 SV Ried
2006-07   9   0 SV Ried

Michetschläger, Thomas
*21.12.1966, Mittelfeldspieler
1984-85   1   0 Admira/Wacker
1985-86   8   0 Admira/Wacker
1988-89 25   0 VSE St. Pölten
1991-92   7   0 Kremser SC

Micheu, Robert
*08.07.1975, Mittelfeldspieler
1994-95 22   0 Linzer ASK
2000-01 26   1 Admira/Wacker Mödling
2001-02 30   0 Admira/Wacker Mödling
2002-03   5   0 Admira/Wacker Mödling

Michl, Andreas
*29.01.1980, Torwächter
2001-02 12   0 SV Ried
2002-03   3   0 SV Ried
2005-06   3   0 SV Ried
2007-08 15   0 SC Rheindorf Altach
2008-09 14   0 SC Rheindorf Altach

Michlmayr, Alexander
*11.04.2003, Stürmer
2021-22   1   0 Linzer ASK

Michorl, Josef
*01.07.1966, Mittelfeldspieler
1985-86   6   0 SC Eisenstadt
1986-87 10   0 Admira/Wacker
1987-88   1   0 Admira/Wacker

Michorl, Peter
*09.05.1995, Mittelfeldspieler
2017-18 34   9 Linzer ASK
2018-19 31   3 Linzer ASK
2019-20 30   5 Linzer ASK
2020-21 31   3 Linzer ASK
2021-22 28   4 Linzer ASK
2022-23 28   0 Linzer ASK
2023-24 11   0 Linzer ASK

Mićić, Danijel
*18.10.1988, Mittelfeldspieler
2011-12 14   1 Kapfenberger SV
2013-14   7   1 Wolfsberger AC

Miesbauer, Franz
*22.09.1959, Manndecker/Libero
1989-90 21   0 Kremser SC
1990-91 17   2 Kremser SC

Miesenböck, Fabian
*07.07.1993, Mittelfeldspieler
2019-20 16   1 SV Mattersburg
2021-22   5   0 Austria Klagenfurt
2022-23 10   0 Austria Klagenfurt

Miesenböck, Herbert
Außenläufer/Innenstürmer
1962-63   1   0 Austria Klagenfurt

Mihajlović, Trifun
*10.03.1947, Stürmer
1977-78   6   0 Rapid Wien

Mijatović, Mario
*24.10.1980, Stürmer
2007-08 30 8 Linzer ASK
2008-09 24 3 Linzer ASK

Mikić, Leo
*06.05.1997, Mittelfeldspieler
2021-22 29 5 SV Ried
2022-23 27 2 SV Ried
2023-24   8 1 Austria Lustenau

Miklau, Ernst
Mittelstürmer
1962-63   1 0 Austria Klagenfurt

Miklau, Felix
*05.07.1944, rechter Außendecker
1962-63   1 0 Austria Klagenfurt

Miklau, Helmut
Linksaußen
1974-75   1 0 Austria Klagenfurt

Mikolasch, Leopold
*17.10.1920, 8 A, linker Außendecker
1937-38   2 0 SC Ostmark Wien (NL)
1937-38   5 0 Simmeringer SC (NL)
1938-39   5 0 Austria Wien (GL)
1939-40 10 0 Austria Wien (BK)
1940-41   9 0 Austria Wien (BK)
1941-42   4 0 Austria Wien (BK)
1942-43   4 0 Austria Wien (BK)
1943-44   3 0 Austria Wien (OK)
1945-46 21 1 Austria Wien (WL)
1946-47 20 0 Austria Wien (WL)
1947-48 17 0 Austria Wien (WL)
1948-49 12 0 Austria Wien (WL)
1949-50   4 0 Austria Wien
1949-50   5 1 SV Gloggnitz

Miksch, Ernst
*1924, Torwächter
1948-49   1 0 SCR Hochstädt (WL)
1949-50   3 0 Wacker Wien
1949-50   5 0 Slovan Wien

Mikscha, Franz
*13.06.1935, Torwächter
1956-57 10 0 Sturm Graz
1957-58 17 0 Sturm Graz
1964-65   1 0 Sturm Graz
1966-67 23 0 Sturm Graz
1967-68 12 0 Sturm Graz

Miksits, Michael Erich
*25.09.1981, Stürmer
2003-04   1 0 SV Mattersburg

Mikuš, Matúš
*08.07.1991, Stürmer
2012-13   2 0 Admira/Wacker Mödling
2013-14   2 0 Admira/Wacker Mödling

Mila, Sebastian Stefan
*10.07.1982, 38 A, Mittelfeldspieler
2004-05 13 0 Austria Wien
2005-06 13 2 Austria Wien
2006-07 10 1 Austria Wien

Milanič, Darko
*18.12.1967, 47 A, Innenverteidiger
1993-94 33 1 Sturm Graz
1994-95 30 1 Sturm Graz
1995-96 30 3 Sturm Graz
1996-97 19 1 Sturm Graz
1997-98 26 0 Sturm Graz
1998-99 29 1 Sturm Graz
1999-00 19 0 Sturm Graz
2000-01   3 0 Sturm Graz

Milanović, Branko
*28.02.1938, Linksaußen
1960-61   7 1 Rapid Wien
1961-62   7 1 Rapid Wien
1963-64 16 3 Rapid Wien
1964-65 11 1 Rapid Wien
1965-66   6 1 Rapid Wien

Milanovich, Ferdinand
*05.08.1946, Mittelfeldspieler
1968-69 23 1 Wacker Wien
1969-70 27 1 VÖEST Linz
1970-71 24 2 VÖEST Linz
1971-72 27 6 VÖEST Linz
1972-73 30 8 VÖEST Linz
1973-74 32 0 VÖEST Linz
1974-75 20 3 VÖEST Linz
1975-76 26 1 VÖEST Linz
1976-77 10 0 VÖEST Linz

Milczarski, Andrzej Jan
*03.02.1955, 1 A, Stürmer
1984-85   3 0 Wiener Sportclub

Miletich, Erich
Mittelfeldspieler
1968-69   4 0 Admira-Energie Wien
1969-70   7 1 Admira-Energie Wien

Miļevskis, Jevgeņijs
1989-90 22 7 Austria Wien
1990-91 27 8 Austria Wien
1991-92 34 3 VSE St. Pölten
1992-93 33 6 VSE St. Pölten
1993-94 26 4 VSE St. Pölten

Milinković, Nikola
*19.03.1968, Mittelfeldspieler
2001-02 25 4 Grazer AK
2002-03 23 6 Grazer AK
2003-04 15 0 Grazer AK

Milinović, Damir
*15.10.1972, 4 A, Innenverteidiger
2004-05 10 0 Austria Salzburg

Milinović, Željko
*12.10.1969, 38 A, Libero
1998-99 34 4 Linzer ASK
1999-00 32 2 Linzer ASK
2000-01 19 1 Grazer AK

Milojević, Daniel
*08.05.1984, Mittelfeldspieler
2005-06   9 0 FC Pasching
2006-07 12 0 FC Pasching

Milošević, Miroslav
*18.091985, Innenverteidiger/Rechter Außendecker
2008-09 13 0 Kapfenberger SV
2013-14 19 0 Wacker Innsbruck

Milovanović, Misel
*18.11.1971, Stürmer
1996-97 10 1 Austria Wien

Mimm, Dennis
*18.03.1983, Mittelfeldspieler
2004-05 32 2 Wacker Tirol
2005-06 31 1 Wacker Tirol
2006-07 34 2 Wacker Tirol
2007-08 33 2 Wacker Innsbruck
2008-09 27 0 SC Rheindorf Altach
2012-13 31 2 SC Wiener Neustadt
2013-14 31 3 SC Wiener Neustadt
2014-15 12 0 SC Wiener Neustadt

Minarik, Ernst
*02.09.1929, Außendecker
1953-54   7   2   Austria Salzburg
1955-56   6   0   Austria Salzburg
1956-57 21   0   Austria Salzburg

Minamino, Takumi
*16.01.1995, 55 A, Mittelfeld/Stürmer
2014-15 14   3   RB Salzburg
2015-16 32 10   RB Salzburg
2016-17 21 11   RB Salzburg
2017-18 28   7   RB Salzburg
2018-19 27   6   RB Salzburg
2019-20 14   5   RB Salzburg

Minavand, Mehrdad
*30.11.1975, 68 A, Mittelfeldspieler
1998-99 17   0   Sturm Graz
1999-00 23   0   Sturm Graz
2000-01 27   1   Sturm Graz

Miranda Córdova, **Sebastián** Miguel
*26.08.1980, Außendecker
2005-06   4   0   RB Salzburg

Mirnegg, Heinz-Dieter (Didi)
*24.05.1954, 15 A, linker Außendecker/Libero
1972-73 20   0   Austria Klagenfurt
1973-74 18   1   Austria Klagenfurt
1974-75 31   0   Austria Klagenfurt
1975-76 24   0   VÖEST Linz
1976-77 27   0   VÖEST Linz
1977-78 33   0   VÖEST Linz
1978-79 31   0   VOEST Linz
1982-83 13   3   Union Wels
1983-84 14   0   Union Wels
1983-84 10   2   VOEST Linz
1984-85 24   6   Wiener Sportclub

Mischitz, Samuel
*14.08.2003, Mittelfeld/Rechter Außendecker
2021-22 17   0   SC Rheindorf Altach
2022-23   3   0   SC Rheindorf Altach

Mišić, Zoran
*22.08.1937, Torwächter
1969-70 30   0   Grazer AK
1970-71 25   0   Grazer AK
1971-72   8   0   Grazer AK

Misimović, Dragan
*26.03.1977, Mittelfeldspieler
1998-99   3   0   Vorwärts Steyr

Mišlov, Roko
*30.04.1988, Mittelfeldspieler
2018-19 29   0   SKN St. Pölten

Miss, Hans-Peter
*16.02.1947, Mittelfeldspieler
1972-73 30 10   First Vienna
1973-74   5   0   First Vienna

Mißfeld, Horst
*13.01.1949, Mittelfeldspieler
1971-72 28 13   VÖEST Linz
1972-73 26 11   VÖEST Linz
1973-74 15   3   Admira/Wacker
1974-75 35 11   Admira/Wacker
1975-76 36 10   Admira/Wacker
1976-77 24   4   Admira/Wacker
1977-78 32   6   Admira/Wacker

Missi Tomp, **Phoenix** Dominique
*08.08.1999, Innenverteidiger
2020-21   2   0   Admira/Wacker Mödling

Missler, Karl
*14.10.1932, Mittelstürmer
1948-49   3   0   Wiener Sportclub (WL)
1949-50   7   0   Wiener Sportclub
1950-51 14   7   Wiener Sportclub
1951-52 13   1   Wiener Sportclub
1953-54 22 18   Wiener Sportclub
1954-55 26 28   Wiener Sportclub
1955-56 22 13   Wiener Sportclub
1956-57 24 10   Wiener Sportclub
1958-59 12   8   Wacker Wien
1959-60 19   6   Wacker Wien

Mišura, Tomislav
*13.05.1981, Stürmer
2002-03 12   0   Admira/Wacker Mödling
2003-04   5   0   Admira/Wacker Mödling

Mitrović, Danilo
*23.03.2001, Innenverteidiger
2023-24 21   0   Blau-Weiß Linz

Mitschek, Franz
Linker Außendecker
1953-54 20   0   Wiener AC

Mittasch, Alfred
*01.07.1929, rechter Außendecker/Rechter Läufer
1945-46   2   0   Admira Wien (WL)
1946-47   5   2   Admira Wien (WL)
1947-48   3   0   Admira Wien (WL)
1948-49   0   0   Admira Wien (WL)
1949-50   4   0   Admira Wien
1950-51 23   2   SC Wiener Neustadt
1951-52 26   2   Floridsdorfer AC
1952-53 20   3   Floridsdorfer AC
1953-54 26   0   Floridsdorfer AC

Mittasch, Franz
*30.06.1932, rechter Läufer/Rechter Außendecker
1956-57 20   0   FC Stadlau

Mitterböck, Gottfried
*25.12.1936, Rechter Halbstürmer
1951-52 10   2   Kapfenberger SV

Mitterböck, Rudolph
*25.12.1936, Linksaußen/Linker Halbstürmer
1956-57   3   1   Kapfenberger SV
1957-58   5   0   Kapfenberger SV
1958-59 18   0   Kapfenberger SV
1961-62 18   1   Kapfenberger SV
1963-64 12   0   Kapfenberger SV
1964-65   5   0   Kapfenberger SV
1966-67   8   0   Kapfenberger SV

Mitteregger, René
*09.07.1977, linker Außendecker/Mittelfeld
1998-99   1   0   Rapid Wien

Miyamoto, Tsuneyasu
*07.02.1977, 71 A, Innenverteidiger
2006-07   9   0   RB Salzburg
2007-08 12   0   RB Salzburg

Mjelde, Mons-Ivar
*17.11.1967, 3 A, Stürmer
1994-95 33 17   Austria Wien
1995-96 30 11   Austria Wien

Mladenović, Goran
*15.08.1978, Mittelfeldspieler
2004-05   5   0   Schwarz-Weiß Bregenz

Mladenović, Mladen
*13.09.1964, 19 A, Libero/Mittelfeld
1994-95 31   8   Austria Salzburg
1995-96 15   7   Austria Salzburg

Mlinar, Armando
*24.12.1970, Mittelfeldspieler
2000-01 15   1 Admira/Wacker Mödling

Močinić, Ivan
*30.04.1993, 1 A, Mittelfeldspieler
2016-17 14   0 Rapid Wien

Mock, Walter
*22.12.1967, Stürmer
1986-87   3   1 SC Eisenstadt

Móder, Jozef
*19.09.1947, 17 A, Mittelfeldspieler
1980-81 28   6 Grazer AK
1981-82 32   3 Grazer AK

Mörec, Mitja
*21.02.1983, 14 A, Innenverteidiger
2003-04   3   0 Sturm Graz
2004-05 12   0 Sturm Graz
2005-06 16   0 Sturm Graz
2006-07 24   0 Sturm Graz

Mörth, Ernst
*12.04.1968, Torwächter
1991-92   6   0 Austria Salzburg

Mörz, Michael
*02.04.1980, 12 A, Mittelfeldspieler
2003-04 33   6 SV Mattersburg
2004-05 34   7 SV Mattersburg
2005-06 35 11 SV Mattersburg
2006-07 33 10 SV Mattersburg
2007-08 35   9 SV Mattersburg
2008-09 31   6 SV Mattersburg
2009-10 34   2 SV Mattersburg
2010-11 28   0 SV Mattersburg
2011-12 31   4 SV Mattersburg
2012-13 21   1 SV Mattersburg

Möschl, Patrick
*06.03.1993, Mittelfeldspieler
2012-13   3   0 SV Ried
2013-14 25   4 SV Ried
2014-15 23   3 SV Ried
2015-16 20   2 SV Ried
2016-17 31   5 SV Ried
2020-21   9   0 SV Ried

Möseneder, Hubert
*18.07.1972, Mittelfeld/Stürmer
1995-96 28   2 SV Ried
1997-98   5   0 Admira/Wacker Mödling

Mössner, Lukas
*14.03.1984, Stürmer
2004-05   5   2 SV Mattersburg
2005-06 12   1 SV Mattersburg
2007-08 27   2 Austria Kärnten
2008-09   4   0 Austria Wien

Mohapp, Mario
*14.04.1961, Mittelfeldspieler
1980-81   6   0 Grazer AK
1981-82   5   0 Grazer AK
1982-83 19   2 Grazer AK
1983-84 18   1 Grazer AK
1984-85   2   0 Grazer AK

Mohiden, Avan
*18.08.1986, Stürmer
2006-07   4   0 Grazer AK

Mohl, David
*22.04.1985, linker Außendecker
2003-04   1   1 Admira/Wacker Mödling
2004-05   9   0 Admira/Wacker Mödling

Moitzi, Joachim
*20.05.1969, Stürmer
1989-90   4   0 Austria Salzburg
1990-91   8   1 Rapid Wien
1991-92   3   0 Rapid Wien
1997-98 30   6 Austria Lustenau
1998-99 23   2 Austria Lustenau

Molecz, Michael
Torwächter
1954-55 21   0 FC Stadlau
1955-56   6   0 FC Stadlau
1956-57   6   0 FC Stadlau

Molnar, Hans
*06.04.1938, Linksaußen
1960-61   8   0 Simmeringer SC
1961-62   1   0 Simmeringer SC
1962-63 15   9 Simmeringer SC
1963-64 12   6 Simmeringer SC
1965-66 13   0 Simmeringer SC

Molnar, Karl
*06.10.1947, Mittelfeldspieler
1971-72   3   0 Austria Wien

Molnár, Pavol (Paličko)
*13.02.1936, 20 A, Stürmer
1968-69 27   3 WSV Donawitz

Moltenis, Boris Sébastien
*08.05.1999, 1 A, Innenverteidiger
2023-24 11   0 Austria Lustenau

Monsberger, Marcel Michael
*12.03.2001, Stürmer
2017-18   1   0 Wolfsberger AC

Monschein, Christoph
*22.10.1992, 1 A, Stürmer
2015-16 11   2 Admira/Wacker Mödling
2016-17 28 10 Admira/Wacker Mödling
2017-18 32   7 Austria Wien
2018-19 28   7 Austria Wien
2019-20 32 17 Austria Wien
2020-21 24   5 Austria Wien
2021-22   6   1 Linzer ASK
2021-22 14   3 SC Rheindorf Altach
2022-23 25   3 SV Ried

Moormann, Martin
*30.04.2001, Innenverteidiger
2021-22 17   0 Rapid Wien
2022-23 21   0 Rapid Wien
2023-24 10   1 Rapid Wien

Morales Araújo, **Julio** César
*16.02.1945, 24 A, Stürmer
1972-73 11   2 Austria Wien
1973-74 27   8 Austria/WAC
1974-75 36   9 Austria/WAC
1975-76 30 13 Austria/WAC
1976-77 36 15 Austria/WAC
1977-78 30   7 Austria Wien

Morawetz, Hans
Rechter Läufer/Mittelläufer
1955-56 14   0 FC Wien
1957-58   1   0 FC Wien

Moreira Romero, **Maximiliano**
*11.06.1994, linker Außendecker/Mittelfeld
2021-22 13   0 Austria Klagenfurt
2022-23 26   1 Austria Klagenfurt

Morgalla, Leandro
*13.09.2004, Innenverteidiger
2023-24   3   0 RB Salzburg

Morgenstern, Martin
*20.05.1982, Stürmer
2003-04   3   0   FC Kärnten

Morgenstern, Michael
*25.02.2006, Mittelstürmer
2023-24   3   0   Wolfsberger AC

Morgenthaler, Bernhard
*21.06.1987, Mittelfeldspieler
2005-06   11   0   Admira/Wacker Mödling

Moriggl, Herbert
*04.01.1946, Mittelfeldspieler
1966-67   1   1   Sturm Graz

Morokutti, Manfred
*27.02.1947, Stürmer
1972-73   3   0   Admira Wiener Neustadt

Moroz, Gennadi
*27.03.1975, 6 A, Mittelfeldspieler
1995-96   29   0   Admira/Wacker

Mosböck, Mario
*07.05.1996, Stürmer
2016-17   1   0   SKN St. Pölten
2017-18   1   0   SKN St. Pölten

Moser, Franco
*28.08.1953, Torwächter
1978-79   2   0   Sturm Graz

Moser, Franz
Rechter Halbstürmer
1957-58   12   1   ÖMV Olympia Wien

Moser, Gerhard
*28.07.1936, rechter Außendecker
1962-63   10   0   Austria Klagenfurt

Moser, Harald
*30.09.1978, Mittelfeldspieler
1996-97   1   0   Admira/Wacker

Moser, Lennart Franklin
*06.12.1999, Torwächter
2021-22   5   0   Austria Klagenfurt

Moser, Otto
Außenläufer
1955-56   1   0   First Vienna
1959-60   22   0   SC Wiener Neustadt
1960-61   4   0   SVS Linz

Moser, Peter
Mittelfeldspieler
1970-71   22   1   Simmeringer SC
1971-72   10   0   Simmeringer SC

Motika, Nemanja
*20.03.2003, Linksaußen
2022-23   15   1   Austria Lustenau

Moukhamadiev, Mukhsin Muslinowicz
*21.10.1966, 2 A, Stürmer
1997-98   13   0   Austria Wien

Moya, Rodolfo
*27.07.1979, 6 A, Stürmer
2001-02   5   0   Austria Wien

Mrakowitsch, Franz
*09.11.1952, linker Außendecker
1982-83   30   2   Union Wels
1983-84   3   1   Union Wels

Mrasner, Josef
Rechtsaußen
1947-48   6   0   Wiener AC (WL)
1949-50   11   3   Wiener Sportclub
1950-51   2   1   Wiener Sportclub
1951-52   8   1   Wiener Sportclub
1953-54   24   10   Wiener Sportclub
1954-55   1   0   Wiener Sportclub
1955-56   21   0   Simmeringer SC
1956-57   16   2   Simmeringer SC
1958-59   3   0   Simmeringer SC

Mravac, Adnan
*10.04.1982, 13 A, Innenverteidiger
2003-04   27   0   SV Mattersburg
2004-05   34   0   SV Mattersburg
2005-06   32   1   SV Mattersburg
2006-07   23   1   SV Mattersburg
2007-08   29   0   SV Mattersburg
2008-09   33   1   SV Mattersburg
2011-12   34   0   SV Mattersburg
2012-13   30   0   SV Mattersburg

Mráz, Pavel
*31.08.1968, Mittelfeldspieler
1992-93   22   1   Linzer ASK
1995-96   33   3   SV Ried
1996-97   30   0   SV Ried

Mráz, Peter
*26.08.1975, Mittelfeldspieler
1996-97   27   1   Admira/Wacker
1997-98   19   2   Admira/Wacker Mödling

Mrazek, Rudolf (Rudi)
*1923, rechter Läufer
1945-46   4   0   First Vienna (WL)
1946-47   1   0   First Vienna (WL)
1947-48   4   0   First Vienna (WL)
1948-49   2   0   First Vienna (WL)
1949-50   5   0   First Vienna

Mrdaković, Miljan
*06.05.1982, Stürmer
2004-05   10   0   Austria Salzburg

Mrkvicka, Johann
*21.03.1940, Innenstürmer
1959-60   1   0   Austria Wien

Mrkwitzka, Heinz
Innenstürmer
1960-61   9   1   Simmeringer SC
1961-62   13   2   Simmeringer SC

Muchar, Franz
Linksaußen
1964-65   4   0   Schwechater SC

Muck, Ferdinand
*1929, Außenläufer/Mittelläufer
1953-54   6   0   Wiener AC

Mühl, Lukas
*27.01.1997, Innenverteidiger/Mittelfeld
2021-22   29   1   Austria Wien
2022-23   24   0   Austria Wien

Mühlbauer, Mario
*17.03.1977, Mittelfeldspieler
2002-03   22   1   SV Pasching
2004-05   20   0   Wacker Tirol

Mühlbauer, Otto
*21.01.1924, Linker Halbstürmer/Linksaußen
1952-53　11　 4　Sturm Graz
1953-54　22　 7　Sturm Graz
1955-56　23　12　Sturm Graz
1956-57　24　12　Sturm Graz
1957-58　22　 5　Sturm Graz

Mühlberger, Herbert
Rechter Halbstürmer
1953-54　 3　 0　First Vienna
1954-55　 1　 0　First Vienna

Mühlböck, Walter
*08.10.1931, Innenstürmer
1949-50　 2　 0　Vorwärts Steyr
1950-51　 8　 1　Vorwärts Steyr

Mühlhauser, Johann
*09.12.1948, Libero/Mittelfeld
1970-71　23　 3　Simmeringer SC
1971-72　27　 1　Simmeringer SC
1972-73　21　 3　DSV Alpine
1973-74　32　 3　DSV Alpine
1982-83　14　 0　Simmeringer SC

Müldür, Mert
*03.04.1999, 28 A, rechter Außendecker
2017-18　 2　 0　Rapid Wien
2018-19　23　 0　Rapid Wien
2019-20　 4　 1　Rapid Wien

Müller, Alfred
*29.05.1949, Torwächter
1983-84　15　 0　Favoritner AC

Müller, Erich
*21.01.1928, linker Außendecker/Linker Läufer
1946-47　 1　 1　Rapid Wien (WL)
1947-48　 1　 1　Rapid Wien (WL)
1948-49　11　 0　Rapid Wien (WL)
1949-50　21　 0　Rapid Wien
1950-51　15　 0　Rapid Wien
1951-52　18　 0　Rapid Wien
1952-53　 5　 0　Rapid Wien

Müller, Franz
Rechter Außendecker
1957-58　10　 0　ÖMV Olympia Wien

Müller, Friedrich
Linker Läufer/Linksaußen
1950-51　12　 0　Elektra Wien

Müller, Fritz
Torwächter
1950-51　 8　 0　Elektra Wien

Müller, Hans-Peter
*27.07.1957, 42 A, Mittelfeld/Linksaußen
1985-86　33　16　Wattens-Wacker Innsbruck
1986-87　26　 8　Wattens-Wacker Innsbruck
1987-88　15　 6　FC Tirol
1988-89　35　 5　FC Tirol
1989-90　14　 0　FC Tirol

Müller, Johann
*22.03.1912, 2 A, linker Läufer/Linker Außendecker
1933-34　21　 0　Floridsdorfer AC (WL)
1934-35　21　 4　Floridsdorfer AC (WL)
1935-36　17　 5　Floridsdorfer AC (WL)
1935-36　 4　 1　Libertas Wien (WL)
1936-37　17　 0　Libertas Wien (WL)
1942-43　20　 8　Floridsdorfer AC (BK)
1943-44　15　 5　Floridsdorfer AC (OK)
1945-46　21　 0　Floridsdorfer AC (WL)
1946-47　19　 1　Floridsdorfer AC (WL)
1947-48　18　 0　Floridsdorfer AC (WL)
1948-49　17　 4　Floridsdorfer AC (WL)
1949-50　14　 3　Floridsdorfer AC

Müller, Jürgen
*29.06.1967, Mittelfeldspieler
1986-87　19　 0　VOEST Linz
1987-88　11　 0　VOEST Linz

Müller, Karl
*24.09.1952, Mittelfeldspieler
1971-72　 9　 1　Rapid Wien
1972-73　 7　 0　Rapid Wien

Müller, Lothar
*05.02.1940, Linksaußen/Rechter Halbstürmer
1961-62　 4　 1　Grazer AK
1962-63　 3　 0　Grazer AK

Müller, Pascal
*15.02.2003, Mittelfeldspieler
2022-23　 3　 0　Wolfsberger AC
2023-24　10　 0　Wolfsberger AC

Müller, Peter
Rechter Halbstürmer/Mittelstürmer
1955-56　26　 4　Austria Graz
1960-61　 6　 0　Wiener Sportclub

Müller, Peter
*24.02.1941, Mittelfeldspieler
1962-63　11　 2　Wacker Wien
1969-70　29　 6　First Vienna
1970-71　11　 0　First Vienna

Müller, Peter
*14.04.1960, Libero
1982-83　17　 0　SC Eisenstadt
1983-84　 7　 0　Favoritner AC

Müller, Uwe
*16.10.1963, Mittelfeldspieler
1988-89　36　 3　Admira/Wacker
1989-90　36　 4　Admira/Wacker
1990-91　18　 0　Admira/Wacker
1991-92　29　 2　Admira/Wacker
1992-93　32　 3　Admira/Wacker
1993-94　29　 1　Admira/Wacker
1994-95　15　 1　Austria Wien
1995-96　33　 2　Admira/Wacker
1996-97　 7　 0　Admira/Wacker

Müller, Valentino
*19.01.1999, Mittelfeldspieler
2016-17　 8　 0　SC Rheindorf Altach
2017-18　19　 0　SC Rheindorf Altach
2018-19　13　 0　SC Rheindorf Altach
2019-20　 7　 1　Linzer ASK
2021-22　28　 2　WSG Tirol
2022-23　30　 3　WSG Tirol
2023-24　13　 0　WSG Tirol

Müllner, Gerhard
*04.02.1955, Stürmer
1973-74　 1　 0　Sturm Graz

Müllner, Johann
Außenstürmer
1947-48　 7　 3　First Vienna (WL)
1948-49　14　 2　First Vienna (WL)
1950-51　20　 3　First Vienna
1951-52　 9　 2　First Vienna

Müllner, Walter
*03.07.1956, linker Außendecker
1977-78   6 0 Wiener Sportclub
1978-79 36 1 Wiener Sportclub
1979-80 32 2 Wiener Sportclub
1980-81 30 0 Wiener Sportclub
1981-82 29 0 Wiener Sportclub
1982-83 24 0 Wiener Sportclub
1983-84 23 1 Wiener Sportclub
1984-85 26 3 Wiener Sportclub
1986-87 22 0 Wiener Sportclub
1987-88 16 0 Wiener Sportclub
1988-89   5 0 Wiener Sportclub
1989-90   1 0 Wiener Sportclub

Mütter, Kurt
*17.07.1940, Mittelstürmer
1963-64 18 1 FC Dornbirn
1964-65 11 1 Austria Wien
1966-67   8 6 Linzer ASK

Muftić, Refik
*28.08.1939, Torwächter
1973-74 32 0 WSG Radenthein/VSV
1974-75 18 0 Sturm Graz
1975-76 17 0 Sturm Graz
1976-77 19 0 Sturm Graz

Muhamedbegović, Ahmet
*30.10.1998, Innenverteidiger
2016-17   1 0 SKN St. Pölten
2017-18 14 0 SKN St. Pölten
2018-19   1 0 SKN St. Pölten
2019-20 20 1 SKN St. Pölten
2020-21 28 2 SKN St. Pölten

Muharemović, Tarik
*28.02.2003, 2 A, Innenverteidiger
2020-21   5 0 Wolfsberger AC

Muhr, Bernhard
*17.03.1977, Innenverteidiger
1998-99 19 0 Linzer ASK
1999-00 28 0 Linzer ASK
2000-01 18 1 LASK Linz
2006-07   5 1 SC Rheindorf Altach

Muik, Josef
*02.01.1965, Mittelfeldspieler
1984-85   2 0 Grazer AK

Mujakić, Armin
*07.03.1995, Mittelfeldspieler
2014-15   1 0 Rapid Wien
2017-18   4 0 Rapid Wien

Mujiri, David
*02.01.1978, 25 A, Mittelfeldspieler
2001-02 13 3 Sturm Graz
2002-03 26 6 Sturm Graz
2003-04 26 1 Sturm Graz
2004-05 21 4 Sturm Graz
2005-06 20 6 Sturm Graz

Mukhtar, Hany Abubakr
*21.03.1995, Mittelfeldspieler
2015-16 13 1 RB Salzburg

Munaretto, Hans-Jörg
*1936, Außenstürmer
1956-57   5 2 Kremser SC
1957-58 23 3 Kremser SC
1958-59 24 3 Kremser SC
1959-60 24 4 Kremser SC
1960-61 19 3 FC Dornbirn
1961-62   5 1 Linzer ASK

Munisi, Seismail
*15.05.1965, Mittelfeldspieler
1993-94   1 0 Wiener Sportclub

Munjaković, Mladen
*20.07.1961, Mittelfeldspieler
1988-89 26 1 Rapid Wien

Muratović, Samir
*25.02.1976, 24 A, Mittelfeldspieler
2003-04 14 1 Grazer AK
2004-05 33 1 Grazer AK
2005-06 29 0 Grazer AK
2006-07 28 3 Grazer AK
2007-08 34 11 Sturm Graz
2008-09 32 9 Sturm Graz
2009-10 28 1 Sturm Graz
2010-11 23 9 Sturm Graz
2011-12 11 1 Sturm Graz

Murg, Thomas
*14.11.1994, Mittelfeld/Flügel
2012-13   7 0 Austria Wien
2013-14 12 2 Austria Wien
2014-15 29 3 SV Ried
2015-16 11 3 SV Ried
2015-16   7 1 Rapid Wien
2016-17 26 3 Rapid Wien
2017-18 33 10 Rapid Wien
2018-19 29 7 Rapid Wien
2019-20 20 3 Rapid Wien
2020-21   4 2 Rapid Wien

Murhammer, Josef
Rechter Halbstürmer
1959-60   3 0 Kremser SC

Murlasits, Alfred (Fredl)
*20.11.1941, Rechter Halbstürmer
1964-65 25 5 Sturm Graz
1966-67 14 7 Sturm Graz
1967-68 22 8 Sturm Graz
1968-69 25 4 Sturm Graz
1969-70 24 7 Sturm Graz
1970-71 18 9 Sturm Graz
1971-72 10 1 Sturm Graz
1971-72 12 1 Grazer AK

Musić, Emir
*01.09.1964, Stürmer
1993-94 26 7 Vorwärts Steyr

Musil, Horst
*10.06.1971, Mittelfeld/Stürmer
1990-91   1 0 First Vienna

Musil, Josef
*07.08.1920, 5 A, Torwächter
1937-38   3 0 Rapid Wien (NL)
1940-41   1 0 Rapid Wien (BK)
1941-42 16 0 Rapid Wien (BK)
1942-43 12 0 Rapid Wien (BK)
1943-44   0 0 Rapid Wien (OK)
1945-46   3 0 Rapid Wien (WL)
1946-47 12 0 Rapid Wien (WL)
1947-48   9 0 Rapid Wien (WL)
1948-49   2 0 Rapid Wien (WL)
1949-50   3 0 Rapid Wien
1950-51   9 0 Rapid Wien
1951-52 16 0 Rapid Wien
1952-53   3 0 Rapid Wien

Muslić, Miron
*14.09.1982, Stürmer
2007-08   4 0 SV Ried

Mustapha, Ibrahim
*18.06.2000, Linksaußen/Mittelstürmer
2022-23 15 3 Linzer ASK
2023-24 10 0 Linzer ASK

Mustapha, Suliman-Marlon
*24.05.2001, Stürmer
2021-22 27 6 Admira/Wacker Mödling

Mustedanagić, Džemal
*08.06.1955, 1 A, Mittelfeldspieler
1982-83   9 0 Austria Wien
1983-34 23 1 Austria Wien
1984-85 18 1 Austria Wien
1985-86 24 1 Austria Wien

Mutapčić, Marko
*16.06.1965, linker Außendecker
1999-00 28 1 Schwarz-Weiß Bregenz

Mužek, Damir
*08.04.1967, Mittelfeldspieler
1992-93 22 2 Sturm Graz
1993-94 24 3 Austria Salzburg
1995-96 33 0 Grazer AK
1996-97 34 0 Grazer AK
1997-98 12 0 Grazer AK

Mwepu, Enock
*01.01.1998, 23 A, Mittelfeldspieler
2017-18   8 1 RB Salzburg
2018-19 19 1 RB Salzburg
2019-20 25 4 RB Salzburg
2020-21 29 5 RB Salzburg

Mwepu, Francisco
*29.02.2000, 1 A, Mittelfeld/Stürmer
2020-21   8 0 Sturm Graz

Mwila, Brian
*16.06.1994, 19 A, Stürmer
2018-19   7 2 SC Rheindorf Altach

Mykland, Erik
*21.07.1971, 78 A, Mittelfeldspieler
1996-97 28 0 FC Linz

N

Naawu, Richard
*05.02.1971, 1 A, Stürmer
1994-95 17 4 Vorwärts Steyr
1995-96 14 0 Vorwärts Steyr

Nacho Casanova (Ignacio Díaz Casanova Montenegro)
*04.02.1986, Stürmer
2011-12 29 6 SV Ried

Nacho Rodríguez (Igancio Rodríguez Ortiz)
*06.11.1982, Stürmer
2008-09 31 14 SV Ried
2009-10 28 5 SV Ried
2010-11 27 3 SV Ried
2011-12 33 4 SV Ried
2012-13 29 2 SV Ried

Nader, Andreas
*20.12.1968, Stürmer
1987-88   7 0 First Vienna
1988-89   6 0 First Vienna
1989-90   2 0 Vorwärts Steyr
1991-92 18 0 First Vienna

Nader, Franz
Linker Außendecker/Rechtsaußen
1949-50   1 0 SK Oberlaa
1952-53 11 0 Floridsdorfer AC
1953-54 20 6 Floridsdorfer AC

Nafziger, Rudolf (Rudi)
*11.08.1945, 1 A, Rechtsaußen
1972-73 30 8 Linzer ASK
1973-74 29 0 Linzer ASK
1974-75 25 2 Linzer ASK

Nagel, Mathias
*29.05.1982, Torwächter
2001-02   2 0 Schwarz-Weiß Bregenz
2003-04   9 0 Schwarz-Weiß Bregenz
2004-05 11 0 Schwarz-Weiß Bregenz

Nagl, Kurt
*31.12.1955, Vorstopper
1976-77   7 0 Linzer ASK
1977-78 20 2 Linzer ASK
1979-80 36 0 Linzer ASK
1980-81 30 1 Linzer ASK
1981-82 30 0 Linzer ASK
1982-83 28 1 Linzer ASK
1983-84 23 0 Linzer ASK
1984-85 23 1 Linzer ASK
1985-86   4 0 Linzer ASK
1986-87   6 0 Linzer ASK

Nagl, Wolfgang
*18.02.1960, Mittelfeldspieler
1977-78   2 0 Linzer ASK
1979-80 16 0 Linzer ASK
1980-81 22 1 Linzer ASK
1981-82 35 4 Linzer ASK
1982-83 25 9 Linzer ASK
1983-84 29 5 Linzer ASK
1984-85 29 8 Linzer ASK
1985-86 30 1 Linzer ASK
1986-87 18 0 Linzer ASK
1987-88 21 2 Linzer ASK
1988-89 13 0 Linzer ASK

Nakamura, Keito
*28.07.2000, 1 A, Mittelfeld/Stürmer
2021-22 22 6 Linzer ASK
2022-23 31 14 Linzer ASK
2023-24   1 0 Linzer ASK

Nandelstädt, Horst
*17.07.1945, Vorstopper
1972-73   3 0 Austria Wien

Nanizayamo, Mickaël
*08.05.1998, Innenverteidiger
2021-22 11 1 SC Rheindorf Altach

Narbekovas, Arminas Andreevich
*28.01.1965, 13 A, Mittelfeldspieler
1990-91 13 6 Austria Wien
1991-92 30 10 Austria Wien
1992-93 14 6 Austria Wien
1993-94 27 6 Austria Wien
1994-95 18 2 Austria Wien
1995-96 13 2 Austria Wien
1996-97 29 7 Admira/Wacker
1997-98 21 2 Admira/Wacker Mödling

Narbeshuber, Karl
*02.07.1963, Stürmer
1983-84   1 0 Admira/Wacker

Naschberger, Johannes
*25.01.2000, Mittelfeldspieler
2020-21 28 0 WSG Tirol
2021-22 24 0 WSG Tirol
2022-23 26 1 WSG Tirol
2023-24 19 0 WSG Tirol

Nasdalla, Günther
*01.10.1945, Stürmer
1970-71 30 10 Schwarz-Weiß Bregenz

Năstase, Viorel
*07.10.1953, 2 A, Stürmer
1984-85   3   0 Austria Salzburg

Nastl, Manfred
*02.01.1972, Stürmer
1990-91   5   0 Austria Wien
1995-96   6   0 Austria Wien

Nathan Júnior (Nathan Júnior Soares de Carvalho)
*10.03.1989, Stürmer
2011-12 13   1 Kapfenberger SV

Naumoski, Ilčo
*29.07.1983, 46 A, Stürmer
2002-03 12   5 Grazer AK
2003-04 10   3 Grazer AK
2005-06 30   9 SV Mattersburg
2006-07 30   5 SV Mattersburg
2007-08 29   5 SV Mattersburg
2008-09 30 13 SV Mattersburg
2009-10 24   9 SV Mattersburg
2010-11 25   1 SV Mattersburg
2011-12 31   6 SV Mattersburg
2012-13 28   4 SV Mattersburg

Naus, Rudolf
Mittelläufer
1964-65   5   0 Wacker Wien

Nawrocki, Janusz
*08.07.1961, 23 A, linker Außendecker
1992-93 18   1 VfB Mödling
1993-94 28   0 VfB Mödling
1994-95 32   0 VfB Mödling

Ndiaye, Pape-Alioune
*04.02.1998, Innenverteidiger
2021-22 16   0 SC Rheindorf Altach
2022-23   7   0 SC Rheindorf Altach

Neidlinger, Josef
Rechter Läufer/Rechtsaußen
1954-55 22   2 Schwarz-Weiß Bregenz

Nekola, Manfred
*24.01.1963, Stürmer
1982-83   7   1 Grazer AK

Nelisse, Robin
*25.01.1978, 2 A, Stürmer
2008-09 32 12 RB Salzburg
2009-10   8   1 RB Salzburg

Nelson, Simon
*03.02.2002, Innenverteidiger
2022-23   4   0 SC Rheindorf Altach

Nemansky, Josef
*19.11.1933, rechter Läufer
1956-57 24   3 Admira Wien
1957-58 25   0 Admira Wien
1958-59 17   0 Admira Wien
1959-60 26   0 Wiener AC
1960-61 22   1 Wiener AC
1961-62 19   0 Wiener AC
1962-63 26   0 Wiener AC
1963-64 26   0 Wiener AC
1964-65 25   0 Wiener AC

Nemec, Horst
*25.01.1939, 29 A, Mittelstürmer
1957-58 13   2 Austria Wien
1958-59 20 12 Austria Wien
1959-60 23 19 Austria Wien
1960-61 25 31 Austria Wien
1961-62 23 24 Austria Wien
1962-63 24 15 Austria Wien
1963-64 22 21 Austria Wien
1964-65 21   6 Austria Wien
1965-66 14   4 Austria Wien
1966-67 23   7 First Vienna
1967-68 12   5 First Vienna

Nemeth, David
*18.03.2001, Innenverteidiger
2018-19   1   0 SV Mattersburg
2019-20 12   0 SV Mattersburg
2020-21 28   2 Sturm Graz

Németh, László
*14.02.1938, Mittelstürmer/Rechter Halbstürmer
1957-58 10   6 First Vienna
1958-59   3   1 First Vienna
1958-59 13 15 WSV Donawitz
1959-60 20 15 WSV Donawitz
1960-61 19 18 Linzer ASK
1961-62 15 16 Linzer ASK
1962-63 17   7 Linzer ASK
1963-64   9   3 Linzer ASK
1964-65   9   1 Sturm Graz

Nemeth, Georg
*12.01.1964, Torwächter
1982-83   1   0 Admira/Wacker
1983-84   3   0 Admira/Wacker

Nemeth, Robert
*11.02.1973, Mittelfeldspieler
1992-93   1   0 Rapid Wien

Nemetz, Heinz
Rechter Außendecker/Mittelläufer
1953-54   1   0 Sturm Graz
1955-56 15   0 Sturm Graz
1957-58   3   0 Sturm Graz

Nentwich, Thomas
*22.12.1975, Innenverteidiger
1999-00   6   0 SV Ried
2000-01 33   2 SV Ried
2001-02   2   0 SV Ried
2002-03 27   3 SV Ried

Nerad, Erich
*27.06.1927, rechter Läufer
1946-47 13   0 Post SV Wien (WL)
1947-48   5   0 Wiener Sportclub (WL)
1948-49   3   0 Wiener Sportclub (WL)
1949-50 14   0 Wiener Sportclub
1950-51 20   1 Wiener Sportclub
1951-52 25   3 Wiener Sportclub
1953-54 18   0 Wiener Sportclub
1954-55   3   1 Wiener Sportclub
1955-56   5   0 Wiener Sportclub

Nerad, Franz
*27.06.1927, rechter Läufer
1946-47 13   4 Post SV Wien (WL)
1947-48   4   2 Wiener Sportclub (WL)
1948-49   5   2 Wiener Sportclub (WL)
1949-50   1   0 Slovan Wien

Neslanović, Džemo
*21.01.1952, Mittelfeld/Linksaußen
1975-76   1   0 Admira/Wacker

Nesler-Täubl, Simon
*04.01.2005, Torwächter
2023-24   1   0 Austria Lustenau

Nessl, Kurt
*12.07.1962, Stürmer
1985-86   32   9   Grazer AK
1986-87   15   2   Grazer AK
1987-88   17   4   Grazer AK
1988-89   20   4   Grazer AK

Neßlinger, Helmut
*06.04.1939, Mittelstürmer
1965-66   5   0   Austria Salzburg

Netuschill, Peter
*19.06.1958, Stürmer
1982-83   11   1   SC Neusiedl am See
1982-83   14   2   Admira/Wacker
1983-84   21   3   Admira/Wacker
1984-85   23   4   Admira/Wacker
1985-86   21   2   SC Eisenstadt
1986-87   16   4   SC Eisenstadt
1989-90   18   0   Kremser SC

Netzer, Philipp
*02.10.1985, Mittelfeldspieler
2006-07   4   0   Austria Wien
2008-09   3   0   Austria Wien
2014-15   24   3   SC Rheindorf Altach
2015-16   27   1   SC Rheindorf Altach
2016-17   33   4   SC Rheindorf Altach
2017-18   29   1   SC Rheindorf Altach
2018-19   12   2   SC Rheindorf Altach
2019-20   3   0   SC Rheindorf Altach
2020-21   18   1   SC Rheindorf Altach
2021-22   17   0   SC Rheindorf Altach

Neubauer, Franz
*24.12.1934, Mittelstürmer
1952-53   8   1   Simmeringer SC
1953-54   9   4   Simmeringer SC
1954-55   24 10   Simmeringer SC
1955-56   23 18   Simmeringer SC
1956-57   23 19   Simmeringer SC
1957-58   22 11   Simmeringer SC
1958-59   26 18   Simmeringer SC
1959-60   25 18   Simmeringer SC
1960-61   26 21   Simmeringer SC
1961-62   24   4   Simmeringer SC
1962-63   12   4   Simmeringer SC
1963-64   23   9   Simmeringer SC
1965-66   17   6   Simmeringer SC

Neubauer, Hans
Linker Außendecker
1973-74   1   0   First Vienna

Neudauer, Rudolf (Rudi)
*26.01.1937, Rechter Halbstürmer
1958-59   1   0   Wiener Sportclub
1959-60   12   0   Wiener Sportclub
1960-61   26   4   SC Wiener Neustadt
1961-62   21   4   SC Wiener Neustadt
1963-64   4   0   SC Wiener Neustadt
1964-65   11   0   SC Wiener Neustadt
1965-66   16   0   SC Wiener Neustadt

Neudeck, Karl
Rechter Außendecker/Rechtsaußen
1955-56   2   0   Sturm Graz
1956-57   11   0   Sturm Graz
1957-58   3   0   Sturm Graz

Neugschwandtner, Erwin
Mittelfeld/Verteidiger
1967-68   1   0   Linzer ASK

Neuhold, Florian
*06.07.1993, Innenverteidiger
2011-12   7   4   Sturm Graz
2015-16   2   0   Admira/Wacker Mödling

Neuhold, Johann
*17.10.1932, Innenstürmer
1954-55   3   2   Rapid Wien

Neuhold, Josef
*17.05.1934, Mittelläufer/Linker Außendecker
1952-53   1   0   Grazer SC
1955-56   23   2   Sturm Graz
1956-57   18   1   Sturm Graz
1957-58   18   1   Sturm Graz
1964-65   8   1   Sturm Graz

Neuhold, Peter
Rechter Außendecker
1958-59   1   0   Wacker Wien

Neukirchner, Günther
*02.12.1971, 14 A, Libero/Mittelfeld
1991-92   14   3   Sturm Graz
1992-93   15   2   Sturm Graz
1993-94   21   1   Sturm Graz
1994-95   28   0   Sturm Graz
1995-96   30   0   Sturm Graz
1996-97   27   0   Sturm Graz
1997-98   34   4   Sturm Graz
1998-99   32   5   Sturm Graz
1999-00   32   3   Sturm Graz
2000-01   28   1   Sturm Graz
2001-02   29   2   Sturm Graz
2002-03   29   1   Sturm Graz
2003-04   26   2   Sturm Graz
2004-05   29   1   Sturm Graz
2005-06   35   0   Sturm Graz
2006-07   2   0   Sturm Graz

Neumayer, Leopold
*15.06.1924, Linksaußen
1947-48   9   0   SK Oberlaa (WL)
1948-49   10   0   SK Oberlaa (WL)
1949-50   5   0   SK Oberlaa

Neumayer, Peter
*01.06.1939, linker Außendecker
1959-60   5   0   Austria Salzburg

Neumayer, Johannes (Hannes)
*21.08.1960, Mittelfeldspieler
1980-81   1   0   Wiener Sportclub
1989-90   15   0   Kremser SC
1990-91   20   0   Kremser SC
1991-92   17   0   Kremser SC

Neumer, Kurt
*03.09.1942, Rechtsaußen
1959-60   4   0   Simmeringer SC
1962-63   1   0   Rapid Wien
1963-64   19   5   Wiener AC
1964-65   19   3   Wiener AC

Neumer, Leopold
*08.02.1919, 4 A, Linker Halbstürmer
1935-36   1   0   Austria Wien (WL)
1936-37   4   2   Austria Wien (WL)
1937-38   15   6   SC Ostmark Wien (NL)
1938-39   14   0   Austria Wien (GL)
1939-40   2   1   Austria Wien (BK)
1940-41   10   2   Austria Wien (BK)
1941-42   13   4   Austria Wien (BK)
1942-43   2   1   Austria Wien (BK)
1945-46   18 14   Austria Wien (WL)
1946-47   11   0   Austria Wien (WL)
1951-52   21   3   Simmeringer SC

Neurauter, Sandro
*21.03.1992, Innenverteidiger
2019-20   19   0   WSG Tirol

Neusiedler, Johann
*14.09.1951, Stürmer
1975-76   12   1   Grazer AK

Neuwirth, Johann (Hans)
*03.04.1946, Mittelstürmer
1969-70 20   2 Grazer AK
1970-71 30   9 WSG Radenthein
1973-74 29   9 WSG Radenthein/VSV

Ngamaleu, Nicolas Moumi
*09.07.1994, 52 A, Mittelfeldspieler
2016-17 28   7 SC Rheindorf Altach
2017-18   3   0 SC Rheindorf Altach

N'Gobe, Thomas
*23.01.1953, Stürmer
1981-82   3   1 Austria Wien

Ngwat-Mahop, Louis Clément
*16.09.1987, Mittelfeldspieler
2007-08 12   1 RB Salzburg
2008-09 27   3 RB Salzburg
2009-10   2   0 RB Salzburg
2010-11   3   0 RB Salzburg
2014-15 31   8 SC Rheindorf Altach
2015-16 26   6 SC Rheindorf Altach
2016-17 28   4 SC Rheindorf Altach
2017-18 18   0 SC Rheindorf Altach
2018-19   7   0 SC Rheindorf Altach

Ngwenya, Joseph (Joe)
*30.03.1981, 5 A, Stürmer/Mittelfeld
2007-08   1   0 Austria Kärnten

Niangbo, Dogbole Anderson
*06.10.1999, Stürmer
2019-20 17   7 Wolfsberger AC
2021-22 28   3 Sturm Graz

Nickerl, Karl
*09.06.1931, 3 A, linker Außendecker
1948-49   1   0 First Vienna (WL)
1949-50 16   1 First Vienna
1950-51 15   4 First Vienna
1951-52 25   2 First Vienna
1952-53 22   4 First Vienna
1953-54 23   1 First Vienna
1954-55 26   0 First Vienna
1955-56 23   0 First Vienna
1956-57 26   0 First Vienna
1957-58 26   1 First Vienna
1958-59 26   0 First Vienna
1959-60 24   0 First Vienna
1960-61 24   0 First Vienna
1961-62 26   0 Wiener AC
1962-63 25   0 Wiener AC

Niedenhuber, Karl
*12.03.1953, Mittelfeldspieler
1982-83   2   0 Union Wels

Niederbacher, Richard
*07.12.1961, 4 A, Mittelstürmer
1979-80   3   0 Sturm Graz
1980-81 10   2 Sturm Graz
1981-82 27   6 Sturm Graz
1982-83 30 15 Sturm Graz
1985-86   2   0 First Vienna
1986-87 14   8 Rapid Wien
1992-93 27 10 Vorwärts Steyr

Niederkirchner, Robert
*06.06.1926, Mittelstürmer
1950-51 12   8 Sturm Graz
1951-52 22 11 Sturm Graz
1952-53 23 12 Sturm Graz

Niederstätter, Siegfried
Linker Außendecker
1968-69 11   0 WSG Wattens
1969-70 22   0 WSG Wattens
1970-71 26   0 WSG Wattens

Niederstrasser, Thomas
*13.03.1965, Manndecker
1984-85 11   1 First Vienna
1986-87 22   1 First Vienna
1987-88 34   1 First Vienna
1988-89 30   2 First Vienna
1989-90 18   2 First Vienna

Niefergall, Alfred
'13.12.1952, Mittelfeldspieler
1972-73   5   0 Austria Wien

Nielsen, Håvard Kallevik
*15.07.1993, 14 A, Stürmer
2012-13 24   3 RB Salzburg
2013-14   7   0 RB Salzburg
2015-16   8   0 RB Salzburg

Niemandsgenuß, Franz
Torwächter
1963-64   1   0 Austria Wien

Niemann, Noel
*14.11.1999, Stürmer
2021-22 29   4 TSV Hartberg

Niemetz, Harald
*05.09.1963, Torwächter
1982-83 10   0 Austria Klagenfurt
1983-84 12   0 Austria Klagenfurt
1984-85   6   0 Austria Klagenfurt
1985-86 15   0 Austria Klagenfurt
1986-87 19   0 Austria Klagenfurt

Nikezić, Petar
*03.04.1950, 3 A, Stürmer
1978-79 16   1 VOEST Linz

Nikischer, Gerhard
*07.03.1944, Rechtsaußen
1962-63 19   3 Wacker Wien
1963-64 26   5 Schwechater SC
1964-65 20   6 Schwechater SC
1965-66 10   0 Schwechater SC

Nikischer, Gerhard
*10.06.1967, Stürmer
1987-88   3   0 Admira/Wacker
1988-89   9   4 Vorwärts Steyr
1989-90 13   6 Kremser SC
1990-91 13   2 Wiener Sportclub
1992-93 17   4 VfB Mödling
1993-94 28   6 VfB Mödling
1994-95 10   0 VfB Mödling

Nikischer, Karl
*28.04.1939, rechter Läufer
1957-58 11   0 Wacker Wien
1958-59 13   2 Wacker Wien
1959-60 11   0 Wacker Wien
1960-61 20   1 Wacker Wien
1962-63 24   2 Wacker Wien
1963-64 22   4 Schwechater SC
1964-65 26   1 Schwechater SC
1965-66 23   6 Schwechater SC
1967-68 24   4 Austria Salzburg
1968-69 20   1 Admira Wien
1969-70 13   2 Admira Wien

Niklas, Patrick
*13.11.1987, Mittelfeld/Stürmer
2009-10   3   2 SC Wiener Neustadt

Nikolai, Friedrich
*01.09.1925, Torwächter
1947-48   8   0 Austria Wien (WL)
1948-49 18   0 Austria Wien (WL)
1949-50 14   0 Austria Wien
1950-51   2   0 Austria Wien
1950-51   2   0 FC Wien

Nikolai, Josef
*23.05.1961, rechter Außendecker
1979-80   2   0   Admira/Wacker
1980-81   3   0   Admira/Wacker

Nikolić, Milan
*06.06.1929, linker Außendecker
1954-55   4   0   Linzer ASK
1955-56   3   0   Rapid Wien

Nikolić, Sladan
*27.10.1974, Mittelfeldspieler
1998-99   15   1   Austria Salzburg
1999-00   27   6   Austria Salzburg
2000-01   5   0   LASK Linz

Nikolov, Vladimir Nikolaev
*07.02.2001, Stürmer
2021-22   5   0   Admira/Wacker Mödling

Nilsen, Roger
*08.08.1969, 32 A, Innenverteidiger
1999-00   13   0   Grazer AK

Nimaga, Bakary
*06.12.1994, Mittelfeldspieler
2019-20   23   1   TSV Hartberg
2020-21   21   2   TSV Hartberg
2021-22   13   2   SC Rheindorf Altach
2022-23   10   0   SC Rheindorf Altach

Ninaus, Erwin
*23.05.1940, linker Läufer
1959-60   10   0   Grazer AK
1962-63   18   0   Grazer AK
1963-64   26   1   Grazer AK
1964-65   25   2   Grazer AK
1965-66   20   0   Grazer AK
1966-67   25   3   Grazer AK
1967-68   23   0   Grazer AK
1968-69   28   0   Grazer AK
1969-70   30   2   Grazer AK
1970-71   29   0   Grazer AK

Ninaus, Franz
*1928, Linksaußen
1950-51   11   4   Sturm Graz
1951-52   6   3   Sturm Graz
1952-53   7   0   Sturm Graz
1958-59   21   6   WSV Donawitz
1959-60   26   8   WSV Donawitz

Ninaus, Herbert
*31.03.1937, 2 A, Linksaußen
1954-55   15   7   Grazer AK
1955-56   19   8   Grazer AK
1956-57   20   6   Grazer AK
1957-58   25   24   Grazer AK
1958-59   19   10   Grazer AK

Nino Baiano (Santos do Nascimento Adroaldo)
*09.03.1975, Mittelfeldspieler
1999-00   19   0   Schwarz-Weiß Bregenz

Nitzlnader, Kevin
*03.02.1993, linker Außendecker
2013-14   4   0   Wacker Innsbruck
2019-20   9   0   WSG Tirol

Norek, Karl
Mittelstürmer
1957-58   1   0   FC Wien

Noß, Conor
*01.01.2001, Stürmer
2023-24   32   2   Blau-Weiß Linz

Novacek, Ferdinand
Rechter Halbstürmer/Mittelstürmer
1958-59   6   3   Linzer ASK
1959-60   2   0   SC Wiener Neustadt

Novacek, Klaus
*01.12.1956, Mittelfeldspieler
1973-74   1   0   Admira/Wacker
1976-77   8   0   Admira/Wacker

Novacek, Peter Anton
*08.10.1943, Rechtsaußen
1964-65   1   0   Admira-Energie Wien
1965-66   1   0   Admira-Energie Wien
1967-68   1   0   Admira-Energie Wien

Novak, Michael
*04.09.1966, Stürmer
1983-84   3   0   Wiener Sportclub
1984-85   19   1   Wiener Sportclub
1986-87   19   4   Wiener Sportclub
1987-88   7   0   Wiener Sportclub
1988-89   20   3   Vorwärts Steyr
1989-90   20   4   Vorwärts Steyr
1990-91   32   3   Vorwärts Steyr
1991-92   31   6   Vorwärts Steyr
1992-93   26   3   Vorwärts Steyr
1993-94   26   5   Vorwärts Steyr
1994-95   16   0   Vorwärts Steyr

Novak, Michael
*30.12.1990, linker Außendecker
2012-13   10   0   SV Mattersburg
2015-16   20   0   SV Mattersburg
2016-17   16   0   SV Mattersburg
2017-18   18   0   SV Mattersburg
2018-19   32   1   Wolfsberger AC
2019-20   31   4   Wolfsberger AC
2020-21   28   0   Wolfsberger AC
2021-22   13   0   Wolfsberger AC
2022-23   22   1   Wolfsberger AC
2023-24   1   0   Wolfsberger AC

Novak, Rudolf (Rudi)
Linker Läufer/Mittelläufer
1967-68   5   1   Wiener Sportclub

Novaković, Milivoje
*18.05.1979, 80 A, Stürmer
2003-04   6   0   SV Mattersburg

Novota, Ján
*29.11.1983, 4 A, Torwächter
2011-12   6   0   Rapid Wien
2012-13   10   0   Rapid Wien
2013-14   34   0   Rapid Wien
2014-15   29   0   Rapid Wien
2015-16   12   0   Rapid Wien
2016-17   4   0   Rapid Wien

Nowak, Andreas
*01.10.1962, Vorstopper
1982-83   3   0   Wiener Sportclub
1983-84   4   0   Wiener Sportclub

Nowak, Ferdinand
Mittelläufer/Linker Außendecker
1945-46   16   0   Ostbahn XI Wien (WL)
1951-52   19   0   Favoritner SK

Nowak, Günther
*03.09.1965, Stürmer
1984-85   4   0   Favoritner AC

Nowak, Peter
*25.03.1948, Libero/Vorstopper
1966-67   4 0 Wacker Wien
1968-69 22 0 Wacker Wien
1969-70 22 1 Wacker Wien
1970-71 16 0 Wacker Wien
1972-73 28 0 Admira/Wacker
1973-74 26 0 Admira/Wacker
1974-75 28 0 Admira/Wacker
1975-76 14 0 Admira/Wacker
1976-77 25 1 Admira/Wacker
1977-78 30 1 Admira/Wacker
1978-79 16 1 Admira/Wacker

Nowy, Heinz
*01.09.1941, Innenstürmer/Rechter Außendecker
1959-60 13   2 Wiener Sportclub
1960-61 14   6 Wiener Sportclub
1961-62 25 15 Schwechater SC
1962-63 17   1 Schwechater SC
1963-64   7   4 Schwechater SC
1964-65 16   4 Schwechater SC
1965-66 25   5 Schwechater SC
1966-67 21   0 Austria Wien
1967-68 23   0 Austria Wien
1968-69 13   0 Austria Wien
1969-70 11   0 Austria Wien
1970-71 24   3 Wacker Wien
1971-72   7   0 Admira/Wacker

Novotny, Karl
Linker Läufer/Mittelläufer
1939-40   9 0 First Vienna (BK)
1940-41 15 0 First Vienna (BK)
1941-42   6 1 First Vienna (BK)
1943-44   1 0 First Vienna (BK)
1947-48   4 0 First Vienna (WL)
1948-49 16 0 First Vienna (WL)
1949-50 20 0 First Vienna
1950-51 12 0 First Vienna
1951-52 15 0 Simmeringer SC
1952-53   5 0 Simmeringer SC

Nuart, Erhard
*31.01.1962, Mittelfeldspieler
1983-84   3 0 SV St. Veit

Nuhiu, Atdhe
*29.07.1989, 19 A, Stürmer
2008-09 18   2 Austria Kärnten
2009-10   3   0 Austria Kärnten
2009-10 27   6 SV Ried
2010-11 28   5 Rapid Wien
2011-12 31   8 Rapid Wien
2021-22 30   5 SC Rheindorf Altach
2022-23 30 10 SC Rheindorf Altach
2023-24 27   1 SC Rheindorf Altach

Nuske, Rudolf (Rudi)
*08.10.1942, Mittelfeldspieler
1959-60   1 0 Rapid Wien
1960-61   4 2 Rapid Wien
1962-63   5 1 Rapid Wien
1963-64   4 0 Rapid Wien
1964-65   5 1 Rapid Wien
1965-66 23 4 Simmeringer SC
1970-71 28 7 WSG Radenthein
1973-74 31 3 WSG Radenthein/VSV
1974-75 32 2 SC Eisenstadt

Nußbaumer, Bruno
*04.01.1946, Vorstopper
1969-70 22 0 VÖEST Linz
1970-71   1 0 VÖEST Linz

Nußbaumer, Daniel
*29.11.1999, Mittelfeldspieler
2016-17   1 0 SC Rheindorf Altach
2017-18   2 0 SC Rheindorf Altach
2019-20 16 4 SC Rheindorf Altach
2020-21 26 3 SC Rheindorf Altach
2021-22   5 1 SC Rheindorf Altach

Nußbaumer, Elmar
*18.02.1938, Torwächter
1960-61 25 0 FC Dornbirn
1963-64 13 0 FC Dornbirn
1966-67   8 0 Schwarz-Weiß Bregenz

Nußbaumer, Franz
Rechter Außendecker
1959-60 19 0 SC Wiener Neustadt
1960-61 21 2 SC Wiener Neustadt
1961-62 18 0 SC Wiener Neustadt

Nussbaumer, Lars
*31.01.2001, Mittelfeldspieler
2017-18   1 0 SC Rheindorf Altach
2019-20 11 0 SC Rheindorf Altach

Nutz, Gerald
*25.01.1994, Mittelfeldspieler
2016-17 28 3 Wolfsberger AC
2017-18 13 0 Wolfsberger AC
2018-19   8 0 Wolfsberger AC

Nutz, Stefan
*15.02.1992, Mittelfeldspieler
2013-14 27 7 SV Grödig
2014-15 33 6 SV Grödig
2015-16 11 1 Rapid Wien
2016-17 20 2 SV Ried
2017-18 27 0 SC Rheindorf Altach
2018-19 22 3 SC Rheindorf Altach
2020-21 30 2 SV Ried
2021-22 31 4 SV Ried
2022-23 21 2 SV Ried

Nyilasi, Tibor
*18.01.1955, 70 A, Mittelfeld/Stürmer
1983-84 29 26 Austria Wien
1984-85 26 17 Austria Wien
1985-86 20 18 Austria Wien
1986-87 19   9 Austria Wien
1987-88 26 11 Austria Wien

Nylund, Mattias
*23.09.1980, 1 A, linker Außendecker
1999-00   2 0 SV Ried

Nzuzi Polo, **Olivier** Niati
*16.09.1980, 5 A, Stürmer
2002-03 19 4 Schwarz-Weiß Bregenz
2003-04 34 2 Schwarz-Weiß Bregenz
2004-05 30 2 Schwarz-Weiß Bregenz
2005-06 27 9 Sturm Graz
2006-07   8 0 Sturm Graz

Obasi, Chinedu Ogbuke
*01.06.1986, 21 A, Stürmer
2020-21 24 2 SC Rheindorf Altach

Oberacher, Franz
*24.03.1954, 8 A, Stürmer
1973-74   7 1 Wattens-Wacker Innsbruck
1974-75 18 6 Wattens-Wacker Innsbruck
1975-76 31 9 Wattens-Wacker Innsbruck
1976-77 27 2 Wattens-Wacker Innsbruck
1977-78 35 6 Wattens-Wacker Innsbruck
1978-79 29 6 Wattens-Wacker Innsbruck
1982-83 12 1 Austria Klagenfurt
1983-84 23 5 Austria Klagenfurt
1984-85 26 8 Austria Klagenfurt
1985-86 25 6 Austria Klagenfurt
1986-87 16 2 Austria Klagenfurt

Oberhofer, Herbert
*16.11.1955, 6 A, Libero
1973-74   1 0 Admira/Wacker
1974-75   3 0 Admira/Wacker
1975-76 32 0 Admira/Wacker
1976-77 34 0 Admira/Wacker
1977-78 35 0 Admira/Wacker
1978-79 31 0 Admira/Wacker
1979-80 28 3 Admira/Wacker
1980-81 36 6 Admira/Wacker
1981-82 14 0 Admira/Wacker
1982-83 19 0 Admira/Wacker
1983-84 29 7 Admira/Wacker
1984-85 27 4 Admira/Wacker
1985-86 32 8 Admira/Wacker
1986-87 33 2 Admira/Wacker
1987-88 34 2 Admira/Wacker
1988-89 22 1 Admira/Wacker
1989-90 19 0 Admira/Wacker

Oberkofler, Horst
*22.07.1959, Mittelfeldspieler
1980-81 10 1 Sturm Graz
1982-83   7 0 Sturm Graz

Oberleitner, Markus
*06.08.1973, Mittelfeldspieler
2001-02 26 2 FC Kärnten
2002-03 19 1 FC Kärnten

Oberlin Mfomo, **Dimitri** Joseph
*27.09.1997, 1 A, Stürmer
2015-16 12 3 RB Salzburg
2016-17   5 1 RB Salzburg
2016-17 20 9 SC Rheindorf Altach

Obermair, Raphael
*01.04.1996, Mittelfeldspieler
2018-19   4 0 Sturm Graz

Obermayer, Erich
*23.01.1953, 50 A, Libero
1971-72 10 0 Austria Wien
1972-73 19 0 Austria Wien
1973-74 32 0 Austria/WAC
1974-75 33 0 Austria/WAC
1975-76 36 0 Austria/WAC
1976-77 32 1 Austria/WAC
1977-78 35 2 Austria Wien
1978-79 36 0 Austria Wien
1979-80 28 2 Austria Wien
1980-81 29 2 Austria Wien
1981-82 36 1 Austria Wien
1982-83 30 1 Austria Wien
1983-84 16 1 Austria Wien
1984-85 30 1 Austria Wien
1985-86 36 3 Austria Wien
1986-87 35 0 Austria Wien
1987-88 35 1 Austria Wien
1988-89 36 1 Austria Wien

Obermüller, Patrick
*17.02.1999, Innenverteidiger
2018-19   1 0 Rapid Wien
2019-20   4 0 TSV Hartberg

Oberparleiter, Heinz
*21.04.1935, 1 A, linker Außendecker
1960-61 22 0 Linzer ASK
1961-62 25 0 Linzer ASK
1962-63 20 0 Linzer ASK
1963-64   8 0 Linzer ASK
1964-65   1 0 Linzer ASK
1965-66 10 0 Linzer ASK
1966-67   4 0 Linzer ASK

Oberrisser, Werner
*16.08.1959, Außendecker
1982-83 17 0 Austria Klagenfurt
1983-84 27 1 Austria Klagenfurt
1984-85   2 0 Austria Klagenfurt
1985-86 10 1 Austria Klagenfurt
1986-87 14 0 Austria Klagenfurt

Oberst, Marco
*08.03.1996, Innenverteidiger
2013-14   1 0 SV Grödig

Obert, Jozef
*04.01.1938, 4 A, Stürmer
1968-69 25 8 Wacker Innsbruck
1969-70 26 4 Wacker Innsbruck
1970-71 26 3 Wacker Innsbruck
1971-72 13 0 Wattens-Wacker Innsbruck

Oberzaucher, Adolf
*03.02.1939, Mittelfeldspieler
1967-68 16 0 WSG Radenthein

Obexer, Walter
*06.09.1964, Torwächter
1985-86   2 0 Wattens-Wacker Innsbruck
1986-87   1 0 Wattens-Wacker Innsbruck
1987-88   6 0 FC Tirol

Obiorah, James Chibozur
*24.08.1978, 3 A, Mittelstürmer
2005-06   5 0 Grazer AK

Oblak, Branislav (Branko)
*27.05.1947, 46 A, Mittelfeldspieler
1984-85   17   0   SV Spittal/Drau

Obrecht, Gerald
*01.03.1974, Stürmer
1993-94   5   0   Rapid Wien
1994-95   23   4   Rapid Wien
1996-97   11   1   Admira/Wacker

O'Brien, Conor Stephen
*20.10.1988, Mittelfeldspieler
2014-15   29   4   SC Wiener Neustadt

Obst, Johann
Rechter Läufer
1953-54   2   0   First Vienna
1954-55   2   0   First Vienna
1956-57   5   0   First Vienna
1957-58   16   0   First Vienna
1958-59   18   4   ÖMV Olympia Wien
1959-60   9   1   Admira-Energie Wien
1961-62   6   0   Admira-Energie Wien

Ochs, Timo
*17.10.1981, Torwächter
2006-07   34   0   RB Salzburg
2007-08   36   0   RB Salzburg
2008-09   15   0   RB Salzburg

Ocwirk, Ernst
*07.03.1926, 63 A, Mittelläufer
1945-46   20   1   Floridsdorfer AC (WL)
1946-47   17   0   Floridsdorfer AC (WL)
1947-48   18   1   Austria Wien (WL)
1948-49   17   1   Austria Wien (WL)
1949-50   24   4   Austria Wien
1950-51   23   0   Austria Wien
1951-52   26   8   Austria Wien
1952-53   25   2   Austria Wien
1953-54   26   3   Austria Wien
1954-55   24   6   Austria Wien
1955-56   26   6   Austria Wien
1961-62   13   5   Austria Wien
1962-63   2   0   Austria Wien

Odegbami, Joseph Oluwole (Wole)
*05.10.1962, 18 A, Stürmer
1993-94   10   1   VSE St. Pölten

Odehnal, Jakob
*10.08.2001, Torwächter
2022-23   3   0   SC Rheindorf Altach

Odović, Milomir
*26.03.1955, Linksaußen
1984-85   16   5   VOEST Linz
1985-86   18   0   VOEST Linz

Öbster, Ernst
*17.03.1984, Mittelfeldspieler
2001-02   5   0   Austria Salzburg
2002-03   4   0   Austria Salzburg
2004-05   19   0   Austria Salzburg
2005-06   7   0   RB Salzburg
2008-09   5   0   RB Salzburg
2010-11   26   3   Wacker Innsbruck

Öllerer, Martin
*08.11.1938, Linksaußen
1958-59   21   0   First Vienna
1959-60   1   1   First Vienna
1962-63   2   0   Austria Salzburg

Öllerer, Martin
*02.03.1960, Mittelfeldspieler
1980-81   22   0   Austria Salzburg
1985-86   17   1   Salzburger AK
1989-90   25   0   Austria Salzburg

Oerlemans, Marcel
*12.01.1969, Stürmer
1996-97   34 11   SV Ried
1997-98   36   7   SV Ried
2000-01   26   1   Admira/Wacker Mödling

Oermann, Tim
*06.10.2003, Innenverteidiger
2022-23   14   0   Wolfsberger AC

Østergaard, Niels Ole
*06.02.1958, 4 A, rechter Außendecker
1978-79   1   0   VOEST Linz

Özcan, Arkoç
*02.10.1939, 9 A, Torwächter
1964-65   22   0   Austria Wien
1965-66   20   0   Austria Wien
1966-67   23   0   Austria Wien

Özcan, Ramazan
*28.06.1984, 10 A, Torwächter
2006-07   2   0   RB Salzburg

Özdemir, Özgür
*10.01.1995, Innenverteidiger
2016-17   32   0   SV Ried

Ofenbach, Herbert
*18.02.1939, rechter Außendecker/Rechter Läufer
1960-61   11   1   SC Wiener Neustadt
1961-62   16   1   SC Wiener Neustadt
1963-64   25   0   SC Wiener Neustadt
1964-65   26   0   SC Wiener Neustadt
1965-66   25   0   SC Wiener Neustadt
1966-67   21   1   SC Wiener Neustadt

Ofenbach, Heinz
*04.04.1945, Mittelfeldspieler
1965-66   1   0   SC Wiener Neustadt
1966-67   1   0   SC Wiener Neustadt

Offenbacher, Daniel
*18.02.1992, Mittelfeldspieler
2010-11   4   0   RB Salzburg
2011-12   2   0   RB Salzburg
2012-13   34   0   SC Wiener Neustadt
2013-14   31   1   Sturm Graz
2014-15   32   3   Sturm Graz
2015-16   30   1   Sturm Graz
2016-17   30   3   Wolfsberger AC
2017-18   31   3   Wolfsberger AC
2020-21   25   0   SV Ried
2021-22   23   1   SV Ried

Ofosu, Reagy
*20.09.1991, Stürmer
2015-16   16   2   SV Grödig

O'Grady, William (Bill)
Mittelfeld/Stürmer
1973-74   15   2   DSV Alpine

Ogrinec, Sandi
*05.06.1998, Mittelfeldspieler
2021-22   11   1   WSG Tirol
2022-23   18   3   WSG Tirol
2023-24   27   1   WSG Tirol

Ogris, Andreas (Andi)
*07.10.1964, 63 A, Stürmer
1983-84   2   0   Austria Wien
1984-85   2   0   Austria Wien
1985-86 28   5   Admira/Wacker
1986-87 34   6   Austria Wien
1987-88 31 17   Austria Wien
1988-89 30 14   Austria Wien
1989-90 32 16   Austria Wien
1990-91   7   7   Austria Wien
1991-92 29   8   Austria Wien
1992-93 15   1   Linzer ASK
1992-93 14   7   Austria Wien
1993-94 21   7   Austria Wien
1994-95 21   6   Austria Wien
1995-96 30   7   Austria Wien
1996-97 23   4   Austria Wien
1997-98 13   2   Admira/Wacker Mödling

Ogris, Ernst
*09.12.1967, 1 A, Stürmer
1987-88 12   1   Austria Wien
1988-89 31   7   VSE St. Pölten
1989-90 33 11   VSE St. Pölten
1990-91 32   6   Admira/Wacker
1991-92   9   2   Admira/Wacker
1992-93 24 11   Admira/Wacker
1993-94   3   2   Admira/Wacker
1994-95 10   1   Admira/Wacker

Ogris, Igor
*08.08.1972, Libero
1995-96 17   0   Admira/Wacker

Oh, Inpyo
*18.03.1997, Mittelfeldspieler
2017-18   2   0   Linzer ASK
2018-19   1   0   Linzer ASK

Ohio Anyanwu, **Noah** Chidiebere Junior
*16.01.2003, Stürmer
2021-22 30   5   Austria Wien

Okafor, Noah Arinzechukwu
*24.05.2000, 22 A, Stürmer
2019-20 11   3   RB Salzburg
2020-21 18   6   RB Salzburg
2021-22 21   5   RB Salzburg
2022-23 21   7   RB Salzburg

Okoh, Bryan Ikemefuna
*16.05.2003, Innenverteidiger
2022-23   1   0   RB Salzburg

Okonkwo, Arthur
*09.09.2001, Torwächter
2022-23 15   0   Sturm Graz

Okotie, Rubin Rafael
*06.06.1987, 18 A, Stürmer
2007-08 19   3   Austria Wien
2008-09 34 14   Austria Wien
2009-10   4   4   Austria Wien
2011-12 13   2   Sturm Graz
2012-13 30   9   Sturm Graz
2013-14 13   1   Austria Wien

Okugawa, Masaya
*14.04.1996, Stürmer
2017-18 27   5   SV Mattersburg
2019-20 23   9   RB Salzburg
2020-21   7   0   RB Salzburg

Okungbowa, Osarenren
*13.05.1994, Mittelfeld/Innenverteidiger
2016-17   2   0   Rapid Wien
2022-23 15   0   WSG Tirol
2023-24 23   1   WSG Tirol

Okwarati, Samuel Sochukwuma
*19.05.1964, 8 A, Mittelfeldspieler
1986-87 14   0   Austria Klagenfurt

Olatunji, Victor Oluyemi
*05.09.1999, Stürmer
2019-20 14   0   SV Mattersburg

Olbrich, Helmut
*03.03.1959, Mittelfeldspieler
1982-83   6   0   Wiener Sportclub
1983-84 21   2   Wiener Sportclub
1984-85 10   0   Wiener Sportclub

Oliva Gorgori, **Gerard**
*07.10.1989, Stürmer
2013-14 15   1   SV Ried

Ollinger, Hermann
*01.07.1955, Mittelfeldspieler
1975-76   4   0   Rapid Wien
1976-77   9   0   Rapid Wien

Olszar, Sebastian
*16.12.1981, Stürmer
2002-03 29   5   Admira/Wacker Mödling
2003-04   7   0   Admira/Wacker Mödling

Olugbodi, Michael Jide
*29.11.1977, Stürmer
1998-99   5   0   Austria Lustenau
1999-00 20   0   Austria Lustenau

Omić, Ervin
*20.01.2003, Mittelfeldspieler
2022-23 26   0   Wolfsberger AC
2023-24 25   2   Wolfsberger AC

Omischl, Martin
*18.12.1961, Mittelfeldspieler
1985-86   1   0   SC Eisenstadt
1986-87   1   0   SC Eisenstadt

Ondra, Jiří
*07.06.1957, 20 A, linker Außendecker/Libero
1987-88 36   1   First Vienna
1988-89 33   1   First Vienna
1989-90 34   0   First Vienna
1990-91 14   0   First Vienna

Ondreiska, Julius
*27.03.1928, Torwächter
1950-51   3   0   Austria Wien
1951-52   4   0   Austria Wien
1952-53 10   0   Austria Wien
1953-54 15   0   Austria Wien
1954-55 16   0   Austria Wien
1955-56 24   0   Austria Wien
1956-57 18   0   Austria Wien
1957-58 10   0   Austria Wien
1958-59   5   0   Austria Wien
1958-59   6   0   Linzer ASK
1959-60   1   0   Wacker Wien
1960-61 10   0   Austria Salzburg

Ondrey, Johann
Linksaußen
1950-51   2   0   Elektra Wien

Ondruch, Kurt
Mittelstürmer
1954-55   1   0   Wiener Sportclub
1955-56   6   4   Wiener Sportclub
1956-57   1   0   Wiener Sportclub

Ondruschka, Alois
*01.04.1946, Mittelfeldspieler
1964-65   3   0   Schwechater SC
1965-66 12   2   Schwechater SC
1970-71 26   4   First Vienna
1971-72   2   0   Austria Wien

Ondruška, Ivan
*12.09.1967, Torwächter
1997-98 30   0   Admira/Wacker Mödling
2000-01   4   0   Admira/Wacker Mödling

Onger, Herbert
*18.06.1947, Mittelfeldspieler
1967-68 13   1   Wiener Sportclub
1968-69   5   1   Wiener Sportclub
1969-70 22   2   Wiener Sportclub
1970-71 29   6   Wiener Sportclub
1971-72 27   7   Wiener Sportclub
1972-73 25   2   Wiener Sportclub
1973-74 25   1   Wiener Sportclub
1974-75 30   0   Admira/Wacker
1975-76 26   5   Admira/Wacker
1976-77 31   6   Admira/Wacker
1977-78 14   1   Admira/Wacker

Onguéné, Jérôme Junior
*22.12.1997, 10 A, Innenverteidiger
2017-18 17   4   RB Salzburg
2018-19 13   3   RB Salzburg
2019-20 23   1   RB Salzburg
2020-21   9   1   RB Salzburg
2021-22 11   2   RB Salzburg

Onisiwo, Karim
*17.03.1992, 24 A, Rechtsaußen
2015-16 18   2   SV Mattersburg

Onyewenjo, Dennis Ibrahim
*24.12.1974, Mittelfeldspieler
2001-02 12   1   Admira/Wacker Mödling

Opdam, Barry
*27.02.1976, 8 A, Innenverteidiger
2008-09 25   0   RB Salzburg
2009-10 23   1   RB Salzburg

Opel, Günther
*21.01.1977, Stürmer
1995-96 13   0   Vorwärts Steyr

Oravec, Tomáš
*03.07.1980, 9 A, Stürmer
2004-05 28   8   Admira/Wacker Mödling

Oraže, Milan
*29.03.1967, Torwächter
1991-92 18   0   FC Tirol
1992-93 36   0   Wacker Innsbruck
1993-94 26   0   FC Tirol Innsbruck
1995-96   7   0   FC Tirol Innsbruck
1996-97   6   0   FC Tirol Innsbruck
1998-99 20   0   SV Ried
1999-00 35   0   SV Ried
2000-01 33   0   SV Ried
2001-02 22   0   SV Ried
2002-03 33   0   SV Ried

Ordoš, Michal
*27.01.1983, 2 A, Mittelfeld/Stürmer
2011-12 14   4   Kapfenberger SV

Orgill, Dever Akeem
*08.03.1990, 18 A, Stürmer
2016-17 14   2   Wolfsberger AC
2017-18 25   6   Wolfsberger AC
2018-19 16   4   Wolfsberger AC

Orie, Eric Alexander
*25.01.1968, Mittelfeldspieler
1993-94   7   1   Austria Wien
1993-94 13   2   VfB Mödling

Orlich, Walter
Mittelläufer/Linker Läufer
1957-58   5   0   ÖMV Olympia Wien

Orman, Alen
*31.05.1978, 1 A, Mittelfeld/Rechter Außendecker
1995-96 11   0   Admira/Wacker
2007-08 18   1   SC Rheindorf Altach

Oroz, Alois Dominik
*29.10.2000, Innenverteidiger
2022-23   2   0   Sturm Graz

Orosz, Péter
*19.08.1981, 3 A, Mittelstürmer
2005-06   1   0   RB Salzburg
2006-07   5   1   RB Salzburg
2007-08 34   9   Wacker Innsbruck

Orsag, Mikloš
*21.12.1952, Mittelfeldspieler
1978-79   4   1   Grazer AK

Orsolits, Walter
Rechter Außendecker
1970-71 13   0   Wacker Wien

Ortega-Guarda, Yeray
*14.07.1979, Mittelfeldspieler
2008-09 10   1   SV Ried

Orthofer, Friedrich (Fritz)
Linksaußen
1960-61   1   0   Wiener AC

Ortiz Puentenueva, **César**
*30.01.1989, Innenverteidiger
2014-15 21   0   SC Rheindorf Altach
2015-16 24   3   SC Rheindorf Altach
2016-17   6   0   SC Rheindorf Altach
2016-17 12   0   SV Mattersburg
2017-18 19   0   SV Mattersburg
2018-19 23   1   SV Mattersburg

Ortlechner, Manuel
*04.03.1980, 9 A, Innenverteidiger
1999-00   1   0   SV Ried
2000-01 30   0   SV Ried
2001-02 25   1   SV Ried
2002-03 27   1   SV Ried
2004-05 23   0   FC Pasching
2005-06 27   0   FC Pasching
2006-07 29   0   FC Pasching
2007-08 35   1   Austria Kärnten
2008-09 31   1   Austria Kärnten
2009-10 29   4   Austria Wien
2010-11 29   2   Austria Wien
2011-12 31   0   Austria Wien
2012-13 36   2   Austria Wien
2013-14 30   0   Austria Wien
2014-15 13   0   Austria Wien

Ortmayer, Hermann
Rechter Außendecker
1961-62 23   0   Salzburger AK

Ortner, Helmut
Torwächter
1961-62 11   0   Salzburger AK

Ortner, Pascal
*24.11.1980, Stürmer/Mittelfeld
1998-99   4 0 Linzer ASK
1999-00   9 0 Linzer ASK
2000-01 23 2 LASK Linz
2003-04 14 1 Admira/Wacker Mödling
2004-05 29 3 Admira/Wacker Mödling

Ortner, Wilfried
*28.07.1952, Mittelfeldspieler
1973-74 30 7 WSG Radenthein/VSV
1974-75 10 1 VÖEST Linz
1975-76 30 1 VÖEST Linz
1976-77 35 1 VÖEST Linz
1977-78 23 1 VÖEST Linz
1978-79 17 0 VOEST Linz

Osei, Michael
*15.09.1971, Mittelfeldspieler
1991-92   8 0 Vorwärts Steyr
1992-93   5 0 Vorwärts Steyr

Oshchypko, Igor
*25.10.1985, 3 A, linker Außendecker
2014-15   3 0 Sturm Graz

Osicka, Karl
*28.11.1938, Rechtsaußen
1957-58   3 0 Rapid Wien
1958-59   1 2 Rapid Wien
1961-62 18 5 Kapfenberger SV
1963-64 16 0 Kapfenberger SV
1964-65 24 4 Kapfenberger SV
1965-66   5 0 Kapfenberger SV

Oslansky, Erich
*30.09.1941, rechter Außendecker/Mittelfeld
1959-60   1 0 Wacker Wien
1962-63 17 0 Wacker Wien
1964-65 18 0 Wacker Wien
1966-67 11 0 Wacker Wien
1969-70 26 4 First Vienna
1970-71 12 0 First Vienna

Oslansky, Rudolf (Rudi)
*23.05.1931, 12 A, rechter Läufer/Rechter Außendecker
1951-52 13 0 FC Wien
1952-53 26 1 FC Wien
1953-54 26 0 FC Wien
1954-55 22 0 FC Wien
1955-56 26 0 FC Wien
1956-57 20 0 Wiener Sportclub
1957-58 25 0 Wiener Sportclub
1958-59 26 0 Wiener Sportclub
1959-60 25 0 Wiener Sportclub
1960-61 26 1 Wiener Sportclub
1961-62 26 3 Wiener Sportclub
1962-63 25 0 Wiener Sportclub
1963-64 24 3 Wiener Sportclub
1964-65 15 1 Wiener Sportclub

Osoinik, Patrick
*29.01.1985, Außendecker
2003-04 13 0 Admira/Wacker Mödling
2004-05 24 0 Admira/Wacker Mödling
2005-06   9 0 Admira/Wacker Mödling
2008-09 31 1 Kapfenberger SV
2009-10 25 0 Kapfenberger SV

Ostrák, Tomáš
*05.02.2000, Mittelfeldspieler
2019-20 11 1 TSV Hartberg

Ostrzolek, Matthias
*05.06.1990, linker Außendecker
2020-21 15 0 Admira/Wacker Mödling
2021-22 22 0 Admira/Wacker Mödling

Oswald, Ferdinand Heinrich
*05.10.1990, Torwächter
2019-20 31 0 WSG Tirol
2020-21 28 0 WSG Tirol
2021-22 23 0 WSG Tirol
2022-23 27 0 WSG Tirol

Oswald, Moritz
*05.01.2002, Mittelfeldspieler
2021-22   8 0 Rapid Wien
2022-23 12 0 Rapid Wien
2023-24 26 0 Rapid Wien

Oswald, Winfried
*12.07.1936, rechter Außendecker
1967-68 18 0 WSG Radenthein

Ott, Friedrich
Linker Außendecker
1956-57   2 0 Kremser SC

Ott, Wolfgang
*29.01.1974, Torwächter
1999-00   9 0 Schwarz-Weiß Bregenz
2000-01   6 0 Schwarz-Weiß Bregenz

Otter, David Immanuel
*13.12.1991, linker Außendecker
2011-12   1 0 Kapfenberger SV

Otto, Ronald
*20.08.1956, Stürmer
1976-77 15 1 First Vienna
1977-78   7 0 First Vienna
1978-79 34 5 First Vienna
1979-80 10 1 First Vienna

Otubanjo, Yusuf
*12.09.1992, Stürmer
2012-13   1 0 RB Salzburg
2017-18 11 1 SC Rheindorf Altach
2018-19 19 2 Linzer ASK
2019-20   2 0 Linzer ASK

Ouédraogo, Issiaka
*19.08.1988, 22 A, Mittelstürmer
2011-12 25 6 Admira/Wacker Mödling
2012-13 25 6 Admira/Wacker Mödling
2013-14 28 4 Admira/Wacker Mödling
2014-15 34 2 Admira/Wacker Mödling
2015-16   1 0 Admira/Wacker Mödling
2015-16 29 9 Wolfsberger AC
2016-17 10 0 Wolfsberger AC
2017-18 31 3 Wolfsberger AC
2018-19 11 3 SKN St. Pölten
2019-20 13 3 SKN St. Pölten

Ouédraogo, Mohamed
*02.01.2003, 1 A, linker Außendecker
2023-24 15 1 SC Rheindorf Altach

Oum Gouet, Samuel Ives
*14.12.1997, 24 A, Mittelfeldspieler
2017-18 14 1 SC Rheindorf Altach
2018-19 25 2 SC Rheindorf Altach
2019-20 29 1 SC Rheindorf Altach
2020-21 30 1 SC Rheindorf Altach

Oussalé, Hervé
*16.06.1988, 3 A, Stürmer
2014-15   6 0 Wolfsberger AC

Ovenstad, Martin Rønning
*18.04.1994, Mittelfeldspieler
2016-17   4 0 Sturm Graz

Ožegović, Benjamin
*09.08.1999, Torwächter
1999-00 2 0 SC Rheindorf Altach
2020-21 4 0 WSG Tirol
2021-22 11 0 WSG Tirol
2022-23 5 0 WSG Tirol
2023-24 1 0 WSG Tirol

Ožegović, Damir
*03.12.1969, Mittelfeldspieler
1997-98 18 2 Admira/Wacker Mödling
2000-01 14 0 Admira/Wacker Mödling
2001-02 16 0 Admira/Wacker Mödling

Paal, Michael
*30.10.1966, Torwächter
1987-88 15 0 Sturm Graz
1988-89 2 0 Sturm Graz
1988-89 14 0 VSE St. Pölten
1989-90 30 0 VSE St. Pölten
1990-91 21 0 VSE St. Pölten
1991-92 29 0 VSE St. Pölten
1993-94 14 0 VSE St. Pölten
1995-96 5 0 Vorwärts Steyr

Pacal, Leopold
Rechter Läufer/Rechter Halbstürmer
1959-60 24 4 Wacker Wien
1960-61 26 0 Wacker Wien
1962-63 26 5 Wacker Wien
1964-65 7 0 Wacker Wien

Pacanda, Milan
*28.02.1928, Mittelfeldspieler
2005-06 22 7 Wacker Tirol

Pacult, Peter
*28.10.1959, 24 A, Stürmer
1980-81 16 6 Wiener Sportclub
1981-82 34 11 Wiener Sportclub
1982-83 26 16 Wiener Sportclub
1983-84 27 14 Wiener Sportclub
1984-85 27 12 Rapid Wien
1985-86 31 14 Rapid Wien
1986-87 29 21 Wattens-Wacker Innsbruck
1987-88 33 11 FC Tirol
1988-89 36 26 FC Tirol
1989-90 31 18 FC Tirol
1990-91 24 13 FC Tirol
1991-92 30 16 FC Tirol
1992-93 20 5 FC Stahl Linz
1995-96 32 3 Austria Wien

Pacult, Richard
*01.01.1964, Mittelfeldspieler
1988-89 2 0 Wiener Sportclub

Paczas, Fritz
Linksaußen
1957-58 8 3 ÖMV Olympia Wien

Padivy, Karl
Rechter Läufer
1958-59 1 0 First Vienna

Padmore, Richard
*03.12.1974, linker Außendecker
1993-94 10 0 Sturm Graz
1997-98 17 0 Austria Lustenau
1998-99 7 0 Austria Lustenau
1999-00 2 0 Austria Lustenau

Padrun, Raimund
*18.09.1955, Stürmer
1977-78 8 0 Grazer AK

Paier, Wolfgang
*29.11.1960, Stürmer
1981-82 1 0 VOEST Linz
1982-83 27 4 VOEST Linz
1983-84 25 8 VOEST Linz
1984-85 21 1 VOEST Linz

Painsi, Eduard
*01.02.1956, Mittelfeldspieler
1976-77 1 0 Sturm Graz

Painsi, Erich
*16.03.1966, Mittelfeldspieler
1989-90 19 0 Grazer AK

Paintsil, Seth
*20.05.1996, Mittelfeldspieler
2018-19 11 2 Admira/Wacker Mödling
2019-20 22 0 Admira/Wacker Mödling
2020-21 11 1 SV Ried
2021-22 20 4 TSV Hartberg
2022-23 11 0 TSV Hartberg

Pajduch, Paul
*07.11.1993, Torwächter
2011-12 1 0 Kapfenberger SV

Pajenk, Egon
*23.07.1950, 3 A, Vorstopper
1970-71 19 0 Rapid Wien
1971-72 22 0 Rapid Wien
1972-73 28 0 Rapid Wien
1973-74 30 1 Rapid Wien
1974-75 35 5 Rapid Wien
1975-76 35 6 Rapid Wien
1976-77 34 1 Rapid Wien
1977-78 36 3 Rapid Wien
1978-79 27 1 Rapid Wien
1979-80 18 0 Admira/Wacker

Pak, Kwang-Ryong
*27.09.1992, 43 A, Stürmer
2017-18 15 1 SKN St. Pölten
2018-19 24 4 SKN St. Pölten
2019-20 13 5 SKN St. Pölten

Pakasin, Željko
*08.06.1967, Mittelfeldspieler
1994-95 6 1 Sturm Graz
1995-96 1 0 Sturm Graz

Palanek, Franz
Torwächter
1963-64 4 0 Schwechater SC
1965-66 3 0 Austria Klagenfurt

Palkowitsch, Herbert
Mittelstürmer
1960-61 1 1 Wacker Wien

Pall, Erich
Torwächter
1965-66 1 0 First Vienna

Palla, Stephan
*15.05.1989, 14 A, linker Außendecker
2007-08   1   0   Rapid Wien
2008-09   2   0   Rapid Wien
2011-12 11   0   Admira/Wacker Mödling
2012-13 26   0   Admira/Wacker Mödling
2013-14   7   0   Rapid Wien
2014-15 24   0   Wolfsberger AC
2015-16 26   0   Wolfsberger AC
2016-17 15   0   Wolfsberger AC
2017-18 20   0   Wolfsberger AC

Pallaoro, Mario
*25.04.1928, Linksaußen
1960-61   2   0   Austria Salzburg

Pallhuber, Heinrich
*24.06.1930, rechter Läufer
1952-53 10   0   Salzburger AK

Palmer-Brown, Erik Ross
*24.04.1997, 4 A, Innenverteidiger
2019-20 22   2   Austria Wien
2020-21 24   0   Austria Wien

Palúch, Peter
*17.02.1958, Torwächter
1992-93 36   0   Wiener Sportclub
1993-94 34   0   Wiener Sportclub

Palyanytsya, Oleksandr
*29.02.1972, 2 A, Stürmer
1996-97 26   6   Linzer ASK

Pamić, Igor
*19.11.1969, 5 A, Stürmer
1998-99 11   1   Grazer AK
1999-00 23   8   Grazer AK
2000-01 28 14   Grazer AK
2001-02   4   0   Grazer AK

Pamić, Manuel
*20.08.1986, linker Außendecker
2007-08   6   0   RB Salzburg

Pammer, Manfred
*19.02.1961, Mittelfeldspieler
1985-86 12   0   Salzburger AK

Pammer, Siegfried
*14.05.1932, Linksaußen/Linker Halbstürmer
1955-56   9   1   Austria Graz
1959-60   1   0   WSV Donawitz

Pamminger, Manfred
*28.12.1977, Mittelfeldspieler
1995-96   3   0   Austria Salzburg
1997-98   2   0   Austria Salzburg
1998-99   9   0   Austria Salzburg
1999-00 20   0   Austria Salzburg
2000-01 30   0   Austria Salzburg
2006-07 26   0   FC Pasching
2007-08 12   0   SC Rheindorf Altach
2008-09 17   1   SC Rheindorf Altach

Panadić, Andrej
*09.03.1969, 3 A, Innenverteidiger
2001-02 14   1   Sturm Graz

Panenka, Antonin
*02.12.1948, 59 A, Mittelfeldspieler
1980-81 18   4   Rapid Wien
1981-82 33 13   Rapid Wien
1982-83 29 15   Rapid Wien
1983-84 26 18   Rapid Wien
1984-85 21 13   Rapid Wien

Pangerl, Walter
Linker Halbstürmer/Linksaußen
1961-62 11   2   Wiener AC
1962-63   8   0   Wiener AC
1963-64   4   1   Wiener AC
1964-65   4   0   Wiener AC

Pangop T'chidjui, **Frantz**
*18.05.1993, 6 A, Stürmer
2019-20   7   1   SC Rheindorf Altach

Panis, Jürgen
*21.04.1975, 5 A, Mittelfeldspieler
1993-94 20   3   Admira/Wacker
1994-95 35   4   Admira/Wacker
1995-96 18   0   Admira/Wacker
1996-97 30   2   Admira/Wacker
1997-98 28   0   Linzer ASK
1998-99 19   1   Linzer ASK
1999-00 32   3   Linzer ASK
2000-01 21   2   FC Tirol Innsbruck
2001-02 26   2   FC Tirol Innsbruck
2002-03 19   0   Austria Wien
2005-06 32   0   Admira/Wacker Mödling
2007-08 32   2   Linzer ASK
2008-09 14   0   Linzer ASK
2009-10 22   2   Linzer ASK

Panny, Thomas
*23.02.1987, rechter Außendecker
2005-06   1   0   Admira/Wacker Mödling

Pantelić, Marko
*15.09.1978, 40 A, Stürmer
1999-00   3   0   Sturm Graz

Papac, Saša
*07.02.1980, 39 A, linker Außendecker
2001-02 33   0   FC Kärnten
2002-03 30   0   FC Kärnten
2003-04 32   3   FC Kärnten
2004-05 33   2   Austria Wien
2005-06 20   0   Austria Wien
2006-07   5   0   Austria Wien

Papesch, Ernst
*1916, rechter Außendecker
1941-42   7   0   Post SG Wien (BK)
1946-47 15   0   Post SV Wien (WL)
1948-49   6   0   SCR Hochstädt (WL)
1949-50   2   0   Slovan Wien

Pappler, Gerhard
*16.08.1961, Manndecker
1986-87 11   0   Austria Klagenfurt

Paproth, Horst
*18.09.1936, linker Läufer
1960-61 25   1   Austria Wien
1961-62 26   1   Austria Wien
1962-63 24   2   Austria Wien
1963-64 22   0   Austria Wien
1966-67 26   2   Admira-Energie Wien
1967-68 20   5   Admira-Energie Wien

Parapatits, Joachim
*28.01.1981, Stürmer
2002-03   9   1   Austria Wien
2003-04   9   0   Admira/Wacker Mödling
2005-06   5   0   Austria Wien

Parger, Lukas
*06.11.2001, Mittelfeldspieler
2021-22   1   0   SC Rheindorf Altach

Parits, Thomas
*07.10.1946, 27 A, Stürmer
1964-65 21   1 Austria Wien
1965-66 11   3 Austria Wien
1966-67 26   6 Austria Wien
1967-68 26   9 Austria Wien
1968-69 28 10 Austria Wien
1969-70 29 14 Austria Wien
1977-78 32 15 Austria Wien
1978-79 29 22 Austria Wien
1979-80 26   8 VOEST Linz
1980-81 19   2 VOEST Linz

Parker, Devante James
*16.03.1996, Mittelfeldspieler
2017-18   7   0 SKN St. Pölten

Parlov, Ivan
*03.04.1984, Mittelfeldspieler
2010-11 14   0 SV Mattersburg
2011-12 25   0 SV Mattersburg

Partinger, Stefan
*17.01.1979, Manndecker
1998-99   2   0 Austria Salzburg
2001-02   4   0 Austria Salzburg
2002-03   5   0 Austria Salzburg

Pârvulescu, Paul
*11.08.1988, Mittelfeldspieler
2016-17 20   0 SKN St. Pölten

Pasanen, Petri
*24.09.1980, 78 A, Innenverteidiger
2011-12 18   0 RB Salzburg

Paseka, Siegfried
*18.01.1964, linker Außendecker
1984-85   4   0 Linzer ASK
1985-86 31   1 Linzer ASK
1986-87 27   3 Linzer ASK
1987-88 15   0 Linzer ASK
1988-89 16   2 Linzer ASK

Pashazadeh, Mehdi
*27.12.1973, 14 A, Mittelfeld/Innenverteidiger
2003-04 28   3 Rapid Wien
2004-05   4   0 Sturm Graz
2004-05 13   2 Admira/Wacker Mödling
2005-06 20   2 Admira/Wacker Mödling

Pašić, Alem
*23.08.1997, Mittelfeldspieler
2023-24 16   0 Blau-Weiß Linz

Pašić, Ilijas
*10.05.1934, 8 A, Mittelstürmer
1966-67 17   1 Schwarz-Weiß Bregenz

Pastoor, Alexander Anton Aiko
*26.10.1966, Mittelfeldspieler
1999-00 33   0 Austria Lustenau

Paterno, Günther
*12.01.1952, Mittelfeldspieler
1969-70   3   0 FC Dornbirn

Patocka, Jürgen
*30.07.1977, 5 A, Innenverteidiger
2004-05 26   1 SV Mattersburg
2005-06 33   3 SV Mattersburg
2006-07 31   2 SV Mattersburg
2007-08 35   2 Rapid Wien
2008-09 32   1 Rapid Wien
2009-10 22   0 Rapid Wien
2010-11 16   2 Rapid Wien
2011-12   6   1 Rapid Wien

Pauer, Gottfried
*27.08.1952, Stürmer
1973-74   7   0 SC Eisenstadt

Paukner, Friedrich (Fritz)
*24.12.1931, rechter Außendecker/Rechter Läufer
1959-60 12   0 Wacker Wien
1960-61   4   0 Wacker Wien
1961-62   6   0 Schwechater SC

Paul, Herbert
*11.02.1994, rechter Außendecker
2021-22 11   0 Austria Klagenfurt

Paulin, Thomas
*29.01.1968, Mittelfeldspieler
1990-91   1   1 Vorwärts Steyr

Paulinho (Antônio Paulo de Souza)
*12.09.1937, Rechtsaußen/Mittelstürmer
1962-63 12   3 First Vienna
1963-64 20 10 First Vienna
1964-65   2   1 First Vienna
1964-65 13   1 Grazer AK
1965-66   2   0 Grazer AK
1966-67   1   0 First Vienna

Paulitsch, Günther
*14.11.1939, 1 A, Torwächter
1964-65 25   0 Sturm Graz
1965-66 12   0 First Vienna
1966-67 18   0 First Vienna
1967-68 16   0 Sturm Graz
1968-69   4   0 Sturm Graz
1969-70   2   0 Sturm Graz
1970-71   2   0 Sturm Graz

Paulo Miranda (Jonathan Doin)
*16.08.1988, Innenverteidiger
2015-16 30   2 RB Salzburg
2016-17 27   2 RB Salzburg
2017-18 10   0 RB Salzburg

Paur, Peter
Mittelfeldspieler
1966-67   1   0 SC Wiener Neustadt

Pauritsch, René
*04.02.1964, Stürmer
1983-84   8   0 Grazer AK
1985-86   7   0 Grazer AK
1990-91 17   1 DSV Alpine
1991-92   3   0 DSV Alpine

Pauschenwein, Anton
*24.01.1981, Innenverteidiger
2003-04 20   0 SV Mattersburg
2004-05 25   0 SV Mattersburg
2005-06 15   1 SV Mattersburg
2006-07   7   0 SV Mattersburg
2007-08 10   0 SV Mattersburg
2008-09 19   0 SV Mattersburg
2009-10 25   0 SV Mattersburg
2010-11 16   0 SV Mattersburg

Pavão (Marcelo Pereira Moreira)
*15.04.1974, Rechtsaußen/Rechter Außendecker
1997-98 15   0 Austria Lustenau
1998-99 25   1 Austria Lustenau
1999-00   6   0 Austria Lustenau

Pavelić, Mario
*19.09.1993, rechter Außendecker
2013-14 10   0 Rapid Wien
2014-15 28   1 Rapid Wien
2015-16 26   2 Rapid Wien
2016-17 28   1 Rapid Wien
2017-18 12   0 Rapid Wien
2019-20 14   1 Admira/Wacker Mödling
2020-21 10   0 Wolfsberger AC

Pavić, Markus
*26.03.1995, linker Außendecker
2015-16   9   0   Admira/Wacker Mödling
2016-17   8   0   Admira/Wacker Mödling

Pavitschitz, Werner
*20.10.199, Torwächter
1980-81   1   0   SC Eisenstadt

Pavlek, Nikica
*06.12.1971, Mittelfeldspieler
1998-99   26   3   Vorwärts Steyr

Pavlov, Srđan
*28.01.1984, Stürmer
2008-09   12   2   Kapfenberger SV
2009-10   25   9   Kapfenberger SV
2010-11   3   0   Kapfenberger SV
2011-12   3   0   Kapfenberger SV
2011-12   3   0   Sturm Graz

Pavlović, Andrija
*16.11.1993, 5 A, Stürmer
2018-19   19   4   Rapid Wien

Pavlović, Strahinja
*24.05.2001, 37 A, Innenverteidiger
2022-23   24   1   RB Salzburg
2023-24   26   3   RB Salzburg

Pavlović, Željko
*02.03.1971, 7 A, Torwächter
1996-97   35   0   FC Linz
1997-98   26   0   Linzer ASK
1998-99   29   0   Linzer ASK
1999-00   27   0   Linzer ASK
2000-01   23   0   LASK Linz
2003-04   13   0   FC Kärnten
2004-05   26   0   Wacker Tirol
2005-06   31   0   Wacker Tirol
2006-07   24   0   Wacker Tirol
2007-08   26   0   Wacker Innsbruck

Pavlović, Zoran
*27.06.1976, 21 A, Mittelfeldspieler
2001-02   20   0   Austria Wien
2002-03   5   0   Austria Salzburg

Pawlek, Paul
*12.03.1957, Stürmer
1974-75   3   0   Rapid Wien
1975-76   17   4   Rapid Wien
1976-77   24   8   Rapid Wien
1977-78   25   6   Rapid Wien
1978-79   17   4   Rapid Wien
1982-83   12   0   Simmeringer SC

Pawlek, Walter
*29.09.1955, Stürmer
1975-76   11   1   Rapid Wien

Pawłowski, Peter
*18.03.1977, Stürmer
1997-98   36   7   Linzer ASK
1998-99   24   6   Linzer ASK
1999-00   11   0   FC Tirol Innsbruck
2000-01   5   0   Schwarz-Weiß Bregenz

Pawłowski, Tadeusz
*14.10.1953, 5 A, Mittelfeld/Stürmer
1982-83   12   1   Admira/Wacker
1983-84   8   1   Admira/Wacker

Patrick (Patrick Robson de Souza Monteiro)
*11.05.1998, Stürmer
2021-22   8   1   Admira/Wacker Mödling

Patzold, Walter
Mittelstürmer
1956-57   6   1   FC Stadlau

Paukner, Fritz
*24.12.1931, linker Außendecker
1958-59   9   0   Wacker Wien
1959-60   12   0   Wacker Wien
1960-61   4   0   Wacker Wien
1961-62   6   0   Schwechater SC

Paul, Robert
Außenläufer
1951-52   21   0   Favoritner SK

Pavetich, Ignaz
Rechtsaußen
1958-59   2   0   Wacker Wien

Pavuza, Franz
*19.05.1920, 7 A, rechter Außendecker
1937-38   3   0   FC Wien (NL)
1939-40   2   0   FC Wien (BK)
1940-41   17   0   FC Wien (BK)
1941-42   11   0   FC Wien (BK)
1943-44   16   0   FC Wien (BK)
1945-46   9   0   FC Wien (WL)
1946-47   20   0   FC Wien (WL)
1947-48   14   0   Wacker Wien (WL)
1948-49   16   0   Wacker Wien (WL)
1949-50   24   1   Wacker Wien
1950-51   24   0   Wacker Wien
1951-52   9   0   Wacker Wien

Payer
Mittelstürmer
1966-67   1   0   Kapfenberger SV

Payer, Helge
*09.08.1979, 20 A, Torwächter
2001-02   23   0   Rapid Wien
2002-03   18   0   Rapid Wien
2003-04   26   0   Rapid Wien
2004-05   23   0   Rapid Wien
2005-06   32   0   Rapid Wien
2006-07   34   0   Rapid Wien
2007-08   36   0   Rapid Wien
2008-09   13   0   Rapid Wien
2009-10   22   0   Rapid Wien
2010-11   15   0   Rapid Wien
2011-12   12   0   Rapid Wien

Payerl, Eduard
Linksaußen/Linker Läufer
1948-49   4   1   Wacker Wien (WL)
1949-50   5   1   Wacker Wien
1950-51   24   1   Vorwärts Steyr
1951-52   9   0   Linzer ASK
1952-53   7   0   Linzer ASK
1952-53   1   0   First Vienna
1953-54   19   3   First Vienna
1954-55   11   1   First Vienna
1955-56   6   0   Sturm Graz

Pazmandy, Istvan
Linker Halbstürmer/Linker Außendecker
1958-59   1   0   ÖMV Olympia Wien
1961-62   11   0   Kapfenberger SV
1965-66   5   0   Kapfenberger SV
1966-67   26   0   Kapfenberger SV

Pazourek, Luka
*04.02.2005, Mittelfeld/Rechter Außendecker
2023-24   5   1   Austria Wien

Pecelj, Srđan
*12.03.1975, 5 A, Innenverteidiger
2005-06   16   0   Admira/Wacker Mödling

Pecanka, Alois
*12.01.1927, Linker Halbstürmer
1950-51   9   6   Wiener Sportclub
1951-52   7   3   Wiener Sportclub
1951-52 12   2   Favoritner SK
1953-54   8   2   Simmeringer SC
1954-55 25 13   Simmeringer SC
1955-56 24 13   Simmeringer SC
1956-57 22   4   Simmeringer SC
1957-58 22   6   Simmeringer SC
1958-59 15   3   Simmeringer SC

Pecanka, Josef
*07.04.1925, Linksaußen/Rechter Außendecker
1953-54   4   0   Simmeringer SC
1954-55 18   7   Simmeringer SC
1955-56 19   8   Simmeringer SC
1956-57   2   0   Simmeringer SC
1957-58   1   0   Simmeringer SC
1958-59   1   0   Simmeringer SC

Pecho, Herbert
Linksaußen/Linker Läufer
1961-62 13   0   Salzburger AK

Pecirep, Darijo
*14.08.1991, Stürmer
2014-15   8   0   SC Rheindorf Altach
2021-22 11   1   Austria Klagenfurt

Peck, Josef
*02.07.1955, Torwächter
1979-80   1   0   Austria Wien

Pecl, Robert
*15.11.1965, 31 A, Vorstopper/Libero
1986-87 14   0   Rapid Wien
1987-88 31   1   Rapid Wien
1988-89 25   2   Rapid Wien
1989-90 22   1   Rapid Wien
1990-91 19   3   Rapid Wien
1991-92 23   3   Rapid Wien
1992-93 24   2   Rapid Wien
1993-94 15   3   Rapid Wien
1994-95 16   0   Rapid Wien

Pedersen, Kjetil Ruthford
*22.05.1973, Innenverteidiger
2000-01 13   0   LASK Linz

Pedersen, Jan Ove
*12.11.1968, 15 A, Mittelfeldspieler
1999-00 16   4   Schwarz-Weiß Bregenz
2000-01 30   2   Schwarz-Weiß Bregenz
2001-02 30   1   Schwarz-Weiß Bregenz
2002-03 26   0   Schwarz-Weiß Bregenz
2003-04 28   0   Schwarz-Weiß Bregenz
2004-05 21   0   Schwarz-Weiß Bregenz

Peer, Josef
*12.02.1951, Mittelfeldspieler
1969-70   1   0   Wacker Innsbruck

Pegam, Dietmar
*11.06.1968, Mittelfeldspieler
1986-87   1   0   Sturm Graz
1988-89   3   0   Sturm Graz
1989-90   9   1   Sturm Graz
1990-91 32   4   Sturm Graz
1991-92 15   2   Sturm Graz

Peham, Christoph
*27.07.1973, Torwächter
1993-94   1   0   Wiener Sportclub

Pehlivan, Yasin
*05.01.1989, 17 A, Mittelfeldspieler
2008-09 14   2   Rapid Wien
2009-10 28   0   Rapid Wien
2010-11 20   1   Rapid Wien
2015-16 16   0   RB Salzburg

Peintinger, Christian
*14.04.1967, Mittelfeldspieler
1986-87 12   1   Sturm Graz
1987-88 20   1   FC Tirol
1988-89 12   0   Linzer ASK
1990-91 28   0   DSV Alpine
1991-92 21   1   DSV Alpine

Peintinger, Gerhard
*21.11.1941, Mittelfeld/Linksaußen
1963-64 21   5   Kapfenberger SV
1968-69 17   5   WSV Donawitz

Peintinger, Walter
*24.05.1945, Mittelfeldspieler
1967-68 16   7   Sturm Graz
1968-69 26 10   Sturm Graz
1969-70   2   0   Sturm Graz
1970-71 15   5   Sturm Graz
1971-72 21   6   Sturm Graz
1972-73 27   4   Sturm Graz
1973-74 15   1   Sturm Graz
1974-75   8   1   Sturm Graz

Peischl, Helmut
*1946, Mittelfeldspieler
1967-68   6   1   Sturm Graz

Peischl, Heinz
*09.12.1963, 3 A, Mittelfeldspieler
1983-84 16   3   SC Eisenstadt
1984-85 23   5   SC Eisenstadt
1985-86 15   1   Wattens-Wacker Innsbruck
1986-87 19   1   Wattens-Wacker Innsbruck
1987-88 32   1   FC Tirol
1988-89 30   2   FC Tirol
1989-90 20   2   FC Tirol
1990-91 26   1   FC Tirol
1991-92 21   0   FC Tirol
1992-93 14   0   FC Stahl Linz
1992-93   9   0   Wacker Innsbruck
1994-95   3   0   FC Tirol

Peischl, Rudolf (Rudi)
Mittelfeldspieler
1967-68   3   0   Sturm Graz

Pejić, Aleksa
*09.07.1999, 2 A, Mittelfeldspieler
2022-23 26   0   Rapid Wien

Pejić, Marko
*24.02.1995, linker Außendecker
2017-18   1   0   Austria Wien

Pejić, Pero
*28.11.1982, Stürmer
2008-09 12   2   Kapfenberger SV
2009-10   1   0   Kapfenberger SV

Pekala, Tomasz
*05.05.1984, Mittelfeldspieler
2003-04 19   0   Schwarz-Weiß Bregenz
2004-05 22   0   Schwarz-Weiß Bregenz

Pekar, Josef
Linker Außendecker
1964-65   2   0   Wacker Wien

Pekovsek, Helmut
*1949, Mittelstürmer
1966-67   18   3   Kapfenberger SV
1973-74   7   0   DSV Alpine

Pekovsek, Othmar
*13.08.1952, rechter Außendecker
1976-77   8   0   Grazer AK

Pelikan, Franz
*06.11.1925, 6 A, Torwächter
1946-47   15   0   Wacker Wien (WL)
1947-48   18   0   Wacker Wien (WL)
1948-49   16   0   Wacker Wien (WL)
1949-50   21   0   Wacker Wien
1950-51   24   0   Wacker Wien
1951-52   25   0   Wacker Wien
1952-53   26   0   Wacker Wien
1953-54   22   0   Wacker Wien
1954-55   18   0   Wacker Wien
1955-56   22   0   Wacker Wien
1956-57   23   0   Wacker Wien
1957-58   22   0   Wacker Wien
1958-59   6   0   Wacker Wien
1958-59   8   0   Wiener AC
1959-60   4   0   Wiener AC
1959-60   7   0   Admira-Energie Wien

Pelikan, Ludwig
*02.07.1949, Stürmer
1971-72   16   2   VÖEST Linz
1972-73   19   5   VÖEST Linz
1973-74   9   3   DSV Alpine

Penava, Marco
*18.04.1965, Mittelfeldspieler
1987-88   4   0   Admira/Wacker

Penksa, Marek
*04.08.1973, 7 A, Mittelfeldspieler
1995-96   16   6   Grazer AK
1996-97   27   4   Rapid Wien
1997-98   27   7   Rapid Wien
1998-99   35   4   Rapid Wien
1999-00   21   3   Rapid Wien

Pentz, Patrick
*02.01.1997, 10 A, Torwächter
2015-16   1   0   Austria Wien
2017-18   24   0   Austria Wien
2018-19   27   0   Austria Wien
2019-20   13   0   Austria Wien
2020-21   32   0   Austria Wien
2021-22   32   0   Austria Wien

Penz, Leopold
Rechter Läufer
1960-61   1   0   Simmeringer SC

Peraica, Boško
*07.12.1977, Stürmer
2004-05   29   2   Admira/Wacker Mödling

Perchtold, Marco
*21.09.1988, Mittelfeld/Innenverteidiger
2006-07   12   1   Grazer AK
2013-14   8   1   SV Grödig
2016-17   23   3   SKN St. Pölten

Percudani, José Alberto
*22.03.1965, 5 A, Stürmer
1987-88   13 12   Austria Wien
1988-89   34 23   Austria Wien
1989-90   5   0   Austria Wien

Peretz, Eliel
*18.11.1996, Mittelfeldspieler
2020-21   15   4   Wolfsberger AC
2021-22   28   7   Wolfsberger AC

Perić, Ozren
*04.04.1987, Stürmer
2005-06   1   0   Sturm Graz
2006-07   6   0   Sturm Graz
2007-08   15   0   Sturm Graz

Perić, Stefan
*13.02.1997, Innenverteidiger
2018-19   7   0   Wacker Innsbruck
2019-20   1   0   Wolfsberger AC
2020-21   6   0   Wolfsberger AC

Perischa, Herbert
*01.04.1949, Libero/Vorstopper
1970-71   7   0   First Vienna
1971-72   13   0   First Vienna
1972-73   14   1   First Vienna
1973-74   32   3   First Vienna
1976-77   36   3   First Vienna
1977-78   34   6   First Vienna
1978-79   33   4   First Vienna

Peritsch, Manfred
*10.05.1965, Stürmer
1983-84   1   0   Sturm Graz
1984-85   1   0   Sturm Graz
1985-86   2   0   Sturm Graz

Perktold, Mathias
*17.04.1987, Mittelfeldspieler
2011-12   2   0   Wacker Innsbruck

Perlak, Gerhard
*28.09.1955, Stürmer
1978-79   32   3   Austria Salzburg
1979-80   35   2   Austria Salzburg
1980-81   13   1   Austria Salzburg
1981-82   36   5   Austria Salzburg
1982-83   19   2   Austria Salzburg
1983-84   22   4   Austria Salzburg
1984-85   19   3   Austria Salzburg

Perlak, Michael
*26.12.1985, Mittelfeldspieler
2015-16   28   3   SV Mattersburg
2016-17   23   4   SV Mattersburg
2017-18   22   2   SV Mattersburg
2018-19   7   0   SV Mattersburg

Perović, Marko
*11.01.1984, Mittelfeldspieler
2000-01   8   1   Austria Wien

Perović, Vukan
*18.,10.1952, Stürmer
1978-79   28 11   Rapid Wien
1979-80   15 10   Rapid Wien
1982-83   9   1   Rapid Wien

Persidis, Peter
*08.03.1947, 7 A, Libero
1967-68   11   0   First Vienna
1969-70   30   0   First Vienna
1970-71   30   1   First Vienna
1975-76   20   0   Rapid Wien
1976-77   35   2   Rapid Wien
1977-78   31   1   Rapid Wien
1978-79   32   1   Rapid Wien
1979-80   35   0   Rapid Wien
1980-81   18   0   Rapid Wien
1981-82   11   0   Rapid Wien

Persson, Olof Gösta Anton
*05.05.1978, 4 A, Innenverteidiger
2001-02   5   0   FC Tirol Innsbruck

Perstaller, Julius
*08.04.1989, Stürmer
2007-08   1   0   Wacker Innsbruck
2010-11 36   8   Wacker Innsbruck
2011-12 32   5   Wacker Innsbruck
2012-13 28   6   Wacker Innsbruck
2013-14 25   3   SV Ried
2014-15 24   5   SV Ried

Perstling, Paul
*25.06.1961, Stürmer
1982-83 17   1   Union Wels
1983-84 11   2   Union Wels
1986-87 20 11   SC Eisenstadt
1987-88 22 15   VOEST Linz
1988-89   9   1   Rapid Wien
1989-90 21 12   Kremser SC
1990-91 20   2   Kremser SC
1991-92   2   0   Kremser SC

Perthel, Timo Christopher
*11.02.1989, linker Außendecker/Mittelfeld
2010-11 20   0   Sturm Graz

Pervan, Pavao
*13.11.1987, 7 A, Torwächter
2010-11   2   0   Linzer ASK
2017-18 35   0   Linzer ASK

Perzy, Gerald
*14.08.1967, Mittelfeldspieler
1986-87   1   0   Linzer ASK

Pesl, Josef
Linksaußen/Linker Halbstürmer
1953-54 25   8   Wiener AC
1956-57 19   7   Wiener AC
1957-58 22 15   Wiener AC
1958-59 21   5   Wiener AC
1959-60 10   4   Wiener AC
1960-61   1   0   Wiener AC
1961-62   8   3   Wiener AC
1962-63   6   0   Wiener AC

Pesser, Johann
*07.11.1939, linker Außendecker
1958-59   2   0   Wiener Sportclub
1959-60   4   0   Wiener Sportclub
1959-60 11   0   Wacker Wien
1960-61 13   1   Wacker Wien
1963-64   5   0   Admira-Energie Wien
1964-65   6   0   Admira-Energie Wien

Pestitschek, Alfred
*19.10.1922, rechter Läufer
1951-52 26   0   Grazer AK
1952-53 26   1   Grazer AK
1953-54 15   0   Grazer AK
1954-55   2   0   Grazer AK

Peter, Wilhelm
Linker Läufer/Linker Außendecker
1956-57 24   0   Kremser SC
1957-58 25   1   Kremser SC

Péter, Zoltán
*23.03.1958, 26 A, linker Außendecker
1987-88 28   8   First Vienna
1988-89 19   6   First Vienna

Peterka, Franz
*24.04.1949, Stürmer
1967-68   1   0   SC Eisenstadt
1968-69   1   0   SC Eisenstadt

Petermichl, Franz
Rechter Halbstürmer/Rechtsaußen
1951-52 16   1   Favoritner SK

Petermichl, Peter
Linker Halbstürmer/Linksaußen
1958-59   1   0   Simmeringer SC
1959-60   2   0   Simmeringer SC
1960-61   1   0   Simmeringer SC
1961-62   5   1   Simmeringer SC
1963-64   2   1   Simmeringer SC

Petersdorfer, Kurt
*28.11.1961, Stürmer
1980-81   1   0   VOEST Linz
1981-82   1   0   VOEST Linz
1982-83   2   0   VOEST Linz

Petersen, Calvin
*15.11.1961, 1 A, Stürmer
1986-87   6   1   SC Eisenstadt

Petersen, Jens
*22.12.1941, 21 A, Mittelfeldspieler
1970-71 12   0   Rapid Wien

Petkov, Petko
*03.08.1946, 33 A, Mittelstürmer
1980-81 17   5   Austria Wien
1981-82 35   4   Austria Wien

Petković, Alexandar
*11.10.1995, Innenverteidiger
2017-18   1   0   SC Rheindorf Altach

Petlach, Pascal
*08.01.1999, Innenverteidiger/Mittelfeld
2017-18 10   0   Admira/Wacker Mödling
2018-19   5   0   Admira/Wacker Mödling
2019-20   8   1   Admira/Wacker Mödling
2020-21   5   0   Admira/Wacker Mödling

Petres, Tamás
*03.09.1968, 4 A, Stürmer
1990-91 15   2   VSE St. Pölten

Petrinović, Vratoslav
*13.04.1959, Mittelfeldspieler
1986-87 20   1   Admira/Wacker
1987-88 11   0   Admira/Wacker

Petronijević, Goran
*15.08.1966, Stürmer
1989-90   6   0   First Vienna

Petrouš, Adam
*19.09.1977, 4 A, Innenverteidiger
2004-05   9   1   Austria Wien

Petrouschek, Maximilian (Max)
Mittelfeldspieler
1968-69   1   0   WSV Donawitz

Petrović, Anto
*01.06.1975, Innenverteidiger
2002-03 12   0   Sturm Graz

Petrović, Danijel
*27.11.1992, Innenverteidiger
2016-17 26   3   SKN St. Pölten
2017-18 10   0   SKN St. Pölten
2018-19   8   0   SKN St. Pölten
2019-20   6   0   SKN St. Pölten

Petrović, Dejan
*12.01.1998, 1 A, Mittelfeldspieler
2019-20 14   0   Rapid Wien
2020-21 24   0   Rapid Wien
2021-22 21   0   Rapid Wien
2022-23   4   0   Rapid Wien

Petrović, Ljubomir (Ljupko)
*29.03.1961, rechter Außendecker/Manndecker
1986-87 20 0 First Vienna
1988-89 31 1 VSE St. Pölten
1989-90 21 1 Vorwärts Steyr
1990-91 30 3 Vorwärts Steyr
1991-92 16 0 Kremser SC

Petrović, Michael (Mischa)
*18.10.1957, 1 A, Mittelfeld/Libero
1985-86 36 3 Sturm Graz
1986-87 35 0 Sturm Graz
1987-88 36 1 Sturm Graz
1988-89 21 1 Sturm Graz
1989-90 36 0 Sturm Graz
1990-91 36 1 Sturm Graz
1991-92 22 0 Sturm Graz
1992-93 17 0 Sturm Graz

Petrović, Zoran
*01.06.1975, Stürmer
1995-96 2 0 Vorwärts Steyr

Petru, Herbert
Innenstürmer
1963-64 1 1 Austria Wien

Petsos, Thanos
*05.06.1991, 4 A, rechter Außendecker
2013-14 27 3 Rapid Wien
2014-15 27 1 Rapid Wien
2015-16 20 1 Rapid Wien
2017-18 18 0 Rapid Wien
2019-20 14 1 WSG Tirol
2020-21 29 1 WSG Tirol
2021-22 17 2 WSG Tirol

Petter, Hannes
*20.08.1966, Manndecker
1992-93 14 0 FC Stahl Linz

Pezzey, Bruno
*03.02.1955, 84 A, Libero/Vorstopper
1973-74 28 3 FC Vorarlberg
1974-75 28 2 Wattens-Wacker Innsbruck
1975-76 35 7 Wattens-Wacker Innsbruck
1976-77 34 4 Wattens-Wacker Innsbruck
1977-78 32 5 Wattens-Wacker Innsbruck
1987-88 26 3 FC Tirol
1988-89 34 3 FC Tirol
1989-90 26 0 FC Tirol

Pfalzer, Siegmund
*16.07.1947, Stürmer
1965-66 1 0 SC Wiener Neustadt
1966-67 15 0 SC Wiener Neustadt
1972-73 14 1 Admira Wiener Neustadt

Pfeffer, Anton (Toni)
*17.08.1965, 63 A, Manndecker
1985-86 1 0 Austria Wien
1986-87 1 0 Austria Wien
1987-88 23 5 Austria Wien
1988-89 36 2 Austria Wien
1989-90 35 3 Austria Wien
1990-91 33 2 Austria Wien
1991-92 32 4 Austria Wien
1992-93 26 2 Austria Wien
1993-94 33 3 Austria Wien
1994-95 35 1 Austria Wien
1995-96 31 1 Austria Wien
1996-97 33 0 Austria Wien
1997-98 30 1 Austria Wien
1998-99 21 0 Austria Wien
1999-00 25 0 Austria Wien

Pfeifenberger, Heimo
*29.12.1966, 40 A, Rechtsaußen
1988-89 19 10 Rapid Wien
1989-90 35 13 Rapid Wien
1990-91 29 10 Rapid Wien
1991-92 34   9 Rapid Wien
1992-93 34 19 Austria Salzburg
1993-94 31 14 Austria Salzburg
1994-95 27 11 Austria Salzburg
1995-96 30 14 Austria Salzburg
1998-99 15   2 Austria Salzburg
1999-00 11   0 Austria Salzburg
2000-01 16   1 Austria Salzburg
2001-02 26   4 Austria Salzburg
2002-03 13   5 Austria Salzburg
2003-04 24   5 Austria Salzburg
2004-05   1   0 Austria Salzburg

Pfeifer, Karl
Mittelstürmer
1950-51 1 0 Floridsdorfer AC

Pfeifer, Manuel
*10.09.1999, linker Außendecker
2022-23 16 0 TSV Hartberg
2023-24 31 0 TSV Hartberg

Pfeifer, Martin
*24.10.1979, Stürmer
1996-97 1 0 Rapid Wien

Pfeiffer, Franz
*18.08.1935, Rechter Halbstürmer
1951-52   2 0 Wiener Sportclub
1953-54   1 0 Wiener Sportclub
1954-55   2 0 Wiener Sportclub
1955-56 11 2 FC Stadlau
1956-57 12 1 Kapfenberger SV
1957-58 16 4 Kapfenberger SV
1959-60   3 1 Austria Salzburg
1959-60   5 1 Austria Wien

Pfeiffer, Helmut
*15.06.1971, Mittelfeldspieler
1989-90 3 0 First Vienna

Pfeiffer, Karl
*20.01.1956, Stürmer
1976-77 1 0 Austria/WAC

Pfeiffer, Walter
*12.06.1927, Linksaußen
1954-55 1 0 Linzer ASK

Pfeiler, Thomas
*05.11.1960, Mitfielder
1978-79   8   4 Austria Wien
1979-80 18   5 Austria Wien
1980-81 22 13 Austria Wien
1981-82   4   0 Austria Wien
1981-82 14   0 Wiener Sportclub
1982-83 14   2 Austria Wien
1982-83 10   0 Simmeringer SC
1984-85 13   4 First Vienna
1984-85 13   1 Wattens-Wacker Innsbruck
1988-89   2   0 Grazer AK

Pfeilstöcker, Thomas
18.06.1978, Innenverteidiger
2013-14 1 0 SV Grödig

Pfingstl, Markus
*15.01.1979, Mittelfeldspieler
1999-00 2 0 Grazer AK
2000-01 1 0 Grazer AK

Pfingstner, Andreas
*24.03.1993, Innenverteidiger
2013-14 2 0 Sturm Graz
2014-15 2 0 Sturm Graz

Pfister, Bernhard
*09.08.1965, Manndecker
1989-90 13 1 Vorwärts Steyr
1990-91 31 1 Vorwärts Steyr
1991-92 28 1 Vorwärts Steyr
1992-93 35 0 Vorwärts Steyr
1993-94 28 0 Vorwärts Steyr
1994-95 12 0 Vorwärts Steyr
1995-96 26 1 Vorwärts Steyr

Pfister, Enrico
*04.04.1982, linker Außendecker
2006-07 29 1 SC Rheindorf Altach
2007-08 18 0 SC Rheindorf Altach
2008-09   8 0 SC Rheindorf Altach

Pfleger, Franz
*16.05.1961, Stürmer
1980-81 10 3 Sturm Graz
1981-82   4 0 Sturm Graz
1982-83   2 0 Sturm Graz

Pfleger, Karl
Linker Außendecker
1952-53   9 0 VfB Union Mödling

Pflug, Dieter
*13.03.1934, Torwächter
1952-53   5 0 Rapid Wien
1953-54   5 0 Rapid Wien
1954-55   9 0 FC Wien
1955-56   1 0 Rapid Wien
1958-59 22 0 ÖMV Olympia Wien
1959-60   6 0 Rapid Wien

Pflug, Ingo
Torwächter
1963-64   3 0 Wiener AC
1964-65   7 0 Wiener AC

Pfolz, Josef
Linksaußen
1950-51   2 0 First Vienna

Philipp, Alexander
*21.06.1965, Torwächter
1985-86   1 0 Austria Klagenfurt
1986-87   5 0 Austria Klagenfurt
1987-88 22 0 Austria Klagenfurt
1988-89   3 0 Austria Klagenfurt

Philipp, Karl
*05.02.1950, Mittelfeldspieler
1968-69 22 5 Grazer AK
1969-70 26 3 Grazer AK
1970-71 19 1 Grazer AK
1971-72 26 6 Grazer AK
1972-73 25 5 Grazer AK
1973-74 28 4 Grazer AK
1975-76 33 2 Grazer AK
1976-77 30 3 Grazer AK
1977-78 32 0 Grazer AK
1978-79 25 1 Grazer AK
1979-80   5 0 Grazer AK

Piątkowski, Kamil Dawid
*21.06.2000, 3 A, Innenverteidiger
2021-22 13 0 RB Salzburg
2022-23   3 0 RB Salzburg
2023-24   7 1 RB Salzburg

Picão (Sadi Paz Gatto)
*02.03.1940, Mittelstürmer
1963-64 14 7 FC Dornbirn

Pichler, Alfred
*17.07.1936, Linksaußen
1954-55   8 7 First Vienna
1955-56 18 5 First Vienna
1956-57 26 11 First Vienna
1957-58 19 6 First Vienna
1958-59 25 6 First Vienna
1959-60 22 6 First Vienna
1960-61 22 6 First Vienna
1961-62 23 2 First Vienna
1962-63   7 0 First Vienna
1963-64 10 2 First Vienna

Pichler, Alfred
*18.03.1936, Innenstürmer/Außenläufer
1955-56 20 2 Sturm Graz
1956-57 14 0 Sturm Graz
1957-58 15 0 Sturm Graz

Pichler, Anton (Andy)
*04.10.1955, 11 A, Mittelfeld/Libero
1974-75 33 2 Sturm Graz
1975-76 34 2 Sturm Graz
1976-77 32 2 Sturm Graz
1977-78 36 4 Sturm Graz
1978-79 36 3 Sturm Graz
1979-80 36 0 Sturm Graz
1980-81 32 1 Sturm Graz
1981-82 36 2 Sturm Graz
1982-83 26 1 Sturm Graz
1983-84 29 3 Sturm Graz
1984-85 28 4 Sturm Graz
1985-86 35 1 Sturm Graz
1986-87 17 0 Sturm Graz
1988-89   4 0 VSE St. Pölten

Pichler, Benedikt
*20.07.1997, Mittelstürmer/Linksaußen
2019-20 16 4 Austria Wien
2020-21 22 6 Austria Wien
2021-22   5 1 Austria Wien

Pichler, Gerald
*15.06.1962, Stürmer
1981-82   7 0 Linzer ASK

Pichler, Harald (Harry)
*18.06.1987, Innenverteidiger/Mittelfeld
2010-11 32 0 Wacker Innsbruck
2011-12 28 1 Rapid Wien
2012-13 22 1 Rapid Wien
2013-14 11 0 Rapid Wien
2013-14 14 0 SV Ried
2014-15 26 1 SV Ried
2015-16 26 1 SV Grödig

Pichler, Karl
*04.11.1929, Außenläufer
1950-51 16 1 Sturm Graz
1951-52 26 2 Sturm Graz
1952-53 10 0 Sturm Graz
1953-54   5 0 Sturm Graz

Pichler, Luca
*02.03.1998, Mittelfeldspieler
2019-20   2 0 SV Mattersburg

Pichler, Josef
Linksaußen/Mittelstürmer
1961-62   8 1 SC Wiener Neustadt

Pichler, Manfred
*05.12.1941, Mittelläufer
1963-64 11 0 Linzer ASK
1964-65 25 1 Linzer ASK
1965-66 24 1 Linzer ASK
1966-67 24 0 Linzer ASK
1967-68 25 2 Linzer ASK
1968-69 15 0 Linzer ASK
1969-70 19 1 Linzer ASK

Pichler, Nico
*02.03.1998, Mittelfeldspieler
2019-20 5 0 SV Mattersburg

Pichler, Nikolaus
*10.10.1945, Rechtsaußen
1963-64 2 0 Kapfenberger SV
1964-65 2 0 Kapfenberger SV
1965-66 2 0 Kapfenberger SV

Pichler, Roman
*05.03.1941, 13 A, Torwächter
1959-60 17 0 Wiener AC
1960-61 26 0 Wiener AC
1961-62 26 0 Wiener AC
1962-63 26 0 Wiener AC
1963-64 24 0 Wiener AC
1964-65 12 0 Rapid Wien
1965-66 12 0 Rapid Wien
1966-67 26 0 Rapid Wien
1967-68 3 0 Rapid Wien
1968-69 14 0 WSG Wattens
1968-69 2 0 Austria Salzburg
1969-70 19 0 Austria Salzburg

Pichler, Rudolf (Rudi)
*20.09.1930, 3 A, Innenstürmer
1950-51 11 8 SC Wiener Neustadt
1950-51 10 3 Austria Wien
1951-52 6 6 Austria Wien
1952-53 21 20 Austria Wien
1953-54 21 16 Austria Wien
1954-55 14 7 Austria Wien
1955-56 7 6 Austria Wien
1956-57 10 7 Austria Wien
1957-58 9 10 Austria Wien
1959-60 25 13 SC Wiener Neustadt
1960-61 26 20 SC Wiener Neustadt
1961-62 19 4 SC Wiener Neustadt
1962-63 21 6 Austria Salzburg

Pichler, Rudolf (Rudi)
*11.03.1956, Stürmer
1973-74 1 0 Admira/Wacker
1974-75 2 0 Admira/Wacker

Pichler, Sascha
*31.01.1986, Mittelfeldspieler
2002-03 1 0 Austria Wien
2007-08 5 1 Linzer ASK
2008-09 11 0 Linzer ASK
2009-10 1 0 Linzer ASK

Pichlmann, Thomas
*24.04.1981, 2 A, Stürmer
1999-00 2 0 Rapid Wien
2003-04 18 2 SV Pasching
2004-05 27 7 FC Pasching
2005-06 32 9 FC Pasching
2006-07 23 3 Austria Wien
2007-08 1 0 Austria Wien
2013-14 34 10 SC Wiener Neustadt
2014-15 5 0 SC Wiener Neustadt

Pichorner, Jürgen Gerhard
*31.08.1977, Mittelfeldspieler
1998-99 26 1 Linzer ASK
1999-00 33 2 Linzer ASK
2000-01 34 2 LASK Linz
2001-02 10 1 Austria Salzburg
2002-03 13 0 Austria Salzburg
2003-04 24 3 Austria Salzburg
2004-05 31 0 Austria Salzburg
2005-06 29 1 RB Salzburg
2006-07 1 0 RB Salzburg
2006-07 28 5 SV Ried
2007-08 25 2 SV Ried
2008-09 10 0 Austria Kärnten

Pienz, Heinz
*25.04.1948, Stürmer
1966-67 3 1 Schwarz-Weiß Bregenz
1967-68 16 3 Schwarz-Weiß Bregenz
1968-69 8 0 Schwarz-Weiß Bregenz

Piermayr, Thomas
*02.08.1989, rechter Außendecker
2008-09 26 2 Linzer ASK
2009-10 29 0 Linzer ASK
2010-11 23 2 Linzer ASK
2012-13 21 0 SC Wiener Neustadt

Piesczek, Volker
*14.05.1969, Manndecker/Libero
1993-94 28 0 Wiener Sportclub

Piesinger, Gerald
*16.08.1959, 6 A, Mittelfeldspieler
1980-81 18 2 Linzer ASK
1981-82 20 1 Linzer ASK
1982-83 28 0 Linzer ASK
1983-84 15 3 Linzer ASK
1984-85 13 1 Linzer ASK
1985-86 32 0 Linzer ASK
1986-87 35 4 Linzer ASK
1987-88 21 0 Linzer ASK
1988-89 10 0 Linzer ASK
1989-90 17 0 Vorwärts Steyr
1990-91 9 0 Vorwärts Steyr

Piesinger, Simon
*13.05.1992, Mittelfeldspieler
2012-13 29 1 Wacker Innsbruck
2013-14 14 0 Wacker Innsbruck
2014-15 32 9 Sturm Graz
2015-16 14 1 Sturm Graz
2016-17 14 1 Sturm Graz
2017-18 14 0 SC Rheindorf Altach
2018-19 20 2 SC Rheindorf Altach
2022-23 25 1 Wolfsberger AC
2023-24 23 2 Wolfsberger AC

Pigel, Johann
*14.11.1956, Linksaußen
1976-77 20 4 Linzer ASK
1977-78 26 5 Linzer ASK
1978-79 34 5 Grazer AK
1979-80 31 6 Grazer AK
1980-81 21 6 Grazer AK
1981-82 34 4 Grazer AK
1982-83 20 4 Grazer AK
1984-85 25 6 Grazer AK
1985-86 32 7 Grazer AK
1986-87 20 3 Grazer AK
1987-88 31 8 Grazer AK
1988-89 22 2 Grazer AK

Pihorner, Hermann
*08.08.1938, Torwächter
1962-63 4 0 Austria Klagenfurt
1965-66 7 0 Austria Klagenfurt
1967-68 3 0 Austria Klagenfurt
1969-70 2 0 Austria Klagenfurt

Pihorner, Mario
*09.06.1964, Stürmer
1988-89   6   0   Vorwärts Steyr

Pilipović, Renato
*14.01.1977, 1 A, Mittelfeldspieler
2002-03   19   0   FC Kärnten

Piloni, Heinrich
*02.07.1926, linker Läufer
1949-50   9   0   SK Oberlaa

Pils, Ernst
*18.10.1952, Mittelfeldspieler
1971-72   3   0   Rapid Wien
1973-74   4   0   Rapid Wien

Pilz, Kurt
Stürmer
1965-66   1   0   Grazer AK
1966-67   1   0   Grazer AK

Pinggera, Hubert
Linker Läufer
1953-54   4   3   Admira Wien
1954-55   4   1   Admira Wien
1956-57   8   0   Admira Wien
1957-58   7   1   Admira Wien
1958-59   13   1   Admira Wien
1959-60   8   0   Admira-Energie Wien

Pingitzer, Emmerich
Linker Außendecker/Mittelfeld
1966-67   16   0   Wiener Sportclub
1967-68   5   0   Wiener Sportclub

Pinisch, Arnold
Rechter Außendecker
1966-67   2   0   Admira-Energie Wien

Pinisch, Gerhard
*29.09.1939, Linksaußen
1958-59   8   2   Admira Wien
1959-60   16   3   Admira-Energie Wien
1961-62   16   3   Admira-Energie Wien
1962-63   14   2   Admira-Energie Wien
1963-64   15   1   Admira-Energie Wien
1964-65   13   0   Admira-Energie Wien

Pink, Markus
*24.02.1991, Stürmer
2008-09   3   0   Austria Kärnten
2009-10   25   1   Austria Kärnten
2015-16   31   8   SV Mattersburg
2016-17   14   1   SV Mattersburg
2017-18   29   6   SV Mattersburg
2018-19   23   6   Sturm Graz
2019-20   9   0   Sturm Graz
2019-20   10   1   Admira/Wacker Mödling
2021-22   30   12   Austria Klagenfurt
2022-23   22   16   Austria Klagenfurt

Pinter, Christian
*25.03.1947, rechter Außendecker
1973-74   2   0   WSG Radenthein/VSV

Pinterits, Friedrich
Mittelfeldspieler
1972-73   1   0   SC Eisenstadt

Pintor, Lenny Jean-Pierre
*05.08.2000, Stürmer
2023-24   21   0   Linzer ASK

Pinwinkler, Johann
*15.08.1968, Manndecker
1990-91   12   1   Austria Salzburg
1991-92   10   0   Austria Salzburg

Pircher, Patrick
*07.04.1982, 2 A, Innenverteidiger
2000-01   9   0   Schwarz-Weiß Bregenz
2001-02   14   2   Schwarz-Weiß Bregenz
2002-03   20   3   Schwarz-Weiß Bregenz
2002-03   8   0   Austria Wien
2003-04   17   1   SV Pasching
2004-05   29   1   Schwarz-Weiß Bregenz
2005-06   14   0   Admira/Wacker Mödling
2008-09   12   0   SC Rheindorf Altach

Pires, Felipe Augusto Rodrigues
*18.04.1995, Stürmer
2014-15   7   1   RB Salzburg
2015-16   2   0   RB Salzburg
2016-17   34   4   Austria Wien
2017-18   32   7   Austria Wien

Piringer, Alois
*09.06.1947, Torwächter
1972-73   18   0   Admira Wiener Neustadt

Pirker, Daniel
*12.06.1990, linker Außendecker
2004-05   3   0   Grazer AK
2005-06   3   0   Grazer AK
2006-07   3   0   Grazer AK

Pirker, Helmut
*22.01.1958, Stürmer
1983-84   28   5   SV St. Veit
1984-85   6   0   Admira/Wacker

Pirker, Thomas
*17.01.1987, Innenverteidiger
2007-08   9   0   Austria Kärnten
2008-09   1   0   Austria Kärnten

Pirkl, Simon Josef Alois
*03.04.1997, Mittelfeldspieler
2023-24   31   4   Blau-Weiß Linz

Pirkner, Johann (Hans)
*25.03.1946, 20 A, Linksaußen
1966-67   4   1   Admira-Energie Wien
1967-68   21   2   Austria Klagenfurt
1968-69   15   10   Admira-Energie Wien
1971-72   22   11   DSV Alpine
1973-74   30   20   DSV Alpine
1974-75   30   10   Austria/WAC
1975-76   35   21   Austria/WAC
1976-77   31   11   Austria/WAC
1977-78   32   20   Austria Wien
1978-79   23   6   First Vienna
1979-80   26   5   First Vienna

Pirnus, Jaroslav
*21.11.1952, Vorstopper
1972-73   9   2   Austria Salzburg
1973-74   25   0   Austria Salzburg
1974-75   34   3   Austria Salzburg
1975-76   6   1   Austria Salzburg
1976-77   22   0   Austria Salzburg
1978-79   14   1   Austria Salzburg
1979-80   36   2   Austria Salzburg
1980-81   30   0   Austria Salzburg
1981-82   32   1   Austria Salzburg
1982-83   19   0   Austria Salzburg
1983-84   28   0   Austria Salzburg
1984-85   17   0   Austria Salzburg

Pistrol, Markus
*21.10.1978, Innenverteidiger
1996-97   2   0   Austria Wien
1997-98   9   0   Austria Wien

Piták, Karel
*28.01.1980, 3 A, Mittelfeldspieler
2006-07 26 6 RB Salzburg
2007-08 20 2 RB Salzburg
2008-09 16 4 RB Salzburg
2009-10   1 0 RB Salzburg

Pitlik, Serge
Rechter Läufer
1952-53   2 0 FC Wien

Pitschko, Wolfgang
*11.01.1980, Mittelfeldspieler
2002-03   1 0 FC Kärnten

Pitter, René
*08.07.1989, Mittelfeldspieler
2008-09   3 0 Kapfenberger SV
2009-10   6 1 Kapfenberger SV
2010-11   6 0 Kapfenberger SV
2011-12 20 0 Kapfenberger SV

Pivarník, Roman
*17.02.1967, Mittelfeldspieler
1994-95 23 3 Rapid Wien
1995-96 26 2 Rapid Wien
1996-97 10 0 Rapid Wien

Planer, Franz
Rechtsaußen
1961-62   5 0 Wiener Sportclub

Planer, Harald
*24.12.1978, Torwächter
2004-05   5 0 Wacker Tirol
2005-06   6 0 Wacker Tirol
2006-07 12 0 Wacker Tirol
2010-11   5 0 Wacker Innsbruck

Planinz, August
*28.08.1923, rechter Außendecker
1942-43 15 0 Sturm Graz (BK)
1949-50   1 0 Sturm Graz
1950-51   5 0 Sturm Graz

Plank, Erich
Außenläufer
1951-52   1 0 Sturm Graz
1952-53   1 0 Sturm Graz
1953-54   7 1 Sturm Graz

Plank, Franz
Mittelfeldspieler
1970-71   4 0 Grazer AK

Planötscher, Christoph
*03.04.1979, Innenverteidiger
2001-02   1 0 Austria Salzburg

Plassnegger, Gernot
*23.03.1978, 1 A, rechter Außendecker
1995-96   6 0 Austria Salzburg
1996-97 16 2 Austria Salzburg
1997-98 18 2 Austria Salzburg
1998-99 32 3 Austria Wien
1999-00 19 3 Austria Wien
2000-01 13 0 Austria Wien
2004-05 29 1 Grazer AK
2005-06 31 2 Grazer AK
2006-07 11 0 Rapid Wien
2007-08 18 0 Austria Kärnten
2011-12 29 0 Admira/Wacker Mödling
2012-13 25 0 Admira/Wacker Mödling

Plassnig, Karl
*23.11.1961, Mittelfeldspieler
1982-83   1 0 Austria Klagenfurt
1983-84 16 1 SV St. Veit

Platzer, Robert
Innenstürmer
1964-65   3 1 Kapfenberger SV

Plauder, Arno
Mittelläufer
1952-53   3 0 Grazer SC

Plavotić, Tin
*30.06.1997, Mittelfeldspieler
2021-22 29 0 SV Ried
2022-23 29 4 SV Ried
2023-24 14 0 Austria Wien

Plaza, Rubén
*17.03.1959, Mittelfeldspieler
1979-80   7 0 Austria Wien
1980-81   5 2 Austria Wien
1981-82   9 0 Austria Wien
1982-83 11 1 SC Eisenstadt
1983-84 24 0 SC Eisenstadt
1984-85 19 3 SC Eisenstadt
1986-87 14 0 SC Eisenstadt

Plazibat, Matija (Mate)
*13.10.1958, Manndecker
1986-87 10 1 First Vienna

Pleil, Michael
*03.11.1965, Torwächter
1984-85   3 0 Favoritner AC

Pleninger, Günther
*02.07.1955, Mittelfeldspieler
1974-75   4 0 Austria Salzburg
1975-76 24 0 Austria Salzburg
1976-77 32 0 Austria Salzburg

Pleva, Hannes
*06.09.1966, Stürmer
1988-89 20   4 Austria Wien
1989-90 35 13 Austria Wien
1990-91 27   3 Austria Wien
1991-92   7   0 VSE St. Pölten
1992-93 23   4 Wiener Sportclub
1993-94 31   3 Wiener Sportclub

Pliquett, Benedikt
*20.12.1984, Torwächter
2013-14 22 0 Sturm Graz
2014-15   4 0 Sturm Graz

Plischek, Helmut
Rechter Halbstürmer/Mittelstürmer
1956-57 18   7 Kremser SC
1957-58 11   2 Kremser SC
1958-59 23   2 Kremser SC
1959-60 20 12 Kremser SC

Pllana, Jasmin
*06.01.1989, linker Außendecker
2008-09   1 0 SV Ried

Ploc, Stefan
*23.03.1914, 2 A, Torwächter
1933-34 10 0 Wiener AC (WL)
1934-35 11 0 Wiener AC (WL)
1934-35 11 0 Wacker Wien (WL)
1935-36 20 0 Wacker Wien (WL)
1939-40   7 0 First Vienna (BK)
1940-41 11 0 First Vienna (BK)
1941-42 16 0 First Vienna (BK)
1942-43   7 0 First Vienna (BK)
1943-44   2 0 First Vienna (OK)
1945-46   7 0 First Vienna (WL)
1946-47   5 0 First Vienna (WL)
1947-48   5 0 First Vienna (WL)
1948-49   3 0 First Vienna (WL)
1949-50   1 0 First Vienna
1950-51   2 0 First Vienna
1951-52   1 0 First Vienna
1951-52   6 0 FC Wien
1952-53 11 0 FC Wien
1953-54   1 0 FC Wien
1954-55   4 0 FC Wien
1955-56   6 0 FC Wien

Ploderer, Anton
*16.09.1924, Außendecker/Außenläufer
1945-46   9 1 Wiener Sportclub (WL)
1946-47 10 0 Wiener Sportclub (WL)
1947-48 10 2 Wiener Sportclub (WL)
1948-49 17 0 Wiener Sportclub (WL)
1949-50 14 0 Wiener Sportclub
1950-51   6 0 Wiener Sportclub
1951-52 10 0 Wiener Sportclub
1952-53 18 0 Wacker Wien
1953-54 21 1 Wacker Wien
1954-55 12 0 Wacker Wien
1955-56   1 0 Wacker Wien
1956-57   1 0 Wacker Wien
1957-58   4 0 Wacker Wien
1958-59   8 0 Wacker Wien
1959-60   3 0 Wacker Wien

Plojer, Franz
*28.04.1964, Stürmer
1982-83   3 0 Union Wels
1983-84   4 0 Union Wels
1984-85   5 0 VOEST Linz
1985-86 19 2 VOEST Linz
1986-87 14 0 VOEST Linz
1987-88   7 0 VOEST Linz

Plojer, Patrick
*26.03.2001, Mittelfeldspieler
2020-21   7 0 Linzer ASK

Ploner, Walter
Torwächter
1942-43   4 0 Wiener AC (WL)
1953-54   5 0 Wiener AC

Podschlep, Josef
Torwächter
1950-51 10 0 Vorwärts Steyr

Pöhli, Friedrich
*27.01.1964, Mittelfeldspieler
1982-83   1 0 VOEST Linz
1983-84 19 0 VOEST Linz
1984-85   3 0 VOEST Linz
1985-86   6 0 VOEST Linz
1986-87 34 0 VOEST Linz
1987-88   8 0 VOEST Linz

Pöhlmann, Wolfgang
*20.09.1964, Mittelfeldspieler
1986-87 11 0 VOEST Linz

Pöll, Wilhelm
*29.03.1953, Stürmer
1975-76 34 11 Austria/WAC
1976-77 31   7 Austria/WAC
1977-78   3   0 Austria Wien
1977-78 18   4 VÖEST Linz
1978-79 14   3 VOEST Linz

Pöllhuber, Alexander
*30.04.1985, Innenverteidiger
2004-05   8 0 Austria Salzburg
2005-06   7 1 RB Salzburg
2006-07   3 0 Sturm Graz
2007-08 24 2 SV Mattersburg
2008-09 27 0 SV Mattersburg
2009-10 18 0 SV Mattersburg
2010-11 23 2 SV Mattersburg
2011-12 19 1 SV Mattersburg
2012-13 14 1 SV Mattersburg
2014-15 17 0 SC Rheindorf Altach
2015-16 17 1 SC Rheindorf Altach

Pöllhuber, Peter
*30.04.1985, Innenverteidiger
2012-13 12 0 Admira/Wacker Mödling
2013-14   2 0 Admira/Wacker Mödling

Pöllmann, Wolfgang
*02.04.1968, linker Außendecker/Manndecker
1989-90 12 0 Wiener Sportclub

Pölzl, Rudolf (Rudi)
Mittelfeldspieler
1968-69 16 2 Wacker Wien

Pörner, Thomas
*12.05.1962, Stürmer
1982-83   4 0 First Vienna

Pötscher, Franz
Rechtsaußen
1950-51   1 0 Linzer ASK

Pötscher, Gregor
*26.03.1973, rechter Außendecker
1995-96 30 0 Grazer AK
1996-97 34 0 Grazer AK
1997-98 19 0 Grazer AK
1998-99 12 0 Grazer AK
1999-00 24 0 Grazer AK
2000-01 21 0 Grazer AK
2001-02 21 5 Grazer AK
2002-03 30 1 Grazer AK
2003-04 30 0 Grazer AK
2004-05 10 0 Grazer AK
2005-06 11 0 Grazer AK

Pogac, Alois
*30.04.1939, Mittelfeldspieler
1967-68 21 4 SC Eisenstadt
1968-69 21 3 SC Eisenstadt
1969-70   2 0 SC Eisenstadt

Pogatetz, Emanuel
*16.01.1983, 61 A, Innenverteidiger
2003-04 31 1 Grazer AK
2004-05 22 1 Grazer AK
2017-18 23 0 Linzer ASK
2018-19 19 0 Linzer ASK
2019-20   5 0 Linzer ASK

Pogatsch, Karl
Linker Läufer/Linker Außendecker
1945-46 20 6 Wiener AC (WL)
1946-47 13 4 Wiener AC (WL)
1947-48   8 0 Wiener AC (WL)
1951-52 22 2 Favoritner SK

Poiger, Andreas
*04.04.1968, 1 A, Manndecker
1987-88 30 1 Wiener Sportclub
1988-89 35 1 Wiener Sportclub
1989-90   6 0 Wiener Sportclub
1989-90 18 0 Rapid Wien
1990-91 33 2 Rapid Wien
1991-92 15 0 Rapid Wien
1992-93 13 0 Rapid Wien
1993-94 35 6 VfB Mödling
1994-95 27 3 FC Tirol

Poindl, Herbert
*21.09.1945, Mittelfeldspieler
1964-65   5 0 Wacker Wien
1966-67 24 6 Wacker Wien
1967-68 26 14 Austria Wien
1968-69   9 2 Austria Wien
1969-70   6 0 Austria Wien
1970-71 21 4 Austria Wien
1971-72   5 1 First Vienna
1972-73 30 5 First Vienna
1973-74 26 4 First Vienna
1976-77 33 4 First Vienna
1977-78 36 6 First Vienna

Pojar, Karl
Torwächter
1951-52   7 0 Favoritner SK
1956-57 13 0 Wiener AC

Pokrivač, Nikola
*26.11.1985, 15 A, Mittelfeldspieler
2009-10 22 4 RB Salzburg
2010-11   8 0 RB Salzburg

Pokorný, Peter
*08.08.2001, Mittelfeldspieler
2020-21 29 0 SKN St. Pölten

Polak, Miroslav
*08.02.1958, Mittelfeldspieler
1989-90 12 2 Austria Salzburg

Polanz, Franz
*29.12.1961, Mittelfeldspieler
1984-85 18 2 Austria Klagenfurt
1985-86 31 9 Austria Klagenfurt
1986-87 12 0 Grazer AK
1988-89   9 2 Vorwärts Steyr
1989-90 20 2 Vorwärts Steyr

Pollák, Jaroslav
*11.07.1947, 49 A, Mittelfeldspieler
1980-81 17 1 Austria Salzburg
1981-82 35 0 Austria Salzburg
1982-83 13 0 Austria Salzburg

Pollhammer, Mario
*20.06.1989, rechter Außendecker
2011-12 35 0 SC Wiener Neustadt
2012-13 29 1 SC Wiener Neustadt
2013-14 33 1 SC Wiener Neustadt
2014-15 17 0 SC Wiener Neustadt

Polster, Anton
*09.01.1936, Linksaußen
1957-58 20 8 Admira Wien
1958-59 15 10 Admira Wien
1959-60 18 3 Admira-Energie Wien
1960-61 13 3 SVS Linz
1961-62   9 3 SVS Linz
1961-62   2 0 Rapid Wien
1962-63   2 1 Wacker Wien

Polster, Anton (Toni)
*10.03.1964, 95 A, Mittelstürmer
1982-83 26 11 Austria Wien
1983-84 23 13 Austria Wien
1984-85 29 24 Austria Wien
1985-86 34 33 Austria Wien
1986-87 34 39 Austria Wien
1999-00 12 2 Austria Salzburg

Polster, Manuel
*23.12.2002, Stürmer
2022-23 21 1 Austria Wien
2023-24 21 0 Austria Wien

Poltrum, Karl
*20.01.1933, Linksaußen/Rechter Läufer
1954-55 22 0 Schwarz-Weiß Bregenz
1960-61 10 0 FC Dornbirn

Polverino, Michele
*26.12.1984, 79 A, Mittelfeldspieler
2012-13 30 0 Wolfsberger AC
2013-14 23 0 Wolfsberger AC
2014-15 10 0 SV Ried
2015-16 24 0 SV Ried

Polywka, Michael
*06.01.1944, Mittelfeldspieler
1972-73 18 2 Admira/Wacker
1973-74 25 4 Admira/Wacker
1974-75 18 0 Admira/Wacker
1975-76   8 1 Admira/Wacker

Pomer, Philipp
*12.08.1997, Mittelfeldspieler
2021-22 29 1 SV Ried
2022-23 28 2 SV Ried

Pomper, Christoph
*08.10.1977, Außendecker
1995-96   3 0 Austria Wien

Pongračić, Marin
*11.09.1997, 10 A, Innenverteidiger/Mittelfeld
2017-18 16 0 RB Salzburg
2018-19 14 0 RB Salzburg
2019-20   5 0 RB Salzburg

Pongratz, Paul
*01.02.1918, Außenläufer
1942-43   1 0 First Vienna (BK)
1945-46   3 0 First Vienna (WL)
1950-51 15 0 Elektra Wien

Poparić, Frane
*04.01.1959, Libero
1984-85 25 0 VOEST Linz
1985-86 17 1 VOEST Linz
1986-87 28 2 VOEST Linz
1987-88 21 1 VOEST Linz
1989-90 25 2 VSE St. Pölten

Popek, Peter
*09.09.1940, Rechtsaußen
1958-59   1 0 Austria Wien
1959-60 10 3 Austria Wien

Popelka, Ferdinand
*27.04.1922, Außendecker
1941-42   1 0 Austria Wien (BK)
1942-43   1 0 Austria Wien (BK)
1943-44   1 0 Austria Wien (OK)
1945-46 16 0 Austria Wien (WL)
1946-47 17 0 Austria Wien (WL)
1947-48 16 0 Austria Wien (WL)
1948-49 15 0 Austria Wien (WL)
1949-50 15 0 Austria Wien
1950-51 10 0 Wiener Sportclub
1951-52 11 1 Wiener Sportclub

Popkhadze, George
*25.09.1986, 11 A, linker Außendecker
2011-12 20 0 Sturm Graz

Popodi, Heinz
*16.07.1944, Mittelfeldspieler
1967-68 1 0 WSG Radenthein

Popović, Danilo
*16.09.1942, Torwächter
1971-72 19 0 DSV Alpine
1972-73 24 0 DSV Alpine
1973-74 9 0 DSV Alpine
1974-75 36 0 Austria Klagenfurt
1975-76 8 0 Austria Klagenfurt

Popović, Joško
*19.01.1966, 1 A, Stürmer
1996-97 17 1 FC Linz

Popović, Ranko
*26.06.1967, Innenverteidiger
1997-98 32 3 Sturm Graz
1998-99 25 3 Sturm Graz
1999-00 6 2 Sturm Graz
2000-01 11 1 Sturm Graz

Poprath, Lorenz
*20.06.1943, rechter Außendecker/Mittelfeld
1965-66 5 0 Simmeringer SC
1970-71 25 0 Simmeringer SC
1971-72 20 0 Simmeringer SC

Posavec, Mladen
*22.08.1971, Mittelfeldspieler
2000-01 28 3 Schwarz-Weiß Bregenz
2001-02 4 0 Schwarz-Weiß Bregenz

Posch, Mario
*18.07.1967, 2 A, Manndecker
1991-92 35 5 FC Tirol
1994-95 26 0 Sturm Graz
1995-96 31 0 Sturm Graz
1996-97 31 2 Sturm Graz
1997-98 24 0 Sturm Graz
1998-99 18 0 Sturm Graz

Posch, Philipp
*09.01.1994, Außendecker
2013-14 1 0 Admira/Wacker Mödling
2015-16 1 0 Admira/Wacker Mödling
2016-17 12 0 Admira/Wacker Mödling
2017-18 13 0 Admira/Wacker Mödling

Poschalko, Gustav
*24.11.1940, Mittelfeldspieler
1965-66 23 0 First Vienna
1966-67 6 0 First Vienna

Poschner, Gerhard
*23.09.1969, Mittelfeldspieler
2001-02 6 0 Rapid Wien

Pospischil, Günter
*21.05.1952, 5 A, linker Außendecker/Mittelfeld
1975-76 35 0 Austria/WAC
1976-77 20 0 Austria/WAC
1977-78 10 0 Austria Wien
1978-79 34 2 Austria Wien
1979-80 36 1 Austria Wien
1980-81 27 0 Austria Wien
1982-83 11 0 First Vienna

Pospisil, Peter
*28.10.1966, Mittelfeldspieler
1986-87 5 1 First Vienna
1987-88 9 0 First Vienna
1992-93 11 0 Austria Wien

Post, Rainer
Mittelfeldspieler
1970-71 7 0 Schwarz-Weiß Bregenz

Potzmann, Marvin
*07.12.1993, Mittelfeldspieler
2010-11 1 0 SV Mattersburg
2011-12 18 2 SV Mattersburg
2012-13 14 3 SV Mattersburg
2013-14 17 1 SV Grödig
2014-15 25 1 SV Grödig
2015-16 22 0 Sturm Graz
2016-17 12 0 Sturm Graz
2017-18 30 2 Sturm Graz
2018-19 21 1 Rapid Wien
2019-20 16 1 Linzer ASK
2020-21 15 1 Linzer ASK
2021-22 26 1 Linzer ASK
2022-23 15 0 Linzer ASK
2023-24 18 0 Austria Wien

Poulsen, Andreas
*13.10.1999, linker Außendecker
2019-20 5 0 Austria Wien
2020-21 11 0 Austria Wien

Poxleitner, Walter
*16.05.1961, Stürmer
1981-82 8 2 Linzer ASK
1982-83 2 0 Linzer ASK

Poyraz, Ihsan
*05.03.1988, Torwächter
2009-10 1 0 SC Wiener Neustadt
2010-11 1 0 SC Wiener Neustadt
2011-12 2 0 SC Wiener Neustadt

Pozdnyakov, Boris
*31.05.1962, 7 A, Libero
1991-92 35 0 FC Stahl Linz
1992-93 16 1 FC Stahl Linz
1994-95 30 0 FC Linz

Pozzobon, Gerhard
Linker Außendecker
1957-58 15 1 ÖMV Olympia Wien

Prada, Alberto
*19.01.1989, linker Außendecker
2015-16 27 0 SV Ried
2016-17 20 0 SV Ried

Prager, Johann
Mittelfeldspieler
1966-67 11 0 Wacker Wien
1968-69 7 0 Wacker Wien

Prager, Thomas
*13.09.1985, 14 A, Mittelfeldspieler
2008-09 19 0 Linzer ASK
2009-10 33 9 Linzer ASK
2011-12 23 0 Rapid Wien
2012-13 10 0 Rapid Wien

Prak, Franz
*11.09.1925, linker Läufer
1942-43 6 0 Rapid Wien (BK)
1943-44 5 0 Rapid Wien (OK)
1945-46 2 0 Rapid Wien (WL)
1947-48 8 0 Wiener Sportclub (WL)
1948-49 18 2 Wiener Sportclub (WL)
1949-50 17 2 Wiener Sportclub
1950-51 12 1 Wiener Sportclub
1950-51 11 1 Wacker Wien
1951-52 4 0 Wacker Wien

Pranjić, Oliver
*28.09.1994, Mittelfeldspieler
2012-13 3 0 Admira/Wacker Mödling
2013-14 5 0 Admira/Wacker Mödling

Pranter, Benjamin
*22.09.1989, Stürmer
2007-08   1   0   Wacker Innsbruck
2010-11   1   0   Wacker Innsbruck
2019-20 22   3   WSG Tirol
2020-21 28   1   WSG Tirol

Prantl, Dieter
*06.08.1940, Mittelfeldspieler
1964-65 24   5   Wacker Innsbruck
1966-67 26   1   Schwarz-Weiß Bregenz
1967-68 15   0   Schwarz-Weiß Bregenz
1973-74 10   0   FC Vorarlberg

Prantl, Rolf
*04.06.1943, Mittelfeldspieler
1966-67   1   0   Schwarz-Weiß Bregenz

Praschak, Erich
Torwächter
1960-61   9   0   Wacker Wien

Praschak, Günter
*12.09.1929, Mittelläufer/Außenläufer
1952-53 26 11   Salzburger AK
1953-54 18   2   Linzer ASK
1954-55 25   1   Linzer ASK
1955-56 23   4   Austria Salzburg
1956-57 25 13   Austria Salzburg
1958-59 24   2   Linzer ASK
1959-60 25   3   Linzer ASK
1960-61 23   8   Austria Salzburg
1962-63 22   3   Austria Salzburg
1965-66 13   4   Austria Salzburg

Prass, Alexander
*26.05.2001, 9 A, Mittelfeldspieler
2021-22 28   0   Sturm Graz
2022-23 32   3   Sturm Graz
2023-24 30   7   Sturm Graz

Prats Racero, **David**
*03.04.1979, Stürmer
1999-00   9   0   Schwarz-Weiß Bregenz

Prawda, Christian
*06.08.1982, linker Außendecker
2003-04 17   1   FC Kärnten
2007-08 22   0   Austria Kärnten
2008-09 31   1   Austria Kärnten
2009-10 17   0   Austria Kärnten
2009-10 11   0   Sturm Graz

Praxmarer, Emil
*29.05.1953, Stürmer
1972-73   1   0   SC Bregenz

Pregelj, Martin
*06.05.1977, Mittelfeldspieler
2001-02 18   1   Sturm Graz
2002-03   9   0   Sturm Graz

Pregesbauer, Johann
*08.06.1958, 9 A, linker Außendecker
1974-75   1   0   Rapid Wien
1975-76   9   0   Rapid Wien
1976-77 23   0   Rapid Wien
1977-78 26   0   Rapid Wien
1978-79 34   0   Rapid Wien
1979-80 34   4   Rapid Wien
1980-81 35   4   Rapid Wien
1981-82 34   4   Rapid Wien
1982-83 29   0   Rapid Wien
1983-84 29   0   Rapid Wien
1984-85 18   0   Rapid Wien
1985-86 12   1   Rapid Wien

Preiner, Erich
*05.04.1962, Stürmer
1984-85 29   8   First Vienna

Preininger, August
Torwächter
1955-56 12   0   Austria Graz

Preiss, David
*18.05.1978, Mittelfeldspieler
1999-00   1   0   Grazer AK

Prelec, Nik
*10.06.2001, Stürmer
2022-23 13   6   WSG Tirol
2023-24 32   8   WSG Tirol

Prelogar, Jože
*05.03.1959, Mittelfeldspieler
1987-88 18   1   Austria Klagenfurt
1988-89   7   1   Austria Klagenfurt

Prenn, Norman
*26.09.1985, linker Außendecker
2007-08   1   0   RB Salzburg

Prenner, Helmut
*17.02.1979, Mittelfeldspieler
2001-02 13   0   Admira/Wacker Mödling
2002-03   5   0   Admira/Wacker Mödling
2005-06   2   0   Rapid Wien

Prentler, Horst
*15.09.1951, Mittelfeldspieler
1971-72   1   0   Wiener Sportclub

Preschern, Manfred
*19.11.1965, Mittelfeldspieler
1989-90 18   2   Grazer AK

Prettenthaler, Mark
*11.04.1983, linker Außendecker
2006-07 23   1   Sturm Graz
2007-08 30   2   Sturm Graz
2009-10   5   0   Sturm Graz
2009-10 12   0   Linzer ASK
2010-11 23   0   SV Ried
2011-12 19   0   Kapfenberger SV
2014-15 20   0   SC Wiener Neustadt

Prettner, Ewald
Mittelfeldspieler
1968-69   3   0   WSV Donawitz

Prevljak, Smail
*10.05.1995, 26 A, Stürmer
2014-15   1   0   RB Salzburg
2015-16   7   1   RB Salzburg
2017-18 32 16   SV Mattersburg
2018-19 23 10   RB Salzburg
2019-20   4   1   RB Salzburg

Prexl, Hans-Jürgen
*04.12.1939, Torwächter
1957-58   3   0   Grazer AK
1958-59 14   0   Grazer AK
1959-60 11   0   Grazer AK
1961-62 11   0   Grazer AK
1962-63 10   0   Grazer AK
1963-64   1   0   Grazer AK

Prica, Bo **Tim** Rade
*23.04.2002, Stürmer
2021-22 14   0   WSG Tirol
2022-23 29   8   WSG Tirol

Pribil, Alfred
Mittelläufer/Linker Außendecker
1952-53	4	0	First Vienna
1953-54	4	0	First Vienna
1954-55	2	0	First Vienna
1956-57	4	0	First Vienna
1960-61	16	0	SVS Linz
1961-62	22	0	SVS Linz
1962-63	25	0	SVS Linz
1963-64	26	0	SVS Linz

Pribil, Josef
*20.02.1947, Mittelfeldspieler
1968-69	9	0	Wiener Sportclub
1969-70	19	0	Wiener Sportclub
1970-71	15	3	Admira-Energie Wien
1971-72	25	4	Admira/Wacker
1972-73	23	0	Admira/Wacker
1973-74	10	0	Admira/Wacker

Prietl, Manuel
*03.08.1991, Mittelfeldspieler
2012-13	33	0	SV Mattersburg
2015-16	34	2	SV Mattersburg
2023-24	3	0	SC Rheindorf Altach

Prikop, Martin
*29.03.1969, Mittelfeldspieler
1988-89	6	0	VSE St. Pölten
1989-90	6	1	VSE St. Pölten
1990-91	10	0	VSE St. Pölten
1991-92	13	0	VSE St. Pölten
1992-93	29	1	VSE St. Pölten
1993-94	21	0	VSE St. Pölten

Prilasnig, Gilbert
*01.04.1973, 16 A, Libero/Mittelfeld
1991-92	1	0	Sturm Graz
1992-93	8	0	Sturm Graz
1993-94	3	0	Sturm Graz
1994-95	32	5	Sturm Graz
1995-96	28	2	Sturm Graz
1996-97	31	2	Sturm Graz
1997-98	33	5	Sturm Graz
1998-99	23	3	Sturm Graz
1999-00	34	5	Sturm Graz
2000-01	30	2	Sturm Graz
2002-03	5	0	FC Kärnten

Primus, Karl
*11.12.1937, Mittelfeldspieler
1962-63	18	0	Wacker Wien
1964-65	14	1	Wacker Wien

Prinz, Christian
*29.11.1980, Mittelfeldspieler
2000-01	1	0	LASK Linz

Prinzen, Roger
*04.03.1969, Manndecker/Mittelfeldspieler
1997-98	29	1	Austria Lustenau
1998-99	29	3	Austria Lustenau
1999-00	12	2	Austria Lustenau

Pripfl, Gerald
*07.01.1974, Torwächter
1991-92	3	0	Sturm Graz
1992-93	7	0	Sturm Graz
1993-94	16	0	Sturm Graz
1994-95	14	0	Sturm Graz

Prišć, Mario
*18.02.1974, Mittelfeldspieler
2001-02	25	1	Rapid Wien
2002-03	34	1	Rapid Wien
2003-04	28	0	Rapid Wien

Probst, Erich
*05.12.1927, 19 A, Linker Halbstürmer
1945-46	13	3	Admira Wien (WL)
1946-47	14	5	Admira Wien (WL)
1947-48	18	3	Admira Wien (WL)
1948-49	16	5	Admira Wien (WL)
1949-50	21	8	First Vienna
1950-51	23	29	Rapid Wien
1951-52	18	28	Rapid Wien
1952-53	23	20	Rapid Wien
1953-54	21	16	Rapid Wien
1954-55	16	8	Rapid Wien
1955-56	11	7	Rapid Wien
1959-60	20	14	Austria Salzburg
1961-62	8	1	Salzburger AK
1961-62	11	4	First Vienna
1962-63	3	0	First Vienna

Probst, Walter
*17.04.1918, linker Außendecker
1935-36	5	1	Rapid Wien (WL)
1936-37	11	2	Rapid Wien (WL)
1937-38	11	6	Rapid Wien (NL)
1939-40	8	1	Austria Wien (BK)
1940-41	13	1	Austria Wien (BK)
1941-42	4	0	Austria Wien (BK)
1945-46	12	0	Austria Wien (WL)
1946-47	12	2	Austria Wien (WL)
1947-48	7	1	Austria Wien (WL)
1949-50	24	3	Wiener Sportclub
1950-51	7	5	Wiener Sportclub
1951-52	16	2	Wiener Sportclub

Prödl, Sebastian
*21.06.1987, 73 A, Innenverteidiger
2006-07	16	1	Sturm Graz
2007-08	27	3	Sturm Graz

Prömmer, Martin
*27.08.1968, Mittelfeldspieler
1991-92	7	0	Vorwärts Steyr
1992-93	10	0	Vorwärts Steyr

Prohart, Florian Harald
*12.01.1999, Stürmer
2016-17	1	0	Wolfsberger AC

Prohaska, Günther
Mittelstürmer
1960-61	3	0	SVS Linz
1961-62	2	0	SVS Linz
1962-63	2	0	SVS Linz

Prohaska, Herbert
*08.08.1955, 84 A, Mittelfeldspieler
1972-73	27	7	Austria Wien
1973-74	32	6	Austria/WAC
1974-75	34	9	Austria/WAC
1975-76	33	8	Austria/WAC
1976-77	36	8	Austria/WAC
1977-78	36	7	Austria Wien
1978-79	28	7	Austria Wien
1979-80	34	9	Austria Wien
1983-84	28	5	Austria Wien
1984-85	30	11	Austria Wien
1985-86	34	4	Austria Wien
1986-87	36	3	Austria Wien
1987-88	34	5	Austria Wien
1988-89	36	6	Austria Wien

Prokop, Dominik
*02.06.1997, Mittelfeldspieler
2015-16	1	0	Austria Wien
2016-17	13	1	Austria Wien
2017-18	30	5	Austria Wien
2018-19	27	1	Austria Wien
2019-20	15	0	Austria Wien
2022-23	11	4	TSV Hartberg
2023-24	30	4	TSV Hartberg

Prokop, Lukas
*26.04.1999, linker Außendecker
2021-22   8   0   SC Rheindorf Altach

Prokoph, Roman
*06.08.1985, Stürmer
2011-12   10   0   Kapfenberger SV

Prokopič, Boris
*29.03.1988, Mittelfeldspieler
2008-09   2   0   Rapid Wien
2010-11   12   1   Rapid Wien
2010-11   19   3   Wacker Innsbruck
2011-12   13   2   Rapid Wien
2012-13   2   0   Rapid Wien
2014-15   27   3   SC Rheindorf Altach
2015-16   26   2   SC Rheindorf Altach
2016-17   18   2   SC Rheindorf Altach
2017-18   1   0   SC Rheindorf Altach
2018-19   6   0   SC Rheindorf Altach
2021-22   6   0   SC Rheindorf Altach

Promberger, Werner
*09.04.1974, Mittelstürmer
1999-00   12   3   Austria Salzburg
2000-01   15   2   Admira/Wacker Mödling

Prosch, Walter
Mittelläufer
1949-50   2   0   SK Oberlaa

Prosenik, Christian
*07.06.1968, 24 A, Mittelfeldspieler
1986-87   1   0   Austria Wien
1987-88   29   2   Austria Wien
1988-89   26   1   Austria Wien
1989-90   31   1   Austria Wien
1990-91   33   2   Austria Wien
1991-92   35   1   Austria Wien
1992-93   35   5   Austria Wien
1993-94   35   3   Austria Wien
1994-95   33   9   Austria Wien
1995-96   35   3   Austria Salzburg
1996-97   1   0   Austria Salzburg
1996-97   35   2   Rapid Wien
1997-98   17   1   Rapid Wien
1998-99   34   6   Rapid Wien
2000-01   9   0   Austria Wien

Prosenik, Philipp
*03.03.1993, Stürmer
2014-15   17   3   Rapid Wien
2015-16   22   4   Rapid Wien
2016-17   33   7   Wolfsberger AC
2017-18   5   1   Rapid Wien
2018-19   9   0   SV Mattersburg

Providence, Ruben
*07.07.2001, Stürmer
2022-23   21   6   TSV Hartberg
2023-24   27   2   TSV Hartberg

Prowaznik, Gustav
*26.10.1947, rechter Außendecker
1967-68   14   0   Austria Wien
1968-69   4   0   Wacker Innsbruck

Prskalo, Danijel
*27.10.1990, Stürmer
2011-12   16   0   SC Wiener Neustadt

Prudlo, Oliver
*16.04.1968, Manndecker
1986-87   2   0   Wiener Sportclub
1987-88   8   0   Wiener Sportclub
1988-89   1   0   Wiener Sportclub
1988-89   13   1   Vorwärts Steyr
1988-89   13   0   Wiener Sportclub
1989-90   21   1   Wiener Sportclub
1989-90   12   0   FC Tirol
1990-91   17   0   FC Tirol
1991-92   32   1   FC Stahl Linz
1993-94   31   0   FC Tirol Innsbruck
1994-95   26   0   FC Tirol
1995-96   19   0   FC Tirol Innsbruck
1996-97   26   0   FC Tirol Innsbruck
1997-98   32   0   FC Tirol Innsbruck
1998-99   31   0   FC Tirol Innsbruck
1999-00   31   0   FC Tirol Innsbruck
2000-01   22   0   FC Tirol Innsbruck
2001-02   16   0   FC Tirol Innsbruck

Prugger, Marcel
*24.02.1947, Stürmer
1972-73   30   1   Admira Wiener Neustadt

Prutsch, Jürgen
*22.09.1989, Mittelfeldspieler
2006-07   1   0   Grazer AK
2007-08   1   0   Sturm Graz

Puchegger, Franz
*04.08.1930, Mittelläufer
1963-64   26   0   SC Wiener Neustadt
1964-65   5   0   SC Wiener Neustadt

Puchegger, Johann
*22.08.1965, Stürmer
1985-86   4   0   DSV Alpine

Puchegger, Josef
*24.02.1948, Torwächter
1969-70   6   0   Austria Salzburg
1971-72   2   0   Austria Salzburg

Puchegger, Patrick
*04.05.1995, linker Außendecker
2017-18   4   0   Sturm Graz
2018-19   1   0   SKN St. Pölten

Pucher, Christian
*31.12.1962, Außendecker
1984-85   15   0   Austria Salzburg

Pucker, Peter
*08.02.1988, Mittelfeldspieler
2009-10   14   0   Austria Kärnten

Pürcher, Dominic
*24.06.1988, linker Außendecker
2010-11   19   0   Sturm Graz
2011-12   7   3   Sturm Graz

Prügger, Walter Hans
*23.08.1969, Mittelfeldspieler
1988-89   1   0   Grazer AK

Pürk, Marcus
*21.09.1974, 2 A, Mittelfeld/Stürmer
1992-93   4   0   Austria Wien
1993-94   26   2   Austria Wien
1994-95   34   13   Rapid Wien
1996-97   31   5   Sturm Graz
1997-98   35   7   Rapid Wien
1998-99   35   7   Rapid Wien
2004-05   1   0   Admira/Wacker Mödling

Puffer, Max
Linker Außendecker
1963-64   8   0   FC Dornbirn

Puffler, Franz
Rechter Außendecker
1970-71   2   0   Simmeringer SC

Puljiz, Jurica
*13.12.1979, Innenverteidiger
2006-07   8   0   SC Rheindorf Altach

Pulkkinen, Mika
*29.12.1972, Mittelfeldspieler
2000-01   11   0   Schwarz-Weiß Bregenz

Pumberger, Leopold
17.06.1939, Mittelfeldspieler
1968-69   1   0   Linzer ASK
1969-70   8   0   Linzer ASK

Pumm, Peter
*03.04.1943, 19 A, Außendecker
1961-62   6   1   Simmeringer SC
1962-63   23   1   Simmeringer SC
1963-64   25   2   Simmeringer SC
1964-65   21   1   Wacker Innsbruck
1965-66   26   1   Wacker Innsbruck
1966-67   23   0   Wacker Innsbruck
1967-68   21   0   Wacker Innsbruck
1971-72   28   0   DSV Alpine
1972-73   29   0   DSV Alpine
1973-74   32   1   DSV Alpine
1975-76   6   0   Wattens-Wacker Innsbruck
1976-77   1   0   Wattens-Wacker Innsbruck

Purgay, Josef
*09.11.1929, linker Läufer
1951-52   18   0   Kapfenberger SV
1954-55   26   0   Kapfenberger SV
1955-56   26   0   Kapfenberger SV
1956-57   10   0   Kapfenberger SV
1957-58   9   0   Kapfenberger SV
1958-59   13   0   Kapfenberger SV

Pusch, Erich
*29.09.1953, Torwächter
1977-78   26   0   Wiener Sportclub
1978-79   10   0   Wiener Sportclub
1979-80   11   0   Wiener Sportclub
1982-83   16   0   First Vienna

Pusch, Kolja
*12.02.1993, Mittelfeldspieler
2018-19   11   2   Admira/Wacker Mödling
2019-20   17   3   Admira/Wacker Mödling

Puschl, Matthias
*09.06.1996, Mittelfeldspieler
2019-20   3   0   SC Rheindorf Altach

Puschnik, Ignaz
*05.04.1934, 7 A, rechter Läufer
1954-55   24   0   Kapfenberger SV
1955-56   26   1   Kapfenberger SV
1956-57   25   1   Kapfenberger SV
1957-58   24   5   Kapfenberger SV
1958-59   25   2   Kapfenberger SV
1961-62   23   6   Kapfenberger SV
1963-64   25   4   Kapfenberger SV
1964-65   26   3   Kapfenberger SV
1965-66   26   6   Kapfenberger SV
1966-67   19   4   Kapfenberger SV

Pušić, Martin
*24.10.1987, Mittelstürmer/Linksaußen
2018-19   24   9   SV Mattersburg
2019-20   20   5   SV Mattersburg

Puskás, István
*15.10.1971, Mittelstürmer
1994-95   3   0   Rapid Wien
1994-95   18   3   VfB Mödling

Puster, Dominik
*09.03.1999, rechter Außendecker
2017-18   1   0   Admira/Wacker Mödling

Pusztai, László
*01.03.1946, 25 A, Stürmer
1980-81   18   4   SC Eisenstadt
1982-83   15   1   SC Eisenstadt

Pusztai, Olivér
*14.10.1981, Innenverteidiger
2008-09   28   2   Austria Kärnten
2009-10   14   2   Austria Kärnten

Putsche, Roland
*22.03.1991, Mittelfeldspieler
2009-10   1   0   Austria Kärnten
2012-13   20   1   Wolfsberger AC
2013-14   22   0   Wolfsberger AC
2014-15   11   2   Wolfsberger AC
2015-16   13   0   Wolfsberger AC

Putschögl, Peter
*13.01.1949, Torwächter
1966-67   15   0   Wacker Wien
1968-69   3   0   Wacker Wien
1969-70   5   0   Wacker Wien
1970-71   3   0   Wacker Wien

Putz, Paul
*03.12.1966, Stürmer
1984-85   1   0   SC Eisenstadt
1985-86   6   1   SC Eisenstadt

Puza, Martin
*23.01.1970, Manndecker
1988-89   5   0   Rapid Wien
1989-90   3   0   Rapid Wien
1991-92   14   0   Rapid Wien
1992-93   25   0   Rapid Wien
1995-96   26   0   Grazer AK
1996-97   13   0   Grazer AK

Q

Quantschnigg, Günter
*01.09.1969, Stürmer
1990-91   2   0   Austria Wien

Quaschner, Nils
*22.04.1994, Mittelfeld/Stürmer
2014-15   10   0   RB Salzburg

Querfeld, Leopold
*20.12.2003, 3 A, Mittelfeldspieler
2021-22   3   0   Rapid Wien
2022-23   23   1   Rapid Wien
2023-24   28   3   Rapid Wien

Rabihou, Amadou Dangadji
*02.12.1984, Stürmer
2002-03   2 0 Sturm Graz
2003-04 20 4 Sturm Graz
2004-05 11 2 Sturm Graz
2005-06 27 2 Sturm Graz
2006-07 31 7 Sturm Graz
2007-08   7 3 Sturm Graz

Rabitsch, Christoph
*10.04.1996, Mittelfeldspieler
2015-16 18 0 Wolfsberger AC
2016-17 12 0 Wolfsberger AC
2017-18 27 0 Wolfsberger AC

Rabitsch, Johann
*21.04.1963, Stürmer
1984-85 23 3 SV Spittal/Drau
1986-87 33 2 Linzer ASK
1987-88 13 4 Linzer ASK
1988-89 19 0 Austria Klagenfurt

Računica, Dejan
*05.12.1969, 2 A, Mittelfeldspieler
1994-95   3 0 Austria Salzburg
1995-96 19 0 Austria Salzburg
1996-97 12 0 Austria Salzburg

Raczynski, Roman
*07.09.1962, Mittelfeldspieler
1985-86 25 0 Austria Klagenfurt
1986-87 21 5 Austria Klagenfurt
1987-88 27 3 Grazer AK
1988-89   5 0 Grazer AK

Radaković, Radovan
*06.02.1971, 2 A, Torwächter
2004-05 15 0 Sturm Graz

Radakovits, Raimund
*28.10.1962, Rechtsaußen
1980-81 14 1 SC Eisenstadt
1982-83 12 3 SC Eisenstadt
1983-84 12 4 SC Eisenstadt
1984-85   7 0 SC Eisenstadt

Rader, Wolfgang Manfred
*24.03.1979, Mittelfeld/Stürmer
1999-00   1 0 Grazer AK

Radimec, Libor
*22.05.1950, 17 A, Mittelfeld/Libero
1982-83   8 0 Austria Wien
1984-85 30 1 First Vienna

Radlspeck, Thomas
*16.11.1972, Mittelfeld/Stürmer
1998-99 14 0 Grazer AK
1999-00   8 0 Grazer AK

Radojević, Goran
*09.11.1963, Stürmer
1990-91 32 6 Sturm Graz
1991-92 17 0 Sturm Graz

Radomski, Arkadiusz (Arek)
*27.06.1977, 30 A, Mittelfeldspieler
2005-06 25 0 Austria Wien
2006-07 15 0 Austria Wien
2007-08   6 0 Austria Wien

Radonjić, Srđan
*08.05.1981, 3 A, Stürmer
2008-09 12 3 SC Rheindorf Altach

Radošević, Josip
*03.04.1994, 1 A, Mittelfeldspieler
2016-17 20 3 RB Salzburg

Radostić, Josef
*19.02.1956, Stürmer
1981-82   1 0 Grazer AK

Radović, Zeljko
06.04.1974, 1 A, Stürmer
1997-98 34 9 Grazer AK
1998-99 25 5 Grazer AK
1999-00 12 4 Grazer AK
1999-00 12 6 Rapid Wien
2000-01 30 5 Rapid Wien
2001-02 28 6 SV Ried
2002-03 28 7 SV Ried

Radulović, Luka
*17.04.1990, Innenverteidiger
2012-13   1 0 SC Wiener Neustadt

Radulović, Stefan
*01.01.2002, Mittelfeldspieler
2021-22   1 0 Linzer ASK
2022-23   2 0 Linzer ASK

Raffeiner, Andreas
*20.12.1970, linker Außendecker/Mittelfeld
1992-93   5 0 Linzer ASK

Rafreider, Friedrich (Fritz)
*24.02.1942, 14 A, Linksaußen
1960-61 25 16 FC Dornbirn
1963-64 24 7 FC Dornbirn
1964-65 15 2 Wiener Sportclub
1965-66 22 14 Wiener Sportclub
1966-67 25 4 Wiener Sportclub
1967-68 26 3 Schwarz-Weiß Bregenz
1968-69 27 8 Schwarz-Weiß Bregenz

Ragossnig, Kurt
Innenstürmer
1950-51   4 0 Vorwärts Steyr

Raguž, Marko
*10.06.1998, Stürmer
2017-18 14 0 Linzer ASK
2019-20 27 7 Linzer ASK
2020-21   6 2 Linzer ASK
2021-22   9 1 Linzer ASK

Rahimić, Elvir
*04.04.1976, 40 A, Mittelfeldspieler
1998-99   6 1 Vorwärts Steyr

Rainer, Alois
*13.10.1966, Stürmer
1991-92   1 0 FC Stahl Linz

Rajić, Mihael
*08.10.1984, linker Außendecker
2002-03   7 0 Austria Salzburg
2003-04   2 0 Austria Salzburg
2004-05   2 0 Austria Salzburg
2008-09   7 0 SC Rheindorf Altach
2009-10   3 0 SV Ried

Rajković, Stojadin
*26.05.1963, Manndecker
1995-96 31 1 Grazer AK
1996-97 24 0 Grazer AK

Rakhimov, Rashid Mamatkulovich
*18.03.1965, 6 A, Mittelfeldspieler
1994-95   6 0 Austria Wien
1995-96 30 2 Austria Wien
1996-97 22 6 Austria Wien
1997-98 18 0 Austria Wien
1998-99 19 2 Austria Wien
1999-00 25 2 Austria Wien
2000-01 25 0 Admira/Wacker Mödling
2001-02   8 0 Admira/Wacker Mödling
2001-02 16 0 SV Ried

Rakić, Đorđe
*31.10.1985, Stürmer
2007-08 16 2 RB Salzburg

Rakić, Živan
*23.01.1944, Mittelfeldspieler
1972-73   9 0 First Vienna

Rakowitz, Stefan
*03.04.1990, Mittelfeldspieler
2012-13 30 3 SC Wiener Neustadt
2013-14 14 1 SC Wiener Neustadt
2018-19 15 1 Wacker Innsbruck
2019-20 12 2 TSV Hartberg
2020-21 14 3 TSV Hartberg

Ramadhani, Kassim
*23.03.1956, Mittelfeldspieler
1982-83 21 3 Austria Klagenfurt
1983-84 22 3 Austria Klagenfurt
1984-85 16 2 Austria Klagenfurt
1985-86 19 2 Austria Klagenfurt

Ramalho Silva, André
*16.02.1992, Innenverteidiger/Mittelfeld
2013-14 33 5 RB Salzburg
2014-15 31 1 RB Salzburg
2017-18   8 2 RB Salzburg
2018-19 27 1 RB Salzburg
2019-20 26 6 RB Salzburg
2020-21 28 1 RB Salzburg

Ramakić, Elvis
*22.01.1979, Stürmer
1999-00   7 1 SV Ried

Rambacher, Josef
*1917, Mittelläufer
1936-37   1 0 Libertas Wien (WL)
1949-50 12 0 Vorwärts Steyr

Rampitsch, Harald
*16.01.1955, Torwächter
1977-78   1 0 Sturm Graz
1982-83   1 0 Sturm Graz
1983-84   2 0 Sturm Graz

Rampler, Felix
*24.03.1958, Stürmer
1978-79   3 0 VOEST Linz

Ramsauer, Friedrich (Fritz)
*02.01.1937, Rechtsaußen/Rechter Halbstürmer
1961-62   4 0 Salzburger AK

Ramsebner, Christian
*26.03.1989, Innenverteidiger
2009-10 30 1 SC Wiener Neustadt
2010-11 27 0 SC Wiener Neustadt
2011-12 10 0 SC Wiener Neustadt
2012-13 19 2 SC Wiener Neustadt
2013-14 15 4 Austria Wien
2014-15 12 0 Austria Wien
2017-18 33 1 Linzer ASK
2018-19 26 2 Linzer ASK
2019-20   8 1 Linzer ASK
2020-21   5 0 Linzer ASK

Ramusch, Dieter (Didi)
*31.10.1969, 10 A, Mittelfeld/Rechter Außendecker
1987-88 17 3 Austria Klagenfurt
1988-89 21 0 Austria Klagenfurt
1988-89   5 1 VSE St. Pölten
1989-90 34 4 VSE St. Pölten
1990-91 20 0 VSE St. Pölten
1991-92 28 1 VSE St. Pölten
1992-93 33 7 VSE St. Pölten
1993-94 35 8 VSE St. Pölten
1994-95 32 6 Linzer ASK
1995-96 35 4 Grazer AK
1996-97 34 10 Grazer AK
1997-98 36 6 Grazer AK
1998-99 25 3 Grazer AK
1999-00 30 1 Grazer AK
2000-01 26 1 Grazer AK
2001-02 32 1 Grazer AK
2002-03 36 0 Grazer AK
2003-04 27 1 Grazer AK
2004-05   8 0 Grazer AK

Ranftl, Reinhold
*24.01.1992, 6 A, Mittelfeldspieler
2012-13   4 0 Sturm Graz
2013-14   2 0 Sturm Graz
2014-15 30 5 SC Wiener Neustadt
2017-18 35 1 Linzer ASK
2018-19 30 2 Linzer ASK
2019-20 28 5 Linzer ASK
2020-21 32 4 Linzer ASK
2022-23 31 4 Austria Wien
2023-24 31 1 Austria Wien

Ranacher, Alexander
*20.11.1998, Mittelfeldspieler
2017-18   2 0 Wolfsberger AC
2021-22 20 1 WSG Tirol
2022-23 27 3 WSG Tirol
2023-24 16 0 WSG Tirol

Rannacher, Rudolf (Rudi)
*16.06.1922, rechter Außendecker
1955-56 21 0 Austria Graz

Rapp, Stefan
*10.02.1972, Mittelfeldspieler
1999-00 29 4 Schwarz-Weiß Bregenz

Rappel, Rudolf (Rudi)
*27.01.1935, rechter Außendecker
1954-55   4 0 Austria Wien
1955-56 10 0 Austria Wien
1956-57   7 0 Austria Wien
1957-58   6 0 Austria Wien

Rasinger, Milan
*11.05.1977, Mittelfeldspieler
2005-06 29 2 SV Ried

Rasner, Martin
*18.05.1995, Mittelfeldspieler
2015-16 33 2 SV Grödig
2017-18 30 1 SKN St. Pölten
2018-19 13 0 SKN St. Pölten
2019-20 20 0 SKN St. Pölten

Rasswalder, Siegfried
*13.05.1987, linker Außendecker
2008-09   7 1 Linzer ASK
2009-10 14 0 Linzer ASK
2018-19 28 0 TSV Hartberg
2019-20   9 0 TSV Hartberg

Ratajczyk, Krysztof
*09.11.1973, 16 A, Mittelfeldspieler
1996-97 29 1 Rapid Wien
1997-98 31 1 Rapid Wien
1998-99 15 2 Rapid Wien
1999-00 12 1 Rapid Wien
2000-01 34 3 Rapid Wien
2001-02 21 0 Rapid Wien
2001-02 12 0 Austria Wien
2002-03 32 0 Austria Wien
2003-04 27 0 Austria Wien
2004-05   1 1 Austria Wien
2005-06 34 0 SV Mattersburg
2006-07 13 0 SV Mattersburg

Rath, Karl
*1937, Torwächter
1955-56   9 0 Austria Graz
1957-58 11 0 Admira Wien
1958-59   9 0 Admira Wien
1959-60 11 0 Admira-Energie Wien

Rath, Lukas
*18.01.1992, Innenverteidiger/Linker Außendecker
2008-09   5 0 SV Mattersburg
2009-10 21 0 SV Mattersburg
2010-11   9 0 SV Mattersburg
2011-12 22 1 SV Mattersburg
2012-13 15 0 SV Mattersburg
2015-16 10 0 SV Mattersburg
2016-17 26 0 SV Mattersburg
2017-18 20 0 SV Mattersburg
2018-19 17 0 SV Mattersburg
2019-20 22 0 SV Mattersburg
2020-21 10 0 Admira/Wacker Mödling

Rath, Peter
*20.08.1942, rechter Außendecker
1963-64 11 1 Kapfenberger SV
1964-65 15 3 Kapfenberger SV
1973-74 26 0 VÖEST Linz
1974-75   7 0 VÖEST Linz

Rath, Roland
*29.07.1972, Stürmer
1989-90   2 0 First Vienna
1990-91   9 0 First Vienna

Rath, Rudolf (Rudi)
Linker Außendecker/Mittelfeld
1963-64   2 0 Simmeringer SC

Rath, Walter
*01.05.1947, Mittelfeldspieler
1966-67   2 0 Austria Klagenfurt
1967-68   1 0 Austria Klagenfurt
1968-69 13 1 Austria Klagenfurt
1969-70 14 0 Austria Klagenfurt
1970-71 15 1 WSG Radenthein

Rathner, Manfred
*19.08.1957, Mittelfeldspieler
1979-80   2 0 Linzer ASK

Ratkov, Petar
*18.08.2003, 1 A, Stürmer
2023-24 24 5 RB Salzburg

Ratschnig, Ewald
*15.09.1953, Mittelfeldspieler
1978-79 17 0 Grazer AK
1979-80 32 4 Grazer AK
1980-81 27 3 Grazer AK
1981-82 21 1 Grazer AK

Ratzer, Peter
Rechter Halbstürmer
1955-56   1 0 Admira Wien

Ratzesberger, Stefan
*15.11.1950, Verteidiger
1972-73   3 0 Linzer ASK

Rauch, Harald (Harry)
*21.10.1928, Rechtsaußen
1951-52 11 1 Sturm Graz
1952-53 20 1 Sturm Graz
1953-54 21 1 Sturm Graz
1958-59 24 3 WSV Donawitz
1959-60 23 0 WSV Donawitz

Rauch, Herbert
Rechter Halbstürmer/Rechter Läufer
1957-58   4 0 Austria Wien

Rauchbauer, Jürgen
*15.05.1984, Verteidiger
2004-05   1 0 SV Mattersburg

Rauffmann, Rainer
*26.02.1967, 4 A, Stürmer
1996-97 16 3 Linzer ASK

Rauš, Zdravko (Ivan)
*15.12.1938, Mittelstürmer
1967-68 16 6 Austria Salzburg
1968-69   5 3 Austria Salzburg

Rausch, Erich
*30.12.1947, Mittelfeldspieler
1973-74   1 0 Austria/WAC

Rauscher, Andreas
*25.01.1978, Innenverteidiger
1997-98   1 0 Grazer AK
2008-09   4 0 Kapfenberger SV
2009-10 22 1 Kapfenberger SV
2010-11   3 0 Kapfenberger SV

Rauscher, Franz-Anton
*21.06.1952, rechter Außendecker
1975-76   1 0 Sturm Graz

Rauschmayr, Josef
*27.11.1950, Stürmer
1973-74 30 8 Simmeringer SC

Rauser, Eugen
*27.02.1926, Rechter Halbstürmer/Rechtsaußen
1960-61 22 1 FC Dornbirn

Rauter, Artur
*24.11.1953, Stürmer
1972-73   1 0 SC Bregenz

Rauter, Herbert
*27.01.1982, Mittelfeldspieler
2001-02   2 0 Sturm Graz
2002-03   9 1 Sturm Graz
2003-04   4 0 Sturm Graz
2004-05 15 1 Sturm Graz
2005-06 26 1 Sturm Graz
2006-07 31 3 Sturm Graz
2007-08   1 0 Sturm Graz
2012-13 15 1 SC Wiener Neustadt
2013-14 34 5 SC Wiener Neustadt
2014-15 32 5 SC Wiener Neustadt

Rautmann, Walter
*30.08.1945, Mittelfeldspieler
1963-64   2 0 Linzer ASK

Ravioli, Peter
*06.11.1960, Mittelfeldspieler
1984-85   8 0 First Vienna

Ravnić, Eugen
*21.05.1933, Torwächter
1962-63　10　0　Grazer AK
1963-64　26　0　Grazer AK
1965-66　5　0　Grazer AK

Razenböck, Manfred
*04.07.1978, Torwächter
1996-97　2　0　SV Ried
1999-00　1　0　SV Ried
2000-01　4　0　SV Ried
2001-02　3　0　SV Ried
2009-10　1　0　SC Wiener Neustadt
2010-11　2　0　SC Wiener Neustadt

Razzaghi, Javad
*28.11.1982, Mittelfeldspieler
2004-05　2　0　Admira/Wacker Mödling

Rebele, Hans
*26.01.1943, 2 A, Linksaußen
1972-73　28　2　Wattens-Wacker Innsbruck
1973-74　25　5　Wattens-Wacker Innsbruck
1974-75　27　1　Wattens-Wacker Innsbruck

Rebernig, Harald
*06.10.1943, Mittelfeldspieler
1965-66　6　0　Austria Klagenfurt
1967-68　24　2　WSG Radenthein
1969-70　30　8　Grazer AK
1970-71　30　8　Grazer AK
1971-72　28　4　Grazer AK
1972-73　25　5　Grazer AK
1973-74　26　2　Grazer AK
1975-76　11　2　Grazer AK

Rebernig, Wolfgang
*17.04.1966, Mittelfeldspieler
1984-85　1　0　Grazer AK
1985-86　3　0　Grazer AK

Redecsy, Stefan
*22.01.1955, Mittelfeldspieler
1974-75　2　0　Austria Klagenfurt
1975-76　1　0　Austria Klagenfurt

Redl, Helmut
*17.09.1939, 19 A, Linksaußen
1963-64　2　0　Simmeringer SC
1965-66　21　5　Simmeringer SC
1966-67　26　12　Wacker Innsbruck
1967-68　23　14　Wacker Innsbruck
1968-69　26　15　WSG Wattens
1969-70　30　12　Rapid Wien
1970-71　30　12　WSG Wattens
1971-72　11　3　DSV Alpine
1972-73　14　0　DSV Alpine

Reeh, Gerhard
Innenstürmer
1959-60　10　1　Admira-Energie Wien

Reghecampf, Laurenţiu Aurelian
*19.09.1975, 1 A, Mittelfeldspieler
1993-94　1　0　VSE St. Pölten

Regtop, Jan Hendrik (Erik)
*16.02.1968, Stürmer
1998-99　27　3　Austria Lustenau
1999-00　20　3　Austria Lustenau
1999-00　15　7　Schwarz-Weiß Bregenz
2000-01　31　7　Schwarz-Weiß Bregenz
2001-02　33　11　Schwarz-Weiß Bregenz

Rehak, Johann
*1915, Linksaußen
1949-50　20　3　Vorwärts Steyr

Reheis, Falk
*24.03.1937, rechter Läufer
1957-58　5　1　Grazer AK
1958-59　6　0　Grazer AK
1959-60　14　0　Grazer AK
1960-61　1　0　Grazer AK

Rehnelt, Peter
*29.04.1943, Linksaußen
1962-63　19　4　Rapid Wien
1963-64　10　2　Rapid Wien
1964-65　5　0　Rapid Wien
1965-66　18　4　Rapid Wien
1966-67　2　1　Rapid Wien

Reich, Hans
*10.07.1942, Vorstopper/Libero
1971-72　28　0　VÖEST Linz
1972-73　30　0　VÖEST Linz
1973-74　30　0　VÖEST Linz
1974-75　4　0　VÖEST Linz

Reichart, Josef
*05.05.1919, Außenläufer/Mittelläufer
1936-37　6　0　Libertas Wien (WL)
1938-39　6　7　Wiener Sportclub (GL)
1939-40　1　0　Wiener Sportclub (BK)
1942-43　7　5　Wiener Sportclub (BK)
1943-44　14　5　Wiener Sportclub (OK)
1945-46　3　4　Wiener Sportclub (WL)
1946-47　5　0　Wiener Sportclub (WL)
1949-50　24　8　SV Gloggnitz
1953-54　7　2　Wiener AC

Reichhold, Thomas
*19.11.1976, Innenverteidiger
1993-94　12　0　Wiener Sportclub
1994-95　1　0　Austria Wien
1998-99　8　0　Vorwärts Steyr

Reichl, Johann
*21.02.1950, rechter Außendecker
1968-69　17　0　WSV Donawitz
1971-72　1　0　DSV Alpine
1972-73　12　2　DSV Alpine
1973-74　6　0　DSV Alpine

Reidlinger, Johann
*04.02.1933, Linksaußen
1960-61　6　1　Simmeringer SC
1961-62　21　6　Simmeringer SC

Reifeltshammer, Thomas
*03.07.1988, Innenverteidiger
2009-10　5　0　SV Ried
2010-11　12　2　SV Ried
2011-12　35　3　SV Ried
2012-13　34　2　SV Ried
2013-14　29　0　SV Ried
2014-15　17　1　SV Ried
2015-16　31　3　SV Ried
2016-17　35　4　SV Ried
2020-21　32　0　SV Ried

Reiger, Sigmund
Linksaußen
1961-62　18　8　Schwechater SC
1962-63　12　1　Schwechater SC
1964-65　5　0　Schwechater SC

Reiner, Constantin Simon
*11.07.1997, Innenverteidiger
2020-21　23　2　SV Ried
2021-22　16　2　SV Ried
2023-24　23　0　SC Rheindorf Altach

Reiner, Ludwig
*26.10.1971, Innenverteidiger
1989-90　1　0　Grazer AK
1995-96　1　0　Grazer AK

Reingruber, Sebastian
Mittelfeldspieler
1969-70   1   0   Sturm Graz

Reinhalter, Friedrich
*23.05.1956, Mittelfeldspieler
1974-75   1   0   SC Eisenstadt

Reininger, Rudolf (Rudi)
*26.03.1945, Stürmer
1973-74   28   3   Simmeringer SC

Reinl, Wilhelm
*1930, rechter Außendecker
1948-49   1   0   Wacker Wien (WL)
1949-50   1   0   Wacker Wien
1949-50   9   0   Vorwärts Steyr
1950-51   17   0   Vorwärts Steyr

Reinmayr, Hannes
*23.08.1969, 14 A, Mittelfeldspieler
1987-88   2   0   Austria Wien
1990-91   21   4   First Vienna
1991-92   32   4   FC Stahl Linz
1992-93   18   3   Austria Salzburg
1995-96   32   2   Sturm Graz
1996-97   27   4   Sturm Graz
1997-98   33   15 Sturm Graz
1998-99   31   11 Sturm Graz
1999-00   32   6   Sturm Graz
2000-01   25   3   Sturm Graz
2001-02   11   1   Sturm Graz

Reinprecht, Herbert
*01.05.1940, Torwächter
1964-65   7   0   Grazer AK
1965-66   2   0   Grazer AK

Reisinger, Andreas
*14.10.1963, 10 A, Mittelfeldspieler
1983-84   22   0   Favoritner AC
1984-85   19   1   Favoritner AC
1986-87   35   3   Wiener Sportclub
1987-88   34   2   Wiener Sportclub
1988-89   36   6   Wiener Sportclub
1989-90   4   0   Wiener Sportclub
1989-90   29   3   Rapid Wien
1990-91   29   3   Rapid Wien
1991-92   23   1   Austria Salzburg
1992-93   32   1   Austria Salzburg
1993-94   10   0   Austria Salzburg

Reisinger, Josef
*15.12.1948, Torwächter
1968-69   4   0   Rapid Wien
1969-70   6   0   Rapid Wien
1970-71   20 0   WSG Radenthein

Reisinger, Kurt
*05.05.1939, Linksaußen
1964-65   16   2   Sturm Graz
1966-67   26   4   Sturm Graz
1967-68   21   4   Sturm Graz
1969-70   3   0   Sturm Graz

Reiss, Reinhardt
*23.11.1967, Stürmer
1988-89   1   0   Sturm Graz

Reitbauer, Werner
*05.01.1947, Mittelfeldspieler
1968-69   6   0   Wiener Sportclub
1969-70   3   0   Wiener Sportclub
1970-71   16 1   WSG Radenthein
1973-74   7   0   WSG Radenthein/VSV

Reiter, Alfred
Außenläufer
1958-59   8   0   ÖMV Olympia Wien

Reiter, Anton
Rechtsaußen/Rechter Läufer
1955-56   15   3   Sturm Graz
1956-57   20   1   Sturm Graz
1957-58   7   1   Sturm Graz

Reiter, Daniel
*22.09.1983, Mittelfeldspieler
2008-09   2   0   Kapfenberger SV

Reiter, Dominik
*04.01.1998, Rechtsaußen
2017-18   17   0   Linzer ASK
2019-20   12   1   Linzer ASK
2020-21   22   3   Linzer ASK
2021-22   24   1   SC Rheindorf Altach
2022-23   7   0   SC Rheindorf Altach
2023-24   16   0   SC Rheindorf Altach

Reiter, Franz
*01.04.1943, rechter Außendecker/Vorstopper
1964-65   13   0   Sturm Graz
1966-67   24   0   Sturm Graz
1967-68   19   0   Sturm Graz
1968-69   26   0   Sturm Graz
1969-70   29   1   Sturm Graz
1970-71   18   0   Sturm Graz
1971-72   13   0   Sturm Graz

Reiter, Karl
Rechter Außendecker
1961-62   3   0   First Vienna
1967-68   15   0   SC Eisenstadt

Reiter, Kurt
*11.09.1926, Linksaußen
1945-46   9   0   Floridsdorfer AC (WL)
1946-47   9   1   Austria Wien (WL)
1947-48   8   4   Austria Wien (WL)
1948-49   4   0   Austria Wien (WL)
1953-54   25 5   Wiener AC
1956-57   19 0   Wiener AC
1957-58   13 2   Wiener AC
1958-59   14 4   Wiener AC
1959-60   3   0   Wiener AC
1960-61   5   0   Wiener AC

Reiter, Manfred
*21.11.1941, Außendecker/Vorstopper
1959-60   13   0   SC Wiener Neustadt
1960-61   2   0   Rapid Wien
1961-62   22   3   SC Wiener Neustadt
1962-63   23   0   Schwechater SC
1963-64   25   0   Schwechater SC
1964-65   25   0   Schwechater SC
1965-66   24   0   Schwechater SC
1966-67   25   1   Sturm Graz
1967-68   21   0   Sturm Graz
1968-69   9   2   Sturm Graz
1969-70   10   1   Sturm Graz
1970-71   14   0   First Vienna
1971-72   28   1   First Vienna
1972-73   30   0   First Vienna
1973-74   30   0   First Vienna

Reiter, Mario
*23.10.1986, Mittelfeldspieler
2003-04   3   0   SV Pasching
2004-05   1   0   FC Pasching
2005-06   1   0   FC Pasching
2006-07   9   0   FC Pasching
2009-10   32 4   SC Wiener Neustadt
2010-11   23 0   SC Wiener Neustadt
2011-12   26 3   SC Wiener Neustadt
2012-13   17 1   SV Ried

Reiter, Markus
*06.03.1968, Mittelfeldspieler
1990-91   1   0   Kremser SC

Reiter, Peter
*05.04.1937, 1 A, Innenstürmer
1958-59 25 24 Rapid Wien
1959-60 16 16 Rapid Wien
1960-61   4   1 Rapid Wien
1961-62 18   8 Rapid Wien
1962-63 19   9 Admira-Energie Wien
1963-64 24   5 Admira-Energie Wien
1964-65 25   8 Admira-Energie Wien
1965-66 12   6 Admira-Energie Wien
1967-68 25 11 Austria Klagenfurt
1968-69 27   9 Austria Klagenfurt
1969-70 29   6 Austria Klagenfurt

Reiter, Stefan
*11.05.1966, Mittelfeldspieler
1988-89 14   3 Vorwärts Steyr
1989-90 21   5 Vorwärts Steyr
1990-91 10   0 Rapid Wien
1991-92   3   0 Rapid Wien

Reiter, Willi
Torwächter
1961-62   1   0 Grazer AK

Reiterer, Franz
*19.09.1968, Stürmer
1989-90   5   1 Grazer AK

Reitermaier, Ernst
*26.12.1918, 1 A, Linker Halbstürmer
1936-37   1   0 Wacker Wien (WL)
1937-38   2   2 Wacker Wien (NL)
1938-39 15 13 Wacker Wien (GL)
1939-40 14 17 Wacker Wien (BK)
1940-41 15 14 Wacker Wien (BK)
1941-42 14 17 Wacker Wien (BK)
1942-43   0   0 Wacker Wien (BK)
1943-44 13 12 Wacker Wien (OK)
1945-46 17 15 Wacker Wien (WL)
1946-47 20 14 Wacker Wien (WL)
1947-48 13   8 Wacker Wien (WL)
1948-49 12   7 Wacker Wien (WL)
1949-50   1   0 Wacker Wien

Reithofer, Johann
Rechter Läufer/Rechtsaußen
1961-62   5   0 SC Wiener Neustadt

Reitmaier, Alfred
Rechter Außendecker
1958-59 16   0 Grazer AK
1959-60   4   0 Grazer AK

Reitmaier, Claus
*17.03.1964, Torwächter
1989-90 22   0 Wiener Sportclub
1990-91 22   0 Wiener Sportclub

Reitmeier, Martin
Linker Halbstürmer
1950-51   8   2 SC Wiener Neustadt

Rekirsch, Kurt
Rechter Außendecker/Linksaußen
1938-39   2   0 Amateure Steyr (GL)
1950-51 24   1 Linzer ASK
1951-52 19   0 Linzer ASK
1952-53   5   0 Linzer ASK
1953-54   1   0 Linzer ASK

Remely, Emmerich
*24.10.1925, linker Läufer
1950-51 17   0 SC Wiener Neustadt
1953-54 13   0 Austria Salzburg
1954-55 13   0 Austria Salzburg
1955-56   1   0 Austria Salzburg

Remes, Johann
*07.04.1956, Mittelfeldspieler
1975-76   1   0 Wattens-Wacker Innsbruck

Rendulić, Zoran
*22.05.1984, Innenverteidiger
2006-07   1   0 SV Ried

Renner, Alfred
*06.04.1939, Stürmer
1970-71   4   1 Sturm Graz

Renner, Markus
*09.07.1968, Torwächter
1989-90   1   0 VSE St. Pölten

Renner, René
*29.11.1993, Mittelfeldspieler
2017-18 21   0 SV Mattersburg
2018-19 30   5 SV Mattersburg
2019-20 26   0 Linzer ASK
2020-21 29   2 Linzer ASK
2021-22 28   0 Linzer ASK
2022-23 29   1 Linzer ASK
2023-24   8   0 Linzer ASK

Rep, Rajko
*20.06.1990, 1 A, Stürmer
2017-18 18   1 Linzer ASK
2018-19 30   8 TSV Hartberg
2019-20 31   8 TSV Hartberg
2020-21 28   6 TSV Hartberg
2021-22   7   0 Austria Klagenfurt

Repitsch, Hermann
*12.09.1942, Mittelfeldspieler
1962-63 17   1 Austria Klagenfurt
1965-66 19   3 Austria Klagenfurt
1966-67 13   1 Austria Klagenfurt
1967-68 16   1 Austria Klagenfurt
1968-69 28   3 Austria Klagenfurt
1969-70 28   4 Austria Klagenfurt
1970-71 21   3 Grazer AK
1971-72 27   6 Grazer AK
1972-73 27   6 Grazer AK
1973-74 26   0 Grazer AK

Resch, Anton
*19.12.1958, Torwächter
1985-86 15   0 Austria Wien
1988-89 15   0 VSE St. Pölten
1989-90   6   0 VSE St. Pölten
1990-91   1   0 VSE St. Pölten

Resch, Franz
*04.05.1969, 2 A, Außendecker/Mittelfeld
1989-90 12   0 Rapid Wien
1990-91 16   0 Rapid Wien
1991-92 22   0 Rapid Wien
1992-93 14   0 Rapid Wien
1993-94 31   1 VfB Mödling
1994-95   0   0 Austria Wien
1994-95 28   1 VfB Mödling

Ressler, Christian
*13.07.1991, Stürmer
2012-13   5   0   SV Mattersburg

Rettensteiner, Herbert
*26.08.1946, 15 A, Torwächter
1967-68 14   0   Wacker Innsbruck
1968-69 25   0   Wacker Innsbruck
1969-70 30   0   Wacker Innsbruck
1970-71 29   0   Wacker Innsbruck
1971-72 13   0   Wattens-Wacker Innsbruck
1972-73 28   0   VÖEST Linz
1973-74 31   0   VÖEST Linz
1974-75 12   0   VÖEST Linz
1975-76 34   0   Austria Salzburg
1976-77 25   0   Austria Salzburg
1978-79 36   0   Austria Salzburg
1979-80 35   0   Austria Salzburg
1980-81 17   1   Austria Salzburg
1981-82 15   1   Austria Salzburg

Retzer, Peter
*06.07.1964, linker Außendecker
1982-83   2   0   Admira/Wacker

Rexeis, Michael
*06.09.1968, Mittelfeldspieler
1988-89   2   0   Sturm Graz

Rexhaj, Milazim
*24.04.1968, Mittelfeldspieler
1993-94 11   0   Sturm Graz

Reyna, Yordy
*17.09.1993, 30 A, Stürmer
2013-14   4   0   RB Salzburg
2014-15 19 11   SV Grödig
2015-16 16   3   RB Salzburg
2016-17   2   0   RB Salzburg

Rhein, Torben Bjarne
*12.01.2003, Mittelfeldspieler
2022-23 21   0   Austria Lustenau
2023-24 21   0   Austria Lustenau

Rhylko, Rudolf
Torwächter
1948-49 11   0   SK Oberlaa (WL)
1949-50   9   0   SK Oberlaa

Ribeiro, Silva Reinaldo
*08.06.1981, Mittelfeldspieler
2008-09   4   1   SC Rheindorf Altach

Richarlyson (Richarlyson Barbosa Felisbino)
*27.12.1982, 2 A, Mittelfeld/Linker Außendecker
2003-04 10   1   Austria Salzburg
2004-05 17   1   Austria Salzburg

Richter, Raimund
*19.01.1928, Rechter Halbstürmer/Mittelstürmer
1943-44   6   1   FC Wien (OK)
1945-46   9   4   FC Wien (WL)
1946-47 19   8   FC Wien (WL)
1947-48 16   3   FC Wien (WL)
1948-49   9   6   FC Wien (WL)
1948-49   3   1   Austria Wien (WL)
1949-50 11 10   Austria Wien
1950-51   9   4   Austria Wien
1950-51 12   9   Admira Wien
1951-52 25 15   Admira Wien
1952-53 24 18   Admira Wien
1953-54 16   6   Admira Wien
1954-55 24 11   Admira Wien
1955-56 13   6   Admira Wien
1956-57 24   5   Admira Wien
1957-58 11   2   Admira Wien

Ried, Lukas
*10.10.1995, Mittelfeldspieler
2019-20 25   1   TSV Hartberg
2020-21 23   1   TSV Hartberg

Rieder, Erich
*27.02.1945, linker Außendecker
1966-67   1   0   Austria Klagenfurt

Rieder, Florian
*16.05.1996, Mittelfeldspieler
2018-19   4   0   Wacker Innsbruck
2019-20 28   0   WSG Tirol
2020-21 32   3   WSG Tirol
2021-22 21   2   Austria Klagenfurt
2022-23 23   4   Austria Klagenfurt
2023-24 22   1   Wolfsberger AC

Rieder, Gerald
*30.12.1963, Mittelfeldspieler
1982-83 18   2   Austria Salzburg
1983-84 18   0   Austria Salzburg
1984-85 19   1   Austria Salzburg

Rieder, Wolfgang
*17.07.1959, Mittelfeldspieler
1979-80   6   0   Linzer ASK
1982-83   2   0   Linzer ASK

Riederer, Franz
Mittelstürmer
1949-50   9   6   SV Gloggnitz

Riedisser, Johann
Torwächter
1940-41   4   0   Admira Wien (BK)
1941-42   0   0   Admira Wien (BK)
1942-43   6   0   First Vienna (BK)
1943-44   3   0   First Vienna (OK)
1949-50   4   0   SV Gloggnitz

Riedl, Alfred
*02.11.1949, 4 A, Stürmer
1967-68   1   0   Austria Wien
1968-69 19 19   Austria Wien
1969-70 25 10   Austria Wien
1970-71 29 13   Austria Wien
1971-72 21 16   Austria Wien
1980-81 17   3   Grazer AK
1981-82 25   9   Grazer AK
1982-83 25   6   Wiener Sportclub
1983-84 27   9   Wiener Sportclub

Riedl, Ingolf
*22.07.1972, Manndecker
1991-92   8   0   FC Stahl Linz
1992-93   6   0   FC Stahl Linz
1994-95 20   0   FC Linz

Riedl, Peter
*12.05.1982, linker Außendecker
2000-01   1   1   LASK Linz

Riedl, René
*21.02.1977, Verteidiger
1995-96   6   0   Vorwärts Steyr

Riedl, Thomas
*18.06.1976, Mittelfeldspieler
2006-07 14   0   FC Pasching
2007-08 21   0   Austria Kärnten
2008-09 26   0   Austria Kärnten
2009-10 22   0   Austria Kärnten

Riedlberger, Alfred
*30.12.1947, rechter Außendecker
1968-69 14   0   Linzer ASK
1969-70 27   0   First Vienna
1970-71   8   0   First Vienna
1972-73 16   0   Austria Klagenfurt
1973-74 20   0   Austria Klagenfurt
1974-75   9   0   Austria Klagenfurt

Riefenthaler, Kurt
*19.10.1946, Libero
1973-74 15   0   Simmeringer SC

Rieger, Manfred
*29.12.1970, Stürmer
1993-94   1   0   VSE St. Pölten

Riegler, Alois
Torwächter/Innenstürmer
1956-57   1   0   Kapfenberger SV
1958-59   2   0   Kapfenberger SV

Riegler, Christoph
*30.03.1992, Torwächter
2016-17 27   0   SKN St. Pölten
2017-18 30   0   SKN St. Pölten
2018-19 32   0   SKN St. Pölten
2019-20 26   0   SKN St. Pölten
2020-21 30   0   SKN St. Pölten

Riegler, Ewald (Wetti)
*30.11.1943, Stürmer
1965-66   1   0   Austria Salzburg

Riegler, Franz
*30.08.1915, 3 A, Rechtsaußen
1932-33   1   0   FC Wien (WL)
1933-34 11   1   FC Wien (WL)
1934-35 13   2   FC Wien (WL)
1935-36 12   8   FC Wien (WL)
1935-36   9   2   Austria Wien (WL)
1936-37 18   6   Austria Wien (WL)
1937-38   7   1   Austria Wien (NL)
1938-39 10   2   Amateure Steyr (GL)
1939-40 14   3   FC Wien (BK)
1940-41 17   5   FC Wien (BK)
1941-42 16   7   FC Wien (BK)
1942-43 18   3   FC Wien (BK)
1943-44 15   4   FC Wien (OK)
1945-46 20   5   FC Wien (WL)
1946-47 18   8   FC Wien (WL)
1947-48 18   1   FC Wien (WL)
1948-49 10   5   FC Wien (WL)
1949-50 22   7   FC Wien
1950-51 10   5   FC Wien

Riegler, Helmut
*13.10.1976, Mittelfeldspieler
2002-03 34   1   SV Pasching
2003-04 33   2   SV Pasching

Riegler, Jan-Marc
*18.04.1988, Innenverteidiger
2006-07   2   0   SV Ried
2010-11 25   3   SV Ried
2011-12 32   1   SV Ried
2012-13 27   2   SV Ried
2013-14 16   0   SV Ried

Riegler, Johann
*17.07.1929, 6 A, Rechter Halbstürmer
1945-46 21 14   FC Wien (WL)
1946-47 18   5   FC Wien (WL)
1947-48 17   9   FC Wien (WL)
1948-49   8   8   FC Wien (WL)
1949-50 22 10   Rapid Wien
1950-51 24 12   Rapid Wien
1951-52 23   7   Rapid Wien
1952-53 26 14   Rapid Wien
1953-54 25   2   Rapid Wien
1954-55 21 12   Rapid Wien
1955-56 20 15   Rapid Wien
1956-57 20 25   Rapid Wien
1957-58 23 18   Rapid Wien
1958-59   6   7   Rapid Wien
1958-59 13   3   Austria Wien
1959-60 20 16   Austria Wien
1960-61 21 11   Austria Wien
1962-63 22   4   Austria Klagenfurt

Riemann, Alexander
*12.04.1992, Stürmer
2017-18 17   0   Linzer ASK

Rieß, Alfred
*29.10.1952, Stürmer
1977-78 32   7   First Vienna
1978-79   8   1   First Vienna

Říha, Jan
*11.11.1915, 25 A, Innenstürmer
1949-50   1   0   SK Oberlaa

Rihs, Anton
Linker Läufer/Linksaußen
1956-57 25   4   Kremser SC
1957-58 24   5   Kremser SC
1958-59 24   0   Kremser SC
1959-60 26   0   Kremser SC
1960-61 21   1   Linzer ASK
1961-62   8   0   Linzer ASK
1963-64   4   0   First Vienna

Rinaldi, Lautaro
*30.12.1993, Stürmer
2022-23 12   1   WSG Tirol

Rinesch, Herbert
*1934, Linker Halbstürmer
1953-54   7   0   Sturm Graz

Ringelmann, Erhard
Rechter Außendecker
1958-59   3   0   ÖMV Olympia Wien

Ringert, Anton
*05.04.1950, Mittelfeldspieler
1971-72 22   4   Sturm Graz
1972-73 24   1   Sturm Graz
1973-74 12   0   Sturm Graz
1974-75 26   4   Sturm Graz
1975-76 15   1   Sturm Graz
1977-78 25   2   Sturm Graz
1978-79 19   0   Sturm Graz

Rinker, Günther
*12.03.1950, 2 A, Stürmer
1968-69 18   3 WSG Wattens
1969-70 28   8 WSG Wattens
1970-71   9   0 WSG Wattens
1971-72 14   2 Wiener Sportclub
1971-72   3   0 Wattens-Wacker Innsbruck
1972-73 20   4 Wattens-Wacker Innsbruck
1973-74 29   3 Wattens-Wacker Innsbruck
1974-75 28   1 Wattens-Wacker Innsbruck
1975-76 35   3 Wattens-Wacker Innsbruck
1976-77   9   0 Wattens-Wacker Innsbruck
1977-78 10   0 Wattens-Wacker Innsbruck

Rinnergschwendner, Klaus
*28.09.1943, Mittelfeldspieler
1964-65   2   0 Wacker Innsbruck
1965-66   3   0 Wacker Innsbruck
1966-67 12   0 Wacker Innsbruck
1968-69 17   0 Wacker Innsbruck
1969-70   4   0 Wacker Innsbruck

Rinnhofer, Roland
*24.02.1979, rechter Außendecker
2000-01   7   0 Austria Salzburg

Riseth, Vidar
*21.04.1972, 52 A, Innenverteidiger/Mittelfeld
1996-97 33   7 Linzer ASK
1997-98 29   4 Linzer ASK
1998-99   7   0 Linzer ASK

Riski, Roope
*16.08.1991, 8 A, Stürmer
2017-18 25   5 SKN St. Pölten
2019-20   8   0 SKN St. Pölten

Ristanic, Filip
*30.01.2004, Stürmer
2021-22 10   0 Admira/Wacker Mödling

Ritscher, Maximilian
*11.01.1994, Innenverteidiger
2012-13   1   0 Wolfsberger AC
2014-15   1   0 Wolfsberger AC

Ritter, Karl
*14.05.1947, Mittelstürmer
1968-69 26 13 Wacker Wien
1969-70 29   9 Wacker Wien
1970-71 27 13 Austria Salzburg
1971-72 22   9 Austria Salzburg
1972-73 13   2 Austria Salzburg
1972-73 15   5 Rapid Wien
1973-74 15   2 Rapid Wien
1974-75 32   7 Rapid Wien
1975-76 27   4 Austria Klagenfurt
1977-78 26   5 Wiener Sportclub
1978-79 24   5 Wiener Sportclub
1979-80 34   6 Wiener Sportclub
1980-81 24   4 Wiener Sportclub

Ritter, Thomas
*10.10.1967, 1 A, Manndecker
1999-00 11   0 Austria Lustenau

Ritzl, Karl
Rechtsaußen
1956-57   2   0 FC Stadlau

Ritzmaier, Marcel
*22.04.1993, Mittelfeldspieler
2009-10   1   0 Austria Kärnten
2018-19 29   1 Wolfsberger AC
2019-20 18   2 Wolfsberger AC
2020-21 24   2 Rapid Wien

Rivera Corral, **Rubén**
*03.05.1985, Stürmer
2012-13 30   3 Wolfsberger AC
2013-14   8   0 Admira/Wacker Mödling

Riverola Bateller, **Martí**
*26.01.1991, Mittelfeldspieler
2014-15   4   0 SC Rheindorf Altach

Rizzoli, Paul
*26.03.1946, Außendecker
1965-66   1   0 Simmeringer SC
1970-71 29   1 Simmeringer SC
1971-72 17   0 First Vienna
1972-73   1   0 First Vienna
1973-74   6   0 First Vienna

Rnić, Nemanja
*30.09.1984, 2 A, Innenverteidiger
2013-14 24   1 Wolfsberger AC
2014-15 21   1 Wolfsberger AC
2015-16 23   0 Wolfsberger AC
2016-17 27   0 Wolfsberger AC
2017-18 33   0 Wolfsberger AC
2018-19 20   1 Wolfsberger AC
2019-20 25   0 Wolfsberger AC
2020-21 10   0 Wolfsberger AC

Robakiewicz, Ryszard Stanisław
*05.06.1962, 3 A, Stürmer
1992-93 10   2 VfB Mödling
1993-94 11   1 VfB Mödling

Robatsch, Jannik Thomas
*28.12.2004, Innenverteidiger/Mittelfeld
2023-24 13   0 Austria Klagenfurt

Roberts, Charles **Thomas**
*11.05.2001, Mittelfeldspieler
2021-22   8   0 Austria Klagenfurt

Robin, Oswald
Außendecker
1971-72   1   0 Grazer AK

Robitza, Anton
*03.01.1957, Mittelfeldspieler
1978-79 14   0 First Vienna
1979-80   3   0 First Vienna

Robl, Franz
Mittelläufer
1950-51   1   0 Linzer ASK

Rock, Erich
Mittelstürmer
1964-65   3   0 Wacker Wien

Rodax, Gerhard
*29.08.1965, 20 A, Stürmer
1982-83   3   0 Admira/Wacker
1983-84 11   1 Admira/Wacker
1984-85 29   8 Admira/Wacker
1985-86 28   6 Admira/Wacker
1986-87 22   7 Admira/Wacker
1987-88 30 13 Admira/Wacker
1988-89 33 13 Admira/Wacker
1989-90 36 35 Admira/Wacker
1991-92 12   4 Rapid Wien
1992-93 31   8 Rapid Wien
1995-96 11   0 Admira/Wacker

Rodler, Martin
*24.02.1989, Innenverteidiger
2011-12 16   0 SV Mattersburg
2012-13 21   2 SV Mattersburg

Rodnei (Rodnei Francisco de Lima)
*11.09.1985, Innenverteidiger
2012-13   15   0   RB Salzburg
2013-14   8   0   RB Salzburg

Rodríguez Lima, **Daniel** Gregorio
*22.12.1965, Stürmer
1988-89   8   3   Rapid Wien

Rodríguez, Matías Nicolás
*14.04.1986, Mittelfeld/Rechter Außendecker
2007-08   1   0   Linzer ASK

Röcher, Thorsten
*11.06.1991, Stürmer
2010-11   5   0   SV Mattersburg
2011-12   24   4   SV Mattersburg
2012-13   34   2   SV Mattersburg
2015-16   30   2   SV Mattersburg
2016-17   34   6   SV Mattersburg
2017-18   29   6   Sturm Graz
2019-20   23   5   Sturm Graz
2020-21   21   5   Wolfsberger AC
2021-22   28   4   Wolfsberger AC
2022-23   28   6   Wolfsberger AC
2023-24   9   0   Wolfsberger AC

Röckl, Rudolf (Rudi)
*12.01.1927, 24 A, rechter Außendecker/Mittelläufer
1942-43   1   0   Wiener Sportclub (BK)
1943-44   1   0   Wiener Sportclub (OK)
1945-46   14   3   Wiener Sportclub (WL)
1946-47   20   2   Wiener Sportclub (WL)
1947-48   18   0   Wiener Sportclub (WL)
1948-49   16   1   Wiener Sportclub (WL)
1949-50   24   0   Wiener Sportclub
1950-51   22   1   Wiener Sportclub
1951-52   11   1   Wiener Sportclub
1951-52   13   0   First Vienna
1952-53   26   0   First Vienna
1953-54   24   0   First Vienna
1954-55   26   0   First Vienna
1955-56   26   0   First Vienna
1956-57   24   0   First Vienna
1957-58   23   0   First Vienna
1958-59   23   0   First Vienna
1959-60   23   0   First Vienna
1960-61   23   0   SC Wiener Neustadt
1961-62   13   0   SC Wiener Neustadt

Rössler, Josef
Linker Läufer
1955-56   4   0   FC Wien

Roganović, Novak
*14.01.1932, 4 A, Außendecker
1963-64   18   0   Austria Wien

Rogelj, Žan
*25.11.1999, 3 A, Rechtsaußen
2020-21   28   3   WSG Tirol
2021-22   30   1   WSG Tirol
2022-23   29   3   WSG Tirol

Roggenbauer, Walter
*26.02.1937, Torwächter
1956-57   1   0   Simmeringer SC

Rogler, Robert
*18.04.1949, Mittelfeldspieler
1968-69   7   1   Wacker Wien
1969-70   23   3   Wacker Wien
1970-71   20   1   Wacker Wien

Roglić, Valentino
*15.06.1967, Mittelfeldspieler
1987-88   10   0   VfB Union Mödling

Rogulj, Kaja
*15.06.1986, Innenverteidiger
2011-12   8   0   Austria Wien
2012-13   29   2   Austria Wien
2013-14   15   1   Austria Wien

Roguljić, Ante
*11.03.1996, Mittelfeldspieler
2014-15   1   0   RB Salzburg
2016-17   3   0   Admira/Wacker Mödling

Rohrer, Josef
*30.06.1946, Mittelfeldspieler
1969-70   19   3   SC Eisenstadt
1971-72   28   5   SC Eisenstadt
1972-73   22   2   SC Eisenstadt
1973-74   32   1   SC Eisenstadt
1974-75   15   0   SC Eisenstadt

Rohseano, Klaus
*08.09.1969, 1 A, Manndecker
1995-96   27   2   Linzer ASK
1996-97   34   0   Linzer ASK
1997-98   31   0   Linzer ASK
1998-99   34   1   Linzer ASK
1999-00   18   0   Linzer ASK
2000-01   19   0   LASK Linz
2000-01   11   0   Schwarz-Weiß Bregenz
2001-02   27   2   FC Kärnten
2002-03   31   0   FC Kärnten

Roither, Peter
*04.10.1951, Stürmer
1969-70   2   0   Austria Salzburg
1972-73   8   3   Austria Salzburg
1973-74   14   1   Austria Salzburg

Roithner, Hermann
*23.12.1952, Stürmer
1972-73   4   0   Linzer ASK

Roitinger, Klaus
*06.07.1960, Mittelfeldspieler
1982-83   4   0   Union Wels

Rojas, Francisco Ulises
*22.07.1974, 31 A, linker Außendecker
2001-02   25   2   Sturm Graz
2002-03   16   0   Sturm Graz
2003-04   29   9   Sturm Graz
2004-05   33   2   Sturm Graz

Rolling, Franck Jacques
*23.08.1968, Innenverteidiger
1998-99   11   0   Vorwärts Steyr

Rom, Ernst
*31.12.1951, Mittelfeldspieler
1972-73   1   0   Austria Klagenfurt
1974-75   1   0   Austria Klagenfurt
1975-76   27   0   Austria Klagenfurt

Romes, Horst
*05.09.1944, Stürmer
1972-73   29 10   SC Bregenz
1973-74   29   7   FC Vorarlberg
1974-75   34 10   SC Eisenstadt
1975-76   11   3   Linzer ASK
1976-77   4   0   Linzer ASK

Ronivaldo (Ronivaldo Bernardo Sales)
*24.03.1989, Mittelstürmer
2023-24   29 10   Blau-Weiß Linz

Roos, Gerhard
*16.09.1958, Libero
1978-79   3 0 Austria Salzburg
1979-80 24 0 Austria Salzburg
1980-81 29 1 Austria Salzburg
1981-82 35 0 Austria Salzburg
1982-83 29 0 Austria Salzburg
1983-84 28 0 Austria Salzburg
1984-85 21 0 Austria Salzburg

Roscher, Alfred
*11.11.1959, 1 A, Stürmer
1977-78   1 0 Austria Wien
1979-80 17 4 First Vienna
1981-82 25 7 Wiener Sportclub
1982-83 27 14 Wattens-Wacker Innsbruck
1984-85 28 15 Wattens-Wacker Innsbruck
1985-86 27 13 Wattens-Wacker Innsbruck
1986-87 31 18 Wattens-Wacker Innsbruck
1987-88 15 6 FC Tirol
1988-89   2 0 Vorwärts Steyr

Rosenauer, Harald
*18.11.1960, Mittelfeldspieler
1980-81   1 0 Wiener Sportclub

Rosenauer, Walter
*07.04.1959, rechter Außendecker
1982-83 10 0 Union Wels

Rosenberger, Benjamin
*15.06.1996, Mittelfeld/Linker Außendecker
2014-15   2 0 Sturm Graz
2015-16   1 0 Sturm Graz
2016-17   1 0 Wolfsberger AC

Rosenegger, Manfred
*14.03.1969, Mittelfeld/Stürmer
1989-90 17 0 VSE St. Pölten
1990-91 17 0 VSE St. Pölten
1991-92 35 5 VSE St. Pölten
1992-93 26 5 VSE St. Pölten
1993-94 35 5 VSE St. Pölten
1995-96 31 2 Admira/Wacker
1996-97 29 11 Admira/Wacker
1997-98 14 1 Linzer ASK
1998-99 17 1 Austria Wien
1999-00   1 0 Austria Wien

Rosenits, Josef
*1933, Torwächter
1960-61 24 0 SC Wiener Neustadt
1961-62 24 0 SC Wiener Neustadt
1963-64   1 0 SC Wiener Neustadt
1967-68   2 0 SC Eisenstadt

Rosenkranz, Karl
*19.10.1949, Mittelfeldspieler
1971-72   1 0 First Vienna

Rosický, Jiří
*11.11.1977, Mittelfeldspieler
2000-01 29 1 Schwarz-Weiß Bregenz
2001-02 16 0 Schwarz-Weiß Bregenz
2002-03 17 0 Schwarz-Weiß Bregenz

Roskaric, Franz
*18.01.1936, rechter Außendecker
1963-64   6 0 Kapfenberger SV
1964-65   3 0 Kapfenberger SV

Rosner, Karl
*07.10.1946, Libero/Vorstopper
1967-68 20 2 Admira-Energie Wien
1968-69 24 0 Admira-Energie Wien
1969-70 21 0 Admira-Energie Wien
1970-71 18 0 Admira-Energie Wien
1971-72 26 0 Admira/Wacker
1972-73 28 1 Admira/Wacker
1973-74 28 1 Sturm Graz
1974-75 35 0 Linzer ASK
1975-76 28 0 Linzer ASK
1976-77 26 0 Linzer ASK

Rossbacher, Gerhard
*08.01.1949, rechter Außendecker
1968-69 13 0 Grazer AK
1969-70   1 0 Grazer AK
1970-71   4 0 Grazer AK
1972-73 15 0 SC Bregenz
1973-74 19 0 FC Vorarlberg

Roßband, Wolfgang
*17.03.1948, Stürmer
1972-73 29 3 Admira Wiener Neustadt

Roßkogler, Walter
*07.03.1950, Stürmer
1971-72 27 9 DSV Alpine
1972-73 30 8 DSV Alpine
1973-74 32 11 DSV Alpine
1974-75 30 6 VÖEST Linz
1975-76 33 15 VÖEST Linz
1976-77 29 10 VÖEST Linz
1977-78 25 4 VÖEST Linz
1978-79   7 1 Austria Salzburg

Rost, Timo
*09.08.1978, Mittelfeldspieler
2000-01 23 1 Austria Wien

Roth, Andreas
*03.02.1964, Stürmer
1982-83   9 0 Linzer ASK
1983-84   4 0 Linzer ASK
1984-85 25 6 Linzer ASK
1985-86 29 7 Linzer ASK
1986-87 25 13 Linzer ASK
1987-88 14 1 Linzer ASK
1988-89 13 6 Linzer ASK
1989-90   7 0 VSE St. Pölten
1990-91 16 2 VSE St. Pölten

Roth, Felix
*13.11.1987, Stürmer
2014-15 30 4 SC Rheindorf Altach
2015-16 19 1 SC Rheindorf Altach

Roth, Franz
*27.04.1946, 4 A, Mittelfeldspieler
1978-79 31 1 Austria Salzburg

Roth, Fritz
*20.03.1920, Rechter Halbstürmer
1941-42   9 8 Rapid Wien (BK)
1942-43   3 1 Rapid Wien (BK)
1949-50   1 0 Slovan Wien

Roth, Gerhard
Mittelstürmer
1958-59   2 0 Admira Wien

Roth, Hannes
Mittelfeldspieler
1965-66 11 1 Kapfenberger SV
1966-67   9 0 Kapfenberger SV

Roth, Rudolf (Rudi)
*14.09.1948, Torwächter
1972-73 18 0 Grazer AK
1973-74 17 0 Grazer AK
1975-76 20 0 Grazer AK
1976-77 17 0 Grazer AK
1985-86   3 0 Salzburger AK

Rothbauer, Manfred
*13.12.1975, Mittelfeldspieler
1996-97   4 0 FC Linz
1997-98 29 2 SV Ried
1998-99 32 3 SV Ried
1999-00 35 3 SV Ried
2000-01 28 4 SV Ried
2001-02 32 4 SV Ried
2002-03   5 1 Austria Wien
2003-04 28 1 SV Pasching

Rothdeutsch, Jürgen
*08.08.1977, Mittelfeldspieler
2001-02   1 0 Schwarz-Weiß Bregenz

Rothe, Helmut (Heli)
*18.04.1956, Mittelfeldspieler
1976-77   1 0 Austria Salzburg

Rotpuller, Lukas
*31.03.1991, Innenverteidiger
2011-12 18 0 SV Ried
2012-13   9 0 Austria Wien
2013-14 18 0 Austria Wien
2014-15 27 1 Austria Wien
2015-16 32 2 Austria Wien
2016-17 29 2 Austria Wien

Rottensteiner, Diego
*11.04.1984, Stürmer
2004-05   3 1 Sturm Graz
2005-06 10 0 Sturm Graz
2006-07   4 0 Sturm Graz

Rottensteiner, Helmut
*16.03.1977, Mittelfeldspieler
1994-95   1 0 Austria Salzburg
1995-96   1 0 Austria Salzburg
2000-01   7 0 Schwarz-Weiß Bregenz

Rottensteiner, Manfred
*09.01.1993, Innenverteidiger
2012-13   1 0 SC Wiener Neustadt

Rotter, Leopold
*14.09.1964, 6 A, Manndecker
1984-85   4 0 Rapid Wien
1984-85   4 0 First Vienna
1985-86   3 0 Rapid Wien
1988-89 29 5 VSE St. Pölten
1989-90 32 4 VSE St. Pölten
1990-91 20 2 VSE St. Pölten
1991-92 28 7 VSE St. Pölten
1992-93 25 2 VSE St. Pölten
1993-94 20 3 VSE St. Pölten

Rotter, Thomas
*27.01.1992, Innenverteidiger
2018-19 17 2 TSV Hartberg
2019-20 18 1 TSV Hartberg
2020-21 23 3 TSV Hartberg
2021-22 21 2 TSV Hartberg
2022-23 17 0 TSV Hartberg
2023-24   4 0 TSV Hartberg

Rottler, Edmond
*25.06.1966, Torwächter
1995-96 11 0 Vorwärts Steyr

Rouschal, Ernst-Alois
Halbstürmer
1955-56 18 2 Austria Salzburg
1956-57 14 1 Austria Salzburg

Royer, Daniel
*22.05.1990, 6 A, Mittelfeldspieler
2010-11 35 4 SV Ried
2011-12   6 0 SV Ried
2013-14 30 6 Austria Wien
2014-15 33 5 Austria Wien

Ruan Renato (Ruan Renato Bonifácio Augusto)
*14.01.1994, rechter Außendecker/Mittelfeld
2017-18   6 0 Austria Wien

Ruano Santana, Juan Ramón
*29.11.1983, Mittelfeldspieler
2010-11 11 0 Linzer ASK

Ruckendorfer, Harald
*05.12.1982, Stürmer
2007-08   2 0 Linzer ASK

Rudel, Volker
*27.11.1963, Stürmer
1983-84   9 1 VOEST Linz

Rudi, Petter Norman
*17.09.1973, 46 A, Mittelfeldspieler
2003-04   4 0 Austria Wien

Rudić, Neven
*14.04.1958, Stürmer
1988-89   6 0 Austria Klagenfurt

Rudić, Nico
*26.01.1935, Mittelstürmer
1965-66 16 13 Austria Klagenfurt
1966-67 24 7 Austria Klagenfurt

Rudolf, Adolf
Mittelfeldspieler
1967-68   5 1 WSG Radenthein

Rühmkorf, Andreas
*04.04.1966, Stürmer
1985-86   7 0 Admira/Wacker
1986-87   5 0 Admira/Wacker
1992-93 22 7 VfB Mödling
1993-94 14 0 VfB Mödling

Rührl, Christian
*29.06.1958, Manndecker
1987-88 18 0 VfB Union Mödling

Ruhs, Herbert
Linksaußen/Linker Halbstürmer
1955-56 25 3 Austria Graz

Rumpf, August
*01.04.1922, Innenstürmer
1955-56 21 7 Austria Graz

Rumpf, Werner
*22.02.1947, Torwächter
1968-69 19 0 Grazer AK

Rumpold, Kurt
Linker Halbstürmer
1953-54 10 2 Simmeringer SC

Rumpold, Martin
*06.04.1968, Verteidiger
1985-86   1 0 Austria Klagenfurt

Rupp, Burkhard
*20.02.1969, Stürmer
1990-91 26 1 DSV Alpine
1991-92 18 0 DSV Alpine

Rupprecht, Karl
*11.12.1962, Stürmer
1982-83   4 0 SC Eisenstadt
1983-84 23 2 SC Eisenstadt
1984-85 27 2 SC Eisenstadt
1987-88 18 1 VfB Union Mödling

Rupprecht, Otto
*03.10.1968, Verteidiger
1987-88   1 0 VfB Union Mödling

Ruschitzka, Johann
Torwächter
1958-59   8 0 Wacker Wien
1959-60 10 0 Wacker Wien
1960-61 14 0 Wacker Wien

Ruschko, Ludwig
*18.06.1948, Mittelfeldspieler
1967-68   2 0 Austria Wien
1972-73 27 0 Austria Klagenfurt
1973-74 32 0 Austria Klagenfurt
1974-75 14 0 Austria Klagenfurt

Rusek, Markus
*26.12.1993, Mittelfeldspieler
2012-13   1 0 Admira/Wacker Mödling
2013-14 14 0 Admira/Wacker Mödling

Rushfeldt, Sigurd
*11.12.1972, 38 A, Mittelstürmer
2001-02 16 11 Austria Wien
2002-03 25   5 Austria Wien
2003-04 33 25 Austria Wien
2004-05 30 19 Austria Wien
2005-06 33   9 Austria Wien

Russ, Heinz
*05.10.1939, 2 A, linker Außendecker/Libero
1964-65 26 0 Sturm Graz
1966-67 26 0 Sturm Graz
1967-68 26 0 Sturm Graz
1968-69 15 0 Sturm Graz
1969-70 21 0 Sturm Graz
1970-71 28 0 Sturm Graz
1971-72 28 0 Sturm Graz
1972-73 16 0 Sturm Graz
1973-74 31 0 Sturm Graz
1974-75 31 0 Sturm Graz
1975-76 36 0 Sturm Graz
1976-77 32 0 Sturm Graz
1977-78 18 0 Sturm Graz

Russ, Kurt
*23.11.1964, 28 A, Manndecker
1987-88 13 3 First Vienna
1988-89 35 6 First Vienna
1989-90 34 3 First Vienna
1990-91 32 1 FC Tirol
1991-92 32 0 FC Tirol
1992-93 16 0 Wacker Innsbruck
1993-94   8 0 FC Tirol Innsbruck
1994-95 32 4 Linzer ASK
1995-96 30 1 Linzer ASK
1996-97 21 0 Linzer ASK
1997-98   8 0 Linzer ASK

Ruth, Manfred
*26.01.1952, Mittelfeldspieler
1973-74 13 0 Sturm Graz
1974-75 32 0 Sturm Graz
1975-76 13 0 Sturm Graz

Rutschek, Erich
Außenläufer
1954-55 3 0 Admira Wien
1955-56 5 0 Admira Wien
1957-58 1 0 Admira Wien
1958-59 9 0 Admira Wien
1959-60 6 0 Admira-Energie Wien

Ruttensteiner, Willibald (Willi)
*12.11.1962, Mittelfeldspieler
1982-83 8 0 Union Wels

Ruttensteiner, Ralf
*13.07.1965, Mittelfeldspieler
1986-87 15 2 Wattens-Wacker Innsbruck
1987-88   2 0 FC Tirol
1988-89 19 0 Linzer ASK
1992-93 20 2 Linzer ASK

Ryba, Erwin
*27.01.1924, Außendecker
1945-46 10 0 Admira Wien (WL)
1947-48 15 0 Wiener AC (WL)
1948-49 11 0 Floridsdorfer AC (WL)
1949-50 24 0 Floridsdorfer AC
1950-51 17 0 Floridsdorfer AC
1951-52 20 0 Floridsdorfer AC
1952-53 20 0 Floridsdorfer AC

Rybicki, Franz
*12.08.1924, linker Außendecker
1942-43   7 3 Rapid Wien (BK)
1943-44 16 0 Rapid Wien (OK)
1945-46 14 0 Rapid Wien (WL)
1947-48   6 0 First Vienna (WL)
1948-49 16 0 First Vienna (WL)
1949-50 17 0 First Vienna
1950-51   1 0 First Vienna
1954-55 24 0 Kapfenberger SV

Rząsa, Tomasz Mariusz
*11.03.1973, 36 A, linker Außendecker
2006-07 30 0 SV Ried
2007-08 28 0 SV Ried

Rzatkowski, Marc
*02.03.1990, Mittelfeldspieler
2016-17 7 1 RB Salzburg
2017-18 5 1 RB Salzburg

S

Sabeditsch, Ernst
*06.05.1920, 8 A, Mittelläufer
1938-39 12   1 First Vienna (GL)
1939-40   6   0 First Vienna (BK)
1940-41 17   0 First Vienna (BK)
1941-42   9   0 First Vienna (BK)
1942-43   2   1 First Vienna (BK)
1943-44   2   0 First Vienna (OK)
1945-46 22   6 First Vienna (WL)
1946-47 20   4 First Vienna (WL)
1947-48 15   0 First Vienna (WL)
1948-49 10   1 First Vienna (Wl)
1949-50 11   1 First Vienna
1951-52   1   0 Wacker Wien
1952-53   9   0 Wacker Wien

Sabetzer, Rudolf (Rudi)
*28.06.1934, 3 A, Linker Halbstürmer
1953-54 18   1 Austria Wien
1954-55 21   6 Austria Wien
1955-56 25   1 Austria Wien
1956-57 26 12 Austria Wien
1957-58 23 12 Austria Wien
1958-59 23   9 Austria Wien
1959-60 25 13 Linzer ASK
1960-61 24 11 Linzer ASK
1961-62 25 12 Linzer ASK
1962-63 25   4 Linzer ASK
1963-64 26   8 Linzer ASK
1964-65 23   7 Linzer ASK
1965-66 25 12 Linzer ASK
1966-67 22   1 Wacker Wien
1967-68 25   5 WSG Radenthein

Sabitzer, Herfried
*19.10.1969, 6 A, Stürmer
1990-91 32   9 DSV Alpine
1991-92 29   7 Austria Salzburg
1992-93 31 11 Austria Salzburg
1993-94 13   1 Austria Salzburg
1994-95 28 11 Linzer ASK
1995-96 25   9 Grazer AK
1996-97 29   8 Grazer AK
1997-98 33 15 Grazer AK
1998-99 29   5 Austria Salzburg
1999-00 17   1 Austria Salzburg
2000-01   5   2 Austria Salzburg

Sabitzer, Marcel
*17.03.1994, 82 A, Mittelfeldspieler
2011-12 20   5 Admira/Wacker Mödling
2012-13 17   4 Admira/Wacker Mödling
2012-13 16   3 Rapid Wien
2013-14 29   7 Rapid Wien
2014-15 33 19 RB Salzburg

Sabitzer, Thomas
*12.10.2000, Mittelfeldspieler
2019-20 10   0 Linzer ASK
2020-21   4   0 Linzer ASK
2021-22 27   8 WSG Tirol
2022-23 22   4 WSG Tirol
2023-24 23   1 Wolfsberger AC

Sablatnig, Christian
*02.11.1979, Mittelfeldspieler
2001-02 30   2 FC Kärnten
2002-03   1   0 FC Kärnten

Sabry, Abd Alsatar
*19.06.1974, 70 A, Mittelfeldspieler
1997-98 10   0 FC Tirol Innsbruck
1998-99 18   2 FC Tirol Innsbruck

Sackmann, Klaus
*28.10.1941, Außendecker
1962-63 22   0 Austria Klagenfurt
1965-66 12   0 Austria Klagenfurt
1966-67 19   1 Austria Klagenfurt
1967-68   1   0 Wiener Sportclub
1968-69 22   0 Austria Klagenfurt
1969-70 24   0 Austria Klagenfurt

Sadović, Mirnel
*25.05.1984, Stürmer
2009-10   8   2 SC Wiener Neustadt
2010-11 26   7 SC Wiener Neustadt

Sägmüller, Walter
Rechtsaußen
1954-55   5   0 Kapfenberger SV
1955-56   5   0 Kapfenberger SV
1955-56   1   0 FC Wien
1956-57 11   1 Kapfenberger SV
1957-58   7   1 Kapfenberger SV
1958-59   2   0 Kapfenberger SV

Säumel, Gerald
*10.01.1986, Mittelfeldspieler
2004-05 10   0 Sturm Graz
2005-06 12   0 Sturm Graz
2006-07 13   0 Sturm Graz

Säumel, Jürgen
*08.09.1984, 20 A, Mittelfeldspieler
2002-03 12   0 Sturm Graz
2003-04 32   0 Sturm Graz
2004-05 36   2 Sturm Graz
2005-06 18   1 Sturm Graz
2006-07 12   1 Sturm Graz
2007-08 30   5 Sturm Graz
2011-12 15   0 Sturm Graz
2012-13 12   2 Sturm Graz
2013-14 20   0 SC Wiener Neustadt

Sáfár, Szabolcs
*20.08.1974, 14 A, Torwächter
1997-98 31   0 Austria Salzburg
1998-99 36   0 Austria Salzburg
1999-00 34   0 Austria Salzburg
2000-01 36   0 Austria Salzburg
2001-02 10   0 Austria Salzburg
2002-03 36   0 Austria Salzburg
2004-05   4   0 Austria Wien
2005-06   7   0 Austria Wien
2006-07 31   0 Austria Wien
2007-08 23   0 Austria Wien
2008-09 33   0 Austria Wien
2009-10 16   0 Austria Wien
2010-11   3   0 Austria Wien
2011-12 32   0 Wacker Innsbruck
2012-13 35   0 Wacker Innsbruck
2013-14 28   0 Wacker Innsbruck

Sági, András
*27.05.1936, Rechter Halbstürmer
1957-58 10   1 Austria Wien
1958-59   5   0 Austria Wien

Sağlık, Mahir
*18.01.1983, Stürmer
2005-06 23   3 Admira/Wacker Mödling

Sahanek, Marco
*27.01.1990, Mittelfeldspieler
2011-12 11   0 Kapfenberger SV
2018-19 11   1 Admira/Wacker Mödling

Şahin-Radlinger, Samuel
*07.11.1992, Torwächter
2013-14   1 0 Rapid Wien
2020-21 27 0 SV Ried
2021-22 31 0 SV Ried
2022-23 26 0 SV Ried

Sajko, Erich
*16.06.1925, rechter Außendecker
1951-52 20 8 Kapfenberger SV
1953-54 16 5 Grazer AK
1954-55 21 2 Grazer AK
1955-56 17 0 Grazer AK
1956-57 25 0 Grazer AK
1957-58 20 3 Grazer AK
1959-60   5 0 Grazer AK
1960-61 25 0 Grazer AK
1961-62 16 5 Grazer AK
1964-65 18 0 Sturm Graz

Sakić, Emanuel
*25.01.1991, Mittelfeld/Linker Außendecker
2016-17 16 1 SC Rheindorf Altach
2017-18   3 0 SC Rheindorf Altach
2019-20 28 0 Sturm Graz

Sako, Oumar
*04.05.1996, 1 A, Innenverteidiger
2021-22   6 0 Linzer ASK

Sakuler, Alfred
Mittelläufer
1950-51   6 0 Elektra Wien

Salaba, Christian
*06.01.1971, Libero
1988-89 10 0 First Vienna
1989-90 30 1 First Vienna
1990-91 21 0 First Vienna
1991-92   9 0 Rapid Wien
1992-93 24 0 Vorwärts Steyr
1996-97 11 0 Admira/Wacker

Salaba, Gottfried
Stürmer/Außenläufer/Außendecker
1954-55   5 0 FC Wien
1955-56   7 0 FC Wien

Salamon, Julian
*01.05.1991, Mittelstürmer
2014-15   6 0 SC Wiener Neustadt

Salamon, Thomas
*18.01.1989, Mittelfeldspieler
2008-09 19 0 SV Mattersburg
2009-10 12 0 SV Mattersburg
2010-11 20 2 SV Mattersburg
2013-14 19 3 SV Grödig
2013-14 15 2 Austria Wien
2014-15 19 0 Austria Wien
2015-16   3 0 Austria Wien
2016-17 16 0 Austria Wien
2017-18 25 0 Austria Wien
2018-19   4 0 Austria Wien

Salentinig, Martin
*03.11.1992, Mittelfeldspieler
2013-14   5 0 Wolfsberger AC

Saler, Jürgen
*04.10.1977, Mittelfeldspieler
1998-99 26 2 Rapid Wien
1999-00 18 0 Rapid Wien
2000-01 16 1 Rapid Wien
2001-02 21 1 Rapid Wien
2002-03 13 0 Rapid Wien

Salgado Jiménez, **Mario** Antonio
*03.06.1981, Stürmer
2003-04 11 0 Austria Salzburg

Salihi, Hamdi
*19.01.1984, 50 A, Stürmer
2006-07 15 6 SV Ried
2007-08 33 12 SV Ried
2008-09 28 14 SV Ried
2009-10   6 2 SV Ried
2009-10 23 15 Rapid Wien
2010-11 32 18 Rapid Wien
2011-12 12 3 Rapid Wien

Salisch, Peter
*25.02.1961, Mittelfeld/Außendecker
1979-80   3 0 Rapid Wien
1980-81   9 0 Rapid Wien

Saliternig, Otto
*21.01.1948, Mittelfeldspieler
1965-66   3 0 Austria Klagenfurt
1967-68   3 0 Austria Klagenfurt
1968-69   2 0 Austria Klagenfurt
1969-70 15 1 Austria Klagenfurt

Saljić, Sanel
*27.11.2005, Mittelfeldspieler
2023-24   2 0 Austria Wien

Salkić, Edin
*16.06.1989, Stürmer
2008-09   3 0 Sturm Graz
2010-11   9 0 SC Wiener Neustadt
2011-12   8 0 SC Wiener Neustadt

Sallinger, Raphael Lukas
*08.12.1995, Torwächter
2016-17   1 0 Wolfsberger AC
2017-18   5 0 Wolfsberger AC
2019-20   1 0 TSV Hartberg
2020-21   1 0 TSV Hartberg
2021-22   5 0 TSV Hartberg
2022-23 20 0 TSV Hartberg
2023-24 32 0 TSV Hartberg

Sallmayer, Peter
*21.05.1961, Mittelfeldspieler
1979-80 32 2 Rapid Wien
1980-81 24 2 Rapid Wien
1981-82   6 0 Rapid Wien
1982-83 27 5 Austria Salzburg
1983-84 28 8 Austria Salzburg
1984-85 21 2 Austria Salzburg

Salmutter, Klaus
*03.01.1984, 4 A, Stürmer
2002-03   7 1 Sturm Graz
2003-04 17 0 Sturm Graz
2004-05   6 0 Sturm Graz
2005-06 16 6 Sturm Graz
2006-07 21 1 Sturm Graz
2007-08 30 6 Sturm Graz
2008-09 20 0 Linzer ASK
2009-10   4 0 Linzer ASK
2009-10   8 1 Sturm Graz
2010-11 15 2 Sturm Graz

Salomon, Patrick
*10.06.1988, Mittelfeldspieler
2010-11   7 0 Austria Wien
2014-15 23 0 SC Rheindorf Altach
2015-16 26 2 SC Rheindorf Altach
2016-17 30 2 SC Rheindorf Altach
2017-18 32 1 SC Rheindorf Altach
2018-19 19 1 SV Mattersburg
2019-20 30 0 SV Mattersburg

Saltuari, Martin
*22.04.1983, Stürmer
2006-07 15 0 Wacker Tirol
2007-08   7 0 Wacker Innsbruck

Salvatore, Marco
*20.02.1986, rechter Außendecker/Mittelfeld
2008-09   12   0   Austria Kärnten
2009-10   23   0   Austria Kärnten

Sam, Sidney
*31.01.1988, 5 A, Mittelfeldspieler
2019-20   21   6   SC Rheindorf Altach

Samassékou, Diadie
*11.01.1996, 41 A, Mittelfeldspieler
2016-17   27   0   RB Salzburg
2017-18   29   0   RB Salzburg
2018-19   26   1   RB Salzburg
2019-20   1   0   RB Salzburg

Samer, Franz
Rechter Außendecker
1956-57   11   0   FC Stadlau

Samer, Johann
*23.05.1953, rechter Außendecker
1972-73   22   2   Austria Wien
1973-74   10   0   Austria/WAC
1974-75   13   0   Austria/WAC
1975-76   5   0   Austria/WAC
1977-78   33   2   Wiener Sportclub
1978-79   33   1   Wiener Sportclub
1979-80   34   0   Wiener Sportclub
1980-81   31   0   Wiener Sportclub
1981-82   13   0   Wiener Sportclub
1982-83   15   1   First Vienna

Samhaber, Manfred
*09.06.1951, Mittelfeldspieler
1969-70   3   1   Linzer ASK

Sammer, Michael
*23.08.1991, linker Außendecker
2010-11   4   0   SV Ried

Samrykit, Emil
*02.06.1961, Torwächter
1984-85   8   0   VOEST Linz
1986-87   14   0   VOEST Linz

Samwald, Sandro
*03.06.1986, Mittelfeldspieler
2006-07   4   0   Wacker Tirol
2007-08   25   0   Wacker Innsbruck

Sand, Marc
*23.01.1988, Stürmer
2008-09   8   2   Austria Kärnten
2009-10   12   1   Austria Kärnten
2011-12   12   1   Kapfenberger SV

Sander, Heinz
Außenstürmer
1959-60   2   0   SC Wiener Neustadt

Sandner, Karl
*14.10.1938, Torwächter
1961-62   11   0   Admira-Energie Wien
1962-63   2   0   Admira-Energie Wien
1963-64   6   0   Admira-Energie Wien
1964-65   24   0   Admira-Energie Wien
1965-66   10   0   Simmeringer SC

Sané, Souleymane (Samy)
*26.02.1961, 55 A, Stürmer
1994-95   33 20   FC Tirol
1995-96   15   3   FC Tirol Innsbruck
1999-00   10   0   Linzer ASK

Sangaré, Mamadou
*26.02.2002, Mittelfeldspieler
2022-23   15   2   TSV Hartberg
2023-24   29   1   TSV Hartberg

Sanogo, Zakaria
*11.12.1996, 4 A, Mittelfeldspieler
2016-17   17   1   Wolfsberger AC
2018-19   27   4   TSV Hartberg

Sanou, Wilfried
*16.03.1984, 24 A, Stürmer
2001-02   5   0   FC Tirol Innsbruck

Šantek, Ivo
*23.04.1932, 6 A, Stürmer/Mittelfeld
1964-65   22   4   Wacker Innsbruck
1965-66   16   1   Wacker Innsbruck
1968-69   26   0   WSG Wattens

Santin, Sebastian
*15.06.1994, Mittelfeldspieler
2019-20   23   1   WSG Tirol

Santner, Norbert
*02.09.1926, Rechtsaußen/Rechter Halbstürmer
1954-55   23   2   Schwarz-Weiß Bregenz

Santos, Fernando
*25.02.1980, Innenverteidiger
2004-05   1   0   Austria Wien

Sara, Josef
*09.03.1954, 1 A, Vorstopper/Libero
1972-73   17   1   Austria Wien
1973-74   20   0   Austria/WAC
1974-75   5   0   Austria/WAC
1975-76   34   1   Austria/WAC
1976-77   36   3   Austria/WAC
1977-78   34   3   Austria Wien
1978-79   33   3   Austria Wien
1979-80   36   3   Austria Wien
1980-81   34   2   Austria Wien
1981-82   16   2   Austria Wien
1982-83   30   1   SC Neusiedl am See
1983-84   26   0   Favoritner AC
1984-85   27   3   Favoritner AC

Sara, Robert
*09.06.1946, 55 A, rechter Außendecker
1965-66   22   2   Austria Wien
1966-67   18   1   Austria Wien
1967-68   18   1   Austria Wien
1968-69   21   1   Austria Wien
1969-70   30   1   Austria Wien
1970-71   30   2   Austria Wien
1971-72   27   1   Austria Wien
1972-73   30   3   Austria Wien
1973-74   23   1   Austria/WAC
1974-75   36   1   Austria/WAC
1975-76   34   0   Austria/WAC
1976-77   36   2   Austria/WAC
1977-78   36   0   Austria Wien
1978-79   35   1   Austria Wien
1979-80   34   3   Austria Wien
1980-81   36   1   Austria Wien
1981-82   33   1   Austria Wien
1982-83   29   1   Austria Wien
1983-84   29   0   Austria Wien
1984-85   6   0   Austria Wien
1984-85   21   0   Favoritner AC

Sara, Mario
*21.02.1982, Innenverteidiger/Mittelfeld
2001-02   2   0   FC Tirol Innsbruck
2006-07   12   0   Rapid Wien
2007-08   4   0   Rapid Wien

Šarac, Dragan
*27.09.1975, 6 A, linker Außendecker
2000-01   33   1   Austria Wien
2001-02   26   1   Austria Wien
2002-03   33   4   SV Pasching
2005-06   33   5   Sturm Graz
2006-07   28   1   Sturm Graz

Saračević, Muhammed-Cham
*26.09.2000, 3 A, Mittelfeldspieler
2019-20 16 0 Admira/Wacker Mödling
2020-21   2 0 Admira/Wacker Mödling

Šaravanja, Ivan
*24.08.1996, Innenverteidiger
2021-22 19 1 Austria Klagenfurt

Sarcher, Konrad (Conny)
*06.07.1936, linker Außendecker
1962-63 25 0 Austria Salzburg

Saria, Walter
*08.02.1955, Torwächter
1975-76   8 0 Sturm Graz
1976-77 13 0 Sturm Graz
1977-78 35 0 Sturm Graz
1978-79 34 0 Sturm Graz
1979-80 36 0 Sturm Graz
1980-81 36 0 Sturm Graz
1981-82 36 0 Sturm Graz
1982-83 30 0 Sturm Graz
1983-84 27 0 Sturm Graz
1984-85 26 0 Sturm Graz
1985-86 34 0 Sturm Graz
1986-87   4 0 Sturm Graz

Sariyar, Yüksel
*01.08.1979, 13 A, Mittelfeldspieler
2000-01 24 1 LASK Linz
2004-05 29 4 FC Pasching
2005-06 24 3 FC Pasching
2006-07 25 2 FC Pasching
2007-08 25 2 Austria Wien
2009-10   5 0 SC Wiener Neustadt

Sarkaria, Manprit
*26.08.1996, 1 A, Mittelfeldspieler
2017-18   5 0 Austria Wien
2018-19   7 0 Austria Wien
2019-20 21 4 Austria Wien
2020-21 30 6 Austria Wien
2021-22 31 13 Sturm Graz
2022-23 28 9 Sturm Graz
2023-24 16 4 Sturm Graz

Sarpei, Edward
*25.06.1969, Stürmer
1994-95 10 0 Vorwärts Steyr

Sarsoun, Josef
Außenläufer/Stürmer
1954-55   7 0 FC Stadlau
1955-56   2 0 FC Stadlau
1956-57   4 0 FC Stadlau

Sass, Rudolf (Rudi)
Rechter Außendecker/Rechter Läufer
1964-65   7 0 Wiener AC

Şatin, Murat
*30.08.1996, Mittelfeldspieler
2018-19 13 1 Wacker Innsbruck
2020-21 14 0 SV Ried
2021-22 26 1 SV Ried

Satorina, Friedrich
*17.01.1947, Mittelfeldspieler
1970-71   9 0 Simmeringer SC
1972-73 14 3 Admira Wiener Neustadt
1973-74 20 0 Linzer ASK
1974-75 10 1 Linzer ASK

Sattlberger, Nikolas
*18.01.2004, Mittelfeldspieler
2022-23   3 0 Rapid Wien
2023-24 30 0 Rapid Wien

Sauer, David
*20.02.1998, Mittelfeldspieler
2018-19   1 0 SKN St. Pölten

Sauer, Johann
Rechtsaußen
1957-58 22 5 ÖMV Olympia Wien
1958-59 13 7 ÖMV Olympia Wien
1958-59   7 1 Wiener AC

Sauer, Johann
*02.03.1948, Torwächter
1976-77   1 0 First Vienna
1982-83   7 0 Simmeringer SC

Sauerwein, Horst
*03.12.1960, Mittelfeldspieler
1980-81 25 2 SC Eisenstadt
1982-83   1 0 SC Eisenstadt

Sauhammel, Hannes
*14.12.1960, Mittelfeldspieler
1980-81   9 0 SC Eisenstadt

Sauper, Gerhard
Mittelläufer
1958-59   2 0 Grazer AK

Saurer, Andreas
*01.04.1972, Torwächter
1994-95   9 0 FC Linz
2002-03   6 0 SV Pasching

Saurer, Christoph
*22.01.1986, 1 A, Mittelfeldspieler
2006-07   4 0 Austria Wien
2007-08 33 6 Linzer ASK
2008-09 30 2 Linzer ASK
2009-10 32 5 Linzer ASK
2010-11 22 2 Rapid Wien
2011-12   1 0 Rapid Wien
2011-12 16 1 SC Wiener Neustadt
2012-13 34 0 Wacker Innsbruck

Saurer, Helmut
*23.11.1943, Torwächter
1962-63   3 0 Linzer ASK
1963-64   4 0 Linzer ASK
1968-69   3 0 Linzer ASK
1969-70   5 0 Linzer ASK
1970-71 18 0 Linzer ASK
1971-72 11 0 Linzer ASK
1972-73   8 0 Linzer ASK
1973-74   1 0 Linzer ASK
1974-75 14 0 Linzer ASK
1975-76   1 0 Linzer ASK

Sauruck, Adolf
Torwächter
1952-53   3 0 Grazer SC
1955-56 12 0 Sturm Graz
1957-58   9 0 Sturm Graz
1958-59   8 0 WSV Donawitz
1959-60   1 0 WSV Donawitz

Sauseng, Helmut
*06.07.1966, Manndecker
1986-87   9 0 Grazer AK
1987-88 32 4 Grazer AK
1988-89 28 2 Grazer AK
1989-90 21 0 Grazer AK

Sauter, Hermann
*28.05.1942, Stürmer
1968-69 22 3 SC Eisenstadt
1969-70 11 1 SC Eisenstadt

Savić, Bajo
*15.08.1982, Stürmer
2001-02   3 0 Rapid Wien

Savić, Dragoljub
*25.04.2001, Stürmer
2019-20   1   0   Rapid Wien
2020-21   1   0   Rapid Wien
2021-22   4   1   Rapid Wien
2022-23   2   0   Rapid Wien

Savić, Lenko
*22.06.1940, Mittelfeldspieler
1966-67 14   0   Grazer AK

Savić, Stefan
*08.01.1994, Mittelfeldspieler
2011-12   2   0   RB Salzburg

Savićević, Dejan
*15.09.1966, 56 A, Mittelfeldspieler
1999-00 22 11   Rapid Wien
2000-01 22   7   Rapid Wien

Savičić, Draško
*04.08.1976, Mittelfeldspieler
1994-95   1   0   FC Linz

Sax, Maximilian (Max)
*22.11.1992, Stürmer
2012-13 12   1   Admira/Wacker Mödling
2013-14 20   2   Admira/Wacker Mödling
2014-15   2   0   Admira/Wacker Mödling
2015-16 19   1   Admira/Wacker Mödling
2016-17 29   6   Admira/Wacker Mödling
2017-18 24   1   Admira/Wacker Mödling
2018-19 18   2   Austria Wien
2019-20 21   2   Austria Wien
2020-21   6   0   Austria Wien
2020-21   4   0   Admira/Wacker Mödling

Scancella, Ludwig
*09.07.1947, Stürmer
1968-69 18   0   Wacker Wien

Schabes, Kurt
Torwächter
1950-51 16   0   Elektra Wien
1951-52   8   0   Admira Wien
1952-53   4   0   Admira Wien

Schabus, Johann (Hans)
*16.12.1920, Linksaußen
1949-50 15   5   Sturm Graz
1950-51 13   0   Sturm Graz
1951-52 11   0   Sturm Graz
1952-53 11   0   Grazer SC

Schachermayer, Robert
*01.01.1934, linker Läufer
1958-59 19   1   Linzer ASK
1959-60   1   0   Linzer ASK
1959-60 12   0   Austria Salzburg

Schachinger, Fritz
*04.11.1928, rechter Läufer
1947-48   1   0   First Vienna (WL)
1948-49   9   0   First Vienna (WL)
1949-50   5   0   First Vienna

Schachner, Bernhard
*10.01.1986, Mittelfeldspieler
2003-04   1   0   Admira/Wacker Mödling
2004-05   1   0   Admira/Wacker Mödling
2005-06   7   0   Admira/Wacker Mödling
2011-12 24   1   Admira/Wacker Mödling
2012-13 24   1   Admira/Wacker Mödling
2013-14   9   0   Admira/Wacker Mödling

Schachner, Johann (Hans)
*06.02.1959, Stürmer
1977-78 22   2   Admira/Wacker
1978-79 26   1   Admira/Wacker

Schachner, Walter
*01.02.1957, 64 A, Stürmer
1978-79 36 24   Austria Wien
1979-80 36 34   Austria Wien
1980-81 29 14   Austria Wien
1988-89 12   3   Sturm Graz
1989-90   4   0   Sturm Graz
1991-92   6   2   DSV Alpine
1993-94 11   0   Sturm Graz
1996-97   6   0   FC Tirol Innsbruck

Schäffer, Josef
Linker Läufer/Mittelläufer
1951-52 26   0   Favoritner SK
1952-53 26   0   VfB Union Mödling

Schäffler, Karl
Linksaußen
1950-51   4   0   SC Wiener Neustadt

Schaffer, Ferdinand
*1920, rechter Läufer
1945-46 19   0   First Vienna (WL)
1946-47 12   0   First Vienna (WL)
1947-48 13   0   First Vienna (WL)
1948-49 17   0   First Vienna (WL)
1949-50 19   2   First Vienna
1951-52   1   0   First Vienna
1952-53   1   0   First Vienna

Schaffer, Gerhard
*27.02.1949, Mittelfeldspieler
1966-67   3   0   Grazer AK

Schafferer, Alois
*06.09.1944, Stürmer
1970-71   6   0   WSG Radenthein

Schaffranek, Herbert
*15.04.1938, Linksaußen
1956-57   7   3   Rapid Wien
1957-58   1   0   Rapid Wien
1959-60   3   0   Rapid Wien

Schaider, Franz
Mittelfeldspieler
1965-66   1   1   Schwechater SC

Schalk, Karl
*01.11.1974, Torwächter
1994-95   1   0   Sturm Graz

Schalkhammer, Michael
*10.08.1971, Außendecker/Mittelfeld
1991-92 16   0   First Vienna

Schantl, Marcel
*17.08.2000, Mittelfeldspieler
2019-20   2   0   TSV Hartberg
2021-22   5   0   TSV Hartberg
2022-23   1   0   TSV Hartberg
2023-24 18   0   Blau-Weiß Linz

Scharfetter, Maximilian
*20.06.2002, Mittelfeldspieler
2023-24   7   0   Wolfsberger AC

Scharl, Karl
*03.12.1913, Torwächter
1933-34   7   0   Wiener AC (WL)
1933-34 11   0   Floridsdorfer AC (WL)
1934-35 22   0   Floridsdorfer AC (WL)
1935-36 21   0   Floridsdorfer AC (WL)
1936-37 21   0   Floridsdorfer AC (WL)
1937-38 17   0   Floridsdorfer AC (NL)
1938-39 18   0   First Vienna (GL)
1940-41   2   0   First Vienna (BK)
1949-50 14   0   Slovan Wien

Scharmann, Johann
*25.02.1949, Mittelfeldspieler
1967-68 10 0 Grazer AK
1968-69   6 0 Grazer AK
1969-70   7 0 Grazer AK
1970-71 13 1 Grazer AK
1971-72 14 1 Grazer AK
1973-74 32 6 VÖEST Linz
1974-75 33 3 VÖEST Linz
1975-76 11 3 VÖEST Linz
1975-76   9 1 Linzer ASK
1976-77 33 7 Linzer ASK
1977-78 15 0 Linzer ASK
1977-78 13 1 Wattens-Wacker Innsbruck
1978-79 12 0 Wattens-Wacker Innsbruck

Scharmer, Tizian-Valentino
*13.02.2004, Mittelfeldspieler
2022-23   1 0 SV Ried

Scharner, Paul Josef Herbert
*11.03.1980, 40 A, Innenverteidiger/Mittelfeld
1998-99   4 0 Austria Wien
1999-00 12 0 Austria Wien
2000-01 14 0 Austria Wien
2001-02 16 1 Austria Wien
2002-03 29 1 Austria Wien
2003-04   9 1 Austria Wien
2003-04 13 2 Austria Salzburg
2004-05   5 1 Austria Salzburg

Scharrer, Karl
Linker Läufer
1949-50   3 1 SK Oberlaa

Scharrer, Markus (Max)
*03.07.1994, Mittelfeldspieler
1992-93   9 0 Admira/Wacker
1993-94 27 5 Admira/Wacker
1994-95 25 3 Admira/Wacker
1995-96 26 1 Admira/Wacker
1996-97 25 3 Linzer ASK
1997-98   5 0 Linzer ASK
1997-98 17 6 SV Ried
1998-99 35 5 FC Tirol Innsbruck
1999-00 33 6 FC Tirol Innsbruck
2000-01 21 3 FC Tirol Innsbruck
2001-02 28 4 FC Tirol Innsbruck
2002-03   9 0 Austria Salzburg
2003-04 19 2 Austria Salzburg
2004-05 23 3 Austria Salzburg
2005-06 15 2 RB Salzburg
2009-10 10 2 Kapfenberger SV

Schartner, David
*07.09.1988, Torwächter
2010-11   4 0 SV Mattersburg
2011-12   5 0 SV Mattersburg

Schartner, Eduard
Rechter Außendecker/Rechter Läufer
1952-53 18 1 Salzburger AK

Schatz, Hubert
Rechtsaußen
1968-69   8 0 WSV Donawitz

Schatz, Norbert
*02.08.1953, Torwächter
1973-74   8 0 Wattens-Wacker Innsbruck
1974-75   2 0 Wattens-Wacker Innsbruck
1975-76   3 0 Wattens-Wacker Innsbruck

Schatz, Wolfgang
*09.10.1980, Mittelfeldspieler
2000-01   1 0 Admira/Wacker Mödling
2001-02   3 0 Admira/Wacker Mödling

Schatzer, Karl
*06.10.1944, Linksaußen
1963-64 20 5 SC Wiener Neustadt
1964-65 19 8 SC Wiener Neustadt
1965-66 17 4 SC Wiener Neustadt

Schatzschneider, Dieter
*26.04.1958, Mittelstürmer
1987-88 27 4 Grazer AK

Schaub, Fred
*28.08.1960, Stürmer
1988-89 36 17 Admira/Wacker
1989-90 33 6 Admira/Wacker

Schaub, Louis
*29.12.1994, 29 A, Mittelfeldspieler
2012-13 16 2 Rapid Wien
2013-14 34 3 Rapid Wien
2014-15 28 5 Rapid Wien
2015-16 24 5 Rapid Wien
2016-17 28 5 Rapid Wien
2017-18 30 5 Rapid Wien

Schaufler, Karl
*06.07.1936, linker Außendecker
1965-66 26 1 Austria Klagenfurt
1966-67 25 0 Austria Klagenfurt
1967-68 25 0 Austria Klagenfurt
1968-69 28 0 Austria Klagenfurt
1969-70 20 0 Austria Klagenfurt
1970-71 25 0 Wacker Wien

Schaupp, Richard
*04.03.1968, Mittelfeldspieler
1988-89   2 0 Vorwärts Steyr
1989-90   2 0 Vorwärts Steyr

Schausberger, August
*25.03.1942, Rechtsaußen
1961-62   1 0 Salzburger AK

Schauss, Rudolf (Rudi)
*01.02.1957, linker Außendecker/Libero
1975-76   3 0 Sturm Graz
1976-77 25 1 Sturm Graz
1977-78 30 2 Sturm Graz
1978-79 29 3 Sturm Graz
1979-80 36 5 Sturm Graz
1980-81 34 2 Sturm Graz
1981-82 33 1 Sturm Graz
1982-83 21 1 Sturm Graz
1983-84 28 3 Sturm Graz
1984-85 24 2 Sturm Graz
1985-86 33 4 Sturm Graz
1986-87 29 1 Sturm Graz
1987-88 31 1 Sturm Graz
1988-89 13 1 Sturm Graz
1989-90 16 0 Sturm Graz

Scheda, Hermann
Außenläufer
1959-60   2 0 Simmeringer SC

Schedl, H.
Linksaußen
1957-58   1 0 Simmeringer SC

Scheffl, Günter
*22.01.1944, Mittelfeld/Außendecker
1968-69 28 0 Wacker Wien
1969-70 27 0 Wacker Wien
1970-71 26 1 Wacker Wien
1971-72 20 0 Rapid Wien
1972-73 23 0 Rapid Wien
1973-74 26 0 Rapid Wien
1974-75 16 0 Rapid Wien

Scheiber, Robert
*07.07.1960, Mittelfeld/Libero
1981-82 10 0 Wattens-Wacker Innsbruck
1984-85 15 3 Wiener Sportclub
1986-87 33 5 Wiener Sportclub
1987-88 30 1 Wiener Sportclub
1988-89 21 1 Wiener Sportclub
1989-90 34 5 Austria Salzburg
1990-91 34 2 Austria Salzburg
1991-92 25 2 Austria Salzburg

Scheiblauer, Wolfgang
*28.01.1967, Stürmer
1987-88 3 0 Wiener Sportclub

Scheiblehner, Gerald
*25.02.1977, Mittelfeldspieler
1998-99 1 0 Austria Wien

Scheidl, Ferenc
*18.03.1943, Mittelfeldspieler
1969-70 19 9 SC Eisenstadt
1971-72 28 3 SC Eisenstadt
1972-73 29 1 SC Eisenstadt
1973-74 31 0 SC Eisenstadt
1974-75 24 1 SC Eisenstadt

Scheinost, Herbert
Rechter Läufer/Linker Halbstürmer
1952-53 8 0 FC Wien
1953-54 4 0 FC Wien

Schellander, Robert
*31.01.1983, linker Außendecker/Mittelfeld
2002-03 1 0 FC Kärnten
2003-04 24 2 FC Kärnten
2008-09 23 1 Kapfenberger SV
2009-10 26 1 Kapfenberger SV
2010-11 24 0 Linzer ASK

Schelling, Thomas
*29.05.1947, Stürmer
1969-70 11 1 FC Dornbirn
1973-74 11 1 FC Vorarlberg

Schembri, André
*27.05.1986, Stürmer
2009-10 13 1 Austria Kärnten

Schendl, Sandro
*19.03.2003, Mittelfeldspieler
2020-21 1 0 Sturm Graz

Schenk, Wesley-Giles
*24.08.1955, Außendecker/Libero
1981-82 34 1 Wattens-Wacker Innsbruck
1982-83 29 4 Wattens-Wacker Innsbruck

Schenk, Alexander
*12.11.1978, Torwächter
2002-03 9 0 FC Kärnten

Schenk, Philipp
*12.10.1985, Stürmer
2005-06 10 1 Grazer AK
2006-07 15 3 Grazer AK

Schepens, Gunther
*04.05.1973, 13 A, Mittelfeldspieler
2003-04 34 8 Schwarz-Weiß Bregenz
2004-05 33 9 Schwarz-Weiß Bregenz

Scheriau, Rudolf (Rudi)
*03.004.1928, Mittelfeldspieler
1964-65 17 2 Wacker Wien

Schermer, Paul
*04.04.2004, Torwächter
2023-24 1 0 WSG Tirol

Schernthaner, Hans
Rechter Außendecker
1971-72 16 0 SK Bischofshofen

Scherpen, Kjell
*23.01.2000, Torwächter
2023-24 16 0 Sturm Graz

Scherr, Kurt
*05.05.1946, Stürmer
1972-73 2 0 Rapid Wien
1973-74 3 1 Rapid Wien

Scherrer, Patrick
*20.12.1986, Mittelfeldspieler
2008-09 16 1 Sturm Graz

Scherz, Josef
Linker Außendecker/Linker Läufer
1949-50 20 0 SV Gloggnitz

Scherzer, Jonathan
*22.07.1995, linker Außendecker/Mittelfeld
2017-18 9 0 Admira/Wacker Mödling
2018-19 11 0 Admira/Wacker Mödling
2019-20 8 0 Admira/Wacker Mödling
2020-21 25 1 Wolfsberger AC
2021-22 12 0 Wolfsberger AC
2022-23 13 0 Wolfsberger AC
2023-24 29 0 Wolfsberger AC

Scherzer, Thomas
*04.06.1970, Manndecker
1988-89 3 0 VSE St. Pölten
1989-90 5 0 VSE St. Pölten

Scherzer, Walter
Linker Außendecker/Mittelfeld
1971-72 3 0 Wiener Sportclub

Scheuch, Christian
*03.06.1970, Mittelfeldspieler
1990-91 2 0 Wiener Sportclub

Scheucher, Klaus
*15.08.1962, Stürmer
1988-89 6 0 Grazer AK
1989-90 19 2 Wiener Sportclub

Schick, Rudolf
Mittelstürmer
1958-59 1 0 ÖMV Olympia Wien

Schick, Thorsten
*19.05.1990, Mittelfeldspieler
2012-13 23 5 Admira/Wacker Mödling
2013-14 31 5 Admira/Wacker Mödling
2014-15 5 1 Admira/Wacker Mödling
2014-15 28 4 Sturm Graz
2015-16 30 2 Sturm Graz
2019-20 17 0 Rapid Wien
2020-21 29 3 Rapid Wien
2021-22 28 0 Rapid Wien
2022-23 25 0 Rapid Wien
2023-24 15 0 Rapid Wien

Schicker, Andreas
*06.07.1986, linker Außendecker/Mittelfeld
2003-04 1 0 Austria Wien
2005-06 32 0 SV Ried
2006-07 10 0 Austria Wien
2010-11 34 0 SC Wiener Neustadt
2011-12 32 0 SC Wiener Neustadt
2012-13 29 0 SV Ried
2013-14 24 1 SV Ried

Schicker, Dietmar (Didi)
*30.03.1961, rechter Außendecker
1984-85 29 0 DSV Alpine
1985-86 17 0 DSV Alpine

Schicker, Johann
Rechtsaußen/Rechter Halbstürmer
1960-61 4 1 Wiener Sportclub

Schicker, René
*28.09.1984, Mittelstürmer
2003-04   4   0 Austria Salzburg
2011-12 13   2 Admira/Wacker Mödling
2012-13   9   3 Admira/Wacker Mödling
2013-14 30 11 Admira/Wacker Mödling
2014-15 24   5 Admira/Wacker Mödling
2015-16 16   1 Admira/Wacker Mödling

Schicklgruber, Josef (Pepi)
*21.07.1967, Torwächter
1992-93   9 0 Linzer ASK
1994-95 28 0 Linzer ASK
1995-96 29 0 Linzer ASK
1996-97 32 0 Linzer ASK
1997-98 12 0 Linzer ASK
1998-99   4 0 Linzer ASK
1998-99   1 0 Sturm Graz
1999-00 34 0 Sturm Graz
2000-01 16 0 Sturm Graz
2002-03 31 0 SV Pasching
2003-04 36 0 SV Pasching
2004-05 32 0 FC Pasching
2005-06 34 0 FC Pasching
2006-07 36 0 FC Pasching
2007-08   5 0 Sturm Graz
2008-09 12 0 Sturm Graz
2008-09 14 0 SC Rheindorf Altach

Schiegl, Christian
*24.09.1965, Verteidiger
1984-85 1 0 Favoritner AC

Schiehl, Johann
Linksaußen
1960-61   4 2 First Vienna
1961-62 16 5 First Vienna
1962-63 12 2 First Vienna
1963-64   6 1 First Vienna

Schiemer, Franz (Franky)
*21.03.1986, 25 A, Innenverteidiger/Mittelfeld
2005-06   5 0 Austria Wien
2006-07 13 2 Austria Wien
2007-08 26 3 Austria Wien
2008-09 27 0 Austria Wien
2009-10 25 2 RB Salzburg
2010-11 26 0 RB Salzburg
2011-12 19 0 RB Salzburg
2012-13 27 4 RB Salzburg
2013-14 13 1 RB Salzburg
2014-15   6 1 RB Salzburg

Schiener, Andreas (Andi)
*30.11.1974, Mittelfeldspieler
1993-94 20 3 Admira/Wacker
1994-95 31 8 Admira/Wacker
1995-96 32 6 FC Tirol Innsbruck
1996-97 30 0 FC Tirol Innsbruck
1997-98 14 1 Austria Wien
2000-01 13 1 FC Tirol Innsbruck
2001-02   6 0 FC Tirol Innsbruck

Schierhuber, Franz
*11.11.1935, Mittelfeldspieler
1960-61 26 5 SVS Linz
1961-62 24 1 SVS Linz
1962-63 25 2 SVS Linz
1963-64 26 2 SVS Linz
1965-66 24 2 Austria Klagenfurt
1966-67 26 1 Austria Klagenfurt
1967-68 25 4 Austria Klagenfurt
1968-69 27 5 Austria Klagenfurt
1970-71 28 0 WSG Radenthein

Schierl, Domenik
*20.07.1994, Torwächter
2014-15   4 0 SC Wiener Neustadt
2022-23 29 0 Austria Lustenau
2023-24 31 0 Austria Lustenau

Schießwald, Erich
Linksaußen
1962-63   2 0 First Vienna
1963-64 12 3 First Vienna
1967-68   1 0 First Vienna

Schießwald, Günter
*25.09.1973, 2 A, Innenverteidiger
1994-95 12 0 Austria Wien
1995-96 26 1 Austria Wien
1996-97 31 3 Austria Wien
1997-98 31 3 Austria Wien
1998-99 25 1 Austria Wien
1999-00 30 3 Rapid Wien
2000-01 23 1 Rapid Wien
2001-02 14 1 Rapid Wien
2002-03 16 1 Rapid Wien

Schifferl, Raphael
*29.07.1999, Innenverteidiger/Mittelfeld
2022-23 20 1 Wolfsberger AC

Schilcher, Christian
*02.08.1962, Stürmer
1983-84 1 0 Linzer ASK
1984-85 3 0 Linzer ASK

Schilcher, Heinz
*14.04.1947, 1 A, Mittelfeld/Libero
1965-66 20 0 Grazer AK
1966-67 26 0 Grazer AK
1967-68 19 1 Grazer AK
1968-69 24 0 Grazer AK
1969-70 22 3 Sturm Graz
1970-71 26 2 Sturm Graz
1978-79 36 2 Sturm Graz
1979-80 30 1 Sturm Graz
1980-81 31 0 Sturm Graz
1981-82 31 0 Sturm Graz

Schildenfeld, Gordon
*18.03.1985, Innenverteidiger
2009-10 34 1 Sturm Graz
2010-11 36 2 Sturm Graz

Schildt, Hans-Gerd
*12.06.1952, Stürmer
1979-80 32 10 Austria Salzburg
1980-81 32 10 Austria Salzburg
1981-82 33 12 Austria Salzburg
1982-83 29 12 Austria Salzburg
1983-84 24   5 Austria Salzburg
1984-85 26   7 Austria Salzburg

Schill, Manfred
*30.06.1960, linker Außendecker/Mittelfeld
1977-78   1 0 VÖEST Linz
1978-79 21 2 VOEST Linz
1979-80 24 0 VOEST Linz
1980-81 18 0 VOEST Linz
1981-82 27 0 VOEST Linz
1982-83 30 1 VOEST Linz
1983-84 21 0 VOEST Linz
1984-85 15 1 VOEST Linz
1985-86 18 0 VOEST Linz
1986-87 34 0 VOEST Linz
1987-88 16 1 VOEST Linz
1989-90   8 0 Austria Salzburg

Schiller, Friedrich
Linksaußen/Linker Halbstürmer
1949-50 9 1 Sturm Graz

Schilling, Christian
*11.08.1981, Mittelfeld/Verteidiger
2001-02   8   0   Admira/Wacker Mödling

Schilling, Christian
*06.01.1992, linker Außendecker
2012-13 18   3   Wacker Innsbruck
2013-14 26   0   Wacker Innsbruck
2015-16 11   0   SC Rheindorf Altach
2016-17   3   0   SC Rheindorf Altach

Schilling, Norbert
*22.09.1940, Mittelstürmer
1956-57 13   2   Admira Wien
1957-58   9   2   Admira Wien
1958-59 17   4   Wiener AC
1959-60 18   2   Wiener AC
1960-61 22   4   Wiener AC
1961-62 23   3   Wiener AC
1962-63   8   1   Austria Salzburg
1962-63   5   0   Schwechater SC
1963-64 16   7   Schwechater SC
1964-65 12   0   Schwechater SC
1965-66 18   5   Schwechater SC
1967-68 11   0   Admira-Energie Wien
1969-70   7   0   First Vienna

Schimandl, Stephan
*30.03.1999, Mittelfeldspieler
2017-18   1   0   SV Mattersburg
2019-20   9   1   SV Mattersburg

Schimmel, Christian
*13.09.1992, Stürmer
2009-10   1   0   Austria Kärnten

Schimmel, Peter
*29.06.1943, Stürmer
1964-65 21   5   Kapfenberger SV
1965-66 18   4   Kapfenberger SV
1966-67 15   1   Kapfenberger SV
1968-69 24   2   WSV Donawitz

Schimmel, Peter
*13.07.1964, Stürmer
1982-83   3   0   VOEST Linz
1983-84   7   0   VOEST Linz

Schimpelsberger, Michael
*12.02.1991, rechter Außendecker
2010-11   6   0   Rapid Wien
2011-12 26   0   Rapid Wien
2012-13 16   0   Rapid Wien
2013-14   3   0   Rapid Wien
2015-16   2   0   Rapid Wien
2018-19 18   0   Wacker Innsbruck
2019-20   2   0   SKN St. Pölten

Schindlauer, Kurt
*30.01.1929, Linker Halbstürmer
1948-49   4   1   Rapid Wien (WL)
1949-50   1   1   Rapid Wien
1949-50 10   1   Sturm Graz
1950-51 20   6   Sturm Graz
1951-52   1   0   Sturm Graz
1958-59 15   3   Admira Wien

Schink, Kurt
*14.03.1929, linker Außendecker/Linker Läufer
1951-52 17   1   Grazer AK
1952-53 16   0   Grazer AK

Schinkels, Frenk
*09.01.1963, 6 A, Mittelfeldspieler
1985-86   7   1   Salzburger AK
1986-87 27   4   Wiener Sportclub
1987-88 31   1   Austria Wien
1988-89   3   0   Austria Wien
1990-91 17   0   VSE St. Pölten
1991-92 33   5   VSE St. Pölten
1992-93   7   0   Austria Salzburg
1992-93 17   3   VSE St. Pölten
1993-94 16   0   VSE St. Pölten

Schittnik, Günther
Rechter Läufer
1954-55   1   0   Grazer AK

Schlagbauer, Rainer
*24.07.1949, 2 A, Mittelfeldspieler
1970-71 23   9   First Vienna
1971-72 26   9   First Vienna
1972-73 29   7   First Vienna
1973-74 26   3   First Vienna
1974-75 32   4   Rapid Wien
1975-76 30   1   Rapid Wien
1976-77 20   1   Rapid Wien

Schlager, Alexander
*01.02.1996, 15 A, Torwächter
2015-16 10   0   SV Grödig
2017-18   1   0   Linzer ASK
2018-19 31   0   Linzer ASK
2019-20 32   0   Linzer ASK
2020-21 30   0   Linzer ASK
2021-22 32   0   Linzer ASK
2022-23 25   0   Linzer ASK
2023-24 28   0   RB Salzburg

Schlager, Bruno
Rechtsaußen
1954-55   2   0   Rapid Wien

Schlager, Karl
*22.09.1952, Stürmer
1971-72   6   3   First Vienna

Schlager, Max
*25.07.1947, rechter Außendecker
1966-67   2   0   Austria Klagenfurt
1967-68   2   0   Austria Klagenfurt
1968-69 12   0   Austria Klagenfurt
1969-70 25   0   Austria Klagenfurt

Schlager, Xaver
*28.09.1997, 43 A, Mittelfeldspieler
2015-16   2   0   RB Salzburg
2016-17 13   1   RB Salzburg
2017-18 26   1   RB Salzburg
2018-19 26   5   RB Salzburg

Schlatzer, Gerhard
*30.04.1966, Mittelfeldspieler
1989-90   3   0   Grazer AK

Schlauf, Rudolf (Rudi)
*17.04.1910, 1 A, Mittelläufer
1929-30   2 0 First Vienna (WL)
1932-33   1 0 First Vienna (WL)
1932-33 10 0 Floridsdorfer AC (WL)
1933-34 22 1 Floridsdorfer AC (WL)
1934-35 22 1 Floridsdorfer AC (WL)
1935-36   5 0 Floridsdorfer AC (WL)
1935-36 16 0 Libertas Wien (WL)
1936-37 22 2 Libertas Wien (WL)
1937-38 12 0 Rapid Wien (NL)
1938-39 12 0 Rapid Wien (GL)
1939-40 12 0 Wacker Wien (BK)
1940-41   4 0 Wacker Wien (BK)
1942-43   7 0 Wacker Wien (BK)
1943-44   4 0 Wacker Wien (BK)
1945-46 22 0 Wiener Sportclub (WL)
1946-47 20 0 Wiener Sportclub (WL)
1947-48   3 0 Wiener Sportclub (WL)
1948-49   9 0 Wiener Sportclub (WL)
1948-49 18 1 SK Oberlaa (WL)
1949-50 10 0 SK Oberlaa

Schlechta, Ernst
Mittelfeldspieler
1968-69   7 0 Wacker Wien
1969-70   2 0 Wacker Wien

Schlechta, Karl
*28.01.1928, Rechtsaußen
1942-43   2 0 Wacker Wien (BK)
1946-47 15 7 Post SV Wien (WL)
1947-48   2 1 Wacker Wien (WL)
1948-49   1 0 Wacker Wien (WL)
1949-50   4 1 Floridsdorfer AC
1950-51 15 8 Floridsdorfer AC
1951-52   6 2 Floridsdorfer AC

Schleger, Walter
*19.09.1929, 22 A, Linksaußen
1949-50 24 5 Wiener Sportclub
1950-51 22 4 Wiener Sportclub
1951-52 25 0 Austria Wien
1952-53 26 7 Austria Wien
1953-54 25 9 Austria Wien
1954-55 24 7 Austria Wien
1955-56 21 9 Austria Wien
1956-57 25 9 Austria Wien
1957-58 25 13 Austria Wien
1958-59 25 14 Austria Wien
1959-60 22 9 Austria Wien
1960-61 23 2 Austria Wien
1961-62 17 8 Austria Wien
1962-63 21 5 Austria Wien
1963-64 19 4 Austria Wien

Schleimer, Norbert
*01.04.1960, Mittelfeldspieler
1979-80   1 0 First Vienna
1982-83 24 0 First Vienna
1984-85 19 0 First Vienna

Schlenk, Richard
Rechter Außendecker
1959-60   1 0 First Vienna

Schloffer, David Kevin
*28.04.1992, Stürmer
2012-13 24 2 Sturm Graz
2013-14 25 3 Sturm Graz
2014-15 19 1 Sturm Graz

Schlögl, Anton
*03.08.1961, Stürmer
1982-83   2 1 SC Eisenstadt

Schlögl, Franz
*21.07.1955, Mittelfeldspieler
1972-73 14 0 Admira Wiener Neustadt

Schlösinger, Norbert
*08.06.1971, Mittelfeld/Manndecker
1992-93 18 0 Wiener Sportclub
1993-94 28 0 Wiener Sportclub

Schlotterbeck, Niels
*12.03.1967, Mittelfeldspieler
1995-96   2 0 Vorwärts Steyr

Schmerböck, Marc-Andre
*01.04.1994, Mittelfeldspieler
2013-14 17 3 Sturm Graz
2014-15 11 0 Sturm Graz
2015-16   1 0 Sturm Graz
2015-16 14 4 Wolfsberger AC
2016-17 30 6 Sturm Graz
2017-18   4 0 Sturm Graz
2018-19 17 6 Wolfsberger AC
2019-20 17 2 Wolfsberger AC
2020-21   5 0 Wolfsberger AC
2020-21   7 0 TSV Hartberg
2021-22 12 1 TSV Hartberg

Schmid, Alexander
*21.09.1974, Mittelfeldspieler
1993-94   1 0 Admira/Wacker

Schmid, Anthony
*18.01.1999, Stürmer
2022-23 25 4 Austria Lustenau
2023-24 19 2 Austria Lustenau

Schmid, Daniel
*04.09.1976, Verteidiger/Mittelfeld
1999-00   1 0 Schwarz-Weiß Bregenz

Schmid, Friedrich
Rechtsaußen/Rechter Halbstürmer
1962-63 14 1 SVS Linz
1963-64 14 3 SVS Linz

Schmid, Jonathan
*22.06.1990, Mittelfeld/Rechter Außendecker
2023-24   9 0 Austria Lustenau

Schmid, Manfred
*20.02.1971, Mittelfeldspieler
1989-90   1 0 Austria Wien
1990-91   4 0 Austria Wien
1991-92   2 0 Austria Wien
1992-93 20 0 Austria Wien
1993-94 28 3 Austria Wien
1994-95 28 1 Austria Wien
1995-96 22 0 Austria Wien
1996-97 23 0 Austria Wien
1997-98 27 2 Austria Wien
1998-99 27 0 Austria Wien
1999-00 21 1 Austria Wien
2000-01 14 0 Austria Wien
2001-02   7 0 Austria Wien

Schmid, Manuel
*23.08.1981, rechter Außendecker/Mittelfeld
2006-07 25 2 SC Rheindorf Altach
2007-08 23 3 SC Rheindorf Altach
2009-10 21 2 Kapfenberger SV
2010-11 15 0 Kapfenberger SV

Schmid, Max
*11.09.1935, Rechtsaußen/Mittelstürmer
1961-62 22 16 Rapid Wien
1962-63 19 8 Rapid Wien
1963-64 19 10 Rapid Wien
1964-65 23 8 Rapid Wien
1965-66   8 0 Rapid Wien
1966-67 23 2 SC Wiener Neustadt

Schmid, Nicolas
*22.02.1997, Torwächter
2023-24 31 0 Blau-Weiß Linz

Schmid, Romano Christian
*27.01.2000, 19 A, Mittelfeldspieler
2016-17   1   0   Sturm Graz
2017-18   1   0   RB Salzburg
2017-18   2   1   Sturm Graz
2018-19 12   1   Wolfsberger AC
2019-20 25   2   Wolfsberger AC

Schmidbauer, Werner
Rechter Außendecker/Mittelfeld
1965-66 15   0   Simmeringer SC
1967-68 22   0   SC Eisenstadt
1968-69 10   0   SC Eisenstadt

Schmidhofer, Friedrich
Außenläufer
1950-51 21   0   Linzer ASK
1951-52 11   0   Linzer ASK
1952-53   1   0   Linzer ASK

Schmidhuber, Thomas
*02.01.1980, Verteidiger
1998-99   1   0   Austria Salzburg

Schmidl, Manuel
*01.11.1988, Stürmer
2007-08   5   0   SV Ried

Schmidpeter, Walter
Linker Außendecker/Mittelfeld
1968-69   6   0   WSV Donawitz

Schmidradner, Johann (Hans)
*26.02.1945, 28 A, Vorstopper/Libero
1963-64   3   1   Austria Wien
1966-67   9   0   First Vienna
1967-68 26   3   First Vienna
1968-69 25   0   Wiener Sportclub
1969-70 29   0   Wiener Sportclub
1970-71 28   2   Wiener Sportclub
1977-78 20   0   Linzer ASK

Schmidt, Alexander
*19.01.1998, Stürmer
2019-20 19   0   Wolfsberger AC
2020-21 28 13   SKN St. Pölten
2021-22 20   2   Linzer ASK
2022-23   2   0   Linzer ASK
2023-24 18   3   Austria Wien

Schmidt, Friedrich (Fritz)
*13.11.1924, rechter Läufer
1943-44   2   2   Austria Wien (OK)
1950-51 19   0   Elektra Wien
1951-52 21   0   FC Wien
1952-53   6   0   FC Wien

Schmidt, Kurt
*09.06.1922, Rechter Halbstürmer
1942-43   1   0   Sturm Graz (BK)
1949-50   4   0   Sturm Graz
1952-53 12   4   Grazer SK

Schmidt, Markus
*12.10.1977, Mittelfeldspieler
2003-04 25   1   SV Mattersburg
2004-05   9   2   SV Mattersburg
2005-06   7   0   SV Mattersburg
2006-07 24   4   SV Mattersburg
2007-08 30   4   SV Mattersburg
2008-09 11   0   SV Mattersburg
2009-10 25   1   SV Mattersburg
2010-11 18   0   SV Mattersburg

Schmidt, Patrick
*10.09.1993, Stürmer
2016-17 15   1   Admira/Wacker Mödling
2017-18 20   6   Admira/Wacker Mödling
2018-19 27   8   Admira/Wacker Mödling
2019-20   2   0   Admira/Wacker Mödling
2020-21 10   1   SV Ried

Schmidt, Peter
*03.12.1943, 2 A, Mittelfeld/Stürmer
1964-65 18   6   Wiener Sportclub
1965-66 10   3   Wiener Sportclub
1966-67 23   4   Wiener Sportclub
1967-68 20   3   Wiener Sportclub
1969-70 25   1   Linzer ASK
1970-71 21   2   Linzer ASK
1971-72 13   1   Linzer ASK

Schmied, Kurt
*14.06.1926, 38 A, Torwächter
1945-46   2   0   SC Helfort Wien (WL)
1947-48 10   0   Wiener Sportclub (WL)
1948-49 18   0   Wiener Sportclub (WL)
1949-50 23   0   Wiener Sportclub
1950-51 24   0   Wiener Sportclub
1951-52 25   0   Wiener Sportclub
1952-53 13   0   First Vienna
1953-54 16   0   First Vienna
1954-55 26   0   First Vienna
1955-56   7   0   First Vienna
1956-57   5   0   First Vienna
1957-58 14   0   First Vienna
1958-59 19   0   First Vienna
1959-60 25   0   First Vienna
1960-61 24   0   First Vienna
1961-62 19   0   First Vienna
1962-63 17   0   First Vienna
1963-64 25   0   First Vienna
1964-65 10   0   First Vienna
1965-66   8   0   Austria Wien

Schmieder, Wilfried
*19.11.1940, Rechtsaußen
1960-61   3   1   Austria Salzburg

Schmiedhofer
Linker Außendecker
1949-50   1   0   SK Oberlaa

Schmiedinger, Albert
*04.02.1923, Linksaußen
1952-53 23   1   Salzburger AK

Schmiedl, Philipp
*23.07.1997, Innenverteidiger
2019-20 21   1   SC Rheindorf Altach
2020-21   1   0   SC Rheindorf Altach
2021-22 21   0   Admira/Wacker Mödling

Schmiedt, Adolf
Rechter Außendecker
1949-50 15   0   Floridsdorfer AC
1950-51   2   0   Floridsdorfer AC

Schmiedt, Kurt
Linker Halbstürmer
1945-46 12   2   Admira Wien (WL)
1946-47   1   0   Admira Wien (WL)
1947-48   2   0   Admira Wien (WL)
1954-55 18   3   FC Stadlau
1955-56 21   5   FC Stadlau
1956-57 13   4   FC Stadlau

Schmitz, Benno
*17.11.1994, rechter Außendecker
2014-15 21   0   RB Salzburg
2015-16 24   0   RB Salzburg

Schmitz, Lukas
*13.10.1988, linker Außendecker/Mittelfeld
2018-19 30 2 Wolfsberger AC
2019-20 31 1 Wolfsberger AC

Schmitzer, Wolfgang
*08.05.1960, Außendecker
1982-83 16 0 Wiener Sportclub
1983-84 14 0 Wiener Sportclub
1984-85 11 0 Wiener Sportclub

Schmölzer, Christian
*25.06.1968, Torwächter
1994-95 22 0 Austria Wien
1995-96   3 0 Austria Wien
1996-97   1 0 Austria Wien

Schnaderbeck, David
*17.03.1992, Mittelfeldspieler
2013-14   1 0 Sturm Graz

Schneeberger, Paul
*15.10.1978, Mittelfeldspieler
1997-98   1 0 FC Tirol Innsbruck

Schnegg, David
*29.09.1998, 1 A, linker Außendecker
2019-20   2 0 Linzer ASK
2020-21 29 2 WSG Tirol
2022-23 30 3 Sturm Graz
2023-24 28 0 Sturm Graz

Schneider, Erich
*06.11.1952, Mittelfeldspieler
1975-76 11 0 Grazer AK
1976-77 13 0 Grazer AK
1977-78 34 5 Grazer AK
1978-79 19 1 Grazer AK

Schneider, Erwin
*03.01.1955, Linksaußen
1974-75 22   6 SC Eisenstadt
1980-81 29   2 SC Eisenstadt
1982-83 27 13 SC Eisenstadt
1983-84 29   5 SC Eisenstadt
1984-85 30   3 SC Eisenstadt

Schneider, Gabriel
*27.01.1990, Mittelfeldspieler
2013-14   1 0 SV Ried

Schneider, Harald
*08.06.1966, 1 A, Manndecker
1988-89 20 2 Linzer ASK
1989-90   7 0 Austria Wien
1990-91 20 1 Austria Wien
1991-92 15 1 Austria Wien
1992-93 30 1 Wacker Innsbruck
1993-94 22 0 FC Tirol Innsbruck

Schneider, Heinrich (Heinz)
*1923, rechter Außendecker
1949-50 13 0 Vorwärts Steyr
1950-51   2 0 Vorwärts Steyr

Schneider, Herbert
Mittelfeldspieler
1966-67 2 0 Sturm Graz
1969-70 5 0 Grazer AK

Schneider, Josef (Sepp)
*15.08.1944, Torwächter
1963-64   7 0 SC Wiener Neustadt
1964-65 26 0 SC Wiener Neustadt
1965-66 20 0 SC Wiener Neustadt
1966-67 23 0 SC Wiener Neustadt
1967-68   6 0 Austria Wien
1968-69 21 0 Austria Wien
1969-70 19 0 Austria Wien
1970-71 20 0 Austria Wien

Schneider, Leopold
Rechtsaußen/Rechter Läufer
1949-50 12 3 SV Gloggnitz
1950-51   5 2 Floridsdorfer AC

Schneider, Manfred
*29.10.1965, Mittelfeldspieler
1988-89 18 0 FC Tirol
1989-90 12 0 FC Tirol
1990-91 15 1 FC Tirol
1991-92   1 0 FC Tirol

Schneider, Otto
Rechter Außendecker
1959-60   1 0 Wiener Sportclub

Schneider, Peter
*08.06.1961, Mittelfeld/Rechter Außendecker
1979-80   1 0 VOEST Linz
1983-84 20 2 Austria Salzburg
1984-85 21 0 Austria Salzburg

Schneidhofer, Markus
*07.09.1977, Mittelfeldspieler
1998-99 23 1 Vorwärts Steyr
1999-00 27 2 Austria Lustenau

Schnellrieder, Oliver
*07.01.1970, Mittelfeldspieler
1989-90   3 0 FC Tirol
1990-91   5 0 FC Tirol
2006-07 33 2 SC Rheindorf Altach

Schnitzer, Josef
Torwächter
1950-51 1 0 Floridsdorfer AC

Schnöll, Anton
*15.03.1963, Stürmer
1981-82   8 1 Austria Salzburg
1982-83 10 0 Austria Salzburg
1983-84 11 0 Austria Salzburg
1984-85   9 2 Austria Salzburg

Schnöll, Rudolf (Rudi)
*24.12.1949, Mittelfeld/Libero
1971-72 12 0 SK Bischofshofen

Schober, August
*16.09.1946, Mittelfeldspieler
1972-73 19 0 Grazer AK
1973-74   9 0 Grazer AK

Schober, Gerald
*30.10.1968, Stürmer
1987-88   7 1 First Vienna
1989-90 19 5 First Vienna
1991-92 17 1 Kremser SC

Schober, Michael
*23.05.1963, Mittelfeldspieler
1982-83 15 0 Simmeringer SC

Schober, Wolfgang
*06.07.1989, Torwächter
2011-12   1 0 SV Ried
2012-13   1 0 SV Ried
2013-14 12 0 Wacker Innsbruck

Schobesberger, Philipp
*10.12.1993, 1 A, Mittelfeldspieler
2014-15 27 8 Rapid Wien
2015-16 33 6 Rapid Wien
2016-17   5 0 Rapid Wien
2017-18 30 5 Rapid Wien
2018-19 17 2 Rapid Wien
2019-20 11 2 Rapid Wien
2021-22   4 0 Rapid Wien

Schöck, Roman
*03.02.1964, Mittelfeldspieler
1983-84 1 0 Admira/Wacker

Schöffmann, Heinz
*10.01.1944, Mittelfeldspieler
1967-68 2 0 WSG Radenthein

Schöfl, Lukas
*11.02.2001, Mittelfeldspieler
2018-19 1 0 Wolfsberger AC
2019-20 7 0 Wolfsberger AC
2020-21 6 0 Wolfsberger AC
2021-22 1 0 Wolfsberger AC

Schöll, Hubert
*20.10.1946, Mittelfeldspieler
1972-73 24 9 Linzer ASK
1973-74   9 2 Linzer ASK

Schöll, Johann
*23.10.1957, Mittelfeldspieler
1978-79 14 1 Admira/Wacker
1979-80 17 0 Admira/Wacker
1980-81 24 1 SC Eisenstadt
1982-83 29 0 SC Eisenstadt
1983-84 26 2 SC Eisenstadt
1984-85 17 0 SC Eisenstadt
1985-86 15 2 SC Eisenstadt
1986-87 21 0 SC Eisenstadt

Schön, Otto
*04.06.1929, Linksaußen
1949-50   2 1 Floridsdorfer AC
1950-51   7 2 Floridsdorfer AC
1951-52 16 5 Floridsdorfer AC
1952-53 23 9 Floridsdorfer AC
1953-54 16 4 Floridsdorfer AC
1953-54   9 4 Wacker Wien
1954-55   4 1 Wacker Wien
1956-57 15 1 FC Stadlau

Schön, Walter
*31.10.1955, Mittelfeldspieler
1972-73 5 1 Wiener Sportclub
1973-74 4 0 Wiener Sportclub

Schönberger, Thomas
*14.10.1986, Innenverteidiger
2008-09 15 1 Kapfenberger SV
2009-10 22 1 Kapfenberger SV
2010-11 14 0 Kapfenberger SV
2011-12 14 1 Kapfenberger SV

Schöny, Mario
*28.12.1982, Innenverteidiger
2001-02   1 0 Admira/Wacker Mödling
2002-03   1 0 Admira/Wacker Mödling
2003-04   8 0 Admira/Wacker Mödling
2004-05 10 0 Admira/Wacker Mödling

Schöpf, Christian
*05.12.1975, Mittelfeldspieler
1995-96 1 0 FC Tirol Innsbruck
1997-98 2 0 Austria Lustenau

Schöpf, Daniel
*09.01.1990, Mittelfeldspieler
2013-14   8 1 SC Wiener Neustadt
2014-15 16 2 SC Wiener Neustadt

Schösswendter, Christoph
*16.07.1988, Innenverteidiger
2012-13 14 1 Admira/Wacker Mödling
2013-14 25 3 Admira/Wacker Mödling
2014-15 32 1 Admira/Wacker Mödling
2015-16 24 7 Admira/Wacker Mödling
2016-17 22 4 Rapid Wien
2018-19   8 0 Admira/Wacker Mödling
2019-20 25 1 Admira/Wacker Mödling
2020-21   2 0 Admira/Wacker Mödling
2020-21 17 1 Austria Wien

Schöttel, Peter
*26.03.1967, Libero/Manndecker
1986-87   9 0 Rapid Wien
1987-88 24 0 Rapid Wien
1988-89 29 0 Rapid Wien
1989-90 33 1 Rapid Wien
1990-91 33 0 Rapid Wien
1991-92 25 1 Rapid Wien
1992-93 28 1 Rapid Wien
1993-94 30 0 Rapid Wien
1994-95 30 0 Rapid Wien
1995-96 35 0 Rapid Wien
1996-97 32 0 Rapid Wien
1997-98 28 0 Rapid Wien
1998-99 35 0 Rapid Wien
1999-00 33 0 Rapid Wien
2000-01 24 1 Rapid Wien
2001-02   8 0 Rapid Wien

Schoissengeyr, Christian
*18.10.1994, 3 A, Innenverteidiger
2016-17 11 1 Sturm Graz
2017-18 13 3 Sturm Graz
2018-19 23 1 Austria Wien
2021-22 14 0 Austria Wien

Scholz
Rechtsaußen
1958-59 1 0 Simmeringer SC

Schopp, Markus
*22.02.1974, 56 A, Mittelfeldspieler
1992-93   3 0 Sturm Graz
1993-94 32 0 Sturm Graz
1994-95 34 5 Sturm Graz
1995-96 33 6 Sturm Graz
1997-98 13 1 Sturm Graz
1998-99 31 4 Sturm Graz
1999-00 27 6 Sturm Graz
2000-01 31 9 Sturm Graz
2005-06 31 6 RB Salzburg

Schopper, Alfred
Mittelstürmer/Rechter Halbstürmer
1954-55 6 0 FC Stadlau

Schoppitsch, Kai Walter
*05.02.1980, Mittelfeldspieler
2001-02 27 0 FC Kärnten
2002-03 17 1 Austria Salzburg
2003-04 25 1 SV Pasching
2004-05 23 0 Austria Salzburg
2005-06 27 0 FC Pasching
2006-07 32 2 SC Rheindorf Altach
2007-08 20 5 SC Rheindorf Altach
2008-09 25 4 SC Rheindorf Altach

Schoppitsch, Walter
*10.12.1954, Mittelfeldspieler
1972-73   5 1 Austria Klagenfurt
1974-75 30 3 Austria Klagenfurt
1975-76 33 4 Austria Klagenfurt
1976-77 36 6 VÖEST Linz
1977-78 34 3 VÖEST Linz
1982-83 29 9 Austria Klagenfurt
1983-84   9 3 Austria Klagenfurt
1984-85 29 2 Austria Klagenfurt
1985-86 35 5 Austria Klagenfurt
1986-87 10 0 Austria Klagenfurt

Schorn, Johann
*07.04.1940, Torwächter
1967-68 25 0 SC Eisenstadt
1968-69 24 0 SC Eisenstadt
1969-70 22 0 SC Eisenstadt
1970-71 14 0 Schwarz-Weiß Bregenz
1972-73 21 0 SC Bregenz
1973-74 16 0 FC Vorarlberg

Schors, Georg
*18.10.1913, Mittelstürmer
1933-34   3 0 SV Donau Wien (WL)
1937-38   9 8 Rapid Wien (NL)
1938-39 18 11 Rapid Wien (GL)
1939-40   4 0 Rapid Wien (BK)
1940-41 15 13 Rapid Wien (BK)
1941-42 12 6 Rapid Wien (BK)
1945-46 14 2 Rapid Wien (WL)
1946-47   7 2 Rapid Wien (WL)
1947-48   9 0 Wiener Sportclub (WL)
1948-49   5 0 Wiener Sportclub (WL)
1949-50   1 0 Wiener Sportclub

Schors, Johann
Mittelläufer
1958-59   9 1 ÖMV Olympia Wien

Schragner, Christian
*25.09.1983, Mittelfeldspieler
2004-05   1 0 Austria Wien
2005-06 11 0 Austria Wien
2006-07   7 0 Austria Wien

Schramek, Peter
*09.10.1963, Manndecker/Mittelfeld
1982-83   4 0 SC Neusiedl am See
1983-84 18 0 SC Neusiedl am See

Schrammel, Christian
*23.09.1972, linker Außendecker
1995-96 30 1 Vorwärts Steyr
1998-99 27 1 Vorwärts Steyr

Schrammel, Roland
*11.09.1968, Torwächter
1991-92 10 0 Rapid Wien
1993-94   3 0 Rapid Wien
1994-95   5 0 VfB Mödling

Schrammel, Thomas
*05.09.1987, 1 A, linker Außendecker
2009-10 30 0 SV Ried
2010-11 34 2 SV Ried
2011-12 13 0 Rapid Wien
2012-13 18 0 Rapid Wien
2013-14 29 0 Rapid Wien
2014-15 32 1 Rapid Wien
2015-16   5 0 Rapid Wien
2016-17 26 0 Rapid Wien
2017-18   5 0 Rapid Wien
2017-18   9 0 Sturm Graz
2018-19 15 0 Sturm Graz
2019-20 16 0 Sturm Graz

Schramml, Johann
Rechter Außendecker/Rechtsaußen
1957-58   4 0 Wacker Wien
1958-59   6 0 Wacker Wien

Schramseis, Roman
*16.05.1928, Rechter Halbstürmer
1945-46   1 0 Austria Wien (WL)
1950-51   3 0 Austria Wien

Schranz, Andreas
*02.05.1979, 6 A, Torwächter
1998-99   1 0 Grazer AK
1999-00   5 0 Grazer AK
2000-01 13 0 Grazer AK
2002-03 18 0 Grazer AK
2003-04 33 0 Grazer AK
2004-05 33 0 Grazer AK
2005-06 36 0 Grazer AK
2006-07 26 0 Grazer AK
2007-08 36 0 Austria Kärnten
2008-09 34 0 Austria Kärnten
2009-10 25 0 Austria Kärnten

Schrei, Alois
*08.02.1955, Libero
1976-77   8 0 Sturm Graz
1985-86 19 2 Salzburger AK

Schreiber, Christian
*25.11.1977, Mittelfeldspieler
1998-99   7 0 Austria Wien

Schreiber, Herwig
*02.02.1944, rechter Läufer
1965-66 18 1 Linzer ASK
1966-67   2 0 Linzer ASK
1967-68 10 0 Linzer ASK

Schreiber, Wilhelm
Mittelläufer/Rechter Läufer
1957-58   1 0 First Vienna
1958-59 20 0 Kremser SC
1959-60   8 0 Kremser SC

Schreier, Markus
*13.02.1983, Stürmer
2001-02   4 0 FC Kärnten

Schreiner, Daniel
*16.03.1986, Innenverteidiger
2004-05   1 0 Rapid Wien

Schreiner, Emanuel
*02.02.1989, linker Außendecker
2008-09   8 0 Linzer ASK
2010-11   5 0 Linzer ASK
2011-12 28 0 SV Ried
2012-13 18 0 SV Ried
2014-15 29 2 SC Rheindorf Altach
2015-16 26 1 SC Rheindorf Altach
2016-17 26 0 SC Rheindorf Altach
2017-18 29 0 SC Rheindorf Altach
2018-19 19 2 SC Rheindorf Altach
2019-20 25 5 SC Rheindorf Altach
2020-21 19 4 SC Rheindorf Altach
2021-22 29 1 SC Rheindorf Altach
2022-23 13 1 SC Rheindorf Altach

Schreitl, Erich
*10.10.1946, Torwächter
1966-67   3 0 Austria Wien
1968-69   6 0 SC Eisenstadt
1973-74   2 0 Austria/WAC
1974-75 15 0 Austria/WAC
1975-76   2 0 Austria/WAC
1977-78 15 0 First Vienna
1978-79 25 0 First Vienna
1979-80   8 0 First Vienna

Schreitl, Josef
Linksaußen/Linker Halbstürmer
1960-61   3   0   Simmeringer SC

Schrenk, Julius
Linker Außendecker
1949-50   1   0   Sturm Graz

Schreter, Marcel
*29.09.1981, Mittelfeld/Stürmer
2004-05   21   0   Wacker Tirol
2005-06   13   2   Wacker Tirol
2006-07   25   4   Wacker Tirol
2007-08   24   2   Wacker Innsbruck
2010-11   32 10   Wacker Innsbruck
2011-12   29   4   Wacker Innsbruck
2012-13   26   2   Wacker Innsbruck

Schriebl, Alexander
*02.09.1978, Mittelfeldspieler
1997-98   3   0   Austria Salzburg
2001-02   10   2   Austria Salzburg
2002-03   33   7   Austria Salzburg
2003-04   30   3   Austria Salzburg
2004-05   10   0   Austria Salzburg

Schriver, Iver Kirk
*09.04.1949, 5 A, Stürmer
1972-73   27   6   Sturm Graz
1973-74   28   0   Sturm Graz

Schröder, Herbert
*22.12.1945, Mittelfeldspieler
1972-73   15   6   VÖEST Linz

Schrötter, Rudolf (Rudi)
*06.08.1928, Rechtsaußen/Rechter Halbstürmer
1949-50   3   0   SK Oberlaa
1956-57   21 10   Wiener AC
1957-58   17   5   Wiener AC
1958-59   3   1   Wiener AC
1959-60   9   1   Wiener AC
1959-60   2   0   Admira-Energie Wien

Schröttner, Josef
*27.05.1949, Torwächter
1968-69   6   0   WSV Donawitz
1971-72   6   0   Simmeringer SC
1972-73   6   0   Linzer ASK
1973-74   27   0   Linzer ASK
1974-75   22   0   Linzer ASK
1975-76   11   0   Linzer ASK
1976-77   4   0   Linzer ASK
1977-78   2   0   Linzer ASK
1982-83   1   0   Linzer ASK
1983-84   1   0   Linzer ASK

Schrojf, Viliam
*02.08.1931, 39 A, Torwächter
1969-70   15   0   First Vienna
1970-71   30   0   First Vienna
1971-72   7   0   First Vienna

Schroll, Harald
*29.09.1972, linker Außendecker
1992-93   4   0   Wacker Innsbruck
1993-94   10   0   FC Tirol Innsbruck
1997-98   30   2   Austria Lustenau
1998-99   25   0   Austria Lustenau
2004-05   35   0   Wacker Tirol
2005-06   8   1   Wacker Tirol

Schrott, Andreas
*24.08.1981, linker Außendecker
2004-05   30   1   Wacker Tirol
2005-06   26   1   Grazer AK
2006-07   24   2   Wacker Tirol
2007-08   28   1   Wacker Innsbruck
2011-12   23   2   Admira/Wacker Mödling
2012-13   15   1   Admira/Wacker Mödling

Schrottenbaum, Alfred
*12.04.1938, 1 A, rechter Außendecker
1958-59   23   0   Wacker Wien
1959-60   22   1   Wacker Wien
1960-61   16   1   Wacker Wien
1961-62   8   0   Rapid Wien
1962-63   12   0   Rapid Wien
1963-64   13   0   FC Dornbirn
1964-65   23   1   Sturm Graz
1966-67   18   0   Schwarz-Weiß Bregenz
1967-68   22   0   Schwarz-Weiß Bregenz
1969-70   30   0   FC Dornbirn

Schubel, Helmut
*19.06.1954, Mittelfeldspieler
1982-83   5   0   Austria Klagenfurt

Schubert, Fabian
*29.08.1994, Stürmer
2015-16   11   2   SV Ried
2016-17   2   0   SV Ried
2017-18   6   0   Sturm Graz
2018-19   12   0   TSV Hartberg

Schubert, Lukas
*25.06.1989, Mittelfeldspieler
2013-14   5   0   SV Grödig

Schürer, Hermann
Torwächter
1940-41   1   0   Linzer ASK (BK)
1949-50   24   0   Vorwärts Steyr
1950-51   7   0   Vorwärts Steyr

Schütz, Friedrich
Torwächter
1951-52   19   0   Favoritner SK

Schuh, Kurt
*26.08.1928, linker Läufer
1949-50   17   0   Sturm Graz
1950-51   24   1   Sturm Graz
1951-52   22   1   Sturm Graz
1952-53   26   0   Sturm Graz
1953-54   26   1   Sturm Graz
1955-56   19   4   Sturm Graz
1956-57   14   1   Sturm Graz
1957-58   16   0   Sturm Graz

Schuhkraft, Peter
*24.02.1935, Stürmer
1963-64   1   0   FC Dornbirn

Schuhmandl, Alfred
Halbstürmer
1958-59   7   0   Wiener AC
1959-60   9   1   Wiener AC
1960-61   3   0   Wiener AC
1962-63   6   0   Wiener AC

Schuiteman, Bernard
*03.10.1973, Innenverteidiger
1999-00   7   0   Grazer AK

Schuller, Ernst
*04.04.1922, linker Läufer
1947-48   18   0   Admira Wien (WL)
1948-49   15   0   Admira Wien (WL)
1949-50   24   0   Admira Wien
1950-51   24   0   Admira Wien
1951-52   24   0   Admira Wien
1952-53   22   0   Admira Wien
1953-54   21   0   Admira Wien
1954-55   6   0   Admira Wien
1954-55   12   0   FC Stadlau
1955-56   19   0   FC Stadlau

Schultz, Marchanno
*17.12.1972, Mittelfeldspieler
1993-94 29 7 Sturm Graz
1994-95 16 1 Sturm Graz

Schulz, Christian
*01.04.1983, 4 A, linker Außendecker/Innenverteidiger
2016-17 30 3 Sturm Graz
2017-18 14 0 Sturm Graz

Schulz, Franz
Innenstürmer
1954-55 22 5 FC Stadlau
1955-56 26 7 FC Stadlau
1956-57 24 3 FC Stadlau
1957-58 12 4 ÖMV Olympia Wien

Schulz, Josef
*17.04.1952, Mittelfeld/Libero
1970-71   1 0 Wiener Sportclub
1971-72 12 0 Wiener Sportclub
1972-73 27 1 Wiener Sportclub
1973-74 30 0 Wiener Sportclub
1977-78 23 1 Wiener Sportclub
1978-79 24 0 First Vienna
1979-80 20 0 First Vienna

Schulz, Kofi
*21.07.1989, linker Außendecker
2019-20 10 1 SKN St. Pölten
2020-21 31 3 SKN St. Pölten
2021-22 13 1 WSG Tirol
2022-23 28 2 WSG Tirol
2023-24 30 1 WSG Tirol

Schulz, Reinhard
*27.07.1971, Mittelfeldspieler
1991-92   1 0 Rapid Wien

Schulze, Klaus
*18.02.1954, Stürmer
1980-81 25 6 Austria Salzburg

Schumacher (Thiago Maier dos Santos)
*31.08.1986, Stürmer
2008-09 18 6 Austria Kärnten
2009-10 28 3 Austria Wien
2010-11 11 0 Austria Wien

Schumacher, Fabian
*16.03.1987, Torwächter
2006-07   2 0 Wacker Tirol
2010-11   3 0 Wacker Innsbruck

Schumacher, Till Sebastian
*10.12.1997, linker Außendecker
2021-22 24 0 Austria Klagenfurt
2022-23 21 0 Austria Klagenfurt
2023-24 32 0 Austria Klagenfurt

Schupp, Markus
*07.01.1966, Mittelfeldspieler
1997-98 32 2 Sturm Graz
1998-99 34 1 Sturm Graz
1999-00 33 2 Sturm Graz
2000-01 29 0 Sturm Graz

Schuray, Kurt
Rechtsaußen
1954-55   1 0 FC Stadlau

Schursch, Alois
*24.08.1940, Rechtsaußen
1958-59   2 1 Grazer AK
1959-60   5 1 Grazer AK
1960-61   2 1 Grazer AK
1961-62   3 0 Grazer AK
1964-65   1 0 Sturm Graz

Schursch, Gerhard
*13.11.1959, Mittelfeldspieler
1980-81   1 0 Grazer AK

Schuster, Dirk
*29.12.1967, 7 A, Manndecker
2000-01 10 1 Admira/Wacker Mödling

Schuster, Franz
Mittelläufer/Rechter Halbstürmer
1954-55 24 0 FC Stadlau
1955-56 23 0 FC Stadlau
1956-57 10 0 FC Stadlau

Schuster, Lion
*09.08.2000, Mittelfeldspieler
2019-20   1 0 Rapid Wien
2020-21 10 1 Rapid Wien
2021-22   4 0 Rapid Wien

Schuster, Martin
*23.01.1945, Stürmer
1970-71 23 8 Simmeringer SC
1971-72 28 8 Simmeringer SC
1972-73 30 9 DSV Alpine
1973-74   7 0 DSV Alpine
1973-74 13 0 SC Eisenstadt

Schuster, Walter
Mittelfeldspieler
1968-69   1 0 WSG Wattens
1969-70   2 0 WSG Wattens

Schütterle, Rainer
*21.03.1966, Mittelfeldspieler
1996-97 32 3 SV Ried

Schütz, Daniel
*19.06.1991, Mittelfeldspieler
2011-12 31 2 Wacker Innsbruck
2012-13 28 4 Wacker Innsbruck
2013-14 26 2 Wacker Innsbruck
2014-15 25 4 SV Grödig
2015-16 27 3 SV Grödig
2016-17 28 4 SKN St. Pölten
2017-18 27 5 SKN St. Pölten
2018-19 15 1 SKN St. Pölten
2019-20 14 4 SKN St. Pölten
2020-21 21 0 SKN St. Pölten

Schütz, Matthias
*10.08.1973, Stürmer
1992-93   2 0 Wiener Sportclub

Schützenauer, Tobias
*19.05.1997, Torwächter
2014-15   2 0 Sturm Graz
2017-18   1 0 Sturm Graz
2018-19   1 0 Sturm Graz
2020-21   2 0 Sturm Graz
2022-23   1 0 Sturm Graz
2023-24   6 0 SC Rheindorf Altach

Schwab, Stefan
*27.09.1990, 1 A, Mittelfeldspieler
2011-12 27 4 Admira/Wacker Mödling
2012-13 33 7 Admira/Wacker Mödling
2013-14 30 4 Admira/Wacker Mödling
2014-15 30 4 Rapid Wien
2015-16 36 8 Rapid Wien
2016-17 27 5 Rapid Wien
2017-18 31 12 Rapid Wien
2018-19 29 3 Rapid Wien
2019-20 30 8 Rapid Wien

Schwabl, Manfred (Manni)
*18.04.1966, 4 A, Mittelfeldspieler
1994-95   7 0 FC Tirol

Schwabl, Peter
*29.12.1946, rechter Außendecker
1973-74   5   0   Austria/WAC

Schwarz, Aaron Sky
*20.03.2004, Mittelfeldspieler
2023-24 17   3   Austria Klagenfurt

Schwarz, Florian
*04.05.1977, Mittelfeldspieler
1994-95   4   0   FC Tirol
1995-96   3   0   FC Tirol Innsbruck
1996-97   6   0   FC Tirol Innsbruck
1998-99   2   0   Rapid Wien
1999-00 12   0   Rapid Wien
1999-00   9   1   Austria Salzburg
2000-01 13   3   Rapid Wien
2001-02   8   0   Admira/Wacker Mödling
2002-03   4   0   Admira/Wacker Mödling

Schwarz (VIII)
Rechter Außendecker
1959-60 15   1   Admira-Energie Wien

Schwarz, Helmut
Mittelläufer
1962-63   2   0   Wiener Sportclub
1963-64   8   1   Wiener Sportclub
1964-65   1   0   Wiener Sportclub

Schwarz, Johann
Mittelstürmer
1961-62   1   0   Kapfenberger SV

Schwarz, Kurt
Außenstürmer
1956-57   2   0   Wacker Wien
1957-58   6   0   ÖMV Olympia Wien
1958-59 23   2   ÖMV Olympia Wien

Schwarz, Peter
*05.12.1953, Mittelfeldspieler
1973-74   4   0   Wattens-Wacker Innsbruck
1974-75   2   0   Wattens-Wacker Innsbruck
1975-76 36   3   Austria Salzburg
1976-77 36   2   Austria Salzburg
1977-78 31   3   Wattens-Wacker Innsbruck
1978-79 21   1   Wattens-Wacker Innsbruck

Schwarz, Philipp
*29.10.1974, Mittelfeldspieler
1992-93   1   0   Wacker Innsbruck
1993-94   2   0   FC Tirol Innsbruck

Schwarz, Thomas
*09.10.1948, Mittelfeldspieler
1970-71   3   0   Simmeringer SC
1971-72   8   0   Simmeringer SC
1973-74 11   0   Simmeringer SC

Schwarz, Werner
*12.04.1952, 3 A, Mittelfeld/Libero
1972-73 17   1   Austria Wien
1973-74 10   1   Austria/WAC
1974-75 28   4   Wattens-Wacker Innsbruck
1975-76 33   2   Wattens-Wacker Innsbruck
1976-77 25   0   Wattens-Wacker Innsbruck
1977-78 23   1   Wattens-Wacker Innsbruck
1978-79 12   0   Wattens-Wacker Innsbruck
1981-82 27   3   Wattens-Wacker Innsbruck
1982-83 28   3   Wattens-Wacker Innsbruck

Schwarz, Wolfgang
*12.02.1952, Stürmer
1973-74 19   1   FC Vorarlberg
1974-75 32 10   Austria Salzburg
1975-76 35 16   Austria Salzburg
1976-77 30   6   Austria Salzburg
1978-79   9   1   Wattens-Wacker Innsbruck

Schwarz, Wolfgang
*14.04.1965, Manndecker
1992-93 18   1   Sturm Graz

Schwarzer, Hans
Torwächter
1942-43   2   0   First Vienna (BK)
1943-44 11   0   First Vienna (OK)
1949-50 11   0   SV Gloggnitz

Schwarzgruber, Walter
*30.12.1935, Linksaußen
1955-56   1   0   Austria Graz

Schwarzlmüller, Karl
*29.01.1962, Mittelfeldspieler
1983-84   6   1   VOEST Linz
1984-85   1   0   VOEST Linz
1985-86   2   1   VOEST Linz
1986-87 14   0   VOEST Linz

Schwarzlmüller, Kurt
*03.03.1967, Torwächter
1993-94 23   0   Vorwärts Steyr

Schweda, Paul
05.03.1930, 3 A, Torwächter
1949-50 10   0   Austria Wien
1950-51 19   0   Austria Wien
1951-52 22   0   Austria Wien
1952-53 16   0   Austria Wien
1953-54 10   0   Austria Wien
1954-55   9   0   Austria Wien
1955-56   2   0   Austria Wien
1956-57   8   0   Austria Wien
1957-58 14   0   Austria Wien
1958-59   5   0   Austria Wien
1959-60 13   0   Austria Wien
1960-61   5   0   Austria Wien

Schwegler, Christian
*06.06.1984, rechter Außendecker
2009-10 35   1   RB Salzburg
2010-11 14   0   RB Salzburg
2011-12 22   0   RB Salzburg
2012-13 17   0   RB Salzburg
2013-14 19   0   RB Salzburg
2014-15 21   2   RB Salzburg
2015-16 25   1   RB Salzburg
2016-17 13   0   RB Salzburg

Schweiger, Josef
Mittelfeldspieler
1964-65   1   0   SC Wiener Neustadt

Schweiger, Julius
*1932, Linker Halbstürmer/Linksaußen
1953-54 23   0   First Vienna
1954-55 25   2   First Vienna
1955-56 26   3   First Vienna
1956-57 22   2   First Vienna
1957-58   7   0   First Vienna
1958-59 10   3   First Vienna

Schweighofer, August
Linker Außendecker/Mittelläufer
1954-55 11   0   Linzer ASK
1958-59   7   1   Linzer ASK

Schweinzer, Wolfgang
*14.03.1953, linker Außendecker
1974-75   7   0   Linzer ASK
1975-76 11   0   Linzer ASK
1976-77   3   0   Linzer ASK
1977-78 10   0   Linzer ASK

Schweitzer, Wolfgang
*01.10.1974, Mittelfeldspieler
1993-94   8   0   VfB Mödling
1994-95 15   0   VfB Mödling

Schwellensattl, Arnold
*13.01.1985, Stürmer
1997-98   22   1   Admira/Wacker Mödling

Schwendenwein, Leopold
*12.05.1941, Linksaußen
1965-66   2   0   Simmeringer SC

Schwendinger, Stefan
*27.07.1994, Mittelfeldspieler
2013-14   12   0   Wolfsberger AC
2014-15   6   0   Wolfsberger AC

Schwicker, Wolfgang
*06.06.1962, Stürmer
1981-82   18   4   Grazer AK
1982-83   21   3   Grazer AK
1983-84   11   0   Grazer AK
1984-85   15   0   Grazer AK

Seber, Manfred
*25.06.1963, Mittelfeldspieler
1989-90   12   0   Admira/Wacker
1991-92   10   0   FC Stahl Linz
1992-93   16   0   FC Stahl Linz
1994-95   17   0   FC Linz

Šebo, Filip
*24.02.1984, 15 A, Stürmer
2005-06   32   5   Austria Wien
2006-07   3   0   Austria Wien

Sedlák, Tomáš
*03.02.1983, Mittelfeldspieler
2009-10   5   0   SV Mattersburg

Sedloski, Goce
*10.04.1974, 100 A, Innenverteidiger
2006-07   35   3   SV Mattersburg
2007-08   35   4   SV Mattersburg
2008-09   34   1   SV Mattersburg
2009-10   29   1   SV Mattersburg
2010-11   1   0   SV Mattersburg

Seebacher, Günther
*12.10.1959, linker Außendecker/Vorstopper
1981-82   32   1   Wattens-Wacker Innsbruck
1982-83   13   0   Wattens-Wacker Innsbruck
1983-84   22   2   Austria Klagenfurt
1984-85   27   1   Austria Klagenfurt
1985-86   30   0   Austria Klagenfurt
1986-87   21   1   Austria Klagenfurt
1987-88   19   1   Austria Klagenfurt
1988-89   18   1   Austria Klagenfurt

Seebacher, René Pascal
*24.07.1988, rechter Außendecker
2011-12   25   1   Admira/Wacker Mödling
2012-13   10   0   Admira/Wacker Mödling
2013-14   11   3   Wolfsberger AC
2014-15   17   1   Wolfsberger AC

Seeger, Patrick
*25.08.1986, Rechtsaußen/Mittelstürmer
2012-13   7   0   Admira/Wacker Mödling
2014-15   26   4   SC Rheindorf Altach
2015-16   24   1   SC Rheindorf Altach

Seelaus, Markus
*16.02.1987, Mittelfeldspieler
2004-05   2   0   Wacker Tirol
2007-08   16   0   Wacker Innsbruck

Seemann, Herbert
*05.03.1938, Rechter Halbstürmer
1957-58   2   1   First Vienna
1959-60   22   10   Austria Salzburg
1960-61   16   4   Austria Salzburg
1962-63   2   0   Austria Salzburg

Segovia, Daniel Lucas
*23.05.1985, Stürmer
2012-13   15   3   Admira/Wacker Mödling
2013-14   18   0   Wolfsberger AC
2016-17   17   4   SKN St. Pölten

Sehr, Karl
Mittelstürmer
1951-52   1   0   Favoritner SK

Sehrengel, Gerald
*10.02.1957, rechter Außendecker
1976-77   2   0   First Vienna

Seidl, Alfred
*23.04.1939, Stürmer
1965-66   16   3   SC Wiener Neustadt

Seidl, Alfred
*16.06.1946, Torwächter
1965-66   1   0   Austria Salzburg

Seidl, Ernst
*30.09.1959, Verteidiger
1982-83   2   0   Simmeringer SC

Seidl, Gerhard
Linksaußen
1962-63   11   2   Wiener Sportclub
1963-64   1   0   First Vienna
1963-64   12   3   SC Wiener Neustadt
1964-65   14   1   SC Wiener Neustadt
1965-66   7   1   SC Wiener Neustadt
1966-67   14   1   SC Wiener Neustadt

Seidl, Manuel
*26.10.1988, Mittelfeldspieler
2008-09   27   1   SV Mattersburg
2009-10   32   0   SV Mattersburg
2010-11   32   1   SV Mattersburg
2011-12   31   5   SV Mattersburg
2012-13   22   3   SV Mattersburg
2014-15   9   1   Wolfsberger AC
2015-16   15   1   Wolfsberger AC
2016-17   5   1   SV Mattersburg
2017-18   11   1   SV Mattersburg

Seidl, Matthias
*24.01.2001, 4 A, Mittelfeldspieler
2023-24   32   5   Rapid Wien

Seidl, Simon
*04.09.2002, Mittelfeldspieler
2023-24   22   4   Blau-Weiß Linz

Seipt, Walter
*21.02.1945, Vorstopper
1967-68   10   0   WSG Radenthein

Seiser, Kurt
*05.11.1922, Rechtsaußen
1947-48   8   0   Floridsdorfer AC (WL)
1953-54   15   3   Austria Salzburg
1954-55   16   2   Austria Salzburg
1955-56   17   2   Austria Salzburg

Seitl, Walter
*15.03.1941, 6 A, Rechter Halbstürmer
1960-61 11   2 Rapid Wien
1961-62   7   2 Rapid Wien
1962-63 17   6 Rapid Wien
1963-64 24 14 Rapid Wien
1964-65 25 15 Rapid Wien
1965-66 24 15 Rapid Wien
1966-67 17 10 Rapid Wien
1967-68 12   4 Rapid Wien
1968-69 20   7 Austria Salzburg
1969-70   4   0 Austria Salzburg
1969-70   9   6 SC Eisenstadt
1970-71 25 12 Wacker Wien
1971-72 10   0 SC Eisenstadt

Seitner, René
*29.07.1956, Torwächter
1981-82   1   0 Sturm Graz

Seitz, Rudolf (Rudi)
*12.09.1956, Stürmer
1976-77 16   3 VÖEST Linz
1977-78 18   3 VÖEST Linz

Seiwald, Felix
*20.08.2000, linker Außendecker/Innenverteidiger
2020-21   1   0 SV Ried
2021-22 21   0 SV Ried
2022-23   1   0 SV Ried

Seiwald, Nicolas (Nici)
*04.05.2001, 28 A, Mittelfeldspieler
2020-21 15   0 RB Salzburg
2021-22 32   0 RB Salzburg
2022-23 31   3 RB Salzburg

Sekagya, Ibrahim
*19.12.1980, 38 A, Innenverteidiger
2007-08 34   3 RB Salzburg
2008-09 34   1 RB Salzburg
2009-10 24   0 RB Salzburg
2010-11 30   0 RB Salzburg
2011-12 26   1 RB Salzburg
2012-13 17   1 RB Salzburg

Sekerlioglu, Attila
*27.01.1965, Manndecker/Mittelfeld
1988-89 28   0 Austria Wien
1989-90 21   0 Austria Wien
1990-91 24   0 Austria Wien
1991-92 34   1 Austria Wien
1992-93 24   3 Austria Wien
1993-94 23   1 Austria Wien
1994-95 20   2 Austria Wien
1995-96 16   0 FC Tirol Innsbruck

Sekić, Igor
*15.02.1981, Mittelfeldspieler
2001-02   4   0 Austria Salzburg

Sekula, Oliver
*07.02.1966, Stürmer
1985-86   6   0 Salzburger AK

Selim, Saleh Muhammad
*11.09.1930, Innenstürmer
1962-63   6   3 Grazer AK

Šenauer, Vladimir (Vlado)
*29.11.1930, Mittelstürmer/Linksaußen
1962-63 11   1 Austria Klagenfurt

Sencar, David
*29.01.1984, Mittelfeldspieler
2003-04   2   0 Grazer AK
2008-09 22   1 Kapfenberger SV
2009-10 30   5 Kapfenberger SV
2010-11 24   4 Kapfenberger SV
2011-12 25   1 Kapfenberger SV

Sencic, Gerhard
*22.10.1938, Linksaußen
1959-60   1   0 Grazer AK

Seneca, Kjeld
*16.12.1950, 5 A, Mittelfeldspieler
1972-73 30   5 Sturm Graz
1973-74 32   5 Sturm Graz
1974-75 35   5 Sturm Graz
1977-78 35   5 Sturm Graz

Senegacnik, Bernd
*26.08.1956, Stürmer
1983-84   7   0 Favoritner AC

Senekowitsch, Helmut
*22.10.1933, 18 A, Innenstürmer
1952-53 20   0 Grazer SC
1955-56 25   5 Sturm Graz
1956-57 21 13 Sturm Graz
1957-58 26 13 Sturm Graz
1958-59 24 14 First Vienna
1959-60 24 25 First Vienna
1960-61 26 23 First Vienna
1961-62   1   0 First Vienna
1964-65 26   7 Wacker Innsbruck
1965-66 21   2 Wacker Innsbruck
1966-67 19   0 Wacker Innsbruck
1967-68 24   2 Wacker Innsbruck
1968-69 27   1 Wacker Innsbruck
1969-70 30   3 Wacker Innsbruck
1970-71 14   1 Wacker Innsbruck

Senzen, Ivica
*04.05.1951, Stürmer
1982-83 21   4 Austria Klagenfurt
1983-84 18   4 Austria Klagenfurt
1984-85 20   2 Austria Klagenfurt
1985-86 28   4 Austria Klagenfurt

Seo, Jung-Won
*17.12.1970, 87 A, Mittelfeld/Stürmer
2004-05 12   2 Austria Salzburg
2005-06 28   7 SV Ried
2006-07 27   2 SV Ried

Serbest, Tarkan
*02.05.1994, 1 A, Mittelfeldspieler
2014-15   8   0 Austria Wien
2015-16 19   0 Austria Wien
2016-17 33   2 Austria Wien
2017-18 28   0 Austria Wien
2019-20 15   0 Austria Wien

Sereinig, Daniel
*10.05.1982, Innenverteidiger
2008-09 21   0 SC Rheindorf Altach

Sereinig, Matthias
*17.11.1984, Innenverteidiger
2003-04   4   0 FC Kärnten
2008-09   8   0 Sturm Graz
2013-14 20   0 SC Wiener Neustadt
2014-15 28   1 SC Wiener Neustadt

Serrano Martínez, **Javier** (Javi)
*16.01.2003, Mittelfeldspieler
2023-24   8   0 Sturm Graz

Servania, Brandon Iván
*12.03.1999, 1 A, Mittelfeldspieler
2020-21 10   0 SKN St. Pölten

Šeško, Benjamin
*31.05.2003, 33 A, Stürmer
2020-21   1   0 RB Salzburg
2021-22 24   5 RB Salzburg
2022-23 30 16 RB Salzburg

Seubert, Werner
*23.01.1950, Stürmer
1978-79 14   3 Wattens-Wacker Innsbruck

Severeyns, Francis
*08.01.1968, 7 A, Stürmer
1997-98 36 10 FC Tirol Innsbruck

Seydi, Ismaïl
*15.07.2001, Stürmer
2023-24   6   0 Rapid Wien

Sgerm, Wilhelm
*24.03.1937, Mittelstürmer
1955-56 18 13 Grazer AK
1956-57 22 15 Grazer AK
1957-58 25 12 Grazer AK
1958-59 24   8 Grazer AK
1959-60 26 21 Grazer AK
1960-61 26 15 Grazer AK
1961-62 12   2 Grazer AK
1962-63 21   5 Grazer AK
1963-64 24 14 Grazer AK
1964-65 24   7 Grazer AK
1965-66 20   4 Grazer AK
1966-67 14   1 Grazer AK

Shabaik, Ahmed
*15.04.1950, Libero
1973-74   5   0 Wiener Sportclub

Shabanhaxhaj, Dardan
*23.04.2001, Mittelstürmer/Linksaußen
2019-20   2   0 Sturm Graz
2020-21 15   0 Sturm Graz

Sharifi, Makhmadnaim (Naim)
*03.06.1992, rechter Außendecker
2010-11 12   0 Kapfenberger SV
2011-12 20   0 Kapfenberger SV
2014-15   3   0 Sturm Graz

Shashiashvili, Georgi
*01.09.1979, 30 A, rechter Außendecker
2007-08 32   0 Sturm Graz
2008-09 32   0 Sturm Graz

Shavlo, Sergey Dmitriyevich
*04.09.1956, 19 A, Mittelfeldspieler
1987-88   6   1 Rapid Wien
1988-89 16   1 Rapid Wien

Shaw, Gary Robert
*21.01.1961, Stürmer
1988-89   1   1 Austria Klagenfurt

Siadaczka, Rafał
*21.02.1972, 17 A, Stürmer/Linker Außendecker
1998-99 15   0 Austria Wien
1999-00 12   0 Austria Wien

Siber, Helmut
*16.05.1942, 11 A, Rechtsaußen
1964-65 25   4 Wacker Innsbruck
1965-66 21   6 Wacker Innsbruck
1966-67 26 15 Wacker Innsbruck
1967-68 25   8 Wacker Innsbruck
1969-70 26   8 WSG Wattens
1970-71 16   2 WSG Wattens
1971-72 27   1 DSV Alpine
1972-73   3   0 Wattens-Wacker Innsbruck

Sick, Gernot
*31.10.1978, 2 A, Mittelfeldspieler
1996-97 13   0 Grazer AK
1997-98   2   0 Grazer AK
1998-99 20   0 Grazer AK
1999-00 19   0 Grazer AK
2000-01 18   0 Grazer AK
2001-02   8   0 Schwarz-Weiß Bregenz
2002-03 13   0 Grazer AK
2003-04 24   1 Grazer AK
2004-05 31   3 Grazer AK
2005-06   8   1 Grazer AK

Sidibe, Ibrahima
*10.08.1980, 2 A, Stürmer
2002-03 32   5 SV Ried

Sidorczuk, Kazimierz
*04.03.1967, 14 A, Torwächter
1996-97 18   0 Sturm Graz
1997-98 35   0 Sturm Graz
1998-99 34   0 Sturm Graz
1999-00   2   0 Sturm Graz
2000-01 20   0 Sturm Graz
2001-02 31   0 Sturm Graz

Siebenhandl, Jörg
*18.01.1990, 2 A, Torwächter
2010-11   1   0 SC Wiener Neustadt
2011-12 34   1 SC Wiener Neustadt
2012-13 28   0 SC Wiener Neustadt
2013-14 10   0 SC Wiener Neustadt
2014-15 14   0 Admira/Wacker Mödling
2015-16 35   0 Admira/Wacker Mödling
2016-17   1   0 Admira/Wacker Mödling
2017-18 35   0 Sturm Graz
2018-19 31   0 Sturm Graz
2019-20 32   0 Sturm Graz
2020-21 31   0 Sturm Graz
2021-22 32   0 Sturm Graz
2022-23 16   0 Sturm Graz

Siebenhandl, Peter
24.02.1950, Libero
1971-72   8   0 Wiener Sportclub

Siebenhandl, Thomas
*14.09.1970, Stürmer
1989-90   1   0 Kremser SC
1990-91   7   0 Kremser SC
1991-92   6   0 Kremser SC

Sieder, Alfred
Linksaußen
1948-49 12   1 SK Oberlaa
1949-50 11   2 SK Oberlaa

Siedl, Gerhard
*22.03.1929, 6 A, Linker Halbstürmer
1960-61   9   5 Austria Salzburg

Siedl, Herbert
Torwächter
1962-63   1   0 Wacker Wien
1964-65 26   0 Wacker Wien
1966-67 13   0 Wacker Wien

Siedl, Markus
*26.08.1976, Mittelfeldspieler
1993-94   1   0 VSE St. Pölten

Siegl, Patrik
*26.02.1976, Mittelfeldspieler
2008-09 35 6 Kapfenberger SV
2009-10 33 2 Kapfenberger SV

Siegl, Philipp
*16.12.1993, Mittelfeldspieler
2018-19 25 1 TSV Hartberg

Sigl, Johann
*11.12.1955, Mittelfeldspieler
1977-78 11 0 First Vienna
1978-79 21 1 First Vienna
1979-80 36 2 First Vienna
1980-81 26 0 Linzer ASK
1981-82 20 0 Linzer ASK
1983-84 19 1 Wiener Sportclub

Sigmund, Adolf
*27.06.1928, Innenstürmer
1948-49 17 7 FC Wien (WL)
1949-50 22 7 FC Wien
1950-51 15 4 FC Wien
1951-52 18 4 Grazer AK
1952-53 25 6 Grazer AK
1953-54 12 1 Grazer AK
1954-55 16 0 Grazer AK
1955-56 21 1 Grazer AK
1957-58 13 2 FC Wien

Sigmund, Hannes
Mittelstürmer
1970-71 2 0 Linzer ASK

Sigþórsson, Andri
*25.03.1977, 7 A, Stürmer
2000-01 16 2 Austria Salzburg
2001-02 8 1 Austria Salzburg

Sigurðsson, Hannes Þorsteinn
*10.04.1983, 13 A, Stürmer
2013-14 14 1 SV Grödig

Šikić, Boris
*06.11.1950, linker Außendecker
1970-71 8 2 Wacker Innsbruck
1972-73 26 1 Linzer ASK
1973-74 3 0 Austria Salzburg
1975-76 20 2 Austria Salzburg
1976-77 28 1 Wattens-Wacker Innsbruck
1977-78 15 0 Wattens-Wacker Innsbruck
1978-79 20 0 Wattens-Wacker Innsbruck
1979-80 16 0 Austria Salzburg
1980-81 6 0 Austria Salzburg

Šikić, Josip (Joschi)
*04.08.1929, Mittelläufer
1964-65 23 0 Wacker Innsbruck
1965-66 23 0 Wacker Innsbruck
1966-67 26 0 Wacker Innsbruck
1967-68 23 0 Austria Salzburg
1968-69 10 0 Austria Salzburg

Sikorski, Daniel
*02.11.1987, Mittelstürmer
2015-16 20 3 SV Ried

Šikov, Vanče
*19.07.1985, 56 A, Innenverteidiger
2014-15 20 1 Austria Wien
2015-16 26 1 Austria Wien

Silberbauer, Josef
Rechter Läufer
1951-52 7 0 Sturm Graz

Silberberger, Thomas
*03.06.1973, Mittelfeldspieler
1993-94 13 0 FC Tirol Innsbruck
1994-95 11 0 FC Tirol
1995-96 28 2 FC Tirol Innsbruck
1996-97 3 0 Grazer AK
2000-01 25 1 Austria Salzburg

Silhanek, Josef
*05.12.1928, Mittelstürmer/Rechter Halbstürmer
1947-48 1 1 FC Wien (WL)
1948-49 7 2 FC Wien (WL)
1949-50 21 21 FC Wien
1950-51 23 9 FC Wien
1951-52 2 0 FC Wien
1952-53 6 1 FC Wien
1953-54 14 6 FC Wien
1954-55 16 2 FC Wien
1955-56 15 3 FC Wien
1957-58 18 1 FC Wien

Sillaber, Franz
*15.09.1929, Linksaußen
1946-47 1 0 FC Wien (WL)
1951-52 6 1 FC Wien
1951-52 12 4 Favoritner SK

Sillaber, Hans
Linker Halbstürmer
1946-46 21 6 FC Wien (WL)
1946-47 19 6 FC Wien (WL)
1947-48 17 3 FC Wien (WL)
1951-52 24 3 Favoritner SK
1954-55 25 11 Kapfenberger SV
1955-56 21 6 Kapfenberger SV
1956-57 26 9 Kapfenberger SV
1957-58 20 7 Kapfenberger SV
1958-59 11 0 Kapfenberger SV

Sillaber, Karl
*19.06.1947, Mittelfeldspieler
1969-70 26 1 FC Dornbirn

Siller-Gager, Sebastian
*18.05.1989, Innenverteidiger
2012-13 8 0 Wacker Innsbruck
2013-14 20 0 Wacker Innsbruck

Silvestre, Franck Claude
*05.04.1967, 11 A, Innenverteidiger
2003-04 26 2 Sturm Graz
2004-05 28 1 Sturm Graz
2005-06 21 1 Sturm Graz

Silvio (Silvio Carlos de Oliveira)
*01.02.1985, Stürmer
2013-14 12 3 Wolfsberger AC
2014-15 33 4 Wolfsberger AC
2015-16 31 5 Wolfsberger AC

Šimić, Roko
*10.09.2003, Stürmer
2021-22 1 0 RB Salzburg
2022-23 9 0 RB Salzburg
2023-24 28 5 RB Salzburg

Simkó, László
*05.11.1925, Mittelstürmer
1950-51 5 3 Linzer ASK

Šimkovič, Tomáš
*16.04.1987, Mittelfeldspieler
2009-10 31 4 SC Wiener Neustadt
2010-11 30 6 SC Wiener Neustadt
2011-12 16 4 SC Wiener Neustadt
2011-12 13 2 Austria Wien
2012-13 28 3 Austria Wien
2013-14 10 1 Austria Wien

Simon, Attila
*04.02.1983, Stürmer
2014-15   8   0   Wolfsberger AC

Šimon, Július
*19.07.1965, 23 A, Mittelfeldspieler
1997-98 33   9   Austria Wien
1998-99 13   1   Austria Wien
1998-99   6   0   SV Ried

Šimunović, Felix
Mittelstürmer
1953-54   2   2   Linzer ASK

Siname, Felix
Rechter Außendecker
1969-70   1   0   First Vienna

Singerl, Heinz
*28.01.1954, Mittelfeldspieler
1973-74 12   1   WSG Radenthein/VSV
1979-80 35   4   Linzer ASK
1980-81 18   3   Linzer ASK
1981-82   4   0   Linzer ASK
1982-83 26   1   Union Wels
1983-84 16   2   Union Wels
1983-84 13   3   SV St. Veit
1984-85 28   5   SV Spittal/Drau

Sinn, Viktor
*12.12.1938, Stürmer
1960-61 20   0   FC Dornbirn
1963-64   9   0   FC Dornbirn
1969-70 19   3   FC Dornbirn

Sinnreich, Karl
Rechter Außendecker
1960-61   1   0   Schwechater SC

Sintas, Carlos Alberto
*31.12.1952, Stürmer
1978-79 12   1   Austria Wien

Sionko, Libor
*01.02.1977, 41 A, Mittelfeldspieler
2003-04 15   2   Grazer AK
2004-05 32   2   Austria Wien
2005-06 31   6   Austria Wien

Sirch, Peter
*30.12.1961, Torwächter
1989-90 22   0   Austria Salzburg
1990-91   1   0   Austria Salzburg

Sipek, Anton
Linker Außendecker/Linker Läufer
1950-51   8   0   Elektra Wien

Sittner, Johann
Mittelläufer
1952-53 12   0   Grazer SC

Sittsam, Florian
*14.12.1994, Mittelfeldspieler
2017-18 11   0   SV Mattersburg
2018-19 20   1   TSV Hartberg

Six, Martin
*25.08.1985, Mittelfeldspieler
2004-05   2   0   Grazer AK

Skenderović, Meris
*28.03.1998, Stürmer
2018-19   5   0   TSV Hartberg

Skerlan, Karl
*03.01.1940, 14 A, Linksaußen
1957-58 25   9   Wiener Sportclub
1958-59 24 12   Wiener Sportclub
1959-60 24 10   Wiener Sportclub
1960-61 24   7   Wiener Sportclub
1961-62 23 16   Admira-Energie Wien
1962-63 20   5   Admira-Energie Wien
1963-64 14   5   Admira-Energie Wien
1964-65 22   4   Admira-Energie Wien
1965-66   7   2   Admira-Energie Wien
1966-67 15   5   Admira-Energie Wien
1968-69 21   5   Schwarz-Weiß Bregenz
1970-71 22   2   Schwarz-Weiß Bregenz

Skocik, Josef
*04.05.1920, rechter Außendecker
1952-53 26   1   VfB Union Mödling
1953-54 18   0   Wiener Sportclub
1954-55 25   0   Wiener Sportclub

Skocik, Walter (Schani)
*06.09.1940, 14 A, Mittelfeld/Libero
1959-60 10   3   Rapid Wien
1960-61 23   6   Rapid Wien
1961-62 17   7   Rapid Wien
1962-63   7   0   Rapid Wien
1963-64 16   3   Rapid Wien
1964-65 22   1   Rapid Wien
1965-66 26   7   Rapid Wien
1966-67 22   3   Rapid Wien
1967-68 22   1   Rapid Wien
1968-69 25   2   Rapid Wien
1969-70 30   4   WSG Wattens
1970-71 30   1   WSG Wattens
1971-72 28   3   Wattens-Wacker Innsbruck
1972-73 27   0   Wattens-Wacker Innsbruck

Škoro, Alen
*30.03.1981, 10 A, Mittelstürmer
2004-05 25   6   Grazer AK
2005-06 23   7   Grazer AK
2006-07 15   4   Grazer AK

Skorpis, Otto
*16.12.1938, Torwächter
1956-57   1   0   Wiener Sportclub

Skrasek, Helmut
*19.08.1957, Torwächter
1982-83   6   0   Union Wels

Skrbo, Stefan
*23.01.2001, Stürmer
2021-22 20   1   WSG Tirol
2022-23   9   0   WSG Tirol
2023-24 10   1   WSG Tirol

Skrivanek, Peter
*17.04.1971, Mittelfeldspieler
1990-91   8   0   DSV Alpine

Skubl, David
*18.09.2001, Torwächter
2022-23   1   0   Wolfsberger AC

Škuletić, Petar
*29.06.1990, 6 A, Stürmer
2009-10 15   1   Linzer ASK

Slapal, Stefan
Rechtsaußen
1956-57   1   0   Austria Wien
1958-59   3   0   Admira Wien

Slechta, Franz
Rechter Halbstürmer/Mittelstürmer
1951-52   8   3   Favoritner SK

Slezak, Helmut
*08.05.1967, Mittelfeldspieler
1986-87   4   0   First Vienna
1987-88 28 11   First Vienna
1988-89 15   1   First Vienna
1989-90   4   0   Austria Salzburg
1990-91 11   0   Austria Salzburg
1991-92 12   1   Kremser SC

Śliwowski, Maciej
*10.01.1967, 9 A, Stürmer
1993-94 24   8   Rapid Wien
1994-95 31   8   Rapid Wien
1995-96 16   5   Rapid Wien
1996-97 32   5   FC Tirol Innsbruck
1997-98   1   0   FC Tirol Innsbruck
1997-98 27   8   Admira/Wacker Mödling
1998-99 28   3   SV Ried

Slosarek, Heinrich
*04.06.1951, Linksaußen
1970-71   1   0   Austria Wien
1971-72   2   0   Wiener Sportclub

Slović, Radoslav
*06.07.1940, Linksaußen
1967-68 25   4   Grazer AK
1968-69   8   1   Grazer AK

Slowik, Gottfried
*13.07.1964, Stürmer
1982-83   7   1   SC Neusiedl am See
1983-84 21   0   SC Neusiedl am See

Slunecko, Hans
*06.02.1968, Mittelfeldspieler
1991-92 18   0   First Vienna
1992-93 12   0   Linzer ASK

Smeczka, Roman
Rechtsaußen
1952-53   1   0   Admira Wien

Smetana, Ferdinand
*07.07.1925, rechter Außendecker/Mittelläufer
1948-49   1   0   Rapid Wien (WL)
1949-50   2   0   Rapid Wien
1950-51 21   0   Floridsdorfer AC
1951-52 26   0   Floridsdorfer AC
1952-53 13   5   Floridsdorfer AC
1952-53 10   0   Salzburger AK
1953-54 20   0   Wacker Wien
1954-55   6   2   Wacker Wien
1955-56   7   6   Wacker Wien
1956-57 26   3   Kremser SC
1957-58 10   0   Kremser SC
1960-61   4   2   Schwechater SC

Smith, Gordon Duffield
*29.12.1954, Mittelfeldspieler
1986-87 27   3   Admira/Wacker

Smith, Renny Piers
*03.10.1996, Mittelfeldspieler
2020-21 23   3   WSG Tirol
2021-22 14   0   WSG Tirol

Smudics, Rudolf (Rudi)
Linker Halbstürmer
1951-52   1   0   Favoritner SK

Šmudla, Ivan
*25.07.1959, Mittelfeldspieler
1988-89   6   1   Vorwärts Steyr

Smutny, Engelbert
*19.03.1917, 3 A, Mittelläufer
1937-38 14   0   Favoritner AC (NL)
1941-42 16   1   Rapid Wien (BK)
1942-43   9   0   Rapid Wien (BK)
1945-46 21   0   Rapid Wien (WL)
1946-47 17   2   Rapid Wien (WL)
1948-49   3   0   Wiener Sportclub (WL)
1948-49 18   0   Wiener Sportclub (WL)
1949-50 24   1   Wiener Sportclub
1950-51   8   1   Wiener Sportclub
1951-52   1   0   Wiener Sportclub

Smyda, Alfred
*25.12.1925, linker Außendecker
1950-51   3   0   Elektra Wien

Soares, Bruno Gabriel
*21.08.1988, Innenverteidiger
2019-20 10   0   WSG Tirol
2020-21 10   0   WSG Tirol

Sobczak, Paweł Piotr
*29.06.1978, Stürmer
1999-00 18   1   Austria Wien
2002-03 10   0   Admira/Wacker Mödling

Sobczyk, Alex
*20.05.1997, Stürmer
2016-17   1   0   Rapid Wien
2017-18   1   0   Rapid Wien
2017-18   6   0   SKN St. Pölten

Sobiesiak, Ryszard Kazimierz
*22.02.1954, Mittelfeldspieler
1983-84 28   0   SV St. Veit

Sobkova, Daniel
17.07.1985, Mittelfeldspieler
2005-06   1   0   SV Ried
2010-11 12   1   Linzer ASK

Sobkova, Josef
*10.03.1965, Stürmer
1987-88   5   0   Linzer ASK
1988-89   3   1   Linzer ASK

Sobl, Walter
*27.03.1959, Mittelfeldspieler
1984-85 28   6   DSV Alpine
1985-86 20   4   DSV Alpine
1986-87 35   1   Wiener Sportclub
1987-88 28   5   Wiener Sportclub
1988-89 29   3   Wiener Sportclub
1989-90 19   1   Grazer AK

Sobotka, Friedrich
*26.06.1925, Außenstürmer
1948-49 18   5   FC Wien (WL)
1949-50 24 10   FC Wien
1950-51 19   8   FC Wien
1951-52   3   1   FC Wien
1951-52 13   3   Favoritner SK
1952-53 25 10   Simmeringer SC
1953-54 15   7   Simmeringer SC
1954-55 13   3   FC Wien

Sobotzik, Thomas
*16.10.1974, Mittelfeldspieler
2001-02 20   3   Rapid Wien
2002-03 29   5   Rapid Wien

Socha, Edward
*29.11.1955, Stürmer
1983-84   4   0   Linzer ASK

Sohl, Ernst
Mittelfeldspieler
1967-68   6   0   Wiener Sportclub

Sohm, Bruno
*19.10.1929, linker Läufer
1960-61   1   0   FC Dornbirn
1963-64   6   0   FC Dornbirn

Soiri, Pyry Henri
*22.09.1994, 43 A, Mittelfeld/Stürmer
2018-19   12   2   Admira/Wacker Mödling

Sojka
Rechter Halbstürmer
1955-56   1   0   FC Wien

Solano Moreno, **José Antonio**
*04.02.1985, Innenverteidiger
2012-13   13   2   Wolfsberger AC
2013-14   1   0   Wolfsberger AC

Soldo, Marko
*13.09.1996, Torwächter
2017-18   2   0   Wolfsberger AC
2018-19   1   0   Wolfsberger AC
2020-21   1   0   Wolfsberger AC

Soleder, Reinhold
*04.07.1961, Stürmer
1982-83   13   2   SC Eisenstadt
1983-84   17   1   SC Eisenstadt

Solet, Oumar Bomawoko
*07.02.2000, Innenverteidiger
2020-21   10   0   RB Salzburg
2021-22   22   1   RB Salzburg
2022-23   25   1   RB Salzburg
2023-24   21   1   RB Salzburg

Sollbauer, Michael
*15.05.1990, Innenverteidiger
2009-10   18   0   Austria Kärnten
2012-13   34   0   Wolfsberger AC
2013-14   34   0   Wolfsberger AC
2014-15   32   0   Wolfsberger AC
2015-16   25   0   Wolfsberger AC
2016-17   23   1   Wolfsberger AC
2017-18   24   1   Wolfsberger AC
2018-19   30   1   Wolfsberger AC
2019-20   18   0   Wolfsberger AC
2022-23   24   0   Rapid Wien
2023-24   8   0   Rapid Wien

Solleder, Erwin
*28.03.1946, Außendecker
1967-68   22   3   SC Eisenstadt
1968-69   21   1   SC Eisenstadt
1969-70   23   6   SC Eisenstadt
1970-71   23   1   Sturm Graz
1971-72   15   1   SC Eisenstadt
1972-73   28   1   SC Eisenstadt
1973-74   31   0   SC Eisenstadt
1974-75   35   0   SC Eisenstadt

Solleder, Josef
*08.06.1952, Stürmer
1973-74   6   1   SC Eisenstadt

Soma, Ragnvald
*10.11.1979, 5 A, Innenverteidiger
2009-10   33   1   Rapid Wien
2010-11   32   1   Rapid Wien
2011-12   14   0   Rapid Wien

Sommer, Christian
*28.01.1960, Mittelfeldspieler
1980-81   1   0   Grazer AK

Sommer, Emmerich
*02.03.1938, linker Außendecker
1961-62   15   0   Admira-Energie Wien
1962-63   24   0   Admira-Energie Wien
1963-64   26   0   Admira-Energie Wien
1964-65   12   0   Admira-Energie Wien
1965-66   25   1   Admira-Energie Wien
1966-67   26   0   Admira-Energie Wien
1967-68   25   0   Admira-Energie Wien
1969-70   27   0   First Vienna
1970-71   10   0   First Vienna

Sommer, Helmuth
Mittelfeldspieler
1964-65   1   0   Wacker Wien

Sommer, Othmar
*22.12.1951, Mittelfeldspieler
1970-71   1   0   Wacker Innsbruck
1971-72   2   0   Wattens-Wacker Innsbruck
1972-73   28   3   SC Bregenz
1973-74   19   1   FC Vorarlberg

Sommer, Walter
*06.05.1934, Mittelfeldspieler
1964-65   18   0   Wacker Innsbruck
1965-66   1   0   Wacker Innsbruck
1966-67   5   0   Wacker Innsbruck

Sommerauer, Karl
*18.08.1965, Stürmer
1983-84   1   0   Austria Klagenfurt
1984-85   12   1   Austria Klagenfurt
1985-86   4   0   Austria Klagenfurt
1987-88   8   1   Austria Klagenfurt

Søndergaard, Tom
*02.01.1944, 19 A, Stürmer
1968-69   16   1   Rapid Wien

Sonko, Pa Ousman
*26.12.1984, 2 A, Innenverteidiger
2007-08   1   0   RB Salzburg
2008-09   7   0   SC Rheindorf Altach
2009-10   1   0   Kapfenberger SV

Sonnleitner, Mario
*08.10.1986, Innenverteidiger
2004-05   1   0   Grazer AK
2005-06   25   1   Grazer AK
2006-07   20   0   Grazer AK
2007-08   20   0   Sturm Graz
2008-09   36   2   Sturm Graz
2009-10   27   0   Sturm Graz
2010-11   30   3   Rapid Wien
2011-12   31   1   Rapid Wien
2012-13   34   2   Rapid Wien
2013-14   33   4   Rapid Wien
2014-15   33   2   Rapid Wien
2015-16   27   3   Rapid Wien
2016-17   20   2   Rapid Wien
2017-18   20   0   Rapid Wien
2018-19   23   5   Rapid Wien
2019-20   7   0   Rapid Wien
2020-21   7   0   Rapid Wien
2021-22   22   1   TSV Hartberg
2022-23   20   0   TSV Hartberg

Sopko, Jan
*17.10.1968, Innenverteidiger
1998-99   12   0   Vorwärts Steyr

Sørensen, Asger Strømgaard
*05.06.1996, Innenverteidiger
2014-15   1   0   RB Salzburg
2015-16   2   0   RB Salzburg

Sørensen, Niels
*12.11.1951, 1 A, Mittelfeldspieler
1978-79   30   2   Grazer AK
1979-80   35   2   Grazer AK

Sorger, Albert
*1948, Mittelfeldspieler
1967-68   1   0   Grazer AK

Soriano Casas, **Jonatan**
*24.09.1985, Mittelstürmer
2011-12   11   3   RB Salzburg
2012-13   33 26   RB Salzburg
2013-14   28 31   RB Salzburg
2014-15   32 31   RB Salzburg
2015-16   27 21   RB Salzburg
2016-17   13   8   RB Salzburg

Sormaz, Ilija
*03.10.1959, Mittelfeldspieler
1989-90   8   0   First Vienna
1990-91   3   0   First Vienna

Sorsky, Peter
*28.08.1945, Stürmer
1970-71   19   1   Simmeringer SC

Šoštarič, Eduard
*25.11.1942, Torwächter
1971-72   25   0   SC Eisenstadt
1972-73   27   0   SC Eisenstadt
1973-74   8   0   SC Eisenstadt

Guerra Soto, Sebastian
*28.07.2000, 2 A, Stürmer
2022-23   11   1   Austria Klagenfurt
2023-24   7   0   Austria Klagenfurt

Soukup, Ferdinand
*1940, Mittelfeldspieler
1969-70   9   5   VÖEST Linz

Spadacio, Juliano Gonçalves
*16.11.1980, Mittelfeldspieler
2003-04   15   0   Austria Salzburg

Spale, Josef
*13.08.1920, 4 A, Torwächter
1940-41   4   0   Austria Wien (BK)
1941-42   13   0   Austria Wien (BK)
1942-43   11   0   Austria Wien (BK)
1943-44   14   0   Austria Wien (BK)
1945-46   22   0   Austria Wien (WL)
1946-47   20   0   Austria Wien (WL)
1947-48   9   0   Austria Wien (WL)
1949-50   5   0   Slovan Wien

Spanblöchl, Gerd
Mittelfeldspieler
1968-69   3   0   WSV Donawitz

Spanring, Gerhard
*08.06.1946, Mittelfeldspieler
1964-65   2   0   Grazer AK
1965-66   7   1   Grazer AK

Spasić, Miloš
*29.01.1998, linker Außendecker
2018-19   17   1   Admira/Wacker Mödling
2019-20   4   0   Admira/Wacker Mödling
2020-21   6   0   Admira/Wacker Mödling

Speckle, Helmut
*10.05.1941, Torwächter
1969-70   26   0   FC Dornbirn

Spendlhofer, Lukas
*02.06.1993, Innenverteidiger
2014-15   31   2   Sturm Graz
2015-16   28   0   Sturm Graz
2016-17   32   2   Sturm Graz
2017-18   14   0   Sturm Graz
2018-19   31   2   Sturm Graz
2019-20   24   0   Sturm Graz

Sperr, Alexander
*19.04.1968, Manndecker
1986-87   32   0   VOEST Linz
1987-88   22   2   VOEST Linz
1989-90   5   0   Admira/Wacker
1990-91   7   0   Admira/Wacker

Sperrevik, Tim Henrik
*02.03.1976, Stürmer
1999-00   1   0   Schwarz-Weiß Bregenz

Spiegel, Erwin
*03.10.1956, Libero
1974-75   3   0   Linzer ASK
1975-76   2   0   Linzer ASK
1976-77   4   0   Linzer ASK
1977-78   1   0   Linzer ASK

Spiegel, Kurt
Torwächter
1950-51   4   0   Admira Wien

Spiegel, Robert
*09.08.1972, Mittelfeldspieler
1992-93   1   0   Sturm Graz
1993-94   3   0   Sturm Graz

Spiegel, Walter
*07.12.1924, Mittelläufer
1954-55   26   2   Schwarz-Weiß Bregenz

Spielauer, Wilhelm
Linksaußen
1953-54   4   0   Floridsdorfer AC

Spielmann, Andreas
*26.03.1965, 1 A, Mittelfeldspieler
1984-85   15   4   Wattens-Wacker Innsbruck
1985-86   31 12   Wattens-Wacker Innsbruck
1986-87   28   8   Wattens-Wacker Innsbruck
1987-88   20   1   FC Tirol
1988-89   3   0   FC Tirol
1988-89   16   0   VSE St. Pölten
1989-90   13   1   VSE St. Pölten
1990-91   19   2   First Vienna
1992-93   4   0   Wacker Innsbruck

Spielmann, Friedrich (Fritz)
*23.03.1933, Rechtsaußen
1964-65   3   0   Wacker Innsbruck
1965-66   1   0   Wacker Innsbruck

Spilka, Johannes
*10.09.1969, Stürmer
1991-92   2   0   VSE St. Pölten

Spindler, Arnold
*24.05.1945, Mittelfeldspieler
1969-70   8   0   First Vienna

Spirić, Robert
*15.02.1977, Stürmer/Mittelfeld
1998-99   1   0   Austria Salzburg

Spiridonović, Srđan
*13.10.1993, Stürmer
2012-13   2   0   Austria Wien
2013-14   5   0   Austria Wien
2015-16   25   6   Admira/Wacker Mödling
2016-17   18   1   Admira/Wacker Mödling
2017-18   1   0   Admira/Wacker Mödling

Spirk, Klaus
*18.12.1960, Mittelfeldspieler
1978-79   2 0 Grazer AK
1980-81   3 0 Grazer AK
1981-82 18 0 Grazer AK
1982-83   9 2 Grazer AK
1983-84 28 1 Grazer AK
1984-85 29 2 Grazer AK
1985-86 35 0 Grazer AK
1986-87 19 1 Grazer AK
1987-88 30 0 Grazer AK
1988-89 36 0 Grazer AK
1989-90 22 0 Grazer AK
1992-93   7 0 Sturm Graz

Spirk, Ralph
*26.10.1986, Mittelfeldspieler
2005-06   8 0 Grazer AK
2006-07 23 3 Grazer AK
2007-08   3 0 Linzer ASK
2010-11 16 3 Kapfenberger SV
2011-12   8 0 Kapfenberger SV

Spitaler, Wilhelm
*03.11.1949, Vorstopper
1972-73 12 0 Admira Wiener Neustadt

Spiteri, Joseph (Joe)
*06.05.1973, 8 A, Mittelstürmer
1996-97 13 1 Sturm Graz
1997-98 22 3 Sturm Graz

Spitzer, Harald
*11.08.1968, Stürmer
1990-91 18 3 Kremser SC
1991-92 18 6 Kremser SC
1992-93   6 1 FC Stahl Linz

Sponseiler, Manfred
*06.08.1965, Stürmer
1984-85   1 0 Wiener Sportclub

Sporer, Maximilian (Max)
Mittelfeldspieler
1968-69   1 0 WSV Donawitz

Spraiz, Gregor
*09.04.1938, Rechtsaußen
1956-57   6 2 Grazer AK
1957-58   2 1 Grazer AK
1958-59   5 0 Grazer AK
1959-60 13 2 Grazer AK

Sprangler, Sven
*27.03.1995, Mittelfeldspieler
2015-16 21 0 SV Mattersburg
2016-17 14 0 SV Mattersburg
2018-19 19 0 Wolfsberger AC
2019-20 13 0 Wolfsberger AC
2020-21 13 0 Wolfsberger AC
2021-22   9 0 Wolfsberger AC

Sprecher, Heinz
*08.10.1971, Mittelfeldspieler
1991-92   3 0 First Vienna

Springer, Franz
*1922, linker Außendecker/Linker Läufer
1949-50 17 0 Vorwärts Steyr
1950-51 19 0 Vorwärts Steyr

Springer, Gerhard
*27.06.1949, Stürmer
1966-67   5 0 Austria Klagenfurt
1967-68   1 1 Rapid Wien
1968-69 22 5 Sturm Graz
1970-71   2 0 Rapid Wien

Spuller, Ronald
*22.06.1981, Stürmer
2008-09   4 0 SV Mattersburg
2009-10 35 8 SV Mattersburg
2010-11 28 2 SV Mattersburg
2011-12 18 0 SV Mattersburg
2012-13   3 0 SV Mattersburg

Srb, Wilhelm
*26.02.1924, linker Läufer
1941-42 15 0 FC Wien (BK)
1942-43   9 1 FC Wien (BK)
1943-44   2 0 FC Wien (OK)
1945-46 15 6 FC Wien (WL)
1946-47 16 3 FC Wien (WL)
1947-48 15 2 FC Wien (WL)
1948-49 18 0 FC Wien (WL)
1949-50 24 2 FC Wien
1950-51 24 3 FC Wien
1951-52   8 1 FC Wien
1951-52   6 0 Favoritner SK

Srnka, Raimund
*27.11.1949, Mittelfeldspieler
1973-74   4 1 Wiener Sportclub

Stachowicz, Herbert
*13.07.1948, 4 A, Torwächter
1968-69 26 0 Wacker Wien
1969-70 26 0 Wacker Wien
1970-71 30 0 Wacker Wien
1971-72 26 0 Admira/Wacker
1972-73 26 0 Admira/Wacker
1973-74 21 0 Admira/Wacker
1974-75   6 0 Admira/Wacker
1975-76   1 0 Admira/Wacker
1976-77   4 0 Admira/Wacker
1977-78   1 0 Admira/Wacker
1978-79   2 0 Admira/Wacker
1979-80   3 0 Admira/Wacker
1980-81   1 0 Admira/Wacker

Stadler, Hermann
*21.05.1961, Linksaußen
1979-80 27 1 Austria Salzburg
1980-81 34 3 Austria Salzburg
1981-82 34 6 Austria Salzburg
1982-83 29 5 Austria Salzburg
1983-84 25 2 Rapid Wien
1984-85   6 0 Rapid Wien
1985-86   9 0 VOEST Linz
1985-86   6 0 Rapid Wien
1986-87 11 0 Rapid Wien
1989-90 26 2 Austria Salzburg
1990-91 27 1 Austria Salzburg
1991-92 33 5 Austria Salzburg
1992-93 28 6 Austria Salzburg
1993-94 30 6 Austria Salzburg
1994-95 28 1 Austria Salzburg
1995-96 27 1 Austria Salzburg

Stadler, Hugo
*1941, Rechtsaußen
1959-60   3 0 Austria Salzburg

Stadler, Josef
*01.01.1949, Stürmer
1971-72 18 1 Austria Salzburg
1972-73 16 2 Austria Salzburg

Stadler, Leopold
Rechter Läufer
1949-50   1 0 FC Wien
1950-51   3 0 FC Wien

Stadler, Lukas
*28.10.1990, Mittelfeldspieler
2009-10   2 0 Kapfenberger SV
2010-11   8 0 Kapfenberger SV

Stadlhuber, Karl
Linksaußen
1959-60   1   0   Wiener Sportclub

Stadlmayr, Erwin
*04.01.1926, Rechter Halbstürmer/Rechter Läufer
1951-52   13   1   Wiener Sportclub
1953-54   26   4   Wiener Sportclub
1954-55   25   3   Wiener Sportclub
1955-56   26   2   Wiener Sportclub
1956-57   18   2   Kremser SC
1957-58   10   0   Kremser SC
1958-59   6   0   Kremser SC

Stahl, Herbert
*28.09.1954, Libero
1979-80   12   0   VOEST Linz

Stamm, Walter
*20.06.1941, 7 A, Innenverteidiger
1958-59   1   0   Admira Wien
1959-60   1   0   Admira-Energie Wien
1961-62   26   1   Admira-Energie Wien
1962-63   21   0   Admira-Energie Wien
1963-64   25   0   Admira-Energie Wien
1964-65   26   0   Admira-Energie Wien
1965-66   18   0   Admira-Energie Wien
1966-67   10   0   Admira-Energie Wien
1967-68   21   1   Admira-Energie Wien
1968-69   12   0   Admira-Energie Wien
1969-70   11   0   Admira-Energie Wien

Stampfer, Egon
*w6.10.1934, Linksaußen
1960-61   16   4   Wiener Sportclub
1961-62   6   2   Wiener Sportclub

Stancik, Stefan
Linksaußen
1957-58   1   0   Wiener AC

Standfest, Joachim
*30.05.1980, 34 A, rechter Außendecker/Mittelfeld
1998-99   3   0   Grazer AK
1999-00   27   0   Grazer AK
2000-01   26   1   Grazer AK
2001-02   19   2   Grazer AK
2002-03   23   0   Grazer AK
2003-04   32   0   Grazer AK
2004-05   33   6   Grazer AK
2005-06   32   3   Grazer AK
2006-07   21   1   Grazer AK
2006-07   11   0   Austria Wien
2007-08   34   1   Austria Wien
2008-09   30   6   Austria Wien
2009-10   32   2   Austria Wien
2010-11   32   1   Sturm Graz
2011-12   27   0   Sturm Graz
2013-14   29   2   Wolfsberger AC
2014-15   32   2   Wolfsberger AC
2015-16   34   2   Wolfsberger AC
2016-17   31   0   Wolfsberger AC

Stanek, Friedrich (Fritz)
Mittelfeld/Stürmer
1969-70   6   0   Grazer AK

Stanek, Johann
*12.09.1923, rechter Außendecker
1945-46   2   0   Wiener Sportclub (WL)
1946-47   10   0   Wiener Sportclub (WL)
1947-48   18   0   Wiener Sportclub (WL)
1948-49   9   0   Wiener Sportclub (WL)
1948-49   5   0   Admira Wien (WL)
1949-50   1   0   Admira Wien
1949-50   11   0   SV Gloggnitz
1950-51   12   0   SC Wiener Neustadt
1951-52   23   0   Kapfenberger SV
1954-55   6   0   Kapfenberger SV

Stangl, Alexander
*17.11.1964, Torwächter
1988-89   5   0   Linzer ASK

Stangl, Ernst
Mittelfeld/Stürmer
1984-85   4   0   DSV Alpine

Stangl, Günter
*17.01.1941, rechter Außendecker
1961-62   7   0   Grazer AK
1962-63   7   0   Grazer AK

Stangl, Stefan
*20.10.1991, 1 A, linker Außendecker
2011-12   1   0   Sturm Graz
2013-14   28   0   SC Wiener Neustadt
2014-15   15   0   Rapid Wien
2015-16   26   5   Rapid Wien
2016-17   6   0   RB Salzburg
2017-18   2   0   RB Salzburg
2017-18   10   0   Austria Wien
2019-20   2   0   SKN St. Pölten

Stanisavljević, Goran
*03.01.1964, Mittelfeldspieler
1995-96   34   7   SV Ried
1996-97   33   3   SV Ried
1997-98   35   0   SV Ried
1998-99   32   2   SV Ried
1999-00   12   1   Austria Lustenau

Stanislaw, Michael
*05.06.1987, 4 A, Mittelfeldspieler
2009-10   11   0   SC Wiener Neustadt
2010-11   27   0   SC Wiener Neustadt
2011-12   32   0   SC Wiener Neustadt

Stanković, Cican
*04.11.1992, 4 A, Torwächter
2013-14   17   0   SV Grödig
2014-15   35   0   SV Grödig
2015-16   5   0   RB Salzburg
2016-17   2   0   RB Salzburg
2017-18   9   0   RB Salzburg
2018-19   28   0   RB Salzburg
2019-20   27   0   RB Salzburg
2020-21   29   0   RB Salzburg

Stanković, Dejan
*17.09.1957, Stürmer/Mittelfeld
1990-91   33   10   DSV Alpine
1991-92   20   3   DSV Alpine

Stanković, Marko
*17.02.1986, 1 A, Stürmer/Mittelfeld
2007-08   35   7   Sturm Graz
2008-09   18   4   Sturm Graz
2010-11   29   6   Austria Wien
2011-12   21   1   Austria Wien
2012-13   26   3   Austria Wien
2013-14   18   6   Austria Wien
2014-15   24   4   Sturm Graz
2015-16   17   2   Sturm Graz
2016-17   4   0   Sturm Graz

Stany, Max
Rechter Läufer
1954-55   8   0   Kapfenberger SV

Starčević, Vladeta
*22.02.1956, Mittelfeldspieler
1986-87   22   1   Austria Klagenfurt
1987-88   15   1   Austria Klagenfurt

Starek, August (Gustl)
*16.02.1945, 22 A, Mittelfeldspieler
1961-62   2   0   Simmeringer SC
1962-63   7   0   Simmeringer SC
1963-64   7   1   Simmeringer SC
1965-66   7   2   Rapid Wien
1966-67 17 21   Rapid Wien
1970-71 18   0   Rapid Wien
1972-73 27   6   Linzer ASK
1973-74 24 10   Rapid Wien
1974-75 30   6   Rapid Wien
1975-76 31   9   Rapid Wien
1976-77   3   1   Rapid Wien
1977-78 31 10   Wiener Sportclub
1978-79 31   5   Wiener Sportclub
1979-80 16   0   First Vienna

Starik, Alfred
*11.01.1936, rechter Außendecker
1957-58   1   0   Kremser SC

Stark, Marco
*05.01.1993, rechter Außendecker
2015-16   1   0   Austria Wien
2017-18   2   0   Austria Wien

Stark, Rudolf
Rechtsaußen
1946-47 10   3   Wiener AC (WL)
1947-48   6   1   Wiener AC (WL)
1950-51   1   0   SC Wiener Neustadt

Stark, Rudolf (Rudi)
*07.05.1943, Außenstürmer
1961-62 12   2   Austria Wien
1962-63   3   0   Austria Wien
1963-64   4   0   Wiener Sportclub
1965-66   3   0   Wiener Sportclub

Starkl, Dominik
*06.11.1993, Stürmer
2012-13   8   1   Rapid Wien
2013-14 17   2   Rapid Wien
2014-15 15   0   Rapid Wien
2015-16 29   5   Admira/Wacker Mödling
2016-17 26   2   Admira/Wacker Mödling
2017-18 23   5   Admira/Wacker Mödling
2018-19 18   1   Admira/Wacker Mödling
2019-20 10   0   Admira/Wacker Mödling
2020-21 21   1   Admira/Wacker Mödling
2021-22 15   0   Admira/Wacker Mödling

Stary, Roman
*18.12.1973, Mittelfeldspieler
1992-93   2   0   Rapid Wien
1993-94   1   0   Rapid Wien
1999-00   7   0   Austria Wien
2001-02 27   4   FC Kärnten
2002-03 25   2   FC Kärnten

Staudinger, Hans
Linksaußen
1949-50   1   0   Vorwärts Steyr

Stec, David
*10.05.1994, rechter Außendecker
2016-17 34   0   SKN St. Pölten
2017-18 27   1   SKN St. Pölten
2021-22 15   0   TSV Hartberg

Stecko, Strevko
Stürmer/Mittelfeld
1984-85   3   1   First Vienna

Stefanits, Ernst-Friedrich
*18.11.1920, Mittelläufer
1938-39   2   0   Wacker Wiener Neustadt (GL)
1950-51 23   2   SC Wiener Neustadt
1953-54 19   0   Austria Salzburg
1954-55   1   0   Austria Salzburg

Stefanon, Jan
*02.01.1999, Stürmer
2022-23   2   0   Austria Lustenau

Stefel, Mario
*08.02.1996, Stürmer
2020-21 18   2   SC Rheindorf Altach
2021-22   1   0   SC Rheindorf Altach

Steffek, Johann
*02.04.1933, linker Läufer
1953-54 10   0   Austria Salzburg
1954-55 11   0   Austria Salzburg
1955-56   5   0   Austria Salzburg
1956-57   3   0   Austria Salzburg

Steger, Günter
Außendecker
1961-62   3   0   Salzburger AK

Steibl, Kurt
*29.07.1932, rechter Außendecker
1954-55   4   0   Simmeringer SC
1955-56   4   0   Simmeringer SC
1956-57 24   0   Simmeringer SC
1957-58 23   3   Simmeringer SC
1958-59 23   1   Simmeringer SC
1959-60 22   1   Simmeringer SC
1960-61 22   0   Simmeringer SC
1961-62 25   2   Simmeringer SC
1962-63 13   2   Simmeringer SC
1963-64   2   1   Simmeringer SC

Steidl, Richard
*12.10.1949, Stürmer
1971-72 17   0   SK Bischofshofen

Steigenberger, Johann
*06.11.1947, Torwächter
1968-69   4   0   Grazer AK
1970-71   7   0   Grazer AK
1971-72 21   0   Grazer AK
1972-73 15   0   Grazer AK
1973-74 15   0   Grazer AK
1975-76 17   0   Grazer AK
1976-77 19   0   Grazer AK

Steiger, Eduard
*01.08.1937, rechter Läufer
1959-60 18   0   SC Wiener Neustadt
1960-61 25   0   SC Wiener Neustadt
1961-62 14   0   SC Wiener Neustadt
1963-64 25   0   SC Wiener Neustadt
1964-65 24   0   SC Wiener Neustadt
1965-66   3   0   SC Wiener Neustadt

Steiger, Horst
*09.04.1970, Mittelfeldspieler
1989-90 26   1   Rapid Wien
1990-91   9   1   Rapid Wien
1991-92 12   0   Rapid Wien
1992-93 21   1   Rapid Wien
1993-94 19   4   Rapid Wien
1994-95 35   1   VfB Mödling

Steiger, Joshua Janos Gregor
*06.04.2001, Mittelfeldspieler
2017-18   4   0   Wolfsberger AC
2018-19   4   0   Wolfsberger AC

Steiger, Oswald
*07.03.1960, 3 A, rechter Außendecker
1980-81 33   1   SC Eisenstadt
1982-83 30   0   SC Eisenstadt
1983-84 23   1   SC Eisenstadt
1984-85 28   0   SC Eisenstadt
1985-86 16   0   SC Eisenstadt
1986-87 20   0   Austria Wien
1987-88 18   1   VfB Union Mödling

Steiger, Robert
*31.12.1974, Mittelfeldspieler
1993-94   1   0   VfB Mödling
1994-95   1   0   VfB Mödling

Steinbauer, Rudolf (Rudi)
*09.09.1959, 3 A, Mittelfeldspieler
1979-80   12   1   Grazer AK
1980-81   18   0   Rapid Wien
1981-82   24   0   Rapid Wien
1982-83   26   0   Grazer AK
1983-84   26   2   Grazer AK
1984-85   30   1   Grazer AK
1985-86   32   6   Grazer AK
1986-87   35   2   Wattens-Wacker Innsbruck
1987-88   23   0   FC Tirol
1988-89   35   0   VSE St. Pölten
1989-90   35   0   VSE St. Pölten
1990-91   21   0   VSE St. Pölten
1991-92   34   1   VSE St. Pölten
1992-93   31   1   VSE St. Pölten
1993-94   17   0   VSE St. Pölten
1995-96   13   1   Grazer AK

Steinberger, Anton
Linker Halbstürmer/Linksaußen
1952-53   12   1   FC Wien
1953-54   2   0   FC Wien
1954-55   22   7   FC Wien
1955-56   17   1   FC Wien

Steinböck, Heinrich
*04.08.1947, Torwächter
1970-71   2   0   Austria Wien
1973-74   7   0   Austria Klagenfurt
1974-75   2   0   Austria Klagenfurt
1975-76   28   0   Austria Klagenfurt

Steindl, Friedrich
*27.01.1930, Rechtsaußen
1950-51   1   0   FC Wien
1951-52   8   4   FC Wien
1952-53   13   1   FC Wien
1953-54   19   2   FC Wien
1954-55   20   0   FC Wien
1955-56   23   2   FC Wien
1957-58   26   0   FC Wien

Steindl, Hans-Peter
*06.05.1947, Mittelfeldspieler
1971-72   1   0   Wiener Sportclub
1972-73   3   0   Wiener Sportclub
1974-75   1   0   Admira/Wacker

Steiner, Helmut
Linker Außendecker
1970-71   10   0   Sturm Graz
1971-72   10   0   Sturm Graz

Steiner, Manfred
*03.01.1950, 2 A, Vorstopper
1972-73   26   2   Sturm Graz
1973-74   31   5   Sturm Graz
1974-75   27   2   Sturm Graz
1975-76   23   4   Sturm Graz
1976-77   7   0   Sturm Graz
1977-78   36   0   Sturm Graz
1978-79   31   1   Sturm Graz
1979-80   15   1   Sturm Graz
1980-81   26   0   Sturm Graz
1981-82   29   1   Sturm Graz
1982-83   26   1   Sturm Graz
1983-84   22   0   Sturm Graz
1984-85   4   0   Sturm Graz

Steiner, Mario
*12.12.1982, Mittelfeldspieler
2001-02   28   0   FC Kärnten
2002-03   12   0   FC Kärnten

Steiner, Michael
*10.08.1974, Mittelfeldspieler
1993-94   8   0   Austria Salzburg

Steiner, Noah
*26.02.1999, Innenverteidiger
2019-20   5   0   SKN St. Pölten

Steiner, Otto
*15.08.1927, Linker Halbstürmer/Linker Läufer
1949-50   21   4   Admira Wien
1950-51   17   5   Admira Wien
1951-52   23   6   Admira Wien
1952-53   18   0   Admira Wien
1953-54   10   1   Admira Wien
1954-55   13   5   Admira Wien
1955-56   23   2   Admira Wien
1956-57   17   1   Admira Wien
1957-58   18   2   Admira Wien
1959-60   3   0   Admira-Energie Wien

Steiner, Philipp
*20.12.1986, Innenverteidiger
2010-11   1   0   SV Mattersburg
2011-12   8   0   SV Mattersburg
2012-13   11   0   SV Mattersburg

Steiner, Werner
Verteidiger/Mittelfeld
1969-70   1   0   Austria Klagenfurt

Steinhöfer, Markus
*07.03.1986, rechter Außendecker/Mittelfeld
2006-07   16   0   RB Salzburg
2007-08   32   2   RB Salzburg

Steininger, Andreas
*23.06.1975, Mittelfeldspieler
1994-95   15   0   Linzer ASK

Steininger, Günter
*16.05.1974, Innenverteidiger
1995-96   31   3   SV Ried
1996-97   30   1   SV Ried
1997-98   32   1   SV Ried
1998-99   28   0   SV Ried
1999-00   33   2   SV Ried
2000-01   28   1   SV Ried
2001-02   32   1   SV Ried
2002-03   29   1   SV Ried

Steininger, Reinhard
*17.02.1949, Mittelfeldspieler
1966-67   3   0   Kapfenberger SV

Steinkogler, Gerhard
*29.09.1959, 5 A, Stürmer
1977-78   5   0   Grazer AK
1978-79   22   5   Grazer AK
1979-80   14   5   Grazer AK
1980-81   18   2   Austria Wien
1981-82   31   8   Austria Wien
1982-83   27   18   Austria Wien
1983-84   21   5   Grazer AK
1984-85   29   14   Austria Wien
1985-86   33   9   Austria Wien
1986-87   5   0   Austria Wien
1986-87   6   1   First Vienna
1987-88   36   15   First Vienna
1988-89   34   7   First Vienna
1989-90   19   6   First Vienna
1990-91   19   2   First Vienna
1991-92   5   1   First Vienna

Steinlechner, Hermann
*31.10.1957, Torwächter
1981-82   5   0   Wattens-Wacker Innsbruck
1982-83   5   0   Wattens-Wacker Innsbruck
1984-85 18   0   Wattens-Wacker Innsbruck
1985-86   4   0   Wattens-Wacker Innsbruck

Steinlechner, Michael
*24.04.1987, Innenverteidiger
2013-14   2   0   Wacker Innsbruck

Steinsdörfer, Alfred
Rechter Halbstürmer
1950-51   5   1   Floridsdorfer AC

Steinwender, Michael
*04.05.2000, Innenverteidiger
2019-20   4   0   SV Mattersburg
2020-21 26   0   SKN St. Pölten
2021-22 19   0   TSV Hartberg
2022-23 22   0   TSV Hartberg
2023-24 21   0   TSV Hartberg

Steinwender, Wolfgang
*19.09.1966, Mittelfeldspieler
1985-86   1   0   SC Eisenstadt

Steirer, Erwin
Linker Läufer
1955-56 26   0   Austria Graz

Steirer, Kurt
Mittelstürmer
1962-63   1   0   Wiener Sportclub

Stejskal, Adam
*28.03.2002, Torwächter
2023-24 32   0   WSG Tirol

Stelzer, Friedrich (Fritz)
*19.01.1967, linker Außendecker
1987-88   2   0   Wiener Sportclub

Stemberga, Sergio
*11.02.1942, Libero
1969-70 28   0   Austria Klagenfurt
1972-73 22   0   Austria Klagenfurt
1973-74 31   0   WSG Radenthein/VSV

Stendal, Kurt
*19.02.1951, 1 A, Mittelfeldspieler
1971-72 28 13   Sturm Graz
1972-73 30   6   Sturm Graz
1973-74 15   3   Sturm Graz
1974-75 35 15   Sturm Graz
1975-76 28 10   Sturm Graz
1976-77 31 12   Sturm Graz
1977-78   3   0   Sturm Graz
1979-80 21   5   Sturm Graz
1980-81 16   3   Sturm Graz
1981-82 25   2   Sturm Graz

Štěpánek, Miroslav
*15.01.1990, Innenverteidiger
2008-09 11   0   Kapfenberger SV

Stering, Josef (Sepp)
*06.07.1949, 26 A, Mittelfeldspieler
1968-69 28   5   Grazer AK
1969-70 27   4   Grazer AK
1970-71 29 11   Grazer AK
1971-72 28   5   Grazer AK
1972-73 28   7   VÖEST Linz
1973-74 32 10   VÖEST Linz
1974-75 33 14   VÖEST Linz
1975-76 16   4   VÖEST Linz
1975-76   7   2   Wattens-Wacker Innsbruck
1976-77 36   5   Wattens-Wacker Innsbruck
1977-78 17   1   Wattens-Wacker Innsbruck
1980-81 36   7   Grazer AK
1981-82 35   7   Grazer AK
1982-83 27   4   Grazer AK
1983-84 26   2   Grazer AK
1984-85 30   1   Grazer AK
1985-86 30   0   Grazer AK

Stern, Peter
*21.12.1958, Verteidiger
1978-79   1   0   Sturm Graz

Sternig, Herbert
*30.06.1940, Mittelfeldspieler
1967-68 25   2   WSG Radenthein
1970-71 29   2   WSG Radenthein
1973-74 27   4   WSG Radenthein/VSV

Stessl, Hermann
*03.09.1940, Innenstürmer/Außenläufer
1957-58   1   0   Grazer AK
1958-59   1   0   Grazer AK
1959-60   6   0   Grazer AK
1960-61 26   3   Grazer AK
1961-62 20   3   Grazer AK
1962-63 21   3   Grazer AK
1963-64 16   4   Grazer AK
1964-65 22   1   Grazer AK
1965-66 25   5   Grazer AK
1966-67 24   2   Grazer AK
1967-68 24   2   Grazer AK
1968-69 22   2   Grazer AK
1969-70 15   0   FC Dornbirn

Stessl, Roberto
*21.04.1982, Stürmer
2000-01   1   0   Admira/Wacker Mödling
2001-02   1   0   Admira/Wacker Mödling

Steup, Johann
*20.06.1935, rechter Außendecker/Rechter Läufer
1954-55   2   0   Wacker Wien
1955-56   6   0   Wacker Wien
1955-56   1   0   Simmeringer SC
1957-58 26   1   ÖMV Olympia Wien
1958-59 12   0   WSV Donawitz
1959-60 22   1   Kremser SC
1960-61 16   0   Rapid Wien
1961-62 12   0   Schwechater SC
1962-63 23   1   Schwechater SC
1963-64 19   1   Schwechater SC
1964-65 13   0   Schwechater SC
1965-66   7   0   Schwechater SC

Stiegler, Alfred
*17.08.1953, Stürmer
1973-74 14   2   Simmeringer SC

Stieglmair, Mario
*17.08.1985, Manndecker
1994-95   9 0 FC Linz
1996-97 27 3 FC Linz
1997-98   5 0 Linzer ASK
1997-98   9 0 FC Tirol Innsbruck
2001-02 29 1 SV Ried

Stiglitz, Gerhard
*29.10.1955, Stürmer
1979-80   8 0 Admira/Wacker

Stilinović, Milan
*05.12.1947, Mittelfeldspieler
1973-74 31 1 WSG Radenthein/VSV

Stinčić, Želimir (Željko)
*13.07.1950, 1 A, Torwächter
1981-82 19 0 Austria Salzburg
1982-83 30 0 Austria Salzburg
1983-84 26 0 Austria Salzburg
1984-85 16 0 Austria Salzburg

Stitny, Karl
*29.09.1942, Mittelfeldspieler
1967-68   1 0 Schwarz-Weiß Bregenz

Stjepanović, Ostoja
*17.01.1985, 18 A, Mittelfeldspieler
2008-09 14 1 SV Mattersburg
2009-10 14 0 SV Mattersburg

Stoces, Alfred
Rechter Außendecker
1962-63   9 0 Wiener AC
1963-64   7 0 Wiener AC
1964-65   1 0 Wiener AC

Stocker, Erich
Rechter Halbstürmer/Rechter Läufer
1961-62 16 1 Kapfenberger SV
1963-64 12 0 Kapfenberger SV
1964-65   2 0 Kapfenberger SV

Stocker, Gerhard
Torwächter
1959-60   3 0 WSV Donawitz
1968-69 19 0 WSV Donawitz

Stocker, Johann
*05.10.1963, Vorstopper
1984-85 19 0 DSV Alpine
1985-86   3 0 DSV Alpine

Stocker, Josef
*31.01.1961, Mittelfeldspieler
1982-83   4 0 Sturm Graz
1983-84 11 0 Sturm Graz
1984-85 14 1 Sturm Graz
1985-86 11 0 Sturm Graz
1986-87   7 0 Sturm Graz

Stockinger, Klaus
*24.07.1957, rechter Außendecker
1973-74 16 0 DSV Alpine

Stockinger, Walter
Rechtsaußen
1946-47   1 0 Wiener AC (WL)
1947-48   4 0 Wiener AC (WL)
1949-50   3 0 SK Oberlaa
1952-53   6 0 Floridsdorfer AC
1953-54   3 0 Floridsdorfer AC

Stockinger, Wolfgang
*09.12.1981, Stürmer
2001-02   2 1 SV Ried
2002-03   8 0 SV Ried

Stocklasa, Martin
*29.05.1979, 113 A, Innenverteidiger
2008-09 34 2 SV Ried
2009-10 27 1 SV Ried
2010-11 31 3 SV Ried

Stöbich, Dominik
*08.08.1978, Mittelfeldspieler
1996-97   1 0 FC Linz
1999-00   1 0 SV Ried

Stöckl, Gustav
Torwächter
1951-52   7 0 Simmeringer SC
1952-53 12 0 Simmeringer SC

Stöger, Peter
*11.04.1966, 65 A, Mittelfeldspieler
1984-85   9 0 Favoritner AC
1987-88 36 6 First Vienna
1988-89 35 9 Austria Wien
1989-90 13 1 Austria Wien
1990-91 35 10 Austria Wien
1991-92 34 12 Austria Wien
1992-93 30 12 Austria Wien
1993-94 34 8 Austria Wien
1994-95 35 6 FC Tirol
1995-96 35 7 Rapid Wien
1996-97 34 9 Rapid Wien
1997-98 15 1 Rapid Wien
1997-98 13 2 Linzer ASK
1998-99 19 3 Linzer ASK
1998-99 10 0 Austria Wien
1999-00 25 4 Austria Wien
2000-01 23 5 Admira/Wacker Mödling
2001-02 24 1 Admira/Wacker Mödling

Stöger, Pascal
*07.07.1990, Mittelfeldspieler
2008-09   1 0 SV Ried

Stöffelbauer, Gerhard
*24.07.1956, Mittelfeldspieler
1982-83 10 0 Union Wels

Stöffelbauer, Günther
*16.01.1964, Mittelfeldspieler
1982-83   8 1 VOEST Linz
1983-84   8 0 VOEST Linz
1984-85 24 0 VOEST Linz
1985-86 19 3 VOEST Linz
1986-87 32 5 VOEST Linz
1987-88 19 2 VOEST Linz
1988-89   5 0 Vorwärts Steyr
1989-90   8 0 Vorwärts Steyr
1990-91 25 2 Vorwärts Steyr
1991-92 20 1 Vorwärts Steyr
1993-94 14 0 VfB Mödling
1994-95 25 1 FC Linz

Stöffelbauer, Walter
*22.08.1954, Mittelfeldspieler
1973-74 11 0 Linzer ASK
1974-75 25 0 Linzer ASK
1975-76 34 2 Linzer ASK
1976-77 34 5 Linzer ASK
1977-78 27 2 Linzer ASK
1978-79 29 0 Wattens-Wacker Innsbruck
1980-81 34 2 Admira/Wacker
1981-82 21 0 Admira/Wacker
1982-83 12 0 Admira/Wacker
1987-88   1 0 VfB Union Mödling

Stojadinović, Zoran
*25.04.1961, Mittelstürmer
1986-87 28 14 Admira/Wacker
1987-88 32 27 Rapid Wien
1988-89   9 2 Rapid Wien

Stojanović, Dejan
*19.07.1993, Torwächter
2023-24 26 0 SC Rheindorf Altach

Stojaspal, Erich
*15.03.1929, Linksaußen/Linker Halbstürmer
1945-46   4   4 Austria Wien (WL)
1946-47   6   3 Austria Wien (WL)
1947-48   9   5 Austria Wien (WL)
1948-49   2   0 Austria Wien (WL)
1949-50   2   1 Austria Wien
1950-51   5   2 Austria Wien
1953-54 11   6 Austria Wien
1954-55   4   1 Austria Wien
1955-56 24   7 Simmeringer SC
1956-57 21   5 Simmeringer SC
1957-58 13   2 Simmeringer SC
1958-59 18   3 Simmeringer SC
1959-60 21   2 Simmeringer SC
1960-61   9   0 Simmeringer SC

Stojaspal, Ernst
*14.01.1925, 32 A, Linker Halbstürmer
1942-43 12   5 Austria Wien (BK)
1945-46 22 36 Austria Wien (WL)
1946-47 18 18 Austria Wien (WL)
1947-48 15 23 Austria Wien (WL)
1948-49 18 18 Austria Wien (WL)
1949-50 19 18 Austria Wien
1950-51 24 30 Austria Wien
1951-52 20 31 Austria Wien
1952-53 24 30 Austria Wien
1953-54 22 14 Austria Wien

Stojković, Filip
*22.01.1993, 15 A, rechter Außendecker
2019-20 19   0 Rapid Wien
2020-21 29   0 Rapid Wien
2021-22 25   2 Rapid Wien
2022-23 28   1 Linzer ASK
2023-24 25   1 Linzer ASK

Stolkovich, Andreas
*16.12.1967, Mittelfeldspieler
1990-91   1   0 First Vienna

Stollberger, Thomas
*15.12.1979, Mittelstürmer
1996-97   2   0 FC Linz

Stošić, Boban
Mittelfeldspieler
1972-73   6   1 Admira Wiener Neustadt

Stošić, Nikola
*29.01.2000, Mittelfeldspieler
2020-21   4   0 SV Ried
2021-22 31   0 SV Ried
2022-23   4   0 SV Ried

Stotz, Karl
*27.03.1927, 42 A, Mittelläufer/Außendecker
1948-49 17   0 FC Wien (WL)
1949-50 23   4 FC Wien
1950-51 24   4 FC Wien
1951-52 12   2 FC Wien
1951-52 13   0 Austria Wien
1952-53 18   1 Austria Wien
1953-54 26   0 Austria Wien
1954-55 25   2 Austria Wien
1955-56 21   2 Austria Wien
1956-57 26   0 Austria Wien
1957-58 19   1 Austria Wien
1958-59 26   5 Austria Wien
1959-60 21   5 Austria Wien
1960-61 25   1 Austria Wien
1961-62 24   1 Austria Wien
1962-63 25   1 Austria Wien

Strafner, Gerald (Gerry)
*03.06.1973, 3 A, Mittelfeld/Innenverteidiger
1995-96 14   2 Grazer AK
1996-97 36   2 Grazer AK
1997-98 16   5 Grazer AK
1997-98 15   6 SV Ried
1998-99 34   7 SV Ried
1999-00 27   1 Sturm Graz
2000-01 28   3 Sturm Graz
2001-02 33   3 Sturm Graz
2002-03 32   0 Sturm Graz
2003-04 26   2 Sturm Graz

Strąk, Paweł
*24.03.1983, Innenverteidiger
2008-09   9   0 SV Ried

Stranianek, Emil
*14.08.1961, Stürmer/Mittelfeld
1991-92 22   0 First Vienna

Strasser, Heinrich
Rechtsaußen/Rechter Halbstürmer
1954-55 10   3 Linzer ASK

Strasser, Heinrich
*26.10.1948, 26 A, linker Außendecker/Mittelfeld
1966-67 11   0 Wacker Wien
1968-69 27   3 Admira-Energie Wien
1969-70 29   0 Admira-Energie Wien
1970-71 26   1 Admira-Energie Wien
1971-72 28   0 Admira/Wacker
1972-73 29   1 Admira/Wacker
1973-74 32   6 Admira/Wacker
1974-75 35   3 Admira/Wacker
1975-76 32   2 Admira/Wacker
1976-77 32   5 Admira/Wacker
1977-78 35   3 Admira/Wacker
1978-79 29   1 Admira/Wacker
1979-80 24   0 First Vienna
1982-83 26   1 Simmeringer SC
1984-85 27   4 First Vienna

Strasser, Josef (Sepp)
*20.12.1958, Mittelfeldspieler
1977-78   1   0 Wattens-Wacker Innsbruck
1978-79   1   0 Wattens-Wacker Innsbruck

Strasser, Michael
*13.12.1973, Stürmer
1990-91   1   0 Rapid Wien

Strasser, Pirmin Franz
*16.10.1990, Torwächter
2014-15   2   0 SV Grödig
2015-16 11   0 SV Grödig

Stratznig, Kai Lukas
*15.04.2002, Mittelfeldspieler
2019-20   4   0 Wolfsberger AC
2020-21 23   0 Wolfsberger AC
2021-22 17   0 Wolfsberger AC

Strau, Walter
*18.07.1946, Mittelfeldspieler
1965-66   8   0 Simmeringer SC
1970-71 30   6 Simmeringer SC
1971-72 25   6 Simmeringer SC
1973-74 31   5 Simmeringer SC

Straudi, Simon
*27.01.1999, Mittelfeldspieler
2022-23 12   0 Austria Klagenfurt
2023-24 17   0 Austria Klagenfurt

Strauss, Fabio
*06.08.1994, Innenverteidiger
2014-15	4	0	SV Grödig
2015-16	13	0	SV Grödig
2016-17	23	0	Admira/Wacker Mödling
2017-18	32	0	Admira/Wacker Mödling
2018-19	1	0	Admira/Wacker Mödling
2019-20	5	0	Admira/Wacker Mödling
2023-24	27	0	Blau-Weiß Linz

Strauss, Felix
*26.03.2001, rechter Außendecker
2021-22	25	2	SC Rheindorf Altach
2022-23	21	0	SC Rheindorf Altach
2023-24	10	0	SC Rheindorf Altach

Strebele, Heinz
*30.08.1947, Rechtsaußen
1964-65	13	2	Wiener AC
1968-69	26	5	Linzer ASK
1969-70	25	9	Linzer ASK
1970-71	11	4	Linzer ASK
1971-72	19	5	Linzer ASK
1972-73	26	7	SC Eisenstadt
1973-74	15	3	SC Eisenstadt
1974-75	34	4	SC Eisenstadt

Strebinger, Richard
*14.02.1993, 1 A, Torwächter
2015-16	23	0	Rapid Wien
2016-17	17	0	Rapid Wien
2017-18	35	0	Rapid Wien
2018-19	29	0	Rapid Wien
2019-20	20	0	Rapid Wien
2020-21	25	0	Rapid Wien
2021-22	6	0	Rapid Wien

Streif, Walter
*10.01.1948, Mittelfeldspieler
1966-67	1	0	First Vienna
1967-68	11	1	First Vienna
1969-70	19	2	Admira-Energie Wien
1970-71	26	1	Admira-Energie Wien
1971-72	4	0	Admira/Wacker

Streitenberger, Wilhelm
Linksaußen
1950-51	2	0	Elektra Wien

Streiter, Michael
*19.01.1966, 34 A, Libero/Manndecker
1984-85	27	0	Wattens-Wacker Innsbruck
1985-86	18	2	Wattens-Wacker Innsbruck
1986-87	22	1	Wattens-Wacker Innsbruck
1987-88	24	0	FC Tirol
1988-89	32	0	FC Tirol
1989-90	28	0	FC Tirol
1990-91	28	0	FC Tirol
1991-92	27	0	FC Tirol
1992-93	29	1	Wacker Innsbruck
1993-94	32	1	FC Tirol Innsbruck
1994-95	29	2	FC Tirol
1995-96	31	4	FC Tirol Innsbruck
1996-97	30	3	FC Tirol Innsbruck
1997-98	26	3	FC Tirol Innsbruck
1998-99	27	1	Austria Wien
1999-00	19	0	Austria Wien
2000-01	1	0	FC Tirol Innsbruck

Streker, Denis
*06.04.1991, Mittelfeld/Innenverteidiger
2014-15	24	1	SV Ried
2015-16	15	0	SV Ried

Streyczek, Christian
*13.04.1969, Mittelfeldspieler
1989-90	1	0	VSE St. Pölten

Striegl, Friedrich
Innenstürmer
1952-53	17	7	VfB Union Mödling
1956-57	14	2	Kremser SC

Strittich, Rudolf (Rudi)
*03.03.1922, 4 A, Rechtsaußen
1942-43	10	8	First Vienna (BK)
1945-46	11	2	First Vienna (WL)
1946-47	17	7	First Vienna (WL)
1947-48	14	6	First Vienna (WL)
1948-49	12	5	First Vienna (WL)
1949-50	14	6	First Vienna
1952-53	16	7	First Vienna
1953-54	6	0	First Vienna

Stritzko
Linker Läufer
1956-57	2	0	FC Stadlau

Stritzl, Gustav
Rechter Halbstürmer
1956-57	25	14	Kapfenberger SV
1957-58	26	6	Kapfenberger SV
1958-59	25	6	Kapfenberger SV

Strobl, Erich
*03.05.1933, 5 A, linker Läufer
1951-52	6	2	Simmeringer SC
1952-53	26	9	Simmeringer SC
1953-54	23	9	Simmeringer SC
1954-55	16	1	Simmeringer SC
1955-56	21	2	Simmeringer SC
1956-57	23	2	Simmeringer SC
1957-58	21	0	Simmeringer SC
1958-59	26	3	Simmeringer SC
1959-60	24	5	Simmeringer SC
1960-61	24	2	Simmeringer SC
1961-62	22	1	Austria Wien
1962-63	9	0	Austria Wien
1962-63	13	1	Simmeringer SC
1963-64	11	1	Simmeringer SC
1965-66	11	1	Simmeringer SC

Strobl, Ernst
Rechter Außendecker
1953-54	3	0	Simmeringer SC
1954-55	1	0	Simmeringer SC

Strobl, Michael
*23.03.1964, Stürmer
1983-84	2	0	Sturm Graz

Strobl, Robert
*24.10.1985, Mittelfeldspieler
2013-14	10	0	SV Grödig
2014-15	25	0	SV Grödig
2015-16	29	2	SV Grödig

Strobl, Rudolf (Rudi)
*05.05.1960, Libero
1980-81	34	3	SC Eisenstadt
1981-82	31	0	Wiener Sportclub
1982-83	19	0	Wiener Sportclub
1984-85	29	0	SC Eisenstadt
1985-86	16	1	Wattens-Wacker Innsbruck
1986-87	14	1	Wattens-Wacker Innsbruck
1987-88	7	0	FC Tirol
1989-90	7	0	Grazer AK

Strobl, Wilhelm
*17.01.1926, linker Läufer
1946-47	7	2	Wacker Wien (WL)
1947-48	9	3	Wacker Wien (WL)
1948-49	7	2	SCR Hochstädt (WL)
1949-50	18	10	Wiener Sportclub
1950-51	10	2	Wiener Sportclub
1952-53	10	0	Linzer ASK
1953-54	22	0	Linzer ASK
1954-55	2	0	Linzer ASK

Ströll, Leopold
*30.05.1922, Mittelstürmer
1947-48 18 16 Rapid Wien (WL)
1948-49 18 15 Rapid Wien (WL)
1949-50 11   8 Rapid Wien
1950-51 23 17 Floridsdorfer AC
1951-52 24 14 Floridsdorfer AC
1952-53   6   3 Salzburger AK

Stroh, Leonhard
Mittelstürmer
1962-63 10   1 Wiener AC
1963-64   1   0 Wiener AC

Strohmaier, Herbert
*29.06.1957, Vorstopper/Libero
1983-84 23   1 SV St. Veit

Strohmayer, Walter
*01.01.1931, rechter Außendecker
1952-53   5   0 Grazer AK
1954-55   3   0 Grazer AK
1958-59 17   0 Kapfenberger SV

Stromberger, Hannes
*06.10.1971, Mittelfeldspieler
1988-89   2   0 Admira/Wacker
1994-95 21   2 Linzer ASK
1995-96 24   0 Linzer ASK
1996-97   8   0 Linzer ASK
1996-97   4   0 FC Linz

Stronati, Patrizio
*17.11.1994, Innenverteidiger
2014-15   9   1 Austria Wien
2015-16   3   0 Austria Wien
2016-17   2   0 Austria Wien
2017-18   4   1 Austria Wien

Strouhal, Alfred
Torwächter
1953-54   1   0 Austria Wien
1954-55   1   0 Austria Wien

Struber, Gerhard
*24.01.1977, Mittelfeldspieler
1994-95   1   0 Austria Salzburg
1995-96 10   1 Austria Salzburg
1996-97   9   0 Austria Salzburg
1997-98   8   0 Austria Salzburg
1999-00 10   2 Austria Salzburg
2000-01 12   0 Austria Salzburg

Strugger, Ignaz
*10.08.1966, Mittelfeldspieler
1984-85   2   1 Austria Klagenfurt
1985-86   7   0 Austria Klagenfurt
1986-87 17   2 Austria Klagenfurt
1987-88   5   0 Austria Klagenfurt

Struhár, Peter
*17.01.1984, Innenverteidiger
2011-12   2   0 Kapfenberger SV

Strunz, Oliver
*14.06.2000, Stürmer
2021-22   4   0 Rapid Wien
2022-23 14   4 Rapid Wien
2023-24 12   0 Rapid Wien

Strutzmann, Johann (Hans)
*18.05.1958, linker Außendecker
1983-84 26   0 SV St. Veit

Strutzmann, Othmar
*11.11.1960, Mittelfeldspieler
1983-84   2   0 SV St. Veit

Stryger Larsen, Jens
*21.02.1991, 54 A, Außendecker
2015-16 11   1 Austria Wien
2014-15 19   1 Austria Wien
2016-17 29   0 Austria Wien
2017-18   4   0 Austria Wien

Stryjsky, Stefan
*22.04.1957, Manndecker
1985-86 16   0 Salzburger AK

Studeny, Andreas
*21.12.1965, Mittelfeldspieler
1985-86 15   3 DSV Alpine
1989-90 15   2 Kremser SC

Studeny, Helmut
*02.04.1944, Mittelstürmer
1963-64   1   0 Kapfenberger SV
1965-66   7   2 Kapfenberger SV
1966-67 10   1 Kapfenberger SV

Studeny, Josef
*09.11.1936, rechter Läufer
1955-56   1   0 Kapfenberger SV

Stückler, Christoph
*27.05.1980, Innenverteidiger
1998-99   1   0 Grazer AK
1999-00   6   0 Grazer AK
2008-09 30   2 SC Rheindorf Altach

Stückler, Harald
*25.04.1957, Mittelfeldspieler
1978-79   9   1 Sturm Graz

Stückler, Samuel
*14.02.2001, Mittelfeldspieler
2020-21   1   0 Sturm Graz
2021-22   1   0 Sturm Graz

Stückler, Stephan
*31.10.1985, Stürmer
2001-02   3   0 FC Kärnten
2007-08   1   0 Austria Kärnten
2012-13 20   1 Wolfsberger AC

Studzizba, Jarosław
*28.10.1955, Mittelfeldspieler
1984-85 27   6 Austria Salzburg

Štumberger, Dominik
*17.04.1999, Mittelfeldspieler
2021-22 15   0 WSG Tirol
2022-23 18   1 WSG Tirol
2023-24 14   0 WSG Tirol

Stumpf, Christian
*24.12.1966, 2 A, Stürmer
1986-87   1   0 VOEST Linz
1991-92 33 12 FC Stahl Linz
1992-93 18   4 FC Stahl Linz
1994-95 32 12 FC Linz
1995-96 33 15 Rapid Wien
1996-97 24   6 Rapid Wien
1997-98 21   7 Rapid Wien
1998-99 14   4 Linzer ASK
1999-00 22   3 Linzer ASK

Stumpf, Erich
*22.07.1922, Rechtsaußen
1949-50 23   6 Sturm Graz
1950-51 15   1 Sturm Graz
1951-52 25   8 Sturm Graz
1952-53 14   0 Sturm Graz
1953-54 12   0 Sturm Graz

Stumpfl, Alfred
*16.10.1963, Manndecker
1982-83 15   0 Austria Klagenfurt

Sturm, Florian
*06.05.1982, Mittelfeld/Stürmer
1998-99   2   0   FC Tirol Innsbruck
1999-00   2   0   FC Tirol Innsbruck
2000-01   2   0   FC Tirol Innsbruck
2001-02 30   5   Schwarz-Weiß Bregenz
2002-03 20   0   Rapid Wien
2003-04 11   1   Rapid Wien
2004-05 18   1   Rapid Wien
2005-06   6   1   Wacker Tirol
2009-10 18   3   SV Ried

Sturm, Karl
*30.11.1951, Stürmer
1969-70   3   1   Rapid Wien
1970-71   8   2   Schwarz-Weiß Bregenz
1972-73 13   2   SC Bregenz

Sturm, Peter
Mittelfeldspieler
1984-85   1   0   Favoritner AC

Sturm, Philipp
*23.02.1999, Mittelfeldspieler
2020-21   5   1   TSV Hartberg
2021-22 15   1   TSV Hartberg
2022-23   4   0   TSV Hartberg

Sturmberger, Gerhard
*01.05.1940, 43 A, Libero
1959-60 26   0   Linzer ASK
1960-61 22   1   Linzer ASK
1961-62 25   1   Linzer ASK
1962-63 22   3   Linzer ASK
1963-64 23   0   Linzer ASK
1964-65 26   3   Linzer ASK
1965-66 20   2   Linzer ASK
1966-67 22   5   Linzer ASK
1967-68 24   1   Linzer ASK
1968-69 27   1   Linzer ASK
1969-70 23   1   Linzer ASK
1970-71 28   1   Linzer ASK
1971-72 25   1   Linzer ASK
1972-73 21   0   Linzer ASK
1973-74 32   0   Rapid Wien
1974-75 21   0   Rapid Wien
1975-76 11   0   Rapid Wien

Stürzinger, Johann
*16.08.1957, rechter Außendecker
1983-84   7   0   Favoritner AC

Suazo, Julio César
*05.10.1978, 4 A, rechter Außendecker
2000-01 20   0   Austria Salzburg
2001-02 28   0   Austria Salzburg
2002-03 15   0   Austria Salzburg
2003-04   3   0   Austria Salzburg

Suazo, Maynor René
*10.08.1979, 28 A, Mittelfeldspieler
2000-01 23   1   Austria Salzburg
2001-02 25   0   Austria Salzburg
2003-04 22   1   Austria Salzburg
2004-05 27   1   Austria Salzburg
2005-06 15   1   RB Salzburg

Subotić, Neven
*10.12.1988, 36 A, Innenverteidiger
2020-21 10   0   SC Rheindorf Altach

Suchard, Harald
*26.11.1976, Mittelfeldspieler
1994-95   4   0   Admira/Wacker
1996-97 12   0   Admira/Wacker
1997-98 28   0   Admira/Wacker Mödling
2000-01 24   1   Admira/Wacker Mödling
2001-02 33   1   Admira/Wacker Mödling
2002-03 25   0   Admira/Wacker Mödling
2003-04 18   0   Admira/Wacker Mödling
2004-05 12   0   Admira/Wacker Mödling

Subits, Alfred
Außenstürmer
1954-55 16   3   FC Stadlau
1955-56   5   0   FC Stadlau
1956-57 11   1   FC Stadlau

Subosits, Bela
*05.10.1934, Innenstürmer
1958-59   3   1   Grazer AK
1957-58 11   2   Grazer AK

Sučić, Luka
*08.09.2002, 10 A, Mittelfeldspieler
2020-21 17   1   RB Salzburg
2021-22 28   8   RB Salzburg
2022-23 15   0   RB Salzburg
2023-24 22   3   RB Salzburg

Sühs, Hermann
*02.02.1926, Linker Halbstürmer
1949-50 24 15   SV Gloggnitz
1952-53 22 15   First Vienna
1953-54 20 12   First Vienna
1954-55 12   5   First Vienna
1955-56   5   0   First Vienna

Şükrü, Ali Ersoy
*14.01.1931, 8 A, Torwächter
1962-63 20   0   Austria Salzburg
1965-66 21   0   Austria Salzburg

Süss, Meik
*20.05.1973, Stürmer
1992-93   6   0   Sturm Graz

Süss, Werner
*12.04.1952, Stürmer
1969-70   3   0   First Vienna

Süssner, Kurt
*29.03.1953, Stürmer
1970-71   1   0   VÖEST Linz
1973-74 10   4   Grazer AK
1975-76   4   0   Grazer AK

Sukiasyan, Ervand
*20.01.1967, 39 A, linker Außendecker
1995-96 16   0   FC Tirol Innsbruck

Sukuta-Pasu, Richard (Richy)
*24.06.1990, Stürmer/Mittelfeld
2012-13 31 12   Sturm Graz

Sulak, Alois
*01.01.1943, Mittelfeldspieler
1964-65   1   1   Wacker Wien
1966-67 20   2   Wacker Wien

Sulak, Ernst
*23.11.1962, Mittelfeldspieler
1988-89 25   1   VSE St. Pölten

Sulak, Friedrich (Fritz)
*25.09.1940, Torwächter
1958-59   4   0   ÖMV Olympia Wien
1963-64 14   0   Simmeringer SC
1965-66   7   0   Simmeringer SC

Suleiman, Mohammed
*12.01.1984, 16 A, Mittelfeldspieler
2003-04 10   0   Austria Salzburg

Sulimani, Benjamin
*26.09.1988, Stürmer
2008-09   1   0   Austria Wien
2011-12 25   4   Admira/Wacker Mödling
2012-13 13   2   Admira/Wacker Mödling
2013-14 12   5   Admira/Wacker Mödling
2014-15 26   4   Admira/Wacker Mödling
2015-16 27   4   SV Grödig

Sulimani, Emin
*04.08.1986, Mittelfeldspieler
2005-06 20   1   SV Ried
2006-07 27   3   SV Ried
2007-08 29   3   Austria Wien
2008-09 33   3   Austria Wien
2009-10 24   2   Austria Wien
2010-11   9   0   Linzer ASK
2011-12 11   1   Admira/Wacker Mödling

Sulley, Sadam
*16.10.1996, Mittelstürmer
2020-21   4   0   SV Ried

Sulzbacher, Lukas
*06.04.2000, rechter Außendecker
2020-21   1   0   Rapid Wien
2021-22   1   0   Rapid Wien
2022-23 26   1   WSG Tirol
2023-24 29   1   WSG Tirol

Sulzner, Marco Alessandro
*02.07.2003, Mittelfeld/Innenverteidiger
2021-22   4   0   Linzer ASK

Sun, Xiang
*22.01.1982, 66 A, linker Außendecker
2008-09 19   2   Austria Wien

Suominen, Kim
*20.10.1969, 39 A, Mittelfeldspieler
1994-95 14   1   Admira/Wacker
1995-96 13   0   Admira/Wacker

Suppan, Gernot
*18.11.1985, linker Außendecker
2004-05   1   0   Sturm Graz
2006-07   1   0   Sturm Graz
2007-08 13   0   Sturm Graz
2012-13   6   0   Wolfsberger AC
2013-14 19   0   Wolfsberger AC

Supolik, Friedrich (Fritz)
Mittelfeldspieler
1969-70 14   1   VÖEST Linz
1970-71 14   0   VÖEST Linz

Surdanović, Stefano
*23.11.1998, Stürmer
2021-22 14   2   Admira/Wacker Mödling
2022-23 31   4   Austria Lustenau
2023-24 20   0   Austria Lustenau

Sušac, Adam
*20.05.1989, Innenverteidiger
2014-15 18   1   SC Wiener Neustadt

Sušić, Tino-Sven
*13.02.1992, 9 A, Mittelfeldspieler
2019-20   2   0   TSV Hartberg

Susko, Kamil
*06.11.1974, 15 A, Torwächter
2008-09   8   0   Kapfenberger SV

Suslov, Oleg Anatoliovych
*02.01.1969, 12 A, Torwächter
1996-97 13   0   Austria Salzburg
1997-98   2   0   Austria Salzburg
2000-01   1   0   Admira/Wacker Mödling
2001-02   5   0   Admira/Wacker Mödling

Suttner, Markus
*16.04.1987, 20 A, linker Außendecker
2008-09 22   0   Austria Wien
2009-10 27   0   Austria Wien
2010-11 27   2   Austria Wien
2011-12 30   1   Austria Wien
2012-13 35   3   Austria Wien
2013-14 35   2   Austria Wien
2014-15 31   1   Austria Wien
2020-21 18   0   Austria Wien
2021-22 29   1   Austria Wien

Suttner, Walter
*02.10.1942, linker Außendecker
1967-68 14   0   SC Eisenstadt
1968-69   5   0   SC Eisenstadt
1969-70 20   0   SC Eisenstadt
1971-72 27   0   SC Eisenstadt
1972-73 18   0   SC Eisenstadt

Švejnoha, Martin
*25.11.1977, Libero
2010-11 21   0   Wacker Innsbruck
2011-12 27   0   Wacker Innsbruck
2012-13 33   0   Wacker Innsbruck

Svensson, Mathias
*24.09.1974, 3 A, Stürmer
1998-99   6   1   FC Tirol Innsbruck

Švento, Dušan
*01.08.1985, 47 A, Mittelfeldspieler
2009-10 35   5   RB Salzburg
2010-11 30   2   RB Salzburg
2011-12 31   3   RB Salzburg
2012-13 11   1   RB Salzburg
2013-14 21   2   RB Salzburg

Sverkoš, Václav
*01.11.1983, 11 A, Stürmer
2006-07   7   0   Austria Wien

Svoboda, Michael
*15.10.1998, Innenverteidiger
2019-20 31   1   WSG Tirol

Swerak, Rudolf (Rudi)
*14.01.1922, rechter Außendecker/Außenläufer
1940-41   3   0   Wiener Sportclub (BK)
1941-42   1   0   Wiener Sportclub (BK)
1945-46   3   0   FC Wien (WL)
1946-47   2   0   FC Wien (WL)
1951-52 26   1   Kapfenberger SV
1952-53   3   0   Linzer ASK
1954-55 26   0   FC Stadlau
1955-56 21   0   FC Stadlau

Swete, René
*01.06.1990, Torwächter
2015-16 15   0   SV Grödig
2018-19 29   0   TSV Hartberg
2019-20 30   0   TSV Hartberg
2020-21 31   0   TSV Hartberg
2021-22 27   0   TSV Hartberg
2022-23 12   0   TSV Hartberg

Świerczewski, Marek
*02.03.1967, 6 A, Innenverteidiger
1995-96 18 1 Sturm Graz
1996-97 34 3 Sturm Graz
1997-98 24 3 Austria Wien
2002-03 24 0 Admira/Wacker Mödling
2003-04 29 2 Admira/Wacker Mödling

Swoboda, Alfred
Linker Läufer/Mittelstürmer
1961-62 7 0 Wiener AC
1962-63 6 0 Wiener AC
1963-64 25 5 Wiener AC
1964-65 7 0 Wiener AC
1970-71 13 0 Schwarz-Weiß Bregenz

Swoboda, Christian
*01.10.1976, Innenverteidiger
1997-98 13 0 Austria Lustenau
1998-99 14 0 Austria Lustenau
2000-01 23 0 Admira/Wacker Mödling

Swoboda, Franz
Linker Läufer/Linker Außendecker
1949-50 12 1 Slovan Wien

Swoboda, Franz
*15.02.1933, 23 A, linker Außendecker
1950-51 9 0 Austria Wien
1951-52 6 0 Austria Wien
1952-53 10 1 Austria Wien
1953-54 10 0 Austria Wien
1954-55 26 0 Austria Wien
1955-56 25 0 Austria Wien
1956-57 24 0 Austria Wien
1957-58 26 0 Austria Wien
1958-59 26 0 Austria Wien
1959-60 24 0 Austria Wien
1960-61 16 0 Austria Wien
1962-63 3 0 Austria Wien
1963-64 7 0 Austria Wien
1964-65 6 1 Wacker Wien

Swoboda, Heinz
Mittelstürmer
1959-60 9 3 Admira-Energie Wien

Swoboda, Ladislaus
*01.01.1938, linker Außendecker
1964-65 5 0 Sturm Graz
1966-67 9 0 Sturm Graz
1967-68 4 0 Sturm Graz
1968-69 1 0 Sturm Graz

Swojanowsky, Kurt
*15.03.1952, Stürmer
1969-70 7 3 Admira-Energie Wien
1970-71 10 1 Admira-Energie Wien
1971-72 16 4 Admira/Wacker
1972-73 9 0 Admira/Wacker
1973-74 28 9 Admira/Wacker
1974-75 14 5 Admira/Wacker
1975-76 34 9 Admira/Wacker
1976-77 17 1 Admira/Wacker
1977-78 7 0 Admira/Wacker

Szabics, Imre
*22.03.1981, 36 A, Stürmer
1999-00 14 1 Sturm Graz
2000-01 24 7 Sturm Graz
2001-02 24 4 Sturm Graz
2002-03 27 11 Sturm Graz
2010-11 33 9 Sturm Graz
2011-12 23 5 Sturm Graz
2012-13 22 5 Sturm Graz
2013-14 5 1 Sturm Graz

Szabó, Gyula
*06.11.1937, Mittelläufer/Linker Außendecker
1962-63 10 1 Linzer ASK
1963-64 20 2 Linzer ASK
1964-65 20 5 Linzer ASK
1965-66 21 2 Linzer ASK
1966-67 24 3 Schwarz-Weiß Bregenz
1967-68 21 6 Schwarz-Weiß Bregenz
1968-69 23 0 Schwarz-Weiß Bregenz
1969-70 11 0 SC Eisenstadt

Szabo, Stefan
*24.09.1968, Verteidiger
1987-88 8 0 First Vienna
1988-89 3 0 First Vienna

Szabó, Otto
*01.03.1981, 3 A, linker Außendecker
1999-00 5 0 Rapid Wien
2001-02 1 0 Rapid Wien

Szalai, Attila Árpád
*20.01.1998, 46 A, Innenverteidiger
2015-16 1 0 Rapid Wien

Szalay, Tibor
*26.01.1938, Rechtsaußen
1957-58 18 10 Austria Wien

Szamotulski, Grzegorz
*13.05.1976, 13 A, Torwächter
2004-05 35 0 Admira/Wacker Mödling
2005-06 36 0 Sturm Graz
2006-07 21 0 Sturm Graz

Szántó, Tamás
*18.02.1996, Mittelfeldspieler
2016-17 29 5 Rapid Wien
2017-18 6 0 Rapid Wien

Szanwald, Rudolf (Rudi)
*06.07.1931, 12 A, Torwächter
1951-52 1 0 Wiener Sportclub
1953-54 23 0 Wiener Sportclub
1954-55 26 0 Wiener Sportclub
1955-56 7 0 Wiener Sportclub
1956-57 20 0 Wiener Sportclub
1957-58 25 0 Wiener Sportclub
1958-59 20 0 Wiener Sportclub
1959-60 24 0 Wiener Sportclub
1960-61 19 0 Wiener Sportclub
1961-62 26 0 Wiener Sportclub
1962-63 26 0 Wiener Sportclub
1963-64 26 0 Wiener Sportclub
1964-65 26 0 Wiener Sportclub
1965-66 25 0 Wiener Sportclub
1966-67 22 0 Austria Klagenfurt
1967-68 21 0 Austria Wien
1968-69 7 0 Austria Wien
1969-70 12 0 Austria Wien

Szanyó, Károly
*10.11.1973, Mittelfeldspieler
1999-00 6 0 SV Ried

Szauer, Johann
*30.08.1939, 2 A, Mittelfeldspieler
1962-63 12 3 Wacker Wien
1962-63 3 1 Admira-Energie Wien
1963-64 8 5 Admira-Energie Wien
1964-65 9 1 Admira-Energie Wien
1965-66 20 4 Admira-Energie Wien
1966-67 11 1 Admira-Energie Wien
1967-68 4 0 Admira-Energie Wien
1968-69 5 0 Admira-Energie Wien

Szekely, Uwe
*10.10.1966, Mittelfeldspieler
1984-85 9 0 Favoritner AC
1985-86 1 0 SC Eisenstadt

Szewczyk, Roman
*18.03.1965, 37 A, Innenverteidiger
1996-97 33   3 Austria Salzburg
1997-98 29   0 Austria Salzburg
1998-99 22   1 Austria Salzburg
1999-00 27   0 Austria Salzburg
2000-01 30   0 Austria Salzburg
2001-02 33   1 Austria Salzburg
2002-03 28   1 Austria Salzburg
2003-04 14   0 Austria Salzburg

Szoboszlai, Dominik
*25.10.2000, 45 A, Mittelfeldspieler
2017-18   1   0 RB Salzburg
2018-19 16   3 RB Salzburg
2019-20 27   9 RB Salzburg
2020-21 12   4 RB Salzburg

Szokol, Stefan
*07.01.1934, Innenstürmer
1950-51   1   0 Wiener Sportclub
1951-52   6   0 Wiener Sportclub
1953-54 13   4 Wiener Sportclub
1954-55 11   4 Wiener Sportclub
1955-56 17   5 Wiener Sportclub
1956-57 24   7 Wiener AC
1957-58 23   3 Wiener AC
1958-59 25   9 Wiener AC
1959-60 21   7 Wiener AC
1960-61 20   2 Wiener AC
1961-62 24   7 Wiener AC
1962-63 24 10 Wiener AC
1963-64 24   8 Wiener AC
1964-65 22   9 Wiener AC

Szokolai, László
*25.03.1952, 12 A, Stürmer
1983-84 29   9 Sturm Graz
1984-85 26   9 Sturm Graz
1985-86 23   3 Sturm Graz

Szoldatics, Karl
Rechtsaußen
1948-49   2   0 Admira Wien (WL)
1949-50 23   0 Admira Wien
1950-51 21   0 Admira Wien
1951-52   3   0 Admira Wien
1952-53 13   0 Admira Wien
1953-54   9   1 Admira Wien
1954-55 18   2 Admira Wien
1955-56 15   0 Admira Wien
1956-57 12   1 Admira Wien
1957-58 24   4 Admira Wien
1958-59 22   4 Admira Wien
1959-60 26 11 Admira-Energie Wien

Szolnok, Istvan
*13.01.1932, Halbstürmer
1961-62   7   2 First Vienna
1962-63   4   0 First Vienna
1962-63   8   3 Wiener AC
1963-64   9   2 Wiener AC
1964-65 14   1 Wiener AC

Szostakowski, Benon
*14.10.1950, Stürmer
1982-83 29   7 Simmeringer SC
1983-84 12   4 Admira/Wacker

Sztuka, Josef
*06.11.1952, Mittelstürmer
1986-87   3   0 First Vienna

Szymanek, Detlef
*16.04.1954, Stürmer
1985-86   8   3 Salzburger AK

T

Tabaković, Haris
*20.06.1994, 2 A, Stürmer
2022-23 28 17 Austria Wien
2023-24   1   0 Austria Wien

Taboga, Dominique
*06.11.1982, Innenverteidiger
2008-09 32   4 Kapfenberger SV
2009-10   1   0 Kapfenberger SV
2010-11 31   1 Kapfenberger SV
2011-12 20   0 Kapfenberger SV
2013-14 14   0 SV Grödig

Tadić, Dario
*11.05.1990, Stürmer
2010-11 16   5 Austria Wien
2011-12 13   1 Austria Wien
2012-13 27   7 SC Wiener Neustadt
2018-19 28   7 TSV Hartberg
2019-20 30 17 TSV Hartberg
2020-21 31   6 TSV Hartberg
2021-22 29 10 TSV Hartberg
2022-23 26   7 TSV Hartberg

Tadić, Josip
*22.08.1987, Stürmer
2014-15 21   0 Sturm Graz
2015-16 14   4 Sturm Graz

Taferner, Matthäus
*30.01.2001, Mittelfeldspieler
2018-19   7   1 Wacker Innsbruck
2020-21 29   1 Wolfsberger AC
2021-22 30   1 Wolfsberger AC
2022-23 25   0 Wolfsberger AC
2023-24 29   1 WSG Tirol

Tait, William (Billy)
*05.02.1956, Stürmer
1982-83   1   0 Simmeringer SC

Tajouri-Shradi, **Ismael**
*27.03.1994, 6 A, Mittelfeldspieler
2014-15 28   4 SC Rheindorf Altach
2015-16 19   1 SC Rheindorf Altach
2016-17 32   8 Austria Wien
2017-18 17   0 Austria Wien

Takacs, Alfred
*19.02.1948, Vorstopper/Linker Außendecker
1969-70   5   0 Austria Wien
1971-72 15   0 DSV Alpine
1972-73 29   3 DSV Alpine
1973-74 29   0 DSV Alpine
1974-75 16   0 Rapid Wien
1975-76   1   0 Rapid Wien

Takougnadi, Balakiyem
*16.11.1992, rechter Außendecker
2020-21 10   0 SV Ried

Talovierov, Maksym Vadymovych
*28.06.2000, 4 A, Innenverteidiger
2022-23 12   0 Linzer ASK
2023-24 25   0 Linzer ASK

Tamandl, Christian
*14.05.1976, Libero
1996-97 12 0 Austria Wien
1997-98   5 0 Austria Wien
1998-99   1 0 Austria Wien
1999-00   7 0 Austria Wien
2000-01   4 0 Austria Wien
2001-02   7 0 Austria Wien

Tamandl, Walter
*10.10.1936, rechter Läufer
1954-55   1 0 Austria Wien
1955-56 14 5 Austria Wien
1956-57   9 2 Austria Wien
1957-58 21 0 Austria Wien
1958-59 12 2 Austria Wien

Tamandl, Wilhelm
*28.06.1934, Innenstürmer
1958-59   6 2 ÖMV Olympia Wien
1960-61   5 0 Schwechater SC
1965-66   2 1 Simmeringer SC

Tambwe-Kasengele, Aristot
*04.06.2004, Innenverteidiger
2021-22   1 0 Rapid Wien

Tammegger, Wolfgang
*18.09.1967, Mittelfeldspieler
1988-89   5 0 Austria Klagenfurt

Tangen, Rune
*16.12.1964, 3 A, Innenverteidiger
1996-97   3 1 FC Tirol Innsbruck
1997-98   8 1 FC Tirol Innsbruck
1997-98 18 4 Linzer ASK
1998-99 14 1 Linzer ASK

Tanzmayr, Marcel
*13.01.2002, Stürmer
2019-20   1 0 SKN St. Pölten
2020-21 10 1 SKN St. Pölten

Taoui, Adil
*10.08.2001, Stürmer
2022-23   4 0 Linzer ASK
2023-24 10 1 Linzer ASK

Tapalović, Filip
*22.10.1976, 3 A, Mittelfeldspieler
2005-06 31 0 Wacker Tirol

Tatar, Alfred
*08.08.1963, Mittelfeldspieler
1981-82 21 1 Wiener Sportclub
1982-83 20 3 Wiener Sportclub
1986-87 19 2 First Vienna
1988-89   8 0 VSE St. Pölten

Tatschl, Helmut
Mittelläufer/Rechter Läufer
1958-59 18 0 WSV Donawitz
1959-60 16 0 WSV Donawitz

Tartarotti, Johannes
*02.08.1999, Mittelfeldspieler
2017-18   3 0 SC Rheindorf Altach
2019-20 26 2 SC Rheindorf Altach
2020-21 13 1 SC Rheindorf Altach
2021-22 17 0 SC Rheindorf Altach
2022-23 18 1 SC Rheindorf Altach

Tauderer, Johann
Torwächter
1956-57   1 0 Kapfenberger SV

Taument, Gaston
*01.10.1970, 15 A, Mittelfeldspieler
2000-01 36 3 Rapid Wien
2001-02 25 1 Rapid Wien

Tauscher, Gustav
Rechtsaußen
1958-59 20 7 Simmeringer SC
1959-60 16 0 Simmeringer SC
1960-61 20 2 Simmeringer SC
1961-62 19 3 Simmeringer SC
1962-63 20 0 Simmeringer SC
1963-64   4 0 Simmeringer SC

Tauscher, Karl
Mittelstürmer
1952-53   4 0 VfB Union Mödling

Tauschmann, Günther
*08.09.1961, Mittelfeldspieler
1981-82   1 0 Sturm Graz

Tchoyi, Somen Alfred
*29.03.1983, 15 A, Mittelfeld/Stürmer
2008-09 32 6 RB Salzburg
2009-10 36 8 RB Salzburg

Teasdale, John Stewart
*15.10.1962, Stürmer
1983-84 12 4 Wiener Sportclub

Teber, Ufuk Selim
*07.03.1981, Mittelfeldspieler
2003-04 15 3 Austria Salzburg

Techt, Gerhard
*02.05.1952, Stürmer
1970-71   2 0 Grazer AK
1971-72   1 0 Grazer AK

Teigl, Georg
*09.02.1991, rechter Außendecker/Mittelfeld
2010-11   8 0 RB Salzburg
2011-12 23 2 RB Salzburg
2012-13 33 5 RB Salzburg
2013-14   6 0 RB Salzburg
2020-21 29 2 Austria Wien
2021-22 19 3 Austria Wien
2022-23 13 0 Austria Wien

Teinitzer, Alfred
*29.07.1929, Außenläufer/Außendecker
1949-50   3 0 Rapid Wien
1950-51   5 5 Rapid Wien
1951-52   3 2 Rapid Wien
1951-52 13 3 Linzer ASK
1952-53 25 9 Linzer ASK
1953-54 26 3 Linzer ASK
1954-55 23 5 Linzer ASK
1958-59 23 5 Linzer ASK
1959-60 20 2 Linzer ASK
1960-61 10 1 Linzer ASK
1961-62   5 0 Linzer ASK
1962-63   7 0 Linzer ASK
1963-64   1 0 Linzer ASK

Teinitzer, Georg
*11.02.1923, Rechter Halbstürmer
1947-48   4 1 Wiener Sportclub (WL)
1948-49   9 0 Wiener Sportclub (WL)
1949-50   6 1 Wiener Sportclub
1951-52 10 2 Simmeringer SC
1952-53 19 3 VfB Union Mödling

Teke, László
*14.12.1969, Mittelfeldspieler
1992-93   3 0 Wiener Sportclub

Tekpetey, Bernard
*03.09.1997, 2 A, Rechtsaußen
2017-18 10 1 SC Rheindorf Altach

Telega, Nikolaus
Mittelstürmer
1957-58   1 0 ÖMV Olympia Wien

Temm, Kurt
*30.07.1967, Mittelfeldspieler
1986-87   14   0   Sturm Graz
1987-88   31   1   Sturm Graz
1988-89   20   1   Sturm Graz
1989-90   24   2   Sturm Graz
1990-91   29   8   Sturm Graz
1991-92   22   1   Sturm Graz
1992-93   23   1   Admira/Wacker
1993-94   28   1   Sturm Graz
1995-96   26   2   Grazer AK
1996-97   12   0   Grazer AK

Temm, Michael
*13.09.1976, Mittelfeldspieler
1994-95   1   0   Austria Wien

Templ, Florian
*01.10.1988, Stürmer
2015-16   27   3   SV Mattersburg
2016-17   18   2   SV Mattersburg

ten Rouwelaar, Jelle
*24.12.1980, Torwächter
2006-07   4   0   Austria Wien

Tenesor Hernández, **Aridany** Marrero
*01.10.1983, Stürmer
2010-11   9   1   Linzer ASK

Teply, Karl
07.12.1925, Linker Halbstürmer
1949-50   24   9   SV Gloggnitz
1951-52   22   7   FC Wien
1952-53   26   0   FC Wien
1953-54   26   2   FC Wien
1954-55   23   0   FC Wien
1955-56   13   0   FC Wien

Tercek, Herwig
*21.07.1951, rechter Außendecker
1973-74   3   0   Rapid Wien
1977-78   9   0   Wiener Sportclub

Terzić, Aleksa
*17.08.1999, 6 A, linker Außendecker
2023-24   18   0   RB Salzburg

Terzić, Arvedin
*02.04.1989, Mittelfeldspieler
2012-13   6   1   SC Wiener Neustadt
2013-14   7   0   SC Wiener Neustadt

Teschitel, Karl
Rechtsaußen
1956-57   5   0   Admira Wien

Teschl, Alfred
Torwächter
1949-50   2   0   Sturm Graz
1950-51   7   0   Sturm Graz

Tešević, Dubravko
*18.12.1981, Mittelfeld/Linker Außendecker
2005-06   1   0   SV Ried

Teskeredžić, Muhidin
*02.07.1958, Stürmer
1986-87   24   11   Sturm Graz
1987-88   23   8   Admira/Wacker

Tesourinho (Ribeiro Odilon)
*20.06.1934, Rechtsaußen
1963-64   25   4   FC Dornbirn
1964-65   26   5   Sturm Graz
1966-67   16   0   Sturm Graz
1967-68   15   3   Sturm Graz
1968-69   10   0   Sturm Graz

Testalles, Theo
Linker Außendecker/Linker Halbstürmer
1940-41   14   2   Linzer ASK (BK)
1950-51   1   0   Linzer ASK

Tetteh Kotoko, **Samuel**
*28.07.1996, 8 A, Linksaußen
2017-18   16   4   Linzer ASK
2018-19   21   4   Linzer ASK
2019-20   29   7   Linzer ASK
2020-21   17   1   SKN St. Pölten

Teufl, Gernot
*06.02.1966, Mittelfeldspieler
1984-85   7   1   Austria Salzburg

Teufl, Wilhelm
*25.01.1935, Linksaußen
1956-57   12   2   Austria Salzburg

Silva **Teixeira, Bryan**
*01.09.2000, 7 A, Stürmer
2022-23   16   6   Austria Lustenau
2022-23   14   0   Sturm Graz
2023-24   10   0   Sturm Graz

Thaler, Gustav
*28.12.1948, Mittelfeld/Vorstopper
1970-71   15   1   Austria Salzburg
1971-72   9   0   Austria Salzburg
1972-73   27   2   SC Bregenz
1973-74   28   0   FC Vorarlberg
1975-76   31   0   Sturm Graz
1976-77   29   0   Sturm Graz

Thaler, Karl
*02.09.1948, Mittelfeldspieler
1973-74   15   0   Austria Klagenfurt

Thaler, Wolfgang
*27.10.1974, Mittelfeldspieler
1994-95   4   0   FC Tirol

Theisl, Josef
Rechter Läufer
1961-62   7   0   Kapfenberger SV
1968-69   3   0   WSV Donawitz

Theuerweckl, Helmut
Mittelstürmer
1949-50   12   12   Sturm Graz
1957-58   6   1   Kapfenberger SV

Thoelke, Bjarne
*11.04.1992, Innenverteidiger
2018-19   16   0   Admira/Wacker Mödling
2019-20   3   0   Admira/Wacker Mödling

Thomalla, Denis
*16.08.1992, Stürmer
2014-15   29   10   SV Ried

Thomann, Gernot
*25.01.1944, Stürmer
1965-66   2   0   First Vienna

Thomas, Eduard
*01.07.1947, Mittelfeldspieler
1971-72   9   2   SC Eisenstadt
1972-73   29   5   SC Eisenstadt
1973-74   29   3   SC Eisenstadt
1974-75   26   4   SC Eisenstadt
1977-78   31   1   Wiener Sportclub

Thometich, Franz
*25.11.1947, Mittelfeldspieler
1968-69   2   0   SC Eisenstadt
1969-70   8   0   SC Eisenstadt
1971-72   22   3   SC Eisenstadt

Thometitsch, Franz
*12.07.1949, Linksaußen
1967-68   4 0 SC Eisenstadt
1968-69 15 1 SC Eisenstadt
1969-70   8 0 SC Eisenstadt
1971-72 28 1 SC Eisenstadt
1972-73 28 3 SC Eisenstadt
1973-74 20 3 SC Eisenstadt
1974-75   6 0 SC Eisenstadt

Thonhofer, Christian
*26.05.1985, Außendecker
2002-03   7 0 Admira/Wacker Mödling
2003-04   7 0 Admira/Wacker Mödling
2004-05 23 0 Admira/Wacker Mödling
2005-06 28 3 Admira/Wacker Mödling
2006-07   6 0 Rapid Wien
2007-08 26 0 Rapid Wien
2008-09 17 0 Rapid Wien
2009-10 13 0 Rapid Wien
2010-11 35 1 SC Wiener Neustadt
2011-12 16 0 Rapid Wien
2012-13 25 1 Wolfsberger AC

Thonhofer, Karl-Heinz
*25.09.1958, 1 A, Mittelfeldspieler
1982-83 26 3 Sturm Graz
1983-84 20 2 Sturm Graz
1984-85 28 4 Sturm Graz
1985-86 35 2 Sturm Graz
1986-87 35 7 Sturm Graz
1987-88 27 3 Sturm Graz
1988-89   3 0 Sturm Graz
1989-90 27 3 Sturm Graz
1990-91 34 0 Sturm Graz
1991-92 10 0 Sturm Graz
1992-93 16 0 Sturm Graz

Thonhofer, Uwe
*09.04.1969, Mittelfeldspieler
1990-91   1 0 DSV Alpine
1991-92   3 0 DSV Alpine

Thorup, Jess
*21.02.1970, Stürmer
1997-98 13 1 FC Tirol Innsbruck

Thüler, Pascal
*10.01.1979, 6 A, linker Außendecker
2001-02 17 1 Schwarz-Weiß Bregenz

Thürauer, Lukas
*21.12.1987, Mittelfeldspieler
2011-12   9 0 Admira/Wacker Mödling
2012-13 32 3 Admira/Wacker Mödling
2013-14 26 2 Admira/Wacker Mödling
2014-15 16 3 Admira/Wacker Mödling
2016-17 27 3 SKN St. Pölten
2017-18   7 2 SKN St. Pölten

Thurner, Alois
*12.07.1961, Stürmer
1985-86   2 0 DSV Alpine

Thurner, Emmerich
Rechter Läufer/Rechter Außendecker
1952-53   2 0 Wacker Wien
1953-54   4 0 Wacker Wien
1954-55   2 0 Wacker Wien
1956-57   1 0 Wiener AC

Thurnher, Johann
*27.12.1947, Mittelfeldspieler
1969-70 23 1 FC Dornbirn

Thurnwald, Manuel
*16.07.1998, rechter Außendecker
2016-17 11 0 Rapid Wien
2017-18 10 1 Rapid Wien
2018-19   6 0 Rapid Wien
2019-20 27 0 SC Rheindorf Altach
2020-21 24 2 SC Rheindorf Altach
2021-22 21 1 SC Rheindorf Altach
2022-23 21 0 SC Rheindorf Altach

Thurnwald, Thomas
*31.07.1960, Mittelfeldspieler
1978-79 11 0 Wiener Sportclub
1979-80   1 0 Wiener Sportclub
1981-82   1 0 Wiener Sportclub
1982-83   2 0 Wiener Sportclub
1983-84 11 0 Wiener Sportclub
1984-85   9 0 Wiener Sportclub

Thurzo, László
*19.06.1950, Stürmer
1979-80   5 0 First Vienna

Tibidi, Alexis
*03.11.2003, Stürmer
2022-23 16 5 SC Rheindorf Altach

Tieber, Michael
*04.09.1988, Stürmer
2009-10 11 1 Kapfenberger SV
2010-11 16 1 Kapfenberger SV
2011-12   3 0 Kapfenberger SV
2014-15 17 1 SC Wiener Neustadt

Tiefenbach, Dániel
*10.08.1999, Stürmer
2022-23 12 0 Austria Lustenau
2023-24 28 0 Austria Lustenau

Tiefenbach, Tamás
*25.12.1972, Stürmer
1997-98 29 9 Austria Lustenau
1998-99 27 5 Austria Lustenau
1999-00 21 3 Austria Lustenau
2000-01 18 3 Admira/Wacker Mödling

Tiefenbacher, Hannes
*25.11.1944, rechter Außendecker
1968-69 25 0 Linzer ASK
1970-71   4 0 Linzer ASK
1970-71   5 0 Wacker Wien

Tiefenbrunner, Friedrich
*17.08.1939, Mittelstürmer
1960-61 15 7 Wacker Wien
1962-63 16 6 Wacker Wien
1963-64 25 5 SC Wiener Neustadt
1964-65 24 6 SC Wiener Neustadt
1965-66 19 6 SC Wiener Neustadt
1966-67 20 3 SC Wiener Neustadt
1967-68 17 4 Austria Klagenfurt
1968-69   7 1 Austria Klagenfurt

Tiefenbrunner, Klaus
*06.05.1964, Stürmer
1992-93 11 2 Wacker Innsbruck

Tiffert, Christian
*18.02.1982, Mittelfeldspieler
2006-07 18 1 RB Salzburg

Tiffner, Andreas
*10.02.1991, Stürmer
2010-11   1 0 Austria Wien

Tijani, Samson Okikiola
*17.05.2002, 1 A, Mittelfeldspieler
2020-21 14 0 TSV Hartberg
2021-22   3 0 RB Salzburg
2023-24 27 1 Wolfsberger AC

Tikal, Helmut
Rechter Halbstürmer
1958-59 12 1 ÖMV Olympia Wien
1961-62 12 4 Wiener AC

Timossi, Andersson Alex Emilio
*19.01.2001, Stürmer
2021-22 29 4 Austria Klagenfurt

Tinnacher, Michael
*16.01.1973, Mittelfeldspieler
1992-93 4 0 Sturm Graz

Tischler, Otto
Rechtsaußen
1960-61 1 1 Schwechater SC

Tischler, Patrick
*20.02.1987, Torwächter
2011-12 31 0 Admira/Wacker Mödling
2012-13 25 0 Admira/Wacker Mödling
2013-14 3 0 Admira/Wacker Mödling

Tito Malagón (Alberto Malagón Amate)
*02.07.1988, Mittelfeldspieler
2012-13 9 1 Admira/Wacker Mödling

Tobin, Friedrich
*04.02.1962, linker Außendecker
1982-83 14 0 Austria Salzburg
1983-84 5 0 Austria Salzburg
1985-86 22 0 Salzburger AK

Todorović, Darko
*05.05.1997, 16 A, rechter Außendecker
2018-19 12 0 RB Salzburg

Todorovski, Aleksandar
*26.02.1984, 16 A, rechter Außendecker
2013-14 17 0 Sturm Graz
2014-15 11 0 Sturm Graz

Tokić, Mario
*23.07.1975, Innenverteidiger
2001-02 30 0 Grazer AK
2002-03 34 0 Grazer AK
2003-04 35 4 Grazer AK
2004-05 34 0 Grazer AK
2005-06 29 2 Austria Wien
2006-07 31 0 Austria Wien
2007-08 22 1 Rapid Wien
2008-09 21 0 Rapid Wien

Tolja, Almir
*25.10.1974, Torwächter
2002-03 36 0 Schwarz-Weiß Bregenz
2003-04 27 0 Schwarz-Weiß Bregenz
2004-05 25 0 Schwarz-Weiß Bregenz

Toljan, Axel
Linker Außendecker/Linksaußen
1950-51 18 3 Linzer ASK
1951-52 24 4 Linzer ASK
1952-53 22 1 Linzer ASK
1953-54 9 3 Linzer ASK
1954-55 25 0 Linzer ASK
1958-59 24 0 Linzer ASK
1959-60 6 0 Linzer ASK

Toman, Franz
Rechter Läufer
1946-47 8 4 Floridsdorfer AC (WL)
1949-50 20 1 Slovan Wien

Tomanek, Alfred
*18.04.1923, Rechtsaußen
1958-59 7 2 ÖMV Olympia Wien

Tomanek, Jozef
Mittelfeldspieler
1964-65 4 0 Wacker Wien

Tomenendal, Wilhelm
*04.07.1930, Linksaußen
1951-52 15 6 First Vienna
1952-53 2 0 First Vienna
1954-55 19 7 Austria Salzburg

Tomeschek, Gerhard
Rechtsaußen
1960-61 3 1 SC Wiener Neustadt

Tomi Correa (Tomás Esteban Correa)
*05.12.1984, Stürmer
2013-14 30 8 SV Grödig
2014-15 21 5 SV Grödig
2015-16 12 3 Rapid Wien
2016-17 2 1 Rapid Wien

Tomić, Denis
*17.01.1998, Stürmer
2021-22 16 0 WSG Tirol
2022-23 18 1 WSG Tirol
2023-24 8 2 WSG Tirol

Tomić, Edmond
*10.11.1956, Stürmer
1984-85 19 5 SV Spittal/Drau

Tomić, Goran
*18.03.1977, Stürmer
2001-02 17 7 Austria Salzburg
2002-03 15 2 Austria Salzburg
2003-04 14 3 Austria Salzburg
2004-05 19 7 Austria Salzburg

Tomić, Nikica
*17.12.1946, Mittelfeldspieler
1970-71 3 0 Simmeringer SC

Tomić, Tomas
*10.01.1977, Torwächter
1998-99 3 0 Grazer AK
1999-00 1 0 Grazer AK

Tomić, Tomislav
*16.11.1990, 2 A, Mittelfeldspieler
2020-21 14 1 Admira/Wacker Mödling

Tomić, Zoran
*24.10.1958, Mittelfeldspieler
1999-00 34 3 Schwarz-Weiß Bregenz
2000-01 28 4 Schwarz-Weiß Bregenz

Tomschy, Kurt
Rechter Halbstürmer
1949-50 10 0 Slovan Wien

Topalović, Ivan
*11.03.1959, Mittelfeldspieler
1983-84 5 0 SV St. Veit

Topalović, Amir
*21.06.1968, Mittelfeldspieler
1990-91 1 0 Vorwärts Steyr

Topčagić, Mihret
*21.06.1988, Stürmer
2012-13 31 10 Wolfsberger AC
2013-14 16 5 Wolfsberger AC
2015-16 6 0 SC Rheindorf Altach
2016-17 17 2 Wolfsberger AC
2017-18 26 1 Wolfsberger AC

Topić, Eldar
*29.05.1983, Mittelfeld/Stürmer
2004-05   3   0   Rapid Wien
2008-09 10   1   Austria Wien
2009-10   5   0   Austria Wien

Topić, Marko
*01.01.1976, 21 A, Stürmer
2000-01 24   6   Austria Wien

Toplitsch, Florian
*07.09.1991, Mittelfeldspieler
2019-20 13   0   WSG Tirol
2020-21   8   0   WSG Tirol

Toppel, Michael
*08.08.1957, Mittelfeld/Stürmer
1980-81 34 10   Linzer ASK
1981-82 36   8   Linzer ASK
1982-83 28   9   Linzer ASK
1983-84 29 16   Linzer ASK
1984-85 21   3   Linzer ASK
1985-86 12   2   Wattens-Wacker Innsbruck
1985-86   7   2   DSV Alpine

Topriesser, Erich
*19.11.1954, rechter Außendecker
1972-73 26   0   Austria Klagenfurt
1973-74 12   0   Austria Klagenfurt
1984-85 19   0   SV Spittal/Drau

Torda, Johann
Rechter Läufer
1958-59   2   0   ÖMV Olympia Wien

Torfason, Guðmundur Halldór (Gunni)
*13.12.1961, 26 A, Stürmer
1988-89   7   1   Rapid Wien

Torres, Mariano Néstor
*19.05.1987, linker Außendecker
2007-08   7   0   Linzer ASK

Toth, Daniel
*10.06.1987, Mittelfeldspieler
2007-08 28   1   SV Ried
2008-09   7   1   SV Ried
2011-12 31   5   Admira/Wacker Mödling
2012-13 14   1   Admira/Wacker Mödling
2013-14 15   1   Admira/Wacker Mödling
2014-15   8   0   Admira/Wacker Mödling
2015-16 30   2   Admira/Wacker Mödling
2016-17 32   0   Admira/Wacker Mödling
2017-18 13   2   Admira/Wacker Mödling
2018-19 30   0   Admira/Wacker Mödling
2019-20 16   1   Admira/Wacker Mödling

Toth, Harald
*04.08.1963, linker Außendecker/Mittelfeld
1983-84 10   0   SC Neusiedl am See
1994-95   1   1   Sturm Graz
1995-96   2   0   Sturm Graz
1996-97   3   0   Sturm Graz
1997-98   2   0   Sturm Graz

Toth, Herbert
Linksaußen/Rechter Halbstürmer
1956-57   2   1   Wacker Wien
1957-58 18   6   ÖMV Olympia Wien
1958-59 13   3   Wacker Wien

Totzer, Peter
*06.08.1971, Libero
1990-91   2   0   VSE St. Pölten

Traçaia (José Roque Paes)
*16.08.1933, 5 A, Rechter Halbstürmer
1962-63 14   5   Admira-Energie Wien
1963-64 17   6   Admira-Energie Wien
1964-65   3   1   Admira-Energie Wien
1965-66   9   2   Kapfenberger SV

Trafella, Gert
*23.06.1955, Außendecker
1971-72 14   0   Grazer AK
1972-73 26   0   Grazer AK
1973-74 32   1   Grazer AK
1974-75 26   1   Linzer ASK
1975-76 25   0   Linzer ASK
1976-77 33   0   Linzer ASK
1977-78 34   1   Linzer ASK
1979-80 36   0   Linzer ASK
1980-81 20   0   Linzer ASK
1981-82 26   0   Linzer ASK
1982-83 30   0   Linzer ASK
1983-84 28   0   Linzer ASK
1984-85 11   0   Linzer ASK

Trampitsch, Franz
*19.04.1959, rechter Außendecker
1983-84 27   0   SV St. Veit

Tran, Hai Ngoc
*10.01.1975, 1 A, Innenverteidiger
1997-98   4   0   Linzer ASK

Traoré, Soumaila
*04.01.1973, 7 A, Stürmer
1993-94   2   0   Austria Wien

Traoui, Mejdi
*13.12.1983, 41 A, Mittelfeldspieler
2008-09   2   0   RB Salzburg

Tratsch, Wilhelm
*29.04.1920, Linker Halbstürmer
1945-46   9   0   First Vienna (WL)
1946-47 14   4   First Vienna (WL)
1947-48   8   4   First Vienna (WL)
1948-49 17   2   First Vienna (WL)
1951-52 17   2   Kapfenberger SV

Traube, Walter
*09.08.1936, Torwächter
1958-59   2   0   Rapid Wien
1960-61 21   0   Schwechater SC
1961-62 17   0   Schwechater SC

Trauner, Gernot
*25.03.1992, 13 A, Innenverteidiger
2010-11 13   0   Linzer ASK
2012-13 15   0   SV Ried
2013-14 21   0   SV Ried
2014-15 29   1   SV Ried
2015-16 29   4   SV Ried
2016-17 10   0   SV Ried
2017-18 31   1   Linzer ASK
2018-19 28   4   Linzer ASK
2019-20 28   3   Linzer ASK
2020-21 29   4   Linzer ASK

Trauner, Günther
*27.11.1962, Mittelfeldspieler
1983-84   1   0   Union Wels

Trausnitz, Günter
Mittelfeldspieler
1983-84   1   0   SC Neusiedl am See

Traustason, Arnór Ingvi
*30.03.1993, 43 A, Mittelfeldspieler
2016-17 22   3   Rapid Wien

Traxler, Alfred
*24.04.1948, Mittelfeldspieler
1967-68   1   0   Rapid Wien
1968-69   9   0   Rapid Wien
1969-70 24   5   Grazer AK
1970-71 21   4   First Vienna
1971-72 27   3   First Vienna
1972-73 23   5   First Vienna
1973-74 15   0   Linzer ASK
1974-75 20   4   Linzer ASK
1975-76   2   0   Linzer ASK

Traxler, Gerald
*04.12.1968, Stürmer
1987-88   1   0   Linzer ASK

Treiblmair, Alexander
*05.01.1972, Mittelfeldspieler
1995-96   6   0   SV Ried

Treml, Alois
Rechter Läufer
1949-50   2   0   First Vienna
1958-59   8   1   WSV Donawitz
1959-60   9   0   WSV Donawitz

Tremmel, Gerhard Martin (Gerry)
*16.11.1978, Torwächter
2010-11 28   0   RB Salzburg

Trendl, Alfred
Torwächter
1959-60 14   0   SC Wiener Neustadt
1960-61   2   0   SC Wiener Neustadt

Trenkwalder, Johann
*09.04.1951, Mittelfeldspieler
1968-69   4   0   Wacker Innsbruck
1969-70   2   0   Wacker Innsbruck
1970-71   1   0   Wacker Innsbruck
1971-72 23   2   Sturm Graz
1972-73 15   1   Sturm Graz
1973-74 24   1   Wattens-Wacker Innsbruck
1974-75   1   0   Wattens-Wacker Innsbruck
1975-76   4   0   Wattens-Wacker Innsbruck

Trenz, Gerhard
Rechter Außendecker/Außenläufer
1952-53   2   0   Simmeringer SC
1953-54   5   0   Simmeringer SC
1954-55   3   0   Simmeringer SC

Trdina, Tadej
*25.01.1988, Stürmer
2013-14 21   9   SV Grödig
2014-15 25   7   Wolfsberger AC
2015-16   6   1   Wolfsberger AC

Trifković, Rade
*15.02.1975, Mittelfeldspieler
2000-01 26   0   Admira/Wacker Mödling
2001-02 11   0   Admira/Wacker Mödling

Trimmel, Christopher
*24.02.1987, 25 A, rechter Außendecker
2008-09   5   0   Rapid Wien
2009-10 24   5   Rapid Wien
2010-11 28   1   Rapid Wien
2011-12 27   4   Rapid Wien
2012-13 31   4   Rapid Wien
2013-14 34   4   Rapid Wien

Trötzmüller, Hans
*05.01.1944, Vorstopper/Mittelfeld
1972-73 18   0   Austria Klagenfurt
1973-74 23   1   Austria Klagenfurt
1974-75 13   0   Austria Klagenfurt

Troindl, Hans-Peter
*25.12.1957, Mittelfeld/Rechter Außendecker
1978-79 15   1   Admira/Wacker
1979-80 31   0   Admira/Wacker
1980-81 33   0   Admira/Wacker
1981-82 30   3   Admira/Wacker
1982-83 19   2   Admira/Wacker
1983-84 21   0   Admira/Wacker

Trojan, Reinhard
*10.06.1955, Mittelfeld/Verteidiger
1979-80   3   0   Rapid Wien

Troselj, Milan
*29.01.1955, Mittelfeldspieler
1984-85 20   2   SV Spittal/Drau

Trost, Manfred
*11.02.1963, Torwächter
1984-85   1   0   Grazer AK
1985-86 36   0   Grazer AK
1986-87 20   0   Grazer AK
1987-88 35   0   Grazer AK
1988-89   1   0   Grazer AK
1989-90 21   0   Vorwärts Steyr
1990-91 35   0   Vorwärts Steyr
1991-92 35   0   Vorwärts Steyr
1992-93 31   0   Vorwärts Steyr
1993-94 10   0   Vorwärts Steyr
1993-94   2   0   Wiener Sportclub

Troyanski, Fernando Ariel
*24.11.1977, linker Außendecker
2000-01 12   1   Austria Wien
2001-02 30   1   Austria Wien
2002-03 26   4   Admira/Wacker Mödling
2003-04 17   0   Austria Wien
2004-05   9   0   Austria Wien
2005-06 28   0   Austria Wien
2006-07 28   1   Austria Wien
2007-08   6   1   Austria Wien
2008-09   8   0   Austria Wien
2009-10 15   1   Austria Kärnten
2010-11   2   0   Austria Wien
2011-12   5   0   SC Wiener Neustadt

Trpak, Rene
*24.01.1973, Mittelfeldspieler
1989-90   1   0   Wiener Sportclub
1992-93 12   0   Wiener Sportclub
1993-94 11   0   Wiener Sportclub

Trubacik, Anton
*15.01.1953, Stürmer
1972-73 11   0   First Vienna

Trubrig, Heribert
*01.10.1935, 10 A, rechter Außendecker
1959-60 25   0   Linzer ASK
1960-61 25   0   Linzer ASK
1961-62 25   0   Linzer ASK
1962-63 24   0   Linzer ASK
1963-64 23   0   Linzer ASK
1964-65 23   0   Linzer ASK
1965-66 26   1   Linzer ASK
1966-67 26   1   Linzer ASK
1967-68 26   0   Linzer ASK
1968-69 12   0   Linzer ASK

Trummer, Harald
*03.12.1962, Mittelfeldspieler
1988-89   7   0   Sturm Graz

Trummer, Vincent
*18.05.2000, linker Außendecker
2019-20 11   0   Sturm Graz

Tscharnig, Markus
*10.03.1985, Innenverteidiger
2003-04   1   0   SV Pasching

Tschemernjak, Günther
*01.07.1985, Mittelfeldspieler
1970-71 23   1   Schwarz-Weiß Bregenz

Tschenett, Leopold
*04.06.1937, Torwächter
1964-65 15   0   Wacker Innsbruck
1965-66   3   0   Wacker Innsbruck
1966-67 21   0   Wacker Innsbruck
1967-68 12   0   Wacker Innsbruck
1968-69   4   0   Wacker Innsbruck
1970-71   2   0   Wacker Innsbruck

Tschernegg, Peter
*23.07.1992, Mittelfeldspieler
2013-14 31   1   SV Grödig
2014-15   8   0   Wolfsberger AC
2015-16 26   0   Wolfsberger AC
2016-17 29   4   Wolfsberger AC
2018-19   5   0   TSV Hartberg
2019-20   7   0   TSV Hartberg

Tschürtz, Heinz
Mittelfeldspieler
1983-84   1   0   SC Neusiedl am See

Tsimba, Cédric Kinzumbi
*05.08.1984, Stürmer
2005-06 15   2   Sturm Graz
2006-07   2   0   Sturm Graz

Tsvetkov, Chavdar
*08.03.1953, 57 A, Außenstürmer/Mittelfeld
1981-82 22   5   Austria Wien
1982-83   5   0   Austria Wien

Türk, Franz
Torwächter
1956-57 15   0   Kremser SC
1957-58 15   0   Kremser SC
1958-59   3   0   Kremser SC
1959-60   8   0   Kremser SC

Türkmen, Cem Tuna
*29.03.2002, Mittelfeldspieler
2022-23 29   0   Austria Lustenau

Türmer, Ewald
*22.04.1960, 7 A, Mittelfeldspieler
1982-83 27   2   Austria Klagenfurt
1983-84 21   4   Austria Klagenfurt
1984-85 27   4   Austria Wien
1985-86 34   6   Austria Wien
1986-87 35   2   Austria Wien
1987-88 31   7   Sturm Graz
1988-89 17   1   Sturm Graz
1989-90 28   1   Sturm Graz

Tupy, Franz
Mittelstürmer/Rechter Halbstürmer
1951-52   3   2   Admira Wien
1952-53   9   3   Admira Wien
1953-54 18 10   Admira Wien
1954-55 21   7   Admira Wien
1955-56 10   2   Admira Wien
1956-57   1   0   Admira Wien

Tupy, Norbert
Linksaußen
1956-57   2   0   Admira Wien

Turčik, Josip
*23.11.1952, Mittelfeldspieler
1982-83 16   3   Grazer AK
1983-84 25   1   Grazer AK

Turgeman, Alon
*09.06.1991, 2 A, Stürmer
2018-19 18   6   Austria Wien
2019-20   8   3   Austria Wien
2020-21   2   1   Austria Wien

Turi, Julian
*03.07.2001, Innenverteidiger
2020-21   1   0   Admira/Wacker Mödling
2022-23 19   0   SV Ried

Tursch, Lukas
*29.03.1996, Mittelfeldspieler
2020-21   4   0   SKN St. Pölten
2023-24 10   0   Blau-Weiß Linz

Turković, Almir
*03.11.1970, 11 A, Stürmer
1995-96   8   1   Vorwärts Steyr

Tuta, Miljenko
*16.11.1957, Mittelfeldspieler
1982-83 28   2   Union Wels

Tutschek, Hans-Georg
*18.09.1941, Rechtsaußen
1961-62   3   0   Rapid Wien
1962-63   1   0   Rapid Wien
1963-64   2   0   Rapid Wien
1963-64 10   3   SC Wiener Neustadt
1965-66 23   3   Wacker Innsbruck
1969-70 24 10   Wacker Wien
1970-71 27   6   Wacker Wien
1971-72   6   1   First Vienna

Tutschek, Klaus
*01.08.1943, Torwächter
1967-68 15   0   Schwarz-Weiß Bregenz
1968-69 16   0   Schwarz-Weiß Bregenz
1970-71 19   0   Schwarz-Weiß Bregenz
1973-74   1   0   FC Vorarlberg

Tutu, Adu Skelley
*10.09.1979, Mittelfeld/Stürmer
1999-00 27   4   Grazer AK
2000-01 13   2   Grazer AK
2001-02 19   3   Grazer AK
2002-03 18   2   Grazer AK
2003-04   6   0   Grazer AK

Tvrdy, Christopher
*20.02.1991, Stürmer
2010-11   1   0   SC Wiener Neustadt
2011-12   5   0   SC Wiener Neustadt

Twardzik, Filip
*10.02.1993, Innenverteidiger
2021-22   5   0   Linzer ASK

Tyssonsk, Jan
*14.01.1965, Stürmer
1985-86   4   0   Austria Klagenfurt

U

Udoh, Louis
*25.08.1974, Manndecker
1997-98 12   0   Admira/Wacker Mödling

Udović, Sašo
*12.12.1968, 42 A, Stürmer
1999-00 27 11   Linzer ASK
2000-01   9   0   LASK Linz

Üstündag, Cem
*20.01.2001, Mittelfeldspieler
2022-23   6   0   WSG Tirol
2023-24 21   0   WSG Tirol

Ukowitz, Franz
*02.06.1969, Mittelfeldspieler
1988-89   1   0   Austria Klagenfurt

Ulamec, Rudolf (Rudi)
*05.09.1937, Rechter Halbstürmer
1960-61   2   0   Austria Salzburg

Ullmann, Ewald
*05.05.1943, 6 A, Mittelfeld/Libero
1963-64   2   1   Rapid Wien
1964-65 16   0   Rapid Wien
1965-66 18   0   Rapid Wien
1966-67 23   1   Rapid Wien
1967-68 19   4   Rapid Wien
1968-69 21   2   Rapid Wien
1969-70 23   0   Rapid Wien
1970-71 22   1   Rapid Wien
1971-72 22   1   Rapid Wien
1972-73 12   0   Rapid Wien
1972-73 15   0   Austria Klagenfurt
1973-74 29   0   Austria Klagenfurt
1974-75 34   1   Austria Klagenfurt

Ullmann, Maximilian
*17.06.1996, 1 A, linker Außendecker
2017-18 26   5   Linzer ASK
2018-19 32   4   Linzer ASK
2019-20 31   3   Rapid Wien
2020-21 32   1   Rapid Wien
2021-22 14   0   Rapid Wien

Ulmer, Andreas
*30.10.1985, 32 A, linker Außendecker
2004-05   1   0   Austria Wien
2006-07   2   0   Austria Wien
2008-09 22   1   SV Ried
2008-09 15   0   RB Salzburg
2009-10 36   0   RB Salzburg
2010-11   9   0   RB Salzburg
2011-12 20   1   RB Salzburg
2012-13 26   0   RB Salzburg
2013-14 30   2   RB Salzburg
2014-15 21   2   RB Salzburg
2015-16 34   1   RB Salzburg
2016-17 30   4   RB Salzburg
2017-18 26   3   RB Salzburg
2018-19 28   0   RB Salzburg
2019-20 29   2   RB Salzburg
2020-21 30   0   RB Salzburg
2021-22 27   1   RB Salzburg
2022-23 21   0   RB Salzburg
2023-24 13   0   RB Salzburg

Ulmer, Friedrich (Fritz)
*12.01.1948, Stürmer
1969-70 30 12   VÖEST Linz
1970-71 30 14   VÖEST Linz
1971-72 28 15   VÖEST Linz
1972-73 16   5   VÖEST Linz
1973-74 24   6   VÖEST Linz
1974-75 29   8   VÖEST Linz
1975-76 32   7   VÖEST Linz
1976-77 30   7   VÖEST Linz

Ulmer, Gerhard
*16.01.1957, linker Außendecker
1977-78   2   0   VÖEST Linz
1978-79 33   2   VÖEST Linz
1979-80 30   0   VOEST Linz
1980-81 33   0   VOEST Linz
1981-82 27   0   VOEST Linz
1982-83 27   0   VOEST Linz
1983-84 28   0   VOEST Linz
1984-85 11   0   VOEST Linz
1985-86 17   0   VOEST Linz

Ulsaß, Lothar
*09.09.1940, 10 A, Linker Halbstürmer
1972-73 15   7   Wiener Sportclub
1973-74 23 10   Wiener Sportclub

Umgeher, Alfred
*12.11.1931, rechter Außendecker
1951-52 18   1   First Vienna
1952-53 24   0   First Vienna
1953-54 12   2   First Vienna
1954-55 24   0   First Vienna
1955-56 24   1   First Vienna
1956-57 20   0   First Vienna
1957-58 10   0   First Vienna
1962-63 11   1   Austria Klagenfurt

Umjenović, Stefan
*11.08.1995, Mittelfeldspieler
2015-16   2   0   SC Rheindorf Altach

Ungar, David
*17.03.2000, Mittelfeldspieler
2022-23 27   0   SV Ried

Unger, Bernhard
*23.04.1999, Torwächter
2019-20   1   0   SV Mattersburg
2021-22   1   0   Rapid Wien

Unger, Johann
*30.09.1958, Mittelstürmer
1982-83   2   0   SC Neusiedl am See

Unger, Lars
*30.09.1972, Mittelfeldspieler
1999-00 34   3   Schwarz-Weiß Bregenz
2000-01 35   0   Schwarz-Weiß Bregenz
2001-02 25   0   Schwarz-Weiß Bregenz
2002-03 25   0   Schwarz-Weiß Bregenz

Unger, Manfred
*10.05.1969, Manndecker
1990-91   7   0   DSV Alpine
1991-92 13   0   DSV Alpine
1992-93   4   0   VSE St. Pölten
1993-94 19   0   VSE St. Pölten
1995-96 33   2   Linzer ASK
1996-97 13   0   Linzer ASK
1997-98   1   0   Linzer ASK

Unger, Martin
*22.12.1970, Torwächter
1991-92   2   0   Austria Wien
1992-93   1   0   Austria Wien
1997-98 36   0   Austria Lustenau
1998-99 20   0   Austria Lustenau
1999-00   4   0   Austria Lustenau

Unger, Ronald
*30.04.1968, Torwächter
1995-96 36 0 SV Ried
1996-97 34 0 SV Ried
1997-98 36 0 SV Ried
1998-99 17 0 SV Ried

Ungerath, Robin
*19.12.1998, Stürmer
2021-22   2 0 SV Ried

Untergrabner, Franz
*25.10.1948, Stürmer
1966-67   1 0 Kapfenberger SV
1975-76 17 3 Austria Klagenfurt

Unterguggenberger, Günter
*14.08.1955, Stürmer
1976-77 25 2 Austria Salzburg
1978-79 30 5 Austria Salzburg
1979-80 12 1 Austria Salzburg

Unterhuber, Karl
Torwächter
1957-58 14 0 Simmeringer SC

Untersteiner, Wolfgang
*12.03.1971, linker Außendecker
1992-93   2 0 Linzer ASK

Unverdorben, Harald
*02.01.1981, Mittelfeld/Stürmer
2001-02   1 0 Austria Salzburg
2002-03   2 0 Austria Salzburg
2006-07 21 1 SC Rheindorf Altach

Upamecano, Dayotchanculle Oswald (Dayot)
*27.10.1998, 26 A, Innenverteidiger
2015-16   2 0 RB Salzburg
2016-17 15 0 RB Salzburg

Urank, Richard
*29.11.1962, Mittelfeldspieler
1983-84   4 0 Austria Klagenfurt

Urantsch, Rudolf (Rudi)
*1926, Rechtsaußen
1955-56   7 1 Austria Graz

Urasch, Manfred
*18.02.1962, Mittelfeldspieler
1980-81   2 0 SC Eisenstadt

Urban, Anton
*16.01.1934, Außendecker
1968-69 18 0 Wacker Innsbruck

Urbanek, Otto
Rechter Halbstürmer
1951-52   1 0 Admira Wien

Urch, Emil
*30.04.1945, linker Außendecker
1970-71   1 0 Simmeringer SC

Urdl, Christoph
*17.08.1999, Stürmer
2023-24   9 1 TSV Hartberg

Urdl, Gerhard
*23.09.1956, rechter Außendecker
1976-77 10 0 Grazer AK
1977-78   2 0 Grazer AK

Ursprunger, Günther
*25.06.1962, Stürmer
1985-86 16 0 Salzburger AK
1988-89   5 0 Vorwärts Steyr

Ursprunger, Ernst
*13.10.1961, Stürmer
1985-86 20 4 Salzburger AK

Usleber, Josef
Linksaußen
1963-64   1 0 SVS Linz

Usor, Moses
*05.02.2002, Stürmer
2022-23 16 1 Linzer ASK
2023-24 28 3 Linzer ASK

Utush, Rashid
*04.10.1979, Stürmer
2000-01   7 0 SV Ried

Uusimäki, Tuomas
*09.07.1977, 5 A, Mittelfeldspieler
2006-07 11 0 Grazer AK

V

Vácha, Karel
*02.08.1970, 1 A, Stürmer
1998-99 26 5 FC Tirol Innsbruck
1999-00   5 0 FC Tirol Innsbruck

Vachoušek, Štěpán
*26.07.1979, 23 A, Mittelfeldspieler
2004-05 23 4 Austria Wien
2005-06 13 1 Austria Wien
2006-07 12 0 Austria Wien
2007-08   5 0 Austria Wien

Valachovič, Jozef
12.07.1975, 33 A, Innenverteidiger
2004-05 12 0 Rapid Wien
2005-06 30 5 Rapid Wien
2006-07 29 2 Rapid Wien

Valdir (Valdir Henrique Barbosa da Silva)
*03.04.1998, Stürmer
2021-22   5 0 SV Ried

Valencia Ramos, **Fredy** Alexander
*16.08.2001, Mittelfeldspieler
2022-23   1 0 Linzer ASK

Valentić, Azrudin
*21.07.1970, Mittelfeldspieler
1995-96 17 1 Vorwärts Steyr

Valentin, Franz
Rechter Halbstürmer/Mittelstürmer
1942-43 10 0 Sturm Graz (BK)
1949-50   3 1 Sturm Graz
1950-51   1 0 Sturm Graz

Valentin, Otto
Torwächter
1947-48   4 0 Wiener AC (WL)
1951-52 11 0 Floridsdorfer AC
1952-53 26 0 Floridsdorfer AC
1953-54 24 0 Floridsdorfer AC

Valentini, Christian
*10.09.1965, Mittelfeldspieler
1985-86   2   0   Wattens-Wacker Innsbruck
1986-87   5   0   Wattens-Wacker Innsbruck

Vallçi, Albert
*02.07.1995, Innenverteidiger
2018-19 16   0   Wacker Innsbruck
2018-19 10   1   RB Salzburg
2019-20 18   2   RB Salzburg
2020-21 17   1   RB Salzburg

Valov, Iliya
*29.012.1961, 34 A, Torwächter
1991-92   7   0   Austria Wien

van de Haar, Johannes Gerhard (Hans)
*01.02.1975, Stürmer
2001-02   9   1   Schwarz-Weiß Bregenz

van der Brempt, Ignace
*01.04.2002, rechter Außendecker
2021-22   6   0   RB Salzburg
2022-23 15   0   RB Salzburg

van der Werff, Jasper
*09.12.1998, Innenverteidiger
2018-19   4   0   RB Salzburg

van Twuijver, Marc
*06.05.1972, Innenverteidiger
1996-97 10   0   Admira/Wacker

Varešanović, Mirza
*31.05.1972, 24 A, Libero
1995-96 14   0   Vorwärts Steyr
2000-01 26   0   Austria Wien
2001-02   3   0   Austria Wien

Varga, Barnabás
*25.10.1994, 14 A, Stürmer
2016-17 11   1   SV Mattersburg
2018-19   5   0   SV Mattersburg

Varga, Franz
Linksaußen
1967-68 13   4   SC Eisenstadt
1968-69 13   2   SC Eisenstadt
1969-70   6   0   SC Eisenstadt

Varga, Hubert
*01.08.1951, Mittelstürmer
1972-73   2   1   SC Eisenstadt

Vargas Palacios, **Jorge** Francisco
*08.02.1976, 38 A, Innenverteidiger
2006-07 26   0   RB Salzburg
2007-08 23   0   RB Salzburg

Vargo, Peter
*01.10.1941, 2 A, rechter Außendecker
1959-60   2   0   Austria Wien
1960-61   5   0   Austria Wien
1961-62   7   1   Austria Wien
1962-63 17   0   Austria Wien
1963-64 17   2   Austria Wien
1964-65   9   0   Austria Wien
1966-67 14   0   Wacker Wien

Vasgyura, Stefan
*26.12.1949, Libero/Vorstopper
1968-69   7   2   Rapid Wien
1969-70   4   0   Rapid Wien
1970-71 27   0   WSG Radenthein
1971-72 23   0   Wiener Sportclub
1972-73 30   0   Wiener Sportclub
1973-74 30   1   Wiener Sportclub

Vastić, Ivica (Ivo)
*29.09.1969, 50 A, Mittelfeld/Stürmer
1991-92 11   6   First Vienna
1992-93 34 18   VSE St. Pölten
1993-94 18   7   Admira/Wacker
1994-95 35   7   Sturm Graz
1995-96 31 20   Sturm Graz
1996-97 33 13   Sturm Graz
1997-98 30 14   Sturm Graz
1998-99 30 14   Sturm Graz
1999-00 35 32   Sturm Graz
2000-01 24   8   Sturm Graz
2001-02 32 17   Sturm Graz
2003-04 35   4   Austria Wien
2004-05 32 10   Austria Wien
2007-08 32 13   Linzer ASK
2008-09 29   4   Linzer ASK

Vastić, Toni
*17.01.1993, Stürmer
2012-13 15   2   SV Ried
2013-14 19   2   SV Ried
2014-15 11   1   SV Ried
2014-15   6   1   Admira/Wacker Mödling
2015-16   5   2   Admira/Wacker Mödling
2016-17 14   0   Admira/Wacker Mödling
2017-18   4   0   Austria Wien

Vavpot, Rudolf (Rudi)
*15.06.1930, Mittelläufer
1962-63 23   0   Austria Klagenfurt

Vavra, Erich
*18.06.1964, Mittelfeldspieler
1988-89   4   0   VSE St. Pölten

Vavrowetz, Rudolf
Torwächter
1955-56   1   0   FC Wien

Veigl, Leopold
*28.01.1944, Verteidiger
1973-74   1   0   Simmeringer SC

Velek, Pascal
*09.03.1984, Mittelfeldspieler
2001-02   1   0   Austria Wien

Velický, Stanislav
*16.04.1981, Mittelfeldspieler
2008-09 11   0   SV Mattersburg

Velimirović, Dalibor
*13.02.2001, Mittelfeldspieler
2019-20   6   0   Rapid Wien

Vennegoor of Hesselink, Johannes (Jan)
*07.11.1978, 19 A, Stürmer
2010-11 10   2   Rapid Wien

Venuto Ferreira, **Lucas** Henrique
*14.01.1995, Mittelfeldspieler
2014-15 11   0   SV Grödig
2015-16 20   7   SV Grödig
2015-16 15   3   Austria Wien
2016-17 29   7   Austria Wien
2017-18 14   1   Austria Wien
2018-19 10   1   Austria Wien

Veratschnig, Nikolas
*24.01.2003, Mittelfeldspieler
2021-22 11   0   Wolfsberger AC
2022-23 29   1   Wolfsberger AC
2023-24 24   0   Wolfsberger AC

Vereš, Andrija
*16.05.1933, Torwächter
1963-64   26   0   Rapid Wien
1964-65   14   0   Rapid Wien
1965-66   14   0   Rapid Wien
1967-68   22   0   First Vienna

Vergos, Nikolaos (Nikos)
*13.01.1996, Stürmer
2022-23   11   1   Wolfsberger AC

Verheijen, Jan
*08.11.1954, Rechtsaußen
1978-79   9   1   Wattens-Wacker Innsbruck

Verjans, Gunther
*06.10.1973, 4 A, Mittelfeldspieler
2004-05   24   0   Schwarz-Weiß Bregenz

Verlaat, Frank
*05.03.1968, 1 A, Libero
2003-04   19   2   Austria Wien
2004-05   24   0   Sturm Graz
2005-06   31   2   Sturm Graz
2006-07   32   1   Sturm Graz

Veronese, Ratimir
Linksaußen
1969-70   7   0   Admira-Energie Wien

Veselinović, Todor (Toza)
*22.10.1930, 37 A, Rechter Halbstürmer
1962-63   16   9   First Vienna
1963-64   25   6   First Vienna
1965-66   25   2   Austria Klagenfurt
1966-67   19   3   Austria Klagenfurt
1967-68   5   0   Austria Klagenfurt

Veselý, František
*07.12.1943, 34 A, Stürmer/Mittelfeld
1980-81   20   1   Rapid Wien

Viana Sehnem, **Diego**
*05.05.1983, Stürmer
2009-10   28   6   SC Wiener Neustadt
2010-11   11   0   SC Wiener Neustadt

Vico, Jovica
*27.02.1978, Stürmer
2001-02   6   0   Rapid Wien
2002-03   6   0   Rapid Wien
2003-04   10   5   Rapid Wien

Victor Sá (João Victor Santos Sá)
*27.03.1994, Linksaußen
2017-18   20   7   Linzer ASK
2018-19   27   13   Linzer ASK

Vidalli, Peter
*09.03.1955, Stürmer
1975-76   25   2   Grazer AK
1976-77   28   5   Grazer AK
1977-78   26   6   Grazer AK
1978-79   22   6   Grazer AK
1979-80   27   3   Grazer AK

Vidović, Želimir (Keli)
*17.11.1953, 2 A, Mittelfeld/Libero
1983-84   16   2   Union Wels
1983-84   11   3   Grazer AK
1984-85   28   5   Grazer AK
1985-86   30   1   Grazer AK
1986-87   22   3   Grazer AK
1987-88   30   2   Grazer AK
1988-89   30   0   Grazer AK

Vidreis, Günther
*16.09.1961, Stürmer/Libero
1983-84   28   8   SV St. Veit
1984-85   27   13   VOEST Linz
1985-86   36   7   Sturm Graz
1986-87   7   0   Sturm Graz
1987-88   20   5   VfB Union Mödling
1988-89   35   4   First Vienna
1989-90   30   2   First Vienna
1990-91   20   2   First Vienna
1991-92   21   2   First Vienna

Viehböck, Franz
*15.10.1938, 18 A, Linksaußen/Linker Außendecker
1961-62   25   8   SVS Linz
1962-63   22   9   SVS Linz
1963-64   25   13   SVS Linz
1964-65   25   8   Linzer ASK
1965-66   24   7   Linzer ASK
1966-67   17   2   Linzer ASK
1967-68   23   6   Linzer ASK
1968-69   26   5   Linzer ASK
1969-70   29   3   Linzer ASK
1970-71   30   0   Linzer ASK
1971-72   26   0   Linzer ASK
1972-73   27   0   Linzer ASK
1973-74   22   0   Linzer ASK
1974-75   9   0   Linzer ASK

Vieira Silva, **Luís Miguel**
*08.10.1990, Innenverteidiger
2019-20   7   0   Wolfsberger AC

Vielgut, Leo
*23.02.2001, Mittelfeldspieler
2020-21   1   0   Wolfsberger AC

Vielmetti, Edwin
*26.09.1941, Torwächter
1963-64   1   0   FC Dornbirn
1969-70   1   0   FC Dornbirn

Vier, Angelo
*23.04.1972, Stürmer
1998-99   21   3   Rapid Wien
1999-00   3   0   Rapid Wien

Viertl, Franz
*21.01.1960, Mittelfeldspieler
1977-78   1   0   Austria Wien
1979-80   25   0   Wiener Sportclub
1982-83   20   0   Simmeringer SC

Víg, Péter
*08.04.1965, Mittelfeldspieler
1992-93   15   2   Linzer ASK

Viktorin, Alfred
*12.09.1947, Mittelfeldspieler
1970-71   12   0   Simmeringer SC

Villa, Marco
*18.07.1978, Stürmer
1999-00   22   8   SV Ried

Villalba Gaona, **Julio** César
*17.09.1998, Stürmer
2019-20   8   0   SC Rheindorf Altach

Villar, Ricardo
*11.08.1979, Mittelfeldspieler
2004-05   21   2   Austria Salzburg

Vinčić, Zarko
*23.09.1926, rechter Läufer/Rechter Außendecker
1953-54   4   0   Linzer ASK
1954-55   24   1   Linzer ASK

Vincze, Dominic
*01.03.2004, linker Außendecker
2023-24   2   0   Rapid Wien

Vincze, Imre
*18.06.1939, linker Läufer/Linker Halbstürmer
1963-64   3   1   SC Wiener Neustadt

Vishaj, Butrint
*09.07.1987, Außenstürmer
2004-05   4   0   Admira/Wacker Mödling
2005-06   6   1   Admira/Wacker Mödling
2008-09   11 0   SC Rheindorf Altach

Vizinger, Dario
*06.06.1998, Stürmer
2020-21   31 6   Wolfsberger AC
2021-22   29 4   Wolfsberger AC
2022-23   5   1   Wolfsberger AC

Vlach, Erwin
Linker Halbstürmer/Mittelstürmer
1948-49   9   3   SK Oberlaa (WL)
1949-50   4   1   SK Oberlaa

Vladavić, Admir
*29.06.1982, 12 A, Mittelfeldspieler
2009-10   15 1   RB Salzburg

Vlk, Hans
Mittelfeldspieler
1963-64   1   0   Wiener AC
1964-65   6   0   Wiener AC
1970-71   4   0   Simmeringer SC

Vodháněl, Jan
*25.04.1997, Mittelfeldspieler
2021-22   14 1   Admira/Wacker Mödling

Vodracka, Franz
Rechter Läufer/Rechter Außendecker
1960-61   22 0   Schwechater SC
1961-62   12 0   Schwechater SC
1962-63   1   0   Schwechater SC

Völkl, Robert
*12.02.1993, Mittelfeldspieler
2014-15   21 1   SV Grödig
2015-16   11 0   SV Grödig

Vötter, Yannick
*17.12.2004, Stürmer
2023-24   4   0   WSG Tirol

Vogel, Michael
*18.04.1946, Stürmer
1966-67   3   0   Wacker Innsbruck
1967-68   15 4   Wacker Innsbruck
1968-69   16 8   Wacker Innsbruck
1969-70   7   0   Wacker Innsbruck
1969-70   11 3   VÖEST Linz
1970-71   23 9   VÖEST Linz
1971-72   12 4   VÖEST Linz
1971-72   13 0   Admira/Wacker
1972-73   10 2   Admira/Wacker
1973-74   13 0   Austria Klagenfurt

Voggenberger, Helmut
*21.04.1943, Mittelfeldspieler
1968-69   14 0   Wacker Innsbruck
1969-70   8   0   Wacker Innsbruck
1970-71   9   1   Wacker Innsbruck
1971-72   5   0   Wattens-Wacker Innsbruck

Voglsam, Josef
*08.08.1945, Stürmer
1969-70   17 1   VÖEST Linz
1970-71   16 2   VÖEST Linz
1971-72   5   0   VÖEST Linz

Volkar, Johann
*24.02.1944, rechter Außendecker
1971-72   24 0   DSV Alpine
1972-73   16 0   DSV Alpine

Vollmann, Paul
Linker Halbstürmer
1955-56   1   0   FC Stadlau

Vollnhofer, Thomas (Tommy)
*02.09.1984, Torwächter
2012-13   8   0   SC Wiener Neustadt
2013-14   26 0   SC Wiener Neustadt
2014-15   32 0   SC Wiener Neustadt
2016-17   10 0   SKN St. Pölten
2019-20   7   0   SKN St. Pölten

von Haacke, Julian
*14.02.1994, Mittelfeldspieler
2021-22   3   0   Austria Klagenfurt

von Schwedler Vásques, **Alex** Christian
*17.02.1980, 4 A, Innenverteidiger
2004-05   2   0   FC Pasching
2005-06   6   0   RB Salzburg

Vonbrül, Michael
*14.02.1977, Mittelfeldspieler
2001-02   2   1   Schwarz-Weiß Bregenz

Vončina, Mihael
*25.02.1969, 1 A, Mittelfeld/Stürmer
1991-92   5   0   First Vienna

Vondrka, Josef
*28.07.1928, Außenläufer
1950-51   10 0   First Vienna
1952-53   3   0   First Vienna
1953-54   2   0   First Vienna
1954-55   7   0   Austria Salzburg

Vonlanthen Benavídez, **Johan**
*01.02.1986, 40 A, Stürmer
2006-07   35 5   RB Salzburg
2007-08   20 3   RB Salzburg
2008-09   29 3   RB Salzburg
2010-11   1   0   RB Salzburg

Vorderegger, Heimo
*03.07.1966, Stürmer/Rechter Außendecker
1985-86   24 2   Austria Klagenfurt
1986-87   12 0   Austria Klagenfurt
1987-88   17 1   Austria Klagenfurt
1988-89   19 6   Austria Klagenfurt
1989-90   33 3   VSE St. Pölten
1990-91   19 2   VSE St. Pölten
1991-92   27 4   VSE St. Pölten
1992-93   8   0   VSE St. Pölten
1993-94   27 1   VSE St. Pölten
2001-02   33 4   FC Kärnten
2002-03   26 2   FC Kärnten
2003-04   12 0   FC Kärnten

Vorderwinkler, Patrick
*09.06.1969, Mittelfeldspieler
1990-91   7   0   VSE St. Pölten

Voříšek, Petr
*19.03.1979, 4 A, Innenverteidiger/Mittelfeld
2005-06   31 3   FC Pasching
2006-07   31 4   Rapid Wien
2008-09   14 5   SC Rheindorf Altach
2009-10   21 1   Austria Wien
2010-11   7   0   Austria Wien

Vorsager, Wilhelm
*29.06.1997, Mittelfeldspieler
2017-18 11 1 Admira/Wacker Mödling
2018-19 30 2 Admira/Wacker Mödling
2019-20   2 0 Admira/Wacker Mödling
2020-21 18 0 Admira/Wacker Mödling
2021-22 27 3 Admira/Wacker Mödling

Vorsah, Isaac
*21.06.1988, 44 A, Innenverteidiger
2012-13 15 1 RB Salzburg

Vrioni, Giacomo
*15.10.1998, 2 A, Stürmer
2021-22 25 17 WSG Tirol

Vršič, Dare
*26.09.1984, 13 A, Mittelfeldspieler
2012-13 17 0 Austria Wien

Vučenović, Aleksandar
*10.10.1997, Stürmer
2016-17   1 0 SKN St. Pölten
2017-18   7 1 SKN St. Pölten
2018-19   6 0 SKN St. Pölten
2019-20   2 0 SKN St. Pölten

Vučić, Romeo
*30.01.2003, Stürmer
2021-22   9 1 Austria Wien
2022-23   9 0 Austria Wien
2023-24 19 2 Austria Wien

Vučković, Nebojša
*13.05.1949, Stürmer
1977-78 36 7 Linzer ASK

Vučur, Stipe
*22.05.1992, Innenverteidiger
2013-14 32 4 Wacker Innsbruck

Vuga, Alfred
*01.06.1935, rechter Außendecker/Stürmer
1952-53   5 2 Rapid Wien
1954-55   4 1 Simmeringer SC
1958-59 14 0 ÖMV Olympia Wien

Vugrin, Zlatko
*28.08.1954, Mittelfeldspieler
1982-83 27 1 Union Wels
1983-84   8 0 Admira/Wacker
1983-84 14 1 Union Wels

Vujadinović, Nikola
*31.07.1986, Innenverteidiger
2012-13 33 7 Sturm Graz
2013-14 35 3 Sturm Graz

Vujić, Marko
*12.02.1984, Stürmer
2006-07   1 0 RB Salzburg
2009-10   4 0 Linzer ASK

Vujić, Zoran
*08.03.1972, Stürmer
1998-99   7 0 Austria Lustenau

Vujkov, Đorđe
*19.08.1955, 4 A, Libero
1990-91 12 0 DSV Alpine

Vuk, Vladimir
*17.04.1980, Innenverteidiger
2003-04 31 0 Schwarz-Weiß Bregenz
2004-05 13 0 Schwarz-Weiß Bregenz

Vukas, Bernard
*01.05.1927, 59 A, Linksaußen/Linker Halbstürmer
1962-63 12 1 Austria Klagenfurt
1963-64 13 1 Grazer AK
1964-65 10 0 Grazer AK
1964-65 10 0 Kapfenberger SV
1965-66 21 0 Kapfenberger SV
1966-67 11 3 Kapfenberger SV

Vukašinović, Miroslav
*29.08.1948, Mittelfeldspieler
1977-78 30 2 Linzer ASK
1979-80 22 3 Linzer ASK
1980-81 24 6 Linzer ASK

Vukićević, Dragomir
*05.10.1934, Torwächter
1965-66 25 0 Admira-Energie Wien
1966-67 21 0 Admira-Energie Wien
1967-68 17 0 Admira-Energie Wien
1968-69 16 0 Admira-Energie Wien

Vukman, Igor
*02.01.1946, Torwächter
1972-73 12 0 Admira Wiener Neustadt
1973-74 31 0 Austria/WAC
1974-75 12 0 Austria/WAC

Vukojević, Ognjen
*20.12.1983, 55 A, Mittelfeldspieler
2015-16 19 1 Austria Wien
2016-17   3 0 Austria Wien

Vukotić, Miodrag
*08.11.1973, Innenverteidiger
2005-06   2 0 SV Ried

Vuković, Zeljko
*09.02.1962, 4 A, Libero
1991-92 35 6 Vorwärts Steyr
1992-93 33 0 Vorwärts Steyr
1993-94 33 2 Vorwärts Steyr
1994-95 35 4 Vorwärts Steyr
1995-96 35 6 Grazer AK
1996-97 32 1 Grazer AK
1997-98 36 0 Grazer AK
1998-99 35 3 Grazer AK
2001-02 32 0 FC Kärnten

Vuksanović, Milorad
*30.04.1953, Libero
1982-83 14 0 Sturm Graz

Vuleta, Stjepan
*29.10.1993, Mittelfeld/Stürmer
2013-14 13 2 Wacker Innsbruck

Vulić, Ivica
*27.12.1973, 1 A, Stürmer
1997-98 12 1 FC Tirol Innsbruck

Vulin, Lovre
*02.09.1984, linker Außendecker/Innenverteidiger
2011-12   7 3 Kapfenberger SV

Vuturo, Michael
*10.08.1963, Außendecker
1981-82   5 0 Admira/Wacker
1987-88 10 0 VfB Union Mödling

Vybiral, Walter
*02.05.1932, Außenläufer/Rechter Außendecker
1954-55   2 0 Rapid Wien

Wachter, Manfred
*25.09.1969, Mittelfeldspieler
1992-93 14 2 VfB Mödling

Wachtler, Herbert
*22.09.1962, Torwächter
1982-83   1 0 SC Neusiedl am See
1983-84 17 0 SC Neusiedl am See

Wachtler, Johann
*07.10.1947, linker Außendecker
1970-71 17 3 Simmeringer SC
1971-72 28 1 Simmeringer SC

Waclavicek, Friedrich
Innenstürmer
1954-55   8 3 FC Wien
1955-56   9 0 FC Wien
1957-58 15 4 FC Wien

Wael, Riyad Abdel Magid
*02.08.1982, 2 A, Mittelfeldspieler
2006-07   5 0 Grazer AK

Wagenhofer, Wolfgang
*25.03.1959, Stürmer
1980-81   1 0 Sturm Graz

Wagner, Alfred
*1936, linker Läufer/Linker Halbstürmer
1955-56   2 1 Wacker Wien
1956-57 14 1 Wacker Wien
1957-58 21 1 Wacker Wien
1958-59   8 1 Wacker Wien
1960-61 20 3 SVS Linz
1961-62 17 1 SVS Linz
1962-63 16 4 SVS Linz
1963-64   6 1 SVS Linz

Wagner, Erich
*27.05.1965, rechter Außendecker
1990-91 22 0 DSV Alpine
1991-92 19 0 DSV Alpine

Wagner, Helmut
*24.01.1941, Mittelfeldspieler
1964-65   3 0 Sturm Graz
1966-67 26 6 Sturm Graz
1967-68 22 0 Sturm Graz
1968-69 28 2 Sturm Graz
1969-70 26 3 Sturm Graz
1970-71 29 1 Sturm Graz
1971-72 11 1 DSV Alpine

Wagner, Johann
*27.06.1944, Mittelfeldspieler
1970-71   6 0 Simmeringer SC
1971-72   2 0 Simmeringer SC

Wagner, Josef
Linksaußen
1964-65   4 0 Schwechater SC

Wagner, Karl
*25.12.1938, linker Außendecker/Mittelfeld
1971-72 22 1 SK Bischofshofen

Wagner, Michael
*18.12.1975, 10 A, Mittelfeldspieler
1994-95 24 2 Austria Wien
1995-96 22 4 Austria Wien
1997-98 31 2 Rapid Wien
1998-99 28 8 Austria Wien
1999-00 29 5 Austria Wien
2000-01 20 7 Austria Wien
2001-02 24 4 Austria Wien
2002-03 30 5 Austria Wien
2003-04 33 5 Austria Wien
2004-05 18 0 Austria Wien
2005-06 26 2 Admira/Wacker Mödling

Wagner, René
*31.10.1972, 11 A, Stürmer
1996-97 29 21 Rapid Wien
1997-98 17 3 Rapid Wien
1998-99 33 10 Rapid Wien
1999-00 34 17 Rapid Wien
2000-01 22 8 Rapid Wien
2001-02 21 1 Rapid Wien
2002-03 29 5 Rapid Wien
2003-04 35 10 Rapid Wien
2004-05 27 6 SV Mattersburg
2005-06 18 1 SV Mattersburg

Wagner, Rupert
*23.10.1947, Außendecker
1971-72 17 0 SK Bischofshofen

Wagner, Stefan
*17.10.1913, 2 A, rechter Außendecker
1936-37   2 0 Rapid Wien (WL)
1937-38 18 0 Rapid Wien (NL)
1938-39   6 0 Rapid Wien (GL)
1939-40 13 0 Rapid Wien (BK)
1940-41 16 0 Rapid Wien (BK)
1941-42 11 0 Rapid Wien (BK)
1942-43   7 0 Rapid Wien (BK)
1945-46   1 0 Rapid Wien (WL)
1946-47   8 0 Rapid Wien (WL)
1947-48 17 0 Rapid Wien (WL)
1948-49 16 0 Rapid Wien (WL)
1949-50   7 0 Rapid Wien

Wagner, Theodor (Turl)
*06.08.1927, 46 A, Rechter Halbstürmer
1943-44 11 2 Wacker Wien (OK)
1945-46 18 8 Wacker Wien (WL)
1946-47 20 11 Wacker Wien (WL)
1947-48 17 13 Wacker Wien (WL)
1948-49 17 9 Wacker Wien (WL)
1949-50 23 12 Wacker Wien
1950-51 24 16 Wacker Wien
1951-52 20 11 Wacker Wien
1952-53 24 22 Wacker Wien
1953-54 25 15 Wacker Wien
1954-55 26 18 Wacker Wien
1955-56 23 13 Wacker Wien
1956-57 24 15 Wacker Wien
1957-58 22 11 Wacker Wien
1958-59   8 4 Wacker Wien
1960-61 26 10 SVS Linz
1961-62 26 9 SVS Linz

Wagner, Thomas
*09.10.1976, Stürmer
2003-04 31 3 SV Mattersburg
2004-05 28 9 SV Mattersburg
2005-06 31 8 SV Mattersburg
2006-07 28 10 SV Mattersburg
2007-08 34 4 SV Mattersburg
2008-09 23 6 SV Mattersburg
2009-10 15 0 SV Mattersburg

Wagner, Walter
Linker Läufer
1957-58 24 1 ÖMV Olympia Wien

Wagner, Walter
*26.07.1949, Stürmer
1972-73 18 7 Austria Wien
1973-74 13 2 Wiener Sportclub

Wahl, Josef
*28.03.1943, 1 A, Mittelläufer/Außenläufer
1963-64   2 0 Admira-Energie Wien
1964-65 23 0 Admira-Energie Wien
1965-66 26 0 Admira-Energie Wien
1966-67 21 0 Admira-Energie Wien
1967-68 23 0 Admira-Energie Wien
1968-69   6 0 Austria Wien
1969-70 25 2 First Vienna
1970-71 23 1 First Vienna
1971-72 24 0 First Vienna

Waicz, Johann
Mittelfeld/Vorstopper
1970-71 14 1 Simmeringer SC

Waitschacher, Harald
*14.01.1978, Stürmer
2000-01   1 0 Austria Wien

Walch, Clemens
*10.07.1987, Mittelfeldspieler
2012-13 27 5 SV Ried
2013-14 26 5 SV Ried
2014-15 29 5 SV Ried
2015-16 20 0 SV Ried
2016-17 25 3 SV Ried
2019-20 17 2 WSG Tirol

Waldhör, Walter
*21.09.1968, 2 A, Stürmer
1988-89   4 0 Vorwärts Steyr
1990-91 30 5 Vorwärts Steyr
1991-92 30 7 Vorwärts Steyr
1992-93 35 2 Vorwärts Steyr
1993-94 23 2 Vorwärts Steyr
1994-95 32 4 FC Linz
1995-96 18 2 SV Ried
1996-97 29 3 SV Ried
1997-98 18 0 SV Ried

Waldner, Adolf
*22.03.1927, linker Außendecker/Linksaußen
1953-54   7 0 Austria Salzburg
1955-56   4 0 Austria Salzburg
1956-57   1 0 Austria Salzburg

Waliczek, Grzegorz
*21.06.1962, Stürmer
1994-95 12 3 VfB Mödling

Walke, Alexander
*06.06.1983, Torwächter
2011-12 21 0 RB Salzburg
2012-13 30 0 RB Salzburg
2013-14   7 0 RB Salzburg
2014-15   3 0 RB Salzburg
2015-16 31 0 RB Salzburg
2016-17 34 0 RB Salzburg
2017-18 26 0 RB Salzburg
2018-19   4 0 RB Salzburg
2021-22   1 0 RB Salzburg
2022-23   1 0 RB Salzburg

Walker, Herwig
*04.05.1972, Torwächter
1992-93 14 0 Linzer ASK
1994-95   8 0 Linzer ASK
1998-99 29 0 Vorwärts Steyr

Walkner, Roland
*21.09.1952, Mittelfeldspieler
1975-76   2 0 Austria Salzburg
1976-77   5 0 Austria Salzburg

Wallisch, Alfred
Mittelfeld/Rechter Außendecker
1969-70   3 0 Admira-Energie Wien

Wallner, Christian
*28.09.1971, Verteidiger
1991-92   1 0 Kremser SC

Wallner, Helmut
*22.03.1946, 3 A, rechter Außendecker
1967-68 25 0 Wiener Sportclub
1968-69 23 3 Wiener Sportclub
1969-70 26 3 Wiener Sportclub
1970-71 23 2 Wiener Sportclub
1971-72 21 1 Wiener Sportclub
1972-73 21 1 Wiener Sportclub
1973-74 30 3 Wiener Sportclub

Wallner, Herbert
Linker Halbstürmer/Rechtsaußen
1961-62   2 0 SC Wiener Neustadt

Wallner, Manuel
*25.10.1988, Innenverteidiger
2010-11   1 0 Austria Wien
2011-12   3 0 Austria Wien
2012-13 29 1 SC Wiener Neustadt
2013-14 21 0 SC Wiener Neustadt

Wallner, Markus
*27.10.1996, Mittelfeldspieler
2021-22 18 0 WSG Tirol

Wallner, Roman
*21.03.1967, Stürmer
1988-89   5 1 Rapid Wien
1989-90   4 0 First Vienna
1989-90   3 0 Wiener Sportclub

Wallner, Roman
*04.02.1982, 29 A, Stürmer
1999-00   7 1 Rapid Wien
2000-01 29 11 Rapid Wien
2001-02 34 15 Rapid Wien
2002-03 32 11 Rapid Wien
2003-04 32 4 Rapid Wien
2005-06 15 1 Admira/Wacker Mödling
2005-06   9 0 Austria Wien
2006-07 30 6 Austria Wien
2008-09 13 3 Linzer ASK
2009-10 17 14 Linzer ASK
2009-10 14 5 RB Salzburg
2010-11 32 18 RB Salzburg
2011-12 14 3 RB Salzburg
2012-13 26 6 Wacker Innsbruck
2013-14 26 8 Wacker Innsbruck
2014-15 10 2 SV Grödig
2015-16 30 4 SV Grödig

Wallner, Wilhelm
*02.02.1932, Innenstürmer
1948-49   2 0 First Vienna (WL)
1949-50   8 2 First Vienna
1951-52 25 7 Simmeringer SC
1952-53 20 7 Simmeringer SC
1953-54 13 3 Simmeringer SC
1954-55 23 13 Simmeringer SC
1955-56 26 15 Simmeringer SC
1956-57   7 5 Simmeringer SC
1957-58 17 6 Simmeringer SC

Waltenberger, Reinhard
*25.06.1967, Manndecker
1988-89   2   0   VSE St. Pölten
1989-90   6   0   VSE St. Pölten

Walter, Josef
*27.10.1925, rechter Läufer
1947-48   3   0   Wiener Sportclub (WL)
1950-51   3   0   First Vienna
1951-52   5   0   First Vienna
1952-53   3   0   First Vienna
1953-54   3   0   First Vienna
1954-55   1   0   First Vienna
1955-56   2   0   Simmeringer SC

Waltner, Róbert
*20.09.1977, 6 A, Mittelstürmer
2009-10 35 14   SV Mattersburg
2010-11 24   4   SV Mattersburg
2011-12   9   0   SV Mattersburg

Walz, Fred
Linker Außendecker
1950-51   3   0   Elektra Wien

Walzer, Werner
*23.08.1947, 1 A, Mittelfeldspieler
1969-70 16   0   Rapid Wien
1970-71 14   2   Rapid Wien
1971-72 24   2   Rapid Wien
1972-73 30   2   Rapid Wien
1973-74 32   2   Rapid Wien
1974-75 36   4   Rapid Wien
1975-76 30   1   Rapid Wien
1976-77 24   0   Rapid Wien
1977-78 36   2   Rapid Wien
1978-79 25   1   Rapid Wien
1979-80 13   1   Wiener Sportclub
1980-81 32   1   Wiener Sportclub
1981-82 10   0   Wiener Sportclub

Walzhofer, Otto
*21.06.1926, 13 A, Innenstürmer
1946-47   7   1   Floridsdorfer AC (WL)
1947-48 16   1   Floridsdorfer AC (WL)
1948-49 13   4   Floridsdorfer AC (WL)
1949-50 23 19   Floridsdorfer AC
1950-51 23 14   First Vienna
1951-52 26 23   First Vienna
1952-53 26 22   First Vienna
1953-54 21 23   First Vienna
1954-55 26 18   First Vienna
1955-56 26 22   First Vienna
1956-57 25 14   First Vienna
1957-58 22   6   First Vienna
1958-59   8   4   First Vienna
1958-59 12   2   Linzer ASK
1959-60   9   1   Linzer ASK
1959-60 13   6   Wacker Wien
1960-61 23   5   Wacker Wien
1962-63 11   0   Wacker Wien

Wanderson (Wanderson Maciel Sousa Campos)
*07.10.1994, Linksaußen
2016-17 20   3   RB Salzburg

Wangenheim, Hugo
Linksaußen
1949-50 24   3   SV Gloggnitz

Wanits, Erich
*18.05.1952, rechter Außendecker
1973-74   6   0   First Vienna

Wartinger, Helmut
*13.09.1959, 1 A, Mittelfeldspieler
1977-78 25   2   VÖEST Linz
1978-79 33   0   VOEST Linz
1979-80 30   2   VOEST Linz
1980-81 29   1   VOEST Linz
1981-82 35   1   VOEST Linz
1982-83 30   2   VOEST Linz
1983-84 26   1   VOEST Linz
1984-85 22   2   VOEST Linz
1985-86 18   0   VOEST Linz
1986-87 34   1   VOEST Linz
1987-88 20   0   VOEST Linz

Wartusch, Helmut
*18.07.1943, 2 A, Linksaußen/Rechter Außendecker
1964-65 22   2   Wacker Innsbruck
1965-66 25   7   Wacker Innsbruck
1966-67 16   0   Wacker Innsbruck

Wasinger, Leopold
*15.09.1946, Stürmer
1970-71 15   1   Wiener Sportclub
1972-73 11   0   Austria Klagenfurt

Wawra, Konstantin (Tino)
*30.06.1979, Mittelfeldspieler
2000-01 28   2   SV Ried
2001-02 26   3   SV Ried

Wazinger, Robert
*23.08.1966, 5 A, Manndecker
1987-88 29   1   FC Tirol
1988-89 18   1   FC Tirol
1989-90 17   0   FC Tirol
1990-91 22   0   FC Tirol
1991-92 25   4   FC Tirol
1992-93 34   3   Wacker Innsbruck
1993-94 32   1   FC Tirol Innsbruck
1994-95 26   0   FC Tirol
1995-96 33   1   FC Tirol Innsbruck
1996-97 32   1   FC Tirol Innsbruck
1997-98 21   1   FC Tirol Innsbruck
1998-99 27   0   FC Tirol Innsbruck
1999-00 27   1   FC Tirol Innsbruck
2000-01 22   0   FC Tirol Innsbruck
2001-02 12   0   FC Tirol Innsbruck
2004-05   4   0   Wacker Tirol

Weber
Rechtsaußen/Rechter Halbstürmer
1959-60   6   2   Admira-Energie Wien

Weber, Franz
*25.05.1965, Mittelfeldspieler
1985-86 12   2   Rapid Wien
1986-87 20   2   Rapid Wien
1987-88 14   2   Rapid Wien
1988-89 23   4   Rapid Wien
1989-90 29   2   Rapid Wien
1990-91   9   1   Rapid Wien
1991-92 33   2   Rapid Wien
1992-93 26   1   Rapid Wien
1993-94 21   0   Rapid Wien

Weber, Friedrich
Linker Halbstürmer
1943-44   5   0   Wiener AC (OK)
1946-47   4   0   Wiener AC (WL)
1948-49 17   3   SCR Hochstädt (WL)
1949-50   3   0   Slovan Wien

Weber, Hannes
*10.08.1969, Mittelfeldspieler
1988-89   3   0   VSE St. Pölten
1989-90   4   0   VSE St. Pölten
1990-91   8   3   VSE St. Pölten
1993-94   26 7   VSE St. Pölten
1995-96   6   0   SV Ried

Weber, Heinz
Linker Außendecker
1970-71   3   0   First Vienna

Weber, Heinz
*05.12.1976, Torwächter
1997-98   6   0   FC Tirol Innsbruck
1998-99   1   0   FC Tirol Innsbruck
1999-00   1   0   FC Tirol Innsbruck
2001-02   1   0   FC Tirol Innsbruck
2002-03   27 0   Sturm Graz
2008-09   2   0   Austria Kärnten
2009-10   12 0   Austria Kärnten

Weber, Helmut
Rechter Halbstürmer
1955-56   1   0   Austria Graz

Weber, Helmut
*18.01.1943, Stürmer
1966-67   3   0   Grazer AK

Weber, Heribert
*28.06.1955, 68 A, Mittelfeld/Libero
1973-74   7   1   Sturm Graz
1974-75   23 0   Sturm Graz
1975-76   31 3   Sturm Graz
1976-77   21 3   Sturm Graz
1977-78   34 2   Sturm Graz
1978-79   30 3   Rapid Wien
1979-80   31 3   Rapid Wien
1980-81   30 5   Rapid Wien
1981-82   25 3   Rapid Wien
1982-83   30 2   Rapid Wien
1983-84   24 3   Rapid Wien
1984-85   26 4   Rapid Wien
1985-86   32 3   Rapid Wien
1986-87   29 5   Rapid Wien
1987-88   28 7   Rapid Wien
1988-89   30 1   Rapid Wien
1989-90   30 3   Austria Salzburg
1990-91   31 2   Austria Salzburg
1991-92   27 3   Austria Salzburg
1992-93   32 1   Austria Salzburg
1993-94   29 0   Austria Salzburg

Weber, Josef
*18.01.1956, Torwächter
1974-75   4   0   Sturm Graz

Weber, Jürgen
*21.07.1975, Manndecker
1995-96   4   0   Admira/Wacker
1996-97   23 0   Admira/Wacker

Weber, Karl
*14.01.1950, Mittelfeldspieler
1969-70   1   0   Austria Wien
1970-71   23 0   Austria Wien
1971-72   13 0   Austria Wien
1972-73   10 0   Austria Wien

Weber, Manuel
*28.08.1985, 1 A, Mittelfeldspieler
2003-04   8   0   FC Kärnten
2007-08   31 1   Austria Kärnten
2008-09   33 3   Austria Kärnten
2009-10   29 2   Sturm Graz
2010-11   34 2   Sturm Graz
2011-12   31 2   Sturm Graz
2012-13   24 1   Sturm Graz
2013-14   24 2   Sturm Graz
2014-15   26 2   Wolfsberger AC
2015-16   7   0   Wolfsberger AC

Weber, Thomas
*29.04.1993, Innenverteidiger
2011-12   2   0   Admira/Wacker Mödling
2012-13   9   0   Admira/Wacker Mödling
2013-14   21 0   Admira/Wacker Mödling
2014-15   16 1   Admira/Wacker Mödling

Weber, Werner
*24.09.1948, Stürmer
1966-67   1   0   Grazer AK
1970-71   26 7   WSG Radenthein
1971-72   3   0   Sturm Graz

Weberbauer, Josef
*13.03.1998, rechter Außendecker
2021-22   6   0   SV Ried
2022-23   11 0   SV Ried

Webora, Josef
*30.09.1935, rechter Läufer
1955-56   3   0   First Vienna
1956-57   5   0   First Vienna
1957-58   10 0   First Vienna
1958-59   14 0   First Vienna
1959-60   19 0   First Vienna
1960-61   26 0   First Vienna
1961-62   25 0   First Vienna
1962-63   25 0   First Vienna
1963-64   9   0   First Vienna
1964-65   25 0   Wiener Sportclub
1965-66   14 0   Wiener Sportclub
1966-67   22 0   Wiener Sportclub
1967-68   21 0   Wiener Sportclub

Webora, Peter
*29.05.1962, Manndecker
1979-80   2   0   First Vienna
1982-83   25 1   First Vienna
1984-85   25 3   First Vienna
1986-87   21 4   First Vienna
1987-88   1   1   First Vienna
1987-88   21 0   Austria Wien
1988-89   17 0   First Vienna

Wechselberger, Johannes
*28.08.1976, Mittelfeldspieler
1994-95   1   0   FC Tirol

Wedenig, Peter
*01.10.1962, Torwächter
1983-84   1   0   SV St. Veit

Weger, Helmut
*06.04.1966, Stürmer
1986-87   3   0   Wattens-Wacker Innsbruck

Wegrostek, Gerhard
*27.01.1943, Linker Halbstürmer
1962-63   4   0   Austria Salzburg

Węgrzyn, Kazimierz
*13.04.1967, 20 A, Innenverteidiger
1996-97 15 0 SV Ried
1997-98 18 2 SV Ried

Wegscheider, Siegfried
*02.02.1939, Stürmer
1967-68 13 3 WSG Radenthein

Wehofschütz, Franz
Linker Außendecker/Mittelläufer
1952-53 17 0 VfB Union Mödling

Wehr, Franz
*28.01.1955, Vorstopper/Libero
1975-76   2 0 Grazer AK
1976-77 34 1 Grazer AK
1977-78 12 0 Grazer AK
1978-79 19 1 Sturm Graz
1979-80 24 0 Sturm Graz
1980-81 13 0 Wiener Sportclub

Wehr, Herbert
*05.06.1935, rechter Außendecker
1961-62 24 0 Kapfenberger SV
1963-64 10 0 Kapfenberger SV
1964-65 17 3 Kapfenberger SV
1965-66 20 0 Kapfenberger SV
1966-67 17 0 Kapfenberger SV

Wehr, Peter
*08.08.1968, Torwächter
1988-89   2 0 Wiener Sportclub

Weichselbaumer, Franz
Torwächter
1940-41   8 0 Linzer ASK (BK)
1950-51 22 0 Linzer ASK
1951-52 11 0 Linzer ASK
1952-53   7 0 Linzer ASK
1954-55   4 0 Linzer ASK

Weidenauer, Erich
*21.02.1959, Torwächter
1980-81   6 0 Wiener Sportclub
1981-82 27 0 Wiener Sportclub
1982-83 24 0 Wiener Sportclub
1983-84   8 0 Wiener Sportclub
1984-85   3 0 Wiener Sportclub
1986-87 17 0 Wiener Sportclub
1987-88 25 0 Wiener Sportclub
1988-89 18 0 Wiener Sportclub
1992-93 11 0 VfB Mödling

Weidinger, Franz
*18.09.1944, Linksaußen/Mittelfeld
1964-65 20 9 First Vienna
1965-66 26 7 First Vienna
1966-67 25 7 First Vienna
1967-68 26 2 First Vienna
1969-70 30 7 First Vienna
1970-71 29 5 Austria Salzburg
1971-72 23 2 Austria Salzburg
1972-73 18 4 SC Bregenz
1973-74 26 9 FC Vorarlberg
1974-75 17 0 SC Eisenstadt

Weidinger, Klaus
*16.03.1949, Torwächter
1970-71 12 0 Linzer ASK
1971-72   4 0 Austria Salzburg
1972-73   7 0 Austria Salzburg
1973-74   5 0 Austria Salzburg
1974-75   6 0 Austria Salzburg
1975-76   3 0 Austria Salzburg

Weidisch, Friedrich
Linker Halbstürmer
1942-43   2 1 Wacker Wien (BK)
1943-44   3 0 Wacker Wien (OK)
1945-46   1 0 Wacker Wien (WL)
1946-47 19 4 Wien AC (WL)
1947-48 18 2 Wien AC (WL)
1948-49 15 2 FC Wien (WL)
1949-50 21 6 FC Wien
1950-51 24 4 FC Wien
1951-52 11 0 FC Wien
1952-53   7 1 FC Wien

Weigl, Helmut
*16.02.1952, 1 A, Mittelfeld/Vorstopper
1970-71   5 0 Austria Wien
1971-72 15 0 Austria Wien
1972-73 18 1 Austria Wien
1973-74 24 1 Austria/WAC
1974-75 27 2 Austria/WAC
1975-76 32 2 Admira/Wacker
1976-77 23 0 Admira/Wacker
1977-78 28 1 Admira/Wacker
1978-79 33 1 Admira/Wacker
1979-80 34 1 Admira/Wacker
1981-82 35 1 Wattens-Wacker Innsbruck
1982-83 24 0 Admira/Wacker
1983-84 11 0 Admira/Wacker

Weigl, Thomas
*19.08.1969, Stürmer
1987-88   2 0 Wiener Sportclub
1988-89   3 0 Wiener Sportclub
1989-90   6 0 Wiener Sportclub

Weiglhofer, Friedrich (Fritz)
*02.11.1942, Torwächter
1966-67   1 0 Kapfenberger SV

Weigner, Robert
Linker Außendecker/Linker Läufer
1963-64   3 1 SVS Linz

Weinberg, Johann
Mittelläufer
1950-51 24 0 Elektra Wien

Weinberger, Karl
*23.01.1919, Rechtsaußen
1952-53 15 3 Salzburger AK
1961-62   2 0 Salzburger AK

Weinberger, Marvin
*04.04.1989, Stürmer
2009-10   5 0 Sturm Graz
2010-11   6 0 Sturm Graz
2011-12   3 0 Sturm Graz

Weinhofer, Rudolf (Rudi)
*07.05.1962, 4 A, Mittelfeldspieler
1980-81 17 1 Rapid Wien
1981-82 12 1 Rapid Wien
1982-83   6 0 Rapid Wien
1983-84 24 1 Rapid Wien
1984-85 22 0 Rapid Wien
1985-86 31 3 Rapid Wien
1986-87 27 5 Rapid Wien
1987-88 20 0 Rapid Wien
1987-88 10 0 First Vienna
1988-89 12 0 VSE St. Pölten
1989-90 30 1 VSE St. Pölten

Weinrich, Alois
*16.06.1964, Stürmer
1983-84 13 1 SC Neusiedl am See

Weintritt, Rudolf (Rudi)
*30.08.1960, Mittelfeldspieler
1981-82   2   0   Austria Salzburg
1985-86 14   0   Salzburger AK

Weinwurm, Ferdinand
*29.04.1990, Linksaußen/Linker Außendecker
2014-15   1   0   Rapid Wien

Weinzierl, Otto
Rechtsaußen
1950-51 12   2   Linzer ASK
1951-52   1   0   Linzer ASK

Weiß, Andreas
*30.11.1940, Mittelfeldspieler
1963-64 24   0   Grazer AK
1964-65 10   0   Grazer AK
1965-66   8   0   Grazer AK
1966-67   6   0   Grazer AK
1968-69   9   0   Grazer AK

Weiss, Franz
*22.04.1957, Stürmer
1976-77   2   1   Austria/WAC
1977-78   2   0   Austria Wien
1978-79   2   0   Austria Wien
1979-80 23   4   First Vienna
1982-83 29   2   First Vienna
1987-88 21   4   VfB Union Mödling

Weiss, Hans-Dieter
*27.02.1949, Stürmer
1972-73 18   9   Austria Salzburg
1973-74 20   6   Austria Salzburg
1974-75 26   6   Austria Salzburg
1975-76 22   4   Austria Salzburg

Weiss, Heinz
*06.08.1959, Mittelfeldspieler
1976-77   1   0   Rapid Wien
1977-78   2   0   Rapid Wien
1979-80 29   0   Rapid Wien
1980-81 12   1   Rapid Wien
1981-82   9   1   Rapid Wien

Weiß, Helmut
*29.09.1940, Mittelfeldspieler
1960-61 16   0   Wiener Sportclub
1961-62 23   1   Wiener Sportclub
1962-63 20   1   Wiener Sportclub
1963-64   1   0   Wiener Sportclub
1964-65   6   0   Wiener Sportclub
1966-67   8   0   Wiener Sportclub

Weiß, Joachim
*26.03.1967, Mittelfeldspieler
1984-85   1   0   SC Eisenstadt
1985-86   7   0   SC Eisenstadt

Weiß, Johann
Rechtsaußen/Rechter Läufer
1950-51 22   4   Elektra Wien

Weiss, Josef (Pepi)
*24.11.1921, Außenläufer
1952-53 21   3   Linzer ASK
1953-54 18   0   Linzer ASK
1954-55 18   0   Linzer ASK

Weiss, Johann
*24.12.1950, Mittelfeldspieler
1974-75   4   0   Rapid Wien
1982-83 12   0   Simmeringer SC

Weiss, Leo
*10.04.1954, Stürmer
1975-76 31   7   Grazer AK
1976-77 18   3   Grazer AK
1977-78 17   2   Grazer AK
1978-79 23   1   Grazer AK
1979-80 30   5   Austria Salzburg
1980-81 24   6   Grazer AK
1981-82 13   3   Grazer AK

Weiss, Peter
*12.01.1963, Stürmer
1987-88   6   0   VfB Union Mödling

Weiss, Philippe
*27.02.1978, Mittelfeldspieler
1996-97   3   0   Austria Wien
1997-98 15   0   Austria Wien

Weissenberger, Markus
*08.03.1975, 29 A, Mittelfeldspieler
1995-96 33   8   Linzer ASK
1996-97 34   2   Linzer ASK
1997-98 34   9   Linzer ASK
1998-99 29   6   Linzer ASK
1999-00   4   1   Linzer ASK
2008-09   7   0   Linzer ASK
2009-10   3   0   Linzer ASK

Weissenberger, Thomas
*28.05.1971, 1 A, Rechtsaußen
1994-95 25   5   Linzer ASK
1995-96 30   3   Linzer ASK
1996-97   4   0   Linzer ASK
1996-97 12   1   Admira/Wacker
1997-98 12   1   Austria Lustenau
1998-99   5   0   Austria Lustenau

Weissenböck, Karl
*31.01.1921, rechter Außendecker
1943-44   4   3   LSV Manndeckersdorf (WL)
1947-48 15   5   Admira Wien (WL)
1948-49 15 11   Admira Wien (WL)
1949-50 15   7   Admira Wien
1950-51 12   1   Admira Wien
1951-52 23   1   Admira Wien
1952-53 22   0   Admira Wien
1953-54 17   0   Admira Wien

Weissman, Shon Zalman
*14.02.1996, 33 A, Stürmer
2019-20 31 30   Wolfsberger AC

Weitzer, Franz
*1947, Torwächter
1966-67   2   0   Grazer AK
1967-68   8   0   Grazer AK
1968-69   8   0   WSV Donawitz

Weizenböck, Günther
*19.01.1966, Manndecker
1990-91 21   0   Kremser SC

Wejwoda, Kurt
Rechtsaußen
1955-56   5   1   Kapfenberger SV
1956-57   1   0   Kapfenberger SV

Welk, Erich
*06.04.1939, Torwächter
1961-62 16   0   Grazer AK
1962-63   9   0   Grazer AK
1964-65 11   0   Grazer AK

Wellington, Emidio
*14.05.1983, Stürmer
2006-07   2   0   Wacker Tirol

Wełnicki, Tomasz
*18.03.1990, Innenverteidiger
2010-11 16   0 Kapfenberger SV
2011-12   1   0 Kapfenberger SV

Wels, Moritz
*25.09.2004, Mittelfeldspieler
2021-22   2   0 Sturm Graz
2022-23   2   1 Sturm Graz
2023-24   9   0 Austria Wien

Welzl, Alfred
Stürmer
1970-71   1   0 Wiener Sportclub

Welzl, Kurt
*06.11.1954, 22 A, Mittelstürmer
1971-72   1   0 Wiener Sportclub
1972-73 20   6 Wiener Sportclub
1973-74 31 10 Wiener Sportclub
1974-75 31 15 Wattens-Wacker Innsbruck
1975-76 33 13 Wattens-Wacker Innsbruck
1976-77 35 17 Wattens-Wacker Innsbruck
1977-78 34   9 Wattens-Wacker Innsbruck
1984-85   5   4 Wattens-Wacker Innsbruck
1985-86 25   2 Wattens-Wacker Innsbruck
1986-87   5   2 Wattens-Wacker Innsbruck
1986-87 12   3 Grazer AK

Wemmer, Richard
*18.02.1981, Torwächter
2007-08   4   0 Linzer ASK
2008-09   1   0 Linzer ASK

Wendel (Wendel Raul Gonçalves Gomes)
*25.05.1984, Mittelfeldspieler
2007-08 24   4 Linzer ASK

Wendler, Philipp
*02.06.1991, Stürmer
2009-10   1   0 Kapfenberger SV
2011-12   5   0 Kapfenberger SV

Wendlinger, Jonas
*17.07.2000, Torwächter
2022-23   6   0 SV Ried

Weninger, Hannes
*12.01.1958, Torwächter
1977-78   5   0 Austria Wien
1978-79   3   0 Austria Wien
1979-80 17   0 Austria Wien
1980-81 12   0 Austria Wien
1982-83 16   0 SC Eisenstadt
1987-88 12   0 VfB Union Mödling

Wentz, Gerhard
*27.11.1967, Mittelfeldspieler
1986-87   1   0 Wattens-Wacker Innsbruck

Wenzel, Josef
Außenläufer/Innenstürmer
1961-62 17   2 Schwechater SC
1962-63 18   0 Schwechater SC

Wenzelmayer, Ernst
*01.01.1943, Rechter Halbstürmer
1961-62   1   0 Grazer AK
1962-63 11   1 Grazer AK
1963-64   8   2 Grazer AK
1964-65   5   0 Grazer AK

Wenzl, Heinz
*01.06.1938, Torwächter
1959-60 15   0 Austria Salzburg
1963-64   2   0 Simmeringer SC

Werner, Jürgen
*03.12.1961, 11 A, Mittelfeldspieler
1980-81 16   2 VOEST Linz
1981-82 14   0 VOEST Linz
1982-83 14   0 VOEST Linz
1982-83 30   2 VOEST Linz
1983-84 23   1 VOEST Linz
1984-85 30   2 VOEST Linz
1985-86 22   3 VOEST Linz
1986-87 36 16 VOEST Linz
1987-88 21   4 VOEST Linz
1988-89 18   3 Sturm Graz
1991-92 31   2 FC Stahl Linz

Werner, Jürgen
*27.04.1967, 2 A, Manndecker
1986-87 21   1 VOEST Linz
1987-88   5   0 VOEST Linz
1991-92 28   0 FC Stahl Linz
1992-93 14   0 FC Stahl Linz
1994-95 17   2 FC Linz
1996-97   4   0 FC Linz

Werner, Kurt
Mittelstürmer
1969-70 20   4 VÖEST Linz

Werner, Peter
*25.04.1946, Mittelfeld/Libero
1969-70 30   1 Wacker Innsbruck
1970-71 30   0 Wacker Innsbruck
1971-72   5   0 Wattens-Wacker Innsbruck
1972-73 29   0 Rapid Wien

Werner, Peter
*05.08.1961, Libero
1982-83 23   3 Simmeringer SC
1983-84 28   1 Wiener Sportclub
1984-85 27   4 Wiener Sportclub
1986-87 21   0 Admira/Wacker
1987-88 21   1 Wiener Sportclub
1988-89 25   1 Wiener Sportclub
1989-90   7   0 Wiener Sportclub

Wernitznig, Christopher
*24.02.1990, Mittelfeldspieler
2010-11   1   0 Wacker Innsbruck
2011-12 29   8 Wacker Innsbruck
2012-13 33   7 Wacker Innsbruck
2013-14 31   1 Wacker Innsbruck
2014-15 33   6 Wolfsberger AC
2015-16 32   3 Wolfsberger AC
2016-17 20   3 Wolfsberger AC
2017-18 34   1 Wolfsberger AC
2018-19 31   2 Wolfsberger AC
2019-20 29   4 Wolfsberger AC
2020-21 28   1 Wolfsberger AC
2021-22 24   0 Wolfsberger AC
2022-23 31   0 Austria Klagenfurt
2023-24 26   2 Austria Klagenfurt

Wessely, Günther
*05.08.1959, Vorstopper
1978-79   2   0 Rapid Wien

Wessely, Patrick
*27.03.1994, linker Außendecker/Mittelfeld
2013-14   8   0 Admira/Wacker Mödling
2014-15 11   0 Admira/Wacker Mödling
2015-16 13   0 Admira/Wacker Mödling
2016-17   8   0 Admira/Wacker Mödling
2017-18   6   0 SKN St. Pölten

Westermann, Heiko
*14.08.1983, 27 A, Innenverteidiger/Rechter Außendecker
2017-18 10   0 Austria Wien

Westerthaler, Christoph
*11.01.1965, 6 A, Mittelstürmer
1984-85   10   2   Wattens-Wacker Innsbruck
1985-86   18   5   Wattens-Wacker Innsbruck
1986-87   32 13   Linzer ASK
1987-88   21   5   Linzer ASK
1988-89   35 13   FC Tirol
1989-90   32 13   FC Tirol
1990-91   31 14   FC Tirol
1991-92   35 17   FC Tirol
1992-93   33 12   Wacker Innsbruck
1993-94   34 10   FC Tirol Innsbruck
1994-95   32 11   Vorwärts Steyr
1995-96   17   3   Vorwärts Steyr
1995-96   18   6   Linzer ASK
1996-97   28   7   Linzer ASK

Wetl, Arnold
*02.02.1970, 21 A, Mittelfeldspieler
1989-90   29   2   Sturm Graz
1990-91   34 12   Sturm Graz
1991-92   7   1   Sturm Graz
1992-93   18   3   Sturm Graz
1993-94   29   7   Sturm Graz
1994-95   36   8   Sturm Graz
1995-96   36 10   Sturm Graz
1997-98   21   3   Rapid Wien
1998-99   21   2   Rapid Wien
1999-00   27   0   Rapid Wien
2000-01   27   4   Rapid Wien
2001-02   35   0   Sturm Graz
2002-03   30   3   Sturm Graz
2003-04   4   0   Sturm Graz

Wetrowsky, Anton
*10.02.1949, Außendecker
1968-69   5   1   Wacker Wien
1969-70   21   1   Wacker Wien

Wetscher, Josef
*04.03.1950, Vorstopper
1970-71   17   0   Linzer ASK
1971-72   24   0   Linzer ASK
1972-73   1   0   Linzer ASK
1973-74   32   1   Linzer ASK
1974-75   32   1   SC Eisenstadt

Wicha, Othmar
Rechtsaußen
1955-56   8   1   Austria Graz

Wiczorka, Paul
Halbstürmer
1961-62   12   1   Salzburger AK

Widhalm, Alfred
Torwächter
1957-58   1   0   ÖMV Olympia Wien

Widmann, Kurt
*31.01.1953, Stürmer
1972-73   28   6   Austria Klagenfurt
1973-74   12   2   Austria Klagenfurt
1974-75   35   7   Austria Klagenfurt
1975-76   33   6   Rapid Wien
1976-77   35   3   Rapid Wien

Wiechenthaler, Franz
*17.11.1948, Mittelfeldspieler
1969-70   2   0   First Vienna

Wieger, Erhard (Ewald)
*30.07.1941, 1 A, Linker Halbstürmer
1959-60   1   0   First Vienna
1960-61   13   4   First Vienna
1961-62   22   5   First Vienna
1962-63   24 12   First Vienna
1963-64   12   5   First Vienna
1964-65   26   9   First Vienna
1965-66   18 10   First Vienna
1966-67   20 10   First Vienna
1967-68   22   8   WSG Radenthein
1968-69   27   4   Linzer ASK
1969-70   20   2   Linzer ASK
1970-71   26   6   Linzer ASK
1971-72   18   1   Linzer ASK
1972-73   16   0   Linzer ASK
1973-74   3   0   Linzer ASK

Wieger, Herbert (Mucki)
*07.02.1972, Stürmer
1990-91   8   0   Vorwärts Steyr
1991-92   7   0   First Vienna
1995-96   28   0   Grazer AK
1996-97   30   8   Grazer AK
1997-98   25   2   Grazer AK
1998-99   4   0   Grazer AK
2000-01   9   0   Grazer AK
2001-02   16   1   Admira/Wacker Mödling
2008-09   12   0   Kapfenberger SV
2009-10   4   0   Kapfenberger SV

Wielander, Alfred
*1938, rechter Außendecker
1956-57   1   0   FC Stadlau

Wienhold, Lutz
*15.09.1965, Mittelfeldspieler
1991-92   21   0   DSV Alpine

Wiesegger, Robert
Rechtsaußen
1958-59   2   0   First Vienna

Wieser, Karl
Rechter Außendecker
1948-49   2   0   First Vienna (WL)
1951-52   10   1   Favoritner SK

Wieser, Sandro
*03.02.1993, 61 A, Mittelfeldspieler
2013-14   11   0   SV Ried

Wieser, Thomas
*18.05.1956, Verteidiger
1975-76   1   0   Austria Klagenfurt

Wieser, Thomas
*05.12.1975, Linksaußen
1993-94   1   0   Vorwärts Steyr

Wieshofer, Eduard
Mittelläufer
1949-50   1   1   Slovan Wien
1949-50   2   0   SK Oberlaa

Wiesinger, Nico
*20.02.2003, Mittelfeldspieler
2022-23   2   0   SV Ried

Wiesinger, Philipp
*23.05.1994, 1 A, Innenverteidiger
2017-18   20   0   Linzer ASK
2018-19   28   3   Linzer ASK
2019-20   27   1   Linzer ASK
2020-21   26   2   Linzer ASK
2021-22   16   1   Linzer ASK
2022-23   2   0   Linzer ASK

Wießmeier, Julian Klaus
*04.11.1992, Mittelfeld/Rechter Außendecker
2020-21   28   4   SV Ried
2021-22   29   3   SV Ried
2022-23   21   1   SV Ried

Wiest, Johann
Linksaußen/Linker Halbstürmer
1962-63   4   1   Wiener AC

Wilblinger, Karl
*21.10.1954, Mittelfeldspieler
1975-76   2   0   Austria Klagenfurt

Wild, Enrique
*27.09.1999, linker Außendecker
2021-22   1   0   Linzer ASK

Wild, Heinz
Rechter Läufer
1958-59   1   0   Linzer ASK
1962-63   4   0   Linzer ASK
1965-66   2   0   Linzer ASK

Wildbacher, Harald
*12.12.1972, Manndecker
1993-94   9   0   Sturm Graz

Wildmann, Johann
*05.03.1953, Mittelfeldspieler
1971-72   16   1   SK Bischofshofen

Wildner, Ludwig
Linksaußen
1951-52   8   4   Simmeringer SC

Wilhelm, Kurt
Mittelfeldspieler
1983-84   4   1   SC Neusiedl am See

Wilhelm, Wolfgang
*29.04.1961, Mittelfeldspieler
1982-83   24   2   SC Neusiedl am See
1983-84   26   1   SC Neusiedl am See

Willfurth, Gerald (Gerry)
*06.11.1962, 30 A, Mittelfeldspieler
1981-82   10   2   Rapid Wien
1982-83   30   7   Rapid Wien
1983-84   28   6   Rapid Wien
1984-85   15   2   Rapid Wien
1985-86   29   6   Rapid Wien
1986-87   22   4   Rapid Wien
1987-88   35   9   Rapid Wien
1988-89   35   5   Rapid Wien
1989-90   34   4   Austria Salzburg
1990-91   33   7   Austria Salzburg
1991-92   25   3   Austria Salzburg
1992-93   21   0   Austria Salzburg

Willi, Tobias
*14.12.1979, Mittelfeldspieler
2004-05   10   0   Austria Salzburg

Williamson, George
*05.09.1952, Stürmer
1980-81   4   0   SC Eisenstadt

Willingstorfer, Hans-Jürgen
*07.06.1945, Mittelfeldspieler
1962-63   1   0   Linzer ASK
1965-66   1   0   Linzer ASK
1966-67   2   0   Linzer ASK

Willitsch, Raimund
*08.03.1965, Mittelfeldspieler
1988-89   2   0   Austria Klagenfurt

Willstorfer, Franz
*14.06.1952, Stürmer
1973-74   6   0   First Vienna

Wiltschko, Teddy
Mittelstürmer
1960-61   2   1   Simmeringer SC

Wimhofer, Luca
*27.02.2004, Mittelfeldspieler
2022-23   1   0   Linzer ASK
2023-24   1   0   Linzer ASK

Wimleitner, David
*21.01.1976, Goalkeeeper
1998-99   2   0   Linzer ASK
1999-00   11   0   Linzer ASK
2000-01   13   0   LASK Linz

Wimmer, Adolf
*29.12.1961, Stürmer
1983-84   6   0   Favoritner AC
1984-85   6   0   Favoritner AC

Wimmer, Ferdinand
Rechtsaußen/Rechter Außendecker
1961-62   2   0   Wiener AC
1962-63   8   0   Wiener AC
1963-64   22   2   Wiener AC
1964-65   20   0   Wiener AC

Wimmer, Georg
*20.05.1964, Stürmer
1984-85   29   6   Austria Salzburg

Wimmer, Gerhard
*1951, Linksaußen
1972-73   3   0   Austria Salzburg

Wimmer, Gerd
*09.01.1977, 5 A, Mittelfeldspieler
1993-94   2   0   Admira/Wacker
1994-95   6   0   Admira/Wacker
1994-95   10   1   Sturm Graz
1995-96   16   1   Admira/Wacker
1996-97   25   0   Admira/Wacker
1997-98   18   1   Rapid Wien
1998-99   32   2   Rapid Wien
1999-00   33   3   Rapid Wien
2005-06   25   0   Admira/Wacker Mödling
2006-07   8   1   Austria Wien

Wimmer, Hubert
*13.02.1962, Torwächter
1982-83   9   0   Union Wels
1983-84   1   0   Linzer ASK
1985-86   6   0   Linzer ASK
1988-89   18   0   Linzer ASK

Wimmer, Kevin
*15.11.1992, 9 A, Innenverteidiger
2021-22   18   1   Rapid Wien
2022-23   10   0   Rapid Wien

Wimmer, Ludwig
Linker Außendecker
1946-47   7   0   Post SV Wien (WL)
1951-52   8   0   Simmeringer SC

Wimmer, Michael
*12.11.1980, Torwächter
2000-01   2   0   LASK Linz

Wimmer, Nicolas
*15.03.1995, Innenverteidiger
2021-22 22   0   Austria Klagenfurt
2022-23 29   3   Austria Klagenfurt
2023-24 31   1   Austria Klagenfurt

Wimmer, Patrick
*30.05.2001, 15 A, Mittelfeldspieler
2019-20 16   0   Austria Wien
2020-21 31   5   Austria Wien

Wimmer, Sebastian
*15.01.1994, Innenverteidiger
2014-15   4   0   SC Wiener Neustadt

Windbichler, Richard
*02.04.1991, Innenverteidiger
2011-12 21   0   Admira/Wacker Mödling
2012-13 22   1   Admira/Wacker Mödling
2013-14 29   1   Admira/Wacker Mödling
2014-15 30   4   Admira/Wacker Mödling
2015-16 25   0   Austria Wien
2016-17 11   0   Austria Wien

Winde, Lars
*03.12.1975, Torwächter
2000-01 14   0   Schwarz-Weiß Bregenz
2001-02 33   0   Schwarz-Weiß Bregenz

Windisch, Bernd
*18.06.1980, Mittelfeldspieler
2004-05 30   0   Wacker Tirol
2005-06 31   0   Wacker Tirol
2006-07 26   1   Wacker Tirol
2007-08 33   0   Wacker Innsbruck

Windisch, Emmerich
Innenstürmer
1956-57   1   0   Wacker Wien
1957-58   7   0   Wacker Wien
1958-59   4   1   Wacker Wien

Windisch, Erich
Linker Läufer/Linker Halbstürmer
1960-61 10   0   SVS Linz
1961-62 21   3   SVS Linz
1962-63 20   0   SVS Linz
1963-64   1   0   SVS Linz
1964-65   6   0   Wacker Wien

Windisch, Johann
*05.02.1941, 9 A, rechter Außendecker/Vorstopper
1958-59 13   0   Wiener Sportclub
1959-60 24   1   Wiener Sportclub
1960-61 12   0   Wiener Sportclub
1961-62 26   0   Wiener Sportclub
1962-63 17   0   Wiener Sportclub
1963-64 22   0   Wiener Sportclub
1964-65 24   0   Wiener Sportclub
1965-66 21   0   Wiener Sportclub
1966-67 25   2   Wacker Wien
1967-68 15   1   First Vienna
1968-69 14   0   WSV Donawitz

Windhager, Fabian
*07.09.2001, Mittelfeldspieler
2023-24   4   0   Blau-Weiß Linz

Winkelbauer, Hannes
*22.11.1975, rechter Außendecker
2001-02 14   0   SV Ried

Winklbauer, Hannes
*25.12.1949, 7 A, Libero
1966-67 11   0   Kapfenberger SV
1970-71 30   0   Schwarz-Weiß Bregenz
1971-72   8   0   Austria Salzburg
1972-73 12   0   Austria Salzburg
1973-74 30   0   Austria Salzburg
1974-75 34   0   Austria Salzburg
1975-76 35   0   Austria Salzburg
1976-77 36   0   Austria Salzburg
1978-79 36   2   Austria Salzburg
1979-80 36   2   Austria Salzburg
1980-81 36   0   Austria Salzburg
1981-82   5   0   Austria Salzburg
1982-83 19   0   Austria Salzburg
1983-84 16   0   Austria Salzburg

Winklbauer, Hubert
*05.04.1952, Verteidiger
1970-71   1   0   Schwarz-Weiß Bregenz

Winkler, Bernd
*13.08.1979, Mittelfeld/Innenverteidiger
1998-99   2   0   Austria Salzburg
1999-00   1   0   Austria Salzburg
2003-04   3   0   Austria Salzburg
2007-08 11   0   SC Rheindorf Altach

Winkler, Gerhard
*21.01.1963, Torwächter
1983-84   1   0   Rapid Wien
1984-85   2   0   First Vienna

Winkler, Leopold
Außenläufer
1941-42   2   0   Post SG Wien (BK)
1942-43 19   0   Floridsdorfer AC (BK)
1943-44 11   0   Floridsdorfer AC (OK)
1947-48   3   0   Floridsdorfer AC (WL)
1948-49 13   0   Floridsdorfer AC (WL)
1949-50 24   0   Floridsdorfer AC
1950-51 15   2   Floridsdorfer AC

Winkler, Ulrich
*06.03.1985, Innenverteidiger
2003-04   8   0   Schwarz-Weiß Bregenz
2004-05 14   0   Schwarz-Weiß Bregenz
2006-07 13   0   SC Rheindorf Altach
2007-08   9   0   SC Rheindorf Altach
2010-11 13   0   Linzer ASK

Winkler, Werner
*05.08.1964, Mittelfeldspieler
1987-88   1   0   FC Tirol

Winklhofer, Thomas
*30.12.1970, 21 A, rechter Außendecker
1989-90   1   0   Austria Salzburg
1991-92   1   0   FC Tirol
1992-93 22   0   Austria Salzburg
1993-94 25   0   Austria Salzburg
1994-95 31   2   Austria Salzburg
1995-96 33   2   Austria Salzburg
1996-97 31   2   Austria Salzburg
1997-98 28   0   Austria Salzburg
1998-99 28   0   Austria Salzburg
1999-00 31   1   Austria Salzburg
2000-01 20   2   Austria Salzburg
2002-03 28   0   Austria Salzburg
2003-04 31   0   Austria Salzburg
2004-05 27   0   Austria Salzburg
2005-06 27   0   RB Salzburg
2006-07   7   0   RB Salzburg

Winsauer, Ludwig
*21.06.1938, Rechter Halbstürmer/Rechter Läufer
1960-61 26 2 FC Dornbirn
1963-64 22 4 FC Dornbirn
1966-67 24 0 Schwarz-Weiß Bregenz
1967-68   8 0 Schwarz-Weiß Bregenz
1968-69   2 0 Schwarz-Weiß Bregenz

Winter, Thomas
*08.08.1966, Manndecker
1990-91 19 0 Kremser SC

Winter, Wolfgang
*09.11.1957, Stürmer
1979-80   2 0 Sturm Graz

Wirnsberger, Wolfgang
*21.11.1953, Mittelfeldspieler
1973-74   1 0 DSV Alpine

Wiota, Ernst
Rechtsaußen
1949-50   1 0 Sturm Graz

Wirth, Christoph
*16.10.1942, Außendecker
1966-67 22 0 Schwarz-Weiß Bregenz
1967-68 23 0 Schwarz-Weiß Bregenz
1968-69 24 0 Schwarz-Weiß Bregenz
1969-70   5 0 Rapid Wien

Wirth, Manfred (Fredl)
*23.11.1952, rechter Außendecker
1971-72 13 1 Sturm Graz
1972-73 26 0 Sturm Graz
1973-74 24 0 Sturm Graz
1974-75 26 0 Sturm Graz
1975-76 29 0 Sturm Graz
1976-77 31 0 Sturm Graz
1977-78 31 1 Sturm Graz
1978-79 36 1 Sturm Graz
1979-80 31 0 Sturm Graz
1980-81 28 1 Sturm Graz
1981-82 26 0 Sturm Graz

Wirtl, Erwin
Linker Halbstürmer
1950-51   8 1 Linzer ASK
1956-57   7 2 Kremser SC

Wirtl, Herbert
*21.10.1940, Linksaußen
1961-62 21 9 Wiener Sportclub
1962-63 16 4 Wiener Sportclub
1963-64   1 0 Wiener Sportclub
1964-65 26 7 First Vienna
1965-66 21 8 First Vienna
1966-67 21 4 Wacker Wien
1968-69 26 6 Wacker Wien
1969-70 25 2 Wacker Wien
1970-71 25 2 Wacker Wien

Wisdom, Andre Alexander Shaquille
*09.05.1993, rechter Außendecker/Innenverteidiger
2016-17 16 0 RB Salzburg

Wisio, Tomasz
*20.01.1982, Innenverteidiger
2002-03 33 0 SV Pasching
2003-04 28 1 SV Pasching
2004-05 14 0 FC Pasching
2005-06 23 0 FC Pasching
2007-08 23 1 Linzer ASK
2008-09 33 1 Linzer ASK

Wisnetzky, Erwin
Mittelstürmer
1955-56   6 1 Austria Graz

Wiss, Alain Raphael
*21.08.1990, 2 A, Mittelfeldspieler
2019-20   9 0 SC Rheindorf Altach
2020-21 15 0 SC Rheindorf Altach

Wistermayer, Walter
*19.10.1930, Torwächter
1949-50   6 0 SV Gloggnitz
1953-54   2 0 Austria Salzburg

Wittek, Fritz
*26.05.1919, rechter Läufer/Mittelläufer
1949-50 16 0 Vorwärts Steyr
1950-51 23 2 Vorwärts Steyr

Witteveen, David
*05.05.1985, Mittelstürmer
2013-14 22 2 SC Wiener Neustadt

Wittich, Heinz
*25.04.1939, Mittelläufer
1961-62   1 0 Simmeringer SC
1962-63   4 1 Simmeringer SC
1963-64   7 0 Simmeringer SC
1965-66   4 0 Simmeringer SC
1965-66   1 0 First Vienna

Wittig, Karl-Heinz
Rechter Außendecker/Mittelläufer
1963-64 15 0 SVS Linz

Wittl, Charles
*05.10.1971, 3 A, Mittelfeldspieler
1998-99   9 0 Rapid Wien

Witzany, Kurt
*24.07.1958, Mittelfeldspieler
1978-79 10 0 Wiener Sportclub
1979-80 10 0 Wiener Sportclub
1980-81 21 0 Wiener Sportclub
1981-82 10 0 Wiener Sportclub

Witzemann, Reinhard
Mittelfeld/Linker Außendecker
1968-69 14 2 WSG Wattens
1969-70 12 0 WSG Wattens
1970-71   5 0 WSG Wattens

Witzmann, Franz
Rechtsaußen/Rechter Läufer
1961-62   1 0 Grazer AK

Włodarczyk, Szymon
*05.01.2003, Mittelstürmer
2023-24 24 5 Sturm Graz

Wodicka, Gerhard
*09.04.1962, linker Außendecker
1983-84   4 0 SC Neusiedl am See

Wöber, Maximilian
*04.02.1998, 28 A, Innenverteidiger
2016-17 11 0 Rapid Wien
2017-18   5 1 Rapid Wien
2019-20 24 0 RB Salzburg
2020-21 20 0 RB Salzburg
2021-22 22 4 RB Salzburg
2022-23 15 1 RB Salzburg

Wöhry, Josef
*12.05.1945, Außenläufer
1964-65   3 0 Grazer AK
1965-66   8 1 Grazer AK
1966-67   1 0 Grazer AK
1968-69   4 0 Grazer AK

Wölfl, Fritz
Rechter Läufer
1938-39 14 0 Wacker Wiener Neustadt (GL)
1950-51   9 1 Elektra Wien

Wörgetter, Sascha
*22.10.1993, Mittelfeldspieler
2011-12   1   0   Wacker Innsbruck
2012-13   3   0   Wacker Innsbruck

Wörndl, Ben-Travis
*26.09.2002, Mittelfeldspieler
2022-23   1   0   SV Ried

Wohlfahrt, Franz Bernhard
*01.07.1964, 59 A, Torwächter
1983-84   1   0   Austria Wien
1984-85   5   0   Austria Wien
1985-86 21   0   Austria Wien
1986-87 36   0   Austria Wien
1987-88 36   0   Austria Wien
1988-89 32   0   Austria Wien
1989-90 36   0   Austria Wien
1990-91 36   0   Austria Wien
1991-92 27   0   Austria Wien
1992-93 36   0   Austria Wien
1993-94 36   0   Austria Wien
1994-95 15   0   Austria Wien
1995-96 34   0   Austria Wien
2000-01 27   0   Austria Wien
2001-02   6   0   Austria Wien

Wohlfahrt, Mario
*26.12.1961, Stürmer
1981-82   1   0   Austria Wien
1982-83 21   2   Simmeringer SC
1983-84   1   0   Linzer ASK
1986-87   8   0   Austria Klagenfurt

Wohlgenannt, Alfred
*25.07.1945, Mittelfeldspieler
1969-70   3   0   FC Dornbirn
1973-74 28   0   FC Vorarlberg

Wójcik, Andrzej
*23.04.1963, Libero
1992-93 13   1   Wiener Sportclub
1993-94 20   0   Wiener Sportclub

Wojtanowicz, Michał (Michael)
*09.03.1985, Stürmer
2003-04   5   0   SV Pasching
2005-06   1   0   FC Pasching

Woldeab, Johannes
*12.10.1980, Mittelfeldspieler
1998-99 10   1   Vorwärts Steyr
2000-01   1   0   LASK Linz
2001-02 12   0   Austria Salzburg
2002-03 15   0   Austria Salzburg

Woldmann, Peter
*01.10.2003, Stürmer
1970-71 14   2   Schwarz-Weiß Bregenz

Wolf, Anton
*21.04.1933, Außenläufer
1951-52 26   3   Sturm Graz
1952-53 24   0   Sturm Graz
1953-54 24   1   Sturm Graz
1954-55 19   6   Wacker Wien
1955-56 26   0   Wacker Wien
1956-57 22   0   Wacker Wien
1957-58 18   1   Wacker Wien
1958-59 22   0   Wacker Wien
1964-65 11   0   Sturm Graz
1965-66   1   0   Sturm Graz

Wolf, Gustav
*20.09.1944, Torwächter
1963-64   8   0   Admira-Energie Wien

Wolf, Hannes
*16.04.1999, Mittelfeldspieler
2016-17   3   0   RB Salzburg
2017-18 27   8   RB Salzburg
2018-19 22   8   RB Salzburg

Wolf, Daniel
*04.05.1985, Mittelfeldspieler
2002-03   4   0   Admira/Wacker Mödling
2003-04   2   0   Admira/Wacker Mödling
2004-05 16   1   Admira/Wacker Mödling
2005-06 14   0   Admira/Wacker Mödling
2011-12 29   0   SC Wiener Neustadt
2012-13 20   0   SC Wiener Neustadt

Wolf, Erwin
*04.09.1965, Mittelfeldspieler
1989-90 18   1   Kremser SC
1990-91 13   1   Kremser SC

Wolf, Heinrich
*25.06.1948, Mittelfeldspieler
1971-72   4   1   First Vienna
1972-73 29   1   First Vienna
1973-74 22   0   First Vienna

Wolf, Oskar
*21.09.1954, Mittelfeldspieler
1974-75   1   0   Rapid Wien

Wolf, Patrick
*04.05.1981, 2 A, Mittelfeldspieler
2005-06   6   1   SV Ried
2006-07 15   0   SV Ried
2007-08 33   2   Austria Kärnten
2008-09 14   3   Austria Kärnten
2009-10 32   2   SC Wiener Neustadt
2010-11 18   4   SC Wiener Neustadt
2010-11   9   1   Sturm Graz
2011-12 24   3   Sturm Graz
2013-14 31   3   Sturm Graz

Wolf, Raphael
*06.06.1988, Torwächter
2009-10 35   0   Kapfenberger SV
2010-11 34   0   Kapfenberger SV
2011-12 35   0   Kapfenberger SV

Wolf, Thomas
*24.03.1983, Mittelfeldspieler
2001-02   3   0   Admira/Wacker Mödling

Wolf, Uwe
*10.08.1967, Innenverteidiger
1998-99   3   0   Austria Salzburg

Wolfinger, Martin
*07.04.1977, Sturm
1994-95   1   0   Linzer ASK

Wolfsbauer, Friedrich
*01.10.1934, Mittelstürmer
1960-61   6   2   Rapid Wien
1961-62   3   1   Schwechater SC

Wolfsbauer, Kurt
*21.08.1960, Libero/Mittelfeld
1977-78   2   0   First Vienna
1978-79   5   0   First Vienna
1979-80 13   0   First Vienna
1982-83 28   1   First Vienna
1984-85 26   0   First Vienna

Wollanek, Wolfgang
*18.04.1963, rechter Außendecker
1980-81   9   0   Linzer ASK

Wolny, Franz
*31.08.1942, 8 A, Rechter Halbstürmer
1961-62   7   2   Rapid Wien
1962-63 16 10   Rapid Wien
1963-64   7   3   Rapid Wien
1964-65 20   6   Rapid Wien
1965-66 25 11   Wacker Innsbruck
1966-67 26 17   Wacker Innsbruck
1967-68 25   9   Wacker Innsbruck
1968-69 28   5   Wacker Innsbruck
1969-70 30 15   Wacker Innsbruck
1970-71 27 12   Wacker Innsbruck
1971-72 22   3   Wattens-Wacker Innsbruck
1972-73   8   0   Wattens-Wacker Innsbruck
1973-74 14   3   FC Vorarlberg
1974-75 15   0   Austria Klagenfurt

Wolski, Leszek
*10.04.1953, Mittelfeldspieler
1982-83 23   2   Simmeringer SC

Wolz, Walter
Rechtsaußen
1951-52   1   0   Kapfenberger SV

Wondracek, Emil
Linker Halbstürmer
1949-50 12   1   Slovan Wien

Wooten, Andrew
*30.09.1989, 1 A, Stürmer
2020-21 19   3   Admira/Wacker Mödling

Wostry, Markus
*19.07.1992, Innenverteidiger
2014-15   7   0   Admira/Wacker Mödling
2015-16 35   1   Admira/Wacker Mödling
2016-17 33   0   Admira/Wacker Mödling
2017-18 24   4   Admira/Wacker Mödling
2018-19   8   1   Linzer ASK
2019-20 11   1   Linzer ASK

Wrehsnig, Rudolf (Rudi)
*01.08.1960, Stürmer
1979-80   1   0   Rapid Wien

Wrienz, Matthias
*19.02.1992, Innenverteidiger
2009-10   6   0   Austria Kärnten

Wührer, Willi
*01.05.1949, Stürmer
1971-72 14   1   SK Bischofshofen

Wünsch, Wilhelm
Rechtsaußen
1951-52 11   2   Favoritner SK
1951-52   2   0   FC Wien
1952-53   3   1   FC Wien

Wüthrich, Gregory
*04.12.1994, Innenverteidiger
2020-21 23   1   Sturm Graz
2021-22 31   4   Sturm Graz
2022-23 28   1   Sturm Graz
2023-24 28   3   Sturm Graz

Wunderbaldinger, Patrick
*05.03.1983, Mittelfeldspieler
2000-01   1   0   Admira/Wacker Mödling
2001-02 12   1   Admira/Wacker Mödling
2002-03   6   0   Admira/Wacker Mödling

Wunsch, Nicholas
*05.10.2000, Mittelfeldspieler
2018-19   1   0   Rapid Wien
2019-20   1   0   Rapid Wien

Wurdinger, Alfons
*10.05.1941, Stürmer
1963-64   8   1   SVS Linz
1966-67 25   4   Linzer ASK
1967-68 24   8   Linzer ASK
1968-69 16   3   Linzer ASK
1969-70 23   1   Linzer ASK
1970-71 15   2   Linzer ASK

Wurmlinger, Manfred
*07.01.1967, Mittelfeldspieler
1984-85   1   0   VOEST Linz
1985-86   1   0   VOEST Linz

Wurz, Peter
*29.08.1967, Linksaußen/Mittelfeld
1987-88   6   1   Rapid Wien
1988-89 10   1   Rapid Wien
1989-90   4   1   Rapid Wien
1990-91   5   0   Rapid Wien
1992-93 20   1   VfB Mödling
1993-94 29   0   VfB Mödling
1994-95 16   2   VfB Mödling

Wurzer, Walter
*01.05.1956, rechter Außendecker/Mittelfeld
1976-77 35   1   First Vienna
1977-78 34   4   First Vienna
1978-79 16   1   First Vienna
1979-80 12   0   First Vienna

Wusta, Karl
*15.09.1960, Mittelfeldspieler
1988-89 17   1   VSE St. Pölten

Wustinger, Anton
*30.05.1950, Mittelfeldspieler
1971-72 28   6   Wiener Sportclub
1972-73 23   5   Wiener Sportclub

Wustinger, Florian
*21.07.2003, Mittelfeldspieler
2021-22   1   0   Austria Wien
2022-23   4   0   Austria Wien

Wustinger, Jochen
*27.06.1972, Stürmer
1992-93   1   0   Admira/Wacker

Wydra, Dominik
*21.03.1994, Mittelfeldspieler
2011-12   2   0   Rapid Wien
2012-13 17   1   Rapid Wien
2013-14 20   1   Rapid Wien
2014-15 18   0   Rapid Wien

Xander, Gottfried
Mittelstürmer/Rechter Halbstürmer
1960-61 26   2   FC Dornbirn
1963-64 15   0   FC Dornbirn

Xander, Otto
*02.12.1933, Mittelstürmer/Linksaußen
1960-61   7   1   FC Dornbirn

Y

Yabantas, Emre
*26.01.2004, Mittelfeldspieler
2022-23   1   0   SC Rheindorf Altach

Yabo, Reinhold (Ray)
*10.02.1992, Mittelfeldspieler
2016-17   2   0   RB Salzburg
2017-18 24   2   RB Salzburg
2018-19   9   1   RB Salzburg

Yalçın, Demir
*14.01.1981, linker Außendecker
1996-97   1   0   FC Linz
1998-99   1   0   Linzer ASK

Yateke, Sterling Siloe
*15.09.1999, Stürmer
2018-19   2   0   Austria Wien
2019-20   3   0   Austria Wien

Yavuz, Mustafa
*13.04.1994, Innenverteidiger
2014-15   1   0   Admira/Wacker Mödling

Yeboah, Kelvin Kwarteng
*06.05.2000, Stürmer
2019-20 25   4   WSG Tirol
2020-21 15   4   WSG Tirol
2020-21 16   6   Sturm Graz
2021-22 18 11   Sturm Graz

Yeo, Moussa Kounfolo
*01.06.2004, Mittelfeldspieler
2023-24   1   0   RB Salzburg

Yılmaz, Ali
*21.02.1979, Mittelfeldspieler
1996-97   2   0   FC Tirol Innsbruck
1997-98   9   0   FC Tirol Innsbruck

Yılmaz, Uğur
*01.10.1987, Stürmer
1997-98   1   0   Austria Lustenau

Ynclán Pajares, Jacobo Maria
*04.02.1984, Mittelfeldspieler
2012-13 32   9   Wolfsberger AC
2013-14 20   3   Wolfsberger AC
2014-15 33   4   Wolfsberger AC
2015-16 30   3   Wolfsberger AC
2016-17 20   1   Wolfsberger AC

Yobo, Albert Michael
*05.05.1979, 1 A, Innenverteidiger
2002-03   2   0   Grazer AK

Yoda, Abdoul Said Razack
*20.12.2000, Mittelfeldspieler
2020-21   5   0   TSV Hartberg

Yuran, Sergei Nikolayevich
*11.06.1969, 40 A, Mittelstürmer
1999-00 11   3   Sturm Graz

Z

Zach, Franz
*27.10.1957, Stürmer
1977-78   4   0   Austria Wien
1978-79 16   1   Austria Wien
1979-80   6   0   Austria Wien
1980-81 15   3   SC Eisenstadt
1981-82   8   2   Austria Wien
1982-83 19   6   Wiener Sportclub
1983-84 17   4   Wiener Sportclub
1984-85   8   2   Wiener Sportclub
1988-89 35 10   VSE St. Pölten
1989-90 14   3   VSE St. Pölten

Zacharias, Heinz
*15.08.1938, Außendecker
1955-56   1   0   Sturm Graz
1956-57   4   0   Sturm Graz
1957-58 14   0   Sturm Graz

Zacsek, Ewald
*25.02.1944, Mittelfeldspieler
1963-64 11   3   Schwechater SC
1964-65 16   5   Schwechater SC
1965-66 12   3   Schwechater SC

Zacsek, Gerhard
*07.11.1937, linker Außendecker
1960-61   2   0   Wiener AC

Zacsek, Günter
*17.05.1941, Torwächter
1968-69   4   0   Wiener Sportclub
1969-70   6   0   Wiener Sportclub

Zaczek, Manfred
Mittelläufer/Linker Läufer
1958-59 24   1   ÖMV Olympia Wien

Zafarin, Dave
*22.05.1978, Mittelfeldspieler
2003-04 24   1   FC Kärnten

Zaglitsch, Wilhelm
*09.05.1937, rechter Außendecker
1956-57 11   0   Rapid Wien
1957-58   8   0   Rapid Wien
1958-59   3   0   Rapid Wien
1959-60 13   0   Rapid Wien
1960-61 17   0   Rapid Wien
1961-62   5   0   Rapid Wien
1963-64   1   0   Rapid Wien
1964-65   5   0   Rapid Wien
1965-66   3   0   Rapid Wien

Zaglmair, Michael
*07.12.1987, Torwächter
2007-08   1   0   Linzer ASK
2008-09 12   0   Linzer ASK
2009-10 11   0   Linzer ASK

Zahirović, Ševal
*02.04.1972, 1 A, Stürmer
2001-02   6   0   FC Kärnten

Zahn, Günther
*17.04.1945, Mittelfeldspieler
1968-69 16   2   WSV Donawitz
1971-72   5   0   DSV Alpine

Zając, Bogdan
*16.11.1972, 1 A, Innenverteidiger
2003-04 11   1   FC Kärnten

Zajic, Karl
09.09.1947, Mittelstürmer/Mittelfeld
1967-68   4   0   Wacker Innsbruck
1968-69   9   1   Wacker Innsbruck
1970-71 29   4   Admira-Energie Wien
1971-72 15   1   Wiener Sportclub

Zajic, Stefan
*09.12.1936, Rechtsaußen
1959-60 13   3   Rapid Wien
1960-61   1   0   Rapid Wien

Zajicek, Peter
*24.10.1961, Torwächter
1982-83   1   0   First Vienna

Zakany, Sandro
*23.09.1987, Stürmer
2007-08 21   0   Austria Kärnten
2009-10   8   0   Linzer ASK
2012-13 14   0   Wolfsberger AC

Zambata, Slaven
*24.09.1940, 31 A, Stürmer
1973-74 13   5   WSG Radenthein/VSV

Žamut, Heinz
*13.05.1951, Mittelfeldspieler
1968-69   2   0   Sturm Graz
1969-70 30   6   Sturm Graz
1970-71 30   5   Sturm Graz
1971-72 26   5   Sturm Graz
1972-73 30   2   Sturm Graz
1973-74 30   4   Sturm Graz
1974-75 17   2   Sturm Graz
1975-76 32   3   Sturm Graz
1976-77 12   0   Sturm Graz
1977-78 28   2   Linzer ASK

Zangrando, Italo
*26.05.1944, Stürmer
1966-67   4   0   Schwarz-Weiß Bregenz
1967-68   2   0   Schwarz-Weiß Bregenz

Zanon, Werner
*28.08.1955, 1 A, Mittelfeldspieler
1975-76 11   2   Wattens-Wacker Innsbruck
1976-77 23   2   Wattens-Wacker Innsbruck
1977-78 25   2   Wattens-Wacker Innsbruck
1978-79 26   0   Wattens-Wacker Innsbruck
1981-82 33   1   Wattens-Wacker Innsbruck
1982-83 30   0   Wattens-Wacker Innsbruck

Zápalka, Jaroslav
*18.04.1958, Torwächter
1989-90 22   0   Kremser SC
1990-91 22   0   Kremser SC
1991-92 16   0   Kremser SC

Zappia, Fernando
*22.02.1956, Libero
1978-79 23   1   Wattens-Wacker Innsbruck

Zárate, Gonzalo Eulogio
*06.08.1984, Mittelfeld/Stürmer
2010-11 35   5   RB Salzburg
2011-12 25   1   RB Salzburg
2012-13   5   1   RB Salzburg

Zarbach, Rainhard
*02.03.1954, linker Außendecker
1974-75 16   0   Rapid Wien
1975-76   8   0   Rapid Wien
1976-77 10   0   Rapid Wien

Zarbach, Werner
*27.03.1958, Manndecker
1983-84 25   2   Favoritner AC
1984-85 28   1   Favoritner AC

Zátek, Tibor
*14.06.1971, 14 A, Libero
2003-04 19   0   SV Mattersburg

Zaudtke, Alfred
*20.09.1954, Torwächter
1978-79   2   0   Wattens-Wacker Innsbruck

Zaufel, Christian
*26.12.1968, Mittelfeldspieler
1987-88   1   0   Austria Klagenfurt

Zauner, Gerhard
*13.03.1972, Mittelfeldspieler
1991-92   1   0   VSE St. Pölten
1992-93 11   0   VSE St. Pölten
1993-94   1   0   VSE St. Pölten
1995-96   1   0   SV Ried

Zaunreither, Anton
*02.04.1945, Mittelfeldspieler
1962-63   1   0   Austria Salzburg
1965-66   9   0   Austria Salzburg

Zausinger, Ludwig
*24.02.1929, linker Läufer
1961-62 24   3   Salzburger AK

Zboril, Peter
Linksaußen
1959-60   2   2   Wacker Wien
1960-61   4   0   Wacker Wien

Zdichynec, Nicolas
*28.01.2002, Mittelfeldspieler
2020-21   1   0   Admira/Wacker Mödling

Zdravkov, Gorban
*26.04.1959, Mittelfeldspieler
1986-87 19   2   VOEST Linz

Zé Elias (José Elias Moedim Júnior)
*25.09.1976, 22 A, Mittelfeldspieler
2008-09 16   0   SC Rheindorf Altach

Zech, Benedikt
*03.11.1990, Innenverteidiger
2014-15 14   1   SC Rheindorf Altach
2015-16 29   0   SC Rheindorf Altach
2016-17 27   0   SC Rheindorf Altach
2017-18 29   0   SC Rheindorf Altach
2018-19 29   1   SC Rheindorf Altach

Zechmeister, Ernst
Linksaußen
1962-63   1   0   Wiener AC

Zechmeister, Ferdinand
*22.12.1927, 3 A, Linksaußen/Linker Halbstürmer
1946-47 15   4   Post SV Wien (WL)
1947-48 15   1   Wiener AC (WL)
1948-49 13   1   Wiener Sportclub (WL)
1949-50 24 14   Wiener Sportclub
1950-51 18   9   Wiener Sportclub
1951-52 26 11   Linzer ASK
1952-53 26 17   Linzer ASK
1953-54 25 14   Linzer ASK
1954-55 24 15   Linzer ASK
1959-60 13   7   Linzer ASK
1960-61 21   5   Linzer ASK
1961-62 16   6   Linzer ASK
1962-63 15   5   Linzer ASK
1963-64 18   7   Linzer ASK
1964-65   7   0   Linzer ASK
1965-66   2   0   Linzer ASK

Zechmeister, Johann
Mittelläufer/Linker Außendecker
1950-51   8   0   Wiener Sportclub
1951-52 12   0   Wiener Sportclub

Zechner, Helmut
*04.02.1954, Stürmer
1977-78 23   4   Wiener Sportclub
1978-79   5   0   Sturm Graz

Zechner, Michael
*31.01.1975, Mittelfeldspieler
1993-94   1   0   Austria Wien
1994-95 14   0   Austria Wien
1995-96   5   0   Austria Wien
2003-04   9   0   Sturm Graz

Zechner, Norbert
Rechter Läufer
1955-56 24   0   Austria Graz

Zechner, Werner
Rechter Halbstürmer/Rechter Läufer
1965-66   5   0   Kapfenberger SV

Zeger, Franz
*04.10.1951, Mittelfeldspieler
1970-71   8   1   Austria Wien
1971-72   8   0   Austria Wien
1972-73   3   0   Austria Wien

Zeilinger, Harald
*18.08.1961, Mittelfeldspieler
1981-82 18   1   VOEST Linz
1982-83 21   3   VOEST Linz
1983-84 22   1   VOEST Linz
1984-85 22   4   VOEST Linz
1985-86 11   0   VOEST Linz

Zeiner, Walter
Mittelfeldspieler
1966-67   3   1   Wacker Wien
1968-69 24   0   Wacker Wien
1969-70 13   2   Wacker Wien
1970-71 30   1   Wacker Wien
1971-72 26   1   Admira/Wacker
1972-73   7   0   Admira/Wacker

Zeitelberger, Johann
Rechtsaußen
1958-59 10   5   Wacker Wien
1959-60   4   1   Wacker Wien
1960-61   5   0   Wacker Wien
1962-63   1   0   Wacker Wien

Zeka, Agim
*06.09.1998, Stürmer
2020-21 10   1   Austria Wien

Zeković, Miljan
*15.11.1925, 13 A, linker Außendecker
1962-63   9   3   Grazer AK
1963-64   6   1   Grazer AK

Zelesnik, Alexander
*01.07.1939, Rechtsaußen
1961-62 18   5   Admira-Energie Wien
1964-65   3   0   Admira-Energie Wien
1965-66 18   2   Simmeringer SC

Zelić, Nedijeljko (Ned)
*04.07.1971, 40 A, Libero
2004-05 22   0   Wacker Tirol

Zeller, Günther
*15.01.1969, Mittelfeldspieler
1986-87   5   1   VOEST Linz
1987-88 14   1   VOEST Linz
1991-92 26   2   FC Stahl Linz
1992-93 15   1   FC Stahl Linz
1993-94 27   2   Admira/Wacker
1994-95 32   1   FC Linz
1996-97 32   1   FC Linz

Zeller, Helmut
*27.09.1971, Mittelfeldspieler
1994-95 21   0   FC Linz
1996-97   4   0   FC Linz
1996-97 16   2   SV Ried
1997-98 31   2   SV Ried
1998-99 27   0   SV Ried
1999-00 25   2   SV Ried

Zellhofer, Georg
*25.08.1960, Mittelfeldspieler
1980-81 15   1   VOEST Linz
1981-82 33   0   VOEST Linz
1982-83 25   5   VOEST Linz
1983-84 27   4   VOEST Linz
1984-85 29   3   VOEST Linz
1985-86 21   4   VOEST Linz
1986-87 18   2   VOEST Linz
1987-88 17   4   VOEST Linz
1988-89 12   0   Sturm Graz

Zeman, Walter
*01.05.1927, 41 A, Torwächter
1945-46 19   0   Rapid Wien (WL)
1946-47   8   0   Rapid Wien (WL)
1947-48   9   0   Rapid Wien (WL)
1948-49 16   0   Rapid Wien (WL)
1949-50 21   0   Rapid Wien
1950-51 15   0   Rapid Wien
1951-52 10   0   Rapid Wien
1952-53 18   0   Rapid Wien
1953-54 21   0   Rapid Wien
1954-55 12   0   Rapid Wien
1955-56   2   0   Rapid Wien
1956-57 17   0   Rapid Wien
1957-58 19   0   Rapid Wien
1958-59 25   0   Rapid Wien
1959-60 19   0   Rapid Wien
1960-61   4   0   Rapid Wien
1961-62 10   0   Salzburger AK

Zeman, Martin
*28.03.1989, Mittelfeldspieler
2011-12 14   0   Admira/Wacker Mödling

Zemansky, Otto
*25.09.1932, Linksaußen
1959-60   1   0   Austria Wien

Zenleser, Josef
*07.06.1952, Mittelfeldspieler
1970-71   1   0   Wiener Sportclub

Zenz, Karl
Linker Außendecker
1951-52 13   0   Favoritner SK

Zettl, Sebastian Noah
*01.07.2001, Mittelfeldspieler
2020-21   3   0   Sturm Graz

Zhidkov, Alexandr Valentinovich
*09.04.1966, Mittelfeldspieler
1992-93 11   0   VfB Mödling

Zickbauer, Herbert
*08.01.1942, Torwächter
1957-58   7   0   Simmeringer SC
1958-59   1   0   Simmeringer SC
1959-60 19   0   Simmeringer SC
1960-61 21   0   Simmeringer SC
1961-62 25   0   Simmeringer SC
1962-63 26   0   Simmeringer SC
1963-64 12   0   Schwechater SC
1964-65 16   0   Schwechater SC
1965-66   7   0   Schwechater SC
1967-68 22   0   Austria Salzburg
1968-69 26   0   Austria Salzburg
1969-70   6   0   Austria Salzburg
1971-72 14   0   DSV Alpine
1972-73   9   0   DSV Alpine
1973-74 11   0   DSV Alpine

Zickler, Alexander
*28.02.1974, 12 A, Stürmer
2005-06 31   9   RB Salzburg
2006-07 29 22   RB Salzburg
2007-08 29 16   RB Salzburg
2008-09 24   5   RB Salzburg
2009-10 24   4   RB Salzburg
2010-11 15   1   Linzer ASK

Zieger, Anton
*04.01.1970, Mittelfeldspieler
1990-91   1   0   Austria Wien

Ziegl, Marcel
*20.12.1992, Mittelfeld/Innenverteidiger
2008-09   6   0   SV Ried
2009-10 21   0   SV Ried
2010-11   6   0   SV Ried
2011-12 22   0   SV Ried
2012-13 31   1   SV Ried
2013-14 15   0   SV Ried
2014-15 27   0   SV Ried
2015-16 15   0   SV Ried
2016-17 31   0   SV Ried
2020-21 31   2   SV Ried
2021-22 26   1   SV Ried
2022-23 14   0   SV Ried

Ziegler, Christian
*07.12.1961, Stürmer
1983-84   3   0   Grazer AK
1984-85   1   0   Grazer AK

Ziegler, Marc
*13.06.1976, Torwächter
2000-01 14   0   FC Tirol Innsbruck
2001-02 20   0   FC Tirol Innsbruck
2001-02   5   0   Austria Wien
2002-03   1   0   Austria Wien

Ziehaus, Michael
*02.02.1968, Mittelfeldspieler
1987-88 12   1   Austria Klagenfurt
1988-89 20   2   Austria Klagenfurt

Ziereis, Philipp
*14.03.1993, Innenverteidiger
2022-23 29   1   Linzer ASK
2023-24 28   2   Linzer ASK

Ziervogel, Alexander
*20.01.1981, Mittelfeldspieler
1997-98 10   0   Admira/Wacker Mödling
2000-01 14   1   Admira/Wacker Mödling
2001-02 28   4   Admira/Wacker Mödling
2002-03 26   3   Admira/Wacker Mödling
2003-04 19   1   Admira/Wacker Mödling

Zika, Johann (Hans)
*05.01.1932, Rechter Halbstürmer
1954-55 18   3   FC Wien
1955-56   8   2   Sturm Graz
1959-60 14   0   Kremser SC

Zikmund, Walter
Rechter Läufer/Rechtsaußen
1964-65   4   0   Wacker Wien

Zimmel, Roman
Mittelfeld
1970-71 12   0   Simmeringer SC

Zimmerman, Preston Mark
*21.11.1988, Mittelfeld/Linksaußen
2008-09 21   3   Kapfenberger SV

Zimmermann, Bernhard
*15.02.2002, Stürmer
2021-22 11   5   Rapid Wien
2022-23 25   7   Rapid Wien
2023-24 27   3   Wolfsberger AC

Zimmermann, Helmut
*03.04.1955, Mittelfeldspieler
1973-74   3   0   First Vienna
1976-77 30   2   First Vienna
1977-78 34   1   First Vienna
1978-79 35   5   First Vienna
1979-80 29   2   First Vienna
1982-83 23   0   First Vienna

Zimmermann, Michael
*07.04.1944, Stürmer
1968-69   2   0   Rapid Wien

Zinchenko, Anatoly Alekseyevich
*08.09.1949, 3 A, Stürmer
1980-81   2   0   Rapid Wien
1981-82 32   6   Rapid Wien
1982-83 11   0   Rapid Wien

Zingler, Reinhard
*28.08.1968, Manndecker
1989-90 10   0   Admira/Wacker

Zingler, Thomas
*21.08.1970, Innenverteidiger
1989-90 17   0   Admira/Wacker
1990-91 18   0   Admira/Wacker
1991-92 18   1   Admira/Wacker
1992-93 29   0   Admira/Wacker
1993-94 30   1   Admira/Wacker
1994-95 30   1   Admira/Wacker
1995-96 31   2   Admira/Wacker
1996-97 14   2   Rapid Wien
1997-98 15   0   Rapid Wien
1998-99 19   2   Rapid Wien
1999-00 18   2   Rapid Wien
2000-01 27   2   Rapid Wien
2001-02 19   1   Rapid Wien
2002-03 25   1   Admira/Wacker Mödling
2003-04 13   0   Admira/Wacker Mödling
2004-05 20   0   Admira/Wacker Mödling

Zinnà, Vincenzo
*26.08.1981, Mittelfeldspieler
2006-07   4   0   SC Rheindorf Altach

Zinnhobler, Friedrich
*30.01.1951, Stürmer
1975-76 17   0   Austria Salzburg
1981-82 14   2   Wiener Sportclub

Zips, Ernst-Walter
*13.02.1947, Stürmer
1967-68   3   1   Wiener Sportclub

Zirngast, Gabriel
*20.01.2002, Mittelfeldspieler
2022-23   2   0   Linzer ASK

Zirngast, Gernot
*08.06.1964, Mittelfeldspieler
1984-85   7   0   Sturm Graz
1987-88 16   3   VfB Union Mödling
1992-93 31   2   Wiener Sportclub
1993-94 27   3   Wiener Sportclub

Zisser, Michael
*05.10.1966, 1 A, Manndecker
1985-86   2   0   Grazer AK
1986-87   4   0   Grazer AK
1987-88 31   2   Grazer AK
1988-89 32   3   Grazer AK
1989-90 21   0   Grazer AK
1992-93 21   8   VfB Mödling
1993-94 20   0   Rapid Wien
1994-95 22   1   VfB Mödling
1995-96 29   2   Grazer AK
1996-97 16   1   Grazer AK
1997-98   2   0   Grazer AK

Zitek, Rudolf (Rudi)
Linker Außendecker/Linksaußen
1958-59 26   2   ÖMV Olympia Wien

Zitterbart, Helmut
Außenstürmer
1954-55   2   0   Schwarz-Weiß Bregenz

Živadinović, Goran
*01.06.1974, Mittelfeldspieler
1998-99 10   0   SV Ried

Živanović, Goran
*18.08.1960, Torwächter
1988-89 29   0   Grazer AK
1989-90 20   0   Grazer AK

Živković, Jovan
*23.05.2006, Stürmer
2023-24   7   0   Rapid Wien

Živný, Martin
*20.03.1981, Innenverteidiger
2009-10 17   0   Austria Kärnten

Zivotić, Nikola
*26.01.1996, Stürmer
2016-17 20   2   SC Rheindorf Altach

Zlopaca, Radoslav
*04.03.1940, Mittelfeldspieler
1968-69 12   2   Schwarz-Weiß Bregenz

Zmeck, Kurt
*16.03.1931, Linksaußen
1951-52 15   8   Simmeringer SC
1953-54   4   1   Wiener AC
1953-54   3   0   Austria Salzburg

Zöllner, Karl-Heinz
*30.11.1953, Torwächter
1981-82   2   0   Austria Wien
1982-83 15   0   Union Wels

Zötsch, Emil
*1923, linker Läufer
1942-43   1   0   Sturm Graz (BK)
1949-50 11   0   Sturm Graz
1950-51   1   0   Sturm Graz

Zoglmeier, Bernhard
*04.06.1971, Torwächter
1995-96   7   0   Vorwärts Steyr

Zore, Franz
*08.02.1958, Vorstopper
1978-79 10   0   Austria Wien
1979-80   7   0   Austria Wien
1980-81 17   0   Austria Wien
1981-82 28   0   Austria Wien
1982-83 23   1   Austria Wien
1983-84 24   0   Austria Wien
1984-85   9   0   Austria Wien

Zorko, Kurt
Linker Außendecker
1952-53 26   0   Grazer SC

Zovko, Denis
*20.02.1975, Mittelfeldspieler
1998-99 13   1   Vorwärts Steyr

Zrinsky, Franz
*22.09.1930, Torwächter
1951-52   5   0   Grazer AK
1952-53   6   0   Grazer AK
1953-54   5   0   Grazer AK
1954-55   1   0   Grazer AK
1955-56   8   0   Grazer AK

Zsak, Hans
Rechter Außendecker
1971-72   2   0   Wiener Sportclub

Zsak, Manfred
*22.12.1964, 49 A, Mittelfeld/Libero
1982-83 15   1   Admira/Wacker
1983-84 28   1   Admira/Wacker
1984-85 18   2   Admira/Wacker
1985-86 33   3   Admira/Wacker
1986-87 34   5   Admira/Wacker
1987-88 33   7   Austria Wien
1988-89 35   6   Austria Wien
1989-90 32 10   Austria Wien
1990-91 31   7   Austria Wien
1991-92 35   5   Austria Wien
1992-93 31   8   Austria Wien
1993-94 31   4   Austria Wien
1994-95 22   3   Austria Wien
1996-97   3   1   Grazer AK
1996-97 26   2   FC Linz
1997-98 17   4   Admira/Wacker Mödling

Zuck, Heinrich
Rechter Halbstürmer/Rechtsaußen
1949-50   2   1   Sturm Graz
1950-51   8   2   Elektra Wien
1951-52   3   0   Favoritner SK
1951-52 10   2   Floridsdorfer AC

Zündel, Thomas
*24.12.1987, rechter Außendecker
2013-14 15   0   SV Grödig
2015-16 24   0   Wolfsberger AC
2016-17 20   0   Wolfsberger AC
2017-18 23   0   Wolfsberger AC

Zuenelli, Mario
*04.09.1954, 2 A, linker Außendecker/Mittelfeld
1973-74   4   0   Grazer AK
1975-76 30   7   Grazer AK
1976-77 34   9   Grazer AK
1977-78 33 14   Grazer AK
1978-79 36   6   Grazer AK
1979-80 34   6   Grazer AK
1980-81 31   0   Grazer AK
1981-82 27   0   Grazer AK
1982-83 28 11   Grazer AK
1983-84 25   9   Grazer AK
1984-85 28   4   Grazer AK
1985-86 32   4   Grazer AK
1986-87   2   0   Grazer AK

Zulechner, Philipp
*12.04.1990, 1 A, Stürmer
2013-14 20 15 SV Grödig
2014-15 10   1 Austria Wien
2015-16 13   0 Austria Wien
2016-17 15   2 Sturm Graz
2017-18 18   3 Sturm Graz

Zuleta, Juan Carlos
*28.01.1980, Mittelfeldspieler
2002-03 24   4 FC Kärnten

Žulj, Peter
*09.06.1993, 11 A, Mittelfeldspieler
2013-14 13   2 Wolfsberger AC
2014-15 27   5 Wolfsberger AC
2015-16   6   0 Wolfsberger AC
2015-16   8   1 Admira/Wacker Mödling
2016-17 33   6 SV Ried
2017-18 33   8 Sturm Graz
2018-19 17   5 Sturm Graz

Žulj, Robert
*05.02.1992, Mittelfeld/Stürmer
2010-11 12   0 SV Ried
2011-12 29   6 SV Ried
2012-13 34 11 SV Ried
2013-14 20   9 SV Ried
2013-14 10   1 RB Salzburg
2022-23 25 11 Linzer ASK
2023-24 20   9 Linzer ASK

Župić, Bajram (Bayro)
*21.01.1960, rechter Außendecker/Innenverteidiger
1990-91   7   0 DSV Alpine

Zwazl, Friedrich
*13.04.1923, 6 A, linker Außendecker
1940-41   1   0 FC Wien (BK)
1941-42 15   0 FC Wien (BK)
1942-43   6   0 FC Wien (BK)
1943-44 10   3 FC Wien (OK)
1945-46   4   0 First Vienna (WL)
1946-47 18   0 First Vienna (WL)
1947-48   5   0 First Vienna (WL)
1947-48   9   0 Wacker Wien (WL)
1948-49 16   0 Wacker Wien (WL)
1949-50 24   1 Wacker Wien
1950-51 13   1 Wacker Wien

Zwierschitz, Stephan
*17.09.1990, rechter Außendecker
2013-14 16   1 Admira/Wacker Mödling
2014-15 29   4 Admira/Wacker Mödling
2015-16 30   2 Admira/Wacker Mödling
2016-17 35   2 Admira/Wacker Mödling
2017-18 34   2 Admira/Wacker Mödling
2018-19 28   4 Admira/Wacker Mödling
2019-20 15   1 Austria Wien
2020-21 28   0 Austria Wien
2021-22 30   3 Admira/Wacker Mödling

Zwijnenberg, Clemens
*18.05.1979, rechter Außendecker
1999-00   4   0 Austria Lustenau

Zwinger, Karl
Rechter Außendecker
1949-50   9   0 SV Gloggnitz

Zwischenbrugger, Jan
*16.06.1990, Innenverteidiger
2013-14   8   0 SV Ried
2014-15 35   0 SC Rheindorf Altach
2015-16 28   0 SC Rheindorf Altach
2016-17 14   1 SC Rheindorf Altach
2017-18 27   1 SC Rheindorf Altach
2018-19 21   0 SC Rheindorf Altach
2019-20 26   5 SC Rheindorf Altach
2020-21 26   0 SC Rheindorf Altach
2021-22 28   1 SC Rheindorf Altach
2022-23 23   0 SC Rheindorf Altach
2023-24   4   0 SC Rheindorf Altach

Zwittnig, Bernhard
*24.02.1967, Außendecker
1987-88 21   0 Austria Klagenfurt
1988-89   3   0 Austria Klagenfurt

Zwyssig, Marco
*24.10.1971, 20 A, Innenverteidiger
2001-02 20   4 FC Tirol Innsbruck

Daten & Zahlen

Meiste Spiele
(seit 1949)

584 Robert Sara
580 Heribert Weber
566 Michael Baur
544 Erich Obermayr
525 Friedrich Koncilia
518 Wolfgang Knaller
514 Leopold Lainer
514 Dieter Ramusch
508 Joachim Standfest
495 Walter Kogler

Meiste Tore
(seit 1949)

319 Johann Krankl
297 Robert Dienst
243 Friedrich Cejka
224 Johann Buzek
224 Erich Hof
210 Helmut Köglberger
187 Ivica Vastić
186 Peter Pacult
186 Christian Mayrleb
179 Otto Walzhofer

Meiste aktive Spieljahre
(seit 1949)

21 Heribert Weber (1973-1994)
20 Robert Sara (1965-1985)
20 Friedrich Koncilia (1965-1985)
19 Johann Buzek (1954-1973)
19 Leopold Lainer (1978-1997)
19 Michael Baur (1989-2009)
19 Mario Sonnleitner (2004-2023)
18 Rudolf Szanwald (1951-1970)
18 Erich Obermayr (1971-1989)
18 Alfred Hörtnagl (1984-2005)
18 Wolfgang Knaller (1984-2004)
18 Dieter Ramusch (1987-2005)
18 Roland Kirchler (1990-2008)
18 Mario Haas (1993-2013)
18 Joachim Standfest (1998-2017)
18 Andreas Ulmer (2004-2024)

Meiste aufeinanderfolgende Spieljahre mit 30 oder mehr Spielen

8 Robert Sara (1974-1982)
6 Erich Obermayr (1973-1979)
6 Michael Baur (1990-1996)
6 Dieter Ramusch (1992-1998)
5 Walter Kogler (1992-1997)
5 Mario Sonnleitner (2010-2015)

Erst seit der Saison 1969-70 möglich, da vorher die Meisterschaft weniger als 30 Spiele pro Team umfasste.

Meiste aufeinanderfolgende Spieljahre mit 20 oder mehr Toren

4 Ernst Bokon (1951-1954)
4 Robert Dienst (1956-1960)
4 Erich Hof (1957-1961)
4 Jonatan Soriano (2012-2016)
3 Ernst Stojaspal (1950-1953)
3 Otto Walzhofer (1951-1954)
3 Robert Dienst (1952-1955)
3 Friedrich Cejka (1958-1961)
3 Jørn Bjerregaard (1968-1970)
3 Johann Krankl (1975-1978)
3 Anton Polster (1984-1987)
3 Walter Knaller (1988-1990)

Meiste aufeinanderfolgende Spieljahre mit 10 oder mehr Toren

13 Friedrich Cejka (1952-1965)
11 Robert Dienst (1949-1960)
11 Peter Pacult (1981-1992)
 9 Theodor Wagner (1949-1958)
 9 Johann Krankl (1979-1988)
 8 Otto Walzhofer (1949-1957)
 8 Erich Hof (1956-1964)
 7 Johann Buzek (1955-1962)
 7 Franz Neubauer (1954-1961)
 7 Günter Kaltenbrunner (1963-1970)
 7 Kurt Leitner (1967-1974)
 7 Christoph Westerthaler (1988-1995)

Meiste Tore in einer Saison

```
41 Johann Krankl (1977-78)
39 Anton Polster (1986-87)
39 Marc Janko (2008-09)
37 Robert Dienst (1950-51)
36 Johann Krankl (1973-74)
35 Gerhard Rodax (1989-90)
34 Walter Horak (1957-58)
34 Walter Schachner (1979-80)
33 Johann Buzek (1955-56)
33 Anton Polster (1985-86)
32 Robert Dienst (1956-57)
32 Erich Hof (1958-59)
32 Johann Krankl (1976-77)
32 Ivica Vastić (1999-00)
32 Philipp Hosiner (2012-13)
31 Ernst Stojaspal (1951-52)
31 Richard Brousek (1954-55)
31 Horst Nemec (1960-61)
31 Helmut Köglberger (1968-69)
31 Jonatan Soriano (2013-14)
31 Jonatan Soriano (2014-15)
30 Robert Dienst (1952-53)
30 Ernst Stojaspal (1952-53)
30 Shon Weissman (2019-20)
```

Meiste aufeinanderfolgende Spieljahre ohne ein Spiel zu versäumen

```
6 Savo Ekmečić (1977-78 bis 1982-83)
4 Paula Halla (1955-56 bis 1958-59)
4 Viktor Mach (1956-57 bis 1959-60)
4 Helmut Geyer (1959-60 bis 1962-63)
4 Rudolf Szanwald (1961-62 bis 1964-65)
4 Karl Koller (1962-63 bis 1965-66)
4 Joh. Eigenstiller (1963-64 bis 1967-68)
4 Wilhelm Huberts II (1971-72 bis 1974-75)
4 Karl Brauneder (1978-79 bis 1981-82)
4 Walter Saria (1979-80 bis 1982-83)
4 Walter Knaller (1986-87 bis 1989-90)
4 Andreas Leitner (2018-19 bis 2021-22)
```

Meiste aufeinanderfolgende aktive Spieljahre für den gleichen Verein

```
20 Robert Sara (Austria Wien)
18 Erich Obermayer (Austria Wien)
17 Karl Koller (First Vienna)
17 Erich Frisch (Grazer AK)
17 Herbert Oberhofer (Admira/Wacker)
16 Ernst Fiala (Austria Wien)
16 Peter Schöttel (Rapid Wien)
16 Günther Neukirchner (Sturm Graz)
16 Steffen Hofmann (Rapid Wien)
16 Andreas Ulmer (RB Salzburg)
```

Häufigste Familiennamen

```
18 Bauer
16 Müller
16 Pichler
14 Wagner
14 Weber
13 Reiter
12 Wimmer
11 Fischer
11 Horvath
11 Leitner
11 Schneider
11 Schwarz
11 Wolf
10 Schmid
```

Häufigste Vornamen

```
165 Franz
151 Johann/Johannes
141 Josef
141 Karl
129 Peter
109 Walter
 98 Thomas
 93 Helmut
 87 Rudolf
 86 Michael
 85 Friedrich/Fritz
 79 Gerhard/Gerd
 77 Christian
 70 Herbert
 70 Stefan/Stephan
```

Johann/Johannes + Hannes/Hans insgesamt 223 mal

www.ingramcontent.com/pod-product-compliance
Ingram Content Group UK Ltd.
Pitfield, Milton Keynes, MK11 3LW, UK
UKHW050825020125
453206UK00009B/65